Forschungsreihe Rechnungslegung und Steuern

Reihe herausgegeben von

Guido Förster, Lehrstuhl für Betriebswirtschaftsleher, Universität Düsseldorf, Düsseldorf, Deutschland

Norbert Herzig, Allgemeine BWL und Steuerlehre, Universität zu Köln, Köln, Deutschland

Robert Ullmann, Lehrstuhl für BWL, insbesondere Betriebswirtschaftslehre Steuerwirkungen, Universität Augsburg, Augsburg, Deutschland

Christoph Watrin, Institut für Unternehmensrechnung und -besteuerung, Universität Münster, Münster, Deutschland

In der Reihe werden innovative State-of-the-art Beiträge zur externen Rechnungslegung und Betriebswirtschaftlichen Steuerlehre veröffentlicht. Sie ist offen für alle Forschungsmethoden. Die einzelnen Bände der Reihe sollen für Wissenschaftler, Politiker, Beraterschaft und Unternehmensvertreter gleichermaßen von Interesse sein. Das Herausgeberteam, die Professoren Dres. Norbert Herzig (Köln), Christoph Watrin (Münster), Guido Förster (Düsseldorf) und Robert Ullmann (Augsburg), blickt auf eine 50jährige Forschungstradition zurück und sichert ein breites Themen- und Methodenspektrum.

Karsten Lentz

Steuerliche Zinsfragen und Bilanzierung bei Niedrigzinsen

Springer Gabler

Karsten Lentz
Heinrich-Heine-Universität Düsseldorf
Düsseldorf, Deutschland

D 61 Dissertation der Heinrich-Heine-Universität Düsseldorf

ISSN 2626-9554 ISSN 2626-9562 (electronic)
Forschungsreihe Rechnungslegung und Steuern
ISBN 978-3-658-52482-1 ISBN 978-3-658-52483-8 (eBook)
https://doi.org/10.1007/978-3-658-52483-8

Die Deutsche Nationalbibliothek verzeichnet diese Publikation in der Deutschen Nationalbibliografie; detaillierte bibliografische Daten sind im Internet über https://portal.dnb.de abrufbar.

Planung/Lektorat: Elisabeth Horz
Springer Gabler ist ein Imprint der eingetragenen Gesellschaft Springer Fachmedien Wiesbaden GmbH und ist ein Teil von Springer Nature.
Die Anschrift der Gesellschaft ist: Abraham-Lincoln-Str. 46, 65189 Wiesbaden, Germany

Geleitwort

Zinsen spielen in der Unternehmensbesteuerung eine wichtige Rolle. Dies gilt zum einen für direkte Besteuerungskonsequenzen in Form von Bemessungsgrundlagen- und Tarifeffekten. Zum anderen haben Zinsen auch indirekte Besteuerungskonsequenzen über ihren Einfluss auf Barwerte von Vermögensgegenständen und Schulden, die für Besteuerungszwecke herangezogen werden. Ausgelöst durch das im Gefolge der Finanz- und Wirtschaftskrise 2008 gesunkene Zinsniveau mit zum Teil negativen Zinsen stellt sich die Frage, ob die bisher geltenden Besteuerungsgrundsätze auch auf Niedrigzinsen oder gar Negativzinsen übertragen werden können oder ob Anpassungen notwendig sind. Insbesondere fehlt eine systematische Untersuchung der steuerlichen Zinsfragen, soweit sie die Bilanzierung berühren.

Mit seiner Untersuchung, die von der Wirtschaftswissenschaftlichen Fakultät der Heinrich-Heine-Universität Düsseldorf im Wintersemester 2025/2026 als Dissertation angenommen wurde, leistet Karsten Lentz wesentliche Beiträge zur Schließung dieser Forschungslücke. Dies gilt zum ersten für die tiefgründige Analyse des ökonomischen Gehalts von Negativzinsen, die angesichts der Werttreiber von Zinsen keinen Zinscharakter besitzen, sondern als Verwahrentgelte einzuordnen sind, bei denen der Kapitalempfänger die Verwahrleistung auch durch Nutzung des erhaltenen Kapitals erbringen kann. Zum zweiten wird mit tiefgründigen Überlegungen die Einbeziehung von Niedrigzinsen, einschließlich negativer Zinssätze, in die gängigen investitionstheoretischen Modelle begründet. Zum dritten werden die Anwendungsfälle von Barwerten in der handels- und steuerrechtlichen Rechnungslegung in einer Breite und Tiefe analysiert, die bisher nicht existiert. Schließlich wird begründet, inwieweit die investitionstheoretisch begründeten Barwerte auch im Bilanzrecht ihren Niederschlag finden, weil sie mit den Zwecken und Normen der handels- und steuerrechtlichen Rechnungslegung vereinbar sind.

Die Ergebnisse dieser hoch erfreulichen Arbeit sind nicht nur für Forscher von besonderem Interesse, die sich mit den bilanzsteuerlichen Fragen von Niedrigzinsen – einschließlich negativer Zinsen – beschäftigen, sondern auch für Unternehmenssteuerabteilungen, steuerliche Berater, Richter und Angehörige der Finanzverwaltung, die mit Fragen von Niedrigzinsen befasst sind.

Düsseldorf
im Mai 2026

Prof. Dr. Guido Förster

Vorwort

Die vorliegende Arbeit wurde im Wintersemester 2025/2026 von der Wirtschaftswissenschaftlichen Fakultät der Heinrich-Heine-Universität Düsseldorf als Dissertation angenommen. Einreichungstermin und Bearbeitungsschluss war der 5. November 2025.

Mit der Arbeit möchte ich meinen Doktorvater, Herrn Prof. Dr. Guido Förster, anlässlich seines Ausstiegs aus dem Berufsleben ehren, da mir eine Teilhabe an der Festschrift zu seinem 65. Geburtstag leider nicht möglich war. Seinen Charakter, seine Gesellschaft und die Betreuung meines Projekts schätze ich sehr.

Mein tief empfundener Dank gilt all den wunderbaren Menschen, die mich in der Zeit der Erstellung dieser Arbeit aktiv begleitet und unterstützt haben. Er gilt gleichsam jenen wunderbaren Menschen, die die Erstellung der Arbeit entsagungsvoll erdulden mussten.

Düsseldorf
im Mai 2026

Karsten Lentz

Inhaltsverzeichnis

Abkürzungsverzeichnis

a. A.	anderer Ansicht
a. F.	alte Fassung
ABl.	Amtsblatt
Abs.	Absatz
Abt.	Abteil/Abteilung
ADHGB	Allgemeines Deutsches Handelsgesetzbuch
AEUV	Vertrag über die Arbeitsweise der Europäischen Union
AG	Aktiengesellschaft
AGB	Allgemeine Geschäftsbedingungen
AktG	Aktiengesetz
AltTZG	Altersteilzeitgesetz
Anm.	Anmerkung
AO	Abgabenordnung
AO-StB	AO-Steuerberater (Zeitschrift)
Art.	Artikel
AStG	Außensteuergesetz
AStW	Aktuelles aus dem Steuer- und Wirtschaftsrecht (Zeitschrift)
Aufl.	Auflage
Az.	Aktenzeichen
BB	Betriebs-Berater (Zeitschrift)
BBK	Buchführung, Bilanzierung, Kostenrechnung (Zeitschrift)
BC	Zeitschrift für Bilanzierung, Rechnungswesen und Controlling (Zeitschrift)
BeBiKo	Beck'scher Bilanz-Kommentar (Kommentar)

BeckOGK	Beck Online-Groß-Kommentar (Kommentar)
BetrAVG	Gesetz zur Verbesserung der betrieblichen Altersversorgung
BewG	Bewertungsgesetz
BFH	Bundesfinanzhof
BFH/NV	Sammlung der Entscheidungen des Bundesfinanzhofs (BFH), die nicht in der amtlichen Sammlung des BFH veröffentlicht werden
BFuP	Betriebswirtschaftliche Forschung und Praxis (Zeitschrift)
BGB	Bürgerliches Gesetzbuch
BGBl.	Bundesgesetzblatt
BGH	Bundesgerichtshof
BGHZ	Entscheidungen des Bundesgerichtshofes in Zivilsachen
BilMoG	Bilanzrechtsmodernisierungsgesetz
BilMoG-RegE	Gesetz zur Modernisierung des Bilanzrechts (Bilanzrechtsmodernisierungsgesetz – BilMoG)-Regierungsentwurf
BilR	Bilanzrecht
BiRiLiG	Bilanzrichtlinien-Gesetz
BIS	Bank of International Settlements
BKR	Bank und Kapitalmarktrecht (Zeitschrift)
BMF	Bundesministerium der Finanzen
BörsZulV	Verordnung über die Zulassung von Wertpapieren zum regulierten Markt einer Wertpapierbörse
BR-Drs.	Bundesratsdrucksachen
Bspw.	beispielsweise
BStBl.	Bundessteuerblatt
BT-Drs.	Bundestagsdrucksache
BVerfG	Bundesverfassungsgericht
BVerfGE	Entscheidungen des Bundesverfassungsgerichts
BW	Bar-/Kapitalwert
BWV	Barwertverfahren
Bzw.	beziehungsweise
c. p.	ceteris paribus
CAPM	Capital Asset Pricing Model
CF	Corporate Finance (Zeitschrift)
d. h.	das heißt
Darl.	Darlehen
DB	Der Betrieb (Zeitschrift)
DIBW	Deutsches Institut für Bankwirtschaft

DStJG	Deutsche Steuerjuristische Gesellschaft
DStR	Deutsches Steuerrecht (Zeitschrift)
DStZ	Deutsche Steuer-Zeitung
E(S)ZB	Europäisches System der Zentralbanken
e. V.	eingetragener Verein
ECB	European Central Bank
EEG	Erneuerbare-Energien-Gesetz
EFG	Entscheidungen der Finanzgerichte (Zeitschrift)
EG	Europäische Gemeinschaft
EGHGB	Einführungsgesetz zum Handelsgesetzbuch
Einf.	Einführung
ErbBstg	Erbfolgebesteuerung (Zeitschrift)
ErbStB	Erbschaft-Steuerberater (Zeitschrift)
ErbStG	Erbschaftsteuergesetz
EStB	Ertrag-Steuerberater (Zeitschrift)
EStDV	Einkommensteuer-Durchführungsverordnung
EStG	Einkommensteuergesetz
EStH	Einkommensteuerhinweise
EStR	Einkommensteuerrichtlinien
ESZB	Europäische System der Zentralbanken
et al.	Et alia (= und andere)
EU	Europäische Union
EuGH	Europäischer Gerichtshof
EW	Endwert
EWG	Europäische Wirtschaftsgemeinschaft
EWiR	Entscheidungen zum Wirtschaftsrecht (Zeitschrift)
EWR	Europäischer Wirtschaftsraum
EZB	Europäische Zentralbank
f.	folgende
ff.	fortfolgende
FG	Finanzgericht
FR	Finanzrundschau (Zeitschrift)
FS	Festschrift
FVerlV	Verordnung zur Anwendung des Fremdvergleichsgrundsatzes nach § 1 Absatz 1 des Außensteuergesetzes in Fällen grenzüberschreitender Funktionsverlagerungen
gem.	gemäß
GewStG	Gewerbesteuergesetz
GG	Grundgesetz

GmbH	Gesellschaft mit beschränkter Haftung
GmbHG	GmbH-Gesetz
GmbHR	Zeitschrift für Gesellschaftsrecht, Unternehmensrecht und Steuerrecht (Zeitschrift)
GoB	Grundsätze ordnungsgemäßer Buchführung
GrCh	Charta der Grundrechte der Europäischen Union
GrS	großer Senat
GStB	Gestaltende Steuerbeartung (Zeitschrift)
Guth.	Guthaben
GuV	Gewinn- und Verlustrechnung
GV/GVV	Gleichverteilungsverfahren
H	Hinweis
H/H/R	Hermann/Heuer/Raupach (Kommentar)
HdJ	Handbuch des Jahresabschlusses
Hdl.	Handelsbedingungen
HdR	Handbuch der Rechnungslegung
HFSt	Heidelberger Beträge zum Finanz- und Steuerrecht
HGB	Handelsgesetzbuch
Hs.	Halbsatz
HStruktG	Gesetz zur Verbesserung der Haushaltsstruktur
i. d. F.	in der Fassung
i. H.	in Höhe
i. H. d.	in Höhe des/der
i. H. v.	in Höhe von
i. S. v.	im Sinne von
i. V. m.	in Verbindung mit
IDW	Institut der Wirtschaftsprüfer
IDW-FN	IDW-Fachnachrichten (Zeitschrift)
IFRS	International Financial Reporting Standards
Ifst	Institut Finanzen und Steuern (Zeitschrift)
IMF WP	International Monetary Fund Working Paper
IMF	International Monetary Fund
ImmoWertV	Verordnung über die Grundsätze für die Ermittlung der Verkehrswerte von Immobilien und der für die Wertermittlung erforderlichen Daten
Insb.	Insbesondere
IRZ	Zeitschrift für Internationale Rechnungslegung (Zeitschrift)
jM	Die Monatszeitschrift (Zeitschrift)
JMCB	Journal of Money, Credit and Banking (Zeitschrift)

K/K/B	Kanzler/Kraft/Bäuml (Kommentar)
K/S/M	Kirchhof/Söhn/Mellinghoff (Kommentar)
Kap.	Kapitel
KG	Kommanditgesellschaft
KGaA	Kommanditgesellschaft auf Aktien
KStG	Körperschaftsteuergesetz
KStR	Körperschaftsteuerrichtlinien
KWG	Gesetz über das Kreditwesen (Zeitschrift)
L/B/P	Littmann/Bitz/Pust (Kommentar)
LG	Landgericht
Liqu.	Liquidität
Lit.	littera (= Buchstabe)
m. w. N.	mit weiteren Nachweisen
MüKo	Münchner Kommentar
n/a	nicht verfügbar/zutreffend
Nacht. Ganz.	Nachteilige Ganzzahligkeit
NBER	National Bureau of Economic Research
NIRP	Negative Interest Rate Policy
NJW	Neue Juristische Wochenschrift (Zeitschrift)
Norm.	Normal
Nr.	Nummer
NWB	Neue Wirtschaftsbriefe Steuer- und Wirtschaftsrecht (Zeitschrift)
o. A.	ohne Autor
o. g.	oben genannt
OHG	Offene Handelsgesellschaft
OLG	Oberlandesgericht
OPP	Opportunität
OVG	Oberverwaltungsgericht
p. a.	per annum (= pro Jahr)
PNAS	Proceedings of the National Academy of Sciences of the United States of America
PublG	Gesetz über die Rechnungslegung von bestimmten Unternehmen und Konzernen
PUC	Projected Unit Credit
R	Richtlinie
RdF	Recht der Finanzinstrumente (Zeitschrift)
Rdn.	Randnummer

RechKredV	Verordnung über die Rechnungslegung der Kreditinstitute, Finanzdienstleistungsinstitute und Wertpapierinstitute
Rev.	Revision
RFH	Reichsfinanzhof
RGBl.	Reichsgesetzblatt
Rkr.	rechtskräftig
RL	Richtlinie
RLZ	Restlaufzeit
Rn.	Randnummer
RückAbzinsV	Verordnung über die Ermittlung und Bekanntgabe der Sätze zur Abzinsung von Rückstellungen (Rückstellungsabzinsungsverordnung – RückAbzinsV)
Rz.	Randziffer
S.	Satz
s. o.	siehe oben
SchVG	Gesetz über Schuldverschreibungen aus Gesamtemissionen
Sog,	sogenannt/-e
SSRN	Social Science Research Network
Stbg	Die Steuerberatung (Zeitschrift)
StbJb	Steuerberater-Jahrbuch
StromEinspG	Stromeinspeisungsgesetz
StuB	Unternehmenssteuern und Bilanzen (Zeitschrift)
StuW	Steuern und Wirtschaft (Zeitschrift)
TW	Teilwertverfahren
Tz.	Textziffer
u. a.	unter anderem
u. Ä.	und Ähnliches
Ubg	Die Unternehmensbesteuerung
UmwG	Umwandlungsgesetz
US	United States (= Vereinigte Staaten)
v.	vom
VersRiLiG	Versicherungsbilanzrichtlinie-Gesetz
VG	Vermögensgegenstand
VGH	Verwaltungsgerichtshof
Vgl.	vergleiche
Vlk.	Vollkommen
Vol.	Volume
vs	versus
WACC	Weighted Average Cost of Capital

WG	Wirtschaftsgut
Widstr.	widerstreitend
WM	Zeitschrift für Wirtschaftsrecht und Bankrecht (Zeitschrift)
WPg	Die Wirtschaftsprüfung (Zeitschrift)
z. B.	zum Beispiel
ZBB	Zeitschrift für Bankrecht und Bankwirtschaft (Zeitschrift)
ZfB	Zeitschrift für Betriebswirtschaft (Zeitschrift)
ZfBF	Schmalenbachs Zeitschrift für betriebswirtschaftliche Forschung (Zeitschrift)
ZfgK	Zeitschrift für das gesamte Kreditwesen (Zeitschrift)
ZfhF	Zeitschrift für handelswissenschaftliche Forschung (Zeitschrift)
ZfPW	Zeitschrift für die gesamte Privatrechtswissenschaft (Zietschrift)
ZHR	Zeitschrift für das gesamte Handelsrecht und Wirtschaftsrecht (Zeitschrift)
ZIP	Zeitschrift für Wirtschaftsrecht (Zeitschrift)
ZW	Zeitwert

Symbolverzeichnis

€	Euro
%	Prozent
§	Paragraf
t	Zeitpunkt/Periode
r_t	Realzins im Zeitpunkt t
i_t	Nominalzins im Zeitpunkt t
P_t	Güterpreis im Zeitpunkt t
P_{t+1}	Güterpreis im Zeitpunkt t+1
Π_{t+1}	Inflationsrate
n	Restlaufzeit / Periode (modellabhängig)
r	risikofreier Zins (modellabhängig)
r_n	Rendite mit Restlaufzeit n
y_n	Rendite für Nullkuponanleihe mi t Restlaufzeit n
μ	Erwartungswert
σ^2	Varianz
σ	Standardabweichung
x	Zufallsvariable / Zahlungsstrom (modellabhängig)
y	Zufallsvariable
$Cov_{x,y}$	Kovarianz der Zufallsvariablen x und y
$\mu_{x,y}$	gemeinsame Erwartungswert der Zufallsvariablen x und y
R_i	Rendite des Anlagetitels i
x_i	Anteil des Anlagetitels i
μ_{Ges}	erwartete Rendite des Gesamtportfolios

μ_M	erwartete Rendite des Marktportfolios
β	Beta-Faktor
ZW_{t*}	Zeitwert einer Periode
BW	Barwert
EW	Endwert
E_t	Einzahlungen der Periode t
A_t	Auszahlungen der Periode t
i_t	Kalkulationszinssatz der Periode t
T	Ende des Planungszeitraums
GewA_t	Gewinnauskehrungen in Periode t
$g_{i,t}$	alle Zahlungsströme – sämtliche Einzahlungen und Auszahlungen aller Perioden (t) aller Objekte (j)
b_t	das im Zeitpunkt t vorhandene Budget in Form von Eigenmitteln
d_t	Dualvariable
u_t	Schlupfvariable
$\forall$	für Alle
$\in$	enthalten in / Element von
i_t^{Misch}	Differenz-Mischzinssätze
N	Gesamtlaufzeit
r_F	Effektivzinssatz
ZA^A	bei Annuität anfallende Zinsen
ZA^A	bei Fälligkeitsdarlehen anfallende Zinsen
ZA^T	bei Tilgungsdarlehen anfallende Zinsen
E	Erfüllungsaufwand
L_n	erbrachte Leistung einer Periode
L	voraussichtlich zu erbringende Gesamtleistung
(+)	Bedingung liegt vor / Modell ist anwendbar
(–)	Bedingung liegt nicht vor / Modell ist nicht anwendbar

Abbildungsverzeichnis

Tabellenverzeichnis

Grundlegung

1

1.1 Problemstellung

Zinsen erfüllen im Wirtschaftsgeschehen wichtige Funktionen. In der volkswirtschaftlichen Geld- und Wirtschaftspolitik sind sie als Marktpreis am Kapitalmarkt eine zentrale Steuerungsgröße. Einzelwirtschaftlich stellen Zinsen für Unternehmen wie Privatpersonen eine wichtige Rechen- und Vergleichsgröße dar, etwa bei der Auswahl einer Finanzierung, der Entscheidung für ein Investitionsprojekt oder der Auswahl von einer oder Entscheidung für eine Kapitalanlage. Banken und Versicherungen bauen sogar ihr gesamtes Geschäftsmodell allein auf dem Wirtschaften mit Zinsen auf. Aufgrund ihrer herausragenden Bedeutung für das gesamte Wirtschaftsgeschehen ziehen sich Zinsfragen auch durch die gesamte Unternehmensbesteuerung.[1]

Unmittelbare laufende Zinszahlungen sind zunächst im Rahmen der Qualifizierung der Einkünfte unter eine der Einkunftsarten zu subsumieren. Sodann stellen sie Erträge/ Aufwendungen, Betriebseinnahmen/-ausgaben oder Einnahmen/Werbungskosten dar. Für die Erträge und (Betriebs-)Einnahmen können die Folgen von §§ 32d Abs. 1 bzw. 43–45e EStG eintreten. Bei der Quantifizierung der Einkünfte in Gewinneinkunftsarten kommt außerdem eine Erhöhung

[1] Zur Vielfalt und mit einem groben Überblick auf dem Rechtsstand 1974 vgl. *Rose*, Zinsfüß, FR 1974, 49–56; *Rose*, Zinssatzfragen, in: Thoma/Zacharias/Niemann, StbJb 1973/74, 1974, 301–348.

Ergänzende Information Die elektronische Version dieses Kapitels enthält Zusatzmaterial, auf das über folgenden Link zugegriffen werden kann https://doi.org/10.1007/978-3-658-52483-8_1.

K. Lentz, *Steuerliche Zinsfragen und Bilanzierung bei Niedrigzinsen*, Forschungsreihe Rechnungslegung und Steuern, https://doi.org/10.1007/978-3-658-52483-8_1

oder Senkung durch Fremdvergleichskorrektur[2] oder eine Abzugsbeschränkung für Zinsaufwendungen[3] in Betracht. Bei Einkünften aus Gewerbebetrieb ist das Ergebnis nach Anwendung der voranstehenden Regelungen außerdem Ausgangsgröße für die Ermittlung des Gewerbeertrags in der Gewerbesteuer, in der eine weitere Abzugsbeschränkung für zuvor abzugsfähigen Zinsaufwand besteht.[4] Schließlich finden sich im Steuertarif für natürliche Personen auch Sondervorschriften für Zinsen in Fällen der Gesellschafterfremdfinanzierung.[5]

Mittelbare Anknüpfungspunkte von Zinsen in der Unternehmensbesteuerung ergeben sich aus ihrer Funktion als Rechen- und Vergleichsgröße. So wird in zahlreichen Rechtsnormen für unterschiedlichste Zwecke typisiert eine bestimmte Zinshöhe vorgegeben.[6] Zudem erfolgt die Ermittlung der steuerlichen Bemessungsgrundlage in einer Reihe von Situationen mithilfe eines Barwertkalküls. Ein Barwertkalkül soll den (einen) Wert von (mehreren) künftigen Zahlungen für einen vor diesen Zahlungen liegenden Zeitpunkt ermitteln. Dies erfolgt durch rechnerische Übergabe der künftigen Zahlungen in die Vorperioden mit Zinsen. Einige Barwertkalküle sieht die Steuerbilanz vor, etwa bei der Bewertung

[2] Siehe die Korrekturen in § 4 Abs. 4 EStG, § 8 Abs. 3 Satz 2 und 3 KStG sowie §§ 1, 1a, 1b AStG.

[3] Siehe die Beschränkungen in §§ 4 Abs. 4a, 4h EStG, § 8a KStG.

[4] Vgl. §§ 7 Satz 1, 8 Nr. 1 lit. a) GewStG.

[5] Siehe § 32d Abs. 2 EStG.

[6] Beispielhaft seien die folgenden genannt: § 4 Abs. 4a Satz 3 EStG mit einer pauschalen Beschränkung des Zinsausgabenabzugs bei Personenunternehmen im Fall von Überentnahmen i. H. v. 6 %, § 6 Abs. 1 Nr. 3 EStG in der bis 31.12.2022 geltenden Fassung mit einer Abzinsung unverzinslicher Verbindlichkeiten bei einer Restlaufzeit von mehr als 12 Monaten i. H. v. 5,5 %, § 6 Abs. 1 Nr. 3a lit. e) EStG mit einer Abzinsung von Rückstellungen i. H. v. 5,5 %, § 6a Abs. 3 Satz 3 EStG mit einer Abzinsung von Pensionsrückstellungen i. H. v. 6 %, im § 6b EStG, welcher eine steuerneutrale Übertragung der bei einer Veräußerung aufzudeckenden stillen Reserven in besonders langfristigem Anlagevermögen auf äquivalentes, in einem begrenzten Zeitraum um die Veräußerung angeschafftes oder hergestelltes Anlagevermögen ermöglicht, dort § 6b Abs. 2a Satz 4–6 EStG mit einer Verzinsung des durch Sätze 1–3 gewährten Zahlungsaufschubs bei Nichtvorliegen einer oder nur teilweiser EU/EWR Reinvestition in nach Abs. 1 Satz 2 begünstigte Wirtschaftsgüter (Zinshöhe angebunden an §§ 234, 238 AO, siehe unten) und § 6b Abs. 7 EStG mit einem Gewinnzuschlag i. H. v. 6 % für jedes volle verstrichene Jahr der Reinvestitionsfrist, sofern eine Reinvestition bis zu deren Ablauf nicht erfolgt ist, § 203 BewG mit einem festgeschriebenen Kapitalisierungsfaktor i. H. v. 13,75 (entspricht einem Zinssatz von rund 7,27 %), der bei der Berechnung des Unternehmenswerts nach dem vereinfachten Ertragswertverfahren als Vervielfältiger des nachhaltig erzielbaren Jahresertrags anzusetzen ist, §§ 238, 233 ff. AO mit unterschiedlichen verfahrensrechtlichen Zinsläufen i. H. v. entweder 0,5 % pro Monat oder 0,15 % pro Monat.

von Rückstellungen[7] oder der Teilwertermittlung für Beteiligungen an anderen Unternehmen[8]. Andere kommen außerhalb der Steuerbilanz zum Einsatz, etwa

- bei Wahl der Sofortbesteuerung für eine Betriebsveräußerung gegen wiederkehrende Leistungen,[9]
- bei der Bewertung unternehmerischen Vermögens im ErbStG und BewG, insbesondere bei Anwendung eines Zukunftserfolgsverfahrens,[10] sowie
- bei der Wertermittlung des Transferpakets einer Funktionsverlagerung.[11]

In gesamtsteuerlich-konzeptioneller Hinsicht spielen Zinsen bei der Frage nach der Zins- und Inflationsbereinigung[12] des Steuersystems eine Rolle.[13] Eine zinsbereinigte steuerliche Gewinnermittlung soll Investitionsneutralität herstellen. Investitionsneutralität beschreibt einen Zustand, in dem die Besteuerung auf Investitionsentscheidungen keine Auswirkungen hat. Die investitionstheoretische Rangfolge der Investitionsmöglichkeiten ist mit Steuern dieselbe wie ohne Steuern.[14] Herstellen lassen soll sich dieser Zustand durch eine steuerliche Abzugsfähigkeit von Fremd- und Eigenkapitalzinsen. Da Fremdkapitalzinsen in

---

[7] Vgl. §§ 6 Abs. 1 Nr. 3a lit. e), 6a Abs. 3 Satz 3 EStG.

[8] Vgl. etwa *Kulosa*, in: Schmidt, EStG, § 6 EStG, Rz. 280 (2020).

[9] Zum Wahlrecht vgl. bspw. R 16 Abs. 11 EStR; BFH v. 05.11.2019, X R 12/17, BStBl. II 2020, 262, Rn. 14; BFH v. 17.07.2013, X R 40/10, BStBl. II 2013, 883, Rn. 16–30 mit einem Überblick über die Entwicklung der diesbezüglich ergangenen Rechtsprechung.

[10] Das Methodenwahlrecht zwischen herkömmlichen Bewertungsverfahren und dem vereinfachten Ertragswertverfahren nach §§ 199–203 BewG, welches ebenfalls ein Zukunftserfolgsverfahren darstellt, ergibt sich durch Verweisungen auf § 11 Abs. 1 und 2 BewG, bei Kapitalgesellschaften über § 12 Abs. 2 ErbStG i. V. m. §§ 151 Abs. 1 Satz 1 Nr. 3 BewG, bei Personenunternehmen über § 12 Abs. 5 ErbStG i. V. m. §§ 151 Abs. 1 Satz 1 Nr. 2, 95–97, 157 Abs. 5 Satz 2, 109 BewG.

[11] Auch hier wird ein Zukunftserfolgsverfahren unter Ansatz abzuzinsender Gewinnpotenziale vorgesehen, vgl. §§ 2 und 4 FVerlV.

[12] Die Zinsbereinigung führt automatisch auch zu einer Verhinderung von Entscheidungsverzerrungen durch Inflation, vgl. *Wenger*, Einkommensbesteuerung, ZfB 1985, 710, 723 f.; *Hundsdoerfer/Kiesewetter/Sureth*, Forschungsergebnisse, ZfB 2008, 61, 85.

[13] Zur dafür theoretisch notwendigen Ausgestaltung eines Steuersystems vgl. jüngst bspw. *Rose*, Körperschaftsteuer, StuW 2017, 217, 220–222 im Kontext der Pläne für eine gemeinsame Körperschaftsteuerbemessungsgrundlage in der EU; *Wagner*, Steuerreformen, FR 2012, 653, 661–666.

[14] Vgl. *Elschen/Hüchtebrock*, Steuerneutralität, Finanzarchiv 1983, 253, 268 f.

den meisten Steuersystemen abzugsfähig sind, widmet sich die Diskussion überwiegend der Ergänzung der Besteuerung bilanzierender Unternehmen um den Abzug eines Marktzinses auf das Eigenkapital.[15]

Schließlich spielen Zinsen bei betrieblichen Entscheidungsproblemen eine Rolle, die investitionstheoretisch gelöst werden. Beispiele hierfür sind etwa die Inanspruchnahme steuermindernder (Bewertungs-)Wahlrechte oder die Entscheidung für oder gegen eine Gewinnthesaurierung[16]. Ausübungen von Bewertungswahlrechten sind besonders in Unternehmungen von Bedeutung, die sich als Ziel die relative Steuerbarwertminimierung gesetzt haben.[17] Hier beinhaltet schon die Zielgröße als Barwertkalkül eine Anbindung an Zinsen. Der Zeitpunkt der Ausübung des jeweiligen Wahlrechts beeinflusst die Höhe des Barwerts unterschiedlich stark in Abhängigkeit des Kalkulationszinssatzes.[18] Die Thesaurierungsfrage ist in steuerlicher Hinsicht auch an die Fragestellung der Rechtsformwahl gekoppelt. Eine Thesaurierung sei – vorbehaltlich einer Würdigung der damit verbundenen Risiken – dann vorteilhaft, wenn sich durch die Wiederanlage der Gewinne im eigenen Unternehmen eine attraktivere Verzinsung erwirtschaften lässt, als im Falle der Ausschüttung oder Entnahme. Steuerlich kann außerdem in Abhängigkeit der Thesaurierungsdauer und des Kalkulationszinses die niedrigere Thesaurierungsbelastung für Kapitalgesellschaften, gegebenenfalls via § 34a EStG oder § 1a KStG, vorteilhaft gegenüber der Regelbesteuerung von Personengesellschaften werden, denn diese besteuert Gewinne bereits im Entstehungszeitpunkt und sieht für den Thesaurierungsfall keinen günstigeren Steuertarif vor.[19]

---

[15] Vgl. grundlegend *Wenger*, Gleichmäßigkeit, Finanzarchiv 1983, 207–252, insbesondere 227–230; *Boadway/Bruce*, Business Tax, Journal of Public Economics 1984, 231–239.

[16] So ist eine Thesaurierung – vorbehaltlich einer Würdigung der damit verbundenen Risiken – in der Regel dann vorteilhaft, wenn sich durch die Wiederanlage der Gewinne im eigenen Unternehmen eine attraktivere Verzinsung erwirtschaften lässt, als im Falle der Ausschüttung oder Entnahme.

[17] Vgl. *Marettek*, Entscheidungsmodell, BFuP 1970, 7–31, insbesondere 22; *Fischer*, Bilanz, in: Grochla/Wittmann, Handwörterbuch, 4. Aufl. 1974, 897 f.; *Vodrazka*, Bilanzpolitik, in: Grochla/Wittmann, Handwörterbuch, 4. Aufl. 1974, 912; *Schneeloch/Meyering/Patek*, Steuerplanung, 4. Aufl. 2020, 133–138.

[18] Vgl. *Spengel/Meier*, Niedrigverzinsung, FR 2016, 496, 598.

[19] Vgl. *Homburg/Houben/Maiterth*, Finanzierung, WPg 2007, 376–381; *Förster*, Rechtsformwahl, Ubg 2008, 185, 191 f.; *Rickermann*, Optionsmodell, DB 2021, 1561, 1562–1565.

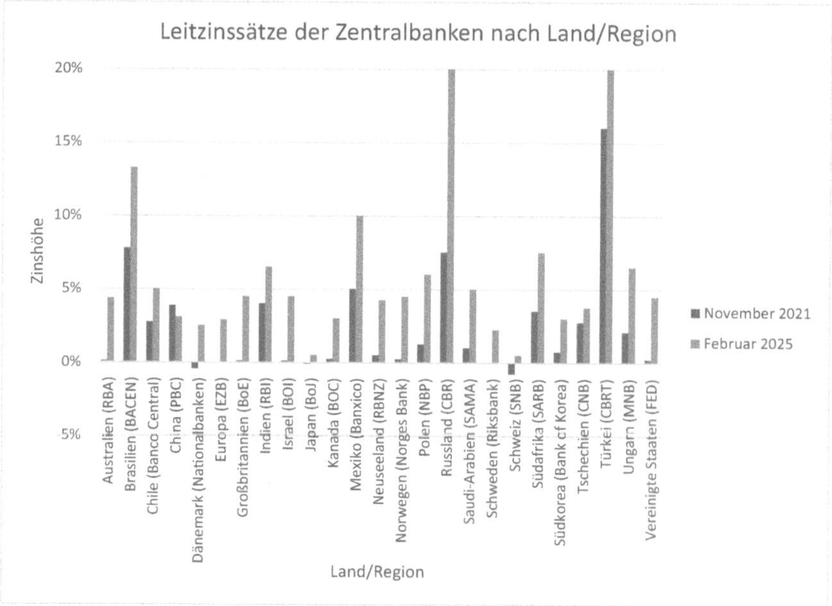

Abbildung 1.1 Leitzinssätze der Zentralbanken nach Land/Region[20]

Bei diesen steuerlichen Anknüpfungspunkten ergeben sich Fragestellungen aufgrund des im Anschluss an die Finanz- und Wirtschaftskrise seit dem Jahr 2008 weltweit stark gesunkenen Zinsniveaus. Abbildung 1.1 zeigt in blau den Stand der Leitzinssätze der Zentralbanken zur Hauptzeit der Niedrigzinsphase. Sie lagen insbesondere in den wirtschaftsstarken Industrieländern nahe oder

[20] Eigene Darstellung, Datenquelle: https://www.global-rates.com/de/zinssatze/zentralbanken/ (Abruf: 19.10.2025). Der Seitenbetreiber sammelt die Daten unmittelbar von den Internetauftritten der jeweiligen Zentralbanken.

unter 0 %. In der EU wurde der Leitzins[21] für das Hauptrefinanzierungsgeschäft der europäischen Zentralbank in der Zeit von 2008 bis März 2016 von ursprünglich 3,75 % auf historisch niedrige 0 % gesenkt. Zu diesem Zeitpunkt lag der Zinssatz der Spitzenrefinanzierungsfazilität noch bei 0,25 %, der Zinssatz der Einlagefazilität seit 11.06.2014 aber auf einem Niveau unterhalb der 0 %, bis Juni 2022 bei −0,5 %.[22] Auch das Marktzinsniveau lag ähnlich niedrig. Dies zeigen beispielsweise die Zinsstrukturdaten deutscher Bundesanleihen (Abbildung 1.2) und Staatsanleihen höchster Bonität im gesamten Euroraum (Abbildung 1.3). Sie zeigen von 2019 bis 2022 auch Negativverzinsungen bei sehr langen Restlaufzeiten.

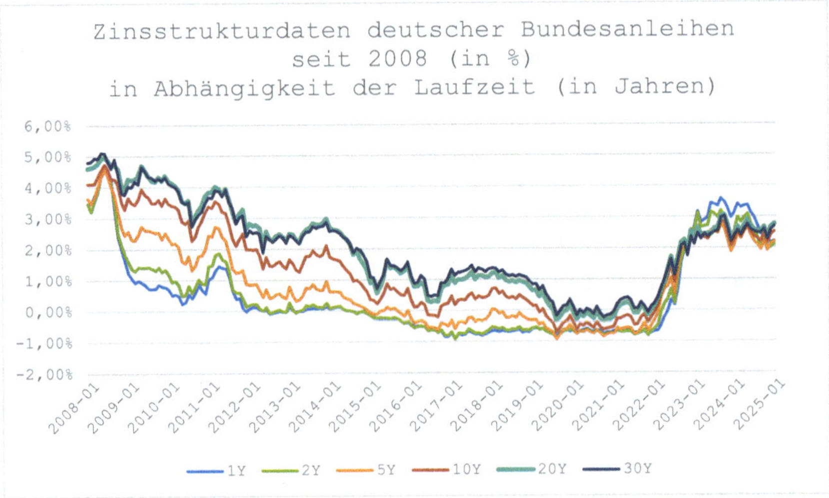

Abbildung 1.2 Zinsstrukturdaten deutscher Bundesanleihen seit 2008 (in %) in Abhängigkeit der Laufzeit (in Jahren)[23]

[21] Der Leitzins ist grundsätzlich fix, war aber in der Zeit vom 28.06.2000 bis zum 14.10.2008 variabel, vgl. *Europäische Zentralbank,* Key ECB interest rates, https://www.ecb.europa.eu/stats/policy_and_exchange_rates/key_ecb_interest_rates/html/index.en.html (abgerufen am 19.10.2025) (im Folgenden: *Europäische Zentralbank,* Key ECB interest rates (abgerufen am 19.10.2025)), dort Fußnoten 2 und 4.

[22] Vgl. *Europäische Zentralbank,* Key ECB interest rates (abgerufen am 19.10.2025).

[23] Eigene Darstellung, Datenquelle: siehe Anhang 1 im elektronischen Zusatzmaterial.

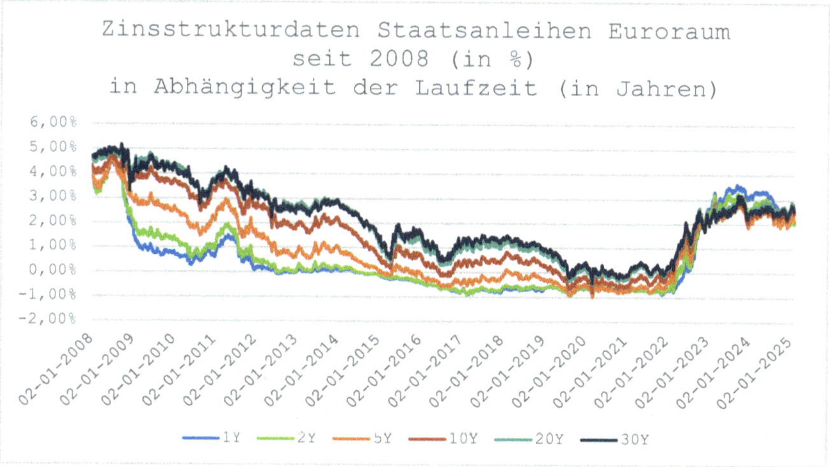

Abbildung 1.3 Zinsstrukturdaten Staatsanleihen Euroraum seit 2008 (in %) in Abhängigkeit der Laufzeit (in Jahren)[24]

Darüber hinaus wird das niedrige Marktzinsniveau auch aus dem Kredit- und Einlagengeschäft der Kredit- und Finanzdienstleistungsinstitute im europäischen Raum ersichtlich.

[24] Eigene Darstellung, Datenquelle: Statistical Data Warehouse der EZB, https://sdw.ecb.europa.eu/home.do, Euro Area Government Bond Spot Rates (Rating AAA) für die oben angegebenen Restlaufzeiten.

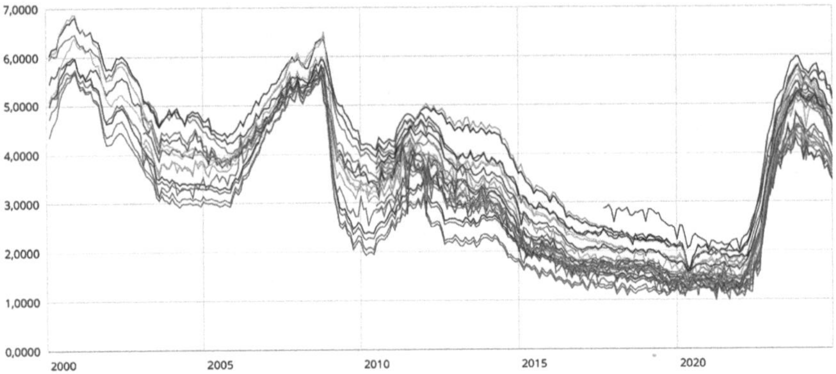

Abbildung 1.4 Durchschnittliche Kreditzinsen der Kredit- und Finanzdienstleistungsinstitute im Euroraum seit 2000[25]

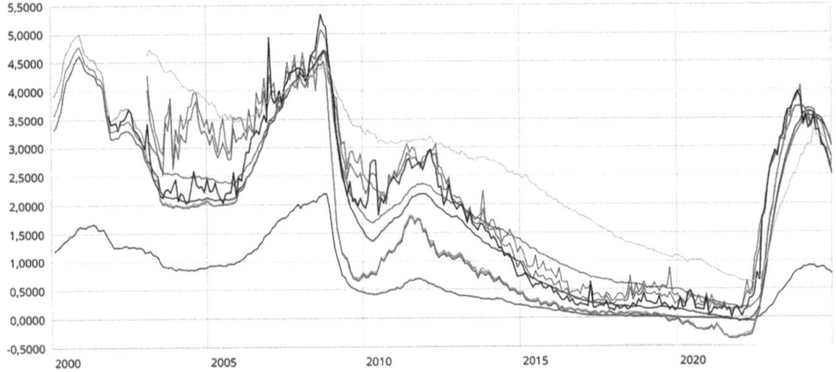

Abbildung 1.5 Durchschnittliche Einlagezinsen der Kredit- und Finanzdienstleistungsinstitute im Euroraum in der betrieblichen Realwirtschaft seit 2000[26]

[25] Darstellung entnommen aus dem Statistical Data Warehouse der EZB, https://data.ecb.europa.eu/, alle Daten aus Datenschlüssel MIR.M.U2.B.A2A. Die einzelnen Kurven stellen unterschiedliche Kreditvolumina und Zinsbindungsdauern dar.

[26] Darstellung entnommen aus dem Statistical Data Warehouse der EZB, https://data.ecb.europa.eu/, alle Daten aus Datenschlüssel MIR.M.U2.B. BS Counterpart Sector 2240. Die einzelnen Kurven (auch bei Abb. 6) stellen unterschiedlich lange Anlagehorizonte dar.

Abbildung 1.4 zeigt dabei, dass der Kreditvergabe im Euroraum im Durchschnitt in der Regel positive Zinsen zugrunde lagen. Sie bewegten sich zur Hauptzeit der Niedrigzinsphase in einer Spanne zwischen einem und zweieinhalb Prozentpunkten. Die durchschnittlichen Zinsen des Einlagengeschäfts im Euroraum im betrieblichen Bereich bewegten sich seit 2019 auf einem Niveau nahe 0 %, vereinzelt auch darunter (siehe Abbildung 1.5). Gegenüber Privathaushalten und dem Non-Profit-Sektor ist das Bild ähnlich (siehe Abbildung 1.6).

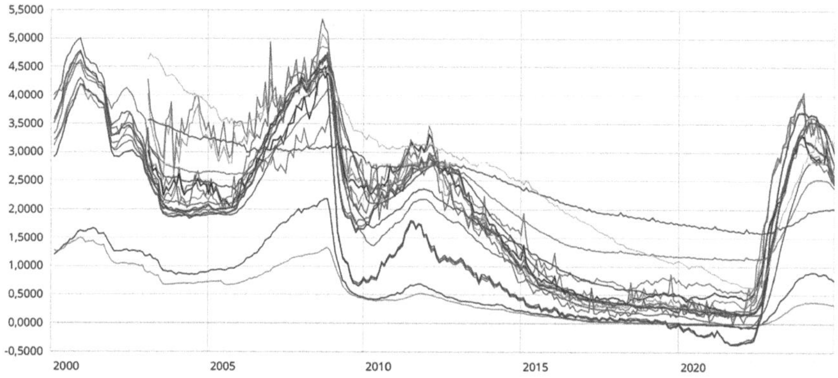

Abbildung 1.6 Durchschnittliche Einlagezinsen der Kredit- und Finanzdienstleistungsinstitute im Euroraum für Privathaushalte und Non-Profit-Sektor seit 2000[27]

Der in allen Abbildungen sichtbare kürzliche Zinsanstieg dürfte Folge der Inflation sein, die mit den enormen Kostensteigerungen zunächst aus der Covid 19 Pandemie sowie anschließend dem Ukraine-Krieg einherging. Echtes Wirtschaftswachstum steht nicht hinter diesen Entwicklungen. Sofern keine bedeutenden realwirtschaftlichen Ereignisse eintreten (Wachstumsschub durch Innovation, weitere Krise), ist nach Beruhigung der Situation daher bereits die nächste Niedrigzinsphase absehbar. Schon jetzt deuten die Abbildungen wieder ein Absinken des Zinsniveaus an. Für das Anhalten des niedrigen Zinsniveaus bis 2021 gibt es

[27] Darstellung entnommen aus dem Statistical Data Warehouse der EZB, https://data.ecb.europa.eu/, alle Daten aus Datenschlüssel MIR.M.U2.B. BS Counterpart Sector 2250. Die einzelnen Kurven stellen unterschiedliche Fristbindungen dar.

zwar keine theoretisch und empirisch überzeugende, zentrale Erklärung,[28] dennoch können Aussagen über dessen Auswirkungen getroffen werden.[29] Zu den Auswirkungen auf einzelwirtschaftlicher Ebene gehören auch wichtige Fragestellungen bei der Besteuerung von Unternehmen, die durch das niedrige Zinsniveau aufgeworfen werden. Für Zwecke der anstehenden Untersuchung seien – jeweils in Anlehnung an die voranstehend dargestellten Statistiken – niedrige positive Zinsen solche in Höhe von mehr als 0 % bis zu 4 %, Nullzinsen Zinsen in Höhe von genau 0 % und negative Zinsen solche mit negativem Vorzeichen. Der Begriff Niedrigzinsen wird als Oberbegriff für die drei voranstehend definierten Begriffe verwendet.

Bei den unmittelbaren Anknüpfungspunkten von Zinsen in der Besteuerung ergeben sich Fragestellungen durch die Existenz negativer Zinsen. In Wirtschafts- und Rechtswissenschaften ist bereits unklar, ob negative Zinsen (1) dasselbe sind wie positive Zinsen oder ob es sich (2) um ein Entgelt für eine Geldeinlagenverwahrung,[30] (3) eine bloße Wertminderung auf das überlassene Kapital[31] oder

---

[28] Vgl. *Wissenschaftlicher Beirat beim Bundesministerium der Finanzen,* Herausforderungen, https://www.bundesfinanzministerium.de/Content/DE/Standardartikel/Ministerium/Geschaeftsbereich/Wissenschaftlicher_Beirat/Gutachten_und_Stellungnahmen/Ausgewaehlte_Texte/2017-06-28-gutachten-niedrigzinsphase-anlage.pdf?__blob=publicationFile&v=4 (abgerufen am 19.10.2025) (im Folgenden: *Wissenschaftlicher Beirat beim Bundesministerium der Finanzen*, Herausforderungen (abgerufen am 19.10.2025)), 5.

[29] Gesamtwirtschaftlich gelten besonders die öffentlichen Haushalte als „Gewinner" der Niedrigzinsphase, denn durch das niedrige Zinsniveau sinken insbesondere deren Verschuldungskosten. „Verlierer" seien hauptsächlich Sparer, namentlich private und institutionelle Anleger sowie Unternehmen im Bereich der betrieblichen Altersvorsorge, die unter der sinkenden Verzinsung des eingesetzten Kapitals leiden. Vgl. *Wissenschaftlicher Beirat beim Bundesministerium der Finanzen,* Herausforderungen (abgerufen am 19.10.2025); *IDW,* Zinsen, https://www.idw.de/blob/95668/f503f437fc7edab97b59c82dcb83faac/down-positionspapier-niedrigzinsphase-data.pdf (abgerufen am 19.10.2025) (im Folgenden: *IDW*, Zinsen (abgerufen am 19.10.2025)).

[30] So für Zwecke des Steuerrechts schon *Anzinger*, Dauerniedrigzins I, DStR 2016, 1766, 1767; *Melan*, Geldpolitik, DStR 2019, 1319, 1324. Siehe auch die Finanzverwaltung für das Privatvermögen, vgl. BMF v. 19.02.2021, IV C 1–S 2252/19/10003:007, BStBl. I 2021, 296, Rz. 129a. Zum Gedanken einer Aufteilung in zwei Leistungsbeziehungen (Darlehen und Verwahrung) bei unverzinslichen Finanztiteln siehe *Moritz/von Cölln*, Abzinsung, FR 2018, 684, 689 f.

[31] Vgl. *Anzinger*, Dauerniedrigzins I, DStR 2016, 1766, 1773; *Strobel*, Negativzinsen, NJW 2021, 881.

(4) eine hoheitliche Maßnahme ähnlich einer Steuer[32] handelt. Bei jeder Variante stellt sich außerdem die Frage der rechtlichen Zulässigkeit der negativen Zinsen.[33]

Die Qualifikationsproblematik beginnt im Betriebsvermögen bei bilanzierenden Unternehmen aufgrund des Maßgeblichkeitsprinzips (§ 5 Abs. 1 Satz 1 EStG) schon im Handelsrecht. So ist fraglich, ob es sich bei negativen Zinsen um negative Erträge bzw. positive Aufwendungen handelt, oder ob eine Einordnung als „herkömmlicher" Ertrag oder Aufwand vorzunehmen ist, wann diese Zahlungen realisiert sind und ob und wie sie sich als Bestandteil von Anschaffungs-, Herstellungskosten und Erfüllungsbeträgen auf die Bewertung in der Bilanz auswirken. Auch der Ausweis in den Zinserträgen und Aufwendungen in der Gewinn- und Verlustrechnung ist ungeklärt.[34] Hierauf aufbauend stellen sich bei der steuerlichen Gewinnermittlung Folgefragen (a) bei der Anwendbarkeit von Abzugsbeschränkungen[35] und (b) bei der Durchführung von Fremdvergleichen[36].[37] Qualifikatorische Fragen im Privatvermögen ergeben sich (a) hinsichtlich der Einkünfteerzielungsabsicht[38], die für die Steuerbarkeit negativverzinslicher Finanzinstrumente erforderlich ist, und infolgedessen (b), ob

---

[32] Vgl. insbesondere *Kirchhof,* Negativzinsen, 2021, 177–180, 184.

[33] Vgl. *Wissenschaftliche Dienste Deutscher Bundestag,* Negativzinsen, https://www.bundestag.de/resource/blob/664584/15489e9bc30805160560885786 3b89e7/WD-7-137-19-pdf-data.pdf (abgerufen am 19.10.2025) (im Folgenden: *Wissenschaftliche Dienste Deutscher Bundestag*, Negativzinsen (abgerufen am 19.10.2025)); *Kirchhof*, Negativzinsen, 2021. Für die Zulässigkeit LG Leipzig v. 08.07.2021, 05 O 640/20, ZIP 2021, 1533; gegen die Zulässigkeit LG Berlin v. 28.10.2021, 16 O 43/21, ZIP 2021, 2527.

[34] Vgl. *Henckel*, Bankeinlagen, StuB 2020, 520.

[35] In Betracht kommen §§ 4 Abs. 4a, 4h EStG, § 8a KStG und § 8 Nr. 1 lit. a) GewStG. Vgl. dazu Oberste Finanzbehörden der Länder v. 17.11.2015, G 1422, BStBl. I 2015, 896; *Schiffers/Köster*, Gestaltungshinweise, DStZ 2016, 862, 880; *Kaminski*, XI R 30/16 (Anm.), Stbg Heft 5 aus 2019, M8. Vgl zur Typisierungsfrage in diesem Kontext BFH v. 14.06.2018, III R 35/15, BStBl. II 2018, 662; *Prinz*, Finanzierung, FR 2019, 789, 797 f.

[36] Siehe dazu § 4 Abs. 4 EStG, § 8 Abs. 3 Satz 2, 3 KStG und § 1 AStG sowie *Anzinger*, Dauerniedrigzins I, DStR 2016, 1766, 1773; *von Cölln*, Gesellschafterdarlehen, FR 2020, 248, 259 f. Für Fremdvergleiche bei der Abzugsfähigkeit von Gewinnminderungen in Zusammenhang mit Gesellschafterdarlehen siehe § 8b Abs. 3 Satz 4–8 KStG, § 3c Abs. 2 Satz 2–6 EStG.

[37] Sie stellen sich auch schon bei niedrigen positiven oder Nullzinsen, vgl. etwa die Untersuchung von *Spengel/Meier*, Niedrigverzinsung, FR 2016, 496, 497.

[38] Es werden dann ja gerade keine oder nur negative Zinsen vereinnahmt.

zu zahlende, negative Zinsen abzugsfähige, negative Einnahmen bei den Einkünften aus Kapitalvermögen oder nach § 20 Abs. 9 EStG nicht abzugsfähige Werbungskosten sind.[39]

Bei den mittelbaren Anknüpfungspunkten lassen sich die aufgeworfenen Fragestellungen am besten anhand des Beispiels der Pensionsrückstellungen für betriebliche Altersvorsorge nachvollziehen. Handelsrechtlich sind die Pensionsverpflichtungen mit einem ihrer Restlaufzeit entsprechenden, durchschnittlichen Marktzinssatz abzuzinsen, der sich aus den vergangenen zehn (bis 11.03.2016 noch sieben[40]) Geschäftsjahren ergibt (§ 253 Abs. 2 Satz 1 HGB).[41] Dieser Zinssatz ist als Durchschnitt sinkender Marktzinsen bis einschließlich 2021 ebenfalls kontinuierlich gesunken und seit 2022 wieder leicht angestiegen, obwohl dies beides aufgrund der Durchschnittsbildung etwas langsamer von statten ging (Abbildung 1.7 und Abbildung 1.8).

[39] Vgl. die Arbeit von *Niermann*, Bankeinlagen, 2018, für einen schnellen Überblick insbesondere die Zusammenfassung der Ergebnisse auf den Seiten 193–210; *von Cölln*, Gesellschafterdarlehen, FR 2020, 248–253 im Kontext von Gesellschafterdarlehen. Die Finanzverwaltung hat sich bereits entgegen der einheitlichen Leistungsbeziehung positioniert, vgl. hierzu zunächst BMF v. 27.05.2015, IV C 1 – S 2210/15/10001:002, BStBl. I 2015, 473, anschließend aufgehoben und aufgenommen in BMF v. 18.01.2016, IV C 1 – S 2252/08/10004:017, BStBl. I 2016, 85, Rz. 129a, schließlich in BMF v. 19.02.2021, IV C 1–S 2252/19/10003:007, BStBl. I 2021, 296, Rz. 129a ergänzt um eine Regelung im Falle von Staffelzinsen.

[40] Zeitraum für die Bildung des Durchschnitts angehoben mit dem Gesetz zur Umsetzung der Wohnimmobilienkreditrichtlinie und zur Änderung handelsrechtlicher Vorschriften v. 11.03.2016, BGBl. I 2016, 396 in Art. 9.

[41] Weitere Voraussetzung ist eine Restlaufzeit der Verpflichtung von mehr als einem Jahr. Alternativ darf auch ein Durchschnittszins für eine unterstellte Restlaufzeit von 15 Jahren für alle Verpflichtungen verwendet werden (§ 253 Abs. 2 Satz 2 HGB). Der relevante Marktzinssatz wird monatlich von der Deutschen Bundesbank ermittelt und bekanntgegeben gem. § 253 Abs. 2 Satz 4 und 5 HGB, §§ 1–8 RückAbzinsV.

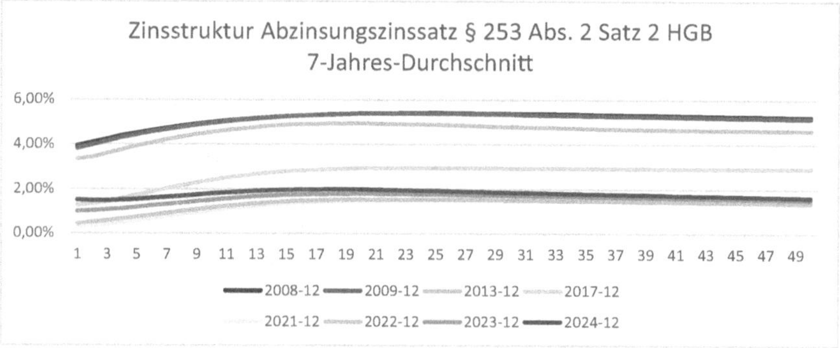

Abbildung 1.7 Zinsstruktur Abzinsungszinssatz § 253 Abs. 2 Satz 2 HGB 7-Jahres-Durchschnitt[42]

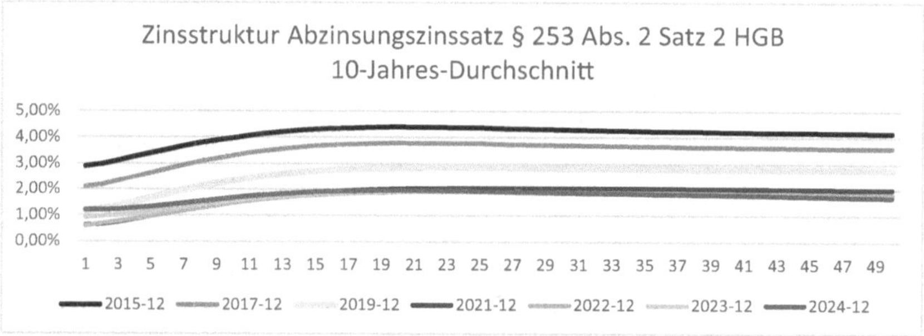

Abbildung 1.8 Zinsstruktur Abzinsungszinssatz § 253 Abs. 2 Satz 2 HGB 10-Jahres-Durchschnitt[43]

Die sich aus dem Absinken ergebende Aufstockung der Rückstellungen belastet zunehmend die handelsrechtlichen Jahresergebnisse der Unternehmen.[44] Diese

---

[42] Eigene Darstellung, Datenquelle: Zeitreihendatenbanken der Deutschen Bundesbank https://www.bundesbank.de/de/statistiken/zeitreihen-datenbanken (Abruf: 19.10.2025).

[43] Eigene Darstellung, Datenquelle: Zeitreihendatenbanken der Deutschen Bundesbank https://www.bundesbank.de/de/statistiken/zeitreihen-datenbanken (Abruf: 19.10.2025).

[44] Vgl. *Prinz/Keller*, Pensionsrückstellungen, DB 2016, 1033; *Geberth*, Direktzusage, FR 2016, 507 f.; *Schiffers/Köster*, Gestaltungshinweise, DStZ 2016, 862, 867; *IDW*, Zinsen (abgerufen am 19.10.2025), 4, 16–18; *Anzinger*, Dauerniedrigzins I, DStR 2016, 1766, 1771; *Liess*, Brennpunkte, GStB 2017, 92 unter 3.5; *Pagels*, Pensionsrückstellungen, FR 2018,

sind grundsätzlich auch Ausgangspunkt der steuerlichen Gewinnermittlung (§ 5 Abs. 1 Satz 1 EStG). Die Mehrbelastung aus der Aufstockung der Rückstellungen wird steuerlich aber nicht nachvollzogen, weil es eine eigenständige steuerliche Vorschrift für Ansatz und Bewertung von Pensionsrückstellungen gibt, die eine Abzinsung typisierend und nicht variabel mit 6 % p. a. vorschreibt (§ 6a Abs. 3 Satz 3 EStG). Unter der Annahme, dass die handelsrechtliche Bilanzierung der Pensionsrückstellungen konzeptionell richtig ist,[45] werden in Höhe des Unterschieds der Rückstellungen in Handels- und Steuerbilanz nur scheinbar vorhandene Gewinne mit Steuern belastet.[46] Darüber hinaus kommt es zu Auswirkungen durch Steuerlatenzen und auf den für Ausschüttungen zur Verfügung stehenden Jahresüberschuss.[47]

Das Beispiel verdeutlicht zwei zentrale Aspekte der steuerlichen Auswirkungen des anhaltend niedrigen Zinsniveaus an den mittelbaren Anknüpfungspunkten:

(1) Es stellt sich die Frage nach der Sach- und Realitätsgerechtigkeit sämtlicher steuerlicher Bewertungen mit Barwertkalkülen in Niedrigzinszeiten.[48]

114, 116; *Schulenburg/Hillebrandt*, Pensionsrückstellungen, DB 2019, 617; *Hillebrandt/Schulenburg*, Pensionsrückstellungen, WPg 2019, 502; *Siebenlist*, Pensionsrückstellungen, FR 2019, 1123.

[45] Vgl. *Hey*, Niedrigzinsphase, FR 2016, 485, 493.

[46] Vgl. *Herzig/Briesemeister*, BilMoG-RegE, Ubg 2009, 157, 166; *Prinz*, Rückstellungen, DB 2011, 492; *Artaega/Veit*, in: Korn, EStG, § 6a EStG, Rz. 108 (August 2015); *Geberth*, Reformbedarf, in: Meister, ifst-Schrift 507, 2015, 14; *Prinz/Keller*, Pensionsrückstellungen, DB 2016, 1033; *Geberth*, Direktzusage, FR 2016, 507 f.; *Dommermuth*, Altersversorgung, FR 2017, 745, 750; *Pagels*, Pensionsrückstellungen, FR 2018, 114, 119; *Pradl*, Pensionszusagen, GStB 2018, 293 unter 2; *Kahle*, Unternehmensbesteuerung, FR 2019, 337, 339; *Wissenschaftlicher Beirat beim Bundesministerium der Finanzen*, Corona-Krise, https://www.bundesfinanzministerium.de/Content/DE/Standardartikel/Ministerium/Geschaeftsbereich/Wissenschaftlicher_Beirat/Gutachten_und_Stellungnahmen/Ausgewaehlte_Texte/2020-05-14-Gutachten-Corona-Hilfen-anl.pdf?__blob=publicationFile&v=5 (abgerufen am 19.10.2025) (im Folgenden: *Wissenschaftlicher Beirat beim Bundesministerium der Finanzen*, Corona-Krise (abgerufen am 19.10.2025)), 7. Auch Umgehungsgestaltungen zwecks Hebung stiller Lasten werden steuerlich unattraktiv gemacht, vgl. *Kahle/Braun*, Rückstellungen, FR 2018, 197; *Kahle*, Unternehmensbesteuerung, FR 2019, 337, 339; *Selig-Kraft*, IX R 52/17, 42/18 (Anm.), StuB 2020, 497.

[47] Vgl. *Spengel/Meier*, Niedrigverzinsung, FR 2016, 496, 499–501.

[48] Bilanziell: Allgemein vgl. *Anzinger*, Dauerniedrigzins I, DStR 2016, 1766, 1768–1772. Hinsichtlich der Abzinsung von Rückstellungen vgl. *Velte*, Rückstellungsbewertung, Ubg 2020, 360. Zur Abzinsung von Verbindlichkeiten vgl. *Prinz/Keller*, Pensionsrückstellungen,

(2) Es stellt sich die Frage nach der verfassungsrechtlichen Zulässigkeit steuergesetzlicher Typisierungen von Zinssätzen dem Grunde und der Höhe nach.

Die Beantwortung von Frage (1) setzt einen Beurteilungsmaßstab voraus. Dieser Maßstab ist der Zweck der Bewertungsrechnung. Die Bewertung ist sachgerecht, wenn sie dem Rechenzweck dient.[49]

Erste Anhaltspunkte für die Rechenzwecke bietet ein Überblick über die Forschungsströmungen. In systematisch-technischer Anwendung kommen Bar-/Kapitalwerte schon im Jahr 1582 vor.[50] Belege für eine Befassung mit ihren Anwendungsvoraussetzungen[51] und ihrer inhaltlichen Interpretation[52] finden sich erst im 19. Jahrhundert. Anschließend erfolgte eine Einbettung in die betriebswirtschaftliche Investitionstheorie.[53] Heute ist die Investitionstheorie zusammen

---

DB 2016, 1033 f.; *Kanzler*, XI R 30/16 (Anm.), FR 2019, 190; *von Cölln*, Gesellschafterdarlehen, FR 2020, 248; *Weckerle*, Verbindlichkeiten, FR 2020, 715.

Außerbilanziell: Zu Veräußerungen gegen wiederkehrende Bezüge vgl. *Paus*, Kaufpreis, EStB 2016, 190. Hinsichtlich der Bewertung unternehmerischen Vermögens in der Erbschaft- und Schenkungsteuer vgl. *Kohl/König*, Ertragswertverfahren, BB 2012, 607, aber noch zur Rechtslage vor Einführung eines fixen Kapitalisierungsfaktors; *Deutscher Steuerberaterverband e. V.*, Erbschaftsteuer, Stbg 2015, 337 f.; *Anzinger*, Dauerniedrigzins I, DStR 2016, 1766, 1772; *Wachter*, Erbschaftsteuerrecht, FR 2016, 690, 708 f.; *Kaminski*, Betriebsvermögen, Stbg 2016, 441, 454, 458; *Christoffel*, Kapitalisierungsfaktor, ErbBstg 2017, 41; *Kowanda*, Ertragswerverfahren, ErbStB 2019, 45, 47 f. mit Blick auf Beteiligungen an ausländischen Gesellschaften.

[49] Ähnlich schon *Stützel*, Bilanztheorie, 1967, 12–15; *Breithecker/Schmiel*, Steuerbilanz, 2003, 27. Die Kenntnis des Zwecks macht eine Verifikation oder Falsifikation gerade erst möglich, vgl. *Schmitz*, Bilanztheorie, 2012, 144 f.

[50] Vgl. *Schneider*, Geschichte, 2001, 783 unter Verweis auf *Stevin*, Tafelen, 1582, im Appendix ab Seite 88, bei dem die Vorteilhaftigkeit unterschiedlicher Darlehenskonditionen untersucht wird.

[51] Vgl. *Schneider*, Geschichte, 2001, 785 unter Verweis auf *Löhmann*, Rechnungen, 1829, 248–250.

[52] Vgl. *Schneider*, Geschichte, 2001, 788 f. unter Verweis auf *o. A.*, Berechnung, Journal für die Baukunst 1832, 9–35.

[53] Sie ergab sich aus zwei Strömungen. Einerseits entwickelte man die Idee der Lösung von Investitionsproblemen in Bezug auf Zeitabschnitte gleicher Länge aus einem Meinungsstreit in der Kapitaltheorie, andererseits stellte man bei der Suche nach einer theoretisch „richtigen" Abschreibungsmethode fest, dass man nichts anderes als den Kapitalwert einer Investition suchte. Vgl. *Albach*, Investitionstheorie, 1975, 13–15; *Brockhoff*, Geschichte, 2. Aufl. 2002, 407–409.

mit der Finanzierungstheorie in die Theorie der Finanzwirtschaft der Unternehmung gefasst.[54] Darin stellen Bar-/Kapitalwerte ein wichtiges Kriterium zur Findung von Investitions- und Finanzierungsentscheidungen dar.[55] Eine Ausprägung hiervon sind auch die eingangs angesprochenen betrieblichen Entscheidungen in Steuersachen. Auch andere Disziplinen haben sich Barwerte zu eigen gemacht. Dazu gehören die Bewertung einzelner Güter im Asset Pricing sowie die Unternehmensbewertung.[56] Bei diesen Disziplinen geht es aber entweder ebenfalls um die Findung einer Entscheidung für oder gegen die Investition in eine Unternehmung oder ein Asset, oder es wird eben dieses Entscheidungsverhalten unterschiedlicher Marktteilnehmer analysiert, um das Zustandekommen von Marktpreisen zu erklären.[57] Schließlich wird die Bewertung mit dem Barwert auch gesetzlich in der externen Rechnungslegung und bei der Ermittlung steuerlicher Bemessungsgrundlagen vorgeschrieben. Bewertungsgegenstand können auch hier Einzelobjekte oder Objektbündel wie ganze Unternehmungen sein.[58] Zur externen Rechnungslegung und steuerlichen Gewinnermittlung gehört auch die Bilanzierung. Alle genannten Disziplinen lassen sich auf zwei Kategorien reduzieren:

(1) Die Berechnung von Barwerten kann als Hilfestellung dienen, mit der die Entscheidung über die Durchführung einer Investition getroffen werden soll (Entscheidungswert). Diese subjektive Betrachtung kann auch für zwei Parteien angestellt werden, von denen eine das Bewertungsobjekt veräußern und die andere das Bewertungsobjekt erwerben möchte. Unter Einbeziehung des Einigungsprozesses in die Bewertung ergibt sich der zustande kommende Preis (Marktpreis).[59]
(2) Die Berechnung von Barwerten kann gesetzlich vorgeschrieben sein. Sie können dann der Bemessung gesetzlicher Ansprüche oder Verpflichtungen und/

[54] Vgl. *Franke/Hax,* Finanzwirtschaft, 6. Aufl. 2009, 141–144 und den Aufbau des Werks.

[55] Siehe hierzu bspw. *Busse von Colbe/Witte,* Investitionstheorie, 5. Aufl. 2018; *Kruschwitz/Lorenz,* Investitionsrechnung, 15. Aufl. 2019. Während sich die Finanzierungstheorie mit der Mittelbeschaffung durch die Unternehmung, also der Aufrechterhaltung der eigenen Zahlungsfähigkeit, beschäftigt, befasst sich die Investitionstheorie mit der Frage der möglichst rentablen Mittelverwendung vgl. *Schneider*, Geschichte, 2001, 755.

[56] Vgl. *Ballwieser/Hachmeister,* Unternehmensbewertung, 6. Aufl. 2021, 7.

[57] Im Kontext der Unternehmensbewertung vgl. *Matschke/Brösel,* Unternehmensbewertung, 4. Aufl. 2013, 32 f.

[58] Siehe hierzu bereits die Grundlegung in Abschnitt 1.1.

[59] Vgl. *Matschke/Brösel*, Unternehmensbewertung, 4. Aufl. 2013, 32 f.; auch *IDW*, S 1, IDW-FN 2008, 271, Tz. 17 (im Folgenden: IDW S1).

oder der verpflichtenden oder freiwilligen Information der Rechnungsadressaten dienen.[60] Sie sollen üblicherweise Interessenkonflikte überbrücken.

Kategorie (1) vereint alle Einzeldisziplinen in dem übergeordneten Verwendungszweck der Barwerte als Entscheidungswerte und Marktpreise. Sie dürfen zusammengefasst werden, weil die Findung von Marktpreisen auf Entscheidungswerten aufbaut. Weil diese Kategorie der Barwertkalküle ursprünglich aus der Investitionstheorie stammt, können die Probleme aller nachfolgenden daran anknüpfenden Disziplinen auch als Spezialfälle der Investitionstheorie bezeichnet werden.[61]

Kategorie (2) vereint alle nach gesetzlicher Vorschrift durchzuführenden Barwertberechnungen. Sie knüpfen dabei an diejenigen aus Kategorie (1) an. Weder für Barwerte in der handels-/steuerrechtlichen Bilanzierung noch für Barwerte an anderen Stellen der steuerlichen Bemessungsgrundlagen ist der Zweck im Gesetzeswortlaut ausdrücklich festgelegt. Er muss erst im Wege der Auslegung des Gesetzes bestimmt werden.[62] Allein wegen des zu überbrückenden Interessenkonflikts ist aber davon auszugehen, dass sich die Rechnungsadressaten und Rechnungszwecke unterscheiden. Am Beispiel der Bilanzierung zeigt sich, dass zudem ein technisch ganz eigenes Rechnungssystem mit Aufwendungen und Erträgen vorliegen kann, dass sich von demjenigen in Kategorie (1) mit Ein- und Auszahlungen unterscheidet.

Frage (1) zerfällt damit in mehrere Fragen, die nur in aufeinander aufbauender Reihenfolge fundierte Ergebnisse liefern können:

a) Bei den Barwerten als Entscheidungswerte und Marktpreise (i) wie Zweck und Technik ausgestaltet sind, also welche Bewertungsparameter angesetzt werden müssen, und (ii) ob und wann für diesen Zweck und diese Technik auch negative Zinsen Bewertungsparameter sein können, weil sie ursprünglich unter den Gegebenheiten positiver Zinsen entwickelt wurden.
b) Bei den gesetzlich vorgeschriebenen Barwerten wie Zweck und Technik des gesetzlichen Rechensystems ausgestaltet sind.

---

[60] Für die Bilanzierung vgl. *Egner,* Bilanzen, 1974, 24–84; *Förster,* Jahresabschlusszwecke, 1999, 21–166, insb. 134–145; *Tanski,* Bilanztheorie, 2013, 16 f.; *Bitz/Schneeloch/Wittstock et al.,* Jahresabschluss, 6. Aufl. 2014, 40–54; *Bareis,* Grundsätze, in: Brönner/Bareis/Hahn *et al.*, Bilanz, 11. Aufl. 2016, 40 (Rn. 173).

[61] Vgl. *Busse von Colbe/Witte,* Investitionstheorie, 5. Aufl. 2018, 9–11 für die Unternehmensbewertung; allgemeiner und m. w. N. *Ballwieser/Hachmeister*, Unternehmensbewertung, 6. Aufl. 2021, 7.

[62] Ähnlich für das Bilanzrecht *Baetge/Kirsch/Thiele,* Bilanzen, 16. Aufl. 2021, 91.

c) Ob und wann Zweck und Technik aus a) und b) miteinander vereinbar sind. Ist dies nicht der Fall, sind Barwertberechnungen im gesetzlichen System nie sachgerecht.
d) Wenn c) erfüllt werden kann, ob das Ergebnis von a) übernommen werden kann oder ob Zweck und Technik von b) eine Anpassung erfordern. Hieraus ergibt sich, unter welchen Bedingungen mit der gesetzlichen Barwertberechnung theoretisch sachgerechte Ergebnisse erzielbar sind.
e) Ob die derzeitige rechtliche Ausgestaltung von der theoretisch richtigen aus c) oder d) abweicht.

Bei der Beantwortung von Frage (2) finden sich ausführlichere Untersuchungen in Literatur und Rechtsprechung zum allgemeinen Zinslauf i. H. v. jährlich 6 % aus § 238 AO.[63] Dieser Typisierung widmet sich auch die Dissertation von *Dust*, der überwiegend aus der Entstehungsgeschichte der Norm Erkenntnisse ableitet und Reformvorschläge ausarbeitet.[64] Im Falle der Nachzahlungs- und Erstattungszinsen in § 233a i. V. m. § 238 Abs. 1 Satz 1 AO a. F. liegt nach Äußerung schwerwiegender Zweifel an der Verfassungsmäßigkeit seitens

[63] Vgl. *Seer/Klemke,* ifst-Schrift 490, 2013, 40 38–58; *Drüen*, Vollverzinsung, FR 2014, 218; *Seer*, Verfassungswidrigkeit, DB 2014, 1945; *Behrens*, Vollverzinsung, FR 2015, 214; *Dziadkowski*, Vollverzinsung, FR 2015, 922; *Hey*, Niedrigzinsphase, FR 2016, 485; *Strotkemper*, Handlungsbedarf, BB 2016, 1767; *Anzinger*, Dauerniedrigzins II, DStR 2016, 1829, 1834 f.; *Hey/Steffen,* ifst-Schrift 511, 2016; *Dziadkowski*, Vollverzinsung, DStR 2016, 2303; *Jonas*, Typisierungen, DB 2016, 3000; *Ebner/Malzahn/Martini et al.*, Verzinsung, DStR-Beih. 23 aus 2017, 77–81; *Melan*, Festsetzungszinsen, DStR 2017, 2088; *Jonas*, Zinsen, DStR 2018, 545; *Seifert*, Verzinsung, StuB 2018, 260; *Sonnleitner/Witfeld*, III R 10/16 (Anm.), FR 2018, 486; *Jonas*, III R 10/16 (Anm.), FR 2018, 488; *Melan*, Nachzahlungszinsen, DStR 2018, 1151; *Melan*, Aussetzungszins, FR 2018, 577; *Mohr*, Zinssatz, FR 2018, 669; *Höfer*, Verfassungsmäßigkeit, DB 2018, 1698; *Ritter*, Nachzahlungszinsen, BC 2018, 361; *Günther*, Nachzahlungszinsen, WPg 2018, 1053; *Behrens/Dworog*, Zweifel, BB 2018, 1943, 1944; *Steinhauff*, Typisierung, AO-StB 2018, 261; *Plewka*, Entwicklung, NJW 2018, 2526 f.; *Mack/Gomes*, Verzinsung, DB 2018, 2014; *Borggräfe/Staud*, Zins, FR 2018, 857; *Eich*, Verfassungskonformität, AO-StB 2018, 320; *Brandt*, IX B 21/18 (Anm.), DB 2018, 2666; *Brandt,* Verienfachungszwecknormen, in: Drüen/Hey/Mellinghoff, FS BFH, 2018, 303–306; *Borggräfe/Staud*, Zins, FR 2019, 120; *Stenert/Wulf*, Selbstanzeige, Stbg 2019, 124; *Heurung/Schmidt/Roth*, Niedrigzinsniveau, StuB 2019, 238; *Martin*, Zinsen, NWB 2019, 2230; *Seer*, Geldwert, StuW 2019, 212, 219–224; *Füssenich*, Entwicklung, NJW 2019, 2509; *Koss*, Vorläufigkeit, AStW 2019, 941; *Hendricks/Wedel*, Verfassungsmäßigkeit, Ubg 2019, 661; *Olgemöller*, Zinsniveau, Stbg 2020, 120; *Jonas*, AO-Zinsen, Ubg 2020, 370; *Zahn*, Vollverzinsung, DStZ 2020, 573.

[64] Vgl. *Dust,* Zinssatz, 2019.

des BFH[65] inzwischen eine Entscheidung des BVerfG vor.[66] Seine Vorgehensweise ähnelt den voranstehenden Überlegungen zu Frage (1).[67] Es befand die Zinshöhe im Vergleich mit allen nach dem Normzweck in Betracht kommenden Vergleichszinssätzen ab 2014 für evident realitätsfern, nicht mehr erforderlich und daher verfassungswidrig.[68] Die Entscheidung ist auf keine andere Zinstypisierung übertragbar.[69]

Daneben finden sich Untersuchungen zum im Eingangsbeispiel genannten Abzinsungszinssatz für Pensionsrückstellungen i. H. v. 6 % p. a. (§ 6a Abs. 3

[65] Vgl. BFH v. 25.04.2018, IX B 21/18, BStBl. II 2018, 415, insb. Rn. 15. Im Streitfall ging es um einen seitens des Finanzamts und der Vorinstanz nicht gewährten Antrag auf Aussetzung der Vollziehung gegen einen Zinsbescheid mit Verzinsungszeitraum April 2011 bis November 2017. Für Veranlagungszeiträume bis einschließlich 2013 hielt der BFH die Regelungen aber noch für verfassungskonform, vgl. BFH v. 09.11.2017, III R 10/16, BStBl. II 2018, 255. Vgl. außerdem FG Münster v. 17.08.2017, 10 K 2472/16, Rev. eingelegt (Az. des BFH: III R 25/17), EFG 2017, 1638, welches den Zinslauf für Verzinsungszeiträume bis einschließlich 2015 für verfassungsgemäß hielt. Hinsichtlich einer Verfassungswidrigkeit insgesamt a. A. noch die Bundesregierung in BT-Drs. 19/18372 und BT-Drs. 19/20234.

[66] Vgl. BVerfG v. 08.07.2021, 1 BvR 2237/14, 1 BvR 2422/17, DStR 2021, 1934; Vorinstanzen: OVG NRW v. 10.07.2014, 14 A 1196/13, rkr., Versorgungswirtschaft 2015, 93; VGH Bayern v. 10.08.2017, 4 ZB 17.279, rkr., KStZ 2018, 90.

[67] Das BVerfG prüfte (a) den Normzweck, (b) anhand dessen die allgemeine Zulässigkeit der Methode „Verzinsung" und (c), dies vorausgesetzt, die Abweichung der Zinstypisierung von den dem Normzweck entsprechenden, mit der Typisierung theoretisch abzubildenden Marktzinsen.

[68] Vgl. BVerfG v. 08.07.2021, 1 BvR 2237/14, 1 BvR 2422/17, DStR 2021, 1934, Rn. 147–220.

[69] Vgl. BVerfG v. 08.07.2021, 1 BvR 2237/14, 1 BvR 2422/17, DStR 2021, 1934, Rn. 242 f. Seit dieser Entscheidung hält das FG Münster in FG Münster v. 16.12.2021, 12 V 2684/21 AO, Rev. eingelegt (Az. des BFH: II B 3/22), EFG 2022, 225; FG Münster v. 11.01.2022, 12 V 1805/21 AO, Rev. eingelegt (Az. des BFH: IV B 4/22), EFG 2022, 279 die Höhe der Säumniszuschläge in § 240 AO ab dem 01.01.2019 für verfassungsrechtlich bedenklich. Zuvor noch a. A. FG Münster v. 29.05.2020, 12 V 901/20 AO, rkr., EFG 2020, 1053. Der BFH äußerte ferner bereits verfassungsrechtliche Bedenken an den Aussetzungszinsen nach § 237 AO für Verzinsungszeiträume ab 2012, vgl. BFH v. 04.07.2019, VIII B 128/18, BFH/NV 2019, 1060, vgl. die Vorinstanz FG Münster v. 31.08.2018, 9 V 2360/18 E, teilw. aufgehoben (BFH v. 04.07.2019, VIII B 128/18), EFG 2018, 1821 aber noch für Zeiträume ab 2014; BFH v. 03.09.2018, VIII B 15/18, BFH/NV 2018, 1279, Rn. 13–21 in nach der BVerfG Entscheidung unzulässiger Übertragung seiner Argumentation von den Nachzahlungs- und Erstattungszinsen auf Aussetzungszinsen. Zuvor noch ohne Bedenken für Verzinsungszeiträume bis 2011 vgl. BFH v. 14.04.2015, IX R 5/14, BStBl. II 2015, 985 und FG Berlin-Brandenburg v. 15.01.2014, 3 K 3079/13, rkr. (BFH v. 14.04.2015, IX R 5/14), EFG 2014, 724; BFH v. 01.07.2014, IX R 31/13, BStBl. II 2014, 925.

Satz 3 EStG).[70] Die Literatur enthält auch einige Reformvorschläge.[71] Eine zwischenzeitlich erfolgte Vorlage an das BVerfG[72] ist wegen mangelnder Auseinandersetzung mit der bisherigen BVerfG-Rechtsprechung zum Bilanzrecht nicht erfolgreich gewesen.[73]

Ferner findet eine Beschäftigung mit dem Abzinsungssatz i. H. v. 5,5 % p. a. für unverzinsliche Verbindlichkeiten mit einer Restlaufzeit von mehr als einem Jahr statt (§ 6 Abs. 1 Nr. 3 EStG i. d. F. bis 31.12.2022).[74] Zu dessen Höhe hat der BFH für das Jahr 2010 entschieden, dass keine verfassungsrechtlichen Bedenken bestehen.[75] Während das FG Hamburg[76] hieran ab dem Jahr 2013 verfassungsrechtliche Zweifel hat, vertritt das FG Münster[77] für den Zeitraum

---

[70] Vgl. *Prinz/Keller*, Pensionsrückstellungen, DB 2016, 1033, 1040; *Hey*, Niedrigzinsphase, FR 2016, 485; *Anzinger*, Dauerniedrigzins II, DStR 2016, 1829–1834; *Hey/Steffen*, ifst-Schrift 511, 2016; *Höfer/Hagemann/Neumeier*, Versorgungsverpflichtungen, DB 2016, 2613, 2616; *Doralt*, Rückstellungen, FR 2017, 377; *Weckerle*, Abzinsungszinssatz, DB 2017, 1284; *Hey*, Pensionsrückstellungen, BetrAV 2017, 396; *Dommermuth*, Altersversorgung, FR 2017, 745, 750 und 756; *Eilers/Bleifeld*, Abzinsungssatz, Ubg 2018, 65; *Geberth/Sedemund*, Steuergerechtigkeit, DStR 2018, 217; *Velte*, Vorlagebeschluss, BB Heft 6 2018, I; *Dommermuth*, in: H/H/R, EStG, § 6a EStG, Anm. 3 (Februar 2018); *Doralt*, Pensionsrückstellungen, FR 2018, 347; *Briese*, Verfassungswidrigkeit, DStR 2018, 1248; *Melan*, Bruttogesamtkapitalrendite, DStR 2018, 1512; *Höfer*, Verfassungsmäßigkeit, DB 2018, 1698 f.; *Schulenburg/Hillebrandt*, Pensionsrückstellungen, DB 2019, 617, 618; *Seer*, Geldwert, StuW 2019, 212, 218 f.; *Gosch*, in: Kirchhof, EStG, § 6a EStG, Rn. 1, 12 (2020); *Schätzlein*, Rechnungszinsfuß, FR 2020, 947; *Kessler/Feurer/Schneider et al.*, Streitfragen, DStR 2021, 2929, 2931.

[71] Vgl. bspw. *Geberth,* Reformbedarf, in: Meister, ifst-Schrift 507, 2015, insb. 19–26; *Geberth*, Direktzusage, FR 2016, 507–510; *Spengel/Meier*, Niedrigverzinsung, FR 2016, 496, 501 f.; *Anzinger*, Dauerniedrigzins II, DStR 2016, 1829–1834.

[72] Vgl. Vorlagebeschluss des FG Köln v. 12.10.2017, 10 K 977/17 (Az. des BVerfG: 2 BvL 22/17), EFG 2018, 287. Mit Hinweis auf eine gesetzgeberische Pflicht zur Revision der Typisierung aufgrund einer einschneidenden Änderung der Realität, vgl. schon BVerfG v. 28.11.1984, 1 BvR 1157/82, BVerfGE 68, 287 unter C.II.b).bb).

[73] Vgl. BVerfG v. 28.07.2023, 2 BvL 22/17, juris,.

[74] Vgl. *Doralt*, Pensionsrückstellungen, FR 2018, 347; *Moritz/von Cölln*, Abzinsung, FR 2018, 684; *Weiss/Holle*, Abzinsung, NWB 2019, 696; *Melan*, Geldpolitik, DStR 2019, 1319; *Seer*, Geldwert, StuW 2019, 212, 218 f.; *Mihm*, X R 19/17 (Anm.), BB 2019, 2804; *Kanzler*, X R 19/17, FR 2019, 1138, 1139; *von Cölln*, Gesellschafterdarlehen, FR 2020, 248; *Schiffers*, Bestandsaufnahme, DStZ 2021, 979, 999 f.; *Kessler/Feurer/Schneider et al.*, Streitfragen, DStR 2021, 2929, 2931.

[75] Vgl. BFH v. 22.05.2019, X R 19/17, BStBl. II 2019, 795.

[76] Vgl. FG Hamburg v. 31.01.2019, 2 V 112/18, rkr., EFG 2019, 525, Rn. 36–41.

[77] Vgl. FG Münster v. 05.05.2021, 13 V 505/21, Rev. eingelegt (Az. des BFH: XI B 44/21), EFG 2021, 1205, Rn. 23–28; FG Münster v. 22.07.2021, 10 K 1707/20 E, G, vorl., EFG

bis Ende 2016 die Gegenposition.[78] Selbiges vertritt das FG Münster auch für die Typisierung bei Rückstellungen in § 6 Abs. 1 Nr. 3a lit. e) EStG.[79]

Weniger prominent sind Untersuchungen zur Höhe des Gewinnzuschlags in § 6b Abs. 7 EStG,[80] zu der der BFH bis einschließlich 2009 keine Bedenken zum Ausdruck gebracht hat,[81] sowie der Typisierung des Zinssatzes aus § 4 Abs. 4a Satz 3 EStG,[82] die das FG Düsseldorf zeitraumunabhängig für verfassungsrechtlich unbedenklich hält.[83] Ebenfalls nur punktuell wird die Typisierung des Multiplikators im vereinfachten Ertragswertverfahren aus § 203 BewG untersucht.[84] Schließlich gibt es auch Rechtsprechung zu den §§ 12–15 BewG.[85]

2021, 1810, Rn. 23–35; FG Münster v. 18.01.2022, 2 K 700/18 G, F, Rev. eingelegt (Az. des BFH: IV R 4/22), EFG 2022, 483, Rn. 46. Dazu kritisch vgl. *Schiffers*, 10 K 1707/20 E, G (Anm.), DStZ 2021, 878; *Kleinmanns*, 10 K 1707/20 E, G (Anm.), BB 2021, 2674; *Schiffers*, Bestandsaufnahme, DStZ 2021, 979, 989.

[78] Beide Verfahren hatten eine Entscheidung über Aussetzung der Vollziehung zum Gegenstand.

[79] Vgl. FG Münster v. 18.01.2022, 2 K 700/18 G, F, Rev. eingelegt (Az. des BFH: IV R 4/22), EFG 2022, 483, Rn. 39 unter Verweis auf die in Fußnote 77 genannte Rechtsprechung.

[80] Vgl. *Prinz/Ludwig*, § 6b EStG, FR 2019, 493, 498 f.; *Kanzler*, X R 19/17, FR 2019, 1138, 1139; *Weiss*, X R 7/17 (Anm.), EStB 2019, 484.

[81] Vgl. BFH v. 09.07.2019, X R 7/17, BFH/NV 2019, 1390.

[82] Nur mit kurzem Hinweis vgl. *Prinz*, Überentnahmen, FR 2017, 632.

[83] Das FG Düsseldorf hat auf Basis der bisherigen BFH Rechtsprechung keine verfassungsrechtlichen Bedenken, insbesondere, da es die Übertragbarkeit derjenigen gegen § 238 AO anzweifelt, vgl. FG Düsseldorf v. 31.05.2019, 15 K 1131/19 G, F, Rev. eingelegt (Az. des BFH: IV R 19/19), EFG 2019, 1752.

[84] Vgl. *Kaminski*, Betriebsvermögen, Stbg 2016, 441, 458.

[85] § 12 Abs. 1, Abs. 3 Satz 2 BewG sieht die Abzinsung unverzinslicher Kapitalforderungen und Schulden bei einer Laufzeit von mehr als einem Jahr mit 5,5 % vor. Diese Typisierung hält das FG Düsseldorf v. 28.07.2021, 4 K 865/21 Erb, vorl., EFG 2021, 1735, Rn. 19–44, für Bewertungsstichtage bis März 2015 noch für verfassungsgemäß. Gegen § 13 Abs. 1 BewG, welcher eine Bewertung von Rentenforderungen mit ihrem mit einem Zinssatz von 5,5 % berechneten Kapitalwert fordert, hat der BFH für 2013 ebenfalls keine verfassungsrechtlichen Bedenken geäußert, vgl. BFH v. 14.07.2021, VIII R 3/17, BStBl. II 2020, 813, Rn. 36–54. Gegen § 15 Abs. 1 BewG, der für die Bewertungen von Nutzungen einen Zinssatz von 5,5 % festlegt, wenn kein anderer Wert feststeht, hat das FG Köln v. 29.09.2020, 7 K 2593/19, rkr., juris, Rn. 39–43, keine verfassungsrechtlichen Bedenken, da die Norm auch die Bewertung mit einem niedrigeren Zinssatz zulässt, wenn ein solcher am Markt erlangt werden kann. Wird eine Bewertung für Zwecke der Erbschaft- und Schenkungsteuer vorgenommen, handelt es sich aber um definitive Belastungswirkungen, nicht um Periodenverschiebungen der Bemessungsgrundlage, vgl. FG Münster v. 05.05.2021, 13 V 505/21, Rev. eingelegt (Az. des

An den weniger offensichtlich greifbaren, mittelbaren Anknüpfungspunkten ergeben sich zum einen Fragestellungen bei der betrieblichen Entscheidungsfindung mit investitionstheoretischen Entscheidungsinstrumenten. Hier müssen insbesondere Zins- und Liquiditätseffekte gegeneinander abgewogen werden.[86] Bei Zinseffekten handelt es sich um die Auswirkungen von Periodenverschiebungen positiver oder negativer Bestandteile der Bemessungsgrundlage jeder Art in dem jeweiligen Entscheidungsinstrument.[87] Letzteres ist häufig eine Kapital- oder Barwertmethode. Bei diesen ist im Falle positiver Zinsen eine Verschiebung positiver Bemessungsgrundlagenbestandteile in die Zukunft und eine Vorverlegung negativer in die Gegenwart vorteilhaft und umgekehrt. Nullzinsen führen zur Irrelevanz von Periodenverschiebungen. Nähert sich der Kalkulationszins letzteren, scheint es daher vorteilhafter, auf endgütige „reale" Minderungen der Steuerbemessungsgrundlage zu setzen.[88] Hiervon abgesehen reduziert sich die Vorteilhaftigkeit in die Zukunft verschobener Steuerzahlungen auf Effekte, die außerhalb des eigentlichen Entscheidungsinstruments liegen. So kann durch die Periodenverschiebung zumindest Liquidität für andere Zwecke verfügbar gemacht werden.[89] Eine ähnliche Problemstellung ergibt sich auch für den Gesetzgeber, wenn er steuerpolitisch mit Lenkungsnormen agieren möchte. Bloße Periodenverschiebungen als Anreize für bestimmte Investitionen dürften bei niedrigem (Kalkulations-)Zinsniveau an Attraktivität verlieren. Selbiges dürfte auch für andere Reformüberlegungen gelten, etwa die Zinsbereinigung des Steuersystems.

BFH: XI B 44/21), EFG 2021, 1205, Rn. 22 und 26; FG Düsseldorf v. 28.07.2021, 4 K 865/21 Erb, vorl., EFG 2021, 1735, Rn. 44.

86 Vgl. *Spengel/Meier*, Niedrigverzinsung, FR 2016, 496, 498.

87 Beispiele für derartige Periodenverschiebungen sind die oben bereits genannten steuerlichen Wahlrechte. Vgl. zur Rückstellungsbildung als Beispiel in jüngerer Zeit etwa *Wagner*, Steuerreformen, FR 2012, 653, 662 f.; *Doralt*, Rückstellungen, FR 2017, 377, 379 f. Es kann aber auch zu gegenteiligen Wirkungen, insbesondere durch Abzugsbeschränkungen von Aufwendungen und Verlusten, kommen, etwa die Mindestbesteuerung in § 10d Abs. 2 EStG vgl. BFH v. 26.02.2014, I R 59/12, BStBl. II 2014, 1016, Rn. 15. Schließlich sind auch die Fragestellungen der Thesaurierung und der steuerlichen Rechtsformwahl angesprochen, da es auch hier zu einem Zahlungsaufschub der erzielten Gewinne an die Anteilseigner kommt. Vgl. hierzu im Kontext der Niedrigzinsphase *Köster/Kettler*, Thesaurierungsbegünstigung, FR 2020, 19, 30.

88 Vgl. *Prinz/Keller*, Pensionsrückstellungen, DB 2016, 1033, 1034 zur Relevanz zumindest realer Steuerbilanzpolitik in Niedrigzinsphasen; *Watrin/Thomsen*, Empirie, StuW 2020, 276, 284 ganz allgemein; *Schneeloch/Frieling*, Unternehmensbesteuerung, 2021, 631, 636 und 640.

89 Vgl. *Spengel/Meier*, Niedrigverzinsung, FR 2016, 496, 498.

Liquiditätsgesichtspunkte sind in diesen Fällen weniger ausschlaggebend. Andererseits waren diese in der Bewältigung der Corona-Pandemie sehr bedeutsam, um die Zahlungsfähigkeit der Steuerpflichtigen für die Dauer der Lockdowns und eingeschränkter wirtschaftlicher Aktivitäten zu erhalten.[90]

Zum anderen ergeben sich Fragestellungen in der betrieblichen Organisation bzw. im Tax Controlling. In Steuerabteilungen einer Unternehmung wird üblicherweise mit dem Steuerbarwert oder der (Konzern-)Steuerquote gesteuert.[91] Hinsichtlich des Steuerbarwertes stellen sich zunächst die gleichen Fragen bezüglich dessen Eignung in Niedrigzinszeiten wie beim Barwertkalkül allgemein. Wird die Leitung einer Steuerabteilung anreizbasiert in Abhängigkeit eines Steuerbarwertziels vergütet, birgt er außerdem die Gefahr zinsbedingter Fehlanreize.[92] Der Steuerbarwert nimmt mit sinkendem Kalkulationszinssatz automatisch zu, sodass seine üblicherweise angestrebte Reduzierung durch die Abteilungsleitung allein durch Änderungen des Kalkulationszinssatzes deutlich erschwert wird. Hierin ist ein Verstoß gegen das Controllability-Prinzip zu sehen – einen normativen Grundsatz, nach dem die Zielvorgaben für die Bewertung der Leistung des Managements nach Möglichkeit so gewählt sein sollten, dass die Zielerreichung auch in deren eigenem Einflussbereich liegt.[93] Im Falle anreizbasierter Vergütungen schlägt sich dies auch unmittelbar im Gehalt der Bezugsperson nieder. Alternativ käme die Steuerung oder anreizbasierte Vergütung mit der (Konzern-)Steuerquote in Betracht. Auch diese ist aber nicht frei von Niedrigzinsauswirkungen. Sie wird mit dem handelsrechtlichen Steueraufwand gebildet, in den auch latente Steuern für Differenzen zwischen Handels- und Steuerbilanzen einfließen (§§ 274, 306 HGB). Bei einigen Bilanzpositionen kommt es nun gerade wegen

---

[90] Vgl. hierzu *Wagner/Weber*, Vorteilhaftigkeit, DStR 2020, 745, 751 f.

[91] Zur Üblichkeit der beiden Kennzahlen für steuerliche Steuerungszwecke vgl. *Vitale/Loose*, Management, BB 2014, 2903, 2904 und 2906; *Liesenhoff/Jungen/Pottebaum*, Tax Controlling-System, StuW 2021, 46, 48.

[92] Anreizbasierte Vergütungen dienen der Überwindung von Prinzipal Agenten Problemen. Im hier angesprochenen Fall soll aus Sicht der Konzernleitung (Prinzipal) sichergestellt werden, dass sich die Leitung der Konzernsteuerabteilung (Agent) auch tatsächlich entsprechend der Zielvorgabe verhält. Die moderne Prinzipal-Agenten-Theorie wurde insbesondere in *Jensen/Meckling*, agency, Journal of Financial Economics 1976, 305–360 aus einzelnen älteren Theorien aufgearbeitet.

[93] Vgl. *Gordon*, Responsibility, NAA Bulletin Heft 12 aus 1963, 3, 6 f.; *Dalton*, Control, in: Dalton/Lawrence, Control, 1971, 2 und 27; *McNally*, Responsibility, Journal of Business Finance & Accounting 1980, 165–181; *Merchant/Van der Stede*, Control, 4. Aufl. 2017, 42 f. und 518–523. Grundlegend zur empirischen Validierung des Prinzips vgl. auch *Burkert/Fischer/Schäffer*, controllability, Management Accounting Research 2011, 143–159.

der Niedrigzinsphase zu Unterschieden in der Bewertung, beispielsweise bei den Pensionsrückstellungen.[94]

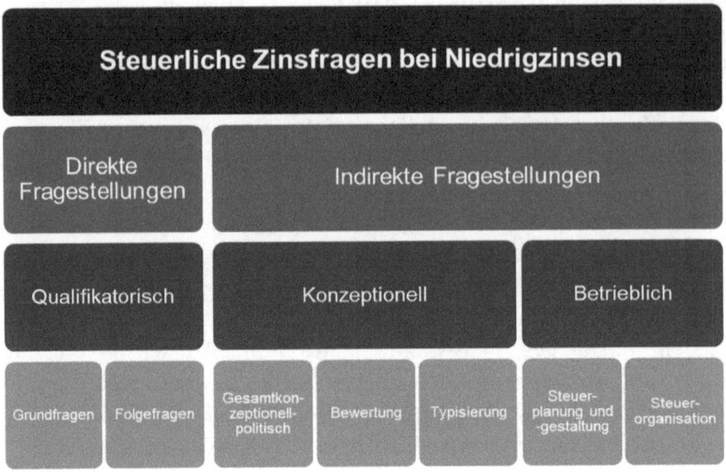

Abbildung 1.9 Systematisierung der steuerlichen Zinsfragen bei Niedrigzinsen[95]

In einer Gesamtbetrachtung des Inhaltlichen (siehe Abbildung 1.9) lassen sich alle steuerlichen Zinsfragen bei Niedrigzinsen zunächst in direkte und indirekte Fragestellungen unterteilen, je nachdem, ob sie sich an einem unmittelbaren oder an einem mittelbaren Anknüpfungspunkt von Zinsen in der Besteuerung ergeben. Die Direkten sind qualifikatorische Fragestellungen – einerseits die Grundfrage, wie negative Zinsen überhaupt einzuordnen sind, andererseits die Folgefragen hinsichtlich der Anwendung von Abzugsbeschränkungen, Fremdvergleichen und Ähnlichem. Die Indirekten äußern sich in konzeptionellen und in betrieblichen Fragestellungen. Die konzeptionellen Fragestellungen knüpfen kategorisch – wie oben dargestellt – an die steuerliche zinsabhängige Bewertung, Zinstypisierungen und zinsabhängige, gesamtkonzeptionelle Überlegungen an. Dabei sind die Einzelfragestellungen nicht zwingend isoliert in einzelne der Kategorien einordenbar, sondern betreffen zumeist mehrere Kategorien gleichzeitig. Nach der Darstellung im Vorigen ist dies insbesondere bei Bewertung und Typisierung der Fall. Die betrieblichen Fragestellungen lassen sich in die in den vorigen beiden Absätzen

[94] Vgl. *Spengel/Meier*, Niedrigverzinsung, FR 2016, 496, 500.

[95] Eigene Darstellung.

genannten steuerplanerischen und -gestalterischen sowie steuerorganisatorischen Fragestellungen unterteilen.

Der bisherige Forschungsstand ist lückenhaft. Er umfasst insbesondere die voranstehend bereits angegebene Literatur. In der gesamten Breite des Themas mangelt es bereits an einer systematischen Aufarbeitung der steuerlichen Fragestellungen bei Niedrigzinsen, wie sie voranstehend geleistet wurde. Thematisch breiter angelegt sind nur die formatbedingt knappen Zeitschriftenbeiträge von *Anzinger*[96] und *Spengel/Meier*[97].

Qualifikatorische Fragestellungen wurden auf den Gebieten der Mikroökonomie und Betriebswirtschaftslehre bisher nicht umfassend bearbeitet. Es finden sich nur wenige einzelne Abhandlungen, überwiegend in Zeitschriftenbeiträgen, die dann auf einzelne Lösungsvorschläge beschränkt sind und zudem aus der zivil- und steuerrechtlichen Literatur stammen.[98] Qualifikatorische steuerliche Fragestellungen im Privatvermögen untersucht zudem die Monografie von *Niermann*[99]. Es fehlen daher eine fundierte betriebswirtschaftliche Aufarbeitung und eine steuerliche für den betrieblichen Bereich.

Konzeptionelle Fragestellungen wurden bisher nur unzureichend untersucht.

- Wie die Aufgliederung der Frage (1) zur Sachgerechtigkeit von Barwertberechnungen in Niedrigzinszeiten zeigt,[100] kommt eine rechtliche Würdigung nicht ohne eine zugehörige betriebswirtschaftliche aus. In der Betriebswirtschaftslehre ist zwar grundsätzlich bekannt, welche Kalkulationszinssätze zu theoretisch richtigen Ergebnissen führen. Weil ihnen mangelnde praktische Handhabbarkeit vorgeworfen wird,[101] fehlt aber bislang eine umfassende systematische Ausarbeitung von Zweck und Technik der Barwerte als Entscheidungswerte und Marktpreise.[102] Aufgrund dessen unterliegt auch die

---

[96] Vgl. *Anzinger*, Dauerniedrigzins I, DStR 2016, 1766–1773; *Anzinger*, Dauerniedrigzins II, DStR 2016, 1829–1836.

[97] Vgl. *Spengel/Meier*, Niedrigverzinsung, FR 2016, 496–502.

[98] Siehe den knappen Überblick in Abschnitt 1.1, Textabsatz mit Fußnoten 30 bis 33.

[99] Vgl. *Niermann*, Bankeinlagen, 2018.

[100] Siehe die Ausführungen in Abschnitt 1.1 im Textabsatz hinter Fußnote 62.

[101] *Rolfes*, Investitionsrechnung, 3. Aufl. 2003, 105–107.

[102] Für einige Szenarien klärt *Hering*, Investitionstheorie, 1995, die theoretisch richtigen Kalkulationszinssätze für Barwerte als binäres Entscheidungskriterium, die aber betragsmäßig nicht interpretierbar sind. *Grob*, Investitionsrechnung, 1989 erarbeitet theoretisch richtige Kalkulationszinssätze, die auch betragsmäßig interpretierbar sind, unterlässt aber eine Analyse der unterschiedlichen Modellszenarien.

Verwendung des vorgeschlagenen einfachen und handhabbaren Ansatzes Irrtümern. Des weiteren wurde bisher nicht ausgearbeitet, ob, und wenn ja, wie sich negative Zinsen in Barwertkalkülen berücksichtigen lassen. *Thießen*[103] untersucht in einem Zeitschriftenbeitrag nur betragsmäßige Konsequenzen niedrigerer Kalkulationszinssätze. Es mangelt daher an einer grundlegenden betriebswirtschaftlichen Aufarbeitung der konzeptionellen Fragstellungen für Barwerte als Entscheidungswerte und Marktpreise.

- Rechtliche Untersuchungen werfen zwar die Frage nach der Sachgerechtigkeit auf, lassen sie aber unbeantwortet oder stützen sich für die steuerbilanzielle Beurteilung auf die Vermutung der Angemessenheit der handelsrechtlichen Bilanzierung.[104] Daneben gibt es eine Vielzahl an (Zeitschriften-)Beiträgen und die Monografie von *Dust*[105] zur Verfassungsmäßigkeit einiger der steuerlichen Zinstypisierungen. Alle diese Untersuchungen beziehen nur selten wirtschaftliche Erwägungen ein, die, wenn sie vorkommen, wenig ausführlich sind. Zudem werden immer nur einzelne Barwertkalküle thematisiert. Es fehlt daher eine umfassende Aufarbeitung der konzeptionellen rechtlichen Fragestellungen, die sich zudem auf Erkenntnisse einer betriebswirtschaftlichen Untersuchung für Barwerte als Entscheidungswerte und Marktpreise stützt.

Betriebliche Auswirkungen werden einzeln beiläufig in Zeitschriftenbeiträgen erwähnt, die meisten aber gar nicht angesprochen. Daher mangelt es bisher generell an einer Aufarbeitung.

1.2 Untersuchungsziel

Vor dem Hintergrund der Lücken im Forschungsstand ist das Oberziel der vorliegenden Untersuchung die systematische Aufarbeitung und Analyse der steuerlichen Zinsfragen bei Niedrigzinsen, soweit sie einen Berührungspunkt mit der Bilanzierung haben. Um das Oberziel erreichen zu können, muss es in einzelne untergeordnete Ziele aufgeteilt werden.[106]

---

[103] Vgl. *Thießen*, Bewertungsprobleme, CF 2020, 167–174.

[104] Siehe voranstehend in Abschnitt 1.1 bei Fußnote 46.

[105] Vgl. *Dust*, Zinssatz, 2019.

[106] Zu Unterscheidung und Rangverhältnis von Zielen vgl. *Bidlingmaier/Schneider,* Ziele, in: Grochla/Wittmann, Handwörterbuch, 4. Aufl. 1974, 4733–4735; *Wöhe/Döring/Brösel,* Betriebswirtschaftslehre, 27. Aufl. 2020, 66, 68 f.

Erstes Unterziel ist die Untersuchung der qualifikatorischen Fragestellungen, was wirtschaftlich unter negativen Zinsen zu verstehen ist und wie sie bilanzrechtlich behandelt werden müssen. Damit soll die diesbezügliche, voranstehend dargelegte Forschungslücke geschlossen werden.

Zweites Unterziel ist die betriebswirtschaftliche Ausarbeitung der konzeptionellen Fragestellungen für Barwerte als Entscheidungswerte und Marktpreise. Dies umfasst die Bestimmung von Zweck, Technik und theoretisch richtiger Bewertungsparameter bei Barwertberechnungen und die Klärung, ob, und wenn ja, wie negative Zinsen als Parameter einzubeziehen sind (Frage (1a) der Problemstellung). Die Erreichung des ersten Unterziels ist daher Voraussetzung für die Bearbeitung des zweiten.

Drittes Unterziel ist die Aufarbeitung und Analyse der bilanziellen konzeptionellen Fragstellungen. Sie erschöpfen sich in denjenigen bei bilanziellen Barwertkalkülen. Das Ziel umfasst die Klärung der übrigen Teilfragen zu Frage (1) und die Frage (2) der Problemstellung, angewendet auf die handels- und steuerrechtliche Bilanzierung, weil sie über das Maßgeblichkeitsprinzip (§ 5 Abs. 1 Satz 1 EStG) miteinander verbunden sind. So müssen zunächst gesamtsystematisch (1b) Zweck und Technik der Bilanzierung, die in den Grundsätzen ordnungsmäßiger Buchführung Ausdruck finden, bestimmt und (1c) die Vereinbarkeit von Zweck und Technik der Barwerte als Entscheidungswerte und Marktpreise mit denjenigen der Bilanzierung geklärt werden. Anschließend müssen die einzelnen bilanziellen Barwertkalküle in den Blick genommen werden. Es muss bestimmt werden, (1d) für welche Bewertungsparameter mit der einzelnen bilanziellen Barwertberechnung sachgerechte Ergebnisse erzielbar sind und (1e), ob die derzeitige rechtliche Ausgestaltung hiervon abweicht. Tut sie dies, stellt sich insbesondere die Frage (2) nach der Verfassungsmäßigkeit der Regelung. Vor dem Hintergrund dieser Aufgaben ist die Erreichung der ersten beiden Unterziele Voraussetzung für die Bearbeitung des dritten.

Die Untersuchung ist damit hauptsächlich dem Aufgabengebiet der betriebswirtschaftlichen Steuerlehre zuzuordnen. Als Aufgaben der betriebswirtschaftlichen Steuerlehre lassen sich

- die normative Steuerlehre, welche die kritische Würdigung der geltenden oder geplanten Steuerrechtslage und der Unterbreitung von Verbesserungsvorschlägen umfasst,
- die Steuerwirkungslehre, in der es um die Untersuchung von Auswirkungen des geltenden oder geplanten Steuerrechts auf betriebliche Entscheidungen geht, wobei letztere die steuerliche Gewinnermittlung, betriebliche Strukturen, Funktionen und Prozesse betreffen, und

- die Steuergestaltungslehre, welche aufbauend auf den Steuerwirkungen die Erarbeitung von Sollensvorgaben zu Verhaltensweisen eines Unternehmers zum Gegenstand hat,

identifizieren.[107] Nachfolgend soll insbesondere das Steuerrecht aus ökonomischer Perspektive einer kritischen Würdigung unterzogen werden. Die Untersuchung liegt damit im voranstehend angesprochenen Aufgabenbereich.

Daneben wird zur Klärung der Fragestellungen des Hauptuntersuchungsgebiets Forschung auf den Gebieten der allgemeinen Betriebswirtschaftslehre, insbesondere der Investitionstheorie, der mikroökonomischen Volkswirtschaftslehre und des Zivilrechts betrieben, soweit sie jeweils entscheidungserheblich die hier gegenständlichen Zinsfragen betreffen.

1.3 Untersuchungsprämissen

Der Umfang der Untersuchung wird durch folgende Prämissen begrenzt:

1. Der Arbeitstitel und das Untersuchungsziel geben eine Eingrenzung auf diejenigen steuerlichen Zinsfragen bei Niedrigzinsen vor, welche einen Berührungspunkt zur Bilanzierung aufweisen. Die Eingrenzung ergibt sich unmittelbar aus der Forschungslücke und den vorherrschenden wirtschaftlichen Gegebenheiten und legt genau dort den Schwerpunkt der Untersuchung. So mangelt es im Forschungsstand noch an einer primär wirtschaftlichen Untersuchung der qualifikatorischen Auswirkungen – sowohl bei der Bilanzierung, aber auch generell. Hierbei sind insbesondere Anleihe- und Einlagezinsen relevant, Null- oder negative Darlehenszinsen sind am Markt noch nicht zu beobachten (siehe Abbildung 1.2 bis Abbildung 1.6). Weiterhin mangelt es an einer systematischen und umfassenden betriebswirtschaftlichen Untersuchung der konzeptionellen Fragestellungen, von denen viele im Bereich der Bilanzierung angesiedelt sind. Deren Praxisrelevanz wird durch die Vielzahl der hierzu erschienenen Zeitschriftenbeiträge deutlich, die sich überwiegend den bilanziellen Pensionsrückstellungen widmen. Außerdem handelt es sich bei den Bewertungsfragen überwiegend um solche, die ein Barwertkalkül betreffen. In Letzteren wird bei der Findung des Kalkulationszinsfußes als Ausgangspunkt regelmäßig ein risikofreier Zinssatz herangezogen, für den

[107] Vgl. *Rose*, Steuerlehre, in: Thoma/Zacharias/Niemann, StbJb 1969/70, 1970, 59; *Förster*, Steuerlehre, StuW 2019, 317, 323 f.

approximativ Anleihezinsen höchster Bonität verwendet werden. Diese Anleihezinsen bewegten sich auch für sehr lange Laufzeiten zur Hauptzeit der Niedrigzinsphase auf einem Niveau unter null (siehe Abbildung 1.3). Nicht bearbeitet werden die Fragestellungen hinsichtlich des Steuerbarwerts und der (Konzern-)Steuerquote als betriebliche Steuerungs- und Entscheidungsgrößen. Zwar handelt es sich bei der (Konzern-)Steuerquote um eine Bilanzkennzahl, der Bezug der Überlegungen zur Bilanzierung insgesamt ist aber nur noch sehr mittelbarer Natur. Im Ergebnis führt die Eingrenzung daher zu einem systematischen und thematisch zusammenhängenden Überblick über zwei der drei identifizierten Bereiche der steuerlichen Zinsfragen bei Niedrigzinsen.

2. Nicht bearbeitet werden ferner Themenbereiche, bei denen die gesetzgeberisch-politische Komponente überwiegt. Ausgeschlossen sind damit insbesondere die gesamtkonzeptionell-politischen Fragestellungen, etwa hinsichtlich der Zins- und Inflationsbereinigung des Steuersystems oder der gesetzgeberischen Steuerpolitik mit Lenkungsnormen. Diese Eingrenzung wahrt den betriebswirtschaftlichen Fokus der Arbeit. Für diese Fragestellungen besteht derzeit kein konkreter gesetzlicher Anknüpfungspunkt bzw. keine unmittelbar betriebswirtschaftlich (und praxis-)relevante Fragestellung. Eine Diskussion wäre rein hypothetischer Natur.
3. Ebenfalls nicht bearbeitet werden Sonderfragen der Bilanzierung, die nur für bestimmte Unternehmen von Relevanz sind. Dazu gehören insbesondere diejenigen für Kredit-, Finanzdienstleistungs-, Wertpapier-, Zahlungs- und E-Geld-Institute (§§ 340–340o HGB), Versicherungsunternehmen und Pensionsfonds (§§ 341–341p HGB, §§ 20–21a KStG), Unternehmen des Rohstoffsektors i. S. v. § 341q HGB (§§ 341q–341y HGB) und für umsatzstarke multinationale Unternehmen i. S. v. § 342 HGB (§§ 342–342r HGB). In steuerlicher Hinsicht werden spezielle Fragestellungen der zweistufigen Besteuerung von Personengesellschaften, also insbesondere hinsichtlich Ergänzungs- und Sonderbilanzen bei Mitunternehmerschaften (§ 15 Abs. 1 Satz 1 Nr. 2 EStG), nicht bearbeitet. Durch die Brancheneingrenzung scheidet auch § 6 Abs. 1 Nr. 2b EStG aus der Untersuchung aus.
4. Die Untersuchung nimmt das laufende betriebliche Geschehen in den Blick. Außer Acht bleiben daher Sonderfragen der Gründung, Umwandlung, Unternehmensnachfolge oder Beendigung von Unternehmungen. Infolgedessen bleiben Fragen der Abkehr von der Annahme der Unternehmensfortführung (§ 252 Abs. 1 Nr. 2 HGB) unbearbeitet. Die Übertragung einzelner Vermögensgegenstände bzw. Wirtschaftsgüter wird hier nur dann als Umwandlung verstanden, wenn sie auf gesellschaftsrechtlicher Grundlage erfolgt. Hierdurch

werden die zu untersuchenden Anwendungsfälle von Tauschvorgängen eingeschränkt. Daneben werden durch die Eingrenzung auch Entnahmen und Einlagen aus dem Untersuchungsgegenstand ausgeschlossen. Abweichend von den voranstehenden Grundannahmen wird aber bei der Übertragung von Sachgesamtheiten die Bilanzierung auf der Erwerberseite beleuchtet, soweit sie zur Erörterung der Bilanzierung der einzelnen Vermögensgegenstände bzw. Wirtschaftsgüter und Schulden erforderlich ist. Dies ist insbesondere bei der Bilanzierung von Übertragungen einzelner Vermögensgegenstände bzw. Wirtschaftsgüter gegen Renten und Raten der Fall, zu deren Klärung – mangels Ergiebigkeit auf dem eigenen Gebiet – die Rechtsprechung des Bundesfinanzhofs für Sachgesamtheiten herangezogen werden muss. Bei eben diesen Fragestellungen greift außerdem die Einschränkung zur Unternehmensnachfolge. Es werden nur die Konsequenzen bei steuerrechtlich voll entgeltlichen Übertragungen untersucht.

5. Ferner werden nur Problemstellungen erarbeitet, die jeweils gleichsam eine Grundlage in den handels- und steuerrechtlichen Bilanzrechtsvorschriften haben. Steuerrechtliche Sonderfragen wie die zur Zinstypisierung in § 6b EStG bleiben daher außen vor.
6. Skonti wurden in der bilanzrechtlichen Literatur soweit ersichtlich bereits einhellig als Erlösschmälerungen, nicht als Zinsen qualifiziert.[108] Dieser qualifikatorischen Einordnung wird hier gefolgt. Im Kontext der Erkenntnisse der folgenden Untersuchung nicht entscheidend ist der in der Rechtsprechung angestellte Höhenvergleich. Ausschlaggebend für die Einordnung ist, dass Skonti nach ihrem Zweck auf die Verkürzung der Kapitalüberlassung gerichtet sind, während Zinsen die längere Kapitalnutzung gerade ermöglichen sollen.[109]
7. Wo die Untersuchung auf Wertmaßstäbe zurückgreift, die dem Rechtsanwender eine Methodenauswahl bei der bilanziellen Bewertung erlauben (z. B. beizulegender Wert, Teilwert), bleiben andere gesetzlich geregelte Methoden, die hierfür herangezogen werden können (z. B. nach der ImmoWertV), außer Betracht. Bei diesen handelt es sich um typisierte betriebswirtschaftliche Verfahren, deren Grundform mit den zu untersuchenden Barwertkalkülen ohnehin bereits abgedeckt ist. Auch Anwendungsfälle des Wertmaßstabs des beilzulegenden Zeitwerts im Sinne von § 255 Abs. 4 HGB bleiben außer Betracht. Im nach der übrigen Themeneingrenzung verbleibenden Rahmen liegt dessen

---

[108] Vgl. *Ullmann,* Dogmatik, in: Kube/Reimer, HFSt 17, 2021 10.

[109] Siehe etwa BFH v. 27.02.1991, I R 176/84, BStBl. II 1991, 456 unter II.2.3 der Gründe.

einzige Anwendung in der Bewertung von Deckungsvermögen für Altersversorgungsverpflichtungen (§§ 246 Abs. 2 Satz 3, 253 Abs. 1 Satz 4 HGB) und für wertpapiergedeckte Pensionsrückstellungen (§ 253 Abs. 1 Satz 3 HGB). Es handelt sich um einen Sonderfall im Kontext der – ausführlich behandelten – Bilanzierung von Pensionsverpflichtungen, der für allgemein konzeptionelle Fragen von Barwertkalkülen in der Bilanzierung nicht aufschlussreich ist. Barwertkalküle beim beizulegenden Zeitwert werden daher vernachlässigt.

1.4 Untersuchungsgrundlagen

Die anstehende Untersuchung verwendet als methodische Untersuchungsgrundlage und gemeinsamen (betriebs- und volkswirtschaftlichen) Nenner für die Forschung an Zinsen und Barwertkalkülen zwei Kriterien. Das erste Kriterium ist der als Grundannahme festgelegte Grad an Sicherheit.[110] Unterschieden werden Situationen unter Sicherheit,[111] Unsicherheit,[112] Risiko und Ungewissheit[113].[114]

[110] Ähnlich bereits *Knight,* Risk, 1921, 19 f. und die Gliederung.

[111] Sicherheit bezeichnet Situationen, in denen Handlungen (kausal) zu Konsequenzen führen und die Verknüpfung von Handlung und Konsequenz deterministisch ist. Vgl. *Kolmar,* Risiko, in: Heidbrink/Lorch/Rauen, Wirtschaftsphilosophie, 2021, 2. Die Literatur verwendet den Begriff Sicherheit auch zur Beschreibung der hiesigen Risikosituationen, vgl. *Franke/Hax*, Finanzwirtschaft, 6. Aufl. 2009, 148 f. Dies ist aber irreführend, da diese Situationen stets die Gefahr des unsicheren Ausgangs der Ereignisse bergen. Letztere sind gerade Zufallsprodukte. Franke/Hax stellen diese Schwäche auch selbst fest. Aus diesem Grunde wird dieser Definition hier nicht gefolgt.

[112] Unsicherheit wird nachfolgend als Oberbegriff für Risiko und Ungewissheit verwendet.

[113] Unsichere Situationen unter Risiko oder Ungewissheit sind im Gegensatz zu sicheren Situationen solche, in denen die Verknüpfung von Handlung und Konsequenz stochastisch, die Konsequenz also zufallsabhängig ist. Sie stellen auf unterschiedliche Informationsstände ab. Risiko bezeichne nachfolgend Situationen, in denen die tatsächlichen Eintrittswahrscheinlichkeiten für die Zustände entweder bekannt sind oder zumindest hinreichend verlässlich geschätzt werden können. Ungewissheit bezeichne nachfolgend Situationen, in denen die möglichen Zustände (und damit notwendigerweise auch die Eintrittswahrscheinlichkeiten) nicht vollständig bekannt sind und umgekehrt. Ähnlich *Kolmar,* Risiko, in: Heidbrink/Lorch/Rauen, Wirtschaftsphilosophie, 2021, 2 f.

[114] Die Begriffe sind der Wahrscheinlichkeits- und der Entscheidungstheorie entlehnt, vgl. *Albach,* Unsicherheit, in: Grochla/Wittmann, Handwörterbuch, 4. Aufl. 1974, 4036.

Das zweite Kriterium ist die Grundannahme zum Grad der Kapitalmarktvollkommenheit.[115] Ein vollkommener / perfekter Kapitalmarkt liegt vor, wenn an dem Markt (1) vollkommene Handelsbedingungen herrschen,[116] (2) vollkommene Liquidität gegeben ist,[117] (3) vollkommene Informationseffizienz gegeben ist[118] und ein Marktgleichgewicht existiert. Den Marktteilnehmern wird rationales Handeln unterstellt.[119] Die Annahme zur Informationseffizienz enthält dabei die Brücke zu den Situationen unter Sicherheit, Risiko und Ungewissheit, da dort die

[115] Die Vollkommenheitskriterien sind unabhängig vom Kapitalmarkt für alle Märkte entwickelt worden. Grundlagen sind die Arbeit von *Walras,* Eléments, 3. Aufl. 1896, in der englischen Übersetzung *Walras/Walker/van Daal,* Elements, 2014, insb. 118–132, mit seinem Gleichgewichtsmodell, sowie *Arrow/Debreu*, Equilibrium, Econometrica 1954, 265–290 mit einem formalisierten Nachweis hierzu. Organisierte Kapitalmärkte kommen den Bedingungen am nächsten, vgl. *Ott,* Wirtschaftstheorie, 1989, 41.

[116] Sie liegen vor, wenn Handel friktionslos und zum Marktpreis im Gleichgewicht stattfinden kann, ohne dass Letzterer durch Transaktions-, Insolvenzkosten oder Steuern verzerrt ist. Handel zum Marktpreis bedeutet außerdem, dass An- und Verkauf zum selben Preis stattfinden, also kein Spread zwischen sog. Bid und Ask Preisen am Kapitalmarkt besteht.

[117] Der Markt ist vollkommen liquide, wenn jederzeit alle beliebigen Mengen der am Markt gehandelten Kapitaltitel sofort zum Marktpreis an- oder verkaufbar sind. Damit geht einher, dass ausreichend Marktteilnehmer vorhanden sind und diese sich unbegrenzt refinanzieren können. Leerverkäufe sind zulässig und alle gehandelten Kapitaltitel sind beliebig teilbar.

[118] Bei vollkommener Informationseffizienz sind alle verfügbaren Informationen in den Marktpreis im Gleichgewicht eingeflossen. Alle Marktteilnehmer haben Kenntnis von allen künftig möglichen Entwicklungen und deren Eintrittswahrscheinlichkeiten. Informationen über Vergangenheit und Zukunft werden eigenständig gesammelt und sind kostenlos und sofort verfügbar. Die Annahme führt dazu, dass Schwankungen um den Gleichgewichtspreis rein zufallsabhängig sind. Vgl. *Samuelson*, Prices, Industrial Management Review 1965, 41. Die Terminologie und einige Abstufungen in der Strenge der Effizienz stammen aus *Fama*, Random Walks, Financial Analysts Journal Heft 5 aus 1965, 55, 56; *Fama*, Capital Markets, The Journal of Finance 1970, 383–417; konkretisierend *Latham*, Informational Efficiency, The Journal of Finance 1986, 39–52. Die Bildung von Erwartungen über die künftige Marktpreisentwicklung macht deren korrekte Vorhersage nicht unmöglich, denn der Trend des Marktpreises kann annahmegemäß zutreffend bestimmt werden. Es biete nur die Auswertung weiterer Informationen dem Einzelnen keinerlei Wissensvorsprung gegenüber anderen Marktteilnehmern, sodass keine Renditen oberhalb des Marktgleichgewichts erzielt werden könnten. Vgl. *Lo,* Efficient Markets Hypothesis, in: Palgrave, Palgrave, 3. Aufl. 2018, 3543 f.

[119] Vgl. *Abad*, Arbitrage, SSRN Nr. 3554322 (14.03.2020), https://dx.doi.org/10.2139/ssrn.3554322 (abgerufen am 19.10.2025) (im Folgenden: *Abad*, Arbitrage, SSRN 3554322 (14.03.2020)), 2 mit einer entsprechenden Zusammenstellung. Die Darstellung ist eine – möglichst viele der in der Forschung existierenden, uneinheitlichen Definitionen abdeckende – Verallgemeinerung.

Annahmen über den Kenntnisstand der Wirtschaftssubjekte und ihre Erwartungsbildung erfolgen.[120] Die Vollkommenheitsannahmen sind empirisch nachweislich realitätsfern.[121] Sie bieten aber die Möglichkeit, durch schrittweise Lockerungen komplexitätsvermeidend eine Annäherung an die Realität zu erreichen. Diesem Zweck dient auch die in der Literatur teilweise getroffene Annahme nur von Arbitragefreiheit (vollkommenen Handelsbedingungen).[122] Die voranstehenden Differenzierungen werden in den anstehenden Untersuchungen regelmäßig angelegt.

Ferner setzt die nähere Untersuchung von Zinsen als terminologische Untersuchungsgrundlage die Identifikation desjenigen voraus, was als Zins bezeichnet wird. Eine sprachliche Annäherung gibt auch Aufschluss über die Wahrnehmung und das Verständnis der Wirtschaftsteilnehmer von Zinsen.[123] Ältere begriffliche Ursprünge des Begriffs Zins deuten eine Anknüpfung an einen Ertrag oder Gewinn aus Früchteziehung an.[124] Andere weisen einen sozialen Kontext

---

120 Die Modellannahmen des vollkommenen Kapitalmarkts sind mit der Annahme von Situationen unter Sicherheit und unter Risiko kompatibel, denn auch unter Risiko sind per oben getroffener Definition sämtliche Zustände und deren Eintrittswahrscheinlichkeiten bekannt. Nur bei Ungewissheit kann kein vollkommener Kapitalmarkt gegeben sein.

121 Siehe hierzu die Übersicht in Anhang 2 im elektronischen Zusatzmaterial.

122 So können Abstufungen bei Liquiditätsbedingungen und Informationseffizienz gemacht werden. Den gedanklichen Anstoß dazu gaben *Modigliani/Miller*, Capital, The American Economic Review 1958, 261–297. Arbitrage sind Transaktionen, die zu einem garantierten positiven Mittelzufluss führen und für die kein Nettokapitaleinsatz erforderlich ist. Vgl. *Dybvig/Ross,* Arbitrage, in: Palgrave, Palgrave, 3. Aufl. 2018, 378. Der Arbitragegewinn kann nur dann entstehen, wenn Beschaffungs- und Veräußerungspreis sich nicht entsprechen. Zum Verhältnis von Arbitragefreiheit und vollkommenem Kapitalmarkt vgl. auch *Franke/Hax*, Finanzwirtschaft, 6. Aufl. 2009, 373. Zu den Erleichterungen für die Forschung vgl. *Dybvig/Ross,* Arbitrage, in: Palgrave, Palgrave, 3. Aufl. 2018, 380–385. Vgl. auch *Bamberg/Krapp,* Arbitragefreiheit, in: Geyer-Schulz/Taudes, Informationswirtschaft, 2003, 261–263 mit einer dreiteiligen Abstufung der Strenge der Arbitragefreiheit. Zum „Wegbieten“ von Arbitragemöglichkeiten kann ferner rationales Handeln relativ weniger Personen genügen.

123 Vgl. *Heinsohn/Steiger,* Eigentum, 1996, 13.

124 Vgl. *Seicht,* Zins, in: Grochla/Wittmann, Handwörterbuch, 4. Aufl. 1974, 4740; *Brand,* Zinsrecht, 2002, 10; *Moritz/von Cölln*, Abzinsung, FR 2018, 684, 688. Die älteste, heute noch bekannte Überlieferung ist der mit „Kalb“ oder „Ziegenjunges“ zu übersetzende sumerische Begriff „maš“. Vgl. *Driver/Miles,* Laws, 1952, 174. Die Rückführung auf das archaische, vor dem Begriff „κηνσος“ (gesprochen: „kensos“), vgl. *Grimm/Grimm,* Wörterbuch 31 (Band 15), 1956, 1475, Stichwort „Zins“, in Alt-Griechenland für Zinsen verwendete Wort „τοκος" bedeutet zu Deutsch „Junges“, vgl. *Driver/Miles*, Laws, 1952, 174. Auch wurde synonym mit dem Begriff „Zins“ ursprünglich der Begriff „Wucher“ verwendet. „Wucher“ war in Wortverwandschaft mit „wachsen“ zunächst ein wertfreier Begriff für den Ertrag oder Gewinn aus Früchteziehung. Im heutigen Sprachgebrauch ist er allerdings ausschließlich noch mit

auf und spiegeln die Perspektive eines Schuldners[125] oder eines Gläubigers[126] wider. Letzteres trifft auch auf die im heutigen Wirtschaftsleben gebräuchlichen Begriffe zu, die im Kontext des regelmäßigem Austausch von Mitteln der Wirtschaftsteilnehmer untereinander zu sehen sind.[127] Gemeinsamer Kern (positiver) Zinsbegriffe ist der Sachverhalt, in Bezug auf ein über eine beliebige Zeitspanne eingesetztes Kapital einen Ertrag oder eine Gegenleistung zu erhalten. In einem (sozialen) Mehrpersonenkontext wird der Kapitaleinsatz auf Zeit auf eine Kapitalüberlassung auf Zeit reduziert. Unter Kapital kann dabei sowohl reales als auch rein monetäres, in Geld bestehendes, Kapital verstanden werden.[128] In der folgenden Untersuchung, in der nur Mehr-Personen-Kontexte relevant sind, sei daher die Gegenleistung für die Kapitalüberlassung auf Zeit als „Zins" oder „Verzinsung" bezeichnet:

- Die vereinbarte Gegenleistung zur Kapitalüberlassung auf Zeit wird im Folgenden als „laufend" bezeichnet, wenn diese als über die Zeitspanne der Kapitalüberlassung in regelmäßigen Abständen verteilt zu erbringende Leistung ausgestaltet ist. Typischerweise bestehen Kapital und Gegenleistung in Geld oder ihr Wert wird in Geldeinheiten gemessen. Dann wird die regelmäßig zu erbringende Leistung häufig in Form einer Prozentzahl bezogen auf

negativer Konnotation für unsittlich hohe Preise in Verwendung. Vgl. *Dudenredaktion,* Herkunftswörterbuch, 6. Aufl. 2020 unter „Wucher".

125 Siehe das lateinischen „censere", was mit „schätzen" übersetzt werden kann, vgl. *Dudenredaktion*, Herkunftswörterbuch, 6. Aufl. 2020 unter „Zins". Das zugehörige Substantiv „census" bezeichnete die Schätzung des Vermögens und der Volkszählung zu Steuerzwecken, vgl. *Brand*, Zinsrecht, 2002, 7. Vgl. auch *Grimm/Grimm*, Wörterbuch 31 (Band 15), 1956, 1477–1484, 1490–1495, Stichwort „Zins" unter I.B. und III.A.; *Wessels,* Zinsrecht, 1992, 22; *Brand*, Zinsrecht, 2002, 7 und 15. Siehe auch das lateinische „usura", vgl. *Walde,* Wörterbuch Band 1, 1965, 479.

126 So der Begriff „Interesse", „interest" im Englischen, „l'intérêt" im Französischen, „l'interesse" im Italienischen, „tipo de interés" im Spanischen, vgl. *Wessels*, Zinsrecht, 1992, 21–23, 36; *Brand*, Zinsrecht, 2002, 7 f. Zur historischen Herleitung der sprachlichen Entwicklung vgl. *Brand*, Zinsrecht, 2002, 14 f. Siehe auch das lateinische „fenus", vgl. *Walde,* Wörterbuch Band 2, 1965, 847.

127 Hervorzuheben sind Begriffe wie „Eigenkapitalzins", „Fremdkapitalzins", „lang-/mittel-/ kurzfristiger Zins", aber auch „Mietzins" und „Pachtzins". Mit einigen Beispielen im wirtschaftlichen Sprachgebrauch vgl. *Seicht,* Zins, in: Grochla/Wittmann, Handwörterbuch, 4. Aufl. 1974, 4741.

128 Ähnlich *Seicht,* Zins, in: Grochla/Wittmann, Handwörterbuch, 4. Aufl. 1974, 4740. Zum „Kapital" siehe vertiefend *Baetge,* Kapital, in: Grochla/Wittmann, Handwörterbuch, 4. Aufl. 1974, 2089–2096.

den Wert des Kapitals, dem „Zinssatz“, ausgedrückt. Das typische Zeitintervall für die Erbringung der Gegenleistung ist ein Kalenderjahr.[129] Ein Beispiel hierfür ist ein endfälliges Darlehen über eine bestimmte Laufzeit mit Auszahlung und Tilgung zum Nennwert, welches jährlich mit einem bestimmten Prozentsatz vom Nennwert vergütet wird.

- Wird keine regelmäßig zu entrichtende Gegenleistung bei einer Kapitalüberlassung vereinbart, wird die Kapitalüberlassung in aller Regel anders entlohnt, bei Finanzinstrumenten (bspw. Null-Kupon-Anleihen[130]) etwa durch einen den Auszahlungswert übersteigenden Rückzahlungswert. Dann lässt sich aber ein in Prozent ausgedrückter und auf ein typisches Zeitintervall bezogener durchschnittlicher Ertrag der Kapitalanlage berechnen.[131] Für diesen werden nachfolgend auch die Begriffe „Rendite“ oder synonym „Effektivzins“ verwendet. Selbiges gilt bei Kapitalanlagen, die in regelmäßigen Abständen zu erbringende Gegenleistungen mit derartigen anderen Gegenleistungen kombinieren, etwa Bankkredite mit vereinbartem, regelmäßig zu entrichtendem Entgelt und Disagio. In diesen Fällen kann ein vereinbarter Zinssatz, der das Disagio nicht mitberücksichtigt, über die tatsächlichen Kapitalkosten[132] des Kapitalnehmers hinwegtäuschen, weshalb der Effektivzins auch häufig als „tatsächliche Verzinsung“ bezeichnet wird.[133]

Für die Definition von Niedrigzinsen, niedrigen positiven Zinsen, Nullzinsen und negativen Zinsen wird auf die Definition in Abschnitt 1.1 hinter Fußnote 29 verwiesen.

---

[129] Formal herleitend vgl. *Stützel,* Preis, in: Grochla/Wittmann, Handwörterbuch, 4. Aufl. 1974, 4405 f.

[130] Im englischen Sprachgebrauch auch als „Zero Bonds“ bezeichnet.

[131] Beispiel: Ein Zero Bond mit einem Nennwert von 100 € und einer Restlaufzeit von 2 Jahren wird zu einem Preis von 94,26 € gehandelt. Die Rendite beträgt $\sqrt{100/94,26} - 1 = 3\%$. Die Beispielrechnung verdeutlicht, dass die Renditeberechnung unter Berücksichtigung von Zinseszinsen erfolgt. Mit ähnlichem Beispiel vgl. *Bodie/Kane/Marcus,* Investments, 10. Aufl. 2014, 122 f.

[132] „Rendite“ und „Kapitalkosten“ sind grundsätzlich Bezeichnungen für ein und dasselbe, nur einmal aus Gläubiger und einmal aus Schuldnerperspektive, vgl. *Spremann/Gantenbein,* Finanzmärkte, 5. Aufl. 2019, 97. Entsprechendes ergibt sich bezogen auf Unternehmungen und ihre Eigentümer, vgl. *Seicht,* Zins, in: Grochla/Wittmann, Handwörterbuch, 4. Aufl. 1974, 4743 f.

[133] Vgl. *Büschgen,* Bank-Lexikon, 3. Aufl. 2006, 273. Ähnlich auch *Deutsche Bundesbank,* Kapitalmarktkennzahlen Mai 2021, https://www.bundesbank.de/de/publikationen/statistische-fachreihen (abgerufen am 19.10.2025) (im Folgenden: *Deutsche Bundesbank,* Kapitalmarktkennzahlen Mai 2021 (abgerufen am 19.10.2025)), 16.

1.5 Gang der Untersuchung

Die Zielsetzung der Arbeit macht ein mehrteiliges Vorgehen erforderlich:

Der erste Teil (Kapitel 2) widmet sich den qualifikatorischen Zinsfragen:

- In dessen erstem Abschnitt (2.1) wird die wirtschaftliche Qualifikation negativer Zinsen im Sinne des ersten Untersuchungsunterziels vorgenommen. Zunächst wird der Stand der Forschung zu Niedrigzinsen inklusive negativer Zinsen ausgearbeitet (2.1.1). Anschließend wird unter Auswertung des Forschungsstandes die qualifikatorische Einordnung der negativen Zinsen vorgenommen (2.1.2). Dabei erfolgt auch ein Vergleich mit den aus dem Forschungsstand zu positiven Zinsen herausgearbeiteten wesentlichen Charakteristika positiver Zinsen.
- In dessen zweitem Abschnitt (2.2) wird die rechtliche Qualifikation negativer Zinsen im Sinne des ersten Untersuchungsziels vorgenommen. Zunächst wird die verfassungs- und zivilrechtliche Zulässigkeit negativer Zinsen als Untersuchungsgrundlage erarbeitet (2.2.1). Sodann wird mit der Qualifikation negativer Zinsen in der Handelsbilanz begonnen (2.2.2) und anschließend ausgehend vom Maßgeblichkeitsprinzip auf die Qualifikation in der Steuerbilanz übergeleitet (2.2.3).

Der zweite Teil (Kapitel 3) widmet sich den konzeptionellen Zinsfragen. Sein Aufbau orientiert sich an den bilanziellen Auswirkungen als Hauptproblem.

- Im ersten Abschnitt (3.1) werden die Grundlagen für die Untersuchung gelegt. Zunächst werden knapp die wesentlichen Charakteristika der Zwecke und Techniken von Erfolgsrechnungen im Allgemeinen als Vergleichskriterien dargelegt (3.1.1). Sodann werden Zweck und Technik der Barwerte als Entscheidungswerte und Marktpreise für Niedrigzinsen, insbesondere negative Zinsen geklärt und auf die Vergleichskriterien hin ausgewertet (3.1.2). Anschließend werden Zweck und Technik der Bilanzierung geklärt und auf die Vergleichskriterien hin ausgewertet. Dabei werden auch schon Zweck und Technik der einzelnen bilanziellen Barwertkalküle in ihrer aktuellen Ausgestaltung untersucht und systematisiert (3.1.3).
- Im zweiten Abschnitt (3.2) werden die Konsequenzen für die bilanziellen Barwertkalküle gezogen. Begonnen wird mit knappen methodischen Vorüberlegungen (3.2.1). Anschließend werden die Vereinbarkeit der Rechenwerke

Barwert und Bilanzierung geprüft, die theoretisch richtige Parameterbestimmung untersucht auf Konsequenzen durch negative Zinsen und auf wirtschaftliche Konsequenzen bei Abweichungen zwischen theoretisch richtiger und tatsächlicher Ausgestaltung eingegangen (3.2.2). Schließlich wird auch die Vereinbarkeit der derzeitigen rechtlichen Ausgestaltung mit dem Verfassungsrecht als höherrangig rechtssystematische Konsequenzen überprüft (3.2.3).

Kapitel 4 schließt die Arbeit mit einem Fazit ab.

Qualifikatorische Fragestellungen 2

2.1 Ökonomie

2.1.1 Stand der Forschung zu Niedrigzinsen

2.1.1.1 Ursachen

2.1.1.1.1 Geldpolitisch

Die aktuelle volkswirtschaftliche Zinsforschung befasst sich mit Ursachen, über die bislang kein Konsens zustande gekommen ist,[1] und Wirkungen des anhaltend niedrigen und teils negativen Zinsniveaus. Als mögliche Ursache des niedrigen Zinsniveaus wird zunächst die sehr lockere und sehr expansive Geldpolitik der europäischen Zentralbank angeführt. Einerseits soll hierbei die kontinuierliche Senkung[2] von Leitzins, Spitzenrefinanzierungsfazilität und Einlagefazilität über die geldpolitischen Transmissionskanäle[3] Zinssätze für Finanztitel kurzfristiger Laufzeit beeinflusst haben. Andererseits erwirbt die EZB in massivem Umfang

[1] Vgl. *Wissenschaftlicher Beirat beim Bundesministerium der Finanzen,* Herausforderungen (abgerufen am 19.10.2025), 17.

[2] Die Entwicklung ist einsehbar unter https://www.ecb.europa.eu/stats/policy_and_exchange_rates/key_ecb_interest_rates/html/index.de.html (Abruf: 19.10.2025), vgl. außerdem die Darstellung in der Grundlegung dieser Arbeit.

[3] Vgl. *Issing,* Geldtheorie, 15. Aufl. 2011, 144–151 zu Grundlagen der Funktionsweise von Transmissionsmechanismen und 160–162 zu den Transmissionskanälen.

Ergänzende Information Die elektronische Version dieses Kapitels enthält Zusatzmaterial, auf das über folgenden Link zugegriffen werden kann https://doi.org/10.1007/978-3-658-52483-8_2.

K. Lentz, *Steuerliche Zinsfragen und Bilanzierung bei Niedrigzinsen*, Forschungsreihe Rechnungslegung und Steuern,
https://doi.org/10.1007/978-3-658-52483-8_2

Staats- und Unternehmensanleihen und nimmt dadurch auch Einfluss auf Zinssätze für längerfristige Finanztitel. Diese als „Quantitative Easing“ bezeichnete Maßnahme steht im Verdacht, auch für die Absenkung des Nominalzinsniveaus der langfristigen Zinssätze seit 2013 verantwortlich zu sein.[4] Zwar lässt sich beobachten, dass die Zinssätze nicht erst seit den voranstehend beschriebenen Maßnahmen sinken, sondern bereits seit langem einem fallenden Trend unterliegen – ein Phänomen, das weltweit vorkommt und nicht auf den Euroraum begrenzt ist (siehe Abbildung 1.1). Aber auch hier wäre denkbar, dass dafür wiederum vorangegangene Geldpolitik verantwortlich ist, gegebenenfalls über möglicherweise aufgetretene realwirtschaftliche Auswirkungen.[5]

2.1.1.1.2 Realwirtschaftlich

Daneben findet sich eine Reihe realwirtschaftlicher Erklärungsansätze, bei denen das Investitions- und Sparverhalten der Wirtschaftssubjekte im Mittelpunkt steht.[6] So kann einerseits ein starker Anstieg der Ersparnisse beobachtet werden, für den zunehmend risikoärmere Kapitalanlagen genutzt werden.[7] Begünstigt wird dies durch die demografischen Entwicklungen, also zunehmende Lebenserwartungen, die mit einem erhöhten Sparbedarf für den Ruhestand einhergehen.[8]

---

[4] Vgl. *Wissenschaftlicher Beirat beim Bundesministerium der Finanzen,* Herausforderungen (abgerufen am 19.10.2025), 14. Mit einem Überblick über die Maßnahmen der EZB-Politik vgl. auch *Fritsche/Steininger,* DIW Roundup 134, 2019; *Sinn,* policy, International Tax and Public Finance 2018, 1404, 1406–1410.

[5] Vgl. *Schnabl,* overinvestment, Asia Europe Journal 2017, 445, 460, der diesbezüglich von einem rekursiven Prozess spricht; *Wissenschaftlicher Beirat beim Bundesministerium der Finanzen,* Herausforderungen (abgerufen am 19.10.2025), 14 f.; *Borio/Disyatat/Juselius et al.*, Interest, BIS Working Paper Nr. 685 (02.12.2017), https://ssrn.com/abstract=3090799 (abgerufen am 19.10.2025) (im Folgenden: *Borio/Disyatat/Juselius et al.*, Interest, BIS Working Paper 685 (02.12.2017)).

[6] Vgl. *Wissenschaftlicher Beirat beim Bundesministerium der Finanzen,* Herausforderungen (abgerufen am 19.10.2025), 15–17, an dessen Ausführungen auch die nachfolgende Darstellung angelehnt ist.

[7] Vgl. schon *Bernanke,* Saving, https://www.federalreserve.gov/boarddocs/speeches/2005/200503102/default.htm (abgerufen am 19.10.2025) (im Folgenden: *Bernanke*, Saving (abgerufen am 19.10.2025)); *Blanchard/Furceri/Pescatori,* period, in: Teulings/Baldwin, Stagnation, 2014, 105–107.

[8] Vgl. *Teulings/Baldwin,* Introduction, in: Teulings/Baldwin, Stagnation, 2014, 11; *Summers,* Stagnation, The American Economic Review 2015, 60, 62 f.; *Carvalho/Ferrero/Nechio,* Demographics, European Economic Review 2016, 208–226; *von Weizsacker*, Krise, Perspektiven der Wirtschaftspolitik 2015, 189, 190 f.

Außerdem kann auch geringeres Bevölkerungswachstum mit geringerem Wirtschaftswachstum und geringeren Zinsen in Zusammenhang gebracht werden.[9] Andererseits können einige reale Entwicklungen zu abnehmenden Investitionen führen. So wird eine größere Zurückhaltung der Wirtschaftssubjekte bei Investitionen aufgrund hoher Schuldenstände vermutet.[10] Weiterhin seien abnehmende Produktivitätszuwächse durch geringeren technologischen Fortschritt und abnehmende Bildungsanstrengungen zu verzeichnen.[11]

In makroökonomischen volkswirtschaftlichen Modellen bestimmt das Spar- und Investitionsverhalten der Wirtschaftssubjekte den Kapitalmarktzinssatz als Gleichgewichtspreis. Wird dieser um die Inflation bereinigt, erhält man den sogenannten Realzins. Schätzungen des Realzinses zeigen analog zu den direkt beobachtbaren Nominalzinsen weltweit für entwickelte Industrieländer ein abnehmendes Niveau.[12] Häufig wird ein Schätzer für den Realzins, der sogenannte natürliche Zins, verwendet.[13] Er kann als realer Gleichgewichtszinssatz bei Vollbeschäftigung definiert werden.[14] Die Schätzungen unterscheiden sich aber

---

[9] Vgl. *Eichenfeld*, Stagnation, The American Economic Review 2015, 66, 68 f.; *Wissenschaftlicher Beirat beim Bundesministerium der Finanzen,* Herausforderungen (abgerufen am 19.10.2025), 16; *Gagnon/Johannsen/López-Salido*, Demographics, Imf Economic Review 2021, 357–390.

[10] Vgl. ausführlich *Lo/Rogoff*, stagnation, BIS Working Papers Nr. 482 (Januar 2015), https://ssrn.com/abstract=2552574 (abgerufen am 19.10.2025) (im Folgenden: *Lo/Rogoff*, stagnation, BIS Working Papers 482 (Januar 2015)).

[11] Vgl. *Gordon*, growth, NBER Working Paper Series Nr. 18315 (August 2012), http://www.nber.org/papers/w18315 (abgerufen am 19.10.2025) (im Folgenden: *Gordon*, growth, NBER Working Paper Series 18315 (August 2012)); *Fernald/Jones*, Growth, The American Economic Review 2014, 44, 45 f.; *Gordon*, Stagnation, The American Economic Review 2015, 54–59.

[12] Vgl. *Holston/Laubach/Williams*, natural rate, Journal of International Economics 2017, 559–575 mit einer eigenen Untersuchung für die USA, Kanada, die Eurozone und das Vereinigte Königreich und 560 m. w. N.; *Deutsche Bundesbank,* Monatsbericht Oktober, 2017, 29.

[13] Das ursprüngliche Konzept des natürlichen Zinses geht zurück auf *Wicksell,* Geldzins, 1898, grundlegend 93–112 und mit modelltheoretischer Einbettung 113–143.

[14] Vgl. *von Weizsacker/Krämer,* Sparen, 2019, 17. Die genauen Gegebenheiten des Zustandekommens des natürlichen Zinses sind abhängig vom angelegten Modellrahmen. Aus diesem Grunde wird der natürliche Zins von unterschiedlichen Autoren auch unterschiedlich definiert (bspw. zusätzlich mit maximalem Output und/oder stabiler Inflation, vgl. *Blanchard/Illing,* Makroökonomie, 7. Aufl. 2017, 290). Die hier gegebene Definition scheint den häufigsten gemeinsamen Nenner darzustellen.

deutlich je nach zugrundeliegendem Modell.[15] Die Modelle selbst sind außerdem meist sehr vereinfachend, wodurch Zweifel an der Belastbarkeit der Ergebnisse bestehen.[16] An dem natürlichen Zins orientiert sich auch die heutige Geldpolitik. Zentralbanken können für eine expansive Geldpolitik versuchen, den Realzins durch Absenkung der nominalen Leitzinsen unter den natürlichen Zins zu senken und umgekehrt.[17]

2.1.1.2 Wirkungen

2.1.1.2.1 Gesamtwirtschaftlich

Neben der Diskussion über die Ursachen werden auch die Auswirkungen des anhaltend niedrigen Zinsniveaus untersucht. Die Untersuchungen konzentrieren sich dabei insbesondere auf die gesamtwirtschaftlichen Auswirkungen der lockeren Geldpolitik und beleuchten die volkswirtschaftliche Effektivität der Maßnahme.

Ein breiter Zweig der Forschung untersucht die Auswirkungen im Kontext von Banken.[18] Einzelwirtschaftlich werden dabei negative Auswirkungen auf den Aktienkurs[19] und die Profitabilität[20] von Banken festgestellt. Außerdem wird

---

[15] Vgl. *Holston/Laubach/Williams*, natural rate, Journal of International Economics 2017, 559, insb. 560 und 571, die daher zur Vorsicht bei der Interpretation raten.

[16] Vgl. *Weber/Lemke/Worms*, real rate, Cambridge Journal of Economics 2008, 49–63, insb. 60–62; *Taylor/Wieland*, Deviations, Business Economics 2016, 147–154. Mit einem groben Überblick vgl. auch *Chervyakov/König*, DIW Roundup 109, 2017.

[17] Vgl. *Friedman*, Policy, The American Economic Review 1968, 1, 7 f.; *Deutsche Bundesbank*, Monatsbericht Oktober, 2017, 30. Vgl. auch *Laubach/Williams*, Natural Rate, The Review of Economics and Statistics 2003, 1063 unter Verweis auf die wegweisende Analyse der Zentralbankpolitiken von *Taylor*, policy, Carnegie-Rochester Conference Series on Public Policy 1993, 195–215.

[18] *Blanchard/Dell'Arriccia/Mauro*, Policy, Supplement zu Journal of Money, Credit and Banking Heft 6 aus 2010, 199, 202–205, haben in ihrer frühen Ursachenanalyse der Finanz- und Wirtschaftskrise die Vernachlässigung der Finanzintermediation in volkswirtschaftlichen Modellen festgestellt. Der Forschungsschwerpunkt verwundert daher nicht. Er dient der Schließung dieser Lücken.

[19] Vgl. *Ampudia/Van den Heuvel*, policy, ECB Working Paper Series Nr. 2199 (November 2018), http://dx.doi.org/10.2866/637668 (abgerufen am 19.10.2025) (im Folgenden: *Ampudia/Van den Heuvel*, policy, ECB Working Paper Series 2199 (November 2018)); ähnlich *Hong/Kandrac*, Negative Rates, Journal of Money Credit and Banking 2021, 1–37 für Japan.

[20] Vgl. *Genay/Podjasek*, profitability, Chicago Fed Letter Nr. 324 (Juli 2014), https://www.chicagofed.org/-/media/publications/chicago-fed-letter/2014/cfljuly2014-324-pdf.pdf (abgerufen am 19.10.2025) (im Folgenden: *Genay/Podjasek*, profitability, Chicago Fed Letter 324 (Juli 2014)); *Busch/Memmel*, margin, Deutsche Bundesbank Discussion Paper Nr. 16/2015 (2015), https://ssrn.com/abstract=2797040 (abgerufen am 19.10.2025) (im Folgenden: *Busch/Memmel*, margin, Deutsche Bundesbank Discussion Paper 16/2015 (2015)); *Borio/*

das Verhalten der Banken im Umfeld sehr niedriger und negativer Zinsen analysiert. Die Banken setzen auf eine Ausweitung der Kreditvergabe, trotz des Umstands, dass bezogen auf den einzelnen Kredit geringere Zinserträge erzielt werden.[21] Dies ist mit einer Tendenz zur Eingehung größerer Risiken, einer Erhöhung von anderen Einnahmequellen als Zinsen und einer Steigerung der Kosteneffizienz verbunden, um den sinkenden Erträgen entgegen zu wirken.[22]

Gambacorta/Hofmann, profitablity, International Finance 2017, 48–63, insb. 60; *Claessens/Coleman/Donnelly*, Profitability, Journal of Financial Intermediation Heft 35 A 2018, 1–16; *Cruz-Garcia/de Guevara/Maudos*, margin, Empirical Economics 2019, 341–365, insb. 364; *Molyneux/Reghezza/Xie*, margins, Journal of Banking & Finance 2019, 105613; *Carbo-Valverde/Cuadros-Solas/Rodriguez-Fernandez*, effects, European Journal of Finance 2021, 1908, 1934. Unabhängig von der Niedrigzinsphase mit diesem Zusammenhang vgl. etwa *Alessandri/Nelson*, Profitability, Journal of Money Credit and Banking 2015, 143. *Lopez/Rose/Spiegel*, performance, European Economic Review 2020, finden dagegen eine im Gesamtbild nicht eingeschränkte Bankenprofitabilität.

[21] Vgl. *Jobst/Lin/Pradhan*, NIRP, IMF Working Papers Nr. 172 (August 2016), https://doi.org/10.5089/9781475524475.001 (abgerufen am 19.10.2025) (im Folgenden: *Jobst/Lin/Pradhan*, NIRP, IMF Working Papers 172 (August 2016)) unter III.; *Eisenschmidt/Smets*, Interest Rates, in: Aguirre/Brunnermeier/Saravia, Monetary Policy, 2019, 31; *Lopez/Rose/Spiegel*, performance, European Economic Review 2020; *Boungou/Mawusi*, lending, International Journal of Finance & Economics 2021, Early View, https://doi.org/10.1002/ijfe.2455 (abgerufen am 19.10.2025); *Demiralp/Eisenschmidt/Vlassopoulos*, policy, European Economic Review 2021; *Busch/Littke/Memmel et al.*, behavior, Financial Markets and Portfolio Management 2021, Online First Article, https://doi.org/10.1007/s11408-021-00402-7 (abgerufen am 19.10.2025). *Urbschat*, Impact, CESifo Working Papers Nr. 7358 (November 2018), https://ssrn.com/abstract=3338686 (abgerufen am 19.10.2025) (im Folgenden: *Urbschat*, Impact, CESifo Working Papers 7358 (November 2018)), 26 f., zeigt in einer umfassenden Analyse deutscher Banken, dass es sich hierbei um einen Durchschnittseffekt über alle Banken handelt. In einer mikroökonomischen Betrachtung lässt sich einer Verschiebung von Kreditvolumina von stark einlagefinanzierten zu weniger einlagefinanzierten Banken feststellen. *Molyneux/Reghezza/Thornton et al.*, Lending, Journal of Financial Services Research 2020, 51, 65 f., stellen darüber hinaus in einem Vergleich von Gebieten mit und ohne negative Zentralbankzinsen fest, dass die Kreditvergabe in den erstgenannte Gebieten weniger stark reagiert hat, als diejenige in letztgenannten Gebieten. Vgl. auch *Savona*, negative policy rates, Annals of Finance 2021, https://doi.org/10.1007/s10436-021-00397-1 (abgerufen am 19.10.2025) mit ähnlichen Auswirkungen bei italienischen Banken.

[22] Vgl. *Jobst/Lin/Pradhan*, NIRP, IMF Working Papers Nr. 172 (August 2016) unter II. und V.; *Kurowski/Rogowicz*, interest rates, Finance Research Letters 2017, 153; *Nucera/Lucas/Schaumburg et al.*, interest rates, Economics Letters 2017, 112–115, in Abhängigkeit des Geschäftsmodells mit größeren Risiken für klassische Geschäftsmodelle und geringeren für diversifizierte; *Basten/Mariathasan*, Banks, CESifo Working Papers Nr. 6901 (Februar 2018), https://ssrn.com/abstract=3164780 (abgerufen am 19.10.2025) (im Folgenden: *Basten/Mariathasan*, Banks, CESifo Working Papers 6901 (Februar 2018)); *Eisenschmidt/Smets,* Interest Rates, in: Aguirre/Brunnermeier/Saravia, Monetary Policy, 2019,

Gesamtwirtschaftlich führt die geringere Profitabilität der Banken auch zu einer geringeren Effektivität der Geldpolitik.[23] Aktuellere Untersuchungen deuten aber eine Erholung der Bankenprofitabilität an.[24] Die somit verbleibende Ausweitung der Kreditvergabe ist dem Ziel einer expansiven und wirtschaftsbelebenden Geldpolitik grundsätzlich dienlich. Eine zu starke Absenkung der Zentralbankzinssätze kann bei stark einlagefinanzierten Banken aber auch zu rückläufiger Kreditvergabe führen.[25] Die Weitergabe der niedrigen Zentralbankzinsen an die Wirtschaft

27; *Heider/Saidi/Schepens*, Lending, Review of Financial Studies 2019, 3728, 3744–3746; *Campmas*, effect, Research in International Business and Finance 2020, 100950; *Bubeck/Maddaloni/Peydró*, Risk-Taking, Journal of Money Credit and Banking 2020, 197–231; *Demiralp/Eisenschmidt/Vlassopoulos*, policy, European Economic Review 2021; *Boungou/Hubert*, channels, Journal of Economic Dynamics & Control 2021, 104228; *Bongiovanni/Reghezza/Santamaria et al.*, risk-taking, Journal of Empirical Finance 2021, 350–364, mit gemischten Ergebnissen aufgrund der gegensätzlichen vorsichtigen Regulierungsmaßnahmen; *Busch/Littke/Memmel et al.*, behavior, Financial Markets and Portfolio Management 2021, Online First Article, https://doi.org/10.1007/s11408-021-00402-7 (abgerufen am 19.10.2025), die den Effekt bei deutschen Banken nur für solche mit schwacher Kapitalisierung feststellen. Es werde eher auf weitere Gebühren und höhere Kosteneffizienz gesetzt. In diesem Lichte sind auch die Ergebnisse von *Urbschat*, Impact, CESifo Working Papers Nr. 7358 (November 2018), 16, 18 und 28, zu sehen, der für deutsche Banken im Zeitraum bis 2016 feststellt, dass im Durchschnitt keine (exzessive) Risikosteigerung stattgefunden hat. Vgl. auch *Hong/Kandrac*, Negative Rates, Journal of Money Credit and Banking 2021, 1, 27 f. für Japan. *Boungou*, risk-taking, Economics Letters 2020, 108760, findet in einem Vergleich von 59 Ländern mit teils negativen und teils positiven Zentralbankzinsen eine geringere Steigerung der Risikoaffinität im Negativzinsumfeld gegenüber einem Positivzinsumfeld. Mit genau gegenteiligem Effekt vgl. *Brei/Borio/Gambacorta*, intermediation activity, Economic Notes 2020, e12164, 4 und 18 f., aber nur für den Zeitraum 1994–2015 und unter Ausschluss einiger Banken.

[23] Vgl. *Borio/Gambacorta*, effectiveness, Journal of Macroeconomics Dezember 2017, 217–231; *Ulate*, Negative, American Economic Review 2021, 1–40, insb. 37 f.

[24] Vgl. *Altavilla/Boucinha/Peydró*, profitability, Economic Policy 2018, 531–586; *Altavilla/Andreeva/Boucinha et al.*, lending channel, ECB Occasional Paper Series Nr. 222 (Mai 2019), http://dx.doi.org/10.2866/297821 (abgerufen am 19.10.2025) (im Folgenden: *Altavilla/Andreeva/Boucinha et al.*, lending channel, ECB Occasional Paper Series 222 (Mai 2019)). Kritisch *Junttila/Perttunen/Raatikainen*, effects, International Review of Financial Analysis 2021, 101724 mit einer Untersuchung finnischer Banken bei risikoangepassten Profitabilitätsgrößen.

[25] Vgl. *Brunnermeier/Koby*, Reversal, NBER Working Paper Series Nr. 25406 (Dezember 2018), http://www.nber.org/papers/w25406 (abgerufen am 19.10.2025) (im Folgenden: *Brunnermeier/Koby*, Reversal, NBER Working Paper Series 25406 (Dezember 2018)); *Heider/Saidi/Schepens*, Lending, Review of Financial Studies 2019, 3728, 3758; *Repullo*, Reversal, CEPR Discussion Paper Nr. DP15367 (Oktober 2020), https://ssrn.com/abstract=3723556 (abgerufen am 19.10.2025) (im Folgenden: *Repullo*, Reversal, CEPR Discussion Paper

über die Transmissionskanäle der Geldpolitik scheint auch bei dem zuletzt beobachteten, anhaltend niedrigen Zinsniveau nicht beeinträchtigt gewesen zu sein.[26] Dennoch konnte trotz der sehr expansiven Geldpolitik kaum ein Anstieg in der Inflation beobachtet werden.[27] Führt die Geldpolitik aus realwirtschaftlichen Gründen nicht zu den gewünschten Wirkungen, wird dieser Zustand als „säkuläre Stagnation" bezeichnet.[28] Problematisch ist dabei, dass je nach – ungeklärter – Ursache der wirtschaftlichen Lage eine negative Zinspolitik die Situation

DP15367 (Oktober 2020)). Ähnlich *Eggertsson/Juelsrud/Summers et al.*, Lending, NBER Working Paper Nr. 25416 (September 2020), http://www.nber.org/papers/w25416 (abgerufen am 19.10.2025) (im Folgenden: *Eggertsson/Juelsrud/Summers et al.*, Lending, NBER Working Paper 25416 (September 2020)), 38, in Bezug auf schwedische Banken; *Molyneux/Reghezza/Thornton et al.*, Lending, Journal of Financial Services Research 2020, 51, 65 f., die unter anderem auch eine Abhängigkeit von der Größe der Banken und deren Kapitalisierung feststellen. Eine Tendenz zur Eingehung größerer Risiken besteht dennoch, vgl. *Heider/Saidi/Schepens*, Lending, Review of Financial Studies 2019, 3728, 3758.

[26] Vgl. *Grisse/Krogstrup/Schumacher*, Lower-Bound, International Journal of Central Banking 2017, 165–202; *Horvath/Kotlebova/Siranova*, pass-through, Journal of Financial Stability 2018, 12–21 mit Blick auf Bankkredite, die eine vollständige Weitergabe der niedrigen Zinsen aber nur für Kredite an kleine Unternehmen feststellen; *Arce/García-Posada/Mayordomo*, lending, Banco de España Economic Bulletin Nr. 1/2019 (Mai 2019), https://ssrn.com/abstract=3361542 (abgerufen am 19.10.2025) (im Folgenden: *Arce/García-Posada/Mayordomo*, lending, Banco de España Economic Bulletin 1/2019 (Mai 2019)), 4 zur Kreditvergabe durch Banken; *Eisenschmidt/Smets*, Interest Rates, in: Aguirre/Brunnermeier/Saravia, Monetary Policy, 2019, 34 f.; *Czudaj*, policy, Journal of Economic Behavior & Organization 2020, 75–86; *Boungou*, lending, Quarterly Review of Economics and Finance 2021, 309–318 zur Kreditvergabe durch Banken. Mit dieser Befürchtung in jüngerer Zeit bspw. noch *Eggertsson/Juelsrud/Wold*, interest rates, NBER Working Paper Series Nr. 24039 (November 2017), http://www.nber.org/papers/w24039 (abgerufen am 19.10.2025) (im Folgenden: *Eggertsson/Juelsrud/Wold*, interest rates, NBER Working Paper Series 24039 (November 2017)). *Cœuré*, Communication, Open Economies Review 2017, 813 betont die Wichtigkeit der Zentralbankkommunikation für die Wirksamkeit der Geldpolitik in Niedrigzinszeiten.

[27] Vgl. *Wissenschaftlicher Beirat beim Bundesministerium der Finanzen,* Herausforderungen (abgerufen am 19.10.2025), 15; *Michail*, Assessment, Oxford Bulletin of Economics and Statistics 2019, 1–19 mit einer Untersuchung für Dänemark, Schweden und die Schweiz. Vgl. außerdem *Carbo-Valverde/Cuadros-Solas/Rodriguez-Fernandez*, effects, European Journal of Finance 2021, 1908, 1934. Für Quantitative Easing Maßnahmen im Allgemeinen scheinen empirische Untersuchungen einen (schwach) positiven Effekt zu belegen. Vgl. dazu die Forschungsübersicht von *Papadamou/Siriopoulos/Kyriazis*, survey, Journal of Economic Studies 2020, 1533,1561–1565 m. w. N.

[28] Vgl. *Di Bucchianico*, Negative Interest Rates, Review of Political Economy 2021, 687–710. Zu den realwirtschaftlichen Gründen siehe die Analyse der Ursachen im Vorigen Untersuchungsabschnitt.

theoretisch auch verschlechtern kann. Daher besteht auch eine Diskussion über Alternativmaßnahmen.[29]

Die meisten der vorgenannten Untersuchungen[30] stützen sich auf die Annahme einer Untergrenze für Einlagezinsen bei Banken. Einige nehmen eine Untergrenze von Null an,[31] die jedoch angesichts der mehrjährig in Deutschland beobachtbaren negativen Einlagezinsen nicht haltbar erscheint. Überzeugender ist daher die Annahme, dass es eine Untergrenze gibt, die zumindest bei den Kosten für eine eigenständige sichere Geldverwahrung liegt.[32] Auch eine erhöhte Neigung, in der Gegenwart für die Zukunft zu sparen, kann eine niedrigere Untergrenze

[29] Vgl. etwa *Palley*, Fallacy, Investigacion Economica 2018, 7–39; *Palley*, fallacy, Review of Keynesian Economics 2019, 151–170; *Palley*, fallacy Corrigendum, Review of Keynesian Economics 2020, 303, mit auf die EU übertragbarer Fundamentalkritik. Er sieht die Ursache in mangelnder gesamtwirtschaftlicher Nachfrage und argumentiert, dass die mit den niedrigen Zinsen gesetzten Investitionsanreize unwirksam blieben, solange die Wirtschaftssubjekte in Assets investierten, die wenig bis keine wirtschaftliche Produktivität erforderten und daher entfernt geldähnliche Eigenschaften besäßen, bspw. Gold oder Immobilien. Diese Ideen finden sich bereits bei *Keynes,* General Theory, in: Robinson/Moggridge, Collected Writings VII, 4. Aufl. 2013, 225–236, insb. 229 und 236. Auch stellen *Mattos/Da Roz/Ultremare et al.*, monetary policy, Review of Keynesian Economics 2019, 185–200, insb. 185 und 198, einen Mangel an die Geldpolitik ergänzende Fiskalpolitik fest. Vgl. außerdem *Serrano/Summa/Moreira*, critique, Review of Keynesian Economics 2020, 365–384 mit „sraffianischer" Kritik; *Kumhof/Wang*, zero lower bound, Journal of Economic Dynamics & Control 2021, 104208; *Di Bucchianico*, Negative Interest Rates, Review of Political Economy 2021, 687–710; *Andrade/Galí/Le Bihan et al.*, strategy, Journal of Economic Dynamics & Control 2021, 104207 mit Alternativmaßnahmen mit Blick auf die nahe effektive Zinsuntergrenze für Zwecke weiterer Wirtschaftspolitik. Siehe auch *Rossi*, ineffectiveness, Review of Keynesian Economics 2019, 220–232 mit Anregungen für die Schweiz; *Tropeano*, interest rates, Review of Keynesian Economics 2019, 233–246 in Bezug auf die EU. Für frühe Untersuchungen zur theoretischen Rechtfertigung negativer Zinsen als geldpolitisches Instrument vgl. etwa *Buiter/Panigirtzoglou*, bound, Economic Journal 2003, 723–723; *Bassetto*, interest rates, American Economic Review 2004, 104–108; *Abo-Zaid/Garín*, Optimal Monetary Policy and Imperfect Financial Markets: A Case for Negative Nominal Interest Rates?, Economic Inquiry 2016–228.

[30] Vgl. mit *Bletzinger/von Thadden*, QE, European Economic Review 2021, 103611 ergänzend auch eine neuere, EU-bezogene und ausschließlich theoretische Arbeit zur Untergrenze für expansive Zentralbankpolitik mit negativen Zinsen und Quantitative Easing.

[31] Vgl. *Eggertsson/Juelsrud/Wold*, interest rates, NBER Working Paper Series Nr. 24039 (November 2017); *Eisenschmidt/Smets,* Interest Rates, in: Aguirre/Brunnermeier/Saravia, Monetary Policy, 2019, 14; *Ulate*, Negative, American Economic Review 2021, 1–40; *Demiralp/Eisenschmidt/Vlassopoulos*, policy, European Economic Review 2021.

[32] So *Jarrow*, zero-lower bound, Finance Research Letters 2013, 151–156; *Jensen/Spange,* Pass-through, in: Danmarks Nationalbank, Review, 2015, 63; *Rognlie*, Lower Bound, Working Paper (Juli 2016), http://mattrognlie.com/negative_rates.pdf (abgerufen am

begünstigen.[33] In volkswirtschaftlicher Hinsicht erschwert die Existenz einer solchen Untergrenze die wirksame Durchführung geldpolitischer Maßnahmen.[34] Eine umfassende Literaturstudie zeigt, dass die Höhe der Untergrenze politisch beeinflusst werden kann.

Tabelle 2.1 Kategorisierung der Maßnahmen zur Durchsetzung unbegrenzt negativer Renditen[35]

Ansatzpunkt	Wirkungsweise	
	(1) Unmittelbar	(2) Mittelbar
a) Gesamtertrag	**Wechselkurs** (Bargeld und fiktive Recheneinheit) **Besteuerung** (künstliche Inflation)	**Wechselkurs** (Bargeld und Buchgeld)
b) Laufende Erträge	**Besteuerung** (von Bargeld, Erhebung bei Transaktion)	**Ausleihgebühr** (für Abhebungen vom Zentralbankkonto) **Verwahrgebühr** (für Einlagen auf dem Zentralbankkonto)

19.10.2025) (im Folgenden: *Rognlie*, Lower Bound, Working Paper (Juli 2016)), 3; *Eisenschmidt/Smets,* Interest Rates, in: Aguirre/Brunnermeier/Saravia, Monetary Policy, 2019, 14 f., 21; *Grisse*, Uncertainty, Journal of Money Credit and Banking 2021, Early View. Allgemein gegen eine Grenze bei Null auch *Grisse/Krogstrup/Schumacher*, Lower-Bound, International Journal of Central Banking 2017, 165 f.

33 Vgl. *Jung*, Uncertainty, International Journal of Central Banking 2019, 1, 3.

34 Vgl. hierzu in aktuellem Kontext etwa *Brunnermeier/Koby*, Reversal, NBER Working Paper Series Nr. 25406 (Dezember 2018); *Coenen/Montes-Galdón/Schmidt*, effectiveness, Journal of Economic Dynamics & Control 2021, 104205. Die Empfehlungen für weitere Wirtschaftspolitik scheiden sich in die gleichen Lager wie diejenigen aus den Ursachen. So finden sich einerseits Befürworter für noch expansivere Geldpolitik und eine Herabsetzung der effektiven Untergrenze, vgl. etwa *Lilley/Rogoff,* Chapter 2, in: Cochrane/Taylor, Monetary Policy, 2020, 27–62, sowie andererseits Warnungen vor expansiveren geldpolitischen Maßnahmen, da realwirtschaftliche Ursachen maßgeblich seien, deren Behebung bisher nicht durchgeführte expansive Fiskalpolitik erfordere.

35 Eigene Darstellung in Anlehnung an *Agarwal/Kimball*, Guide, IMF WP Nr. 19/84 (April 2019), https://www.imf.org/-/media/Files/Publications/WP/2019/WPIEA2019084.ashx (abgerufen am 19.10.2025) (im Folgenden: *Agarwal/Kimball*, Guide, IMF WP 19/84 (April 2019)), 3.

Einen Überblick über alle bisher in der Literatur erörterten Maßnahmen zur Durchsetzung unbegrenzt negativer Renditen auf Geldkapital verschafft Tabelle 2.1. Sie können danach untergliedert werden, ob sie mittelbar oder unmittelbar Wirkung entfalten und ob sie am Gesamtertrag oder and den laufenden Erträgen des Geldkapitals ansetzen.[36]

Bei den Maßnahmen, die auf die bekannten geldpolitischen Transmissionsmechanismen durch Finanzintermediäre setzen (1) und die am Gesamtertrag des Geldkapitals ansetzen (a), bestehen zwei Möglichkeiten. Die erste ist die Festlegung eines Wechselkurses für Bar- und (elektronisches) Buchgeld auf Zentralbankkonten.[37] Für künftige Abhebungen vom Zentralbankkonto durch eine Geschäftsbank müsste bezogen auf den jeweiligen Nennbetrag mehr Bargeld ausgezahlt werden, als vom Konto abgebucht wird, bei einer künftigen Einzahlung weniger als der Nennbetrag des eingezahlten Bargeldes dem Zentralbankkonto gutgeschrieben werden. Der Umrechnungskurs müsste sich dann an der Zeitdauer orientieren, die Zwischen Aus- und Einzahlung der Geldbeträge liegt, und wie ein Zinseszins berechnet werden.[38] Die zweite besteht in der Einführung von Mengenrestriktionen für Bargeldabhebungen[39] oder Bargeldeinlagen auf Zentralbankkonten. Dies würde zur Entstehung eines variablen Wechselkurses zwischen Bar- und Bankengeld führen und verhindern, dass einfach auf eigenständige Bargeldhaltung ausgewichen werden kann. Es käme aber zu deutlich spürbaren Beschränkungen in der Bargeldnutzung und voraussichtlich auch zu deutlich spürbar hoher Volatilität im Wechselkurs.[40]

Setzen die Maßnahmen bei den laufenden Erträgen an (b), besteht die Möglichkeit der Festlegung einer Ausleihgebühr auf Bargeldabhebungen vom Zentralbankkonto. Die Gebühr müsste wie Zinsen ausgestaltet sein, also prozentual auf den abgehobenen Nennbetrag bezogen und von der Dauer zwischen dem Zeitpunkt der Abhebung und der späteren Wiedereinzahlung abhängig sein. Umgekehrt kann auch eine Verwahrgebühr auf Zentralbankguthaben erhoben werden.[41] Dies ist auch der Weg, den die EZB gewählt hat, indem sie einen negativen Einlagezinssatz, aber null bzw. sehr niedrige positive Refinanzierungszinssätze

---

[36] Vgl. *Agarwal/Kimball*, Guide, IMF WP Nr. 19/84 (April 2019), 3.

[37] Zurückgehend auf *Agarwal/Kimball*, Lower Bound, IMF Working Paper Nr. 15/224 (Oktober 2015), https://ssrn.com/abstract=2711134 (abgerufen am 19.10.2025) (im Folgenden: *Agarwal/Kimball*, Lower Bound, IMF Working Paper 15/224 (Oktober 2015)).

[38] Vgl. ausführlich *Agarwal/Kimball*, Guide, IMF WP Nr. 19/84 (April 2019), 14–20.

[39] Zurückgehend auf *Goodfriend,* Lower Bound, in: Federal Reserve Bank of Kansas City, Monetary Policy, 2016,146–149.

[40] Vgl. *Agarwal/Kimball*, Guide, IMF WP Nr. 19/84 (April 2019), 37–39.

[41] Vgl. ausführlich *Agarwal/Kimball*, Guide, IMF WP Nr. 19/84 (April 2019), 20–23.

festlegte. Er ist aber mit der im Vorigen bereits erläuterten Gefahr einer Flucht der Wirtschaftssubjekte in die Bargeldhaltung verbunden und muss daher zur Durchsetzung negativer Einlagezinsen jenseits der Kosten für eigenständige und sichere Geldverwahrung um Restriktionen bei der Nutzung von Bargeld ergänzt werden. Derartige Restriktionen müssten auf eine Senkung der Attraktivität von Bargeldhaltung und -abhebung zielen. Sie könnten beispielsweise als Gebühren für die Abhebung von Bargeld der Wirtschaftssubjekte bei den Geschäftsbanken ausgestaltet sein, die sich an der Funktionsweise der Maßnahmenvariante mit einer Ausleihgebühr für Bargeld orientieren. Derartige Restriktionen können sich bei ausreichendem Druck auf die Banken auch ohne weitere staatliche Eingriffe durchsetzen.[42] Als weitere und demgegenüber strengere Restriktion[43] wird ein gesetzliches Verbot institutioneller Bargeldhaltung in größerem Stil durch Fonds und große börsennotierte Unternehmen diskutiert. Auch eine geschäftsmäßige Geldverwahrung für Dritte in großem Stil könnte verboten oder die Geldhaltung durch Abschaffung größerer Banknoten[44] verteuert werden. Dies würde ein komfortables Ausweichen der Wirtschaftssubjekte auf (elektronisch handhabbare) anderweitige Geldhortungsmöglichkeiten verhindern. Zudem sind Beschränkungen oder Meldepflichten für Bargeldbewegungen in das Ausland denkbar, um Umgehungsgestaltungen zu verhindern. Die rechtliche Durchsetzbarkeit erscheint bei den Verboten aber fraglich. Außerdem sind die Notwendigkeit und die Effektivität strengerer Restriktionen zweifelhaft.[45] Selbiges gölte für eine vollständige Abschaffung von Bargeld als drastischste denkbare Einschränkung. Hier spielen auch Gedanken hinsichtlich der Anonymität des Zahlungsverkehrs eine Rolle, da auf diese Art nur elektronische Zahlungsmittel verblieben.[46]

Weitere Möglichkeiten bestehen im Bereich von Maßnahmen mit unmittelbarer Wirkung, also solchen, die nicht auf eine Transmission angewiesen sind (2).

---

[42] Vgl. *Agarwal/Kimball*, Guide, IMF WP Nr. 19/84 (April 2019), 23–36 mit einer ausführlicheren theoretischen Diskussion der Durchsetzungsschwierigkeiten und mit Lösungsvorschlägen.

[43] Die nachfolgenden Restriktionen, insbesondere die Verbotsansätze, können auch als eigenständige Maßnahme gesehen werden, da in Folge deren Einführung für alle Geschäfte mit Barzahlungen voraussichtlich höhere Preise zustande kommen müssten, vgl. *Agarwal/Kimball*, Guide, IMF WP Nr. 19/84 (April 2019), 41–45.

[44] Vorschlag zurückgehend auf *Rogoff*, Cash, 2017.

[45] Vgl. *Agarwal/Kimball*, Guide, IMF WP Nr. 19/84 (April 2019), 41–45 sowie 45–48 zur Kombination mit den Verbotsansätzen.

[46] Vgl. *Agarwal/Kimball*, Guide, IMF WP Nr. 19/84 (April 2019), 10 sowie grundlegend *Buiter*, interest rates, North American Journal of Economics and Finance 2009, 213 unter 3.1; *Rogoff*, Currency, in: Parker/Woodford, Macroeconomics, 2015, 445–456.

Als Maßnahmen, die am Gesamtertrag des Geldkapitals ansetzen (a), kommen hier einerseits die Entkoppelung der Geldfunktionen[47] sowie andererseits unkonventionelle Fiskalpolitik in Betracht. Bei der Entkoppelung der Geldfunktionen wird die Funktion als Recheneinheit vom Tauschmedium gelöst. Die Recheneinheit wird dann per Gesetz zur ausschließlich zulässigen Recheneinheit für alle rechtlichen Ansprüche bestimmt, die auf Zahlung eines Geldbetrags gerichtet sind. Die Verwendung anderer Recheneinheiten wird untersagt. Für die Durchführung einer Transaktion wird eine anders lautende Währung verwendet, die stets entsprechend eines Wechselkurses mit der Recheneinheit verwendet werden muss. Das System funktioniert dann ähnlich wie das Wechselkurssystem bei den auf Transmission setzenden Maßnahmen, nur stattdessen mit unmittelbarer Wirkung.[48] Bei der unkonventionellen Fiskalpolitik wird versucht, über eine Erhöhung von Verbrauchssteuern kontrollierte Inflation herbeizuführen, die volkswirtschaftlich die gleichen Wirkungen entfaltet, wie weitere Absenkungen im Zinsniveau. Um die Steuerbelastung insgesamt nicht zu erhöhen, wird ein Ausgleich durch Steuersenkungen bei den Ertragsteuern auf Einkünfte, die ins Privatvermögen der Wirtschaftssubjekte fließen, geschaffen.[49] Die Kalibrierung ist aber möglicherweise nicht ganz sauber durchführbar, sodass Verwerfungen in den gesetzten Anreizen nicht auszuschließen sind. Da es sich um eine steuerliche Lösung handelt, besteht außerdem die Gefahr von Verzerrungen durch politische

---

[47] Zurückgehend auf *Eisler,* Money, 1933, der sich allerdings noch auf eine Unterscheidung von Bankengeld und Papiergeld beschränkte, vgl. *Agarwal/Kimball*, Guide, IMF WP Nr. 19/84 (April 2019), 9.

[48] Vgl. *Buiter*, interest rates, North American Journal of Economics and Finance 2009, 213 unter 3.3 und 4. In seinen Überlegungen werden zusätzlich die Emission von Anleihen in Werten der Transaktionswährung gestattet. Die Zentralbank hat dann neben dem Wechselkurs auch den Zins der Transaktionswährung als politische Steuerungsgröße. Diese Variante führt aber zu rechtfertigungsbedürftigen Abgrenzungsschwierigkeiten, welche Anlagetitel alle genau in Einheiten der Transaktionswährung nominiert werden dürfen und welche nicht. Außerdem kann sie die Wirksamkeit beeinträchtigen, siehe die Überlegungen unter 3.3.5.

[49] Vgl. *Feldstein,* Commentary, in: Federal Reserve Bank of Kansas City, Stabilization Policy, 2002, 157; *Correia/Farhi/Nicolini et al.*, Fiscal Policy, The American Economic Review 2013, 1172–1211; *Agarwal/Kimball*, Guide, IMF WP Nr. 19/84 (April 2019), 10 f.

Einflüsse.[50] Anders als Ansätze extrem lockerer Geldpolitik hat diese Maßnahme als fiskalpolitische aber den Vorteil, dass keine Gefahr einer Blasenbildung besteht.[51]

Die an den laufenden Erträgen des Geldkapitals ansetzende Maßnahme (b) setzt ebenfalls auf eine Steuer, die in der zeitlichen und technischen Art ihrer Handhabung einer Verbrauchssteuer ähnelt, aber dem Grunde nach keine solche darstellt. Vorgeschlagen wird, das Bargeld selbst einer Steuer zu unterwerfen, welche in Abhängigkeit des Nennwerts und der Zeitdauer bemessen wird, die das Bargeld außerhalb des Bankensystems in Umlauf ist. Die theoretischen Vorschläge setzen zur Durchführung dieser Variante auf Kenntlichmachungen am Geld selbst.[52] Auch hier kommt eine Kombination mit weiteren Restriktionen in der bereits dargestellten Art in Betracht, insbesondere, um Umgehungsgestaltungen zu vermeiden.[53]

2.1.1.2.2 Einzelwirtschaftlich

Neben den gesamtwirtschaftlichen Auswirkungen werden auch einige einzelwirtschaftliche Auswirkungen untersucht. Sie betreffen einerseits das Entscheidungsverhalten bei individuellen Finanzentscheidungen im Rahmen der Negativzinspolitik. Anders, als es bei Erreichen der effektiven Untergrenze der Fall wäre, wurde zunächst keine Flucht der Wirtschaftssubjekte in die Bargeldhaltung beobachtet.[54]

---

[50] Vgl. *Correia/Farhi/Nicolini et al.*, Fiscal Policy, The American Economic Review 2013, 1172, 1176–1207 unter I.-IV. in unterschiedlichen Modellrahmen, die aber noch nicht praxiserprobt sind; *Agarwal/Kimball*, Guide, IMF WP Nr. 19/84 (April 2019), 11.

[51] Vgl. *Feldstein,* Commentary, in: Federal Reserve Bank of Kansas City, Stabilization Policy, 2002, 154.

[52] Die Idee geht zurück auf *Gesell,* Wirtschaftsordnung, 3. Aufl. 1919, auf dem damaligen Stand der Technik mit einer Stempelung des Bargelds; *Keynes,* General Theory, in: Robinson/Moggridge, Collected Writings VII, 4. Aufl. 2013, 353–358 in grundsätzlich zustimmender Erwägung des Konzepts; *Goodfriend,* zero bound, Journal of Money Credit and Banking 2000, 1007–1035, insb. 1016 f. mit dem moderneren Vorschlag der Kenntlichmachung auf einem Magnetstreifen im Papiergeld.

[53] Siehe zu den Umgehungsproblemen etwa *Keynes,* General Theory, in: Robinson/Moggridge, Collected Writings VII, 4. Aufl. 2013, 357 f.; *Buiter,* interest rates, North American Journal of Economics and Finance 2009, 213 unter 3.2.

[54] Vgl. *Liñares-Zegarra/Willesson,* cash, Economics Letters 2021, 109674 mit Untersuchung zur Nutzung von Bargeld im Negativzinsumfeld. Ergebnis ist eine Zunahme der Bargeldnutzung. Vgl. außerdem *Jensen/Spange,* Pass-through, in: Danmarks Nationalbank, Review, 2015, 61–63, die für 2015 noch keine anomalen Auswirkungen auf das sich im Umlauf befindende Bargeld und Bankeinlagen in Dänemark festgestellt haben.

Darüber hinaus wird in der Literatur eine Übertragbarkeit einiger behavioristischer Erkenntnisse auf individuelle Finanzentscheidungen bei sehr niedrigen und negativen Zinsen untersucht. Nach der Prospect Theory[55] beispielsweise entscheiden Lotterieteilnehmer im Gewinnbereich risikoavers, im Verlustbereich aber eher risikofreudig. Ein Grund dafür ist, dass die mit einem Verlust verbundenen Einbußen stärker empfunden werden, als die Freude an einem betragsmäßig gleich hohen Gewinn. Wann ein Gewinn oder ein Verlust vorliegt, wird dabei in Bezug auf einen Referenzpunkt bestimmt.[56] Ein Übergang von vergleichsweise höheren positiven Zinsen als Referenzpunkt zu vergleichsweise niedrigen positiven Zinsen steht daher im Verdacht, zu einer Zunahme der Risikoneigung bei der Kapitalanlage zu führen. Selbiges läge für einen Übergang von (niedrigen) positiven Zinsen als Referenzpunkt zu negativen Zinsen nahe. Für den erstgenannten Bereich positiver Zinsen konnte dieser Effekt bislang in zwei Studien bestätigt werden.[57] Für den Bereich negativer Zinsen sind die Untersuchungsergebnisse gemischt. Eine Studie findet in einem Experiment beim Übergang von positiven auf negative Zinsen Evidenz für eine Beibehaltung der Risikoneigung bei der individuellen Kapitalanlage und für rationale Entscheidungen nach dem Erwartungsnutzenkonzept.[58] Eine andere experimentelle Studie findet im Gegensatz dazu Evidenz für einen Anstieg der Risikoneigung bei einem Übergang von positiven zu negativen Zinsen. Für eine Absenkung von Zinsen im ausschließlich positiven Bereich konnte dieser Effekt hier aber nicht belegt werden.[59] Gesamtbild und Ergebnisse sind damit heterogen und noch nicht besonders belastbar.[60]

---

[55] Zurückgehend auf *Kahneman/Tversky*, Prospect Theory, Econometrica 1979, 263–291.

[56] Vgl. *Kahneman/Tversky*, Prospect Theory, Econometrica 1979, 263, 277–279.

[57] Vgl. *Ganzach/Wohl*, theory, Journal of Behavioral and Experimental Economics 2018, 23–27; *Lian/Ma/Wang*, Risk-Taking, The Review of Financial Studies 2019, 2107–2148.

[58] Vgl. *Bracha*, Decisions, Management Science 2020, 5316–5340.

[59] Vgl. *Baars/Cordes/Mohrschladt*, risk-taking, Finance Research Letters 2020, 101179.

[60] Schon die Struktur der Untersuchungen kann die Belastbarkeit der Ergebnisse beeinträchtigen. Wesentliche Erkenntnis der Forschungsrichtung Behavioral Finance ist, dass es sowohl aufgrund der Ausgestaltung des übergeordneten Entscheidungsrahmens als auch bei der Informationswahrnehmung, -verarbeitung und -bewertung sowie bei der Entscheidungsfindung selbst zu Verhaltensweisen kommen kann, die die Entscheidung gemessen an einem rationalen Entscheidungsverhalten verzerren, vgl. *Hilbert/Metzner*, Behavioral Finance, 2021, 13 und 67 mit zusammenfassender Abbildung. So kann bezweifelt etwa werden, ob bei der Teilnahme an einer Studie die gleiche Sorgfalt angelegt wird, wie bei einer realen Entscheidung über die eigene Finanzsituation. Auch müssen bei letzteren die Informationen durch den Entscheider selbst aufgearbeitet werden, während diese in der Studie bereits aggregiert vorgelegt werden. Entscheidungsverzerrende Einflüsse bei der Informationsbeschaffung und -verarbeitung können in der Realität daher nicht ausgeschlossen werden. Auch

Andererseits erfolgt auch eine Analyse von Auswirkungen auf Unternehmen in Zusammenhang mit der Niedrigzinsphase. Neben den Auswirkungen auf Banken, die zuvor bereits dargestellt wurden, wird ein sogenanntes „Zombifizierungsproblem“ untersucht. Das Schlagwort bezeichnet die höhere Überlebensfähigkeit von unproduktiven Unternehmen aufgrund geringerer Finanzierungskosten.[61] Hieraus werden volkswirtschaftlich nachteilige, insbesondere wachstumshemmende, Wirkungen abgeleitet.[62]

2.1.1.2.3 Gemischt

Schließlich widmet sich an der Schnittstelle von gesamt- und einzelwirtschaftlicher Betrachtung eine Reihe an Untersuchungen negativen Zinsen im Asset Pricing und in Modellen zur Laufzeitstruktur von Zinsen. So sind etwa die Auswirkungen aus der bestehenden Unsicherheit über die konkrete Höhe der effektiven Zinsuntergrenze auf die Zinsstruktur Gegenstand einer Untersuchung.[63] Darüber hinaus wird allgemein der Umgang mit bzw. die Integration von Negativzinsen in Zinsstrukturmodellen und Bewertungsmodellen analysiert.[64] Außerdem

---

die Verknüpfung des Entscheidungsverhaltens bei positiven und negativen Zinsen sowie die Übertragbarkeit der Forschungsergebnisse von Untersuchungen bei positiven Zinsen auf solche mit negativen Zinsen sind aufgrund des geringen Forschungsstands noch nicht hinreichend geklärt, vgl. *Baars/Cordes/Mohrschladt*, risk-taking, Finance Research Letters 2020, 101179 unter 1.

[61] Vgl. *Haaker*, Zombifizierungsanalyse, IRZ 2018, 471–474; *Carbo-Valverde/Cuadros-Solas/Rodriguez-Fernandez*, effects, European Journal of Finance 2021, 1908, 1918 f.

[62] Vgl. vertiefend *Caballero/Hoshi/Kashyap*, Zombie Lending, The American Economic Review 2008, 1943–1977; *Banerjee/Hofmann*, zombie firms, in: BIS, Quarterly Review March 2022, 2018–78; *McGowan/Andrews/Millot*, Zombie firms, Economic Policy 2018, 688–736 sowie zusammenfassend *Carbo-Valverde/Cuadros-Solas/Rodriguez-Fernandez*, effects, European Journal of Finance 2021, 1908, 1918 f.

[63] Vgl. *Grisse*, Uncertainty, Journal of Money Credit and Banking 2021, Early View.

[64] Vgl. *Gorovoi/Linetsky*, interest rates, Mathematical Finance 2004, 49–78 zur Modellierung der damaligen niedrigen Zinsen in Japan; *Jarrow*, zero-lower bound, Finance Research Letters 2013, 151–156 zur Nichtexistenz einer harten Untergrenze von Null im Zinsstrukturmodell von *Heath/Jarrow/Morton*, Methodology, Econometrica 1992, 77–105; *Meucci/Loregian*, Interest Rates, Financial Analysts Journal 2016, 68–82; *Chen/Ma/Song et al.*, interest rates, European Journal of Finance 2017, 1447 zur Modellierung negativer Realzinsen; *Giribone/Ligato/Mulas*, effects, International Journal of Financial Engineering 2017, 1750015; *Fries/Nigbur/Seeger*, simulation, Journal of Empirical Finance 2017, 175–198 zur historischen Simulation von Risikofaktoren; *Russo/Fabozzi*, Models, Journal of Derivatives 2017, 80–92; *Stehlík/Kiseľák/Potocký et al.*, dynamics, Stochastic Analysis and Applications 2017, 178–190; *Jordanova/Kiseľák/Stehlík*, model, Stochastic Analysis and Applications 2018, 373–392; *Patel/Russo/Fabozzi*, interest rates, Finance Research Letters

bietet die Forschung bereits eine Erklärung für das Überschwappen von nominal negativen Geldzinsen auf die Preise von risikoarmen Bonds. Handelt es sich bei diesen um ein zahlungsmittelähnliches Asset, ergeben sich die nominal negativen Zinsen hierauf aufgrund von Liquiditätsprämien.[65] Gibt es hohe Bondhaltekosten, etwa aufgrund nominal negativer Zinsen, können aus diesem Grunde auch die Spreads aus Zinsswaps negativ sein.[66]

2.1.2 Einordnung negativer Zinsen

2.1.2.1 Einordnungsansätze

Neben den Ursachen und Wirkungen des niedrigen Zinsniveaus gibt es in der Forschung bereits Ansätze zur Einordnung des Phänomens negativer Zinsen. Sie werden meist pauschal geäußert oder nur oberflächlich begründet und lassen die wirtschaftlichen Hintergründe weitgehend offen. Der Forschungsstand ist daher lückenhaft. Ein Konsens besteht bislang nicht.

Die naheliegendste Einordnungsmethode ist der Vergleich negativer und positiver Zinsen. Im Zentrum steht die Frage, ob negative Zinsen dasselbe sind wie positive Zinsen, nur mit umgekehrtem Vorzeichen. Wird dies verneint, werden anderweitige Vergleiche angestellt. Insbesondere in der rechtswissenschaftlichen, aber auch punktuell in der wirtschaftswissenschaftlichen Literatur werden negative Zinsen mit Blick auf Leistungsumfang, Leistungs- und Zahlungsrichtung auch als Verwahrentgelte qualifiziert. Gelegentlich findet sich auch die Position, bei negativen Zinsen handele es sich um Wertminderungen auf das Geldkapital. Schließlich wird auch vertreten, bei negativen Zinsen handele es sich um eine rein künstliche Erscheinung aufgrund hoheitlichen Eingriffs durch die Geldpolitik der Zentralbanken und sie seien Steuern oder wirkten wie Steuern auf Geldkapital.[67]

2018, 196–201; *Orlando/Mininni/Bufalo*, calibration, Journal of Risk Finance 2019, 370–387; *Orlando/Mininni/Bufalo*, CIR model, Studies in Economics and Finance 2020, 267–292; *Jun/Lebreton/Rakotondratsimba*, yield-curve distributions, Journal of Forecasting 2020, 367–386; *Wu/Xia*, yield curve, Journal of Applied Econometrics 2020, 653–672.

[65] Vgl. *Maclachlan*, interest rates, Review of Keynesian Economics 2019, 171, 177 f.; *Lee*, Asset Prices, Journal of Money Credit and Banking 2020, 1435. Liquiditätsprämien konnten schon immer zu negativen Zinsen führen, vgl. *Redding*, liquidity premium, Economics Letters 1999, 213–216 für Forward Rates von sehr stark gehandelten US Treasury Bonds.

[66] *Jermann*, Spreads, The Review of Financial Studies 2020, 212.

[67] Für eine Darstellung der umfangreichen zugehörigen Literatur wird auf die unmittelbar folgenden Untersuchungsabschnitte verwiesen, in denen die Literatur zu allen der genannten

Eine qualifikatorische Einordnung negativer Zinsen kann als normative Problemstellung nur in Bezug auf bestimmte Wertvorstellungen und zweckabhängig erfolgen. Die Diskussion der einzelnen Argumente für und gegen die jeweiligen Einordnungsansätze kann daher erst in den nachfolgenden rechtlichen und wirtschaftlichen Analysen stattfinden. Dort sind angesichts der Zugehörigkeit Deutschlands zur europäischen Währungsunion insbesondere auch Wertungen relevant, die sich aus den politischen Entscheidungen der europäischen Zentralbank ergeben.

Für die hier vorzunehmende wirtschaftliche Einordnung wird entsprechend der bisherigen Einordnungsansätze zunächst ein Vergleich negativer mit positiven Zinsen angestellt. Dazu müssen die Eigenschaften positiver Zinsen ausgearbeitet und anschließend mit denjenigen negativer Zinsen verglichen werden. Sodann werden auch die anderweitigen Einordnungsansätze (Verwahrentgelt, Wertminderung, hoheitliche Maßnahme) untersucht.

2.1.2.2 Einordnung als Zinsen

2.1.2.2.1 Eigenschaften positiver Zinsen

2.1.2.2.1.1 Fundierung in der Werttheorie

Der identifizierte Grundsachverhalt „Kapitalüberlassung auf Zeit“, dessen Ertrag oder Gegenleistung im Sprachgebrauch der Begriff Zins zugeordnet ist, hat aus wirtschaftswissenschaftlicher Perspektive seinen Ursprung in den Bedürfnissen des Menschen.[68] Ferner wird angenommen, dass die Bedürfnisse des Menschen größer als die nur begrenzt verfügbaren Mittel zur Bedürfnisbefriedigung sind.[69] Die Befriedigung der Bedürfnisse erfolgt durch Güter.[70] Aus den Annahmen ergibt sich die Notwendigkeit des planmäßigen und effizienten Disponierens knapper Ressourcen (Wirtschaften). Ziel des Wirtschaftens ist in der Regel eine bestmögliche Bedürfnisbefriedigung der Teilnehmer der Wirtschaft (Wirtschaftssubjekte).[71] Einem Wirtschaftssubjekt stehen dabei nur die ihm durch seine knappen Ressourcen ermöglichten Handlungsalternativen zur Verfügung,

---

Aspekte jeweils aus wirtschaftlicher, zivil-, handels- und steuerrechtlicher Sicht aufgearbeitet ist.

[68] Sie werden als Gefühl eines Mangels beschrieben, mit dem Bestreben, diesen zu beseitigen. Vgl. *Häuser*, Bedürfnis, in: Grochla/Wittmann, Handwörterbuch, 4. Aufl. 1974, 449 f.

[69] Vgl. *Mankiw/Taylor*, Volkswirtschaftslehre, 8. Aufl. 2021, 2.

[70] Güter sind Dinge und Dienste, die dem Zweck (un-)mittelbarer Bedürfnisbefriedigung dienen. Vgl. *Häuser*, Bedürfnis, in: Grochla/Wittmann, Handwörterbuch, 4. Aufl. 1974, 454.

[71] Vgl. *Nantrop*, Mikroökonomie, 2. Aufl. 2012, 10.

zwischen denen es sich entscheiden muss.[72] Die Auswahlentscheidung kann nur durch eine Bewertung der sich bietenden Alternativen getroffen werden. Der dem Zins zugrundeliegende Sachverhalt „Kapitalüberlassung auf Zeit“ ist eine solche Handlungsalternative. Daher ist für die anstehende Untersuchung von Zinsen zunächst eine grundlegende Befassung mit deren Bewertung und Auswahl nötig.

Die Auswahlentscheidung ist Gegenstand der interdisziplinären Entscheidungstheorie,[73] die Bewertung Gegenstand der Werttheorie. In deren historischer Entwicklung gibt es drei Strömungen: die objektive, subjektive und funktionale Werttheorie. Die objektive Werttheorie nimmt an, dass jedem Gut ein objektiv feststellbarer, intersubjektiv nachprüfbarer und in dem jeweiligen Gut selbst begründeter Wert innewohnt.[74] Der auf diese Art verstandene Wert ist eine Eigenschaft des Gutes und soll durch jedermann realisiert werden können. Die subjektive Werttheorie geht davon aus, dass Menschen tatsächlich ganz unterschiedlich entscheiden. Wertvorstellungen sind dann an den Menschen gebunden, ein Wert entsteht also nur in einer Objekt-Subjekt-Beziehung von Gut zu Mensch und auch nur subjektiv für den einzelnen Menschen. Der Wert für den Einzelnen hängt von seinen persönlichen Wertvorstellungen ab.[75] Die funktionale Werttheorie erkennt schließlich die Subjektivität der Werte an und will zugleich die Bewertung des Einzelnen nachvollziehbar machen.[76] Dies kann gelingen, indem Zielsetzung, Handlungsalternativen und Bewertungsmethoden des Bewertenden bekannt gemacht werden. Im Grunde genommen handelt es sich damit um eine Erweiterung der subjektiven Werttheorie. Nachfolgend wird von der Geltung der heute vorherrschenden funktionalen Werttheorie ausgegangen.[77]

2.1.2.2.1.2 Wertverhältnisse im Mehr-Personen-Kontext

Die bisher beschriebenen Zusammenhänge lassen sich zunächst um rein technische Erkenntnisse ergänzen. So sind die Bedürfnisse eines Menschen eine treibende Kraft menschlicher Handlungen, Aktionen, Aktivitäten.[78] Bei einer

---

[72] Vgl. *Cezanne/Franke,* Volkswirtschaftslehre, 7. Aufl. 1997, 4.

[73] Vgl. *Laux/Gillenkirch/Schenk-Mathes,* Entscheidungstheorie, 10. Aufl. 2018, 3.

[74] Vgl. *Spranger,* Bewertung, 2006, 12.

[75] Vgl. *Peemöller,* Wert, in: Peemöller, Unternehmensbewertung, 7. Aufl. 2019, 4 f., 7.

[76] Vgl. *Peemöller,* Wert, in: Peemöller, Unternehmensbewertung, 7. Aufl. 2019, 7.

[77] Die objektive Werttheorie ist für die Untersuchung einzelwirtschaftlicher Wertvorstellungen im Übrigen ungeeignet, vgl. *Häuser,* Bedürfnis, in: Grochla/Wittmann, Handwörterbuch, 4. Aufl. 1974, 452.

[78] Vgl. *Stüdemann,* Betriebswirtschaftslehre, 3. Aufl. 1993, 11 Rn. 24.

Handlung[79] werden vom Handelnden Mittel eingesetzt, um einen bestimmten Zweck zu verfolgen.[80] Die Handlung als Ursache ist kausal mit einer Wirkung, der Konsequenz verknüpft. Wird die Handlung ausgeführt, folgt daraus eine Konsequenz.[81] Um sich für oder gegen eine Handlung entscheiden zu können, müssen die bei dieser Handlung einzusetzenden Mittel und der angestrebte Zweck bewertet werden. Wird nicht gehandelt, wird die Verwendung oder Aufsparung der Mittel für einen anderen Zweck beschlossen. Dieser Zweck wird dann höher geschätzt, als derjenige, über dessen Anstreben entschieden werden sollte. Dies zeigt einerseits, dass der Wert der Mittel in den mit ihnen erreichbaren Zwecken liegt. Andererseits wird deutlich, dass die Bewertung stets relativ ist. Eine Handlungsalternative kann nur durch einen Vergleich, also in Bezug auf andere Handlungsalternativen, bewertet werden.[82] Die Bewertung ist außerdem opportunistisch, es kann immer nur eine Handlungsalternative umgesetzt werden.[83] Die tatsächlichen Ausgänge der nicht durchgeführten Handlungsalternativen bleiben unbekannt. Verglichen werden können nur Erwartungen über diese. Im Entscheidungszeitpunkt ist auch die am Ende durchgeführte Handlungsalternative tatsächlich noch nicht durchgeführt. Bei der Entscheidung werden daher ausschließlich Eventualitäten gegeneinander abgewogen.[84]

Auch ohne Kenntnis der genauen Methode, nach der die Zwecke gegeneinander abgewogen werden, können Aussagen über die Wertverhältnisse der Zwecke zueinander gemacht werden. Die Überlegungen zur Entscheidungsfindung zeigen, dass bei Durchführung einer Alternative ihr Zweck subjektiv höher geschätzt wird, als der damit verbundene Mitteleinsatz und, da dessen Wert in allen denkbaren alternativen Verwendungszwecken liegt, auch höher als deren Wert.[85] Dies ist plausibel, weil bedürfnisgetriebenes Handeln auf die Beseitigung eines Mangels gerichtet ist, in subjektiver Wahrnehmung also mit einem erwarteten Zugewinn

---

[79] Tatsächlich ist die Abgrenzung einer Handlung nicht ganz unproblematisch, vgl. dazu etwa *Goldman,* Action, 1970. Dieser Fragestellung soll hier aber nicht weiter nachgegangen werden.

[80] Vgl. *Paulsen,* Volkswirtschaftslehre, 7. Aufl. 1966, 8 f.

[81] Vgl. *Eisenführ/Weber,* Entscheiden, 4. Aufl. 2003, 16.

[82] Vgl. *Stützel,* Preis, in: Grochla/Wittmann, Handwörterbuch, 4. Aufl. 1974, 4404 f. Der Begriff Handlungsalternative ist hier im entscheidungstheoretischen Sinne zu verstehen.

[83] Vgl. *Laux/Gillenkirch/Schenk-Mathes,* Entscheidungstheorie, 10. Aufl. 2018, 6.

[84] Vgl. teils implizit, teils explizit *Hülsmann,* Interest, The Quarterly Journal of Austrian Economics 2002, 77, 90.

[85] Vgl. *Hülsmann,* Interest, The Quarterly Journal of Austrian Economics 2002, 77, 87.

an Wert verbunden sein muss.[86] Mehrere Wirtschaftssubjekte können beim Wirtschaften ihre Mittel tauschen. Der Zweck ergibt sich dann aus der Verwendung der Mittel des Tauschpartners.

Wurde gehandelt, kann die tatsächlich eintretende Konsequenz von der Erwartung über den Grad der Zweckerreichung abweichen.[87] Die ursprüngliche Erwartung kann erfüllt, übererfüllt oder enttäuscht werden. Um diese Wertverhältnisse auszudrücken, lassen sich ein erwartetes und ein tatsächliches Ergebnis[88] einer menschlichen Handlungsalternative definieren. Das erwartete Ergebnis ist die Differenz aus dem Wert der erwarteten Konsequenz und dem Wert der dafür einzusetzenden Mittel. Es ist stets positiv. Das tatsächliche Ergebnis ist die Differenz aus dem Wert der tatsächlich eintretenden Konsequenz und dem Wert der dafür eingesetzten Mittel. Es kann positiv, null oder negativ sein. Der Zustand der Handelnden kann sich verbessern (positives Ergebnis), unverändert bleiben (Nullergebnis) oder verschlechtern (negatives Ergebnis). Allein ein positives Ergebnis kann zur Erfüllung der Erwartungen führen, da schon die Ergebniserwartung positiv ist. Es kommt darauf an, ob die tatsächliche Zustandsverbesserung höher, gleich hoch oder niedriger als die Erwartung ist. Die Erwartungen sind stets enttäuscht, wenn das tatsächliche Ergebnis null oder negativ ist.

Eine Handlungsalternative kann sich auch aus mehreren einzelnen Handlungen zusammensetzen.[89] Sind die abzuwägenden Mitteleinsätze und/oder Konsequenzen einzelner Handlungen voneinander abhängig, kann ihre Bewertung nur gemeinsam erfolgen, da dann auch die möglichen Ergebnisse voneinander abhängig sind. So kann es sich aus subjektiver Sicht zum Beispiel lohnen, bei einer separat betrachteten Handlung einen Nachteil in Kauf zu nehmen, wenn dafür infolgedessen bei einer anderen Handlung ein Vorteil erwartet wird, der absolut höher ist als der erwartete oder eingetretene Nachteil bei der erstgenannten Handlung. Auf diese Art voneinander abhängige einzelne Handlungen bilden gemeinsam eine Handlungsalternative, die nachfolgend auch als Handlungsprogramm bezeichnet sei.[90] Am Beispiel von Handlungsprogrammen wird deutlich,

---

[86] Vgl. *Hagedorn*, Theory, MisesJournal 2021 Special Issue (20.12.2021), https://doi.org/10.30800/mises.2021.v9.1431 (abgerufen am 19.10.2025) (im Folgenden: *Hagedorn*, Theory, MisesJournal 2021 Special Issue (20.12.2021)), 14 (dort Kap. 2).

[87] Vgl. *Hülsmann*, Interest, The Quarterly Journal of Austrian Economics 2002, 77, 86.

[88] Die hier verwendete Terminologie ist der Entscheidungstheorie entlehnt, vgl. *Eisenführ/Weber*, Entscheiden, 4. Aufl. 2003, 20.

[89] Vgl. *Laux/Gillenkirch/Schenk-Mathes*, Entscheidungstheorie, 10. Aufl. 2018, 6.

[90] Vgl. *Laux/Gillenkirch/Schenk-Mathes*, Entscheidungstheorie, 10. Aufl. 2018, 8–12; in ähnlicher Terminologie wie der hier gewählten, aber inhaltlich mit Bezug auf betriebliche

dass ein erwarteter Zweck zugleich Mittel für die Erreichung eines anderen, übergeordneten Zwecks sein kann. Die im vorigen Beispiel erstgenannte Handlung hat den Zweck, den erwarteten Nachteil eintreten zu lassen, welcher wiederum Mittel zur Erreichung des erwarteten vorteiligen Zwecks der zweitgenannten Handlung ist. Die Mittel-Zweck-Beziehung kann in beliebig langer Verkettung auftreten. Das erwartete Ergebnis des gesamten Handlungsprogramms muss dann wieder positiv sein, da es anderenfalls nicht durchgeführt würde.

Ein Geschäft zwischen beiden Wirtschaftssubjekten kommt dann zustande, wenn beide von den erhaltenen Mitteln einen höheren Grad an Bedürfnisbefriedigung erwarten als von den hingegebenen.[91] Da reiner Tauschhandel als Wirtschaftsform üblicherweise eher ungeeignet ist,[92] findet das Wirtschaften im heutigen Wirtschaftssystem[93] üblicherweise mit Geld in seiner Funktion als (1)Tauschmittel, (2) Wertaufbewahrungsmittel und (3) Recheneinheit statt.[94] Sein

---

Investitions- und Finanzierungsentscheidungen auch *Franke/Hax*, Finanzwirtschaft, 6. Aufl. 2009, 143 f.

[91] Vgl. *Stützel*, Preis, in: Grochla/Wittmann, Handwörterbuch, 4. Aufl. 1974, 4406.

[92] Er leidet an zwei Problemen. Zum einen ist das subjektiv wahrgenommene Handlungsergebnis zwar Ergebnis einer Bewertung, es ist aber nur durch das Mengenverhältnis der eingetauschten Mittel messbar, sofern es für letztere eine Recheneinheit gibt. Vgl. *Jevons*, Money, 3. Aufl. 1876, 5–7; *Stützel*, Preis, in: Grochla/Wittmann, Handwörterbuch, 4. Aufl. 1974, 4405. Dieses Verhältnis ist, wenn man es bestimmen kann, nur für den Vergleich mit anderen Geschäften hilfreich, bei denen die selben Mittel getauscht werden. Zum anderen sind reine Tauschgeschäfte umständlich. Angeboten werden können nur die eigenen Mittel. Dadurch schränkt sich der Kreis der möglichen Abnehmer bereits erheblich ein. Da der Abnehmer auch über das als Gegenleistung gewünschte Mittel verfügen muss, schränkt sich der Kreis der Abnehmer noch weiter ein. Vgl. *Jevons*, Money, 3. Aufl. 1876, 3–5. Schließlich müssen am Ende auch die Wertvorstellungen beider in Austausch tretenden Wirtschaftssubjekte so liegen, dass der Tauschhandel zustande kommt.

[93] Historisch gibt es keine hinreichenden Belege, dass Handel ohne Geld jemals eine dominante Form des Wirtschaftens war. Vgl. *Dalton*, Barter, Journal of Economic Issues 1982, 191, 185.

[94] Vgl. *Jevons*, Money, 3. Aufl. 1876, 13–16 zu den Funktionen; *Issing*, Geldtheorie, 15. Aufl. 2011, 1 f. zu den Funktionen und dem aktuellen Kenntnisstand. Geld wird stets nur mit seinen Funktionen beschrieben, da bislang keine andere zufriedenstellende Definition existiert. Die wichtigste Funktion ist die des Tauschmittels. Hieraus folgt, dass der dem Geld beigemessene Wert seine zentrale Eigenschaft sein muss, denn nur wertvolles wird auch als Tauschmittel akzeptiert. Vgl. *Ostroy/Starr*, Money, in: Friedman/Hahn, Handbook 1, 1990, 4 f. Vertiefend zum Ursprung des Geldes vgl. *Issing*, Geldtheorie, 15. Aufl. 2011, 1; *Laum*, Geld, 1924; *Davies/Davies*, money 1, Journal of Management History 1998, 160–185 und *Davies/Davies*, money 2, Journal of Management History 1998, 186–232.

Wert ist in den durch seinen Besitz eröffneten Handlungsmöglichkeiten (Eintauschbarkeit in beliebige andere Güter) zu sehen.[95] In der Folge kann Geld auch an Wert verlieren, wenn sich der Umfang der Handlungsmöglichkeiten einschränkt. Dies ist der Fall, wenn die mit Geld beschaffbaren Güter teurer werden, also bei Inflation. Die Wertaufbewahrungsfunktion unterliegt daher der Einschränkung, dass ein Teil des Geldes mit der Zeit durch Inflation an Wert verliert. Wollen Wirtschaftssubjekte uneingeschränkt von dieser Funktion Gebrauch machen, müssen sie sich bemühen, den Wertverlust durch weiteres Wirtschaften auszugleichen.

Weil Geld gerade als Tauschmittel dient, fügt es sich nahtlos in die bisher nur auf Tauschgeschäfte bezogenen Grundsätze der Werttheorie ein. Es kann als Mittel zur Erreichung eines Zwecks verwendet werden. Unabhängig davon, ob man Geld als Gut versteht oder nicht, kann man mit Geld handeln, wie mit jedem anderen Gut. Geld kann durch Tausch erworben oder für etwas anderes eingetauscht werden. Hierdurch verlängert sich lediglich die Länge der Kette an Mittel-Zweck-Beziehungen, da zu Beginn ein Mitteleinsatz für Zwecke des Gelderwerbs und am Ende der Einsatz von Geld in ein reales Gut stehen muss. Der Vorteil dieser Verlängerung liegt in der Messbarkeit. Möchte man Wert messbar machen, kommt man auf grundlegendster Ebene nur mit den von den Wirtschaftssubjekten wahrgenommenen Werten nicht weiter, da diese subjektiv und nicht direkt beobachtbar sind. Man könnte sie bestenfalls durch Befragung ermitteln und in eine Präferenzrangordnung bringen.[96] Die Gütermengen auf der nächsten Ebene sind zwar beobachtbar, aufgrund der vom reinen Tauschhandel bekannten Nachteile zur Wertmessung aber ebenfalls nicht zielführend. Ist dagegen Geld zwischengeschaltet, kann man dieses in seiner Funktion als Recheneinheit nutzen, um die mit dem Handel verbundenen Werte zu quantifizieren. Die Quantifizierung bleibt dennoch nur eine näherungsweise Schätzung, denn die von den handelnden Wirtschaftssubjekten subjektiv empfundenen Werte sind nach dem Verständnis von subjektiver und funktionaler Werttheorie unterschiedlich hoch. Beide Wirtschaftssubjekte empfinden den erreichbaren Zweck verglichen mit dem

[95] Aus heutiger Sicht machen die Verwendung von Papiergeld, die Einführung von Kryptowährungen und Überlegungen zur Abschaffung von Bargeld sehr deutlich, dass Geld nicht wegen seiner physischen Beschaffenheit Wert beigemessen wird. Vgl. *Cezanne/Franke*, Volkswirtschaftslehre, 7. Aufl. 1997, 9. Mit jüngsten Überlegungen zur Einführung einer digitalen Zentralbankwährung im Eurosystem vgl. *Bindseil/Panetta/Terol*, Currency, ECB Occasional Paper Series Nr. 286 (Dezember 2021), https://www.ecb.europa.eu/pub/pdf/scpops/ecb.op286~9d472374ea.en.pdf (abgerufen am 19.10.2025) (im Folgenden: *Bindseil/Panetta/Terol*, Currency, ECB Occasional Paper Series 286 (Dezember 2021)).

[96] Vgl. *Eisenführ/Weber*, Entscheiden, 4. Aufl. 2003, 97–103.

einzusetzenden Mittel subjektiv als höherwertig. Messbar ist nur der Mitteleinsatz, auf den sich beide Parteien geeinigt haben. Die Überlegungen zeigen, dass auch der mit Geld verbundene subjektive Wert zwischen einzelnen Wirtschaftssubjekten unterschiedlich ist. Der selbe Geldbetrag eröffnet bei unterschiedlichen Wirtschaftssubjekten für diese unterschiedliche Handlungsmöglichkeiten.

2.1.2.2.1.3 Werttreiber

Die wirtschaftliche Forschung zu den Werttreibern positiver Zinsen knüpft an die werttheoretischen Grundlagen an:

- Auf technischer Ebene wird bei Zinsen Kapital an jemand anderen zur Nutzung überlassen mit der Aussicht auf spätere Rückgabe. Für die Nutzungsüberlassung soll der Nutzende eine Gegenleistung erbringen. Es wird ein Mittel eingesetzt, um damit einen Zweck zu erreichen. Der Unterschied zu Tauschgeschäften liegt in der späteren Rückgabe des Kapitals. Der vom Nutzer verfolgte Zweck ist nur die Nutzung des Gutes, nicht dessen Erwerb. Das zur Nutzung überlassene Gut und die Gegenleistung können jeweils in realen Gütern oder in Geld bestehen.[97]
- Auf Bewertungsebene erwarten Überlassender und Nutzender von der Handlungsalternative Nutzungsüberlassung oder dem diese einschließenden Handlungsprogramm (insgesamt) ein positives Ergebnis. Ungeachtet eines etwaigen Handlungsprogramms knüpft der Zins stets nur an die Nutzungsüberlassung als einzelne Handlung an, daneben auch an die vereinbarte Gegenleistung. Er hat daher sowohl (1) auf der nicht messbaren, subjektiven Ebene, in Form des subjektiv erwarteten Ergebnisses, als auch (2) auf der messbaren Ebene von Handel mit Gütern oder mit Geld in Form des tatsächlich eintretenden Ergebnisses eine Konkretisierung.[98]

Die wirtschaftliche Forschung zu den Werttreibern ist modelltheoretisch und daher situationsabhängig. In einer Situation unter Sicherheit ergibt sich die Existenz von Nutzungsüberlassungen neben Tauschgeschäften aus der Anknüpfung des Wirtschaftens an die Lebensdauer des Menschen.[99] Der Handlungsplan eines

---

[97] Die Nutzungsüberlassung von Geld gegen reale Güter ist allerdings nur ein theoretischer Fall, da Geld als Mittel zur Vergütung realer Güter erdacht wurde und nicht umgekehrt.

[98] Anders *Hülsmann*, Interest, The Quarterly Journal of Austrian Economics 2002, 77, 85–92, der auf subjektiver Ebene allein auf den subjektiv erwarteten Mehrwert der gesamten Handlungsalternative abstellt. Überlegungen zu Handlungsprogrammen sind in seiner Untersuchung nicht enthalten.

[99] Vgl. *Bontrup*, Volkswirtschaftslehre, 2. Aufl. 2014, 29.

Wirtschaftssubjekts muss die Befriedigung von Bedürfnissen zu unterschiedlichen Zeitpunkten abdecken.[100] Gegenwärtige Bedürfnisse werden durch Konsum, künftige Bedürfnisse durch Verschiebung von Konsum in die Zukunft befriedigt.[101] Der erste identifizierte Werttreiber von Zinsen in der Werttheorie auf der subjektiven Wertungsebene ist daher die Zeitpräferenz der Wirtschaftssubjekte.[102]

Die Realisierung von Handlungsalternativen generiert Einkommensströme. Sie werden durch das Spar- und Investitionsverhalten der Wirtschaftssubjekte bestimmt. Wie viel gespart und wie viel investiert wird, ergibt sich aus einer individuellen Nutzenabwägung der Wirtschaftssubjekte von heutigem gegen zukünftiges Einkommen.[103] Der Verzicht auf heutiges Einkommen zugunsten eines Mehrbetrags an künftigem Einkommen kann bei einer Untersuchung von Geldströmen in Prozenten berechnet werden, dem Zinssatz.[104] Die Theorien zur Zeitpräferenz gehen dabei von einer positiven Zeitpräferenzrate aus. Dies bedeutet, dass zukünftige Güter geringer geschätzt werden, als Gegenwartsgüter.[105] Als Gründe hierfür werden (a) die Verschiedenheit des Verhältnisses von Bedarf und Deckung in den verschiedenen Zeiträumen, (b) eine systematische Unterschätzung zukünftiger Bedürfnisse und (c) die Überlegenheit gegenwärtiger Güter zur Befriedigung von Bedürfnissen identifiziert.[106] Weil die hier angenommene Situation hypothetisch sicher ist, braucht bei jeder Handlungsalternative nur differenziert zu werden, ob diese auf Bedürfnisbefriedigung heute oder Bedürfnisbefriedigung in der Zukunft gerichtet ist. Bei Sicherheit wird nämlich durch jede

---

[100] Dies ist davon unabhängig, ob ein Mensch allein für seine Bedürfnisbefriedigung Sorge zu tragen hat, oder ob er zu diesem Zweck im Austausch mit anderen Menschen steht. Abgrenzungs- und Folgefragen, die sich aus Untersuchungen sog. Robinson-Crusoe Betrachtungen und interpersonellen Austauschbeziehungen ergeben, sollen daher hier ausgeblendet werden.

[101] Das ausschließliche Abstellen der realen Zinsforschung auf Konsum als letzte Konsequenz (Konsum heute vs. Konsum in der Zukunft) ist auch bei längeren Handlungsabfolgen in Form von Handlungsprogrammen plausibel. Der letzte Zweck in längeren Handlungsabfolgen dürfte immer der auf die Bedürfnisbefriedigung gerichtete Konsum sein.

[102] Zur Terminologie der Zeitpräferenz vgl. *Fisher,* interest, 1930, 62. Ebenfalls mit einer Zeitpräferenz (Gegenwartspräferenz) arbeitet Hayek, vgl. dazu *Lutz,* Zinstheorie, 2. Aufl. 1967, 62, 93–95.

[103] Vgl. *Fisher*, interest, 1930, 29–31; *Lutz*, Zinstheorie, 2. Aufl. 1967, 79.

[104] Vgl. *Fisher*, interest, 1930, 13.

[105] Vgl. *Böhm-Bawerk,* Theorie, 4. Aufl. 1961, 318–328. Insgesamt dreiteiliges Werk gemeinsam mit *Böhm-Bawerk,* Geschichte, 4. Aufl. 1961 und *Böhm-Bawerk,* Exkurse, 4. Aufl. 1961.

[106] Vgl. *Böhm-Bawerk*, Theorie, 4. Aufl. 1961, 328–362. Vgl. zusammenfassend auch *Lutz*, Zinstheorie, 2. Aufl. 1967, 9 f.

Handlung auch schon die Konsequenz determiniert. Der Ausgang einer Handlungsalternative kann mit Sicherheit vorhergesagt werden. Mangels Unsicherheit brauchen beispielsweise auch keine Reserven zur Absicherung gebildet werden. Über genutzte Güter in fremdem Eigentum als Mittel kann unter den gegebenen Annahmen ebenso sicher disponiert werden, wie über solche im eigenen. Auch der Überlassende muss keine unerwarteten Ausfälle des Nutzenden oder unerwartete Wertänderungen fürchten.

Theoretisch sind also sowohl eine Gegenwarts- als auch eine Zukunftspräferenz denkbar. Das Vorkommen einer Zukunftspräferenz, woraus sich später ein negativer Zins erklären ließe, ist abhängig vom Grad der Bedürfnisbefriedigung bei der konkreten Konsumentscheidung. Der Grad der Bedürfnisbefriedigung ist nicht messbar, da man hierfür die subjektiv wahrgenommene Deckung der – bestenfalls aller – Bedürfnisse des entscheidenden Wirtschaftssubjekts ermitteln müsste. Die Bedürfnisse des Menschen können in die essentiellen Bedürfnisse der Bereiche (1) Grund-/Existenzbedürfnisse, (2) Sicherheit, (3) Sozialbedürfnisse und (4) Anerkennung/Wertschätzung sowie die Wachstumsbedürfnisse im Bereich (5) der Selbstverwirklichung unterteilt werden.[107] Blendet man die Bedürfnisse aus, die sich nicht durch Handel und Wirtschaften befriedigenden lassen und die somit nicht für die Zinsbildung relevant sein können, verbleiben Teile der Gruppen (1), (2) und (5). Da hier eine Situation ohne Unsicherheit angenommen wird, entfällt auch der übrige Teil der Bedürfnisse aus Gruppe (2). Die voranstehende Annahme der Zinstheorien für Situationen unter Sicherheit einer systematischen Überschätzung heutiger bzw. eine systematische Unterschätzung künftiger Bedürfnisse, gleicht einer positiven Zeitpräferenz. Dies erscheint uneingeschränkt tragfähig für den Bereich Grundbedürfnisse (1), sofern deren Deckung sich im existenznotwendigen Bereich bewegt, da die Wirtschaftssubjekte sich schwerlich von ihrem biologischen Selbsterhaltungstrieb lösen können.[108] Für die Bedürfnisse im Bereich der Selbstverwirklichung (5) und für überschüssige Deckung bei den Grundbedürfnissen (1) ist unter den gegebenen Annahmen aber auch der umgekehrte Fall – also eine negative Zeitpräferenz – denkbar, insbesondere, da von Risiko und Ungewissheit abstrahiert wird. Verfügten die Wirtschaftssubjekte über sichere und vollständige Informationen der zukünftigen Entwicklung, wäre ein sicherheitshalbes Präferieren heutigen Konsums nicht notwendig, da man sich über den künftigen Konsum bereits im Klaren wäre. Es ist also grundsätzlich plausibel von positiver Zeitpräferenz (Gegenwartspräferenz)

---

[107] Vgl. grundlegend *Maslow*, motivation, Psychological review 1943, 370–396.

[108] Vgl. ähnlich schon *Fisher*, interest, 1930, 72 f.

auszugehen. Es zeigt sich aber auch, dass die Schwelle für eine ebenfalls denkbare negative Zeitpräferenz (Zukunftspräferenz) im Bereich der Bedürfnisse zu (5) und einer Überdeckung der Bedürfnisse zu (1) niedrig ist. Der Aussagegehalt dieser Einschätzung beschränkt sich auf die relative Abstufung im Vergleich mit einer Situation ohne Sicherheit, da für alles andere eine konkrete Messung subjektiver Präferenzen erforderlich wäre.

Wird neben einer Situation unter Sicherheit auch ein vollkommener Kapitalmarkt angenommen, existiert am Kapitalmarkt im Modell nur ein einheitlicher Marktzinssatz für Kapitalangebot und -nachfrage.[109] Die Einführung von Kapitalmarktunvollkommenheiten bei Sicherheit führt zu einem Auseinanderfallen von Soll- und Habenzins. Löst man die Annahme vollkommener Handelsbedingungen auf, kann die Abweichung der Zinssätze auf Transaktionskosten zurückgeführt werden.[110] Die Auflösung der Liquiditätsbedingungen würde entweder zu nicht zustande kommendem Handel mangels dem Angebot entsprechender Nachfrage führen oder umgekehrt oder zu unpassenden Stückelungen in der Kapitalaufnahme, die dennoch durchgeführt würde. Konkrete Auswirkungen auf die Werttreiber positiver Zinsen sind hieraus nicht ableitbar. Die Auflösung der Annahme von Informationseffizienz ist in einer Situation unter Sicherheit abwegig.

Die voranstehenden mikroökonomischen Grundideen führen auch zu der makroökonomischen Unterscheidung zwischen Nominal- und Realzinsen. Ein intertemporales Austauschverhältnis von Gütern (ohne Geld) wird bei einer Messung in Geldeinheiten von der Geldentwertung durch Inflation beeinflusst. Das reine intertemporale Austauschverhältnis (Realzins) erhält man daher durch Eliminierung der Inflation. Technisch ist der Nominalzins gleich dem Realzins zuzüglich der (erwarteten) Preissteigerungsrate. Umgekehrt ergibt sich der Realzins als Nominalzins abzüglich der (erwarteten) Preissteigerungsrate.[111]

[109] Vgl. *Fisher*, interest, 1930, 269–275. Zum Modellrahmen siehe auch Abschnitt 1.4.

[110] Vgl. *Franke/Hax*, Finanzwirtschaft, 6. Aufl. 2009, 160.

[111] Vgl. *Fisher*, interest, 1930, 36–44. Diese Herleitung ist von großer praktischer Bedeutung, da zwar Nominalzinsen für Finanztitel am Markt beobachtet werden können, über Realzinsen aber keine unmittelbaren Daten vorliegen. Zu Ermittlungsproblemen von Realzinssätzen vgl. *Filc*, Kapitalmarktzins, 2. Aufl. 1998, 81–84. Bezeichne t den Zeitpunkt, r_t den derzeitigen Realzins, i_t den derzeitigen Nominalzins, P_t den heutigen Güterpreis und P_{t+1} den künftigen Güterpreis, dann erhält man für die Hingabe eines Gutes heute $(1 + r_t)$ Güter in Zukunft $(t + 1)$. Für eine Geldeinheit heute erhält man $(1 + i_t)$ Geldeinheiten in Zukunft. Die Geldeinheiten sind jeweils in heutigem Güterpreis P_t gemessen. Der Realzins ist dann $(1 + r_t) = (1 + i_t) \times \frac{P_t}{P_{t+1}}$. Bildet man die Inflation wie den Zins als Rate $\pi_{t+1} = \frac{P_{t+1} - P_t}{P_t}$ ab, dann ist der künftige Güterpreis $P_{t+1} = (1 + \pi_{t+1}) \times P_t$. Durch Einsetzen und

Makroökonomische Modelle mit Zinsen bieten keinen Aufschluss über weitere Werttreiber für Zinsen, sondern greifen vielmehr auf die dazu bereits dargestellten Erkenntnisse zurück.

In einer Situation unter Risiko werden Sparen und Investieren auch durch die Erwartungen der Wirtschaftssubjekte über die unsichere Zukunft bestimmt. Der zweite identifizierte Werttreiber von Zinsen in der Werttheorie auf der subjektiven Wertungsebene ist daher die Risikopräferenz der Wirtschaftssubjekte.[112] Weil Wirtschaftssubjekte über die für die Konsumtransaktionen benötigten Geldmittel hinaus aus Vorsichtsgründen üblicherweise auch zusätzliche Geldmittel auf Vorrat halten, wird die Risikopräferenz teilweise auch als Liquiditätspräferenz bezeichnet.[113] Zeit- und Risikopräferenz sind gleichzeitig werttreibend. Zu der im Vorigen angestellten Bedürfnisbetrachtung treten Teile der Sicherheitsbedürfnisse (Gruppe (2)) hinzu. Grundsätzlich verstärkt die Einbeziehung von Risiken die Bevorzugung gegenwärtiger Güter, weil diese sicherer als künftige Güter sind. Dann wird nicht nur versucht, den Bedarf wie in der Situation unter Sicherheit zu decken, sondern auch um eine zusätzliche Menge für Zwecke der Absicherung künftiger Bedarfsdeckung. Die Deckung der Sicherheitsbedürfnisse kann daher auch als betragsmäßiger Zu- oder Abschlag auf die Deckung der Bedürfnisse der Gruppen (1) und (5) verstanden werden. Zukunftspräferenz oder Risikofreude, aus denen sich später negative Zinsen erklären ließen, sind auch hier nicht ausgeschlossen. Die Hürde für deren Vorkommen liegt aber deutlich höher als in einer Situation unter Sicherheit. Auch bei Risikofreude höchsten Grades scheint für die Deckung der existenznotwendigen Grundbedürfnisse (1) die Annahme von Gegenwartspräferenz weiterhin plausibel. Es dürfte dann lediglich keine Sicherheitsdeckung aufgebaut werden.

Für den Modellrahmen des Kapitalmarkts bei Risiko ergeben sich gegenüber der Situation unter Sicherheit grundsätzlich keine Besonderheiten. Es kann hier wohl zusätzlich die Annahme vollkommener Informationseffizienz gelockert werden, was zu weiteren Begründungen für das Auseinanderfallen von Soll- und Habenzinsen führt.[114]

Umformen erhält man $i_t = r_t + \pi_{t+1} + (r_t \times \pi_{t+1})$. Vernachlässigt man vereinfachend den kleineren Betrag $(r_t \times \pi_{t+1})$, so bleibt $i_t = r_t + \pi_{t+1}$. Zur Herleitung vgl. *Blanchard/Illing*, Makroökonomie, 7. Aufl. 2017, 179 f.

[112] Vgl. *Fisher*, interest, 1930, 29–31; *Lutz*, Zinstheorie, 2. Aufl. 1967, 79.

[113] Vgl. *Keynes*, General Theory, in: Robinson/Moggridge, Collected Writings VII, 4. Aufl. 2013, 166, 170.

[114] Dann weicht die Situation unter Risiko einer Situation unter Unsicherheit oder Ungewissheit. Geht man weiterhin von einheitlicher Erwartungsbildung der Wirtschaftssubjekte

2.1.2.2.1.4 Zinsstruktur

Die Zinsstrukturforschung untersucht für einen bestimmten Zeitpunkt das Verhältnis von Zinssätzen unterschiedlicher Aktiva zueinander und versucht, Gemeinsamkeiten und Unterschiede in deren Höhe im Zeitablauf zu erklären.[115] Sie beschränkt sich schwerpunktmäßig auf die Untersuchung der Laufzeitstruktur bzw. synonym Fristigkeitsstruktur (term structure) der in der Realität auftretenden, empirisch beobachteten Renditen für ein einzelnes und bis auf die Restlaufzeit c. p. identisches Finanzaktivum.[116] In grafischer Veranschaulichung kann man die Laufzeitstruktur betrachten, indem man Datenpunkte für beobachtete Renditen und Restlaufzeiten des jeweiligen Finanzaktivums in ein zweidimensionales Koordinatensystem abträgt. Beispielhafte Verläufe empirisch beobachtbarer Zinsstrukturen zeigt Abbildung 2.1. Am häufigsten ist dabei der von Graph (a) dargestellte Verlauf (normale Zinsstruktur). Entsprechend werden die selteneren Verläufe in Graph (c) als invers und in Graph (b) als flach bezeichnet. Weitere Ausnahmefälle stellen die gekrümmten Graphen (e) und (f) dar.[117] Letzterer trat in der von der deutschen Bundesbank ermittelten Zinsstruktur seit dem erstmaligen Vorkommen negativer Zinsen im September 2014 häufiger auf.[118]

---

aus, können Marktteilnehmer unterschiedlichen Informationsstands ihren Informationsvorsprung gegenüber anderen Marktteilnehmern nutzen, um Überrenditen zu erzielen. Wie groß der Spielraum hierfür ist wird durch den Grad der Informationseffizienz des Kapitalmarktes bestimmt. Abweichungen von Soll- und Habenzins lassen sich dann auch durch Informationsasymmetrien der Wirtschaftssubjekte begründen, die in Preisverhandlungen tendenziell zu Lasten der Nachfrager von Kapital gehen dürften. Wird auch die Annahme einheitlicher Erwartungsbildung aufgegeben, können auch völlig unterschiedliche Erwartungen der Wirtschaftssubjekte zu Unterschieden in den Zinssätzen führen. Die Ableitung modellhafter Erkenntnisse ist nur unter Treffen von Annahmen zur Erwartungsbildung, wenigstens behavioristischer Art, möglich.

[115] Vgl. *Filc*, Kapitalmarktzins, 2. Aufl. 1998, 124; *Issing*, Geldtheorie, 15. Aufl. 2011, 121.

[116] Vgl. *Issing*, Geldtheorie, 15. Aufl. 2011, 123.

[117] Vgl. *Anderegg*, Geldtheorie, 2007, 121 f.

[118] Siehe die Daten der deutschen Bundesbank in Anhang 1 im elektronischen Zusatzmaterial.

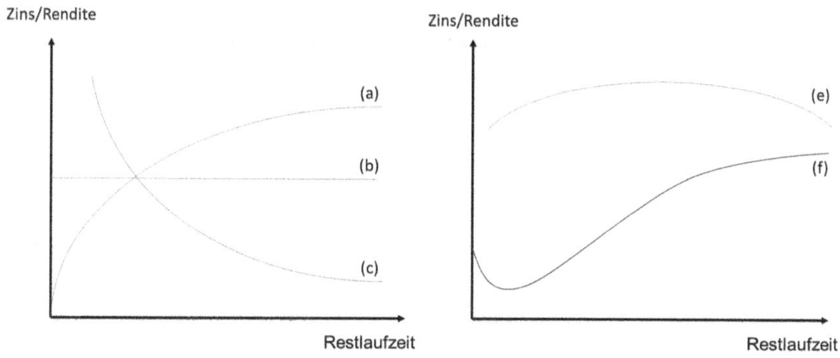

Abbildung 2.1 Beispielhafte Verläufe von Zinsstrukturkurven[119]

Für die Erklärung des – insbesondere normalen – Verlaufs haben sich im wesentlichen die Erwartungstheorie und die Liquiditätsprämientheorie herausgebildet.[120] Die Erwartungstheorie[121] basiert auf der Annahme von Arbitragefreiheit und einer Situation unter Risiko. Die Wirtschaftssubjekte müssen anhand der bekannten Zustände und ihrer Eintrittswahrscheinlichkeiten Erwartungen über die Zinsentwicklung bilden. Weitere Annahmen sind, dass die Erwartungen bei allen Wirtschaftssubjekten identisch sein und sich im Zeitablauf als objektiv richtig herausstellen müssen. Die Anlagen müssen untereinander beliebig substituierbar sein, da sie sich nur durch ihre Fristigkeit und den Zins unterscheiden sollen.

[119] Eigene Darstellung in Anlehnung an *Issing*, Geldtheorie, 15. Aufl. 2011, 124 für den linken Teil sowie *Anderegg*, Geldtheorie, 2007, 126–128 für den rechten.

[120] Die nachfolgende Darstellung der drei genannten zentralen Theorien der Laufzeitstruktur von Zinsen orientiert sich an der von *Cox/Ingersoll/Ross*, Term Structure, Econometrica 1985, 385 f. und *Issing*, Geldtheorie, 15. Aufl. 2011, 123–133. In der nachfolgenden Darstellung eingefügte Quellen ergänzen deren Inhalte. Nicht tragfähig ist die Marktsegmentationstheorie, zurückgehend auf *Culbertson*, Term Structure, The Quarterly Journal of Economics 1957, 485–517. Dieser zufolge muss es zwischen c. p. gleichen Anlagen keinen Laufzeitzusammenhang geben, da der Handel auch auf nach Fristigkeit getrennten Märkten geschehen könne. Vgl. *Hull*, Derivate, 10. Aufl. 2019, 140. Arbitrage zwischen den Teilmärkten müsste ausgeschlossen sein – eine Annahme, die im heutigen Finanzmarktumfeld kaum haltbar ist. Vgl. *Issing*, Geldtheorie, 15. Aufl. 2011, 125 f.

[121] Im Wesentlichen zurückgehend auf *Fisher*, interest, 1930, 209 f. und 313 f. mit zinsstrukturellen Grundüberlegungen; *Hicks*, Value, 1939, 144 f.; *Lutz*, Structure, The Quarterly Journal of Economics 1940, 36–63.

Schließlich müssen die Anleger nach maximalem Ertrag streben.[122] Die zentrale Folge der Annahmen der Erwartungstheorie ist, dass eine längerfristige Kapitalanlage grundsätzlich den gleichen Zins abwirft, wie der Durchschnitt der erwarteten Zinsen aus mehreren kurzfristigen und unmittelbar aufeinanderfolgenden Kapitalanlagen im selben Anlagezeitraum. Wäre dies nicht so, wäre die Erzielung von Arbitragegewinnen möglich.[123]

Beispiel:[124]
Betrachtet werden drei Nullkuponanleihen mit einem Nennwert von 100 €. Die erste hat eine Restlaufzeit von einem Jahr und wird zum Preis von 95,24 € gehandelt, die zweite für 89 €, Restlaufzeit 2 Jahre, die dritte für 81,63 €, Restlaufzeit 3 Jahre. Die jeweiligen Renditen betragen daher

$$\frac{100}{95{,}24} - 1 = 5\,\%, \sqrt{\frac{100}{89}} - 1 = 6\ \%\ \text{und}\ \sqrt[3]{\frac{100}{81{,}63}} - 1 = 7\ \%,\ \text{jeweils p. a.}$$

Ist die Erwartungshypothese zutreffend, muss die Rendite aus der Anleihe mit Restlaufzeit von zwei Jahren der Rendite entsprechen, die mit zwei aufeinanderfolgenden einjährigen Nullkuponanleihen erzielbar wäre. Die Rendite für das erste Jahr ist bekannt, sie beträgt 5 %. Die Rendite r für eine erst mit Ablauf von Jahr 1 beginnende Nullkuponanleihe, welche mit Ablauf von Jahr 2 endet, lässt sich dann wie folgt berechnen:

$$(1 + 0{,}06)^2 = (1 + 0{,}05) * (1 + r) \Leftrightarrow r = \frac{(1 = 0{,}06)^2}{(1 + 0{,}05)} - 1 = 7{,}01\,\%,$$

oder verallgemeinert $r_n = \frac{(1+y_n)^n}{(1+y_{n-1})^{n-1}} - 1$, wobei n die Restlaufzeit und y_n die jeweils bekannte Rendite für die Nullkuponanleihe mit der entsprechenden Restlaufzeit bezeichnet. Insgesamt ergeben die nachfolgenden Werte.

[122] Vgl. *Issing*, Geldtheorie, 15. Aufl. 2011, 123–125.

[123] Durch Nutzung der Höhenunterschiede in den Kassa- und Terminzinssätzen.

[124] In Anlehnung an *Bodie/Kane/Marcus*, Investments, 10. Aufl. 2014, 493 f.

Beginn	RLZ		
	1 Jahr	2 Jahre	3 Jahre
t = 0	5 %	6 %	7 %
t = 1	7,01 %	8,02 %	–
t = 2	9,03 %	–	–

Im aktuellen Zeitpunkt geltende Zinssätze (in obigem Beispiel die Renditen im Zeitpunkt t = 0) werden auch Kassazinssätze oder Spot Rates genannt, die erwarteten künftigen Zinssätze Terminzinssätze oder Forward Rates. Erwarten die Wirtschaftssubjekte in Zukunft steigende Zinsen, muss also im Ausgangszeitpunkt der Zinssatz für langfristige Anlagen größer sein als der für kurzfristige und umgekehrt. In diesem Fall hat die Zinsstrukturkurve einen steigenden, im umgekehrten Fall einen fallenden Verlauf. Erwarten die Wirtschaftssubjekte ein konstantes Zinsniveau oder halten sie Zinssenkungen und -steigerungen für gleich wahrscheinlich, müsste die Zinsstrukturkurve waagerecht verlaufen.

Die Liquiditätsprämientheorie[125] greift den empirischen und normativen Befund auf, dass die Aussagen der Erwartungstheorie in einzelwirtschaftlicher Betrachtung nicht richtig überzeugen können.[126] Heraus sticht der Fall

[125] Zurückgehend auf *Hicks*, Value, 1939, 141–152.

[126] Vgl. *Shiller*, Models, Journal of Political Economy 1979, 1190, 1214; *Shiller/Campbell/Schoenholtz*, Forward Rates, Brookings Papers on Economic Activity 1983, 173, insb. 215 f.; *Campbell/Shiller*, Behavior, American Economic Review 1984, 44–48; *Fama*, term structure, Journal of Financial Economics 1984, 509–528; *Mankiw/Summers*, Interest Rates, Brookings Papers on Economic Activity 1984, 223, 241 f.; *Mankiw*, Term Structure, Brookings Papers on Economic Activity 1986, 61–110; *Campbell/Shiller*, Yield Spreads, Review of Economic Studies 1991, 495–514, insb. 510; *Evans/Lewis*, risk premia, Journal of Monetary Economics 1994, 285–318, insb. 289; *Bekaert/Hodrick/Marshall*, biases, Journal of Financial Economics 1997, 309–348, insb. 342 f.; *Balduzzi/Bertola/Foresi*, term structure, Journal of Monetary Economics 1997, 223, 233–237; *Backus/Foresi/Mozumdar et al.*, yields, Journal of Financial Economics 2001, 281, 284–289; *Della Corte/Sarno/Thornton*, expectation, Journal of Financial Economics 2008, 158–174, die versuchen, ihr Ergebnis mit einer ökonomischen Erklärung zu relativieren. Für die Tauglichkeit der Erwartungshypothese vgl. *Longstaff*, term structure, Journal of Financial Economics 2000, 397–415, aber nur in der kurzen Frist; *Froot*, expectations hypothesis, The Journal of Finance 1989, 283–305, aber nur in der langen, nicht in der kurzen Frist; *Hardouvelis*, term structure, Journal of Monetary Economics 1994, 255, 281 f., auch mit Daten für den deutschen Kapitalmarkt, der die Tauglichkeit über die Annahme eines ökonomisch unwesentlichen weißen Rauschens in den – grundsätzlich gegen die Erwartungstheorie sprechenden – Daten annimmt. Mit einem Überblick über ältere empirische Untersuchungen vgl. *Dodds.*, Survey, Managerial Finance 1982, 22, 23–26.

der waagerechten Zinsstrukturkurve, der unter Geltung der Erwartungstheorie impliziert, dass Wirtschaftssubjekte für im Übrigen gleiche Anlagen den selben Zinssatz für kürzere wie auch längere Laufzeiten hinnehmen werden. Die Sichtweise vernachlässigt die Einbeziehung von Risiken, die durch eine längere Laufzeitbindung eingegangen werden.[127] Die Liquiditätsprämientheorie erweitert die Erwartungstheorie um die Risikopräferenz.[128] Als Ausgleich der Flexibilitäts- und Sicherheitseinbußen gegenüber dem Halten liquider Mittel aus der längerfristigen Kapitalbindung sollen Wirtschaftssubjekte eine Prämie verlangen, die zu den mit zunehmender Laufzeit typischerweise höheren Zinssätzen führt. Die Annahme einer auf die sich aus der Erwartungstheorie ergebenden Zinssätzen aufzuschlagenden Risikoprämie deckt sich mit dem steigenden Verlauf der Zinsstrukturkurve als beobachtetem Normalfall und dem fallenden Verlauf als Ausnahmefall.[129] Da sich die Liquiditätsprämientheorie als Erweiterung der Erwartungstheorie herausstellt, gelten grundsätzlich auch deren Tragfähigkeitsannahmen entsprechend.[130]

Neben der Liquiditätsprämientheorie wurde auch eine eigenständige weitere, auf der Portfoliotheorie[131] und dem Capital Asset Pricing Model (CAPM)[132] aufbauende Risikostrukturtheorie begründet.[133] Portfoliotheorie und CAPM bauen beide auf der Grundannahme eines vollkommenen Kapitalmarktes und einer Situation unter Risiko auf.

Die Portfoliotheorie verwendet das (μ, σ)-Prinzip. Sie charakterisiert die unsicheren Renditen einzelner zur Auswahl stehender Anlagetitel als – in mathematischer Hinsicht – Zufallsvariablen anhand ihrer Erwartungswerte (μ) und Varianzen (σ^2) oder Standardabweichungen (σ) als Maße der Streuung

---

127 Vgl. *Hicks*, Value, 1939, 146 f.; *Hull*, Derivate, 10. Aufl. 2019, 140–142 mit ausführlichem Beispiel.

128 Vgl. *Filc*, Kapitalmarktzins, 2. Aufl. 1998, 40–42. Zur Annahme von Sicherheit in den Theorien vor Keynes, insbesondere der von Böhm-Bawerk vgl. *Fisher*, Interest, 1907, 100.

129 Vgl. *Issing*, Geldtheorie, 15. Aufl. 2011, 125.

130 Vgl. *Issing*, Geldtheorie, 15. Aufl. 2011, 125.

131 Entwickelt von *Markowitz*, Portfolio Selection, The Journal of Finance 1952, 77–91.

132 Zurückgehend auf *Sharpe*, Asset Prices, The Journal of Finance 1964, 425–442; *Lintner*, Valuation, The Review of Economics and Statistics 1965, 13–37; *Mossin*, Capital Asset, Econometrica 1966, 768–783.

133 Vgl. *Stoklossa*, Zinsstrukturtheorie, 2010, 131–140.

um den Erwartungswert.[134] Die Portfoliotheorie betrachtet mehrere Anlagetitel gemeinsam. Weil sich die Renditeentwicklung unterschiedlicher Anlagetitel voraussichtlich gegenseitig beeinflusst oder zumindest von ähnlichen Faktoren abhängt, müssen auch diese gemeinsamen Abhängigkeiten in die Risikobetrachtung einfließen. Sie werden mathematisch über die Kovarianzen der Anlagetitel erfasst (Varianz des Erwartungswerts mehrerer Zufallsvariablen gemeinsam).[135] Die Portfoliotheorie nimmt an, dass die Wirtschaftssubjekte risikoavers sind. Sie werden nach dem Erwartungswert und dem Risiko entscheiden. Anlagetitel, deren Erwartungswert mit einem anderen Anlagetitel identisch ist, die aber isoliert betrachtet eine höhere Standardabweichung aufweisen und daher in größerem Umfang risikobehaftet sind, scheiden nicht pauschal aus. Diese Sichtweise vernachlässigt nämlich Abhängigkeiten unter den Anlagetiteln. Gemessen werden diese durch die Kovarianz. Die Renditeentwicklung einzelner Anlagetitel kann von der Renditeentwicklung der anderen Anlagetitel abhängig (positive Kovarianz), unabhängig (Kovarianz bei 0) oder zu diesen gegenläufig (negative Kovarianz) sein. Dieser Zusammenhang führt dazu, dass Risikoreduzierung durch Mischung unterschiedlicher Anlagetitel in einem Portfolio möglich ist. Die Stärke dieses Effekts hängt davon ab, wie unabhängig die Renditeentwicklungen

---

[134] Die genannten Charakteristika für die Wahrscheinlichkeitsverteilung lassen sich bei hinreichender Erfüllung bestimmten statistischer Anforderungen (bspw. einer hinreichend großen Stichprobe) anhand in der Realität beobachteter Daten schätzen. Der Erwartungswert kann durch den Mittelwert der Renditen geschätzt werden, der sich berechnen lässt, indem die beobachteten Einzelrenditen r_i durch ihre Anzahl n geteilt werden ($\hat{\mu} = \frac{1}{n} \sum_{i=1}^{n} r_i$). Die Varianz lässt sich berechnen (schätzen), indem von den Einzelrenditen der Erwartungswert (bzw. dessen Schätzer $\hat{\mu}$) abgezogen und über die Ergebnisse anschließend wieder der Mittelwert gebildet wird. Um zu verhindern, dass sich negative und positive Werte saldieren, wird die gebildete Differenz zuvor quadriert. Mathematisch ausgedrückt ist $\sigma^2 = \frac{1}{n} \sum_{i=1}^{n} (r_i - \hat{\mu})^2$. Die Standardabweichung trägt dem Umstand Rechnung, dass die Varianz in der Hinsicht nicht intuitiv interpretiert werden kann, als sie nicht die gleiche Einheit hat, wie der Erwartungswert. Dies liegt am Quadrieren, die Einheit ist diejenige des Mittelwerts zum Quadrat. Die Standardabweichung behebt diesen Missstand und lässt sich durch Wurzelziehen aus der Varianz berechnen: $\sigma = \sqrt{\sigma^2}$. Abgesehen hiervon sind beide Größen gleich zu interpretieren.

[135] Die Kovarianz zweier Zufallsvariablen x und y lässt sich berechnen als $Cov_{xy} = \frac{1}{n} \sum_{i=1}^{n} (x_i - \mu_x)(y_i - \mu_y)$. Der gemeinsame Erwartungswert ist einfach $\mu_{xy} = \mu_x + \mu_y$. Die gemeinsame Varianz ist dann $\sigma_{xy}^2 = \sigma_x^2 + \sigma_y^2 + 2Cov_{xy}$. Die Einzelvarianzen in letztgenannter Formel sind meist sogar vernachlässigbar gering, sodass den Kovarianzen die eigentliche Bedeutung in der Risikomessung zukommt, vgl. *Franke/Hax*, Finanzwirtschaft, 6. Aufl. 2009, 275 f.

der einzelnen Anlagetitel voneinander sind. Ein risikoaverses Wirtschaftssubjekt kann dann aus den einzelnen Anlagetiteln ein Portfolio zusammenstellen, dessen Gesamterwartungswert und Gesamtvarianz von keiner anderen möglichen Kombination dominiert wird.[136]

Das Capital Asset Pricing Model ist ein Modell zur Bewertung von Kapitalgütern (Art Kapitalgut irrelevant). Das CAPM basiert auf der Grundannahme, dass es eine Kapitalanlage am Markt gibt, die frei von Risiken ist.[137] Gibt es eine solche Kapitalanlage, ergeben sich hieraus zunächst Konsequenzen in der Portfoliotheorie[138]. Es kann gezeigt werden, dass für alle Marktteilnehmer die Zusammensetzung des optimalen Portfolios, dessen Gesamterwartungswert und Gesamtvarianz von keiner anderen möglichen Kombination dominiert wird, gleich ist. Alle Wirtschaftssubjekte bilden also das selbe optimale Portfolio. Sie können es dann an ihre persönlichen Risikopräferenzen anpassen, indem sie es in einem diesen Präferenzen entsprechendem Anteil mit der risikofreien Kapitalanlage kombinieren.[139] Dieses Ergebnis aus der Portfoliotheorie dient im CAPM der Erklärung des Verhaltens der Wirtschaftssubjekte. Es wird zudem angenommen, dass alle Wirtschaftssubjekte die gleichen Erwartungen haben, insbesondere hinsichtlich der Risikoparameter. Im Marktgleichgewicht müssen dann alle unsicheren Wertpapiere im o. g. optimalen Portfolio enthalten und der Markt geräumt sein. Die Wirtschaftssubjekte bilden also ein Marktportfolio. Dieses kombinieren sie anschließend mit der risikofreien Anlage entsprechend ihrer Risikopräferenzen. Damit ist die erwartete Rendite des Gesamtportfolios eines

---

[136] Der Erwartungswert der unsicheren Renditen des Portfolios ist dann $\mu_i = \sum_{i=1}^{n} x_i R_i$, wobei R_i die Rendite des Anlagetitels und x_i den Anteil des Anlagetitels i (als Zahlenreihe 1, 2, …, n) im Portfolio bezeichnet. Das Gesamtportfolio soll 100 % der Anteile abbilden, die Summe aller x_i muss daher 1 ergeben. Der Erwartungswert der Portfoliorendite ist daher $\mu = \sum_{I=1}^{n} x_i \mu_i$. Für die Varianz des Gesamtportfolios ergibt sich $\sigma^2 = \sum_{i=1}^{n} \sigma_i^2 x_i^2 + \sum_{i}^{n} \sum_{j=1, j \neq i}^{n} x_i x_j Cov_{ij}$. Der Unterschied zur im Vorigen dargestellten Kovarianz Formel liegt also nur in der Berücksichtigung der relativen Anteile der einzelnen Anlagetitel. Vgl. hierzu *Franke/Hax*, Finanzwirtschaft, 6. Aufl. 2009, 322 f.

[137] Vgl. *Franke/Hax*, Finanzwirtschaft, 6. Aufl. 2009, 354 f.

[138] Die Ausarbeitung der Konsequenzen in diesem Spezialfall geht zurück auf *Tobin*, Risk, The Review of Economic Studies 1958, 65–86, insb. 82–85.

[139] Vgl. *Franke/Hax*, Finanzwirtschaft, 6. Aufl. 2009, 325–329.

Wirtschaftssubjekts der risikofreie Zins zuzüglich einer gewichteten Marktrisikoprämie[140]. Die Gewichtung erfolgt mit dem Verhältnis der Standardabweichung des Gesamtportfolios zu derjenigen des Marktportfolios. Ähnliches lässt sich dann für die erwartete Rendite eines einzelnen Anlagetitels herleiten[141]. Sie lässt sich im Modell ebenfalls als risikofreier Zins zuzüglich gewichteter Marktrisikoprämie berechnen. Die Gewichtung erfolgt hier aber mit dem Verhältnis der Kovarianz aus konkretem Anlagetitel und Marktportfolio zur Varianz des Marktportfolios.[142]

Die Kernaussagen beider Theorien für zinstragende Anlagetitel sind daher, dass sich deren Zins bei Existenz einer risikofreien Anlage aus deren risikofreiem Zins zuzüglich einer Risikoprämie zusammensetzt. Die Risikoprämie des Anlagetitels bestimmt sich nach seiner Kovarianz mit dem Marktportfolio und kann daher auch negativ sein, wenn der Anlagetitel zu einer Reduktion des Risikos im Gesamtportfolio führt.[143] Portfoliotheorie und CAPM stoßen aufgrund ihrer restriktiven Annahmen an viele theoretische und praktische Grenzen. So kann das (μ, σ)-Prinzip aus entscheidungstheoretischer Sicht grundlegend kritisiert werden. Darüber hinaus kann von einheitlicher Marktportfoliobildung[144] in der Realität ebenso wenig ausgegangen werden, wie von vollkommenen Kapitalmärkten. Ferner ist auch die Annahme einer risikofreien Anlage eher abwegig, da in der Realität nichts gänzlich frei von Risiken ist.[145] Neben dem CAPM gibt es in der Kapitalmarkttheorie weitere Asset Pricing Modelle, die aber hinsichtlich

---

[140] Sei μ_{Ges} die erwartete Rendite des Gesamtportfolios, μ_M diejenige des Marktportfolios, r der risikofreie Zins, σ_{Ges} die Standardabweichung der erwarteten Rendite des Gesamtportfolios und σ_M diejenige der erwarteten Rendite des Marktportfolios, dann gilt $\mu_{Ges} = r + \frac{\mu_M - r}{\sigma_M} \times \sigma_{Ges}$.

[141] Bezeichnet i den konkreten Anlagetitel und μ_i seine erwartete Rendite, dann gilt $\mu_i = r + \frac{\mu_M - r}{\sigma_M^2} \times \mathrm{Cov}_{iM}$ oder in die gängigere Darstellung umgeformt $\mu_i = r + (\mu_M - r) \times \beta$ mit $\beta = \frac{Cov_{iM}}{\sigma_M^2}$.

[142] Vgl. hierzu insgesamt *Franke/Hax*, Finanzwirtschaft, 6. Aufl. 2009, 354–357.

[143] Vgl. *Franke/Hax*, Finanzwirtschaft, 6. Aufl. 2009, 357.

[144] Vgl. *Franke/Hax*, Finanzwirtschaft, 6. Aufl. 2009, 360.

[145] Die Praxis versucht sich hier mit Annäherungen zu helfen. So wird beispielsweise das Ausfallrisiko bestimmter Staaten als vernachlässigbar gering geschätzt, weshalb bestimmte (u. a. auch deutsche) Staatsanleihen näherungsweise risikofreie sein sollen. Selbiges gelte für kurzfristige Interbankenzinssätze verwendet, da der Interbankenhandel in der Regel hochliquide und die Ausfallwahrscheinlichkeit über eine sehr kurze Zeitspanne als gering erachtet wird. Vgl. *Hull*, Derivate, 10. Aufl. 2019, 116 f. und 120. Ein Dritter Ansatz basiert dabei wiederum auf der Portfoliotheorie. Zwei sich nach der Kovarianz vollständig gegenläufig

der Erkenntnisse zur Risikokomponente im Zins einen gemeinsamen Kern teilen und daher hier nicht zusätzlich erörtert werden.[146]

Bisher hat keine Verbindung der Theorien stattgefunden. Bei den Risikostrukturtheorien liegt der Schwerpunkt auf der Trennung von Risikofreiheit und Risikoaufschlag im Kontext einer risikofreien Anlage. Bei der Erwartungs- und der Liquiditätsprämientheorie liegt der Fokus darauf, den Zins in nach der Erwartungstheorie antizipiertes Risiko und nicht antizipiertes Risiko zu unterteilen. In einer Zusammenführung beider Theoriestränge könnte man sagen, dass ein Teil des prämierten Risikos aus der Portfoliotheorie zwar nicht diversifizierbares Risiko, aber nach der Erwartungstheorie antizipiertes Risiko hinsichtlich der erwarteten künftigen Zinsentwicklung darstellt. Die Liquiditätsprämie ist dann ein pauschaler Aufschlag in der Vergütung für nicht diversifizierbare und nicht detailliert in die Erwartungsbildung eingeflossene Risiken. Dazu passt auch die Vermutung der jüngeren empirischen Forschung, dass die Liquiditätsprämie selbst nicht konstant, sondern ebenfalls Laufzeitabhängig ist,[147] denn je länger die Laufzeit, desto größer das Potenzial für sich künftig realisierende Risiken, die zum Beurteilungszeitpunkt nicht wägbar sind. Vorausgesetzt es gibt eine Verbindung von Risiko und Ertrag, ist es verhaltenswissenschaftlich unwahrscheinlich, dass diese Verbindung im Zeitablauf konstant ist, da die (Größen-)Relationen der am Markt agierenden Gruppen mit gleichem Verhalten und institutionelle Gegebenheiten wie das regulatorische Umfeld oder Steuern ebenfalls veränderlich sind. Ebenso unwahrscheinlich ist daher, dass Risikoprämien im Zeitablauf konstant bleiben.[148] Daneben könnten auch kognitive Beschränkungen der Marktteilnehmer für die Pauschalierung ausschlaggebend sein, da die Untersuchung des

entwickelnde Anlagetitel können ein hinsichtlich der Renditeentwicklung risikoloses Portfolio bilden. Die Portfoliorendite ist dahingehend dann ebenfalls risikolos. Vgl. *Hull*, Derivate, 10. Aufl. 2019, 119.

[146] Vgl. mit einem Überblick *Rudolph,* Kapitalmarkttheorie, in: Wittmann, Handwörterbuch, 5. Aufl. 1993, 2113–2125; *Rudolf,* Kapitalmarkttheorie, in: Köhler/Küpper/Pfingsten, Handwörterbuch, 6. Aufl. 2007, 876–886.

[147] Vgl. *Campbell/Shiller*, Yield Spreads, Review of Economic Studies 1991, 495, 513; *Bekaert/Hodrick/Marshall*, biases, Journal of Financial Economics 1997, 309, 343 mit Evidenz gegen konstante Liquiditätsprämien, aber noch ohne Untersuchung zeitabhängiger; *Backus/Foresi/Mozumdar et al.*, yields, Journal of Financial Economics 2001, 281, 284–289; *Cochrane/Piazzesi*, Risk Premia, American Economic Review 2005, 138, 138–140; *Berechey/Hjalmarsson/Österholm*, expectations hypothesis, Journal of Banking and Finance 2009, 934–943.

[148] Vgl. *Lo,* Efficient Markets Hypothesis, in: Palgrave, Palgrave, 3. Aufl. 2018, 3556, im Grundsatz allgemeingültig, aber mit Folgebeispiel für Risikoprämien für Eigenkapitalinstrumente.

Einflusses einer Vielzahl einzelner Risiken anspruchsvoller ist, als einfach anzunehmen, dass diese sich pauschalisiert gemeinsam betrachten lassen und nur vom Einflussfaktor Zeit abhängen. Werden mehrere Anlagetitel betrachtet, ist auch ein Risikoabschlag auf die Rendite des Anlagetitels denkbar, wenn die Aufnahme des Anlagetitels das Gesamtrisiko bei Investition in alle Anlagetitel senkt. Weil eine wirklich sichere Kapitalanlage, die eine Aufteilung in einen vollkommen sicheren Zins und seinen Risikozuschlag erlauben würde, in der Realität nicht existieren dürfte, bleibt sie theoretisch und praktisch richtige Höhe des Risikozuschlags unbestimmt. Die bisherigen Erkenntnisse zur Zinsstruktur, inklusive der Berücksichtigung etwaiger volkswirtschaftlicher Einflussfaktoren, sind daher unter realistischen Annahmen für eine qualifikatorische Einordnung zu vage. Ihre Aussagekraft ist bei stärkeren Kapitalmarktunvollkommenheiten noch zu stark eingeschränkt.

Zur empirischen Erforschung der Laufzeitstruktur und zu deren technischer Abbildung existiert schließlich eine Reihe von Modellen.[149] Sie bieten keinen Erkenntnisbeitrag für die hier relevanten Eigenschaften positiver Zinsen.

2.1.2.2.1.5 Auswertung

Tabelle 2.2 fasst die bisherigen Erkenntnisse zur Zinsforschung zusammen.

---

[149] Als Modell für die Daten der Bundesbank siehe etwa *Svensson*, Forward Interest Rates, IMF Working Paper Nr. WP/94/114 (September 1994), https://www.elibrary.imf.org/view/journals/001/1994/114/001.1994.issue-114-en.xml (abgerufen am 19.10.2025) (im Folgenden: *Svensson*, Forward Interest Rates, IMF Working Paper WP/94/114 (September 1994)), dessen Modell eine Weiterentwicklung desjenigen von *Nelson/Siegel*, Yield Curves, The Journal of Business 1987, 473 darstellt. Zur Methodik siehe ausführlich *Schich*, Zinsstrukturkurve, Discussion Paper Deutsche Bundesbank Nr. 4/1997 (Oktober 1997), (abgerufen am 19.10.2025) (im Folgenden: *Schich*, Zinsstrukturkurve, Discussion Paper Deutsche Bundesbank 4/1997 (Oktober 1997)), 13–20. Für genauere Modelle mit Zinsstruktur als Input vgl. *Heath/Jarrow/Morton*, Methodology, Econometrica 1992, 77–105; *Ho/Lee*, Term Structure, The Journal of Finance 1986, 1011–1029; *Brace/Gatarek/Musiela*, Market Model, Mathematical Finance 1997, 127–147; *Jamshidian*, market models, Finance and Stochastics 1997, 293–330; *Miltersen/Sandmann/Sondermann*, Term Structure, The Journal of Finance 1997, 409–430. Für ungenauere Modelle mit der Zinsstruktur als Modelloutput vgl. *Branger/Schlag*, Zinsderivate, 2004, 157, 159. Zu diesen Modellen gehören insbesondere *Cox/Ingersoll/Ross*, Term Structure, Econometrica 1985, 385–407; *Vasicek*, term structure, Journal of Financial Economics 1977, 177–188. Zu Unterschieden nach Zustandsvariablen vgl. *Longstaff/Schwartz*, Term Structure, The Journal of Finance 1992, 1259, 1260; *Branger/Schlag*, Zinsderivate, 2004, 58.

Tabelle 2.2 Zusammenfassung der bisherigen Erkenntnisse der Zinsforschung[150]

Modellrahmen		Vollkommener Kapitalmarkt	Unvollkommener Kapitalmarkt
Sicherheit	Werttreiber	Zeitpräferenz	
	Struktur	• Sollzins = Habenzins • Laufzeitunabhängig	• Sollzins ≠ Habenzins (Transaktionskosten) • Laufzeitunabhängig
Risiko	Werttreiber	• Zeitpräferenz • Risikopräferenz	
	Struktur	• Sollzins = Habenzins • Laufzeitabhängig	• Sollzins ≠ Habenzins (Transaktionskosten) • Laufzeitabhängig
Ungewissheit	Werttreiber	– ausgeschlossen –	• Zeitpräferenz • Risikopräferenz
	Struktur		• Sollzins ≠ Habenzins ○ Transaktionskosten ○ Informationsasymmetrien ○ Erwartungsbildung • Laufzeitabhängig

2.1.2.2.2 Eigenschaften anderer negativer Preise

Da es sich bei Zinsen wie bei jedem Preis um Entgelte für eine bestimmte Leistung handelt, bietet es sich an, weitere Erkenntnisse in Bezug auf Werttheorie und Werttreiber für andere negative Preise zu ergänzen. Die Existenz negativer Entgelte ist nämlich kein neues Phänomen. Sie kamen in der Vergangenheit auch bei Unternehmenskäufen und am Strommarkt[151] vor.

Bei Unternehmenskäufen handelt es sich um frei zustande kommende Marktpreise. Der negative Preis lässt sich durchsetzen, wenn das Target unter wirtschaftlichem Druck steht, der zur Durchführung der Transaktion zwingt oder wenn die mit dem negativen Preis versehene Handlungsalternative die Option darstellt, die mit den geringsten Nachteilen verbunden ist, etwa bei einer drohenden Insolvenz. Der Veräußerer muss oder möchte das Unternehmen abstoßen, um die auf ihm liegenden Lasten zu beseitigen.[152] Etwas anders verhält es sich am

---

[150] Eigene Darstellung.

[151] Siehe dazu etwa die Studie von *Götz/Henkel/Lenck et al.*, Strompreise, https://agora-energiewende.de/fileadmin/Projekte/2013/Agora_NegativeStrompreise_Web.pdf (abgerufen am 19.10.2025) (im Folgenden: *Götz/Henkel/Lenck et al.*, Strompreise (abgerufen am 19.10.2025)).

[152] Vgl. *Roser/Haupt*, Kaufpreise, GmbHR 2007, 78; *Hofer*, Kaufpreis, BB 2013, 972, 972 f.; *Beisel*, Kaufpreis, in: Beisel/Klumpp, Unternehmenskauf, 7. Aufl. 2016, § 11 Rn. 3.

Strommarkt. Dort führen die zwingende Energiewende und die geringe Kosteneffizienz der konventionell thermischen Energieerzeugung zu einem Kostenanstieg in der Stromproduktion. Kommt es an gesetzlichen Feiertagen zugleich zu einem großen Aufkommen an erzeugten erneuerbaren Energien, besteht ein Überangebot an Strom. Für Stromerzeuger in Deutschland besteht eine gesetzliche Abnahmeverpflichtung[153] für aus erneuerbaren Energien erzeugten Strom, sodass der selbst produzierte Strom in stark zunehmendem Umfang keine Abnehmer mehr findet. Da der Energieüberschuss sich auch nicht ohne weiteres speichern lässt, führt dies zeitweise zu negativen Strompreisen.[154]

Das Vorkommen der übrigen negativen Preise scheint daher insbesondere an zwei Eigenschaften geknüpft zu sein, nämlich (1) ein strukturell die Nachfrage übersteigendes Angebot und (2) eine hinreichend starke Drucksituation beim Veräußerer. Aus diesen beiden Rahmenbedingungen lässt sich die Motivation erkennen, den Geschäftsgegenstand abstoßen zu wollen, um die äußeren Zwänge zu beseitigen. Nachfolgend bleibt zu beachten, dass es sich bei den Unternehmenskäufen und den Strompreisen um Kaufgeschäfte handelt, bei negativen Zinsen um Fälle von Kapitalüberlassungen. Es bestehen Unterschiede auf Handlungs- und Wertungsebene, die bei einer Übertragung der voranstehenden Erkenntnisse zu berücksichtigen sind.

2.1.2.2.3 Vergleich

2.1.2.2.3.1 Werttheorie und Wertverhältnisse

Begonnen wird mit einem Vergleich negativer und positiver Zinsen und Entgelte auf Handlungsebene. In einer rein technischen Betrachtung ändert sich an dem für positive Zinsen identifizierten Grundsachverhalt „Kapitalüberlassung auf Zeit" nichts. Auch sind rein mathematisch alle für positive Zinsen typischen Berechnungen auch mit einem negativen Zins möglich. Anders als bei der Kapitalüberlassung selbst führt das negative Vorzeichen jedoch zu einer Umkehrung der Zahlungsrichtung des laufenden Entgelts. Das Entgelt wird dann vom Geber des Geldkapitals an dessen Empfänger entrichtet und nicht wie bei positiven Zinsen vom Empfänger des Kapitals an den Geber. Insoweit besteht ein Gleichlauf mit den negativen Kaufpreisen. Die Gemeinsamkeiten werden in Abbildung 2.2 dargestellt. Ein sichtbarer Unterschied liegt nur in der bei einer

---

[153] Heute gem. § 11 Abs. 1 Satz 1 EEG 2021 als Nachfolgeregelung über mehrere Gesetzesänderungen seit § 2 StromEinspG aus dem Jahr 1990.

[154] Vgl. etwas ausführlicher *Aust,* Strombörsen, 2020, 236–245 sowie 20–22 zur Speicherbarkeit.

Kapitalüberlassung später erfolgenden Rückgabe des Kapitals vom Empfänger an den Hingebenden.

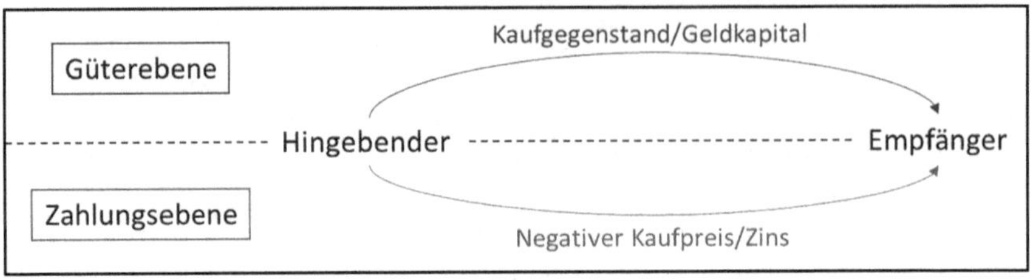

Abbildung 2.2 Gemeinsamkeiten Handlungsebene bei negativen Kaufpreisen und negativen Zinsen[155]

Hiervon ausgehend bestehen zwei Möglichkeiten. Entweder, es handelt sich um dieselbe Leistung, die vergütet wird, aber mit negativem Entgelt, oder es wird eine andere Leistung als die bisherige vergütet.

Auf der Wertungsebene kann zunächst ein Vergleich mit den Charakteristika der negativen Kaufpreise gezogen werden. Diese lassen sich zum Teil bei den negativen Zinsen im Verhältnis von Zentralbank und Geschäftsbanken 2014–2022 wiederfinden. Die Geschäftsbanken können Geld auf ihren Zentralbankkonten einlegen, müssen dies aber nicht. Die Einlagen umfassen die von der Zentralbank auferlegte Mindestreserve[156], Überschussreserven[157] und die in der Einlagefazilität[158] angelegten Gelder. Im Falle der Inanspruchnahme der Einlagefazilität

[155] Eigene Darstellung.

[156] Geregelt in Art. 19.1 Protokoll (Nr. 4) zum AEUV über die Satzung des Europäischen Systems der Zentralbanken und der Europäischen Zentralbank, nachfolgend zitiert als E(S)ZB-Satzung.

[157] Geregelt in Art. 54 EU-Eurosystem-Leitlinie. Leitlinien der EZB verpflichten nur die nationalen Zentralbanken der Staaten der Währungsunion gem. Art. 14.3 Satz 1 E(S)ZB-Satzung.

[158] Als Geldpolitische Steuerungsgröße i. S. v. Art. 3.1 1. Gedankenstrich E(S)ZB-Satzung neben den Sätzen der Spitzen- und Hauptrefinanzierungsfazilität gem. Art. 3 Nr. 1 EU-Eurosystem-Leitlinie.

erfolgte unmittelbar eine Belastung mit dem von der Zentralbank dafür festgelegten Satz, Ende 2019 etwa i. H. v. -0,5 %.[159] Überschussreserven sind alle Einlagen auf Zentralbankkonten, die nicht Mindestreserve oder Einlagefazilität sind, und werden ebenfalls mit dem niedrigeren aus dem Satz der Einlagefazilität oder null Prozent belegt, sofern sie einen Freibetrag i. H. d. Sechsfachen der Mindestreserve übersteigen.[160] Alternativ kann das Geld auch bei anderen Banken eingelegt werden. Bei diesen entstehen aber ebenfalls mit dem Satz der Einlagefazilität belastete Guthaben. Darüber hinaus führen die Verpflichtungen zur Sicherung hinreichender Zahlungsfähigkeit und Eigenmittelanforderungen an die Geschäftsbanken zu höheren Kosten, weshalb die Einlage bei anderen Geschäftsbanken teurer und weniger sicher ist als bei der Zentralbank.[161] Schließlich würde eine eigenständige sichere Geldverwahrung ebenfalls mit hohen Kosten verbunden sein.[162] Die negativen Einlagezinsen 2014–2022 belasteten daher die Banken, während gleichzeitig geringere Erträge aus dem Kreditgeschäft erzielt wurden, da auch die Leit- und Marktzinsen für Kredite stark gesunken waren. Zwar wurde hierdurch auch für die Geschäftsbanken die Geldleihe bei der Zentralbank vergünstigt, weshalb die Banken versuchten, durch eine Ausweitung des Gesamtvolumens ihrer Kreditvergabe ihre Einnahmen zu erhöhen, die Nachfrage nach Krediten war aber begrenzt.[163] Es bestand also eine Situation wirtschaftlichen Drucks auf die Banken zur Weitergabe der negativen Einlagezinsen an ihre Kunden. Bei den Banken handelte es sich um die Empfänger von Geldkapital und Zins. Hierin liegt ein wesentlicher Unterschied zu den negativen Kaufpreisen, bei denen auf Seiten des Hingebenden Druck ausgeübt wird. Darüber hinaus lässt sich auch die Motivation von Geschäften mit negativen Kaufpreisen nicht vollständig auf negative Zinsen übertragen. Während bei den Kaufgeschäften der Verkäufer versucht, den auf ihm liegenden Druck durch endgültiges Abstoßen des

[159] Per Beschluss des Rates der Europäischen Zentralbank vom 12.09.2019, veröffentlicht unter https://www.ecb.europa.eu/press/pr/date/2019/html/ecb.mp190912~08de50b4d2.de.html.

[160] Gem. Art. 54 Abs. 3 EU-Eurosystem-Leitlinie i. V. m. dem Beschluss (EU) 2019/31 der Europäischen Zentralbank des Rates v. 15.10.2019, ABl. EU Nr. L 267, 12, zuletzt geändert durch Beschluss (EU) 2022/310 der Europäischen Zentralbank des Rates v. 17.02.2022, ABl. EU Nr. L 46, 140, dort Art. 1 Abs. 1 und 2, i. V. m. dem Beschluss des Rates der Europäischen Zentralbank vom 12.09.2019, https://www.ecb.europa.eu/press/pr/date/2019/html/ecb.pr190912_2~a0b47cd62a.de.html.

[161] Vgl. *Hingst/Neumann*, Zinsen, BKR 2016, 95, 96 unter Verweis auf §§ 10 Abs. 1, 11 Abs. 1 KWG.

[162] Vgl. die in Abschnitt 2.1.1.2.1 in Fußnoten 30 bis 34 angegebene Literatur zur effektiven Untergrenze der Zinspolitik.

[163] Siehe dazu bereits die Erläuterungen zu den gesamtwirtschaftlichen Wirkungen.

Kaufgegenstands zu beseitigen, kommt es bei einer Kapitalüberlassung später zu einer Rückgabe des Kapitals an den Geber. Das Kapital soll und muss auch nicht endgültig abgestoßen werden, da der Geber nicht unter Druck ist.

2.1.2.2.3.2 Werttreiber

Darüber hinaus kann ein Vergleich in Bezug auf die Zeit- und Unsicherheitspräferenz angestellt werden. Bei positiven Zinsen können eine Gegenwartspräferenz und Unsicherheitsaversion als Werttreiber identifiziert werden. Handelt es sich bei positiven und negativen Zinsen um dasselbe Phänomen, müssten eine oder beide Präferenzen sich in die entgegengesetzte Richtung entwickelt haben. Die Forschung zu Zeit- und Unsicherheitspräferenzen ist auf dem Gebiet der interdisziplinären Entscheidungstheorie angesiedelt und dementsprechend umfangreich. Die empirische Erhebung der Präferenzen kann entweder direkt oder indirekt erfolgen. Bei direkten Erhebungen werden die Teilnehmer der Studie unmittelbar danach gefragt, wie sie ihre jeweilige Präferenz einschätzen. Es mangelt diesen Studien aber an Evidenz, dass die Befragten sich in Entscheidungssituationen auch tatsächlich entsprechend verhalten. Gründe hierfür können beispielsweise verzerrte Selbstwahrnehmung oder Unehrlichkeit sein. Bei indirekten Erhebungen werden die Studienteilnehmer vor konkrete Entscheidungsprobleme gestellt.[164] In prozessualer Hinsicht müssen die für die Entscheidung benötigten Informationen wahrgenommen, verarbeitet und bewertet werden (können). Auf dieser Grundlage wird dann die Entscheidung getroffen. Beeinflusst wird der Prozess

[164] Für Risikopräferenzen vgl. *Bokern/Linde/Riedl et al.*, measures, Netspar Industry Series Nr. 58 (Juli 2021), https://www.netspar.nl/assets/uploads/P20210720_Netspar-Survey-Paper-176_WEB.pdf (abgerufen am 19.10.2025) (im Folgenden: *Bokern/Linde/Riedl et al.*, measures, Netspar Industry Series 58 (Juli 2021)), 16; für Zeitpräferenzen *Chabris/Laibson/Schuldt,* Choice, in: Palgrave, Dictionary, 2020 (abgerufen am 19.10.2025), 4. In methodischer Würdigung mehrerer Messergebnisse vgl. *Bauer/Chytilova/Miguel*, preferences, European Economic Review 2020, 103493; *Tasoff/Zhang*, Performance, Management Science 2022, 1149–1173. Speziell zur Messung für Zwecke finanzieller Entscheidungen vgl. *Breuer/Renerken/Salzmann*, decision making, Review of Financial Economics 2022, 97–114. Kritisch wegen geringer Repräsentativität von Laborergebnissen zur Risikoeinstellung in realen Entscheidungssituationen vgl. *Andersen/Harrison/Lau et al.*, heterogeneity, Journal of Economic Behavior & Organization 2010, 209–224; *von Gaudecker/van Soest/Wengstrom*, selection, Journal of Risk and Uncertainty Vol. 45 2012, 159–190; *Charness/Garcia/Offerman et al.*, measures, Journal of Risk and Uncertainty Vol. 60 2020, 99–123. Kritisch gegenüber erfahrenen Studienteilnehmern in Bezug auf Risikopräferenzen vgl. *Bendorf/Moellers/Normann*, participants, Journal of the Economic Science Association-Jesa 2017, 23–25.

durch Rahmenbedingungen in Bezug auf den Entscheidungsgegenstand selbst, also insbesondere die Art, Menge und Qualität der Informationen, sowie in Bezug auf den Entscheider, also insbesondere dessen kognitive und biologische Eigenschaften einerseits und seine Emotionen, Wertvorstellungen und Bedürfnisse andererseits.[165] Die hier gegenständlichen Zeit- und Unsicherheitspräferenzen stellen die Einstellung des Entscheiders zu zeitverschobenen Resultaten und unterschiedlichen Unsicherheiten in Entscheidungssituationen dar. Sie werden aus dem beobachteten Entscheidungsverhalten abgeleitet.[166] Da sie durch alle der Rahmenbedingungen in Bezug auf den Entscheider beeinflusst werden, können sie sich im Zeitverlauf ändern. In der Folge ist es grundsätzlich denkbar, dass negative Zinsen durch eine Umkehr der werttreibenden Präferenzen erklärt werden können.[167]

---

[165] Vgl. *Hilbert/Metzner*, Behavioral Finance, 2021, 17.

[166] Vgl. *Bokern/Linde/Riedl et al.*, measures, Netspar Industry Series Nr. 58 (Juli 2021), 16.

[167] Hierfür können makroökonomische Schocks und Einkommensschocks verantwortlich sein, vgl. etwa *Jetter/Magnusson/Roth*, crisis, European Economic Review 2020, 103512; *Jung/Treibich*, Risk, Revue d'économie politique 2015, 547–570. Nicht allein ausschlaggebend sind dagegen Schwankungen in Ungeduld und mangelnde Selbstkontrolle, vgl. *Rohde*, Impatience, Management Science 2019, 1700–1716. Siehe auch *Casari/Dragone*, reversal, Journal of Risk and Uncertainty Vol. 50 2015, 119–140, die auch persönliche Lernkurven und weitere noch unbekannte Faktoren hinsichtlich einer Präferenzänderung für ausschlaggebend halten. Auf aggregierter Ebene werden für kürzere Beobachtungszeiträume häufig noch konstante Präferenzen gefunden, auf individueller Ebene aber Schwankungen festgestellt, vgl. *Drichoutis/Vassilopoulos*, stability, Journal of Economics & Management Strategy 2021, 655–683 (Beobachtungszeitraum 3 Jahre); *Meier/Sprenger*, Stability, Review of Economics and Statistics 2015, 273–286 mit einem zweijährigen Zeitraum, aber mit Anzeichen für Schwankungen bei Zeitpräferenzen einzelner Probanden; *Zeisberger/Vrecko/Langer*, stability, Theory and Decision Vol. 72 2012, 259–386 zu Risikopräferenzen über nur einen Monat; *von Gaudecker/van Soest/Wengstrom*, Heterogeneity, American Economic Review 2011, 664–694; *Baucells/Villasís*, Stability, Theory and Decision Vol. 68 2010, 211–211; *Andersen/Harrison/Lau et al.*, state, International Economic Review 2008, 1091–1112.

Zeitpräferenzen werden in der empirischen und normativen Forschung hauptsächlich mithilfe von Nutzenmodellen untersucht. Die gängigsten Modelle sind solche mit (1) exponentieller Nutzendiskontierung[168], (2) hyperbolischer Nutzendiskontierung[169] und (3) quasi hyperbolischer Nutzendiskontierung[170].[171] Die beiden letzteren versuchen, dem empirischen Befund Rechnung zu tragen, dass bei intertemporalen Entscheidungen zwischen zwei Alternativen in fernerer Zukunft regelmäßig eine weniger starke Präferenz für die frühere Alternative besteht, als beim Vergleich zweier Alternativen nahe der Gegenwart.[172] Dies

---

168 Zurückgehend auf *Ramsey*, Theory, The Economic Journal 1928, 543–559. Siehe auch *Samuelson*, Utility, The Review of Economic Studies 1937, 155–161; *Koopmanns,* Concept, in: Pontificia Academia Scientiarum, Planning, 1965, 225–287. Siehe auch *Laibson,* Decision Making, in: Nadel, Cognitive Science, 2003, Kap. 2.

169 Zurückgehend auf *Herrnstein*, function, Journal of the Experimental Analysis of Behavior 1961, 267–272. Siehe auch *Ainslie,* Picoeconomics, 1992, 63–85; *Loewenstein/Prelec*, Anomalies, Quarterly Journal of Economics 1992, 573–597.

170 Zurückgehend auf *Phelps/Pollak*, Growth, The Review of Economic Studies 1968, 185–199 für Untersuchungen mit mehreren Generationen. Siehe *Laibson*, Discounting, The Quarterly Journal of Economics 1997, 443–477 für intrapersonelle Untersuchungen.

171 Vgl. *Chabris/Laibson/Schuldt,* Choice, in: Palgrave, Dictionary, 2020 (abgerufen am 19.10.2025), 1–4. Zu neueren, nicht systematisch zusammenhängenden Modellen, siehe auch *Cohen/Ericson/Laibson et al.*, Time Preferences, Journal of Economic Literature 2020, 299, 305–310.

172 Vgl. *Thaler*, inconsistency, Economics Letters 1981, 201, 205; *Benzion/Rapoport/Yagil*, Discount Rates, Management Science 1989, 270, 282; *Chapman*, Discounting, Journal of Experimental Psychology: Learning, Memory and Cognition 1996, 771, 774, 784; *Chapman/Elstein*, Discounting, Medical Decision Making 1995, 373, 378, 382. Die hyperbolische Funktionsform passt besser zu den Daten als die exponentielle, vgl. *Rachlin/Raineri/Cross*, delay, Journal of the Experimental Analysis of Behavior 1991, 233–244; *Kirby/Maraković*, Discounting, Organizational Behavior and Human Decision Processes 1995, 22–30; *Myerson/Green*, Discounting, Journal of the Experimental Analysis of Behavior 1995, 263–276; *Kirby*, Discounting, Journal of Experimental Psychology: General 1997, 54–70; *Laibson*, functions, European Economic Review 1998, 861–871, auch mit weiteren potenziellen Vorzügen der Modelle; *Frederick/Loewenstein/O'Donoghue*, Preference, Journal of Economic Literature 2002, 351, 360; *Chark/Chew/Zhong*, bias, Theory and Decision 2015, 151–165; *Wang/Rieger/Hens*, preferences, Journal of Economic Psychology Vol. 52 2016, 115–135 in einem Vergleich von 52 Ländern, wobei die Zeitpräferenz bei Entscheidungen in kürzerer Frist länderübergreifend stärker variiert als in längerer Frist; *Blavatskyy/Maafi*, choice, Journal of Risk and Uncertainty Vol. 56 2018, 259–287; *Rohde*, Impatience, Management Science 2019, 1700, 1710; *Balakrishnan/Haushofer/Jakiela*, present bias, Experimental Economics 2020, 294–321, aber nur in bei sehr kurzer Frist. Hierbei handelt es sich um einen behavioristischen Befund. Er führt mit verstreichender Zeit zu einer Umkehr der Präferenzen, je näher der Realisationszeitpunkt kommt. Mit demselben Befund unter Einschluss bereits vergangener Ereignisse vgl. *Caruso/Gilbert/Wilson*, valuation, Psychological Science

wird von exponentiellen Nutzendiskontierungsmodellen nicht hinreichend abgebildet.[173] Die exponentielle Nutzendiskontierung bildet aber als einziges Modell im Zeitverlauf konsistente Präferenzen für eine konkrete Entscheidung ab. Die anderen Modelle implizieren in unterschiedlichen Perioden unterschiedliche Präferenzen unter bis auf das Verstreichen von Zeit unveränderten Umständen. Keines der Modelle eignet sich daher bedenkenlos für die Abbildung von Zeitpräferenzen.[174] Modellübergreifend findet sich in älteren und aktuellen Studien eine im Durchschnitt überwiegende Evidenz für Gegenwartspräferenz.[175] Strukturell scheinen Menschen mit zunehmendem Alter geduldiger zu werden und weisen daher im Zeitablauf grundsätzlich abnehmende Gegenwartspräferenzen auf. Alte Menschen scheinen aber bei Entscheidungen mit mittleren und längeren Zeithorizonten regelmäßig weniger geduldig, möglicherweise wegen ihres Sterblichkeits-/

2008, 796–801. Mit teilweise umgekehrter Richtung des typischen Effekts trotz grundsätzlicher Gegenwartspräferenz vgl. *Sayman/Öncüler*, Inconsistency, Management Science 2009, 470–482; *Takeuchi*, bias, Games and Economic Behavior 2011, 456–478.

[173] Vgl. *Frederick/Loewenstein/O'Donoghue*, Preference, Journal of Economic Literature 2002, 351, 360–362; *Chabris/Laibson/Schuldt*, Choice, in: Palgrave, Dictionary, 2020 (abgerufen am 19.10.2025), 3.

[174] Vgl. *Chabris/Laibson/Schuldt*, Choice, in: Palgrave, Dictionary, 2020 (abgerufen am 19.10.2025), 3 f.

[175] Untersuchungen, die sich allein mit der Testung von Zeitpräferenz ohne behavioristische Nebeneffekte beschäftigen, sind bereits etwas älter. Zu diesen vgl. *Thaler*, inconsistency, Economics Letters 1981, 201–207; *Benzion/Rapoport/Yagil*, Discount Rates, Management Science 1989, 270–284; *Rachlin/Raineri/Cross*, delay, Journal of the Experimental Analysis of Behavior 1991, 233–244; *Green/Fry/Myerson*, Discounting, Psychological Science 1994, 33, 34 f.; *Kirby/Maraković*, Discounting, Organizational Behavior and Human Decision Processes 1995, 22–30; *Myerson/Green*, Discounting, Journal of the Experimental Analysis of Behavior 1995, 263–276; *Kirby*, Discounting, Journal of Experimental Psychology: General 1997, 54–70; *Green/Myerson/Ostaszewski*, Discounting, Behavioural Processes 1999, 89–96; *Laury/McInnes/Swarthout*, preferences, Journal of Risk and Uncertainty Vol. 44 2012, 181–217;; *Andersen/Harrison/Lau et al.*, Discounting, European Economic Review 2014, 15–33; *Attema/Bleichrodt/Gao et al.*, Discounting, American Economic Review 2016, 1476–1494, insb. 1483 f.; *Blavatskyy/Maafi*, choice, Journal of Risk and Uncertainty Vol. 56 2018, 259, 272 f.; *Mentzakis/Sadeh*, domain, Journal of Risk and Uncertainty Vol. 62 2021, 203, 214 f. und 222. Mit gemischten Ergebnissen bei etwa gleich vielen Personen mit Gegenwarts- wie mit Zukunftspräferenz vgl. *Ackert/Deaves/Miele et al.*, Intelligence, Journal of Behavioral Finance 2020, 136, 144, sodass sich im Durchschnitt rationales Verhalten ergibt. Die deutsche Bevölkerung scheint im Vergleich geduldiger zu sein als die vieler anderer Staaten, vgl. *Falk/Becker/Dohmen et al.*, Preferences, Quarterly Journal of Economics 2018, 1645, 1661. Ansonsten wird auch bei der Untersuchung der Einflüsse aus den Rahmenbedingungen und der behavioristischen Verzerrungen im Entscheidungsprozess beiläufig eine im Durchschnitt überwiegende Gegenwartspräferenz festgestellt. Insoweit wird auf die in den folgenden Fußnoten angegebenen Quellen verwiesen.

Unfähigkeitsrisikos.[176] Die konkreten Ergebnisse einer Entscheidung hängen von den Rahmenbedingungen der Entscheidung und der Informationsverarbeitung und -auswertung ab. Bei den Rahmenbedingungen sind die kognitiven Fähigkeiten der Entscheidenden für deren Präferenzbildung bestimmend, da sie Einfluss auf die Informationsverarbeitung des Entscheiders haben. Für stärkere kognitive Fähigkeiten kann grundsätzlich eine geringere Gegenwartspräferenz beobachtet werden. Werden die kognitiven Kapazitäten vor und/oder während der intertemporalen Entscheidung ausgereizt, nimmt die Gegenwartspräferenz

[176] Vgl. *Harrison/Lau/Williams*, Discount Rates, The American Economic Review 2002, 1606, 1615; *Read/Read*, discounting, Organizational Behavior and Human Decision Processes 2004, 22–32; *Dohmen/Falk/Huffman et al.*, Ability, American Economic Review 2010, 1238, 1250 f.; *Löckenhoff/O'Donoghue/Dunning*, discounting, Psychology and Aging 2011, 274, 279 für den Gewinnbereich; *Richter/Mata*, Age Differences, Psychology and Aging 2018, 782–788. Ohne Zusammenhang dagegen *Chao/Szrek/Pereira et al.*, Time preference, Judgement and Decision Making 2009, 1, 10 f. sowie *Seaman/Abiodun/Fenn et al.*, Discounting, Psychology and Aging 2022, 111–124 in einer Metaanalyse, die aber auch bspw. Untersuchungen mit Süchtigen und landwirtschaftlichen Selbstversorgern aus Entwicklungsländern mit einbeziehen. Vgl. außerdem *Lim/Yu*, Aging, Frontiers in Aging Neuroscience 2015, Art. 120, 7 f.; *Richter/Mata*, Age Differences, Psychology and Aging 2018, 782 f. mit einem knappen Überblick über die bisherige Forschung zum Zusammenhang mit dem Alter. Eine Reihe von Untersuchungen erzielt nicht uneingeschränkt belastbare Ergebnisse wegen extremer und sehr kleiner Gruppenbildung für Testzwecke. Aus diesen jeweils im Ergebnis mit dem beschriebenen Zusammenhang vgl. *Green/Fry/Myerson*, Discounting, Psychological Science 1994, 33–37; *Green/Myerson/Lichtman et al.*, discounting, Psychology and Aging 1996, 79–84, wohl aber ohne Unterschiede bei Erwachsenen ab 30 mit gleichen Einkommen; *Green/Myerson/Ostaszewski*, Discounting, Behavioural Processes 1999, 89–96; *Whelan/McHugh*, Discounting, The Psychological Record 2009, 247–258; *Jimura/Myerson/Hilgard et al.*, discounting, Behavioural Processes 2011, 253–259; *Eppinger/Nystrom/Cohen*, Decision-Making, Plos One 2012, e3695; *Halfmann/Hedgcock/Denburg*, Discounting, Journal of Neuroscience, Psychology, and Economics 2013, 42–51; *Li/Baldassi/Johnson et al.*, Aging, Psychology and Aging 2013, 595, 602, die außerdem eine Abhängigkeit der Entscheidungsqualität im Alter von der Art der für die Entscheidung erforderlichen Intelligenz feststellen (fluide bzw. kristalline Intelligenz). Aus diesen im Ergebnis ohne einen Zusammenhang von Alter und Zeitpräferenz vgl. *Samanez-Larkin/Mata/Radu et al.*, Age, Frontiers in Aging Neuroscience 2011, Art. 126, 2–4; *Roalf/Mitchell/Harbaugh et al.*, Aging, Journals of Gerontology Series B-Psychological Sciences and Social Sciences 2012, 289, 291 und 293. Davon schließlich mit genau umgekehrtem Zusammenhang vgl. *Albert/Duffy*, Differences, Neuroscience and Neuroeconomics 2012, 3–9; *Eppinger/Heekeren/Li*, Choice, Cerebral Cortex 2018, 3764–3774, die aber Entscheidungsprobleme nahe der persönlichen Indifferenzgrenzen der Probanden wählen, weshalb die Entscheidung unter stärkerer kognitiver Anstrengung (fluider Intelligenz) getroffen werden muss. Auf rein theoretischer Grundlage vgl. außerdem *Chowdhry*, Explanation, Economic Inquiry 2011, 1098–1103.

aber tendenziell zu.[177] Außerdem können Gefühle[178], Stress[179] und zeitlich stärker begrenzte Entscheidungshorizonte zu stärkerer Gegenwartspräferenz führen, da auch diese sich auf die Informationsverarbeitung durch den Entscheider auswirken. Zudem können bei intertemporalen Entscheidungen die in der behavioristischen Forschung entdeckten Verzerrungen vorkommen.[180] Im Falle von

---

[177] Vgl. *Frederick*, Reflection, The Journal of Economic Perspectives 2005, 25, 28–32; *Dohmen/Falk/Huffman et al.*, Ability, American Economic Review 2010, 1238–1257; *Bayer/Osher*, Preference, Journal of Neuroscience Psychology and Economics 2018, 127–134; *Staněk/Krčál*, preferences, Applied Economics Letters 2019, 1033–1037; *Mudzingiri/Mwamba/Keyser et al.*, Indecisiveness, Cogent Psychology 2019, 1647817 im Kontext finanzieller Bildung und finanzieller Entscheidungen; *Ackert/Deaves/Miele et al.*, Intelligence, Journal of Behavioral Finance 2020, 136–147 außerdem mit einem gleichartigen Zusammenhang in Bezug auf emotionale Intelligenz, die sogar dominanter Treiber der Präferenz ist; *Israel/Rosenboim/Shavit*, load, Journal of Behavioral and Experimental Economics 2021, 101633; *Israel/Rosenboim/Shavit*, notifications, Journal of Behavioral and Experimental Economics 2022, 101818, die stärkere kognitive Beanspruchung bei Ablenkungen durch SMS-Benachrichtigungen und dementsprechend eine stärkere Gegenwartspräferenz feststellen. Ohne signifikanten Zusammenhang vgl. *Campos-Vazquez/Medina-Cortina/Velez-Grajales*, preferences, Economics Bulletin 2018, 1406–1414. Betrachtet man den Einsatz kognitiver Kapazitäten als Kosten, können diese außerdem modelltheoretisch einige Modellanomalien erklären, vgl. *Adriani/Sonderegger*, similarity, Journal of Economic Theory 2020, 105097.

[178] Für positive Gefühlszustände scheint eine geringere Gegenwartspräferenz vorzuliegen, bei negativen Gefühlszuständen tendenziell eine stärkere. Hinsichtlich Letzterem ist die Evidenz aber gemischt. Vgl. *Ifcher/Zarghamee*, Happiness, American Economic Review 2011, 3109–3129; *Pyone/Isen*, Choice, Journal of Marketing Research 2011, 532–543, insb. 540; *Drichoutis/Nayga*, preferences, Journal of Socio-Economics 2013, 08, 25, mit abnehmender Gegenwartspräferenz für negative wie positive Gefühlszustände; *Lerner/Li/Weber*, Costs, Psychological Science 2013, 72–79 mit zunehmender Gegenwartspräferenz bei negativen Gefühlzuständen, aber nur bei Entscheidungen mit kürzeren Fristen; *Guven/Hoxha*, risk-taking, The Quarterly Review of Economics and Finance Heft 3 2015, 1–10; *Lane*, happiness, Journal of Behavioral and Experimental Economics Vol. 68 2017, 62, 72, mit einem Überblick über die bisherige Literatur.

[179] Bei Unterbrechungen der Entscheidung durch SMS-Benachrichtigungen ist aber die kognitive Beanspruchung für die zunehmende Gegenwartspräferenz ausschlaggebend, nicht ein möglicherweise erhöhter Stresslevel, vgl. *Israel/Rosenboim/Shavit*, notifications, Journal of Behavioral and Experimental Economics 2022, 101818.

[180] Vgl. *Chapman*, Discounting, Journal of Experimental Psychology: Learning, Memory and Cognition 1996, 771 788; *Chapman/Weber*, biases, Memory & Cognition 2006, 589–602; *Hardisty/Weber*, Discounting, Journal of Experimental Psychology-General 2009, 329–340 mit Evidenz für stärkere Diskontierung bei Gewinnen als bei Verlusten; *Guyse/Simon*, Anomalies, Decision Analysis 2011, 233–246; *Appelt/Hardisty/Weber*, discounting, Journal of Risk and Uncertainty Vol. 43 2011, 107–126 mit Framing durch die Reihenfolge von Entscheidungsinformationen; *Hsee/Zhang/Wang et al.*, Evaluations, Journal of Consumer

Gruppenentscheidungen kann ferner eine Annäherung der einzelnen Zeitpräferenzen in Richtung des Gruppendurchschnitts, tendenziell sogar in Richtung der geduldigsten Person, beobachtet werden.[181] Schließlich lässt sich bei (kleineren) Unternehmern eine weniger starke Gegenwartspräferenz feststellen, als beim Bevölkerungsdurchschnitt.[182]

Bei Unsicherheitspräferenzen wird differenziert. Geht es um Entscheidungen unter Risiko, wird dieses in aller Regel als Variation in den Beobachtungen zum Entscheidungsgegenstand definiert.[183] Empirische und normative Forschung stützen sich im wesentlichen auf zwei Modelle zur Beschreibung des Verhaltens des Entscheiders – (1) den Erwartungsnutzen mit objektiv beobachteten oder im Experiment exogen vorgegebenen Wahrscheinlichkeiten[184] und (2) den

---

Research 2013, 172–184 zur Randwertesensitivität bei Wahrscheinlichkeiten und Zuständen und zum Größenordnungseffekt; *Abdellaoui/Bleichrodt/l'Haridon*, Sign-dependence, Journal of Risk and Uncertainty Vol. 47 2013, 225–253, mit Unterschieden bei Gewinnen und Verlusten; *Meyer*, elicitation, Journal of Behavioral and Experimental Economics Vol. 58 2015, 132–148; *Hermann/Musshoff*, Anchoring, Applied Economics Letters 2016, 1022–1025 nur zum Verankerungseffekt; *Marini/Paglieri*, Decoy, Behavioural Processes 2019, 130–141 zum Decoy-Effekt; *Dean/Ortoleva*, relationship, PNAS 2019, 16262–16267 zu Zusammenhängen von einigen dieser Verzerrungen; *Cohen/Ericson/Laibson et al.*, Time Preferences, Journal of Economic Literature 2020, 299, 328 f.; *Matousek/Havranek/Irsova*, discount rates, Experimental Economics 2022, 318–358 mit Framing und Abhängigkeit vom Entscheidungsgegenstand.

[181] Vgl. *Bixter/Trimber/Luhmann*, preferences, Memory & Cognition 2017, 837–851, deren Untersuchung eine Tendenz zur Entscheidung nahe des Gruppendurchschnitts an Zeitpräferenz nahelegt; *Glätzle-Rützler/Lergetporer/Sutter*, groups, Games and Economic Behavior 2021, 131–147 mit einer Tendenz zur Entscheidung nahe der Zeitpräferenz der geduldigsten Person der Gruppe.

[182] Vgl. *Andersen/Di Girolamo/Harrison et al.*, entrepreneurs, Theory and Decision 2014, 341, 353.

[183] Vgl. *Machina/Rothschild,* Risk, in: Palgrave, Dictionary, 2020 (abgerufen am 19.10.2025), 3.

[184] Die Idee der Maximierung von Erwartungsnutzen geht zurück auf *Bernoulli*, Specimen, Commentarii Academicae Scientiarum Imperialis Petropolitanae 5 1738, 175–192, deren axiomatische Fundierung auf *von Neumann/Morgenstern,* behavior, 3. Aufl. 1953, vgl. *Laux/Gillenkirch/Schenk-Mathes*, Entscheidungstheorie, 10. Aufl. 2018, 129.

rangabhängigen (Erwartungs-)Nutzen[185].[186] Letztere lässt sich auch in die im Vorigen bereits dargestellte Prospect Theory einordnen.[187] Modell (1) stellt sich insbesondere mit Blick auf das Allais-Paradox als unzureichend heraus. Das Allais-Paradox bezeichnet ein empirisch beobachtbares Entscheidungsverhalten, bei dem eine riskante Alternative nicht gewählt wird, wenn auch eine sichere Alternative besteht, obwohl der Erwartungswert der riskanten Alternativen höher ist als der sichere Ertrag (sog. Certainty-Effekt).[188] Modell (2) öffnet durch die rangbildende Gewichtung dagegen Spielraum, von streng rationalem Verhalten abzuweichen und stellt daher eine geeignete Annäherung an die Realität dar.[189] Geht es um Entscheidungen unter Ungewissheit, wird – unter leichter Modifikation – ebenfalls häufig auf die beiden oben genannten Modelle zurückgegriffen. Die Modifikation besteht darin, dass die Informationslücken hinsichtlich unbekannter Zustände oder Wahrscheinlichkeiten durch subjektive Schätzungen geschlossen werden müssen.[190] Im Falle des rangabhängigen Erwartungsnutzens lässt sich außerdem eine Tendenz feststellen, unwahrscheinliche Ereignisse zu

---

[185] Zurückgehend auf *Quiggin*, utility, Journal of Economic Behavior & Organization 1982, 323–343; *Schmeidler*, Utility, Econometrica 1989, 571–587.

[186] Daneben gibt es einige weitere und neuere Modelle, die einzelne Schwächen der beiden hier genannten ausgleichen sollen, dafür aber mit anderen Schwächen einhergehen und von denen bislang keines vergleichbar breit genutzt wurde. Zu diesen vgl. *Wakker,* Uncertainty, in: Palgrave, Dictionary, 2020 (abgerufen am 19.10.2025), 4.

[187] Vgl. *Tversky/Kahneman*, Uncertainty, Journal of Risk and Uncertainty Vol. 5 1992, 297, 298; *Wakker,* Uncertainty, in: Palgrave, Dictionary, 2020 (abgerufen am 19.10.2025), 4.

[188] Vgl. *Allais*, risque, Econometrica 1953, 503–546; *Wakker,* Uncertainty, in: Palgrave, Dictionary, 2020 (abgerufen am 19.10.2025), 3 f. Siehe auch *DeJarnette/Dillenberger/Gottlieb et al.*, Impatience, Econometrica 2020, 619, 624–627, die diesen Effekt auch für riskante Zahlungszeitpunkte finden, wenn die Zahlungshöhe selbst keine Risiken enthält. Ohne eindeutige Evidenz in dieser Hinsicht vgl. *Ebert*, Discounting, International Economic Review 2021, 1489–1511.

[189] Vgl. *Wakker,* Uncertainty, in: Palgrave, Dictionary, 2020 (abgerufen am 19.10.2025), 4.

[190] Die zu ergänzenden Wahrscheinlichkeiten können die Entscheider selbst erheben oder ohne Erhebung nach eigenem Empfinden schätzen. Sie müssen bei empirischen Untersuchungen entweder in direkter Erhebung von den Entscheidern erfragt oder aus ihrem Entscheidungsverhalten abgeleitet werden. Die Idee subjektiver Wahrscheinlichkeitsbildung geht zurück auf *Ramsey,* Probability, in: Ramsey/Mellor, Foundations, 1978, 58–100, Nachdruck des Beitrags von 1926; *Savage,* foundations, 1954 in Kap. 3 und 4; *Anscombe/Aumann*, Probability, The Annals of Mathematical Statistics 1963, 199–205; *Machina/Schmeidler*, Probability, Econometrica 1992, 745–780.

überschätzen.[191] Auch bei Ungewissheit wird die Nützlichkeit von Modell (1) durch das Allais-Paradox begrenzt.[192] Zudem lässt sich hier das sog. Ellsberg-Paradox beobachten. Dieses bezeichnet die empirische Beobachtung, dass sich bei Entscheidungen zwischen einem zufallsabhängigen Ergebnis unter Risiko und einem unter Ungewissheit die meisten Menschen für dasjenige unter Risiko entscheiden. Bei strenger Auslegung führt es zu dem Schluss, dass in solchen Fällen nicht von einer die Informationslücken schließenden subjektiven Schätzung von Wahrscheinlichkeiten ausgegangen werden kann.[193] Schließlich lässt sich in übergreifender Betrachtung erkennen, dass Entscheider auch Präferenzen für unterschiedliche Arten an Unsicherheit haben. Geht man davon aus, dass (vorbehaltlich der kognitiven Kapazitäten des Entscheidenden) vollständige und verlässliche Informationen weniger vollständigen bzw. unzuverlässigeren Informationen vorgezogen werden, lassen sich beide der oben genannten Paradoxa erklären.[194] Dann würden nämlich tendenziell eine Entscheidung unter Sicherheit vor einer unter Unsicherheit und eine Entscheidung unter Risiko vor einer unter

---

[191] Vgl. *Einhorn/Hogarth*, Ambiguity, The Journal of Business 1986, 225, 236–239 für Verlustwahrscheinlichkeiten; *Tversky/Fox*, Uncertainty, Psychological review 1995, 269–283 (und 270 mit der theoretischen Herleitung) aufgrund der sich empirisch herausstellenden Gewichtungsfunktionen; *Wu/Gonzalez*, Uncertainty, Management Science 1999, 74–85; *Wakker*, Uncertainty, in: Palgrave, Dictionary, 2020 (abgerufen am 19.10.2025), 7.

[192] Vgl. *Wakker*, Uncertainty, in: Palgrave, Dictionary, 2020 (abgerufen am 19.10.2025), 6.

[193] Vgl. *Ellsberg*, Risk, The Quarterly Journal of Economics 1961, 643–669; *Wakker*, Uncertainty, in: Palgrave, Dictionary, 2020 (abgerufen am 19.10.2025), 7–9.

[194] Vgl. *Taylor*, Information, Economic Inquiry 2017, 352–267 sowie zur Präferenz für unterschiedliche Risikoquellen und in Bezug auf das Allais Paradox *Wakker*, Uncertainty, in: Palgrave, Dictionary, 2020 (abgerufen am 19.10.2025), 9. Vgl. auch *Lauriola/Levin/Hart*, differences, Organizational Behavior and Human Decision Processes 2007, 130–149, die Unsicherheit reduzierendes Verhalten beobachten; *Andreoni/Sprenger*, Preferences, American Economic Review 2012, 3357, 3374; die Robustheit bestätigend *Miao/Zhong*, Comment, American Economic Review 2015, 2272–2286; dagegen in Abhängigkeit der angewendeten Methode die Ergebnisse teilweise relativierend *Cheung*, Comment, American Economic Review 2015, 2242–2260. Der Effekt könnte auch durch den höheren kognitiven Aufwand zustande kommen, der aufgebracht werden muss, um die Informationslücken bei den jeweiligen Sicherheitsgraden zu schließen. Ähnlich vgl. *Sonsino/Benzion/Mador*, uncertainty, Economic Journal 2002, 936–965; *Kovářík/Levin/Wang*, Ambiguity, Journal of Risk and Uncertainty 2016, 47–64; *Zilker/Hertwig/Pachur*, Complexity, Journal of Experimental Psychology-General 2020, 1644–1683, aber zur Erklärung von Unterschieden in der Altersstruktur. Die Lückenfüllung unterscheidet sich für Zustände und Wahrscheinlichkeiten, vgl. *Kellen/Pachur/Hertwig*, representations, Cognition 2016, 126–138.

Ungewissheit bevorzugt.[195] In empirischen Studien findet sich eine im Durchschnitt überwiegende Evidenz für Unsicherheitsaversion.[196] Außerdem scheint die Unsicherheitstoleranz – ganz ähnlich wie Geduld bei der Zeitpräferenz – zuzunehmen, wenn sich die Konsequenzen der Entscheidung erst in mittlerer oder langer Frist realisieren.[197] Es findet sich zudem Evidenz für eine Altersstruktur, wobei überwiegend eine mit dem Alter abnehmende Risikotoleranz beobachtet

---

[195] Mit ähnlichem Effekt vgl. *Onay/Öncüler*, choice, Journal of Risk and Uncertainty Vol. 34 2007, 99–121; *Hardisty/Pfeffer*, Uncertainty, Management Science 2017, 519; *Dai/Pachur/Pleskac et al.*, Gap, Psychological Science 2019, 1218–1233.

[196] Vgl. *Andersen/Harrison/Lau et al.*, preferences, Econometrica 2008, 583, 601; *Rubaltelli/Rumiati/Slovic*, ambiguity, Journal of Risk and Uncertainty Vol. 40 2010, 243, 248–250; *Cohen/Tallon/Vergnaud*, attitude, Theory and Decision Vol. 71 2011, 81, 88 f.; *Abdellaoui/Diecidue/Öncüler*, Preferences, Management Science 2011, 975, 980; *Butler/Guiso/Jappelli*, aversion, Theory and Decision Vol. 77 2014, 455–484; *Shavit/Rosenboim*, Discounting, Journal of the Experimental Analysis of Behavior 2015, 292, 398; *Dimmock/Kouwenberg/Mitchell et al.*, Ambiguity, Journal of Financial Economics 2016, 559, 566; *Dimmock/Kouwenberg/Wakker*, Ambiguity, Management Science 2016, 1363–1380, insb. 1370; *Li/Muller/Wakker et al.*, Ambiguity, Management Science 2018, 3327–3240 für Ungewissheit, aber mit Freude an Ungewissheit für bestimmte Ereignisse mit geringen Wahrscheinlichkeiten; *He/Hong*, Risk, Experimental Economics 2018, 815–835, nach deren Ergebnissen ein riskanteres Umfeld die Risikoaversion steigert; *Cavatorta/Schröder*, ambiguity, Journal of Risk and Uncertainty Vol. 58 2019, 71, 78–88; *Dasgupta/Mani/Sharma et al.*, validity, Journal of Behavioral and Experimental Economics 2019, 39–46; *Jia/Furlong/Gao et al.*, ambiguity, Plos One 2020, e0228782; *Ackert/Deaves/Miele et al.*, Intelligence, Journal of Behavioral Finance 2020, 136, 144, die überwiegend Risikoaversion, aber auch vereinzelt Risikofreude beobachten; *Johnson/Baillon/Bleichrodt et al.*, preferences, Journal of Risk and Uncertainty Vol. 62 2021, 1, 17 f.; *Mentzakis/Sadeh*, domain, Journal of Risk and Uncertainty Vol. 62 2021, 203, 214 f. und 222; *Ebert*, Discounting, International Economic Review 2021, 1489, 1498–1500; *Xu/Cheng/Sang*, preference, Journal of the Experimental Analysis of Behavior 2022, 151, 158 und 160. Die deutsche Bevölkerung scheint im Ländervergleich eine eher gemäßigte Risikoeinstellung zu haben, vgl. *Falk/Becker/Dohmen et al.*, Preferences, Quarterly Journal of Economics 2018, 1645, 1661. Siehe außerdem auch die in den nachfolgenden Fußnoten angegebene Literatur.

[197] Vgl. *Baucells/Heukamp*, delay, Theory and Decision 2010, 149–158, die bei diesem Phänomen Parallelen zum behavioristischen Common-Ratio-Effekt entdecken (siehe hierzu auch Fußnote 203); *Abdellaoui/Diecidue/Öncüler*, Preferences, Management Science 2011, 975–980.

werden kann.[198] Darüber hinaus werden auch Entscheidungen unter Unsicherheit von den kognitiven Fähigkeiten des Entscheiders mitbestimmt.[199] Auch hier gehen größere kognitive und emotionale Intelligenz mit mehr Nähe zu rationalem

---

[198] Vgl. *Albert/Duffy*, Differences, Neuroscience and Neuroeconomics 2012, 3–9; *Roalf/Mitchell/Harbaugh et al.*, Aging, Journals of Gerontology Series B-Psychological Sciences and Social Sciences 2012, 289–298, jeweils mit abnehmender Risikotoleranz bei zunehmendem Alter, allerdings ohne Abdeckung der gesamten Lebensspanne, sondern durch direkten Vergleich kleiner Gruppen junger und alter Menschen; *Lim/Yu*, Aging, Frontiers in Aging Neuroscience 2015, Art. 120, 7, für Ungewissheit gar keine Untersuchungen, für Risiko nur eine. Mit leicht anderen Ergebnissen vgl. *Pachur/Mata/Hertwig*, Differences, Psychological Science 2017, 504–518, die kognitive und behavioristische Unterschiede als Begründung anführen. Auf rein theoretischer Grundlage vgl. außerdem *Chowdhry*, Explanation, Economic Inquiry 2011, 1098–1103. *Zilker/Hertwig/Pachur*, Complexity, Journal of Experimental Psychology-General 2020, 1644–1683 halten dagegen Unterschiede im kognitiven Anspruch der sicheren und unsicheren Alternativen in den bisherigen Untersuchungen für die Ursache von deren Ergebnissen.

[199] Vgl. *Frederick*, Reflection, The Journal of Economic Perspectives 2005, 25, 32 f.; *Castillo/Dickinson/Petrie*, preferences, Theory and Decision Vol. 82 2017, 41–73 unter Stimulierung der Müdigkeit der Probanden; *Hong/Ratchford/Sagi*, Ambiguity, Economic Journal 2018, 2480–2506 mit Zufallsentscheidungen bei völliger kognitiver Überforderung; *Lilleholt*, ability, Judgement and Decision Making 2019, 234–279 in einer Meta-Analyse zumindest mit Evidenz eines leicht negativen Zusammenhangs für den Gewinnbereich; *Mudzingiri/Mwamba/Keyser et al.*, Indecisiveness, Cogent Psychology 2019, 1647817 im Kontext finanzieller Bildung und finanzieller Entscheidungen; *Blaywais/Rosenboim*, decisions, Managerial and Decision Economics 2019, 993–999 mit größerer Risikotoleranz bei größerer kognitiver Belastung; *Zilker/Hertwig/Pachur*, Complexity, Journal of Experimental Psychology-General 2020, 1644–1683; *Deck/Jahedi/Sheremeta*, load, European Economic Review 2021, 103695 mit zunehmender Risikoaversion bei hoher kognitiver Belastung; *Frydman/Jin*, Coding, Quarterly Journal of Economics 2022, 161 zur Wahrnehmung von Entscheidungsinformationen. Ohne signifikanten Zusammenhang vgl. *Campos-Vazquez/Medina-Cortina/Velez-Grajales*, preferences, Economics Bulletin 2018, 1406–1414 sowie bei realen Entscheidungen (während bei hypothetischen ein negativer Zusammenhang gefunden wurde) *Taylor*, ability, Journal of Risk and Uncertainty Vol. 46 2013, 299–320. Kognitive Fähigkeiten spielen aber nur eine geringe Rolle bei den behavioristischen Effekten, vgl. *Zilker/Pachur*, complexity, Journal of Behavioral Decision Making 2021, 488–503. Negative Schocks (hier die Covid 19 Pandemie) beeinträchtigen die kognitiven Fähigkeiten, vgl. *Bogliacino/Codagnone/Montealegre et al.*, shocks, Scientific Reports 2021, 3546. Auch hier kann die Betrachtung des Einsatzes kognitiver Kapazitäten als Kosten einige modelltheoretische Anomalien erklären, vgl. *Adriani/Sonderegger*, similarity, Journal of Economic Theory 2020, 105097.

Verhalten einher.[200] Ebenso können sich Gefühle[201] und Stress[202] in unterschiedlichsten Ausprägungen auf die Informationsverarbeitung durch den Entscheider

[200] Vgl. *Dohmen/Falk/Huffman et al.*, Ability, American Economic Review 2010, 1238–1257; *Charupat/Deaves/Derouin et al.*, Balance, Theory and Decision Vol. 75 2013, 17–41; *Li/Ashkanasy*, emotion, Asia Pacific Journal of Management 2019, 219–243; *Ackert/Deaves/Miele et al.*, Intelligence, Journal of Behavioral Finance 2020, 136–147. Auch Lerneffekte führen zu größerer Annäherung an rationales Verhalten, vgl. *van de Kuilen*, Preference, Theory and Decision Vol. 67 2009, 1–22.

[201] Die empirischen Befunde liefern ein gemischtes Bild, vgl. dahingehend auch den Literaturüberblick in *Lane*, happiness, Journal of Behavioral and Experimental Economics Vol. 68 2017, 62, 70–72. Darüber hinaus mit größerer Risikoaversion vgl. *Drichoutis/Nayga*, preferences, Journal of Socio-Economics 2013, 08, 25; *Campos-Vazquez/Cuilty*, emotions, Journal of Behavioral and Experimental Economics Vol. 50 2014, 1–9. Mit größerer Risikofreude vgl. *Galentino/Bonini/Savadori*, Arousal, Frontiers in Psychology 2017, 2142; *Conte/Levati/Nardi*, Emotions, Economica 2018, 305–328. Die Ergebnisse legen die Vermutung nahe, dass eine Kategorisierung in positive und negative Gefühlszustände nicht ausreichend differenziert ist. Verallgemeinerungen verbieten sich daher. Auch bei wichtigen Lebensereignissen ist das Gesamtbild ähnlich, vgl. *Kettlewell*, Risk, Journal of Economic Behavior & Organization 2019, 66–84 zu wichtigen Lebensereignissen, die aber nicht mit bleibenden Änderungen der Präferenzen verbunden sind; *Bogliacino/Codagnone/Montealegre et al.*, shocks, Scientific Reports 2021, 3546 mit gesteigerter Risikoaversion im Falle negativer Schocks; *Browne/Jager/Richter et al.*, risks, Journal of Risk and Insurance 2022, 187–209 im Kontext von Änderungen des Familienstands, wobei Trennungen mit einer vorübergehend höheren Risikobereitschaft und Geburten eines ersten Kindes mit vorübergehend geringerer Risikobereitschaft verbunden sind, Eheleute aber dauerhaft stärker risikoavers sind. Dahingehend ähnlich *Bandyopadhyay/Begum/Grossman*, stability, Journal of Risk and Uncertainty Vol. 63 2021, 169–201 für Frauen in glücklichen Beziehungen.

[202] Vgl. mit Untersuchungen von Entscheidungen unter Zeitdruck etwa *Saqib/Chan*, pressure, Organizational Behavior and Human Decision Processes 2015, 58–68, die eine Umkehr der Präferenzen im Gewinn- und Verlustbereich feststellen; *Kirchler/Andersson/Bonn et al.*, decisions, Journal of Risk and Uncertainty 2017, 37–59, die zunehmende Risikofreude im Verlustbereich und abnehmender Risikotoleranz im Gewinnbereich feststellen; *Bendahan/Goette/Thoresen et al.*, stress, European Journal of Neuroscience 2017, 877–885, die eine Steigerung der Risikofreude durch Stress feststellen, die in der Stunde nach der Stresssituation wieder abnimmt; *Baillon/Huang/Selim et al.*, Ambiguity, Econometrica 2018, 1839–1858 differenzierend zwischen der eigentlichen Ungewissheitspräferenz und die Unsicherheit betreffende Insensitivität; *Kocher/Schindler/Trautmann et al.*, pressure, Experimental Economics 2019, 216–246 zu den Einflussfaktoren auf die Qualität von Entscheidungen unter Zeitdruck. Die Auswirkungen auf die Risikopräferenz hängen von der Größe des Einsatzes ab. Mit kleineren und daher weniger wesentlichen Beträgen nimmt die Risikotoleranz tendenziell zu. Vgl. hierzu *Diederich/Wyszynski/Traub*, decision-making, Theory and Decision Vol. 89 2020, 1–37; *Bandyopadhyay/Begum/Grossman*, stability, Journal of Risk and

auswirken.[203] Hinsichtlich des Entscheidungsverhaltens bei unsicheren Entscheidungen bestehen ebenfalls behavioristische Erkenntnisse.[204] So ist das Entscheidungsverhalten abhängig von dem Bereich, in dem der Entscheidungsgegenstand angesiedelt ist. Damit sind einerseits – wie bei der Zeitpräferenz – finanzielle und nichtfinanzielle Entscheidungen angesprochen sowie andererseits Gewinn-

Uncertainty Vol. 63 2021, 169–201. Die Möglichkeit, Stress oder Störungen zu reduzieren, führt aber zu Entscheidungen wie ohne diese Einflüsse, vgl. *Gneezy/Imas/Jaroszewicz*, agency, Nature Communications 2020, 2665.

[203] Keine Auswirkung auf die Informationsverarbeitung scheint sich aber durch Offenlegung von bereits berechneten Erwartungswerten als zusätzliche Entscheidungsinformationen zu ergeben, vgl. *Hermann/Mußhoff*, information, Journal of Risk Research 2019, 232–242.

[204] Zu weiteren, hier nicht näher erörterten Erkenntnissen, vgl. *Chapman/Weber*, biases, Memory & Cognition 2006, 589–602 mit dem sog. Größenordnungs- und dem Common Ratio Effekt; *Watanabe/Shibutani*, framing, Japanese Psychological Research 2010, 163–174 zur Altersstruktur von Framing; *Hsee/Zhang/Wang et al.*, Evaluations, Journal of Consumer Research 2013, 172–184 mit größerer Randwertesensitivität bei Wahrscheinlichkeiten und Zuständen und dem Größenordnungseffekt; *Gang*, Framing, Social Behavior and Personality 2014, 279–284 mit Framing in Abhängigkeit der Ausprägung der Risikopräferenz; *Israel/Rosenboim/Shavit*, priming, Journal of Behavioral and Experimental Economics Vol. 53 2014, 36–43 mit dem sog. Priming-Effekt; *Marini/Paglieri*, Decoy, Behavioural Processes 2019, 130–141 zum Decoy-Effekt; *Bekir/Doss*, bias, Managerial and Decision Economics 2020, 827–838, die einen Zusammenhang mit dem Festhalten an einer einmal getroffenen Entscheidung finden; *Diederich/Wyszynski/Traub*, decision-making, Theory and Decision Vol. 89 2020, 1–37 mit Framing; *Muda/Niszczota/Augustynowicz*, memory, Journal of Behavioral Decision Making 2020, 683, die Auswirkungen verfälschter Erinnerungen zu vergleichbaren Entscheidungen in der näheren Vergangenheit auf die Risikopräferenz finden; *Fezzi/Menapace/Raffaelli*, beliefs, European Economic Review 2021, 103717 auch zum Verfügbarkeitseffekt i. S. v. *Tversky/Kahneman*, Availability, Cognitive Psychology 1973, 207–232; *Hayes/Wedell*, Regret, Decision-Washington 2021, 277–294 mit einer Abhängigkeit der Risikoeinstellung von bisherigen Erfahrungen mit dem gleichen Entscheidungsproblem. In Anlehnung an den Größenordnungseffekt kann (nur) für den Bereich kleinerer Beträge sogar Risikofreude bei größerer Unsicherheit beobachtet werden, vgl. *Liu/Heath/Öncüler*, Ambiguity, Management Science 2020, 3754–3770. Ausgeprägte kognitive Fähigkeiten können derartigen Verhaltensweisen aber entgegenwirken, vgl. *Oechssler/Roider/Schmitz*, biases, Journal of Economic Behavior & Organization Vol. 72 2009, 147–152; *McLaughlin/Somerville*, blindness, Judgment and Decision Making 2013, 561–572 im Kontext von Entscheidungsmanipulationen; ähnlich *Vlaev/Chater/Stewart*, Change, Journal of Behavioral Decision Making 2008, 556–574.

oder Verlustsituationen innerhalb von einem dieser Bereiche.[205] Außerdem stützen sich subjektive Schätzungen fehlender Wahrscheinlichkeiten oder Zustände bei intertemporalen Entscheidungen unter Ungewissheit auf die Erwartung, dass größere Risiken mit größeren Erträgen korrelieren.[206]

Die überwiegend getrennte Untersuchung von Zeit- und Unsicherheitspräferenzen ist durch die historische Entwicklung der Forschungsschwerpunkte bedingt. Dabei wurde schon früh und soweit ersichtlich übereinstimmend erkannt, dass Entscheidungen in der Zeit auch immer die naturgemäß unsichere Zukunft betreffen.[207] Die Verflechtung verdeutlicht sich durch die Ähnlichkeit und Korrelation im Auftreten von verhaltenswissenschaftlichen Phänomenen der Zeit- und Unsicherheitspräferenzen.[208] Es findet sich gemischte Evidenz für eine

---

[205] Vgl. schon den Überblick über die damalige Literatur bei *Slovic*, generality, Journal of Personality and Social Psychology 1972, 128, 128 f.; aktueller und breit gefächert *Weber/Blais/Betz*, Risk-attitude, Journal of Behavioral Decision Making 2002, 263–290. Zu Aversion im Gewinnbereich und Freude im Verlustbereich vgl. *Kahneman/Tversky*, Prospect Theory, Econometrica 1979, 263–291 für Risiko; *Dimmock/Kouwenberg/Mitchell et al.*, ambiguity, Journal of Risk and Uncertainty Vol. 51 2015, 219–244 für Risiko- und Ungewissheit. In Bezug auf Entscheidungen über Zeit und Geld vgl. *Festjens/Bruyneel/Diecidue et al.*, risk, Journal of Economic Psychology 2015, 52–72; *Kemel/Travers*, decisions, Theory and Decision 2016, 71–100, insb. 89 f.; *Ashby/Rakow*, research, Journal of Risk Research 2018, 1036–1051. In Bezug auf finanzielle und nichtfinanzielle Entscheidungen vgl. *Ioannou/Sadeh*, differences, Journal of Risk and Uncertainty Vol. 53 2016, 29–54; *Mentzakis/Sadeh*, domain, Journal of Risk and Uncertainty Vol. 62 2021, 203, 217–222.

[206] Vgl. *Skylark/Chan/Farmer et al.*, delay-reward heuristic, Judgment and Decision Making 2020, 611–629.

[207] Vgl. *Mischel/Grusec*, choice, Journal of Personality and Social Psychology 1967, 24, insb. 25, 28; *Prelec/Loewenstein*, Decision-Making, Management Science 1991, 770; *Keren/Roelofsma*, Choice, Organizational Behavior and Human Decision Processes 1995, 287; *Halevy*, impaitence, American Economic Review 2008, 1145; *Gerber/Rohde*, Preference, Journal of Economic Behavior & Organization Vol. 76 2010, 654–668; *Abdellaoui/Diecidue/Öncüler*, Preferences, Management Science 2011, 975; *Andreoni/Sprenger*, Preferences, American Economic Review 2012, 3357. Mit empirischer Evidenz vgl. *Stevenson*, Discounting, Journal of Experimental Psychology: General 1986, 131, 152; *Benzion/Rapoport/Yagil*, Discount Rates, Management Science 1989, 270, 283; *Mishra/Lalumiere*, Behaviors, Journal of Behavioral Decision Making 2017, 769–781, insb. 776–778; *Luckman/Donkin/Newell*, choices, Psychonomic Bulletin & Review 2018, 785–792. Kritisch zur Erklärung von inkonsistenten Präferenzen in Modellen, die eigentlich konsistente Voraussetzen, mit diesem Argument vgl. *Halevy*, Consistency, Econometrica 2015, 335–352.

[208] Vgl. *Prelec/Loewenstein*, Decision-Making, Management Science 1991, 770–786; modelltheoretisch *Quiggin/Horowitz*, Time, Journal of Risk and Uncertainty Vol. 10 1995, 37–55; *Roelofsma*, choices, Acta Psychologica 1996, 5, 8–13; *Ahlbrecht/Weber*, risk, Management Science 1997, 813–826; *Weber/Chapman*, effects, Organizational Behavior and Human Decision Processes Vol. 96 2005, 104–118; *Dean/Ortoleva*, relationship, PNAS

gegenseitige Beeinflussung von Zeit- und Unsicherheitspräferenz.[209] In der Folge sind Ergebnisse einer empirischen Untersuchung über eine Entscheidung mit unterschiedlichen Entscheidungszeitpunkten möglicherweise verzerrt, wenn nicht beiden Präferenzen Rechnung getragen wird.[210] Bewusst gemeinsamen Untersuchungen von Zeit- und Unsicherheitspräferenz und der Frage nach der methodischen Trennbarkeit von Zeit- und Unsicherheitspräferenzen wurde bislang weniger intensiv nachgegangen.[211] Dieses Unterfangen wird schnell komplex,

---

2019, 16262–16267. Unsicherheitsaspekte werden in der Literatur auch teilweise angeführt, um bei den Zeitpräferenzen beobachtete Anomalien zu erklären vgl. *Xia*, anomalies, Canadian Journal of Economics 2011, 695–708. Siehe auch *Epper/Fehr-Duda/Bruhin*, discounting, Journal of Risk and Uncertainty Vol. 43 2011, 169–203 im Zusammenhang mit hyperbolischer Diskontierung.

[209] Mit einer Korrelation von Zeit- und Unsicherheitspräferenzen vgl. *Anderhub/Güth/Gneezy et al.*, Interaction, German Economic Review 2001, 239–253; *Eckel/Johnson/Montmarquette,* decisions, in: Carpenter/Harrison/List, Experiments, 2005, 241; *Albert/Duffy*, Differences, Neuroscience and Neuroeconomics 2012, 3–9; *Ferecatu/Öncüler*, preferences, Journal of Risk and Uncertainty Vol. 53 2016, 1–28; *Falk/Becker/Dohmen et al.*, Preferences, Quarterly Journal of Economics 2018, 1645, 1664. Ohne Evidenz für einen solchen Zusammenhang vgl. *Cohen/Tallon/Vergnaud*, attitude, Theory and Decision Vol. 71 2011, 81, insb. 95 f.; *Abdellaoui/Bleichrodt/l'Haridon et al.*, Utility, Management Science 2013, 2153, 2161; *Shavit/Rosenboim*, Discounting, Journal of the Experimental Analysis of Behavior 2015, 292–404, insb. 398; *Ioannou/Sadeh*, differences, Journal of Risk and Uncertainty Vol. 53 2016, 29, 50 f. *Shavit/Rosenboim/Shani*, preference, Journal of Economic Psychology Vol. 43 2014, 30–36 finden Evidenz dafür, dass riskante Aktivitäten mildernd auf die Gegenwartspräferenz hin zu neutralerem Verhalten wirken. Da es sich um eine Art Lerneffekt handeln könnte, würde auch dies für eine gegenseitige Beeinflussung beider Präferenzen sprechen. Mit einem mathematisch-theoretischen Modellvorschlag mit sich gegenseitig beeinflussenden Zeit- und Risikopräferenzen vgl. *Chakraborty/Halevy/Saito*, Relation, American Economic Review-Insights Vol 2 2020, 1–16. Die Zeit- und Risikopräferenzen können dennoch gegeneinander ausgespielt werden, vgl. *Luckman/Donkin/Newell*, Relation, Journal of Behavioral Decision Making 2017, 1078–1092.

[210] Vgl. mit diesbezüglichen empirischen Ergebnissen etwa *Andersen/Harrison/Lau et al.*, preferences, Econometrica 2008, 583, 613; *Lopez-Guzman/Konova/Louie et al.*, distortion, Plos One 2018, e0191357.

[211] Entsprechend der Untersuchungsergebnisse zu positiven Zinsen wird hier vertreten, dass reine Zeitpräferenz nur in einer Situation unter Sicherheit vorliegt, die in realen Entscheidungssituationen nicht vorkommt. In letzteren müssen daher zwangsläufig immer Zeit- und Unsicherheitspräferenzen gemeinsam auftreten. Reine Zeitpräferenzen können daher methodisch grundsätzlich nur in hypothetisch sicheren Settings messbar sein. Bei diesen ist aber fraglich, ob die Probanden darin auch entscheiden, als läge eine sichere Situation vor, oder ob nicht unbewusst Erfahrungen im Umgang mit Unsicherheiten realer Szenarien die Entscheidungen beeinflussen. Zudem kann aufgrund der Sicherheitshypothese keine Validierung

denn sämtliche bisherigen Erkenntnisse beider Präferenzen einzeln[212] bedürfen einer Untersuchung auf eine potenzielle Beeinflussung durch die jeweils andere Präferenz. In der aktuellsten etwas umfassenderen Studie wurde untersucht, wie sich (1) die Einführung/Erhöhung von Risiko und (2) die Verschiebung der gesamten Entscheidung in die Zukunft auf Entscheidungen zwischen früheren kleineren und späteren größeren Beträgen auswirkt, wobei die Beträge jeweils (hypothetisch) sicher oder risikobehaftet sind.[213] Die Einführung oder Erhöhung des Risikos einer Alternative führte in der Studie stets zu einer Abnahme der Attraktivität dieser Alternative verglichen mit der Ausgangssituation. Die Einführung oder Erhöhung des Risikos bei beiden zur Wahl stehenden Alternativen hatte keine Änderung der Präferenzen zur Folge. Die Verschiebung der gesamten Entscheidung in die Zukunft führte zu größenabhängigen Ergebnissen. Für geringere Zeitverschiebung und geringere Beträge kam es nur zu einer Präferenzumkehr, wenn die frühere der beiden Alternativen risikobehaftet war. Bei größerer Zeitverschiebung und größeren Beträgen kam es in allen Fällen zu einer Präferenzumkehr.[214] Die teils divergierenden Ergebnisse vorangegangener, aber weniger Fallkonstellationen beinhaltender Studien gehen in den vorgenannten Untersuchungsergebnissen auf.[215] Insgesamt ist damit nur belegt, dass Zeit-

der Laborergebnisse durch Vergleich mit in der Realität getroffenen Entscheidungen erfolgen. Ohne genaue Kenntnis der Ergebnisse bei Entscheidungen unter Sicherheit wird es auch bei realitätsnahen Untersuchungen unter Unsicherheit schwierig, die Beobachtungen einer der Präferenzen zuzuordnen. Ähnlich vgl. *Booij/van Praag*, estimation, Journal of Economic Behavior & Organization 2009, 374; *Andreoni/Sprenger*, Reply, American Economic Review 2015, 2287, 2292.

[212] Dazu gehört schon die Grundfrage nach im Durchschnitt überwiegender Gegenwarts-/Zukunftspräferenz sowie Risikofreude/-aversion. Auch die empirisch für beide Präferenzen einzeln mögliche Präferenzumkehr bei Verschiebung der gesamten Entscheidung in die Zukunft oder bei Einführung/Erhöhung des Risikos muss neu untersucht werden. Schließlich sind auch alle behavioristischen Befunde zu berücksichtigen, insbesondere Größenordnungseffekte, Bereichsabhängigkeiten sowie Randwertesensitivität bei Wahrscheinlichkeiten und Zuständen.

[213] Vgl. *Xu/Cheng/Sang*, preference, Journal of the Experimental Analysis of Behavior 2022, 151.

[214] Vgl. *Xu/Cheng/Sang*, preference, Journal of the Experimental Analysis of Behavior 2022, 151, 157–160.

[215] Einige davon bringen *Xu/Cheng/Sang*, preference, Journal of the Experimental Analysis of Behavior 2022, 151, 160–162, selbst überzeugend in einen Kontext mit ihrer Untersuchung. Dazu gehören *Keren/Roelofsma*, Choice, Organizational Behavior and Human Decision Processes 1995, 287–297; *Ahlbrecht/Weber*, risk, Management Science 1997, 813–826; *Weber/Chapman*, effects, Organizational Behavior and Human Decision Processes Vol. 96 2005, 104–118; *Anderson/Stafford*, decision-making, Journal of Risk and Uncertainty

und Risikopräferenzen hinreichend großen Einfluss haben, um bei sonst gleichen Bedingungen bei der einen Präferenz die Entscheidung zugunsten der anderen Alternative zu beeinflussen. Das theoretische und praktische Problem des genauen Verhältnisses von Zeit- und Unsicherheitspräferenz zueinander bleibt ungelöst.[216]

In übergreifender Gesamtbetrachtung lassen sich systematische Gleichläufe zwischen beiden Präferenzen erkennen, wenngleich sie aufgrund ihrer Eigenständigkeit nicht komplementär auftreten müssen, sondern sich gegenseitig auch negativ beeinflussen können. Anhand der Untersuchungen zu Gruppenentscheidungen und unternehmerischen Entscheidungen ist erkennbar, dass für

---

Vol. 38 2009, 51–72; *Sun/Li*, effect, Journal of Risk Research 2010, 805–820; *Andreoni/Sprenger*, Preferences, American Economic Review 2012, 3357–3376 mit einer Untersuchung zur Erklärung im Zeitverlauf abnehmenden Gegenwartspräferenz und Erklärung der daraus resultierenden Präferenzumkehrungen durch Sicherheitspräferenz; *Shavit/Benzion/Shapir et al.*, preferences, Economics Letters 2013, 512–512; *Blackburn/El-Deredy*, Discounting, Behavioural Processes 2013, 9–18; *Vanderveldt/Green/Myerson*, Discounting, Journal of Experimental Psychology: Learning, Memory and Cognition 2015, 148–162; *Hardisty/Pfeffer*, Uncertainty, Management Science 2017, 519–527. Vgl. darüber hinaus auch *Noussair/Wu*, Risk, Managerial and Decision Economics 2006, 401–412 mit übereinstimmenden Ergebnissen für eine der Fallgruppen; *Abdellaoui/Kernel/Panin et al.*, framework, Games and Economic Behavior 2019, 459–469 mit ähnlichen Untersuchungsergebnissen zur Gegenwartspräferenz bei Risiko.

[216] Vgl. auch *Xu/Cheng/Sang*, preference, Journal of the Experimental Analysis of Behavior 2022, 151, 152. Weitere Untersuchungen sind *Andersen/Harrison/Lau et al.*, preferences, Econometrica 2008, 583–618, die bei gemeinsamer Messung von Zeit- und Risikopräferenz exponentielle statt hyperbolische Diskontierung feststellen; *Coble/Lusk*, nexus, Journal of Risk and Uncertainty Vol. 41 2010, 67–79; mit Evidenz gegen Modelle mit diskontiertem Erwartungsnutzen, die impliziert, dass nicht ein abstrakter Faktor Zeit- und Unsicherheitspräferenzen erklären kann, beide Präferenzen also wesentlich verschieden sind; *Epper/Fehr-Duda*, Comment, American Economic Review 2015, 2261–2271, die eine Integration der Ergebnisse aus *Andreoni/Sprenger*, Preferences, American Economic Review 2012, 3357–3376 in ein portfoliotheoretisch ausgelegtes rangabhängiges Erwartungsnutzenmodell anstellen; *Howard*, preferences, Economics Letters 2016, 87–89 zu Verzerrungen im Kontext von Anreizen bei Entscheidungen mit Zeitpräferenzen, die auch die Risikopräferenz beeinflussen, wenn nicht beiden Präferenzen Rechnung getragen wird; *Lopez-Guzman/Konova/Louie et al.*, distortion, Plos One 2018, e0191357 mit eigenem Modellvorschlag für gemeinsame Erhebung beider Präferenzen; *Białaszek/Marcowski*, Dependency, Scientific Reports 2019, 8738, die untersuchen, ob beide Präferenzen nacheinander oder gleichzeitig erwogen werden; *Palenik*, uncertainty, International Journal of Management and Economics 2021, 287, 287–298 mit negativen Zeitpräferenzen bei zunehmendem Risiko in Bezug auf die Einbringlichkeit einer Forderung und dem umgekehrten Effekt bei zunehmendem Risiko in Bezug auf die Erfüllung einer Verpflichtung. Mit formalen Analysen des Zusammenhangs von Zeit- und Risikopräferenzen vgl. *Halevy*, impaitence, American Economic Review 2008, 1145–1162; *Baucells/Heukamp*, Probability, Management Science 2012, 831–842.

Entscheidungen bei Unternehmen einigermaßen tragfähig zumindest näherungsweise rationales Verhalten angenommen werden kann.[217] Für Entscheidungen von Einzelpersonen der breiten Bevölkerungsmasse gilt das nicht. Entscheidungen aus beiden Gruppen sind sehr stark situationsabhängig.[218] Derartige Abhängigkeiten bestehen im Entscheidungsprozess selbst, aufgrund der Rahmenbedingungen der Entscheidung und in Bezug auf den Entscheidungsgegenstand. Dennoch ist für beide Gruppen auch heute noch eine im Durchschnitt überwiegende Tendenz zu Gegenwartspräferenz und Unsicherheitsaversion erkennbar. Von einer Umkehr der Präferenzen kann nicht ausgegangen werden.

Im Ergebnis kann daher weder eine Übereinstimmung mit den Charakteristika negativer Kaufpreise festgestellt noch eine etwaige empirisch tragfähige Präferenzumkehr als Begründung für die Entstehung der seit 2014 beobachtbaren negativen Zinsen angeführt werden. Bei diesen negativen Zinsen muss es sich in der Folge um etwas substanziell von positiven Zinsen verschiedenes handeln.

2.1.2.3 Anderweitige Einordnung

2.1.2.3.1 Verwahrentgelt

Vor dem Hintergrund des voranstehend genannten Zwischenergebnisses stellt sich die Frage nach einer anderweitigen Einordnung der negativen Zinsen. Als Ausgangspunkt bieten sich zunächst die Erkenntnisse des Vergleichs mit positiven Zinsen auf der Handlungsebene an. Dabei zeigte sich eine Umkehr der Zahlungsrichtung. Diese spricht in Kombination mit den Ergebnissen der bisherigen Analyse nun vorrangig dafür, dass es sich um eine andere Leistung handelt als diejenige, die im Falle positiver Zinsen erbracht wird. Außerdem

---

[217] Siehe dazu die im Forschungsüberblick bereits angegebene Literatur. Vgl. außerdem *Bayer/Osher*, Preference, Journal of Neuroscience Psychology and Economics 2018, 127–134 mit geringerer Gegenwartspräferenz bei hohen Führungsqualitäten; *van de Kuilen*, Preference, Theory and Decision Vol. 67 2009, 1–22 mit einem Lerneffekt bei wiederholtem Auftreten ähnlicher Entscheidungen, wie es in Unternehmen regelmäßig vorkommen dürfte. Zudem gibt es Untersuchungen zum Umgang mit Mitteln anderer, deren Ergebnisse sich bei einer Trennung von Anteilseignern und Geschäftsführung theoretisch auch auf Unternehmen übertragen lassen, da die Geschäftsführung dann ausschließlich mit fremden Mitteln wirtschaftet. Auch hier wird größere Annäherung an rationales Verhalten festgestellt. Zu diesen vgl. *Pahlke/Strasser/Vieider*, Risk-taking, Economics Letters 2012, 102–105; *Andersson/Holm/Tyran et al.*, Loss Aversion, Management Science 2016, 29–36; *Andersson/Holm/Tyran et al.*, Incentives, Scandinavian Journal of Economics 2020, 648–674; *Rau*, preferences, Economics Letters 2021, 109766, aber anders für altruistische Menschen.

[218] Für Entscheidungen unter Unsicherheit, die in der Realität wohl am häufigsten anzutreffen sind, gilt dies in besonderem Maße, vgl. *Hansen/Helgeson*, uncertainty, Organizational Behavior and Human Decision Processes 1996, 153, 161.

lässt sich folgern, dass diese andere Leistung vom Empfänger des Kapitals erbracht wird. Insofern scheint es sich bei negativen Zinsen um ein Verwahrentgelt zu handeln. Das Kapital wird von seinem Geber an den Empfänger gegeben und der Kapitalgeber entlohnt den Empfänger des Kapitals für dessen sichere Verwahrung.[219]

Bei dieser Einordnung bestehen Abgrenzungsschwierigkeiten, da bei den üblicherweise zinstragenden Geschäften der Empfänger des Geldkapitals auch zu dessen Nutzung berechtigt ist. Die Nutzungsmöglichkeit stellt eigentlich eine Leistung an den Empfänger des Geldkapitals dar, für den dieser dem Geber des Geldkapitals ein Entgelt, normalerweise einen positiven Zins, zahlen müsste. Für die verschwommene Grenze zwischen der Verwahrung und der Nutzung lässt sich aber eine simple Erklärung in dem bereits bekannten Repertoire des Betriebswirtschaftslehre finden – beim Zins handelt es sich um eine Art Kuppelprodukt. Der Begriff Kuppelproduktion stammt aus der Güter produzierenden Realwirtschaft und bezeichnet einen Fall, in dem bei der Herstellung eines Hauptproduktes immer auch zwingend mindestens ein Nebenprodukt generiert wird.[220] Ähnlich verhält es sich mit der Verwahrung und der Nutzungsüberlassung von Geldkapital, wenn man die üblicherweise zinstragenden Geschäfte wie Darlehen/Kredite, Anleihen und Geld auf Bankkonten in den Blick nimmt.[221] Das überlassene Geldkapital kann nicht durch eine andere Person genutzt werden, ohne auch auf diese Person überzugehen. Es wird also zumindest insoweit von ihr „verwahrt", als regelmäßig die Rückzahlung des überlassenen Nennbetrags vereinbart wird. Geht man von dem umgekehrten Fall einer Verwahrung aus, kommt es auf die rechtliche Ausgestaltung des Geschäfts an. Handelt es sich um eine regelmäßige Verwahrung (§ 688 BGB), ist die Nutzung durch den Empfänger rechtlich nicht vorgesehen. Die zugehörige Sanktionsnorm in § 698 BGB verdeutlicht aber, dass der Verwahrer die hinterlegten Sachen faktisch verwenden kann, auch wenn er es eigentlich nicht darf.[222] Handelt es sich um eine

[219] In diesem Sinne auch *Patzner/Joch*, Zinsen, BB 2015, 221, 222; *IDW*, Zinsen (abgerufen am 19.10.2025), 11; *Endert*, Bilanzierung, BBK 2017, 699; *von Cölln*, Gesellschafterdarlehen, FR 2020, 248, 253; *Strobel*, Negativzins, BKR 2022, 96, 99 f. Die Möglichkeit der Entstehung negativer Zinsen durch Lagerungskosten hat schon die frühe reale Zinsforschung gesehen, vgl. *Fisher*, interest, 1930, 68.

[220] Vgl. *Schmalenbach*, Selbstkostenrechnung, ZfhF 1919, 257, 265–267; *Riebel*, Kuppelproduktion, 1955, 29–62.

[221] Streng genommen lässt sich der Vergleich nicht nur für Fremdkapitaltitel, sondern auch für Eigenkapital anstellen. Im Rahmen dieser Arbeit interessieren aber vorwiegend erstere.

[222] Zum Charakter als Sanktionsnorm vgl. *Henssler*, in: Säcker/Rixecker/Oetker et al., MüKo BGB, § 246 BGB, Rn. 1 (2020). Dieser Vertragstyp ist bei den üblicherweise zinstragenden Geschäften mangels ausdrücklich möglicher Nutzung nicht einschlägig. Er wäre es aber,

unregelmäßige Verwahrung (§ 700 BGB), geht das Eigentum an den Sachen auf den Verwahrer über, der nur verpflichtet ist, Sachen von gleicher Art, Güte und Menge zurückzugewähren.[223] Dieser Vertragstypus ist der für einige der oben genannten typischen zinstragenden Geschäfte bei positiven Zinsen einschlägige, insbesondere im Falle von Geld auf Bankkonten. Sowohl die Verwahrung als auch die Nutzungsüberlassung enthalten daher immer zwingend auch Elemente des jeweils anderen. In der zivilrechtlichen Literatur und Rechtsprechung ist diese Erkenntnis bereits implizit enthalten.[224] So stellt die unregelmäßige Verwahrung eine Typenverschmelzung im rechtlichen Sinne aus den Vertragstypen des Darlehensvertrags und des regelmäßigen Verwahrvertrags dar.[225] Zudem ist ein wesentlicher Streitpunkt im Zivilrecht die Abgrenzung der Vertragstypen Darlehen und unregelmäßige Verwahrung. Zu dieser Frage hat der BGH festgestellt, dass stets beide Vertragsparteien ein Interesse am Vertragsabschluss haben und für die eine Partei jeweils die Nutzung, für die andere die Verwahrung im Vordergrund stehe. Ein Überwiegen des einen oder des anderen kann objektiv nicht festgestellt werden, weshalb es sich um ungeeignete Abgrenzungskriterien handelt.[226]

Die Qualifikation der negativen Zinsen als Verwahrentgelt ist auch mit den empirisch unveränderten Werttreibern der Zeit- und Unsicherheitspräferenzen vereinbar. Auch für eine Verwahrung spielt die Zeitpräferenz eine Rolle, da sie – wie oben dargelegt – für beide Parteien eine Verschiebung der Kapitalnutzung in der Zeit bedeutet. Der Kapitalgeber verzichtet zunächst auf die Nutzung, der Kapitalnehmer ist an der früheren Nutzung interessiert. Angesichts des Kontexts der Finanz- und Wirtschaftskrise und dem Einlageverhalten der Geschäftsbanken, die ihr Geld lieber bei der Zentralbank deponieren, als es sich untereinander zur Verfügung zustellen, dürften aber die Unsicherheitspräferenzen bei negativen Zinsen die bedeutendere Rolle spielen. Auch im Verhältnis von Geschäftsbanken

wenn zur Vermeidung des Anfallens negativer Zinsen auf eine eigenständige Geldverwahrung ausgewichen würde, sofern jemand anderes mit der Verwahrung beauftragt werden soll. Ein Beispiel wäre etwa die Aufbewahrung des Geldes in einem Bankschließfach, vgl. *IDW,* Zinsen (abgerufen am 19.10.2025), 13.

[223] Vgl. § 700 Abs. 1 Satz 1 BGB.

[224] Siehe dazu die in Abschnitt 2.2.1.2.2.3.1.1, Fußnote 278 angegebene Literatur.

[225] Vgl. *Freitag*, Einlagegeschäft, ZBB 2018, 269, 274; *Henssler*, in: Säcker/Rixecker/Oetker et al., MüKo BGB, § 700 BGB, Rn. 2 (2020); *Schlinker*, in: Gsell/Krüger/Lorenz et al., BeckOGK, § 700 BGB, Rn. 2 (Juli 2022).

[226] Vgl. BGH v. 14.05.2019, XI ZR 345/18, NJW 2019, 2920, Rn. 24 f.; *Freitag*, Einlagegeschäft, ZBB 2018, 269, 274; BGH v. 14.05.2019, XI ZR 345/18, NJW 2019, 2920 Rn. 24–26. Siehe auch Abschnitt 2.2.1.2.2.3.1.1 Fußnote 276.

und nichtfinanzieller Privatwirtschaft sind Sicherheitsaspekte entscheidend.[227] Das Geldkapital ist bei der Bank sicherer aufgehoben, als vor Ort im eigenen Haushalt oder Unternehmen. Die Herstellung eines vergleichbaren Grades an Sicherheit würde hohe Kosten verursachen. Solange diese Kosten höher sind als die Verwahrentgelte, werden letztere in Kauf genommen.[228] Selbiges gilt für eine eigenständige Geldverwahrung durch die Geschäftsbanken als Alternative zur Einlage bei der Zentralbank.[229] Neben den Zeit- und Unsicherheitspräferenzen gibt es konstellationsabhängig weitere mögliche Gründe, aus denen Negativzinsen toleriert werden. Beim typischen Girokonto einer Bank könnte beispielsweise die Bequemlichkeit durch den damit einhergehenden Zugang zum elektronischen Zahlungsverkehr eine Rolle spielen, auf die bei einer Flucht in Bargeldhaltung verzichtet werden müsste.[230] Die negativen Renditen bei stark gehandelten Staatsanleihen hoher Bonität lassen sich durch deren Charakter als sichere Alternative zur Bargeldhaltung, insbesondere für Institutionen, erklären.[231] Schließlich ist diese Einordnung auch mit der Erkenntnis vereinbar, dass eine konkrete Entscheidung stets vom individuellen Gesamtkontext abhängt. So ist denkbar, dass die einzelne Handlung Teil eines größeren Handlungsprogramms ist und dass das isoliert betrachtet nachteilige Geschäft aufgrund der Risikomischung im Gesamtportfolio einen positiven Nutzen stiftet.[232] Diese Überlegung fügt sich auch nahtlos in diejenigen zu den Werttreibern, insbesondere der Risikopräferenz, ein.

---

[227] Vgl. *Patzner/Joch*, Zinsen, BB 2015, 221, 222; *Moritz/von Cölln*, Abzinsung, FR 2018, 684, 690; *Kirchhof*, Negativzinsen, 2021, 46.

[228] Vgl. *Eisenschmidt/Smets,* Interest Rates, in: Aguirre/Brunnermeier/Saravia, Monetary Policy, 2019, 21.

[229] Vgl. zudem *Eisenschmidt/Smets,* Interest Rates, in: Aguirre/Brunnermeier/Saravia, Monetary Policy, 2019, 21 mit einer eingängigen Erläuterung, warum die Geschäftsbanken sich nicht einfach der meisten Kundeneinlagen entledigen und stattdessen ganz überwiegend über Kredit zu 0 % von der Zentralbank finanzieren.

[230] Vgl. *Jensen/Spange,* Pass-through, in: Danmarks Nationalbank, Review, 2015, 61; *Kollmann,* Zinsen, 2016, 78 f.

[231] Vgl. *Balz/Bordemann/Rullkötter*, Unternehmenswerte, Stbg 2012, 492, 498, wenngleich hier noch von einer krisenbedingten Verzerrung die Rede ist; *Maclachlan*, interest rates, Review of Keynesian Economics 2019, 171, 177 f.; *Lee*, Asset Prices, Journal of Money Credit and Banking 2020, 1435.

[232] Die Wichtigkeit des gesamten Handlungsprogramms als Entscheidungskontext erkennt auch die empirische Literatur zur Untersuchung der werttreibenden Präferenzen, dort allerdings vgl. *Sprenger*, Inconsistency, American Economic Review 2015, 280 f.; *Gerber/Rohde*, consumption, Journal of Economic Behavior & Organization 2015, 56–64.

2.1.2.3.2 Wertminderung

Der Alternativvorschlag, die negativen Zinsen als Wertminderung des Geldes zu qualifizieren, beruht auf der Überlegung, dass es zu einer Überlassung von Geld kommt, bei der am Ende nicht der volle Nennbetrag wieder zurückerlangt wird.[233] Dieser Ansatz ist eher technisch fundiert und führt materiell daher zu nicht vollständig überzeugenden Lösungen. Die periodisch laufende Zahlung von Negativzinsen lässt sich zwar problemlos über die Renditegleichung in eine Wertminderung umrechnen. Eine tatsächliche Uminterpretation in eine Wertminderung ist aber nicht sinnvoll. So handelt es sich nicht um eine echte Minderung des Geldwertes wie im Falle von Inflation. Sie entfaltet nur Wirkung für die konkrete betrachtete Person, für alle anderen Wirtschaftssubjekte bleibt der Geldwert konstant.[234] Ferner lassen sich die negativen Zinsen durch Bargeldhaltung vermeiden, sodass das Eintreten einer subjektiv auf die Rendite der Einzelperson bezogenen Wertminderung nicht zwingend ist. Außerdem würde bei einer Uminterpretation die Abgrenzung der theoretischen Möglichkeiten zur Durchsetzung negativer Zinsen verschwimmen, die mit Bezug zur Renditegleichung jeweils an den laufenden Zahlungen oder am Gesamtertrag des Geldes ansetzen können.[235] Schließlich hat sich die EZB mit der von ihr gewählten Maßnahme bewusst gegen eine am Gesamtertrag des Geldes ansetzende Alternative entschieden. Letztere würden im Übrigen im Gegensatz zur gewählten Maßnahme auch den Wert des Geldes für alle Wirtschaftssubjekte herabsetzen und bieten weniger Ausweichmöglichkeiten.

2.1.2.3.3 Hoheitliche Maßnahme

Überwiegend in der rechtlichen Literatur finden sich in den Darstellungen wirtschaftlicher Hintergründe Aussagen, die implizieren, das niedrige Zinsniveau sei durch einen hoheitlichen Eingriff der Zentralbank(-en) im Rahmen ihrer Geldpolitik verursacht und daher rein künstlich.[236]

Dieser Aussagegehalt eignet sich weder zur Lösung noch zur Umgehung einer Analyse des Qualifikationsproblems. Er stützt sich auf die Behauptung, dass es die negativen Zinsen nicht gäbe, wenn die Geldpolitik der Zentralbanken das Zinsniveau nicht so weit gesenkt hätte. Dies ist mit Blick auf die in der wirtschaftlichen Diskussion ungeklärten Ursachen nicht tragfähig. Es könnte sich auch

[233] Vgl. *Gipper*, Zinsen, WPg 2015, 1011–1016; *Anzinger*, Dauerniedrigzins I, DStR 2016, 1766, 1773; *Strobel*, Negativzinsen, NJW 2021, 881.

[234] Vgl. *Kirchhof*, Negativzinsen, 2021, 54.

[235] Siehe hierzu die Darstellung der und Ergänzungen zur Untersuchung von *Agarwal/Kimball*, Guide, IMF WP Nr. 19/84 (April 2019) auf Seite 38–42.

[236] Vgl. die in den unmittelbar nachfolgenden Abschnitten 2.2.1.2, 2.2.2. und 2.2.3. dargestellte Literatur. Siehe auch *IDW,* Zinsen (abgerufen am 19.10.2025), 13.

um einen empirisch beobachtbaren, langfristigen und realwirtschaftlich bedingten Abwärtstrend handeln.[237] Für letzteres spricht auch die trotz sehr expansiver geldpolitischer Maßnahmen kaum veränderte realwirtschaftliche Situation.[238] Aber auch unabhängig davon, ob es sich um ein künstliches oder natürliches Phänomen handelt, besteht Bedarf zu verstehen, was negative Zinsen sind, um sachgerechte Folgen für die betriebliche Steuerung, Bilanzierung und Besteuerung ableiten zu können.

Befürworter dieser Position folgern aus dem hoheitlichen Charakter, die existierenden negativen Zinsen könnten Steuern sein oder wirkten zumindest wie solche.[239] Hier muss eine differenzierte Betrachtung angestellt werden. § 3 Abs. 1 AO definiert Steuern für Zwecke des deutschen Rechts als Geldleistungen, die

- keine Gegenleistung für eine besondere Leistung sind,
- von einem öffentlich-rechtlichen Gemeinwesen auferlegt werden,
- nach ihrem Haupt- oder Nebenzweck der Einnahmenerzielung dienen und
- nur all denjenigen auferlegt werden, bei denen der Tatbestand zutrifft, an den das Gesetz die Leistungspflicht knüpft.

Aufgrund des Kriteriums der Auferlegung durch ein öffentlich-rechtliches Gemeinwesen kommt eine Qualifikation als Steuer überhaupt nur im Verhältnis von Zentralbanken zu Geschäftsbanken in Betracht. Auch wenn man anschließend der eigentlich geldpolitisch motivierten Maßnahme als Nebenzweck eine Einnahmenerzielung zusprechen möchte, scheitert die Subsumtion schließlich an den beiden übrigen Kriterien. Bei den negativen Zentralbankzinsen handelt es sich nämlich nicht um eine an einen bestimmten Tatbestand geknüpfte Leistung ohne Gegenleistung. Die Geschäftsbanken entscheiden sich vielmehr bewusst zur Inanspruchnahme der Einlagefazilität oder der Hinterlegung von Überschussreserven zur sicheren Verwahrung als konkrete Gegenleistungen, eine Verpflichtung hierzu besteht nicht. Die Negativzinsen haben daher eher den Charakter einer öffentlich-rechtlichen Gebühr.[240] Auch die Ansicht, die negativen Zinsen wirkten

---

[237] Vgl. dazu Abschnitt 2.1.1.1.2.

[238] Vgl. dazu Abschnitt 2.1.1.2.1, die Sätze bei Fußnoten 26 und 27.

[239] Vgl. *Zellweger-Gutknecht*, Negativzins, ZfPW 2015, 350, 365; *Kirchhof*, Negativzinsen, 2021, 177–180, 184.

[240] Vgl. zur Abgrenzung etwa *Seer*, Kapitel 2, in: Tipke/Lang, Steuerrecht, 23. Aufl. 2018, 47–49 Rz. 2.20–2.22. Demnach können Gebühren entweder systematisch nach dem Äquivalenzprinzip kostendeckend oder vorteilsausgleichend sein, nach der Rechtsprechung des BVerfG aber auch systemfremd nach der wirtschaftlichen Leistungsfähigkeit. Sofern die negativen Zinsen über eine Kostendeckung für die sichere Geldverwahrung hinausgingen,

wie eine Steuer, kann aus diesem Grunde nicht vollständig überzeugen. Einerseits ist die Leistung nicht verpflichtend sondern mithilfe von Sachverhaltsgestaltung dispositiv (Möglichkeit der eigenständigen Bargeldhaltung), andererseits steht der Leistung eine konkrete Gegenleistung gegenüber, die der leistenden Geschäftsbank einen positiven Nutzen verspricht.

Im Verhältnis der finanziellen und nicht finanziellen privaten Wirtschaftssubjekte zueinander kann es sich nicht um eine Steuer handeln, da kein Träger der öffentlichen Gewalt beteiligt ist. Denkbar wäre in diesem Fall nur, dass es sich bei negativen Zinsen um die Abwälzung einer Steuer auf den Vertragspartner handelt. Da negative Zinsen aber schon im Verhältnis von Zentralbank zu Geschäftsbanken nicht als Steuer qualifizieren, ist auch diese Erklärung hinfällig. Negativzinsen könnten in dieser Fallgruppe nur bei einer unmittelbar wirkenden Maßnahme, die nicht auf Transmissionsmechanismen angewiesen ist, als Steuern zu qualifizieren sein.[241]

Im Ergebnis handelt es sich bei den Verwahrentgelten zwischen Zentral- und Geschäftsbanken daher um eine Gebühr, keinesfalls aber um eine Steuer. An der grundsätzlichen Einordnung als Verwahrentgelt ändert diese Qualifikation nichts.

2.1.2.4 Robustheit der gefundenen Einordnung

Die Einordnung der beobachteten negativen Zinsen als Verwahrgebühren im Verhältnis von Zentralbank und Geschäftsbanken sowie allgemein als Verwahrentgelte in allen übrigen Verhältnissen ist an einige wenige Prämissen gebunden, die abschließend kurz dargelegt werden sollen. Durch die Fundierung der Einordnung in den entscheidungstheoretischen Grundlagen bedarf es keines Rückgriffs auf etwaige Modellannahmen wie die in der Zinsforschung sonst üblichen Grade an Sicherheit oder Kapitalmarktvollkommenheit, die die dortigen Forschungsergebnisse in ihrer Übertragbarkeit auf die Realität begrenzen. Einwendungen dürften ebenfalls nicht in Bezug darauf erhoben werden können, dass die Präferenzlage speziell in Bezug auf das Gut Geld eine andere sei. Die dargestellte empirische Forschung legt überwiegend Entscheidungen über Geld zugrunde.

---

könnten sie daher wohl aufgrund ihrer Abhängigkeit von der Höhe der Beträge auch mit dem Leistungsfähigkeitsgedanken als Gebühren qualifiziert werden. Die sichere Verwahrung von Geld für die Geschäftsbanken dürfte aber auch dem ESZB Kosten in nicht unbeachtlicher Höhe verursachen. Kritisch und hinsichtlich der Gegenleistung a. A. *Kirchhof*, Negativzinsen, 2021, 178 f., der diese aber wohl im Verhältnis von EZB zum Bankkunden sucht.

[241] Siehe zur Gliederung der theoretischen Ansätze in Tabelle 2.1. Eine echte Steuer müsste dann aber verfassungskonform ausgestaltet sein und könnte mangels Steuerfindungsrechts der EZB auch nicht durch diese implementiert werden, vgl. *Kirchhof*, Negativzinsen, 2021, 177 f.

Mangelnde Robustheit könnte sich daraus ergeben, dass die empirische Forschung zur Zeit- und Risikopräferenz die Umstände des tatsächlichen Entscheidungsprozesses nicht richtig abbildet, beispielsweise indem sie bei einer finanziellen Entscheidung nicht die Gesamtvermögenssituation der einzelnen Entscheider berücksichtigt. Umgekehrt käme auch in Betracht, dass die Theorie die wesentlichen Facetten der entscheidungserheblichen Präferenzen bisher nicht hinreichend durchdrungen hat. In diesen beiden Punkten ergibt sich zusätzlicher Forschungsbedarf, dem hier aber nicht vertieft nachgegangen werden soll. Die nachfolgende Untersuchung baut daher auf der Tragfähigkeit der bereits vorhandenen Forschung auf.

2.2 Recht

2.2.1 Grundlagen

2.2.1.1 Methodik

Die handels- und steuerrechtliche Qualifikation der sich wirtschaftlich als Verwahrentgelte herausstellenden negativen Zinsen ist mithilfe juristischer Methodik vorzunehmen. Betrachtet werden nur Fälle mit laufenden Entgeltzahlungen, die übrigen sind Gegenstand von Kapitel 3. Ob Zinsen unter den Tatbestand einer Rechtsnorm fallen, ergibt sich im Wege normspezifischer Auslegung.[242] Die Erkenntnisse der wirtschaftlichen Analyse können dabei in die teleologische Auslegung der Normen einfließen. Im Steuerrecht erlaubt dies weitgehend die sogenannte wirtschaftliche Betrachtungsweise als Ausfluss einer eigenen Teleologie[243] der Normen des Rechtsgebiets, welche eine an den realen wirtschaftlichen Vorgängen orientierte Auslegung erfordert.[244] Zudem wird hier der Auffassung gefolgt, dass sämtliche Auslegung der Aufdeckung des vom Gesetzgeber vorgesehenen Sinns und Zwecks der Regelung dient.[245]

Wie zuvor wird nachfolgend zur qualifikatorischen Einordnung erst die Subsumtion mithilfe der für positive Zinsen einschlägigen Rechtsnormen versucht, bevor eine anderweitige Einordnung erfolgt. Die wirtschaftliche Eigenschaft als

---

[242] Vgl. *Grundmann*, in: Säcker/Rixecker/Oetker et al., MüKo BGB, § 246 BGB, Rn. 3 (2022); *Wissenschaftliche Dienste Deutscher Bundestag*, Negativzinsen (abgerufen am 19.10.2025), 4.

[243] Vgl. *Tipke*, Steuerrechtsordnung III, 2. Aufl. 2012, 1589.

[244] Vgl. *Tipke*, Steuerrechtsordnung III, 2. Aufl. 2012, 1629–1637; *Englisch*, in: Tipke/Lang, Steuerrecht, 23. Aufl. 2018, § 5 Rz. 70–73.

[245] Vgl. *Tipke*, Steuerrechtsordnung III, 2. Aufl. 2012, 1597–1600.

eine Art Kuppelprodukt legt nahe, dass die Abgrenzung fließend ist, sodass eine Einschlägigkeit der für positive Zinsen anzuwendenden Rechtsnormen nicht ausgeschlossen erscheint. Außerdem wird der bilanzrechtlichen Untersuchung eine kurze Klärung der rechtlichen Ausgangslage vorangestellt. Sie umfasst einerseits die Vereinbarkeit der Verwahrentgelte mit höherrangigem Recht, andererseits die umstrittenen zivilrechtlichen Grundlagen zu Finanzinstrumenten mit derartigen negativen Zinsen. Beides kann Konsequenzen für die handels- und steuerrechtliche Behandlung letzterer haben. Auch im Zivilrecht können die Erkenntnisse der ökonomischen Analyse Berücksichtigung finden, sofern der Normsetzer bei einer Rechtsnorm die Betrachtung von Veränderungen im Realbereich beabsichtigt hat.[246]

2.2.1.2 Rechtliche Ausgangslage

2.2.1.2.1 Vereinbarkeit mit höherrangigem Recht

Zunächst ist fraglich, ob die Zentralbank sich mit der Belastung der Zentralbankguthaben mit negativen Zinsen noch im zulässigen rechtlichen Rahmen ihrer Befugnisse bewegt. Damit ist einerseits der Rahmen der ihr erteilten Handlungsbefugnisse im europäischen Recht sowie andererseits der durch die europäischen und nationalen deutschen Grundfreiheiten bzw. Grundrechte abgesteckte Rahmen angesprochen. Die aufgeworfene Frage wird in der – soweit ersichtlich – bisher einzigen ausführlicheren Abhandlung verneint.[247] Die Argumentation ist mehrteilig.

Begonnen wird mit der Bildung eines Grundverständnisses von Geld. Erkannt werden die in den Wirtschaftswissenschaften identifizierten drei Geldfunktionen. Darüber hinaus wird das Geldkapital aber auch einem Produktivmittel ähnlich als Ertragsquelle gesehen.[248] Das so verstandene Geld wird in den Schutzbereich der Eigentumsfreiheit nach Art. 14 Abs. 1 GG sowie Art. 17 Abs. 1 GrCh eingeordnet. Der Schutz umfasst die freie Disposition über das Geldkapital, also insbesondere die Entscheidung, es zu sparen, zu konsumieren oder zu investieren und dabei Erträge aus dem Geldkapital zu schöpfen, sowie den Schutz vor dem Zugriff Dritter.[249] Anschließend wird die rechtliche Organisation der EZB betrachtet. Als Hauptziel der EZB bzw. des ESZB wird die Gewährleistung von

---

[246] Vgl. *Reimer,* Methodenlehre, 2016, 177. Die wirtschaftliche Betrachtungsweise ist daher keine Sondermethode des Steuerrechts, vgl. *Englisch,* in: Tipke/Lang, Steuerrecht, 23. Aufl. 2018, § 5 Rz. 70.

[247] Siehe hierzu *Kirchhof*, Negativzinsen, 2021.

[248] Vgl. *Kirchhof*, Negativzinsen, 2021, 38–45, 195.

[249] Vgl. *Kirchhof*, Negativzinsen, 2021, 41 f.

Preisstabilität in der EU identifiziert (Art. 127 Abs. 1 Satz 1 AEUV). Soweit dies ohne Beeinträchtigung der Preisstabilität möglich ist, soll das ESZB unter Einhaltung der freiheitlichen wirtschaftlichen Grundsätze der EU die allgemeine Wirtschaftspolitik in der Union unterstützen (Art. 127 Abs. 1 Satz 2 f. AEUV). Zu den Aufgaben der EZB und des ESZB gehört in diesem Kontext insbesondere die Festlegung und Ausführung der Geldpolitik der Union (Art. 127 Abs. 2 AEUV). Diese Aufgaben werden zutreffend als eng definierte Befugnisse im Sinne des Hauptziels und im Kontext der begrenzten Einzelermächtigung i. S. v. Art. 5 Abs. 1 und 2 AEUV gesehen. Die Wirtschaftspolitik in ihrer Gesamtheit gehört nicht dazu.[250]

Davon ausgehend werden durch die Negativzinspolitik rechtliche Verstöße in drei Punkten gesehen. Erstens stelle das durch sehr niedrige und Nullzinsen bewirkte Versiegen der Ertragsquelle Geldkapital einen ungerechtfertigten Eingriff in das rechtlich geschützte Eigentum dar.[251] Zweitens bedeute das Hauptziel der EZB ein mit dem Schutz des Eigentums verbundenes – und auch gleichheitsrechtlich geprägtes – Versprechen, den Geldwert im Verhältnis 1:1 konstant zu halten. Negative Zinsen würden die Substanz des Geldkapitals und damit auch das vorgenannte Verhältnis schmälern.[252] Drittens ziele die Negativzinspolitik auf eine Verdrängung der Wirtschaftssubjekte aus dem Sparen, worin (a) ein ungerechtfertigter Eingriff in die Freiheit der Disposition über das Eigentum sowie (b) eine ungerechtfertigte Ungleichbehandlung des Geldsparens gegenüber anderen Anlageformen gesehen werden, was als – nicht vom Mandat der EZB abgedeckte – Wirtschaftspolitik qualifiziere.[253] Die Begründung der angeführten rechtlichen Verstöße kann nicht richtig überzeugen.

So ist Geldkapital als Mittel zum Tausch und zur Wertaufbewahrung von Natur aus unproduktiv. Durch Tausch oder Hortung entsteht kein Mehrwert über den derzeitigen Geldwert hinaus. Ein Anspruch auf Ertragsfähigkeit kann daher nicht bestehen. Nur durch Überlassung des Kapitals an jemand anderen, der die Mittel einer realen, produktiven Verwendung zuführt, gegebenenfalls mit Banken als Intermediäre, können über den Nennwert des Geldkapitals hinausgehende Erträge erwirtschaftet werden. Ohne hinreichende Nachfrage am Geldmarkt für reale Investitionen kann daher weder von der EZB, noch von den Geschäftsbanken eine Vergütung für die Einlage von Geldkapital bei ihnen erwartet werden.

---

[250] Vgl. *Kirchhof*, Negativzinsen, 2021, 101, 105 f.

[251] Vgl. *Kirchhof*, Negativzinsen, 2021, 191–193.

[252] Vgl. *Kirchhof*, Negativzinsen, 2021, 122, 165–167, 174–190.

[253] Vgl. *Kirchhof*, Negativzinsen, 2021, 101, 106, 193 f. zum Eigentum sowie 195–214 zur Gleichbehandlung.

Darüber hinaus lautet der Auftrag der EZB auf Sicherstellung von Preisstabilität. Die vorgenannte Ansicht, die EZB müsse Geldwertstabilität im Sinne einer Inflation von 0 % sicherstellen, ist unter der Annahme einer stationären, sich selbst nur erhaltenden, aber nicht wachsenden Wirtschaft sinnvoll. Hiervon abweichend geht man in Theorie und Praxis aber spätestens seit Keynes volkswirtschaftlichem Modell davon aus, dass eine progressive, wachsende Wirtschaft vorherrschend ist.[254] Für eine im Trend wachsenden Wirtschaft ist dabei eine leichte Inflation typisch. Die Politik versucht nur, übermäßigen in- oder deflationären Tendenzen entgegenzusteuern, um das Wachstum nicht zu hemmen. Aus diesen Gründen strebt die EZB eine Inflation nahe 2 % an.[255] Das Ziel dient zugleich als Sicherheitspuffer zu einer ansonsten drohenden Deflation.[256] Liegt die Inflation darunter, schaffen negative Zinsen zumindest eine Annäherung an die gesamtwirtschaftlichen Wirkungen von 2 % Inflation und steuern so deflationären Tendenzen entgegen. In dieser Hinsicht ermöglichen Negativzinsen gerade erst eine Politik wahrhaftiger Preisniveaustabilität.[257] Die Eigentumsposition wird dann nicht destabilisiert, sondern gesichert. Zudem handelt sich bei den von der EZB eingeführten Verwahrentgelten im Grunde genommen um den gleichen Vorgang, wie wenn in Zeiten von Inflationsraten oberhalb der Zielgröße die Einlagen von der Zentralbank mit Sätzen leicht unterhalb der Inflationsrate positiv verzinst werden.

Ferner erweist sich die von der EZB gewählte Methode aus der Auswahl der denkbaren theoretischen Ansätze als mild. Die Höhe der von ihr festgelegten Verwahrentgelte liegt – da noch keine Ausweichreaktionen beobachtet werden

---

[254] Vgl. Fußnote 113 in Abschnitt 2.1.2.2.1.4.

[255] Vgl. *Europäische Zentralbank*, strategy, https://www.ecb.europa.eu/home/search/review/pdf/ecb.strategyreview_monpol_strategy_overview.de.pdf (abgerufen am 19.10.2025) (im Folgenden: *Europäische Zentralbank*, strategy (abgerufen am 19.10.2025)) unter 3.1. Die Begründung erkennt auch *Kirchhof*, Negativzinsen, 2021, 36 und 41, deutet sie aber als Uminterpretation des Gesetzeswortlauts durch die Zentralbank. Eine Empfehlung, ein 0 % Inflationsziel festzulegen, kann – soweit ersichtlich – weder den in *Kirchhof*, Negativzinsen, 2021, 122 Endnote 344 angegebenen Quellen mit Bezug zur Bank für internationalen Zahlungsausgleich noch ganz allgemein der übrigen wirtschaftswissenschaftlichen Literatur zur Thematik entnommen werden.

[256] Vgl. *Möller*, Versuch, 2017, 328 f.; *Forner*, Volkswirtschaftslehre, 2. Aufl. 2022, 315. Siehe auch die Informationen zum strategischen Inflationsziel auf der Homepage der EZB unter https://www.ecb.europa.eu/mopo/strategy/pricestab/html/index.de.html (abgerufen am 19.10.2025).

[257] Vgl. *Buiter*, interest rates, North American Journal of Economics and Finance 2009, 213 unter 3.5.5.

konnten – noch unterhalb der Kosten für eine eigenständige sichere Geldverwahrung durch die Wirtschaftssubjekte. Der gewählte Ansatz mindert den Wert selbst verwahrten Geldes nicht.[258] Schließlich kann auch der Vorwurf, die EZB dränge Sparer in andere Anlageformen und behandle die Anlageformen daher ungerechtfertigterweise unterschiedlich, aufgrund ihres rechtlich begrenzten Mandats nicht zweifelsfrei überzeugen. Ihr Handlungsbereich wird auf Geldgeschäfte beschränkt,[259] wovon bspw. Aktien nicht erfasst sind. Innerhalb ihres Handlungsbereichs herrscht daher Gleichbehandlung. Warum die EZB zwingend auch Anlagen außerhalb des Entscheidungsbereichs ihrer Geldpolitik in diese einbeziehen sollte, ist nicht ersichtlich. Es ist eher davon auszugehen, dass diese Anlagen in den Verantwortungsbereich der übrigen Wirtschaftspolitik fallen, um deren Unterstützung die EZB sich mit ihrem begrenzten Instrumentarium nur kümmern soll, soweit Preisniveaustabilität gewährleistet ist. Im Ergebnis dürfte daher auch die Dispositionsfreiheit der Wirtschaftssubjekte gewahrt sein. In der nachfolgenden Untersuchung wird daher von Konformität mit höherrangigem Recht ausgegangen.

2.2.1.2.2 Bürgerliches Recht

2.2.1.2.2.1 Vorüberlegungen

Die zivilrechtliche Einordnung negativer Zinsen erfolgt im Schuldrecht. Sie ist abhängig von dem zugrundeliegenden Sachverhalt des Wirtschaftslebens, der sich in einem Vertrag konkretisiert. Die am Markt beobachtbaren Negativzinsen sind Gegenstand einzelner Regelungen eines solchen Vertrags, weshalb mit einer Darstellung der für Verzinsungen im Sinne von Abschnitt 1.4 typischen Sachverhalte begonnen wird. Anschließend erfolgt eine Einordnung der zugehörigen Verträge unter die Vertragstypen des Schuldrechts. Für die Einordnung von Verträgen mit solchen Negativzinsen wird angenommen, dass Sachverhalt und Vertragsinhalt bis auf die konkrete Vereinbarung zur Verzinsung identisch sind. Auch deren Qualifikation hängt dann von der schuldrechtlichen Vertragstypeneinordnung des konkreten vertraglichen Geschäfts ab.[260] In Abhängigkeit dessen können sich unterschiedliche Konsequenzen hinsichtlich der Zulässigkeit negativer Zinsen dem Grunde und der Höhe nach ergeben.

---

[258] Vgl. hierzu bereits den Textabsatz mit Fußnoten 30 bis 34 in Abschnitt 2.1.1.2.1.

[259] Siehe Art. 2–6 und 17–24 E(S)ZB-Satzung.

[260] Vgl. *Freitag*, Einlagegeschäft, ZBB 2018, 269, 273. *Behr,* Verzinsung, 2018, 77; *Wissenschaftliche Dienste Deutscher Bundestag,* Negativzinsen (abgerufen am 19.10.2025), 10.

Einige der zivilrechtlichen Untersuchungen zur Einordnung negativer Zinsen stellen der eigentlichen Untersuchung einen begrifflichen Vergleich negativer und positiver Zinsen vorweg.[261] Keine der Rechtsnormen des Zivilrechts gibt in ihrem Wortlaut eine nähere Beschreibung dessen, was unter dem Rechtsbegriff „Zins" zu verstehen ist. Die Untersuchungen stützen sich daher auf eine auf dem Rechtsstand von 1978 in der Literatur[262] erarbeitete und vom BGH[263] für Zwecke der seitdem ergangenen Rechtsprechung aufgegriffenen Begriffsdefinition[264]. Für eine qualifikatorische Einordnung der am Markt beobachtbaren Negativzinsen ist diese ungeeignet.[265] Sie baut auf normspezifischer, teleologischer Auslegung auf. Sind Sinn und Zweck aller zugrundeliegenden Rechtsnormen in Bezug auf den Rechtsbegriff Zins gleichlaufend, kann eine einheitliche Definition für mehrere Rechtsnormen gefunden werden. Die Definition selbst besitzt daher keinen eigenen Erklärungsgehalt. Erklärungsgehalt ergibt sich nur aus der Auslegung der einzelnen Rechtsnormen. Die durch Auslegung gefundene Definition macht lediglich unter der Prämisse einer – insbesondere teleologisch – unveränderten Rechtslage[266] den Begriff Zins für den Rechtsanwender handhabbar. Dieser Befund bekräftigt die Wichtigkeit der Vertragstypeneinordnung, da das einschlägige Regelungsgeflecht über die normspezifische Auslegung des Rechtsbegriffs Zins bestimmt. Vor dem Hintergrund, dass die beobachtbaren Negativzinsen wirtschaftlich als Verwahrentgelte qualifizieren, ist eine Subsumtion unter einen

[261] Vgl. *Becker*, Negativzinsen, WM 2013, 1736, 1737 f.; *Hingst/Neumann*, Zinsen, BKR 2016, 95–97; *Krepold*, § 78, in: Schimansky/Bunte/Lwowski, Bankrechts-Handbuch, 5. Aufl. 2017, Rn. 1–4; *Omlor*, Negativzinsen, in: Früh/Grüneberg/Langenbucher *et al.*, Bankrechtstag 2017, 2018, 45 f. mit einem Zinsbegriff, der aber von der aktuellen Ausgestaltung der rechtlichen Einzelnormen abhängt; *Radke*, Nominalzinsen, 2019, 27–55, der auf Seite 31 f. aber auch die Problematik dieser Vorgehensweise erkennt und daher normspezifisch von der Definition Abstand zu nehmen bereit ist; *Suendorf-Bischof*, Zinsen, BKR 2019, 279, 280; *Wissenschaftliche Dienste Deutscher Bundestag*, Negativzinsen (abgerufen am 19.10.2025) 4 f.

[262] Vgl. *Canaris*, Zinsbegriff, NJW 1978, 1891.

[263] Vgl. BGH v. 09.11.1978, III ZR 21/77, NJW 1979, 805 unter III.1.a); BGH v. 16.11.1978, III ZR 47/77, NJW 1979, 540 unter II.3.

[264] Zinsen werden in den unmittelbar voranstehenden Quellen definiert als „für die Überlassung des Kapitals verlangte gewinnunabhängige und umsatzunabhängige, aber von der Laufzeit bestimmte geldliche Vergütung".

[265] Ähnlich Strobel, Negativzinsen, NJW 2021, 881 auch unter Verweis auf die falsa demonstratio non nocet.

[266] Dies ist ebenfalls stark zweifelhaft, ähnlich *Langner/Müller*, Negativzinsen, WM 2015, 1979, 1980.

normspezifischen Rechtsbegriff Zins aber möglicherweise auch gar nicht notwendig. Es könnte sich auch um ein anderes Entgelt handeln, welches in Abhängigkeit des einschlägigen Vertragstyps Kontur erhält.

Darüber hinaus kommt es zu keinen Einwirkungen auf die Auslegung durch das EU-Recht. Negative Zinsen kommen zwar in Rechtsakten auf europäischer Ebene vor, diese Rechtsakte entfalten aber nur Wirkungen im Europäischen System der Zentralbanken und/oder führen zu keiner Kollision mit nationalem Recht, die eine unionsrechtskonforme Auslegung notwendig machen würde.[267]

2.2.1.2.2.2 Positive Zinsen

Als wirtschaftliche Grundsachverhalte sind Fälle von bankspezifischen Geschäften, Darlehen und Anleihen zu unterscheiden. Mit bankspezifischen Geschäften sind diejenigen Bankprodukte gemeint, die typischerweise nur von Banken angeboten werden. Die bankspezifischen Geschäfte mit Zinsbezug sind im Wesentlichen diejenigen des Einlagengeschäfts i. S. v. § 1 Abs. 1 Nr. 1 KWG. Es lassen sich produktabhängig die in Tabelle 2.3 dargestellten Vertragstypen identifizieren.

[267] Vgl. *Behr*, Verzinsung, 2018, 124–132; *Freitag*, Einlagegeschäft, ZBB 2018, 269, 271 f. Vgl. mit einem Wertungsimport aus dem EU-Recht aber *Langner/Müller*, Negativzinsen, WM 2015, 1979, 1980; *Hingst/Neumann*, Zinsen, BKR 2016, 95, 97 f.; *Langner/Brocker*, Negativzinsen, WM 2017, 1917, 1922, die für den Wertungsimport über den Basiszins in § 247 BGB argumentieren (zum Gegenargument siehe den Untersuchungsabschnitt zur Vertragstypenabgrenzung). Zwar können solche Wertungen hier schon dem Grunde nach nicht übernommen werden, aber selbst wenn dies möglich wäre, könnte den Rechtsakten der Zentralbank kein Erkenntnisgewinn abgerungen werden. Darin gibt es jenseits technischer Anknüpfungspunkte ebenfalls keine Anhaltspunkte für die negativen Zinsen erklärenden Wertungen. Vielmehr ist davon auszugehen, dass die auf Transmission setzende Maßnahme.

Tabelle 2.3 Vertragstypen üblicherweise zinstragender Geschäfte des BGB[268]

Art des Geschäfts				Vertragstyp
Allgemeine Rechtsgeschäfte			Darlehen	Darlehensvertrag • §§ 488-490 BGB allgemein • §§ 491-505e BGB Verbraucher • Vertragsfreiheit, aber eigene Regelung mit Andeutung positiver Zinsen
			Anleihen	Inhaberschuldverschreibung • §§ 793-808 BGB • Vertragsfreiheit, keine eigene Zinsvorschrift
Bankgeschäfte	Konten	Zahlungs-verkehr	Giro-/Kontokorrentkonten	Kombination aus: • Zahlungsdiensterahmenvertrag (§ 675f Abs. 2 BGB) • Unregelmäßiger Verwahrvertrag (§ 700 BGB), Vertragsfreiheit, keine eigene Zinsvorschrift • Darlehensvertrag (s. o.)
		Kein Zahlungsverkehr	Termingeldkonten	Darlehensvertrag (s. o.)
			Sparkonten[a]	• Bei verpflichtend einzuzahlenden Sparbeträgen: Darlehensvertrag (s. o.) • Anderenfalls: Unregelmäßiger Verwahrvertrag (s. o.) [*Gilt für die Spareinlage, Sparkonto = qualifiziertes Legitimationspapier (§ 808 BGB) im Eigentum des Gläubigers (§ 952 BGB)*]
			Tagesgeldkonten	Unregelmäßiger Verwahrvertrag (s. o.)
			Kredite	Darlehensvertrag (s. o.)
			Anleihen	Inhaberschuldverschreibung (s. o.)

Die meisten zinstragenden Produkte fallen unter die Vertragstypen des Darlehensvertrags und der Inhaberschuldverschreibung. Bei den von Banken angebotenen Produkten handelt es sich meistens um eine Kombination aus unterschiedlichen Verträgen. Hier lässt sich zivilrechtlich eine Zerlegung der Geschäftsbestandteile (1) Zahlungen, (2) Verwahrung von Einlagen und (3) Kreditgewährung feststellen. Den Rahmen für die Geschäftsbeziehung von Kunde und Bank, sofern dem Kunden eine Teilnahme am Zahlungsverkehr unter Einschaltung der Bank als Zahlungsdienstleister ermöglicht wird, bildet seit

[268] Eigene Darstellung. Zu Sparkonten vgl. *Omlor*, Zinsanpassungsklauseln, ZBB 2020, 355, 362 unter Verweis auf BGH v. 14.05.2019, XI ZR 345/18, NJW 2019, 2920, Rn. 24-30.

der Umsetzung[269] der Zahlungsdiensterichtlinie[270] der EU – als Sonderfall des Geschäftsbesorgungsvertrags i. S. v. § 675 BGB – der Zahlungsdiensterahmenvertrag i. S. v. § 675f Abs. 2 BGB.[271] Da der gesetzlich geregelte Umfang des Zahlungsdiensterahmenvertrags sich auf reine Zahlungsvorgänge (1) beschränkt, entstehen für die übrigen Geschäftsbestandteile ergänzende Vertragsverhältnisse.[272] Die Verwahrung von Einlagen (2) stellt einen unregelmäßigen Verwahrvertrag i. S. v. § 700 BGB dar, die Gewährung eines (Überziehungs-) Kredits an den Kunden oder vom Kunden an die Bank (3), bspw. durch Termin- oder Spargelder, einen Darlehensvertrag.

Bei den Bankgeschäften besteht außerdem die Besonderheit, dass Leistungen und Entgelte umfangreich durch allgemeine Geschäftsbedingungen geregelt werden. Diese Vereinbarungen unterliegen der Inhaltskontrolle gem. § 307 BGB. Gegenstand der richterlichen Inhaltskontrolle sind Entgelte, die nicht die Vergütung einer rechtsgeschäftlichen Leistung an den Kunden zum Gegenstand haben, sondern eine Überwälzung von Kosten für den laufenden Betrieb, die Erfüllung eigener (gegebenenfalls gesetzlich auferlegter Pflichten) oder Tätigkeiten in eigenem Interesse der Bank bezwecken.[273] Dagegen unterliegen die im Rahmen der im vorigen Absatz genannten Verträge vereinbarten Entgelte für durch die Bank erbrachte rechtsgeschäftliche Haupt- und Sonderleistungen keiner Inhaltskontrolle.

---

[269] Umsetzung mit dem Gesetz zur Umsetzung der Verbraucherkreditrichtlinie v. 29.07.2009, BGBl. I 2009, 2355, Änderung durch das Gesetz zur Umsetzung der Zweiten Zahlungsdiensterichtlinie v. 17.07.2017, BGBl. I 2017, 2446, dort Art. 2.

[270] Richtlinie (EG) 2007/64 des Rates v. 13.11.2007, ABl. EU Nr. L 319, 9 (im Folgenden: Zahlungsdienste-RL), aufgehoben und abgelöst durch Richtlinie (EU) 2015/2366 des Rates v. 25.11.2015, ABl. EU Nr. L 337, 53 (ber. ABl. EU 2016 Nr. L 169 S. 18, ABl. EU 2018 Nr. L 102, S. 97, ABl. EU 2018 Nr. L 126, S. 10) (im Folgenden: Zweite Zahlungsdienste-RL). Der Kern des Zahlungsdiensterechts, soweit er hier von Bedeutung ist, hat sich dadurch aber nicht geändert.

[271] Zuvor stellten die Zahlungsdienste von Banken Geschäftsbesorgungsverträge i. S. v. § 675 BGB dar. Über die Existenz eines allgemeinen Bankenvertrags bestand Streit. §§ 676a-676c BGB zum Überweisungsvertrag, §§ 676d, 676e BGB zum Zahlungsvertrag, §§ 676f–676h BGB zum Girovertrag, entstammen der Neufassung des BGB v. 02.01.2002, BGBl. I 2002, 42, 2909, 2003, 738.

[272] Vgl. OLG Dresden v. 18.01.2022, 8 U 1389/21, rkr., BKR 2022, 247, Rn. 18. A. A. LG Berlin v. 28.10.2021, 16 O 43/21, ZIP 2021, 2527 unter 1.a) der Gründe.

[273] Dazu gehört auch die Kontoführung. Der Begriff wird im Sinne einer rein technischen, buchhalterischen Erfassung von Geschäftsvorfällen verstanden, die sich im Rahmen der vorgenannten Vertragsverhältnisse ereignen und die die Bank zur Erfüllung überwiegend eigener (gegebenenfalls gesetzlich auferlegter) Zwecken vornimmt.

Bei allen der drei im hiesigen Kontext wesentlichen Vertragsformen (Darlehensvertrag, unregelmäßiger Verwahrvertrag, Inhaberschuldverschreibung) liegt die Festlegung einer Verzinsung in der Vertragsfreiheit der kontrahierenden Parteien. Diese können sich beispielsweise auch darauf einigen, dass es eine gewinn- oder umsatzabhängige oder auch gar keine Verzinsung geben soll. Sie können auch an den gesetzlich geregelten Basiszins aus § 247 BGB, welcher sich von Gesetzes wegen variabel mit dem Hauptrefinanzierungszinssatz der EZB ändert, oder eine anderweitige variable Verzinsung festlegen, gegebenenfalls in Anbindung an einen anderen am Markt gängigen Referenzzinssatz. Ist nur vereinbart oder gesetzlich geregelt, dass es eine Verzinsung geben soll, die Verzinsung selbst aber nicht näher geregelt, wird auf die gesetzlichen Zinssätze nach § 246 BGB mit einer Höhe von 4 % p. a. oder – bei beiderseitigen Handelsgeschäften – nach § 352 Abs. 1 und 2 HGB mit einer Höhe von 5 % p. a. zurückgegriffen. Ist die Verzinsung zwar näher geregelt, aber unwirksam und bleibt der Vertrag im Ganzen wirksam, erfolgt die Schließung der Lücke im Vertrag ebenfalls durch Rückgriff auf die gesetzlichen Zinssätze.

2.2.1.2.2.3 Negative Zinsen

2.2.1.2.2.3.1 Bankspezifische Geschäfte

2.2.1.2.2.3.1.1 Vertragstypeneinordnung

Bei den bankspezifischen Geschäften kann es sich um Darlehensverträge i. S. v. §§ 488 ff. BGB oder unregelmäßige Verwahrverträge i. S. v. § 700 BGB handeln.[274] Die Abgrenzung der Vertragstypen ist eine Gratwanderung, da es sich bei letzterem um eine gesetzlich kodifizierte Typenverschmelzung aus Verwahrung und Darlehen mit nur geringen Unterschieden handelt.[275] Der BGH vergleicht zur Einordnung das vertraglich vereinbarte Pflichtenprogramm mit den gesetzlich kodifizierten Vertragsmerkmalen.[276] Zentrale Differenzierungskriterien sind,

---

[274] Vgl. *Strobel*, Negativzinsen, NJW 2021, 881. Nicht in Betracht kommt eine regelmäßige Verwahrung, da hierfür das Eigentum nicht auf den Verwahrer übergehen dürfte (§§ 688, 695 Satz 1 BGB), vgl. *Langner/Müller*, Negativzinsen, WM 2015, 1979, 1981; *Vogel*, Negativzinsen, BKR 2018, 45, 48 f.; *Fest*, in: Drescher/Fleischer/Schmidt, MüKoHGB, Band 6 Teil 2 N. Einlagengeschäft, Rn. 432 (2019); *Strobel*, Negativzinsen, NJW 2021, 881 f. Aus dem vorgenannten Grund unzutreffend a. A. *Tröger*, Einlagen, NJW 2015, 657, 658; *Schuster*, Negativzinsen, ZfgK 2017, 620, 624; in Bezug auf Bankdarlehen auch *Binder/Ettensberger*, Negativzins, WM 2015, 2069, 2071.

[275] Vgl. *Freitag*, Einlagegeschäft, ZBB 2018, 269, 274; *Henssler*, in: Säcker/Rixecker/Oetker et al., MüKo BGB, § 700 BGB, Rn. 2 (2020); *Bieder*, in: Staudinger, BGB, § 700 BGB, Rn. 2 (2020); *Schlinker*, in: Gsell/Krüger/Lorenz et al., BeckOGK, § 700 BGB, Rn. 2 (Juli 2022).

[276] Vgl. BGH v. 14.05.2019, XI ZR 345/18, NJW 2019, 2920, Rn. 26.

(a) ob es eine Leistungsverpflichtung für den Kunden der Bank gibt und (b) wie die Verfügbarkeit des Kunden über die geleisteten Beträge ausgestaltet ist. Beide Kriterien lassen sich dem Vertragswortlaut entnehmen, auf den Willen der Vertragsparteien schließen und finden auch eine Konkretisierung in den gesetzlichen Grundlagen der Vertragstypen.[277] Für den Vertragstyp in § 488 BGB sind eine Leistungspflicht des Kunden und eine Beschränkung des Zugriffs des Kunden auf die geleisteten Gelder konstitutiv. Gibt es weder das eine noch das andere, handelt es sich demnach um eine unregelmäßige Verwahrung nach § 700 BGB. Einlagen auf Giro- und Kontokorrentkonten enthalten typischerweise keinerlei Leistungsverpflichtung oder Verfügbarkeitsbeschränkungen und stellen daher üblicherweise unregelmäßige Verwahrungen i. S. v. § 700 BGB dar. Ebenso verhält es sich üblicherweise mit Tagesgeldkonten, bei denen die Einlagen täglich verfügbar sind. Termingelder weisen typischerweise sowohl eine Leistungsverpflichtung des Kunden als auch eine Zugriffsbeschränkung bis zum Ende der vereinbarten Laufzeit auf und stellen daher üblicherweise Darlehen i. S. v. §§ 488 ff. BGB dar. Sparkonten bewegen sich in ihrer Ausgestaltung zwischen Tages- und Termingeldprodukten, weshalb beide Vertragstypen in Frage kommen.[278]

---

[277] In der Literatur wurden bislang auch andere Differenzierungskriterien herangezogen, die aber keine eindeutige Zuordnung ermöglichen, die sich gleichsam konkret aus Vertrags- und Gesetzeswortlaut ableiten ließe. Dazu gehört die Einordnung danach, von welcher Partei die Initiative zum Vertragsabschluss ausgeht. Mangels objektivierter Konkretisierung ist keine klare Abgrenzung möglich. Selbiges gilt für eine Einordnung danach, wer das überwiegende Interesse an der Geldüberlassung hat. Vgl. zu beidem BGH v. 14.05.2019, XI ZR 345/18, NJW 2019, 2920, Rn. 24 m. w. N. Ferner kann nicht entscheidend sein, ob ein Renditeinteresse an die Geldüberlassung geknüpft ist, da beide Vertragsarten entgeltlich oder unentgeltlich sein können, vgl. BGH v. 14.05.2019, XI ZR 345/18, NJW 2019, 2920, Rn. 25. Aus diesen Gründen kann auch eine Differenzierung zwischen dem Aktiv- und Passivgeschäft der Banken nicht überzeugen, da hinter dieser implizit eine Annahme zur überwiegenden Interessenlage der Parteien steht. Mit einer solchen Differenzierung vgl. *Langner/Brocker*, Negativzinsen, WM 2017, 1917–1923; *Radke*, Nominalzinsen, BKR 2019, 178, 180. Auch auf mangelnde Abdingbarkeit von § 695 Abs. 1 BGB oder den Verweis von § 700 BGB auf § 488 BGB abstellende Gegenpositionen scheinen nicht der Ansicht des BGH zu entsprechen. Vgl dahingehend etwa *Krepold/Herrle*, Zinsen, BKR 2018, 89, 91.

[278] Der Entscheidung des BGH, in der die o. g. Kriterien herausgearbeitet wurden, lag ein Sparkonto mit einer Zusage zur Einzahlung von 200 DM monatlich sowie einer ordentlichen Kündigungsfrist von drei Monaten zugrunde. Ohne Kündigung konnten aber bis zu 2.000 € innerhalb eines Kalendermonats zurückgefordert werden. Den Wortlaut der Zusage „Wir werden monatlich … einzahlen" legte der BGH in Zusammenhang mit der gleichsam monatlichen Möglichkeit zur Rückzahlung von 2.000 € nicht als Leistungsverpflichtung aus. Der Vertrag war daher als unregelmäßige Verwahrung i. S. v. § 700 BGB einzuordnen. Vgl. BGH v. 14.05.2019, XI ZR 345/18, NJW 2019, 2920, Rn. 27–30. Anzunehmen ist daher, dass bei zeitlich gleichem Rhythmus von der Leistungszusage des Bankkunden

Negative Zinsen hatte der BGH bei seiner Auseinandersetzung mit den Kriterien zur Abgrenzung der beiden Vertragstypen noch nicht berücksichtigt. Aus ökonomischer Perspektive stellen sich Darlehen und Verwahrung als Kuppelprodukt Kapitalüberlassung heraus, das immer Bestandteile sowohl des einen als auch des anderen enthält.[279] Aufgrund der geringen ökonomischen und rechtlichen Unterschiede des Darlehensvertrags und der Typenverschmelzung unregelmäßige Verwahrung bieten sich kaum Anhaltspunkte, die eine vergleichbar klare Abgrenzung wie die voranstehend beschriebene, vom BGH entwickelte ermöglichen. Als einziges Kriterium, das sich ebenfalls im Vertragswortlaut wiederfindet, auf den Willen der Vertragsparteien schließen lässt und eine Konkretisierung in den gesetzlichen Grundlagen hat, bleibt nur die Entgeltvereinbarung.[280] Der BGH hält in der o. g. Entscheidung eine etwaige Entgeltvereinbarung für kein geeignetes Abgrenzungskriterium. Er verweist darauf, dass sowohl Darlehen als auch unregelmäßige Verwahrung entgeltlich oder unentgeltlich sein können. Bei seinem Entgeltlichkeitsbegriff stellt er auf §§ 700 Abs. 1 Satz 1, 488 Abs. 1 Satz 2 bzw. Abs. 3 Satz 3 BGB ab.[281] Der Fall negativer Zinsen wird dabei aber nicht in die Betrachtung einbezogen. So blieb in den Erwägungen unberücksichtigt, dass ein negativer Zins die typische Zahlungsrichtung einer Verwahrungsvergütung (§§ 688, 689 BGB) aufweist und gerade nicht die für das Darlehen typische Zahlung des Darlehensnehmers an den Darlehensgeber (§ 488 Abs. 1 Satz 2 BGB).[282]

---

und der Kündigungs-/Rückforderungsmöglichkeiten nicht von einer Leistungsverpflichtung in o. g. Sinne auszugehen ist. Gleiches dürfte gelten, wenn die Kündigungsfrist kürzer ist als die Leistungsperiode. Bestehen nur Kündigungs-/Rückforderungsmöglichkeiten mit längerer Frist als die Leistungsperiode, sollte es sich um eine Leistungsverpflichtung handeln. Die Szenarien setzen voraus, dass die Vereinbarung über die Leistung selbst nicht schon optional formuliert wurde.

[279] Ähnlich auch *Langner/Müller*, Negativzinsen, WM 2015, 1979, 1980; *Söbbing/von Bodungen*, Zinsen, ZBB 2016, 39, 41; *Vogel*, Negativzinsen, BKR 2018, 45, 48 f.; *Suendorf-Bischof*, Zinsen, BKR 2019, 279, 285.

[280] Ähnlich siehe *Vogel*, Negativzinsen, BKR 2018, 45, 50 und 53; *Omlor*, Negativzinsen, in: Früh/Grüneberg/Langenbucher *et al.*, Bankrechtstag 2017, 2018, 58, auch 62 zu den geringen rechtlichen Unterschieden.

[281] Vgl. BGH v. 14.05.2019, XI ZR 345/18, NJW 2019, 2920, Rn. 25.

[282] Diese Sichtweise ist auch durch die Gesetzesbegründung gedeckt, die vorsah, dass eine das Geld überlassende Person an Vorteilen der Bank im Wege einer Verzinsung beteiligt werden kann. Es ging also im Kern um eine Ergebnisbeteiligung, die auch die umgekehrte Richtung zulässt. Vgl. hierzu *Mugdan*, Materialien II. Band, 1899, 971 unter Protokolle: Hinterlegungsvertrag. § 618. G. 700, S. 2375. Vgl. zustimmend *Ernst*, Negativzinsen, ZfPW 2015, 250, 252; *Binder/Ettensberger*, Negativzins, WM 2015, 2069, 2072, aber nur für das Passivgeschäft der Banken; *Langner/Müller*, Negativzinsen, WM 2015, 1979, 1981; *Langner/Brocker*, Negativzinsen, WM 2017, 1917, 1921; *Vogel*, Negativzinsen, BKR 2018, 45,

§ 488 Abs. 1 Satz 2, Abs. 3 Satz 3 BGB folgen dem Leitbild ausschließlich positiver (oder gar keiner) Zinsen, welches der historische Gesetzgeber klar im Wortlaut kodifiziert hat. Ein Zins im Sinne dieser Rechtsnormen kann demzufolge nur ein positiver sein.[283] Hieran kann mangels eigenen normativen Gehalts auch der rein technisch negative Basiszins aus § 247 BGB nichts ändern.[284] Sein Zusammenhang mit § 488 Abs. 1 Satz 2 BGB ist zudem schwach, da er lediglich optional als rechentechnische Grundlage für eine konkrete Zinsvereinbarung zur Verfügung steht.[285] Wird nur ein negativer Zins vereinbart und keine irgendwie gearteten Entgelte in der für Darlehen typischen Zahlungsrichtung, ist die Konkurrenz von Darlehen und unregelmäßiger Verwahrung daher zugunsten letzterer aufzulösen. Sobald die (Haupt-)Vergütung unmissverständlich nur

---

50 f.; *Freitag*, Einlagegeschäft, ZBB 2018, 269, 273; wohl auch *Radke*, Nominalzinsen, BKR 2019, 178, 180; *Suendorf-Bischof*, Zinsen, BKR 2019, 279, 281 f. Allgemein zur Zulässigkeit der Vereinbarung von Verwahrentgelten im Rahmen unregelmäßiger Verwahrungen siehe auch OLG Dresden v. 18.01.2022, 8 U 1389/21, rkr., BKR 2022, 247, Rn. 18. A. A. wohl LG Berlin v. 28.10.2021, 16 O 43/21, ZIP 2021, 2527 unter 1.c) der Gründe.

283 Vgl. *Becker*, Negativzinsen, WM 2013, 1736, 1737 f.; ähnlich *Ernst*, Negativzinsen, ZfPW 2015, 250, 251; *Storck/Reul*, Zinsen, DB 2015, 115, 116; *Tröger*, Einlagen, NJW 2015, 657, 658–660; *Edelmann*, Negativzinsen, BB 2018, 394, 396 f.; *Krepold/Herrle*, Zinsen, BKR 2018, 89, 90; *Freitag*, Einlagegeschäft, ZBB 2018, 269, 275 f.; *Radke*, Nominalzinsen, BKR 2019, 178, 180; *Suendorf-Bischof*, Zinsen, BKR 2019, 279, 281 f. A. A. *Freitag*, in: Staudinger, BGB, § 488 BGB, Rn. 51a (2015); *Grunwald/Walter/Zipse*, Zinsen, BKR 2016, 450, 454; *Söbbing/von Bodungen*, Zinsen, ZBB 2016, 39, 41, die darauf rekurrieren, dass ein negativer Zins auch als Entgelt qualifizieren könne, da er in einer Gesamtbetrachtung mit den anderen Geschäften einer Bank der Erhaltung einer positiven Zinsmarge diene. Dieses Argument vermischt aber die Frage der Beurteilung des Entgelts eines einzelnen vertraglichen Geschäfts mit einer (nicht immer realitätsgetreuen) Idealvorstellung des Gewinns der gesamten Unternehmung. Ähnlich kritisch vgl. *Behr*, Verzinsung, 2018, 140–143.

284 Vgl. insbesondere *Behr*, Verzinsung, 2018, 138–140, der feststellt, dass es auch für diesen Zins keine materielle Definition gibt. Seine rein technische Ermittlung anhand eines Referenzwertes hat keinen normativen Gehalt. Auch ein Import von Wertungen aus dem Zinssatz des Hauptrefinanzierungsgeschäfts der europäischen Zentralbank, an den der Basiszins technisch anknüpft, ist mangels dort offengelegten Verständnisses nicht möglich. Als technische Grundlage für Zinsvereinbarungen im Rahmen anderer Rechtsnormen müssten eher deren Werte für die Auslegung des Zinsbegriffs in § 247 BGB herangezogen werden. So auch *Coen*, Basiszinssatz, NJW 2012, 3329, 3330; *Becker*, Negativzinsen, WM 2013, 1736, 1738; *Omlor*, Negativzinsen, in: Früh/Grüneberg/Langenbucher *et al.*, Bankrechtstag 2017, 2018, 48; *Radke*, Nominalzinsen, BKR 2019, 178, 180; *Radke*, Nominalzinsen, 2019, 45; *Suendorf-Bischof*, Zinsen, BKR 2019, 279, 282. A. A. *Langner/Müller*, Negativzinsen, WM 2015, 1979, 1980; *Hingst/Neumann*, Zinsen, BKR 2016, 95, 97; *Altrock/Hakenberg*, Negativzinsen, RdF 2018, 296, 297 f.

285 Vgl. *Binder/Ettensberger*, Negativzins, WM 2015, 2069, 2073; *Vogel*, Negativzinsen, BKR 2018, 45, 50; *Behr*, Verzinsung, 2018, 132–140, 185.

eine Zahlungsrichtung aufweist, kann es sich nur noch um den Vertragstyp handeln, für den diese nach dem gesetzlichen Leitbild typisch ist.[286] Eine denkbare Falschbezeichnung des Verwahrentgelts als Zins ist für die gefundene Abgrenzung der Vertragstypen unschädlich.[287] Wird keinerlei Entgelt vereinbart, ist eine klare Abgrenzung aber weiterhin nur nach den bisher vom BGH entwickelten Kriterien möglich.

2.2.1.2.2.3.1.2 Neukunden

Zur weiteren rechtlichen Beurteilung ist in Bezug auf die Gegenleistung zu differenzieren, (1) ob es sich um eine feste oder variable Entgeltvereinbarung handelt und (2) ob diese im jeweiligen Einzelvertrag oder in Allgemeinen Geschäftsbedingungen geregelt ist.[288]

Wird die Gegenleistung im Einzelvertrag geregelt und handelt es sich um eine fixe Gegenleistung, ist die Einordnung des Vertragstyps zu § 488 BGB oder §

[286] Vgl. *Vogel*, Negativzinsen, BKR 2018, 45, 50 f., mit dem Unterschied, dass er noch auf die vom BGH abgelehnten überwiegenden Parteiinteressen zur Vertragstypeneinordnung abstellt und seine Aussagen aus diesem Grunde auf das Passivgeschäft der Banken beschränkt. Einen Sonderfall stellen aber speziell der Altersvorsorge dienende Sparverträge dar, bei denen ein Vertragstypenwechsel per gesetzlicher Konstruktion ausgeschlossen ist, vgl. dazu OLG Stuttgart v. 27.03.2019, 4 U 184/18, rkr. (BGH v. 10.03.2020, IV ZR 567/19), ZIP 2019, 910 unter III.3.d) der Gründe. A. A. *Hingst/Neumann*, Zinsen, BKR 2016, 95, 98 f.; *Söbbing/von Bodungen*, Zinsen, ZBB 2016, 39, 40–42; *Langner/Brocker*, Negativzinsen, WM 2017, 1917, 1918, die alle der Zahlungsrichtung des Entgelts nur wenig Gewicht bei der Typenabgrenzung beimessen. Vgl. in überzeugender Ablehnung dieser Gegenauffassungen *Behr*, Verzinsung, 2018, 161–164, 172. Wiederum anders *Strobel*, Negativzinsen, NJW 2021, 881, 882–884; *Strobel*, Negativzins, BKR 2022, 96, 99 f., der – unter Zugrundelegung der vom BGH zurecht verworfenen Abgrenzungskriterien des überwiegenden Interesses der Vertragsparteien – in § 700 BGB eine ganz überwiegende Darlehensnähe feststellt, Negativzinsen für unvereinbar mit den Darlehens- und in der Folge den unregelmäßigen Verwahrungsgrundsätzen hält und daher einen Vertrag sui generis annimmt. Ähnlich auch *Piekenbrock/Rodi*, Privatautonomie, ZBB 2019, 285, 294, die unter Ausblendung des Umstands, dass eine Verwahrung auch mit einem Entgelt belegt sein kann, anführen, nach der gesetzlichen Konzeption sei die Verwahrungstätigkeit mit der Nutzungsmöglichkeit der zu verwahrenden Sachen abgegolten.

[287] Vgl. Strobel, Negativzinsen, NJW 2021, 881. Vor dem Hintergrund der im Vorigen angestellten methodischen Vorüberlegungen zum Rechtsbegriff Zins überzeugt die sich etwa bei *Edelmann*, Negativzinsen, BB 2018, 394, 3967 *Freitag*, Einlagegeschäft, ZBB 2018, 269, 275 findende Gegenauffassung nicht richtig, der Verweis des § 700 BGB auf den § 488 BGB schließe für als Zins bezeichnete Verwahrentgelte eine andere Auslegung des Zinsbegriffs als bei § 488 BGB für Zwecke des § 700 BGB aus.

[288] Vgl. *Tonner/Krüger*, Bankrecht, 3. Aufl. 2019, 77 f.

700 BGB eindeutig möglich. Einigen sich beide Parteien später auf eine Änderung der Vertragsinhalte, kann sich der Vertragstyp ändern.[289] Wird eine variable Gegenleistung vereinbart, etwa in Form von Zinsanpassungs- oder Zinsgleitklauseln, kann der Vertragstyp sich bei einer Änderung der Referenzgröße ebenfalls ändern.[290] Dies sollte zumindest dann gelten, wenn zum Zeitpunkt des Vertragsabschlusses sowohl positive als auch negative Zinsen für vergleichbare Geschäfte am Markt üblich sind und eine variable Gegenleistung im Vertrag explizit vorgesehen wird. Warum sich der Vertragstyp nicht ändern können sollte, wie es teilweise in der Literatur vertreten wird,[291] ist in einer solchen Situation nicht ersichtlich. Gemessen an den äußeren Umständen am Markt und den dem Vertrag objektiv entnehmbaren Regelungen ist weder ein besonderes Interesse an einer festen Vertragstypenbindung noch an einer ausschließlich positiven oder ausschließlich negativen Gegenleistung erkennbar. Zudem richtet sich der Vertragstyp nach den konkreten vertraglichen Regelungen und nicht umgekehrt. Der Vertragstypenwechsel ist in diesem Fall auch unter dem Gesichtspunkt etwaiger

---

[289] Vgl. *Behr*, Verzinsung, 2018, 174 sowie 60–101 zur zugrundeliegenden Rechtsmethodik. Allein aufgrund einer Änderung des Zinsumfelds ist keine Änderung des Vertragstyps angezeigt, solange der konkrete Vertrag nicht durch eine variable Entgeltvereinbarung von diesem abhängt, vgl. *Vogel*, Negativzinsen, BKR 2018, 45, 49.

[290] Vgl. *Behr*, Verzinsung, 2018, 174. Notwendige Bedingung ist aber eine Vertragsgestaltung mit Leistungsverpflichtung für den Bankkunden und hinreichend geringer Verfügbarkeit des überlassenen Geldes, damit im Bereich positiver Zinsen auch die übrigen Voraussetzungen für eine Einordnung als Darlehen gegeben sind. Die Frage des Typenwechsels stellt sich daher ohnehin nur bei Termin- und entsprechend ausgestalteten Sparkonten.

[291] So wohl *Ernst*, Negativzinsen, ZfPW 2015, 250, 252 f.; *Vogel*, Negativzinsen, BKR 2018, 45, 49, dieser allerdings hauptsächlich ablehnend in Bezug auf *Tröger*, Einlagen, NJW 2015, 657, 658, der einen Wechsel zur Regelverwahrung in Betracht zieht. Außerdem teilweise auch *Suendorf-Bischof*, Zinsen, BKR 2019, 279, 281–283, die diese Möglichkeit insoweit mit dem Argument ausschließt, als der Verweis in § 700 BGB auf § 488 BGB auf eine exakte Entsprechung des Terminus „Zins" in beiden Rechtsnormen ziele. Eine als Zinsgleitklausel deklarierte Vorschrift könne daher ebenso wie der Begriff Zins i. S. v. § 488 BGB nur positive oder Nullzinsen meinen. In diesem Sinne wohl auch *Tröger*, Einlagen, NJW 2015, 657, 660; *Hingst/Neumann*, Zinsen, BKR 2016, 95, 99. Dies kann – auch bei unterstelltem Zutreffen dieser hier ausdrücklich nicht vertretenen Position – bei Vertragsabschluss im Zeitraum der Negativzinsphase nicht richtig überzeugen, da die qualifikatorische Einordnung der negativen Zinsen stark umstritten ist. Es wäre dann eher davon auszugehen, dass objektiv nicht unterschieden werden kann, ob mit der gewählten Formulierung Zins und/oder Verwahrentgelt gemeint war. Dennoch wird eine Änderung des Vertragstyps für zulässig erachtet, wenn es eine Vereinbarung gibt, in der dies ausdrücklich festgehalten wird, vgl. *Suendorf-Bischof*, Zinsen, BKR 2019, 279, 285.

Schutzbedürftigkeit unbedenklich, da § 700 BGB umfassend auf die Vorschriften zum Darlehensvertrag verweist.[292]

Handelt es sich um Regelungen im Einzelvertrag, kommt als Wirksamkeitshindernis für die Entgeltvereinbarung nur eine etwaige Sittenwidrigkeit i. S. v. § 138 Abs. 1 BGB in Betracht.[293] Dafür müsste die Bank eine wirtschaftliche Übermachtstellung innehaben und diese auch ausnutzen, es müssten Leistung und Gegenleistung wucherähnlich in auffälligem Missverhältnis zueinander stehen oder die Vereinbarung negativer Zinsen müsste anderweitig gegen fundamentale Gerechtigkeitsvorstellungen der Gesellschaft verstoßen.[294] Angesichts der großen Auswahl derzeit am Markt konkurrierender Banken, der Möglichkeit, sich selbst um die Verwahrung des eigenen Geldes zu kümmern, und vor dem Hintergrund des Markt- und Leitzinsniveaus ist in keinerlei Hinsicht eine Sittenwidrigkeit angezeigt.[295] Im Falle von Zinsanpassungsklauseln liegt aus diesen Gründen auch kein unbilliges Ermessen i. S. v. § 315 Abs. 1 BGB vor. Da es sich bei den in Rede stehenden Kapitalüberlassungen um eine Art Kuppelprodukt handelt, können die negativen Zinsen auch keine nicht im Vertragstyp angelegte Gegenleistung sein, die eine einseitige Leistungsbestimmung ausschließen würde.[296]

Wird die Gegenleistung in den AGB geregelt (§ 305 Abs. 1 BGB), kann sie auch der Inhaltskontrolle nach §§ 307–310 BGB unterliegen. Nach der Rechtsprechung des BGH sind Klauseln, die unmittelbar den Preis der vertraglichen

---

[292] Vgl. *Behr*, Verzinsung, 2018, 159–174 mit ausführlicher Abwägung aller diskutierten Ansätze zur Vertragstypeneinordnung. Ähnlich *Kropf*, Kapitalverwahrung, WM 2017, 1185, 1188, aber unter (nach hier vertretener Auffassung nicht notwendiger) Annahme eines Vertrages sui generis. Vor dem Hintergrund der bisherigen BGH Rechtsprechung zur technischen Ausgestaltung von Zinsanpassungsklauseln empfiehlt es sich gegebenenfalls, aus Gründen der Rechtssicherheit die Möglichkeit der Entstehung von Verwahrentgelten im Vertragswortlaut zu verankern. Vgl. hierzu *Berger/Nettekoven*, Zinsanpassungsklauseln, ZIP 2022, 293, 298 f. in Befassung mit BGH v. 06.10.2021, XI ZR 234/20, ZIP 2021, 2427; BGH v. 21.12.2010, XI ZR 52/08, ZIP 2011, 317; BGH v. 13.04.2010, XI ZR 197/09, ZIP 2010, 1023. Dies ist nach der hier vertretenen Auffassung aber streng genommen nicht notwendig, die besagte Rechtsprechung erging noch unter Ausblendung tatsächlich am Markt vorkommender negativer Zinsen. Zur Lückenfüllung bei unwirksamen Zinsanpassungsklauseln siehe auch *Omlor*, Zinsanpassungsklauseln, ZBB 2020, 355–372.

[293] Vgl. *Tonner/Krüger*, Bankrecht, 3. Aufl. 2019, 78; *Radke*, Nominalzinsen, BKR 2019, 178, 181.

[294] Vgl. ausführlich im Kontext von Bankgeschäften *Berger*, in: Säcker/Rixecker/Oetker et al., MüKo BGB, § 488 BGB, Rn. 106–122 (2019); mit einem allgemeinen Überblick *Dörner*, in: Schulze, BGB, § 138 BGB, Rn. 3, 11, 14 (2022).

[295] Vgl. *Strobel*, Negativzinsen, NJW 2021, 881, 885 mit ähnlicher Herleitung.

[296] Vgl. *Vogel*, Negativzinsen, BKR 2018, 45, 51.

Hauptleistung regeln, von der Inhaltskontrolle ausgeschlossen.[297] Die Vereinbarung eines Verwahrentgelts stellt im Rahmen der unregelmäßigen Verwahrung gerade die Hauptleistung dar und entzieht sich daher der Inhaltskontrolle nach § 307 Abs. 3 Satz 1 BGB.[298] Sie muss dann lediglich noch klar und verständlich formuliert sein gem. § 307 Abs. 3 Satz 2, Abs. 1 Satz 2 BGB.[299] Schließlich handelt es sich bei der Vereinbarung eines

Verwahrentgelts angesichts deren nun mehrjähriger Bekanntheit auch nicht um eine überraschende Regelung i. S. v. § 305c Abs. 1 BGB.[300]

2.2.1.2.2.3.1.3 Bestandskunden

Grundsätzlich gelten die für das Geschäft mit Neukunden herausgearbeiteten Folgen bei Bestandskunden entsprechend. Nur für Fälle variabler Gegenleistungen stellt sich die Folgefrage, ob sich bei einer Zinsanpassungsklausel durch einseitige Leistungsbestimmung sowie bei einer Zinsgleitklausel automatisch negative Zinsen als Entgelt einstellen können.[301] Neben dem Zeitpunkt ist außerdem zu differenzieren, ob es sich um einen ursprünglich als Darlehensvertrag oder als unregelmäßige Verwahrung qualifizierenden Vertrag handelt.

Handelt es sich um einen ursprünglich als Darlehen qualifizierenden Vertrag, der in der Zeit ausschließlich positiver Zinsen geschlossen wurde, lässt sich der

---

[297] Vgl. *Vogel*, Negativzinsen, BKR 2018, 45, 51.

[298] Vgl. OLG Dresden v. 18.01.2022, 8 U 1389/21, rkr., BKR 2022, 247, Rn. 18. Ähnlich *Strobel*, Negativzinsen, NJW 2021, 881, 885 f.; *Radke*, Nominalzinsen, BKR 2019, 178, 181; *Langner/Brocker*, Negativzinsen, WM 2017, 1917, 1923; *Langner/Müller*, Negativzinsen, WM 2015, 1979, 1982. A. A. wohl LG Tübingen v. 25.05.2018, 4 O 225/17, rkr., ZBB 2018, 332, zutreffend entkräftend dazu *Freitag*, Einlagegeschäft, ZBB 2018, 269, 272 f.

[299] Vgl. *Behr*, Verzinsung, 2018, 221. Zur Erfüllung etwa *Vogel*, Negativzinsen, BKR 2018, 45, 51. Auch hinsichtlich der Klarheit der Vereinbarung empfiehlt es sich, für Zwecke einer rechtssicheren Ausgestaltung die Möglichkeit der Entstehung von Verwahrentgelten im Vertragswortlaut zu verankern. Vgl. dazu auch *Fornasier*, 5 U 29/21 (Anm.), EWiR 2022, 197, 198; OLG Düsseldorf v. 28.10.2021, 5 U 29/21, Rev. eingelegt (Az. des BGH: IX ZR 205/21), ZIP 2022, 211 unter II.1.d).cc) der Gründe; OLG Stuttgart v. 27.03.2019, 4 U 184/18, rkr. (BGH v. 10.03.2020, IV ZR 567/19), ZIP 2019, 910 unter III.3.c).ee) der Gründe; *Omlor*, Negativzinsen, in: Früh/Grüneberg/Langenbucher *et al.*, Bankrechtstag 2017, 2018, 60; *Hingst/Neumann*, Zinsen, BKR 2016, 95, 100 in Andeutung des Problems. Zur Problematik der Bestimmung einer passenden Bezugsgröße bei wechselndem Vertragstyp aufgrund einer Entgeltgleitklausel vgl. *Suendorf-Bischof*, Zinsen, BKR 2019, 279, 285.

[300] Vgl. *Fest*, in: Drescher/Fleischer/Schmidt, MüKoHGB, Band 6 Teil 2 N. Einlagengeschäft, Rn. 439 (2019); *Strobel*, Negativzinsen, NJW 2021, 881, 885.

[301] Bei Termingeldern mit kurzen Laufzeiten hält sich das praktische Ausmaß des Problems in Grenzen, da in der Regel nach Fristablauf ohnehin ein neuer Vertrag geschlossen werden kann, vgl. *Schuster*, Negativzinsen, ZfgK 2017, 620, 624.

Vertragswortlaut nicht so auslegen, dass eine etwaige Zinsanpassungsklausel auch Negativzinsen erfassen sollte. Es kann nicht davon ausgegangen werden, dass bei der Vereinbarung einer variablen Verzinsung in einem Geschäft mit Bestandskunden aus der Zeit ausschließlich positiver Zinsen von den Vertragsparteien im Rahmen der Zinsklausel auch an die Entstehung etwaiger Verwahrentgelte gedacht wurde. Letztere sind daher objektiv nicht vom Willen der Vertragsparteien zum Zeitpunkt des Vertragsabschlusses gedeckt. Die Zinsänderungsklausel erlaubt dann höchstens eine Zinslosstellung.[302] Stammt der Vertrag aus einer Zeit, in der auch negative Zinsen am Markt auftraten, kann es durch die Vereinbarung einer variablen Verzinsung auch zur Zahlung von Verwahrentgelten und einer Änderung des Vertragstypus kommen.[303] Die Bestimmung des Zeitpunkts ist dabei nicht unproblematisch und abhängig vom Einzelfall. Anhaltspunkte können die Erkenntnisse zur Zinsstruktur bieten. Davon ausgehend sind kurzfristigere Formen der Kapitalüberlassung zuerst von Marktzinsänderungen betroffen. Für längerfristige Kapitalüberlassungen werden diese Änderungen aber nur übernommen, wenn am Markt auch entsprechend längerfristig erwartet wird, dass die neue Marktsituation Bestand haben wird. Für die Bestimmung des Zeitpunkts im Einzelfall hat dies zur Folge, dass auf Produkte mit einer nur etwas kürzeren Laufzeit, die aber ansonsten – etwa unter Risikogesichtspunkten – vergleichbar sind, geschaut werden kann. Waren bei Vertragsabschluss für diese am Markt bereits Verwahrentgelte zu beobachten, war die Entstehung von Verwahrentgelten in einer rein technisch angelegten Zinsklausel absehbar.[304]

---

[302] Ähnlich *Coen*, Basiszinssatz, NJW 2012, 3329, 3331; *Binder/Ettensberger*, Negativzins, WM 2015, 2069, 2071 f.; *Edelmann*, Negativzinsen, BB 2018, 394, 396 f.; *Omlor*, Negativzinsen, in: Früh/Grüneberg/Langenbucher *et al.*, Bankrechtstag 2017, 2018, 59 f., aber auch unter Verweis auf einen bis dahin geprägten verallgemeinerten Zinsbegriff; *Radke*, Nominalzinsen, BKR 2019, 178, 181 f. Siehe auch LG Hamburg v. 04.12.2020, 318 O 367/19, rkr., ZIP 2021, 456 unter I.1.a) der Gründe; OLG Düsseldorf v. 28.10.2021, 5 U 29/21, Rev. eingelegt (Az. des BGH: IX ZR 205/21), ZIP 2022, 211, aber jeweils ohne die Vertragstypenabgrenzung zu problematisieren; BGH v. 09.05.2023, XI ZR 544/21, BGHZ 237, 71, Rn. 21–24; aber mit abweichender Lösung des Vertragstypenabgrenzungsproblems; LG Tübingen v. 26.01.2018, 4 O 187/17, rkr., ZBB 2018, 334 unter A.II.1.d) der Gründe für in AGB geregelte Verwahrentgelte auch ohne zeitliche Differenzierung hinsichtlich des Bekanntwerdens von Negativzinsen. A. A. OLG Hamburg v. 11.05.2022, 13 U 1/21, Rev. eingelegt (Az. des BGH: XI ZR 117/22), ZIP 2022, 1200 in ergänzender Vertragsauslegung.

[303] A. A. *Behr*, Verzinsung, 2018, 175–198, 211–216, der von einer ex post Intransparenz ausgeht.

[304] Ähnlich *Omlor*, Negativzinsen, in: Früh/Grüneberg/Langenbucher *et al.*, Bankrechtstag 2017, 2018, 60 f., aber ohne die Bestimmung des Bezugszinssatzes der Zinsänderungsklausel zu konkretisieren. Hier wird auf die Zinssätze vergleichbarer Produkte abgestellt. Siehe auch *Radke*, Nominalzinsen, BKR 2019, 178, 182 mit ähnlicher zeitabhängiger Differenzierung.

Handelt es sich um einen ursprünglich als unregelmäßige Verwahrung qualifizierenden Vertrag, ist ein Übergang zu negativen Zinsen im Rahmen von Zinsanpassungs- und -gleitklauseln möglich. Wie zuvor bei der Vertragstypenabgrenzung herausgearbeitet ist die Zahlung positiver Zinsen optional und stellt nur eine Ergebnisbeteiligung an etwaigen Nutzungsvorteilen des Verwahrers dar. Daher ist bei Abschluss eines Vertrags dieses Typs ebenso mit einer Beteiligung an den Verwahrkosten des Verwahrers, der Zahlung eines Verwahrentgelts zu rechnen. Dies gilt ungeachtet des Umstands, ob es in der Vergangenheit bereits negative Nominalzinsen gegeben hat. Die Zahlung von Verwahrentgelten allgemein war dadurch nie ausgeschlossen, sie nehmen nur eine neue technische Form in der Art negativer Nominalzinsen an. Schließlich ist auch nicht zu erwarten, dass Banken ohne hinreichend hohen Nutzungsvorteil das Geld ihrer Kunden kostenlos in Verwahrung nehmen, da letztere für die Bank ebenfalls mit Kosten einher geht.

2.2.1.2.2.3.2 Übrige Geschäfte

Die übrigen, nicht bankspezifischen und üblicherweise zinstragenden Geschäften sind im wesentlichen Darlehen oder Anleihen. Für Darlehen gelten die voranstehenden Ausführungen zu den bankspezifischen Geschäften entsprechend. Anleihen dagegen bedürfen gesonderter Würdigung.

Sie stellen als Inhaberschuldverschreibungen i. S. v. § 793 BGB regelmäßig Urkunden dar, in denen der Aussteller dem Inhaber der Urkunde ein abstraktes Leistungsversprechen macht.[305] Mit wenigen gesetzlichen Ausnahmen kann dabei nur genau eine Leistung verbrieft werden. Bei positiven Zinsen ist eine solche Ausnahme das Zinsstammrecht. Aus ihm resultieren für den Inhaber der Schuldverschreibung einzelne Zinsansprüche, die als sog. Zinsscheine i. S. v. § 803 Abs. 1 BGB eigenständige Inhaberschuldverschreibungen darstellen.[306] Die Geltendmachung von Ansprüchen aus den verbrieften Rechten setzt das Innehaben der Urkunde voraus.[307] Darüber hinaus sind Anleihen gesetzlich auf leichte

[305] Vgl. BGH v. 31.05.2016, XI ZR 370/15, ZIP 2016, 1279, Rn. 31; BGH v. 15.03.2016, XI ZR 336/15, ZIP 2016, 1017, Rn. 11; BGH v. 15.07.2014, XI ZR 100/13, ZIP 2014, 1778, 1778. Denkbar wäre auch die Verbriefung eines bestehenden Darlehens- oder Verwahrvertrags. Für diese Ausnahmefälle wird, soweit der eigenständige (verbriefte) Vertrag betroffen ist, auf die vorstehenden Ausführungen verwiesen. Zur generellen Zulässigkeit vgl. *Mülbert*, Inhaberschuldverschreibungen, ZHR 2015, 395, 399–401, demzufolge aber – vor dem Hintergrund der nachfolgenden Ausführungen – nur der Rückgewähranspruch verbrieft werden kann, nicht der Anspruch des Emittenten auf Verwahrentgelte.

[306] Vgl. *Mülbert*, Inhaberschuldverschreibungen, ZHR 2015, 395, 396 f.

[307] Vgl. *Baums*, Unternehmensfinanzierung, 2017, § 37 Rn. 52.

Übertragbarkeit angelegt. Für den Umlauf bestimmte Anleihen müssen daher in der Urkunde die Bedingungen zur Beschreibung von Leistung, Rechten und Pflichten des Schuldners und der Gläubiger (§ 2 Abs. 1 Satz 1 SchVG) in für Sachkundige transparenter Form (§ 3 SchVG) enthalten und für eine Börsennotierung auch frei handelbar sein (§ 5 Abs. 1 BörsZulV). Darüber hinaus wird zur Erreichung dieses Ziels für die Veräußerung einer Anleihe bestimmt, dass bei Übereignung der Urkunde deren Besitzer auch Inhaber der darin verbrieften Rechte wird (§§ 783 Abs. 1 Satz 1, 929 BGB) und umgekehrt bei Abtretung der verbrieften Rechte i. S. v. § 398 BGB der Inhaber der Rechte auch Eigentümer der Urkunde wird (§ 952 Abs. 1 Satz 1 BGB). Wegen des besseren Schutzes des Erwerbers wird üblicherweise – auch im Effektengrioverkehr – die Urkunde übereignet.[308]

Für die Vereinbarung negativer Zinsen oder Verwahrentgelte stehen theoretisch zwei Möglichkeiten zur Verfügung. Entweder, es wird ein geringerer Rückzahlungs- als Ausgabebetrag festgelegt, wobei die Differenz anhand eines fixen oder variablen Zinskalküls berechnet wird, das insgesamt zu einer negativen Rendite führt, oder es werden laufende Zahlungen an den Emittenten der Anleihe vereinbart.

Bei der erstgenannten Lösung ergeben sich keine rechtlichen oder technischen Besonderheiten, weshalb diese in der Praxis bevorzugt wird.[309] Angesichts der wirtschaftlichen Qualifikation der negativen Zinsen bei den übrigen Instrumenten und der Gründe für deren Übergreifen auf Anleihen sollte es sich auch bei den bei Anleihen beobachtbaren Negativzinsen wirtschaftlich um Verwahrentgelte handeln. Das abstrakte Schuldversprechen ähnelt einer Verwahrung.

Laufende Zahlungen sind in der derzeitigen Ausgestaltung der Rechtslage nicht möglich. Da § 793 Abs. 1 Satz 1 BGB keine Möglichkeit bietet, eine Leistung des Inhabers an den Emittenten zu verbriefen, müsste notwendigerweise eine abstrakte Verwahrung mit Verwahrentgelt vereinbart werden. Die Umsetzung scheitert aber an daraus folgenden Einschränkungen der Umlauffähigkeit der Anleihe. So kann der bei Übertragung der Anleihe erforderliche Schuldnerwechsel auf den neuen Inhaber nicht ohne zu starke Einschränkungen der freien Handelbarkeit rechtssicher vollzogen werden. Zudem kommt es zu widersprüchlichen Wertungen bei der Kondiktion i. S. v. § 812 BGB.[310]

[308] Vgl. *Baums*, Unternehmensfinanzierung, 2017, § 37 Rn. 69–74.

[309] Vgl. *Storck/Reul*, Zinsen, DB 2015, 115, 116; *Mülbert*, Inhaberschuldverschreibungen, ZHR 2015, 395, 402.

[310] Vgl. *Mülbert*, Inhaberschuldverschreibungen, ZHR 2015, 395, 397 f.; *Omlor*, Negativzinsen, in: Früh/Grüneberg/Langenbucher *et al.*, Bankrechtstag 2017, 2018, 74.

Die Übertragbarkeitsmängel bei etwaigen laufenden Negativzinszahlungen verdeutlichen vor dem Hintergrund der gesetzlich auf Übertragbarkeit ausgelegten Vorschriften zu Inhaberschuldverschreibungen, dass sie nicht vom Zweck des Normgeflechts gedeckt sind. Insofern scheidet schließlich auch eine Qualifikation solcher Zahlungen als Zinsen im Sinne des Inhaberschuldverschreibungsrechts, insbesondere des § 803 BGB aus.[311] Für bereits bestehende Anleihen mit variabler Verzinsung folgt hieraus, dass diese nicht unter null sinken kann.[312]

2.2.2 Handelsrecht

2.2.2.1 Vorüberlegungen

Die Untersuchung der qualifikatorischen Einordnung im Handelsbilanzrecht beschränkt sich auf diejenigen Sachverhalte, die nach den Eingrenzungen in den voranstehenden Ausführungen noch als themenrelevant verblieben sind. Verblieben sind Sachverhalte mit (wirtschaftlichen und zivilrechtlichen) Verwahrentgelten, die ausschließlich auf dem Einsatz von Geldkapital beruhen. Es handelt sich dabei im Wesentlichen um das Einlagengeschäft der Banken, Darlehen und Anleihen. Zwar waren bei Darlehen bisher noch keine Verwahrentgelte beobachtbar,[313] zivilrechtlich erfolgt deren Behandlung jedoch entsprechend der als Darlehensverträge qualifizierenden Einlageprodukte. Sofern die handelsbilanzielle Behandlung hieran anknüpft, decken die Darstellungen daher beide Sachverhalte ab. Darüber hinaus werden im Folgenden nur die Konsequenzen laufender und offener Zinszahlungen aufgegriffen. Vor diesem Hintergrund scheiden Anleihen bei reiner Inlandsbetrachtung als maßgeblicher Sachverhalt aus. Für sie sind nach deutschem Zivilrecht keine laufenden Zahlungen von Verwahrentgelten möglich. Sofern diese nach ausländischem Recht zulässig sein sollten, kann aber auch dieser Fall bei einem HGB-Bilanzierer weiterhin vorkommen. Im Folgenden wird weiterhin nur auf die inländische Rechtslage abgestellt. Fragestellungen zu Anleihen sind daher gemeinsam mit den übrigen Fragestellungen Gegenstand des nachfolgenden Kapitels 3.

In Anlehnung an die wirtschaftliche Qualifikation der negativen Zinsen ist auch hier ausschlaggebend, ob es sich um dasselbe wie positive Zinsen nur

---

[311] Ähnlich *Becker*, Negativzinsen, WM 2013, 1736, 1739 f., der seine Position aber mit einer allgemeinen Zinsdefinition anstelle normspezifischer teleologischer Auslegung begründet.

[312] Ähnlich *Storck/Reul*, Zinsen, DB 2015, 115, 116; *Binder/Ettensberger*, Negativzins, WM 2015, 2069, 2072.

[313] Siehe Abbildung 1.4.

mit umgekehrtem Vorzeichen, ein Verwahrentgelt, eine Wertminderung oder eine Steuer handelt. Die Fallgruppen lassen sich aber für bilanzielle Zwecke in (1) solche, die unabhängig von der Bewertung in der Bilanz als laufende Entgelte grundsätzlich erfolgswirksam gebucht werden (Zinsen, Verwahrentgelt, Steuer) und (2) solche, die von der Bewertung in der Bilanz abhängig sind (Wertminderung) zusammenfassen. Danach differenziert auch die folgende Untersuchung. Zudem wird auch zwischen Fragen der Realisation (Ansatz, Bewertung, Rechnungsabgrenzung) und Fragen des Ausweises im Falle der Realisation unterschieden.

2.2.2.2 Einordnung als laufende Entgelte

2.2.2.2.1 Realisation

Ebenso wie bei Geschäften mit laufenden und offenen Vereinbarungen positiver Zinsen handelt es sich bei den Geschäften mit laufenden und offenen Vereinbarungen negativer Zinsen um Dauerschuldverhältnisse. Die zugrunde liegende Leistung wird kontinuierlich über die vereinbarte Zeitdauer erbracht, die geschuldete Gesamtleistung entsprechend des zeitlichen Fortschritts erfüllt.[314] Dies gilt unabhängig davon, welcher der drei Einordnungen (Zinsen, Verwahrentgelt, Steuer) gefolgt wird. Die Gewinnrealisation (§ 252 Abs. 1 Nr. 4 HGB) erfolgt daher zeitanteilig mit den vereinbarten Abrechnungsintervallen entsprechend der Leistungserbringung.[315] Bei einem Zusammenfallen des Zahlungs- und des Realisationszeitpunkts kommt es zur Buchung laufenden Aufwands oder Ertrags, der zu einer Reduzierung oder Erhöhung des Bestands liquider Mittel in der Bilanz führt. Bei einem Auseinanderfallen dieser Zeitpunkte kommt es demensprechend (a) bei einer vorgezogenen Zahlung zu einer aktiven oder passiven Rechnungsabgrenzung (§ 250 HGB, § 5 Abs. 5 EStG) sowie (b) bei einer aufgeschobenen Zahlung zum Ansatz einer Forderung oder einer Verbindlichkeit mit dem Nennbetrag bzw. dem Erfüllungsbetrag (§ 253 Abs. 1 Satz 2 HGB), hier dem vereinbarten Entgelt.

Zahlungen für negative Zinsen stellen zudem unabhängig von der Einordnung als Zinsen, Verwahrentgelt oder Steuer Aufwendungen bzw. Kosten des Zahlenden dar. Als solche können sie auch Teil des Erfüllungsbetrags einer Rückstellung sein, wenn sie in Zuordnung zu dem einzelnen Geschäftsvorfall zu den für seine

---

[314] Vgl. *Meyering/Gröne*, in: Anzinger/Oser/Schlotter, Rechnungslegung, § 252 HGB, Rz. 213 (2023). Zu Dauerschuldverhältnissen siehe *Gaier*, in: Säcker/Rixecker/Oetker et al., MüKo BGB, § 314 BGB, Rn. 9–14 (2022).

[315] Vgl. grundlegend BFH v. 20.05.1992, X R 49/89, BStBl. II 1992, 904, unter 1.e) der Gründe; auch *Meyering/Gröne*, in: Anzinger/Oser/Schlotter, Rechnungslegung, § 252 HGB, Rz. 214 (2023).

Erfüllung voraussichtlich notwendigen Vollkosten gehören.[316] Wird die Anschaffung eines Vermögensgegenstands durch Fremdkapitalaufnahme finanziert und sind hierfür positive Zinsen zu entrichten, sind die Zinsen kein Bestandteil der Anschaffungskosten. Anschaffungskosten sind nur Einzelkosten.[317] Hierfür mangelt es an einer unmittelbaren Zuordenbarkeit der Zinsaufwendungen zum angeschafften Vermögensgegenstand. Unmittelbar dienen sie als Entgelt für die Möglichkeit der Verwendung des erhaltenen Geldkapitals. Erst wenn mittelbar auch die Verwendung des erhaltenen Geldkapitals für die Begleichung der Gegenleistungsverpflichtungen aus der Anschaffung betrachtet wird, ist eine Zuordnung möglich.[318] Wird die Anschaffung eines Vermögensgegenstands durch Fremdkapitalaufnahme finanziert und besteht hieraus ein Anspruch auf negative Zinsen, kann nichts anderes gelten. An der Mittelbarkeit des Zusammenhangs ändert sich nichts. Die negativen Zinsen stellen daher keine Anschaffungspreisminderungen dar (§ 255 Abs. 1 Satz 3 HGB). Bei der Herstellung eines Vermögensgegenstands sind die Herstellungskosten als unmittelbare, produktionsbezogene, pagatorische Vollkosten anzusetzen (§ 255 Abs. 2 HGB).[319] Dazu gehören grundsätzlich nicht

[316] Vgl. *Hachmeister/Beyer/Hagemann et al.*, in: Anzinger/Oser/Schlotter, Rechnungslegung, § 253 HGB, Rz. 213 (2023).

[317] Vgl. *Hiller/Maetz*, in: Anzinger/Oser/Schlotter, Rechnungslegung, § 255 HGB, Rz. 59, 75 (2023).

[318] Vgl. *Kahle/Haas/Schulz*, in: Baetge/Kirsch/Thiele, Bilanzrecht, § 253 HGB, Rz. 78–80 (Dezember 2021); *Kirsch*, in: Kirsch, HGB, § 255 HGB, Rz. 67 f., 202 (Juni 2023); *Tiedchen*, in: Henssler/Dicken/Fehrenbacher et al., BeckOGK BilR, § 255 HGB, Rn. 14 (September 2023); *Hiller/Maetz*, in: Anzinger/Oser/Schlotter, Rechnungslegung, § 255 HGB, Rz. 84 f. (2023); *Krumm*, in: Hachmeister/Kahle/Mock et al., Bilanzrecht, § 255 HGB, Rz. 50 unter „Finanzierungskosten“ (2024). Siehe auch BFH v. 24.05.1968, VI R 6/67, BStBl. II 1968, 574 und BFH v. 20.04.2011, I R 2/10, BStBl. II 2011, 761 Rn. 13–15 zum finalen Charakter von Anschaffungskosten. A. A. für die Finanzierung der Anschaffung länger im Bau befindlicher Güter *Ekkenga*, in: Claussen/Scherrer, Rechnungslegungsrecht, § 255 HGB, Rdn. 17 (2011); *Wohlgemuth/Radde*, in: Schulze-Osterloh/Hennrichs/Wüstemann, HdJ, Abt. I/4, Rz. 36–40 (März 2021); *Schubert/Hutzler*, in: Grottel/Justenhoven/Schubert et al., BeBiKo, § 255 HGB, Rn. 501 (2022); *Justenhoven*, in: IDW, WP Handbuch, 18. Aufl. 2022, Kapitel F, Tz. 110. Auch in diesem Sonderfall ist die Zuordnung aber mittelbar. Sie kann daher nicht überzeugen. In diesem Sonderfall lassen sich nur einige andere Probleme lösen, die aufträten, wenn auch (mittelbare) Gemeinkosten als Anschaffungskosten angesetzt werden könnten, z. B. mangelnde Übereinstimmung der zeitraumbezogenen Zinsen mit einer zeitpunktbezogenen Anschaffung. Selbst wenn man der Auffassung folgen wollte, beruht sie auf einer Analogie zu § 255 Abs. 3 Satz 2 HGB und ließe daher, wie bei den Herstellungskosten nachfolgend dargelegt, für negative Zinsen das Ergebnis unberührt.

[319] Vgl. *Winnefeld*, Bilanz-Handbuch, 5. Aufl. 2015 E 590, 598; *Kahle/Haas/Schulz*, in: Baetge/Kirsch/Thiele, Bilanzrecht, § 253 HGB, Rz. 152 (Dezember 2021); *Hiller/Maetz*, in: Anzinger/Oser/Schlotter, Rechnungslegung, § 255 HGB, Rz. 271 und 290 (2023).

Zahlungen positiver Zinsen aus der Fremdfinanzierung der Herstellung (§ 255 Abs. 3 Satz 1 HGB). Sie dürfen wahlweise dennoch aktiviert werden, sofern nachgewiesen werden kann, dass die Mittelaufnahme konkret für die Finanzierung der Herstellung dieses Vermögensgegenstands erfolgt ist und soweit die Zinsansprüche im Zeitraum der Herstellung zivilrechtlich entstanden sind (§ 255 Abs. 3 Satz 2 HGB). Als Ausnahmevorschrift ist der Anwendungsbereich der Regelung aus Objektivierungsgründen eng auszulegen.[320] Daher ist davon auszugehen, dass neben Mittelaufnahme und Finanzierungszusammenhang auch Kosten gegeben sein müssen. Im Fall negativer Zinsen ist der Kapitalnehmer der aus den Ansprüchen auf negative Zinsen Berechtigte. Er hat Einnahmen, keine Ausgaben. Mangels Kosten besteht daher kein Wahlrecht, die negativen Zinsen mindernd in die Herstellungskosten einzubeziehen.[321] Selbst zu leistende negative Zinsen können nie Anschaffungs- oder Herstellungskosten für einen Vermögensgegenstand sein, da sie stets in Zusammenhang mit der Kapitalüberlassung an einen Dritten stehen.

2.2.2.2.2 Ausweis

Neben den Fragen der Realisation stellt sich auch die Frage des Ausweises der erfolgswirksamen negativen Zinsen in den Positionen der Gewinn- und Verlustrechnung. Anders als in den IFRS existieren im HGB keine Definitionen der Begriffe Aufwand und Ertrag,[322] die Einfluss auf den Ausweis negativer

---

[320] Vgl. *IDW*, RS HFA 31, IDW-FN 2010, 310, Tz. 23–27; *Kahle/Haas/Schulz*, in: Baetge/Kirsch/Thiele, Bilanzrecht, § 253 HGB, Rz. 222–226 (Dezember 2021); *Hiller/Maetz*, in: Anzinger/Oser/Schlotter, Rechnungslegung, § 255 HGB, Rz. 335–343 (2023).

[321] Ausreichend wäre der Mittelaufnahme und Finanzierungszusammenhang hingegen bei der außerplanmäßigen Abschreibung im Umlaufvermögen (§ 253 Abs. 4 HGB). Der niedrigere Börsen-/Marktpreis oder beizulegende Wert, auf den zum Stichtag außerplanmäßig abzuschreiben ist, wird ermittelt, indem von ihm zusätzlich zu erwartende Transaktionskosten abgezogen werden. Sind hier potenzielle positive Zinsen bis zum Abgangszeitpunkt des Vermögensgegenstands objektiviert berücksichtigungsfähig, kann nichts anderes für negative Zinsen gelten. Es ist kein Regel-Ausnahme-Verhältnis ersichtlich, das eine unterschiedliche Behandlung rechtfertigen würden. Beiläufig für den Fall positiver Zinsen vgl. *Thiele/Kahn/Moser et al.*, in: Baetge/Kirsch/Thiele, Bilanzrecht, § 253 HGB, Rz. 535 (November 2020); *Hachmeister/Beyer/Hagemann et al.*, in: Anzinger/Oser/Schlotter, Rechnungslegung, § 253 HGB, Rz. 780 f. (2023).

[322] Vgl. *Ballwieser*, in: Schmidt/Ebke, MüKoHGB, § 246 HGB, Rn. 118 und 120 (2020).

Zinsen haben könnten.[323] Für eine Einordnung unter einen bestimmten Posten der Gewinn- und Verlustrechnung ergeben sich daher weder definitorische Anhaltspunkte noch Einschränkungen. Die einzigen Leitlinien bei Lösung des Qualifikationsproblems sind daher das Ziel der Schaffung eines den tatsächlichen Verhältnissen entsprechenden Bildes der Vermögens-, Finanz- und Ertragslage sowie die Grundsätze ordnungsmäßiger Buchführung (GoB) gem. §§ 243 Abs. 1, 264 Abs. 2 Satz 1 HGB. Denkbar wäre, (1) die Verwahrentgelte materiell den Zinsaufwendungen und -erträgen im Finanzergebnis zuzuordnen und auch als solche zu zeigen, (2) sie nur kategorisch bei den Zinsaufwendungen und -erträgen im Finanzergebnis aufzunehmen, oder (3) die Verwahrentgelte den sonstigen betrieblichen Aufwendungen und Erträgen zuzuordnen.[324] Würde es sich um eine Steuer handeln, käme zudem (4) der Ausweis als Ertrag- oder sonstige Steuer in Betracht.

Ansatz (4) scheidet aufgrund der bereits im wirtschaftlichen Teil der Untersuchung angestellten Überlegungen aus. Für einen Ausweis als Steuer kämen grundsätzlich die Positionen in § 275 Abs. 2 Nr. 14 oder 16 HGB in Betracht. Da keine eigenständige Definition von Steuern besteht, gilt hier diejenige aus § 3 AO.[325] Dort wurde bereits aufgezeigt, dass die negativen Zinsen nicht als Steuern im Sinne dieser Rechtsnorm qualifizieren.

Die in Ansatz (3) angesprochenen sonstigen betrieblichen Aufwendungen und Erträge (§ 275 Abs. 2 Nr. 4 und 8 HGB) sind ein Sammelposten für alle nicht einer anderen Position der Gewinn- und Verlustrechnung zuordenbaren Aufwendungen und Erträge.[326] Daher ist vorrangig – entsprechend den Ansätzen (1) und (2) – eine etwaige Zugehörigkeit zu den sonstigen Zinsen und ähnlichen Erträgen (§ 275 Abs. 2 Nr. 11 HGB) sowie Zinsen und ähnlichen Aufwendungen (§ 275 Abs. 2 Nr. 13 HGB) zu prüfen. Die Bezeichnungen der Positionen legen eindeutig auch die Erfassung ähnlicher Erträge und Aufwendungen nahe, jedoch ohne

---

[323] Vgl. *Weigel/Meyding-Metzger*, Ausweis, IRZ 2015, 185, 188; *Ballwieser*, in: Schmidt/Ebke, MüKoHGB, § 246 HGB, Rn. 125 f. (2020). Dort kommt grundsätzlich auch ein nicht ergebniswirksamer Ausweis im OCI in Betracht, wobei sich der Standardsetzer nach erstem Aufwerfen des Gedankens hinsichtlich der nun vorzunehmenden Einordnung in mehrfacher Änderung widersprüchlich verhalten hat, vgl. *Löw/Hackmann*, Zinsen, IRZ 2021, 493, 494.

[324] Vgl. *Löw*, Ausweis, WPg 2015, 66, 66; *Löw/Hackmann*, Zinsen, IRZ 2021, 493, 494, aber mit Bezug zu den IFRS.

[325] Vgl. *Dicken/Fehrenbacher/Hennrichs et al.*, in: Henssler, BeckOGK BilR, § 275 HGB, Rn. 226 (2021); *Justenhoven/Kliem/Müller*, in: Grottel/Justenhoven/Schubert et al., BeBiKo, § 275 HGB, Rn. 220 (2022).

[326] Vgl. *Justenhoven/Kliem/Müller*, in: Grottel/Justenhoven/Schubert et al., BeBiKo, § 275 HGB, Rn. 195 (2022).

diese zu definieren. Die Fachliteratur hält neben den Erträgen und Aufwendungen aus der vertraglichen Hauptleistung aller Fremdkapitaltitel auch solche

- aus bestimmten Entgelten neben der vertraglichen Hauptleistung von Fremdkapitaltiteln, sofern damit keine eigenständige Dienstleistung verbunden ist,
- aus einigen Eigenkapitaltiteln bei geringeren Beteiligungshöhen und/oder kurzfristiger Haltedauer, soweit diese nicht unter § 275 Abs. 2 Nr. 8–10 HGB fallen,
- aus einigen zinsbezogenen Finanzderivaten (etwa Zinsswaps oder Wertpapierleihe) und Versicherungsgeschäften sowie
- aus Zinsbestandteilen der bilanziellen Bewertung

für erfasst.[327] Zudem ist aufgrund der systematischen Gliederungsreihenfolge der Posten der Gewinn- und Verlustrechnung in der Bilanzierungspraxis eine Einfügung von Zwischengrößen für das operative Betriebsergebnis und das Finanzergebnis üblich, wobei die genannten Zinsposten zu letzterem gehören.[328] Beides macht deutlich, dass es beim Ausweis in den beiden in Frage kommenden Zinsposten nicht auf eine strenge – für das Handelsbilanzrecht noch gar nicht gefundene – begriffliche Definition ankommt, um diese von den sonstigen betrieblichen Erträgen und Aufwendungen abzugrenzen, sondern im Einklang mit dem Normzweck vielmehr auf den Zusammenhang mit einer nicht im operativen Betrieb, sondern in der Finanzwirtschaft des bilanzierenden Unternehmens begründeten Tätigkeit.[329]

---

[327] Vgl. *Kessler/Freisleben*, in: Hennrichs/Kleindiek/Watrin, MüKo BilR, § 275 HGB, Rn. 180–184, 197–206 (2013); *Reiner*, in: Schmidt/Ebke, MüKoHGB, § 275 HGB, Rn. 89–91, 98–102 (2020); *Wobbe*, in: Bertram/Kessler/Müller, HGB, § 275 HGB, Rz. 161–168, 174–182 (2021); *Dicken/Fehrenbacher/Hennrichs et al.*, in: Henssler, BeckOGK BilR, § 275 HGB, Rn. 195–200, 213–224 (September 2022); *Justenhoven/Kliem/Müller*, in: Grottel/Justenhoven/Schubert et al., BeBiKo, § 275 HGB, Rn. 190–192, 196 f., 204–210 (2022).

[328] Vgl. *Reiner*, in: Schmidt/Ebke, MüKoHGB, § 275 HGB, Rn. 13 (2020); *Henckel*, Bankeinlagen, StuB 2020, 520, 520.

[329] Dieser Zusammenhang bezieht sich wohl nur auf Erträge und Aufwendungen in Zusammenhang mit laufenden Zahlungen, nicht auf Substanzveränderungen der bilanzierten Werte, vgl. *Heinemann*, in: Heidel/Schall, Bilanzierungsvorschriften, § 275 HGB, Rn. 57 (2019). Dies ist im hiesigen Kontext jedoch ohnehin nicht ausschlaggebend.

Ein solcher Zusammenhang besteht im Falle der wirtschaftlich und zivilrechtlich als Verwahrentgelte qualifizierenden negativen Zinsen.[330] Darlehen und Anleihen dienen der Fremdfinanzierung der eigenen unternehmerischen Tätigkeit oder eines anderen Unternehmens oder einer anderen Person, während Bankeinlagen bei negativen wie positiven Zinsen die sichere Hinterlegung der liquiden Mittel bei gleichzeitig schneller Verfügbarkeit bezwecken.[331] Letzteres klingt zwar zunächst nach einem schwächeren Zusammenhang mit der finanzwirtschaftlichen Unternehmenstätigkeit, er besteht aber in gleicher Form bei positiven wie negativen Zinsen. Warum die negativen Zinsen dann unter einem anderen Posten ausgewiesen werden sollten, ist daher vor dem Hintergrund des Stetigkeitsprinzips in § 265 Abs. 1 HGB nicht ersichtlich. Für den Ausweis kommt es auch nicht auf eine exakte materielle Entsprechung mit einer etwaigen – für das Handelsbilanzrecht noch gar nicht gefundenen[332] – Definition des Begriffs „Zinsen“ an.[333] Schließlich würde der Ausweis unter einem der Zinsposten auch dem einem Kuppelprodukt ähnlichen Charakter der in Rede stehenden Geldkapitalüberlassungen in stetiger Form gerecht. Im Ergebnis sind die wirtschaftlich und zivilrechtlich als Verwahrentgelte qualifizierenden negativen Zinsen den Posten der § 275 Abs. 2 Nr. 11 und 13 HGB zuordenbar. Infolgedessen scheidet ein Ausweis unter § 275 Abs. 2 Nr. 4 und 8 HGB aus (Ansatz (3)).[334]

---

[330] Vgl. *Henckel*, Bankeinlagen, StuB 2020, 520, 520; wohl auch *Dicken/Fehrenbacher/Hennrichs et al.*, in: Henssler, BeckOGK BilR, § 275 HGB, Rn. 200 (September 2022).

[331] Siehe zu den Motiven schon die im vorigen Abschnitt angegebene zivilrechtliche Literatur. Auch ein reduziertes Interesse der Banken an der Entgegennahme von Einlagen dürfte an dem hiesigen Ergebnis nichts ändern. Zur Interessensituation vgl. *Tröger*, Einlagen, NJW 2015, 657, 658; *Kropf*, Kapitalverwahrung, WM 2017, 1185, 1188; *Behr*, Verzinsung, 2018, 157; *Edelmann*, Negativzinsen, BB 2018, 394, 398; *Freitag*, Einlagegeschäft, ZBB 2018, 269, 273; *Strobel*, Negativzins, BKR 2022, 96, 97. Das Überwiegen der Interessen einer der Parteien ist objektiv nicht messbar und eignet sich daher auch hier nicht für eine saubere Abgrenzung. Ähnlich für das Zivilrecht schon BGH v. 14.05.2019, XI ZR 345/18, NJW 2019, 2920, Rn. 24.

[332] Vgl. *IDW*, Zinsen, IDW-FN 2015, 448, 449 mit einer behelfsmäßigen Heranziehung der Definition aus der zivilrechtlichen Rechtsprechung und auch nur im Kontext des Zivilrechts, aber ausdrücklich ohne konkrete Würdigung der Sachlage.

[333] Ähnlich *Justenhoven/Kliem/Müller*, in: Grottel/Justenhoven/Schubert et al., BeBiKo, § 275 HGB, Rn. 204 (2022). Anders möglicherweise der Gedanke von *Reiner*, in: Schmidt/Ebke, MüKoHGB, § 275 HGB, Rn. 101 (2020), wenn man die von ihm vertretene notwendige Leistung-Gegenleistung-Beziehung streng auslegt. Dies scheint dort aber nicht vertreten zu werden.

[334] Ähnlich, aber nur für Finanzdienstleister vgl. *Löw*, Ausweis, WPg 2015, 66, 68; *Scharpf/Schaber*, Bankbilanz, 8. Aufl. 2020, 1267. Anders, aber ohne nähere Begründung wohl *IDW*, FAB: 259. Sitzung, IDW Life 2020, 591, 594; *Zwirner*, Einlagezinsen, BC 2016, 521;

Eine Abwägung der beiden verbleibenden Verfahrensweisen (1) und (2) zeigt, dass Ansatz (1) kein den tatsächlichen Verhältnissen entsprechendes Bild der Vermögens-, Finanz- und Ertragslage vermitteln würde. Bei den in Rede stehenden Aufwendungen und Erträgen handelt es sich weder in wirtschaftlicher noch in zivilrechtlicher Hinsicht tatsächlich um Zinsen. Es konnte weder ein Vergleich mit negativen Kaufpreisen überzeugen, noch kann empirisch eine Umkehr der werttreibenden Präferenzen für positive Zinsen beobachtet werden.[335] Ansatz (2) würde demgegenüber lediglich eine kategorische Einordnung bei diesen Positionen bedeuten, ohne die Zahlungen materiell als Zinsen zu qualifizieren. Allein dieser ist daher zulässig. Aufgrund der Nähe zur ersten Variante und der mit dieser verbundenen Unzulänglichkeiten müsste aber für Zwecke der Klarheit und Übersichtlichkeit (§ 243 Abs. 2 HGB) und aufgrund des Saldierungsverbots (§ 246 Abs. 2 Satz 1 HGB) ein von positiven Zinsen unterscheidbarer Ausweis stattfinden. Anderenfalls würde kein den tatsächlichen Verhältnissen entsprechendes Bild vermittelt. Die eingenommenen Verwahrentgelte sollten außerdem dem Posten in § 275 Abs. 2 Nr. 13 HGB und die ausgegebenen dem in § 275 Abs. 2 Nr. 11 HGB zugeordnet werden.[336] Aus der Verknüpfung des Ausweises mit der finanzwirtschaftlichen Unternehmenstätigkeit folgt, dass es maßgeblich darauf ankommt, wem das Geldkapital zur Verfügung gestellt wird, nicht, wem das zugehörige Entgelt zufließt. Für die Darstellung kann nach § 265 Abs. 5 HGB innerhalb der Posten der § 275 Abs. 2 Nr. 11 und 13 HGB eine weitere Untergliederung in herkömmliche Zinsen und ähnliche Erträge/Aufwendungen sowie

Henckel, Bankeinlagen, StuB 2020, 520, 521; *Störk*, Kapitel F, in: IDW, WP Handbuch, 17. Aufl. 2021, 971 Tz. 854. Für Finanzdienstleistungsinstitute vgl. dagegen zutreffend *IDW*, Zinsen, IDW-FN 2015, 448, 449.

335 Siehe dazu Abschnitt 2.1.2.2.3. A. A. wohl *Zabel/Ollinger/Müller*, Zinsen, in: Richter/Meyering/Sopp, FS Kußmaul, 2022, 110–114.

336 Zumindest ähnlich *Niermann*, Einlagezinsen, jM 2016, 426, 430; *Henckel*, Bankeinlagen, StuB 2020, 520, 521. So auch speziell für Bankbilanzen als Folge von § 28 Satz 1 RechKredV, welcher nur auf die Verbindung zu den zugehörigen Aktiv- oder Passivposten abstellt, vgl. *IDW*, Zinsen, IDW-FN 2015, 448, 449 sowie *Löw*, Ausweis, WPg 2015, 66, 67; *Weigel/Meyding-Metzger*, Ausweis, IRZ 2015, 185 188–190; *Kriesten*, DIBW Schriftenreihe Band 13 (a), https://deutsches-institut-bankwirtschaft.de/schriftenreihe/ (abgerufen am 19.10.2025) (im Folgenden: *Kriesten*, DIBW Schriftenreihe Band 13 (a) (abgerufen am 19.10.2025)), 31; *Bär/Blaschke/Geisel et al.*, Zinsen, WPg 2017, 1132, 1133; *Gaber*, Bankbilanz, 2. Aufl. 2018, 626 und 645; *Scharpf/Schaber*, Bankbilanz, 8. Aufl. 2020, 1267. Mit ähnlicher Begründung, aber für die IFRS, vgl. *Löw/Hackmann*, Zinsen, IRZ 2021, 493, 495.

Verwahrentgelte vorgenommen werden.[337] Schließlich ergibt sich aus dem Saldierungsverbot buchungstechnisch die Notwendigkeit, dass die negativen Zinsen nicht im Soll eines Ertragskontos oder im Haben eines Aufwandskontos gebucht werden dürfen. Es muss ein eigenes (Ertrags-/)Aufwandskonto für negative (Zinseinnahmen) Zinsausgaben verwendet werden.[338]

Handelt es sich um Unternehmen außerhalb der Finanzbranche, dürfte die Anwendung der gefundenen Lösung in analoger Anwendung von § 265 Abs. 7 Nr. 1 HGB nur verpflichtend sein, wenn sie für die Vermittlung eines den tatsächlichen Verhältnissen entsprechenden Bildes der Lage wesentlich ist.[339]

2.2.2.3 Einordnung als Wertminderung

Bei einer Einordnung als Wertminderung würden die negativen Zinsen, anders als die laufenden Entgelte, über die bilanzielle Folgebewertung des zugehörigen Vermögensgegenstands oder der zugehörigen Schuld erfasst werden. Der Ansatz berücksichtigt die negativen Zinsen auf der Aktiv- und der Passivseite der Bilanz unterschiedlich.

---

[337] Zur technischen Umsetzung der Lösung siehe auch *IDW*, FAB: 259. Sitzung, IDW Life 2020, 591, 594; *Henckel*, Bankeinlagen, StuB 2020, 520, 520 f.; *Wobbe*, in: Bertram/Kessler/Müller, HGB, § 275 HGB, Rz. 164 (2021); *Dicken/Fehrenbacher/Hennrichs et al.*, in: Henssler, BeckOGK BilR, § 275 HGB, Rn. 200 (September 2022). A. A. *Zabel/Ollinger/Müller*, Zinsen, in: Richter/Meyering/Sopp, FS Kußmaul, 2022, 113 f., die aber wohl von einer materiellen, nicht rein kategorischen Zuordnung ausgehen.

[338] A. A. *Endert*, Bilanzierung, BBK 2017, 699, 700 für den Fall ergänzender Erläuterungen im Anhang; *Schmidt/Kliem*, in: Grottel/Schmidt/Schubert et al., BeBiKo, § 275 HGB, Anm. 192 (2020).

[339] Für in der Finanzbranche tätige Unternehmen, die hier nicht Untersuchungsgegenstand sind, ist dagegen aufgrund ihrer Branchenzugehörigkeit wohl stets von Wesentlichkeit auszugehen. Zur Wichtigkeit in der Finanzbranche vgl. *Scharpf/Schaber*, Bankbilanz, 8. Aufl. 2020, 1267. Zur Zusammenfassung von Posten der Gewinn- und Verlustrechnung aufgrund von Unwesentlichkeit vgl. *Wulf*, in: Bertram/Kessler/Müller, HGB, § 265 HGB, Rz. 26–28 (2021). Der Wesentlichkeitsgrundsatz in der handelsrechtlichen Bilanzierung ergibt sich schwerpunktmäßig aus dem zugrundeliegenden EU-Recht, vgl. Abs. 17 der Erwägungsgründe zur Richtlinie (EU) 2013/34 des Rates v. 26.06.2013, ABl. EU Nr. L 182, 19 (im Folgenden: Erwägungsgründe zur Bilanz-RL) sowie Art. 6 Abs. 1 lit. j) Richtlinie (EU) 2013/34 des Rates v. 26.06.2013, ABl. EU Nr. L 182, 26 (im Folgenden: Bilanz-RL). Eine allgemeine Wesentlichkeit hat der deutsche Gesetzgeber nicht in das HGB übernommen, kodifiziert aber in unterschiedlichsten Vorschriften einzelne Wesentlichkeitsgedanken, vgl. *Müller/Kreipl*, in: Bertram/Kessler/Müller, HGB, § 252 HGB, Rz. 171–173 (2021).

Auf der Aktivseite beruht er auf der Annahme, dass es keinen Marktzinssatz unter 0 % gibt.[340] Sodann soll die für unter- und unverzinsliche Finanzaktiva bekannte Bewertung auf die mit unter 0 % verzinsten Instrumente angewendet werden. In der Folge wären die zu – dem Nennwert entsprechenden – Anschaffungskosten (§§ 253 Abs. 1 Satz 1, 255 Abs. 1 HGB) als Finanzanlagevermögen und finanzielles Umlaufvermögen bilanzierten negativverzinslichen Instrumente außerplanmäßig auf den am Stichtag beizulegenden niedrigeren Wert (Börsen-/Marktpreis nach § 253 Abs. 3 Sätze 5 f. und Abs. 4 HGB) abzuschreiben. Die Wertänderungen würden in der Gewinn- und Verlustrechnung im Finanzergebnis im Posten für Abschreibungen auf Finanzanlagen und Wertpapiere des Umlaufvermögens (§ 275 Abs. 2 Nr. 12, Abs. 3 Nr. 11 HGB) ausgewiesen.[341]

Auf der Passivseite sollen die negativverzinslichen Verbindlichkeiten nicht nach der von unter- oder unverzinslichen Verbindlichkeiten bekannten Methode behandelt werden, weil für diese Wertkorrekturen als noch unrealisierte Erträge nicht vorgenommen werden dürfen. Stattdessen soll eine Bilanzierung ähnlich derjenigen von Zerobonds stattfinden, die mit dem sich am Abschlussstichtag nach der kapitalwertabhängigen Effektivverzinsung geschuldeten Erfüllungsbetrag angesetzt werden (§§ 253 Abs. 1 Satz 2, 252 Abs. 1 Nr. 3 und 4 HGB).[342] Bei den Zerobonds beruht der vom Erfüllungsbetrag bei Endfälligkeit abweichende Ansatz zum Erfüllungsbetrag am Stichtag auf der Überlegung, dass bei vorzeitiger Tilgung der Verbindlichkeit aufgrund des Zinsanteils auch nur insoweit eine Zahlung fällig würde.[343]

Dieser Ansatz kann in mehrfacher Hinsicht nicht überzeugen. Zunächst sprechen die schon im wirtschaftlichen Teil der Arbeit angestellten Überlegungen dagegen. Materiell führt diese Darstellung der eigentlich bewusst nicht am Gesamtertrag des Geldes, sondern an den laufenden Zahlungen ansetzenden Maßnahme zu einer nicht den tatsächlichen Verhältnissen entsprechenden Darstellung

---

340 Vgl. *Gipper*, Zinsen, WPg 2015, 1011, 1012.

341 Vgl. *Gipper*, Zinsen, WPg 2015, 1011, 1014 f.; *Hachmeister/Beyer/Hagemann et al.*, in: Anzinger/Oser/Schlotter, Rechnungslegung, § 253 HGB, Rz. 804 (2023); *Marx*, in: Hachmeister/Kahle/Mock et al., Bilanzrecht, § 253 HGB, Rz. 188 (2024).

342 Vgl. *Gipper*, Zinsen, WPg 2015, 1011, 1015 f.

343 Vgl. *IDW*, HFA 1/1986, WPg 1986, 248 f.; *Forster/Goerdeler/Lanfermann et al.*, in: Adler/Düring/Schmaltz, Rechnungslegung (1), § 253 HGB, Tz. 86 (1995); *Gipper*, Zinsen, WPg 2015, 1011, 1016; *Baetge/Kirsch/Thiele*, Bilanzen, 14. Aufl. 2017, 298 f.

der Vermögens- und Ertragslage.[344] Darüber hinaus ist die Annahme, dass kein Marktzinssatz unter 0 % existiere, da derjenige von Geld 0 % betrage, realitätsfern. Die Forschung zeigt, dass die effektive Zinsuntergrenze unterhalb dieser Marke bei den Kosten für eine eigenständige sichere Bargeldhaltung liegt.[345] Zudem behandelt der vorgeschlagene Lösungsansatz negativverzinsliche Instrumente auf der Aktiv- und der Passivseite unterschiedlich, wohingegen der im Vorigen diskutierte Ansatz zu einer einheitlichen Handhabung führt. Auch die für die Passivseite vorgeschlagene Bilanzierung wie bei Zerobonds überzeugt nicht, da ein Finanzinstrument mit gleichem Auszahlungs- und Rückzahlungsbetrag aber laufenden Verwahrentgelten nicht dem tragenden Gedanken des Bewertungskonzepts gerecht wird. Die einzelnen Entgeltzahlungen haben keinen Einfluss auf die Höhe des Rückzahlungsbetrags, der am Ende der Laufzeit oder bei Tilgung trotzdem in voller Höhe zu entrichten ist. Schließlich wird die Uminterpretation laufender Zahlungen in Wertveränderungen auch dem kuppelproduktähnlichen Charakter der Kapitalüberlassungen nicht gerecht. Zulässig ist daher ausschließlich die im vorigen Abschnitt 2.2.2.2 erörterte Lösung.

2.2.3 Steuerrecht

2.2.3.1 Vorüberlegungen

Die handelsbilanziellen Konsequenzen der bislang als Verwahrentgelte qualifizierenden negativen Zinsen sind grundsätzlich auch für die Steuerbilanz maßgeblich (§ 5 Abs. 1 Satz 1 EStG). An den zu erörternden Sachverhalten ändert sich gegenüber dem vorigen Abschnitt daher nichts. Hinsichtlich der Konsequenzen ergeben sich nur dann Unterschiede, wenn es sich bei den entsprechenden Entgelten nicht um i. S. v. §§ 5 Abs. 6, 4 Abs. 4 EStG betrieblich veranlasste Einnahmen oder Aufwendungen handelt. In Anlehnung an die wirtschaftliche Qualifikation der negativen Zinsen stellt sich auch steuerlich die Frage, ob es sich um dasselbe wie positive Zinsen handelt und falls nicht, welche anderweitige Qualifikation

[344] Vgl. zur Uminterpretation durch die Umrechnung schon Abschnitt 2.1.2.3.2.

[345] Vgl. Abschnitt 2.1.1.2.1 im Textabsatz mit Fußnote 30 bis 34. Ähnlich wohl auch *IDW*, Zinsen, IDW-FN 2015, 448, 449, wo von unterschiedlichen Funktionen von Bar- und Buchgeld die Rede ist, die *Scharpf/Schaber*, Bankbilanz, 8. Aufl. 2020, 1266 als separate Asset-Klassen verstehen. In den gegebenen Kontext einbettend auch *Kriesten,* DIBW Schriftenreihe Band 13 (a) (abgerufen am 19.10.2025), 30.

einschlägig ist. Auch hier ordnen sich die wirtschaftlichen Einordnungsansätze dem steuerrechtlichen Prüfungsschema unter. Der Vergleich mit positiven Zinsen und die Alternative Einordnung als Verwahrentgelt gehen dabei in der Subsumtion unter die Begriffe der Einnahmen und Aufwendungen auf, die Konsequenzen hoheitlicher Einflüsse in der Prüfung der betrieblichen Veranlassung. Nicht mehr diskutiert wird hier eine etwaige Qualifikation als Wertminderung, da das Steuerrecht dahingehend keinerlei Anhaltspunkte für eine abweichende Einschätzung bietet.[346]

2.2.3.2 Einordnung als Einnahmen/Aufwendungen

Einnahmen in diesem Sinne definiert die Rechtsprechung in Anlehnung an § 8 Abs. 1 EStG als Zugänge von Wirtschaftsgütern in Form von Geld oder Geldeswert,[347] Aufwendungen als (a) entsprechende Abgänge aus dem Vermögen des Steuerpflichtigen und (b) betrieblichen Aufwand in der Form erfolgswirksamen Werteverzehrs.[348] Bei den in Rede stehenden Entgelten handelt es sich um Ansprüche auf zivilrechtlich wirksamer Grundlage, die mit dem Verstreichen der vertraglich vereinbarten Zeitdauer entstehen und handelsrechtlich im Entstehungszeitpunkt zu Aufwand bzw. Ertrag führen. Es handelt sich daher je nach Zahlungsrichtung um Einnahmen oder Aufwendungen im Sinne der handelsrechtlichen Aufwands-/Etragsqualifikation.[349] Negative Einnahmen oder positive Aufwendungen sieht das Steuerrecht im betrieblichen Bereich bislang nicht vor. Für diesen wurden nur diejenigen Sachverhalte erwogen, die auch bei den Überschusseinkunftsarten zu negativen Einnahmen oder positiven Aufwendungen führen. Negative Einnahmen und positive Aufwendungen werden sowohl bei den Gewinn- als auch bei den Überschusseinkunftsarten nur als Korrektive verwendet. Bei nicht nach dem Zufluss-/Abflussprinzip ermittelten Einkünften

---

[346] Vgl. hierzu in steuerlichem Kontext *Anzinger*, Dauerniedrigzins I, DStR 2016, 1766, 1773.

[347] Vgl. BFH v. 21.11.1963, IV 345/61 S, BStBl. III 1964, 183; BFH v. 13.12.1973, I R 136/72, BStBl. II 1974, 210 unter 1. der Gründe; BFH v. 18.06.1998, IV R 61/97, BStBl II. 1998, 621 unter 1. der Gründe; BFH v. 02.08.2016, VIII R 4/14, BStBl. II 2017, 287, Rn. 20; *Loschelder*, in: Schmidt, EStG, § 4 EStG, Rz. 420 (2022).

[348] Vgl. BFH v. 20.08.1986, I R 29/85, BStBl. II 1987, 108 unter II.1.a) der Gründe; BFH v. 20.08.1986, I R 80/83, BStBl. II 1986, 904 unter 2. der Gründe; BFH v. 10.10.2018, X R 33/16, BStBl. II 2018, 185, Rn. 23; *Bode*, in: Kirchhof/Seer, EStG, § 4 EStG, Rn. 168 (2022).

[349] Ähnlich *Niermann*, Bankeinlagen, 2018, 166 für entsprechende Aufwendungen.

geht es im Wesentlichen darum, die spätere Rückgängigmachung eines bereits bestandskräftig veranlagten Sachverhalts eines früheren Veranlagungszeitraums zutreffend abzubilden. Werden die Einkünfte nach dem Zufluss-/Abflussprinzip ermittelt, besteht der Unterschied nur darin, dass der ursprüngliche Zu- oder Abfluss erfasst bleiben und nicht rückwirkend geändert werden soll. Ansonsten ist der Zweck der Vorgehensweise identisch.[350] Da es sich bei den negativen Zinsen weder um derartige Korrektursachverhalte[351] noch wirtschaftlich um dasselbe wie negative Kaufpreise bzw. positive Zinsen mangels nachweisbarer Umkehr der Werttreiber handelt, ergeben sich auch keine sonstigen Anhaltspunkte für eine Qualifikation als negative Einnahmen oder positive Aufwendungen. Im Ergebnis

---

[350] Vgl. *Loschelder*, in: Schmidt, EStG, § 4 EStG, Rz. 424 und 475 (2022); *Krüger*, in: Schmidt, EStG, § 9 EStG, Rz. 108 (2022); *Krüger*, in: Schmidt, EStG, § 11 EStG, Rz. 18 (2022). Siehe im hiesigen Kontext auch *Ullmann,* Dogmatik, in: Kube/Reimer, HFSt 17, 2021, 15 f. *Niermann*, Bankeinlagen, 2018, 46–130; *Niermann,* Einlagezinsen, in: Kube/Reimer, HFSt 17, 2021, 32–47, sieht außerdem einen Anwendungsfall negativer Einnahmen in der Erfassung von Verlustanteilen bei der stillen Gesellschaft im Rahmen von § 20 Abs. 1 Nr. 4 EStG. Aus diesen leitet er ein allgemeines Rechtsinstitut negativer Einnahmen per Analogie zu §§ 8 Abs. 1, 2 Abs. 2 Satz 1 Nr. 2 EStG ab, unter den auch negative Einlagezinsen für Zwecke von § 20 EStG subsumierbar sein sollen. Dagegen spricht aber, dass der Zusammenhang der Kapitaleinkünfte mit § 2 EStG aufgrund von § 2 Abs. 5b EStG nur sehr schwach ist (Gedanke von Paul Kirchhof beim Symposion der Steuerrechtswissenschaftlichen Vereinigung Heidelberg e. V. von Mai 2021 zum negativen Vorzeichen im Steuerrecht geäußert). Auch auf Grundlage der wirtschaftlichen Qualifikation besteht kein Grund für eine von einem Verwahrentgelt abweichende steuerliche Behandlung. Aus diesen Gründen ebenfalls unzutreffend für negative Einnahme *Levedag*, in: Schmidt, EStG, § 20 EStG, Rz. 267 (2022); *Jachmann-Michel*, Abgeltungssteuer, StuW 2018, 9, 19 f.; *Niermann*, Einlagezinsen, jM 2016, 426, 431.

[351] *Niermann*, Bankeinlagen, 2018, 173 f. lehnt für §§ 4 Abs. 1, 5 Abs. 1 EStG die Vornahme einer solchen Qualifikation mit Blick auf keine von den Folgen bei Einordnung als normale Betriebseinnahmen und -ausgaben abweichenden Rechtsfolgen generell ab.

ist daher in Anknüpfung an die Ausführungen der vorigen Untersuchungsabschnitte davon auszugehen, dass es sich auch steuerlich um Verwahrentgelte handelt.[352] Dies entspricht auch der Auffassung der Finanzverwaltung.[353]

2.2.3.3 Betriebliche Veranlassung der Einnahmen/ Aufwendungen

Um als Betriebseinnahmen und -ausgaben angesetzt werden zu können, müssen die Einnahmen und Aufwendungen betrieblich veranlasst sein. Zweck des Veranlassungskriteriums ist die Abgrenzung der Erwerbssphäre von der steuerlich unbeachtlichen Privatsphäre.[354] Für Kapitalgesellschaften stellt sich die Frage aufgrund von § 8 Abs. 2 KStG auf steuerbilanzieller Ebene zunächst nicht.[355] Für das Vorliegen eines solchen Veranlassungszusammenhangs müssen nach der Rechtsprechung des BFH die Einnahmen bzw. Aufwendungen objektiv mit dem Betrieb zusammenhängen und ihm subjektiv zu dienen bestimmt

---

[352] Im Ergebnis auch *Patzner/Joch*, Zinsen, BB 2015, 221, 222; *Kröger/Reislhuber*, Zinsen, RdF 2015, 311, 312; *Patzner/Joch*, Negativzinsen, GmbHR 2015, 747; beiläufig *Hingst/ Neumann*, Zinsen, BKR 2016, 95, 97; *Zwirner*, Einlagezinsen, BC 2016, 521; *Hamacher/ Dahm*, in: Korn, EStG, § 20 EStG, Rz. 288 (September 2017); *Moritz/von Cölln*, Abzinsung, FR 2018, 684, 689 f.; *Ratschow*, in: Brandis/Heuermann, Ertragsteuerrecht, § 20 EStG, Rz. 309 (Mai 2019); *Buge*, in: H/H/R, EStG/KStG, § 20 EStG, Anm. 295 (Oktober 2019); *von Cölln*, Gesellschafterdarlehen, FR 2020, 248, 253; *Möllenbeck*, in: L/B/P, EStG, § 20 EStG, Rn. 634 (Oktober 2020); *Redert*, in: Fuhrmann/Kraeusel/Schiffers, EStG, § 20 EStG, Rz. 414 (Dezember 2021); *Kempf*, in: K/K/B et al., EStG, § 20 EStG, Rz. 105 (2022); davon der überwiegende Teil im Kontext von § 20 EStG mit entsprechender Folge der Nichtabziehbarkeit aufgrund von § 20 Abs. 9 EStG, teilweise auch unter Verweis auf die dem Zivilrecht entlehnte Zinsdefinition in BFH v. 13.10.1987, VIII R 156/84, BStBl. II 1988, 252 unter III.3. *Endert*, Bilanzierung, BBK 2017, 699 f. folgert hieraus, dass es sich steuerlich auch um sonstigen betrieblichen Aufwand handeln könnte.

[353] Vgl. BMF v. 27.05.2015, IV C 1 – S 2210/15/10001:002, BStBl. I 2015, 473; Oberste Finanzbehörden der Länder v. 17.11.2015, G 1422, BStBl. I 2015, 896; BMF v. 19.02.2021, IV C 1–S 2252/19/10003:007, BStBl. I 2021, 296 Rn. 129a.

[354] Vgl. *Weber*, Veranlassungsprinzip, StuW 2009, 184, 186; *Söhn*, in: K/S/M, EStG, § 4 EStG, Rn. E 60 (September 2012). Dies ist Ausfluss des Leistungsfähigkeits- und des objektiven Nettoprinzips, vgl. *Söhn*, in: K/S/M, EStG, § 4 EStG, Rn. E 72 (September 2012); *Stapperfend*, in: H/H/R, EStG/KStG, § 4 EStG, Anm. 790–793 (Dezember 2019).

[355] So auch *Niermann*, Bankeinlagen, 2018, 170 f. Zwar korrigieren verdeckte Gewinnausschüttungen und verdeckte Einlagen durch das Gesellschaftsverhältnis und damit nicht betrieblich veranlasste Geschäftsvorfälle, die Korrektur findet aber außerhalb der Steuerbilanz statt.

sein.[356] Aufgrund des Kuppelproduktcharakters besteht auch bei den Verwahrentgelten ein Zusammenhang mit der zugehörigen Geldkapitalüberlassung, die sich in der Bilanz in einer Aktiv- oder Passivposition niederschlägt. Es gelten für die betriebliche Veranlassung daher dieselben Maßstäbe wie für Sachverhalte mit positiven Zinsen. Der zivilrechtliche Anspruch oder die Schuld gehören daher dann zur betrieblichen Sphäre, wenn sie dem Betriebsvermögen zuzuordnen sind. Da es sich bei finanziellen Mitteln in der Regel um neutrales, nicht betriebsnotwendiges Vermögen handelt, werden die negativverzinslichen Finanzinstrumente regelmäßig als gewillkürtes Betriebsvermögen einzuordnen sein.[357] Dafür bedarf es einer im Zweifel argumentativ darzulegenden objektiven Betriebsdienlichkeit.[358] Im Falle von Ansprüchen lässt sich dieser Zusammenhang trotz absehbarer negativer Rendite herstellen,[359] da jeder Betrieb Liquidität benötigt und positiv rentierende Liquiditätsformen am Markt nicht verfügbar sind. Im Falle von Schulden kommt bei hinreichend ausgeprägtem Zusammenhang mit der Finanzierung der Unternehmenstätigkeit auch Qualifikation als notwendiges Betriebsvermögen in Frage. Objektiver Anhaltspunkt für den subjektiven Widmungsakt ist die Aufnahme des Finanzinstruments in der Buchführung.[360]

Anderes ergibt sich auf Ebene der Steuerbilanzierung auch nicht aus einer Qualifikation der Verwahrentgelte als hoheitliche Maßnahme. Zwar besteht zwischen § 4 Abs. 4 EStG und § 12 EStG insoweit ein Zusammenhang, als § 12 EStG die Abgrenzung zur steuerlich unbeachtlichen Privatsphäre in bestimmten

---

356 Vgl. BFH v. 20.11.1979, VI R 25/78, BStBl. II 1980, 75 unter a) der Gründe; BFH v. 21.11.1983, GrS 2/82, BStBl. II 1984, 160 unter C.I.2.a).aa) der Gründe; BFH v. 21.11.1983, GrS 2/82, BStBl. II 1984, 160; BFH v. 27.11.1989, GrS 1/88, BStBl. II 1990, 160 unter C.III.1; BFH v. 04.07.1990, GrS 2–3/88, BStBl. II 1990, 817 unter C.II.2. der Gründe; BFH v. 08.11.2018, IV R 38/16, BFH/NV 2019, 551 Rz. 41; *Nacke*, in: L/B/P, EStG, § 4 EStG, Rn., 1590 1625 (Dezember 2019) mit den Unterschieden bei Betriebseinnahmen und -ausgaben, die im Wesentlichen nur im geringeren Spielraum bei Betriebseinnahmen liegen; *Bartone*, in: Korn, EStG, § 4 EStG, Rz. 702 (Juni 2020). Zur Diskussion des Meinungsstreits um die inhaltliche Ausfüllung des Begriffs „veranlasst", die aber wohl nur zu hier unerheblichen Detailunterschieden führt, vgl. etwa *Weber*, Veranlassungsprinzip, StuW 2009, 184, 185–191; *Söhn*, in: K/S/M, EStG, § 4 EStG, Rn. E 60 bis E 83 (September 2012); *Stapperfend*, in: H/H/R, EStG/KStG, § 4 EStG, Anm. 790–793 (Dezember 2019).

357 Vgl. *Niermann*, Bankeinlagen, 2018, 167–170.

358 Vgl. BFH v. 24.02.2000, IV R 6/99, BStBl. II 2000, 297 unter 1. der Gründe.

359 Mit negativer Rendite im Falle einer Anleihe noch gegen gewillkürtes Betriebsvermögen BFH v. 24.02.2000, IV R 6/99, BStBl. II 2000, 297, aber auch mit ansonsten zweifelhaftem Finanzierungszusammenhang.

360 Siehe mit dieser Differenzierung *Niermann*, Bankeinlagen, 2018, 168–170, der Bankeinlagen mit der üblichen Literaturansicht stets als nicht betriebsnotwendig, aber willkürbar einordnet.

Fällen kodifiziert.[361] Darunter fallen unter anderem privat veranlasste Steuern wie die Einkommensteuer, weitere Personensteuer, die Umsatzsteuer für bestimmte Umsätze sowie darauf entfallende steuerliche Nebenleistungen (§ 12 Nr. 3 EStG).[362] Sogenannte Betriebssteuern sind als betrieblich veranlasste Steuern dagegen grundsätzlich Betriebsausgaben.[363] Würden die Verwahrentgelte als Steuer qualifizieren, würde sich daher in der Folge die Frage stellen, ob sie auf Basis dieser Einordnung betrieblich veranlasst sind oder nicht. Sie qualifizieren aber höchstens als Gebühr im Verhältnis von Zentralbank zu Geschäftsbanken und daher nicht als Steuer im Sinne der deutschen Rechtsordnung (§ 3 AO) oder als steuerliche Nebenleistung. Insoweit wird auf die Ausführungen in den vorigen Untersuchungsabschnitten verwiesen.[364] Zudem fallen Zahlungen mit Straf-, Auflagen- und Weisungscharakter (§ 12 Nr. 4 EStG) in die steuerlich unbeachtliche Sphäre, damit durch die steuerliche Berücksichtigung keine Milderung der Last eintreten kann.[365] In der Literatur wird erwogen, die Verwahrentgelte als politisch lenkendes Instrument einzuordnen, welches das Sparen sanktionieren soll.[366] Als Sanktion könnten diese dann auch unter § 12 Nr. 4 EStG oder § 4 Abs. 5 Satz 1 Nr. 8 EStG fallen.[367] Eine Sanktionswirkung, die zu steuerlichem Nichtansatz der Zahlungen führen könnte, ist diesen aber nur schwer beizulegen. Die Maßnahme der Zentralbank entfaltet zwar eine Lenkungswirkung, diese rechtfertigt aber keine steuerliche Nichtabziehbarkeit. Ihr kann aufgrund des Charakters als Verwahrentgelt kein Straf- oder Ordnungscharakter zukommen, vielmehr handelt es sich um die bewusste Inanspruchnahme einer Verwahrleistung der EZB durch die Geschäftsbanken, für die letztere die Gebühr zu entrichten haben. Zudem kommt es im umgekehrten Fall hoher positiver Zinsen, die Anreize für das Sparen und gegen Investitionen schaffen sollen, auch nicht zu einer Nichtabziehbarkeit von Investitionsaufwendungen.

---

[361] Vgl. *Arndt*, in: K/S/M, EStG, § 12 EStG, Rn. A 1 (Oktober 2002); *Fissenewert*, in: H/H/R, EStG/KStG, § 12 EStG, Anm. 3 (April 2019); *Stapperfend*, in: H/H/R, EStG/KStG, § 4 EStG, Anm. 717 (Dezember 2019); *Loschelder*, in: Schmidt, EStG, § 12 EStG, Rz. 1 (2022).

[362] Vgl. *Loschelder*, in: Schmidt, EStG, § 12 EStG, Rz. 38 (2022).

[363] Vgl. *Bartone*, in: Korn, EStG, § 4 EStG, Rz. 777.6 (Juni 2020).

[364] Vgl. Abschnitt 2.1.2.3.3.

[365] Vgl. *Arndt*, in: K/S/M, EStG, § 12 EStG, Rn. E 1 bis E 3 (Oktober 2002).

[366] Vgl. *Kirchhof*, Negativzinsen, 2021, 180 f.

[367] Vgl. *Kirchhof*, Negativzins, in: Kube/Reimer, HFSt 17, 2021, 56. Vgl. auch *Fissenewert*, in: H/H/R, EStG/KStG, § 12 EStG, Anm. 150 (April 2019) zur Abgrenzung der beiden Rechtsnormen.

Konzeptionelle Fragestellungen 3

3.1 Grundlagen

3.1.1 Vergleichskriterien

Nachdem die qualifikatorischen Fragestellungen geklärt sind, widmet sich Kapitel 3 nun den konzeptionellen Fragestellungen. Im hiesigen Untersuchungsabschnitt I. werden Zweck und Technik der beiden Rechenwerke (1) Barwerte als Entscheidungswerte und Marktpreise und (2) Bilanzierung als Untersuchungsgrundlagen ermittelt. Im folgenden Untersuchungsabschnitt II wird dann die Vereinbarkeit von Zweck und Technik beider Rechenkonzepte beurteilt. Dazu sind Vergleichskriterien nötig. Die wesentlichen Charakteristika beider Einzelkonzepte lassen sich anhand der Erfolgsrechnung als beide vereinendes Gesamtkonzept herleiten.[1]

Erfolgsrechnungen dienen dem Zweck, Wertschöpfung zu messen. Wertschöpfung kann ganz allgemein als Erreichung von Zielen verstanden werden, die Menschen im Zusammenhang mit Unternehmungen als sozio-technische Systeme verfolgen. Die Ziele können beispielsweise ökonomischer, sozialer oder ökologischer Natur sein.[2] Sie können von unternehmensinternen und/oder unternehmensexternen Personen verfolgt werden. Die Zielerreichung kann als

---

[1] Zur Kosten- und Leistungsrechnung und Investitionsrechnung schon *Küpper*, Planungsrechnung, in: Ballwieser, Information, 1985, 405–432; *Küpper*, Fundierung, ZfbF 1985, 26–46.

[2] Vgl. *Reim*, Erfolgsrechnung, 2. Aufl. 2022, 4–6.

Ergänzende Information Die elektronische Version dieses Kapitels enthält Zusatzmaterial, auf das über folgenden Link zugegriffen werden kann https://doi.org/10.1007/978-3-658-52483-8_3.

K. Lentz, *Steuerliche Zinsfragen und Bilanzierung bei Niedrigzinsen*, Forschungsreihe Rechnungslegung und Steuern,
https://doi.org/10.1007/978-3-658-52483-8_3

Wertschöpfung bezeichnet werden.[3] Sie erfolgt durch (a) Planung und Entscheidung, (b) Umsetzung und Steuerung sowie (c) anschließende Kontrolle. Insbesondere die Planung, Entscheidung und die Kontrolle erfordern eine Beurteilung des Ausmaßes der Zielerreichung. Zur Verdeutlichung eignen sich die Ausführungen der in Abschnitt 2.1.2.2.1.1 dargelegten Werttheorie. Bei der Planung und Entscheidung ist das Ausmaß der erwarteten Wertschöpfung relevant. Die erwartete Wertschöpfung ist das subjektiv höher geschätzte Mehr durch die Zielerreichung gegenüber dem dafür notwendigen Mitteleinsatz. Anhand dieses Planwerts kann eine Entscheidung für oder gegen die Durchführung der Handlungsalternative getroffen werden. Bei der Kontrolle ist zudem die tatsächliche Wertschöpfung relevant. Sie ist die Differenz aus dem Wert der tatsächlich eintretenden Konsequenz und dem Wert der dafür eingesetzten Mittel.[4] Kontrolliert wird, ob der Grad der tatsächlichen Zielerreichung der Erwartung entspricht, indem die erwartete und die tatsächliche Wertschöpfung miteinander verglichen werden. Die Ermittlung der Wertschöpfung als Grad der (erwarteten oder tatsächlichen) Zielerreichung kann als Erfolgsrechnung bezeichnet werden.[5]

Für finanzielle Zielsetzungen können Geld- und Mengeneinheiten genutzt werden, um die subjektiv empfundenen Werte zu messen.[6] Dann lässt sich die Wertschöpfung für ein bestimmtes finanzielles Ziel ausrechnen. In der Betriebswirtschaftslehre wurde für Planung und Entscheidung, Umsetzung und Steuerung und Kontrolle bei finanziellen Zielsetzungen das betriebliche Rechnungswesen entwickelt.[7] Zu ihm gehören auch die hier behandelten Rechenwerke der Bilanzierung, der Investitionsrechnung und der Finanzplanung. Alle bekannten Instrumente haben konzeptionelle Charakteristika, die verallgemeinert wie in Tabelle 3.1 kategorisiert werden können.

---

[3] Ähnlich *Reim*, Erfolgsrechnung, 2. Aufl. 2022, 9. Das hier angelegte Verständnis der Erfolgsrechnung ist weiter als dasjenige in *Reim*, Erfolgsrechnung, 2. Aufl. 2022, der sich auf diejenigen Ziele beschränkt, die die Unternehmensführung in das eigene Zielsystem übernimmt. Die Erfolgsermittlung für Ziele unternehmensexterner Personen, die das Unternehmen nicht auch selbst bedienen möchte und dies auch nicht muss, wird wohl in der Regel am vorhandenen Informationsdefizit scheitern. Deswegen ist es üblich und zulässig, sich auf die betrieblichen Zielsetzungen zu beschränken.

[4] Siehe hierzu schon in Abschnitt 2.1.2.2.1.2 den Textabsatz mit Fußnote 87 f.

[5] Vgl. *Reim*, Erfolgsrechnung, 2. Aufl. 2022, 44 f.

[6] Zur Messbarkeit subjektiver Werte siehe schon Abschnitt 2.1.2.2.1.1 und 2.1.2.2.1.2.

[7] Die Aufgabe des Rechnungswesens wird auch als Abbildung des gesamten betrieblichen Geschehens in Zahlen beschrieben, vgl. *Schmidt/Auer/Schmidt*, Bilanzierung, 2012, 3.

Tabelle 3.1 Konzeptionelle Charakteristika der Rechnungen des betrieblichen Rechnungswesens[8]

Bezugsobjekt	Zeitbezug	Rhythmus	Adressaten
• Art ○ Eher Finanzbereich ○ Eher Leistungsbereich ○ Bereichsübergreifend • Umfang ○ Ganzer Bereich ○ Teilbereich	• Zeitpunkt • Zeitraum ○ Eine Periode ○ Mehrere Perioden	• Laufend • Anlassbezogen	• Unternehmensintern • Unternehmensextern

Die Bestimmung von Bezugsobjekt, Zeitbezug und Rhythmus erfolgt so, dass sie zweckmäßig für die von den Adressaten verfolgten Zielsetzungen und den zu deren Erreichung angedachten Tätigkeiten (Planung, Umsetzung, Kontrolle) ist. Adressat und Zielsetzung bestimmen also über den Zweck. Weil auch die Rechentechnik zweckadäquat gestaltet wird, bestimmen Adressat und Zielsetzung mittelbar auch über diese. Dies hat zur Folge, dass sich für unterschiedliche Adressaten mit unterschiedlichen finanziellen Zielgrößen für unterschiedliche Zwecke (Planung, Umsetzung, Kontrolle) auch unterschiedliche Werteinheiten der Erfolgsmessung ergeben. Für die in der Betriebswirtschaftslehre bekannten Rechenwerke handelt es sich in aller Regel um

- Einzahlungen und Auszahlungen (Finanzbereich),
- Kosten und Erlöse (Leistungsbereich) und
- Aufwendungen und Erträge (bereichsübergreifend).[9]

3.1.2 Barwerte als Entscheidungswerte und Marktpreise

3.1.2.1 Vorüberlegungen

Nun müssen Zweck und Technik der Barwerte als Entscheidungswerte und Marktpreise untersucht werden. Barwerte als Entscheidungswerte sollen Informationen zur Findung einer Investitionsentscheidung liefern. Sie stellen ein

[8] Eigene Darstellung in Anlehnung an *Reim*, Erfolgsrechnung, 2. Aufl. 2022, 29, dort Abbildung 1.9, aber mit abweichenden Bezugsobjekten nach *Franke/Hax*, Finanzwirtschaft, 6. Aufl. 2009, 10 f., weil nicht alle Möglichkeiten abgedeckt, und ohne Wertgrößen, weil diese sich aus dem Bezugsobjekt und dem Rechnungszweck ergeben.

[9] Vgl. *Baetge/Kirsch/Thiele*, Bilanzen, 16. Aufl. 2021, 1–6.

mathematisches Modell dar, mit dem zur Entscheidungsfindung die Realität abgebildet werden muss. Im Modell ist insbesondere der Umgang mit negativen Zinsen ungeklärt.

Vor diesem Hintergrund wird im Folgenden einleitend ein Modellrahmen für die Schließung der Forschungslücken vorgestellt. Er besteht aus Grundannahmen, Anwendungsvoraussetzungen und technischen Grundlagen des Barwertkalküls (Partialmodell) und technischen Grundlagen der linearen Optimierung von Investitionsentscheidungen (Totalmodell). Weil sich der Barwert als vereinfachendes Partialmodell herausstellt, wird auch das umfangreichere Totalmodell vorgestellt, um die Zulässigkeit der Vereinfachungen beurteilen zu können. Die Konsequenzen aus Zweck und Modellrahmen werden nach den Annahmen zum Grad an Sicherheit und Grad an Kapitalmarktvollkommenheit untergliedert, wie sie bereits aus Abschnitt 1.4 bekannt sind, da diese die modellübergreifende Gemeinsamkeit darstellen.

3.1.2.2 Grundlagen

3.1.2.2.1 Grundannahmen

Zur Erfüllung der Aufgabe des Kapitalwerts, Informationen zur Findung einer Investitionsentscheidung zu liefern, muss zunächst das Investitionsobjekt konkretisiert werden.[10] Ist der Gegenstand der Entscheidung bestimmt, stellt sich die Frage, welche Umstände in Bezug auf den Entscheider, den Entscheidungsgegenstand und die Umwelt der Entscheidung für die Entscheidungsfindung von Relevanz sind. Soll die Entscheidung richtig sein, müssen alle relevanten Umstände bei der Bewertung berücksichtigt werden. Möglicherweise entscheidungsrelevante, aber nicht in finanziellen Größen quantifizierbare Wertungen werden – der Methodik des Kapitalwerts und seiner Anwendungsbereiche entsprechend – nicht berücksichtigt. Auch ist grundsätzlich von Relevanz, wenn der Entscheider und die Person, über deren Mittel disponiert wird, unterschiedliche Personen mit unterschiedlichen Präferenzen sind. Im Folgenden wird aber auch von den Prinzipal-Agenten-Problemen solcher Verhältnisse abstrahiert, da sie keinen Erkenntnisgewinn für Zinsfragen innerhalb der Kapitalwertmethode beisteuern. Im Verhältnis von Unternehmenseignern und Geschäftsführung bedeutet dies, dass die Geschäftsführung annahmegemäß keine von den Zielen der Eigner abweichenden Ziele verfolgt.[11]

---

[10] Ähnlich, aber schon in Bezug auf die Bestimmung eines optimalen Kapitaleinsatzes als Zweck vgl. *Keifer,* Kalkulationszinsfuß, 1970, 38.

[11] Ähnlich *Mayer/Pfeiffer/Schneider*, Agency-Konflikte, WiSt 2005, 500–505.

Relevante Entscheidungsumstände sind allen voran die Präferenzen der mit der Entscheidung in Zusammenhang stehenden Personen, insbesondere deren Zeit- und Risikopräferenzen. Die zu berücksichtigenden Präferenzen lassen sich in Ziele überführen, die mithilfe mathematischer Modelle handhabbar sind und zu denen auch die Kapitalwertmethode gehört. Die Modelle werden im Anschluss an die Grundannahmen dargestellt. Hier unterscheidet die Literatur üblicherweise zwischen den Zielen

(1) der Vermögensmaximierung,
(2) der Einkommensmaximierung und
(3) der Wohlstandsmaximierung.[12]

Bei der Vermögensmaximierung (1) wird die Entscheidung für diejenigen Projekte getroffen, welche die höchsten Gewinnauskehrungen in einer bestimmten, einzelnen, vom Entscheider präferierten Periode versprechen. Die Investition wird so geplant, dass die Gewinnauskehrung in dieser einen Periode maximiert wird. Außerhalb der einzelnen Zeitpunkte der Auskehrung werden die Überschüsse für weitere Investitionen in der Unternehmung belassen, also Vermögen aufgebaut. Es kann zusätzlich eine in jeder Periode stattfindende Gewinnauskehrung berücksichtigt werden, solange diese konstant ist, also nicht maximiert wird. Wird nur in der ersten (letzten) Periode eine Gewinnauskehrung angestrebt, wird nachfolgend von Barwertmaximierung (Endwertmaximierung) gesprochen. Bei der Einkommensmaximierung (2) wird die Entscheidung für diejenigen Projekte getroffen, die die größtmögliche, in jeder Periode stattfindende und in jeder Periode gleich große Gewinnauskehrung ermöglichen. Die Investition wird so geplant, dass dieser in jeder Periode gleich hohe Auskehrungsbetrag maximal ist. Auch hier kann in jeder Periode eine absolut festgelegte Gewinnauskehrung berücksichtigt werden. Bei der Wohlstandsmaximierung (3) werden gleichzeitig bestehende Einkommens- und Vermögenswünsche in Ausgleich gebracht. Dazu wird festgelegt, in welchen Perioden Auskehrungen getätigt werden sollen und wie viel Gewicht den Bezügen der einzelnen Perioden beigemessen werden soll. Bei derart

---

[12] Mit ähnlichen Einteilungen vgl. schon *Schneider*, Investition, 7. Aufl. 1992, 65–67; *Hering*, Investitionstheorie, 1995, 9–12, der aber die Wohlstandsmaximierung unter die Vermögensmaximierung fasst; *Perridon/Steiner/Rathgeber*, Finanzwirtschaft, 17. Aufl. 2017, 15 f.; *Schneeloch/Meyering/Patek*, Steuerplanung, 4. Aufl. 2020, 75. Ansätze für derartige Ziele und zielkonforme Entscheidungsregeln finden sich schon früh, vgl. etwa *Fisher*, Interest, 1907, 140–142 zu Barwerten; *Solomon*, Capital-Budgeting, The Journal of Business 1956, 124–129 zu Endwerten; *Moxter*, Präferenzstruktur, ZfbF 1964, 6, 11 zu Einkommen und 14 zu Vermögen.

festgelegten Präferenzen lassen sich auch diese in einer mathematischen Funktion abbilden und maximieren.[13]

Die Zielsetzungen wurden in Zeiten ausschließlich positiver Zinsen entwickelt. Sie brauchen auf Basis der Erkenntnisse zu den als Verwahrentgelten qualifizierenden Negativzinsen in Kapitel 2 nicht angepasst werden. Anpassungen könnten durch Änderungen bei den Zeit- und Risikopräferenzen begründet sein. Nach den Erkenntnissen des Abschnitts 2.1.2.2.3.2 ist aber keine Änderung der Präferenzen ersichtlich.

Die Notwendigkeit, neben den Präferenzen auch die übrigen entscheidungsrelevanten Umstände einzubeziehen, wird in der Literatur üblicherweise vermieden, indem Annahmen zum Grad an Sicherheit und dem Grad an Kapitalmarktvollkommenheit getroffen werden. Darüber hinaus hängen Grad und Art der Einbeziehung weiterer relevanter Umstände von der Art des als Entscheidungshilfe gewählten Modells ab. Ein Modell der Realität, das sämtliche Zustände aller relevanten Umstände in allen Zeitpunkten explizit berücksichtigt, wird als Totalmodell oder Simultanplanung bezeichnet. Anderenfalls handelt es sich um ein Partialmodell.[14]

3.1.2.2.2 Partialmodell

Die Bewertungsmethode Kapitalwert ist ein Partialmodell. Bewertungsmethoden sind stets relativ. So kann der Wert von Gütern nur als Tauschverhältnis zu anderen Gütern ausgedrückt werden, üblicherweise unter Zuhilfenahme von Geld als Tauschmittel. Der Wert hat dann die Einheit €/Stück. Auch der Zins als Preis für eine Nutzungsüberlassung ist ein relativer Wert. Er drückt ein Tauschverhältnis von heutigen und künftigen Werten aus und wird üblicherweise in % des gegenwärtigen Geldwerts des zugrundeliegenden Guts angegeben.[15] Zeitwertberechnungen, zu denen auch die Kapitalwertmethode gehört, kombinieren beides. Sie erfassen einerseits bereits in Geldeinheiten quantifizierte Ein- und Auszahlungen, die aus dem zu bewertenden Objekt resultieren. Andererseits verteilen sich diese Zahlungsströme auf eine bestimmte Zeitdauer. Der Zweck von Zeitwerten ist, diese über die Zeit verteilten Zahlungsströme mit anderen über die Zeit verteilten Zahlungsströmen zu einem bestimmten Zeitpunkt vergleichbar zu machen.[16] Dazu verwenden sie die Eigenschaften des Zinses als Tauschverhältnis

---

[13] Die Erklärung entspricht derjenigen von *Hering*, Investitionstheorie, 1995, 10 f., mit geringfügigen Anpassungen an diejenige von *Schneider*, Investition, 7. Aufl. 1992, 65 f.

[14] Vgl. *Perridon/Steiner/Rathgeber*, Finanzwirtschaft, 17. Aufl. 2017, 90.

[15] Vgl. *Stützel*, Preis, in: Grochla/Wittmann, Handwörterbuch, 4. Aufl. 1974, 4405 f.

[16] Vgl. *Keifer*, Kalkulationszinsfuß, 1970, 36 f.

gegenwärtiger und künftiger Güter. Die technische Durchführung der Bewertung erfolgt durch Auf- oder Abzinsung der Zahlungsströme auf einen bestimmten Zeitpunkt mit einem Kalkulationszinssatz. Der Zeitwert ist die Summe dieser periodischen auf- und/oder abgezinsten Zahlungssalden. Bezeichnet ZW_{t^*} den Zeitwert einer Periode, E_t die Einzahlungen und A_t die Auszahlungen einer Periode, i_t den Kalkulationszinssatz einer Periode und t einen Index für die jeweilige Periode, lässt sich der Zeitwert wie in Formel (3.1) dargestellt berechnen:[17]

$$ZW_{t^*} = \sum_{t=0}^{T}\left((E_t - A_t) \times (1+i)^{t^*-t}\right), \tag{3.1}$$

$$BW = \sum_{t=0}^{T} \frac{E_t - A_t}{(1+i)^t}, \tag{3.2}$$

$$EW = \sum_{t=0}^{T}\left((E_t - A_t) \times (1+i)^{T-t}\right). \tag{3.3}$$

Die Formeln geben die Zeitwerte zu einem bestimmten Betrachtungszeitpunkt t^* innerhalb des gesamten Planungszeitraums an. Die auf den Beginn ($t^* = 0$) und das Ende des Planungszeitraums ($t^* = T$) berechneten Zeitwerte sind der Bar- bzw. Kapitalwert (BW) und der Endwert (EW). Die einfachen Grundformeln (3.1)–(3.3) gelten für in jeder Periode gleiche Kalkulationszinssätze. Sind letztere in einzelnen oder allen Perioden unterschiedlich, ändern sich die Formeln zu den folgenden Varianten:

$$ZW_{t^*} = \sum_{t\,=\,0}^{T}\left((E_t - A_t) \times \prod\nolimits_{t=0}^{t^*-1}(1+i_t) \times \prod\nolimits_{t=t^*+1}^{T}\frac{1}{(1+i_t)}\right), \tag{3.1a}$$

$$BW = \sum_{t\,=\,0}^{T} \frac{E_t - A_t}{\prod_{t=0}^{T}(1+i_t)}, \tag{3.2a}$$

[17] Vgl. *Grob*, Investitionsrechnung, 1989, 105 f. Für ein einfaches Anwendungsbeispiel der Formeln seien annahmegemäß $A_0 = -900$, $E_1 = 400$, $E_2 = 400$, $E_3 = 300$ und $i = 10\%$. Dann ergibt sich

nach Formel (3.2) $BW = -900 + \frac{400}{1,1} + \frac{400}{1,1^2} + \frac{300}{1,1^3} = 19,61$,

nach Formel (3.3) $EW = -900 \times 1,1^3 + 400 \times 1,1^2 + 400 \times 1,1 + 300 = 26,10$ und

nach Formel (3.1) $ZW_1 = -900 \times 1,1 + 400 + \frac{400}{1,1} + \frac{300}{1,1^2} = 21,57$ für $t^* = 1$.

$$EW = \sum_{t=0}^{T} \left((E_t - A_t) \times \prod\nolimits_{t=0}^{T} (1 + i_t) \right). \qquad (3.3a)$$

Die Zeitwertmethode ist ein mathematisches Modell der Realität. Damit sie ihrem Zweck gerecht wird, müssen sich die Struktur des zugrunde liegenden realen Sachverhalts und die mathematische Modellstruktur entsprechen.[18] Hinsichtlich der Modellierung der realen Zielsetzungen passt die Modellstruktur der Zeitwerte am ehesten zur Vermögensmaximierung, da sie nur zu einem bestimmten Zeitpunkt Vergleichbarkeit herstellt. Das zu lösende Problem darf nur von Wertungen abhängen, die auch von den Rechengrößen (Geldeinheiten, Zinssätze) hinreichend abgebildet werden. Die Verwendung für die voranstehende Zielsetzung genügt diesen Anforderungen, sofern nicht weitere Ziele oder Präferenzen eine Rolle spielen. Darüber hinaus muss

- das Bewertungsobjekt tatsächlich entsprechende Zahlungsströme abwerfen,
- der Kalkulationszinssatz auf existierenden Investitionen/Finanzierungen beruhen,
- die Höhe der Zahlungsströme und der Kalkulationszinssatz bestimmbar sein,[19]
- der Zu-/Abfluss der Zahlungen tatsächlich in mathematisch diskreten Perioden erfolgen, d. h. in aufeinanderfolgenden und gleich langen Abständen, jeweils zu Beginn oder am Ende einer Periode.[20]

Auch die als Verwahrentgelte qualifizierenden negativen Zinsen können diesen Erfordernissen regelmäßig gerecht werden. Sie führen ebenfalls zum Anfallen von Zahlungsströmen. Die Zahlungen werden entweder laufend entrichtet, dann wird das Verwahrentgelt wie positive Zinsen in % des gegenwärtigen Geldwerts des zugrundeliegenden Guts angegeben, oder es wird nicht laufend entrichtet, z. B. bei einer negativ rentierenden Nullkuponanleihe, dann tritt ein Zahlungsstrom bei Anschaffung der Anleihe und einer bei Rückzahlung des Anleihebetrags auf. Laufende Verwahrentgelte können daher technisch entweder im Kalkulationszinssatz oder in den Zahlungsströmen des Bewertungsobjekts abgebildet werden. Nicht

[18] Vgl. *Kosiol*, Modellanalyse, ZfhF 1961, 318, 321; *Keifer*, Kalkulationszinsfuß, 1970, 7 f.

[19] Vgl. *Perridon/Steiner/Rathgeber*, Finanzwirtschaft, 17. Aufl. 2017, 86.

[20] Damit ist zugleich klar, dass außer für Finanzinvestitionen mit fest determinierten Zahlungszeitpunkten nie eine vollkommene Übereinstimmung gegeben ist. Es bedarf einer vereinfachenden Annahme, meist des Anfalls am Periodenende. Vgl. *Franke/Hax*, Finanzwirtschaft, 6. Aufl. 2009, 151.

laufende Verwahrentgelte können technisch zumindest in den Zahlungsströmen des Bewertungsobjekts abgebildet werden.

Weitere Vergleichbarkeitsüberlegungen ergeben sich je nach Anwendungszweck. Besteht dieser in der Findung einer Entscheidung, wird aus mindestens zwei Alternativen gewählt. Dann muss die Struktur des realen Sachverhalts aller Alternativen mit derjenigen der Zeitwertformel übereinstimmen.

Die Einordnung der Zeitwerte als Partialmodell ergibt sich aus der Überlegung, dass relevante Umstände nicht explizit berücksichtigt werden. Während die Ein- und Auszahlungen der in Rede stehenden Investition konkret einfließen können, erfolgen Pauschalierungen über den Ansatz nur eines einzigen Zinssatzes je Periode. Tatsächlich kann bei Durchführung der Investition aber der Fall eintreten, dass in einer Periode sowohl Mittel angelegt als auch aufgenommen werden müssen oder dass mehrere Finanzierungen zu unterschiedlichen Konditionen in Anspruch genommen werden. In der Folge sind in einer einzelnen Periode mehrere unterschiedliche Zinssätze relevant, die bei den Zeitwertberechnungen auf einen einzigen Parameter reduziert werden.

3.1.2.2.3 Totalmodell

Die richtige Bestimmung der Parameter für das Partialmodell wird in der Literatur aus der Untersuchung von Totalmodellen gewonnen. Außerdem dienen sie der Kontrolle. Sind die Parameter im vereinfachten Partialmodell richtig bestimmt, führt dieses zu den gleichen theoretisch fundierten Ergebnissen wie das Totalmodell.

Ein dafür geeignetes Totalmodell[21] lässt sich als mathematisches Ungleichungssystem formulieren. Seine Berechnung gibt das Programm an Investitionen und Finanzierungen aus, das für die Erreichung von Vermögens-, Einkommens- oder Wohlstandsmaximierung als jeweiliger Zielsetzung optimal ist, und den zugehörigen Zielbetrag. Die Zielfunktion des Totalmodells ist Gleichung (3.4)).

$$GG := \sum_{t=0}^{T} w_t \times GewA_t \qquad \forall\, t \in \{0,\ 1,\ 2,\ \ldots,\ T\} \tag{3.4}$$

[21] Das Modell inklusive dessen nachfolgende Darstellung sind entnommen aus *Hering*, Investitionstheorie, 1995, 75–77, der wiederum auf bereits vorhandene und sehr ähnliche Modelle von *Weingartner*, Budgeting, 1963, 169–178; *Hax*, Programmierung, ZfbF 1964, 430, 435–439; *Franke/Laux*, Kalkulationszinsfüße, ZfbF 1968, 740, 742–744 zurückgreift.

Die Gewinnauskehrungen $GewA_t$ der einzelnen Perioden werden mit dem Faktor w_t der jeweiligen Periode gewichtet. Dieser gibt der Funktion ihre zielsetzungskonforme Struktur. Bei Barwertmaximierung sind $w_0 = 1$ und $w_1 = w_2 = \ldots = w_T = 0$, sodass ausschließlich für die erste Periode eine Gewinnauskehrung bestimmt wird. Bei Endwertmaximierung wäre nur $w_T = 1$ und alle anderen wären null, sodass nur für die letzte Periode eine Gewinnauskehrung ermittelt wird.[22] Das Modell maximiert die Summe (GG) der gewichteten Gewinnauskehrungen.

Ausgekehrt werden kann höchstens die Summe der Zahlungsüberschüsse einer Periode. Gibt es ein vorhandenes Budget an Eigenmitteln, kann auch dieses ausgekehrt werden. Negative Beträge können nicht ausgekehrt werden. Es gilt

$$GewA_t \leq b_t + \sum_{j=1}^{m} g_{j,t} \times x_j. \tag{3.5}$$

Darin stellt $g_{j,t}$ alle Zahlungsströme dar, also sämtliche Einzahlungen ($E_{j,t}$) und Auszahlungen ($A_{j,t}$) aller Perioden (t) aller Objekte (j). Objekte sind alle zur Wahl stehenden Mittelanlagen / Investitionsprojekte und Finanzierungen, jeweils einzeln mit dem Index (j) durchnummeriert. Streng genommen gehört für Fälle mit als Verwahrentgelten qualifizierenden negativen Zinsen auch die Möglichkeit einer eigenständigen Verwahrung der Mittel zu den relevanten Objekten, über deren Durchführung zu entscheiden ist. Diese ist aber regelmäßig mit hohen Kosten verbunden, weil üblicherweise eine sehr sichere Verwahrung in großem Umfang hergestellt werden soll. Ist bei der Planung von vornherein klar, dass diese Kosten die Verwahrentgelte übersteigen, braucht das Objekt bei der weiteren Entscheidungsfindung nicht mehr berücksichtigt werden. Dies ist bei den Verwahrentgelten der letzten Jahre der Fall, weil sie vergleichsweise niedrig sind. Anderenfalls hätten sie sich auch nicht flächendeckend durchgesetzt.[23] Im Folgenden wird daher auf die Abbildung dieser Handlungsalternative verzichtet.

Die Ein- und Auszahlungen sind anders als in den Formeln (3.1) bis (3.3) dementsprechend auch Tilgungs- und (positive wie negative) Zinszahlungen. Wie oft die einzelnen Mittelanlagen / Investitionen durchgeführt und Finanzierungen in

---

[22] Im Falle von Einkommensmaximierung wäre nur $w_0 = 0$, alle übrigen eins, im Falle von Wohlstandsmaximierung können für beliebige Perioden Ausschüttungen vorgesehen und über die w_t mit beliebigem Gewicht in eine den Präferenzen des Entscheiders entsprechende Rangfolge gebracht werden. Vgl. hierzu *Hering*, Investitionstheorie, 1995, 88 f., 92 f., 97, 105.

[23] Siehe dazu schon die qualifikatorische Einordnung in Abschnitt 2.1.2.3.1. Aus diesem Grunde kann diese Alternative auch bei einer Partialentscheidung vernachlässigt werden.

Anspruch genommen werden, ergibt sich aus der Anzahl x_j. Die Variable b_t gibt im Zeitpunkt 0 das vorhandene Budget in Form von Eigenmitteln an. Sie kann auch dafür verwendet werden, Einlagen im Zeitablauf zu erfassen. Unmittelbare Folge der Zielfunktion (3.4) für diese Ungleichung ist zudem, dass hier keine $GewA_t$ auftaucht, wenn in der Zielfunktion das entsprechende $w_t = 0$ ist. Die Parameter lassen sich am Beispiel eines vollständigen Finanzplans für eine konkrete Handlungsalternative auch in Zahlen verdeutlichen, wie in Abbildung 3.1 dargestellt. Der Finanzplan zeigt den Plan für eine Investition, die eine Anfangsauszahlung i. H. v. 900 € erfordert und anschließend Einnahmen i. H. v. 400 €, 400 € und 300 € einbringt. Die Investition muss fremdfinanziert werden, der zugehörige Zinssatz beträgt 10 % in jeder Periode. Mittelüberschüsse über die anfallenden Zinsen werden zur Tilgung verwendet. In der letzten Periode ergibt sich ein Überschuss i. H. v. 26,10 €, der in dieser entnommen wird.

	Periode / Posten	t = 0	t = 1	t = 2	t = 3	
	Zahlungsreihe	./. 900,00 €	400,00 €	400,00 €	300,00 €	$g_{1,t}$
	Eigenmittel					b_t
$GewA_t$	- Entnahmen				./. 26,10 €	
	- Einlagen					
	Kredit					$g_{2,t}$
	- Aufnahme	900,00 €				
	- Tilgung		./. 310,00 €	./. 341,00 €	./. 249,00 €	
	- Zinsen		./. 90,00 €	./. 59,00 €	./. 24,90 €	
	Mittelanlage					$g_{3,t}$
	- Anlage					
	- Auflösung					
	- Zinsen					
	Finanzsaldo	0,00 €	0,00 €	0,00 €	0,00 €	
	Bestandsgrößen					
	- Kredit	900,00 €	590,00 €	249,00 €	0,00 €	
	- Guthaben					

Abbildung 3.1 Exemplarische Darstellung der Parameter des Totalmodells[24]

Das vollständige Totalmodell ergibt sich, wenn zusätzlich alle zu berücksichtigenden Nebenbedingungen formalisiert werden.

$$GG := \sum_{t=0}^{T} w_t \times GewA_t \qquad \forall\, t \in \{0, 1, 2, \ldots, T\} \tag{3.4}$$

[24] Eigene Darstellung.

$$\text{mit } g_{j,t} = E_{j,t} - A_{j,t}, \ sowie$$

$$-\sum_{j=1}^{m} g_{j,t} \times x_j + GewA_t \leq b_t \quad \forall\, t \in \{0, 1, 2, \ldots, T\} \quad \forall\, j \in \{0, 1, 2, \ldots, m\} \tag{3.5}$$

$$x_j \leq x_j^{max} \quad \forall\, j \in \{0, 1, 2, \ldots, m\} \tag{3.6}$$

$$x_j \geq 0 \quad \forall\, j \in \{0, 1, 2, \ldots, m\} \tag{3.7}$$

$$GewA_t \geq 0 \quad \forall\, t \in \{0, 1, 2, \ldots, T\} \tag{3.8}$$

So kann die Anzahl der Durchführung eines Objekts nach oben hin begrenzt werden (siehe Ungleichung (3.6)). Zudem muss die Anzahl immer mindestens 0 betragen (Ungleichung (3.7)). Die eingangs festgestellte Nichtnegativitätsbedingung der Gewinnauskehrungen erfasst Ungleichung (3.8). Schließlich entspricht Ungleichung (3.5) in der hier dargestellten Variante inhaltlich der oben dargestellten. Es wurde nur der Summenoperator subtrahiert. Das Alleinstellen von b_t auf der rechten Seite der Ungleichung bietet den Vorteil, dass nun für die Terme (3.5) bis (3.8) die geltenden Nebenbedingungen, unter denen die Optimierung des verfolgten Ziels stattfinden soll, unmittelbar abgelesen werden können.

Bei dem vollständigen Finanzplan handelt es sich lediglich um eine geordnete, visuelle Abbildung einer Planungsrechnung. Sie erlaubt eine Optimierung der Zielgrößen höchstens durch Ausprobieren.[25] Das in Form von Ungleichungen dargestellte Modell beinhaltet zwar dieselben Größen, aber seine mathematische Form ermöglicht einfache Berechnungen der optimalen Werte für die Strukturvariablen mithilfe der sogenannten linearen Programmierung bzw. (synonym) Optimierung.[26]

[25] Vgl. *Hering*, Investitionstheorie, 1995, 160.

[26] Das Verfahren der linearen Optimierung geht zurück auf *Dantzig,* Programming, 1963. Die Darstellung der Durchführung mithilfe des Simplexalgorithmus ist hinreichend geklärt. Auf sie wird hier – auch, weil zu Darstellungszwecken nicht benötigt – nicht näher eingegangen. Für die Ausführung der Optimierung gibt es hinreichend frei zugängliche Softwarelösungen. Für die nachfolgenden Berechnungen wird die Open Source Software RStudio (Programmversion 2022.12.0+353), basierend auf R (Programmversion 4.2.2), erhältlich unter https://posit.co/download/rstudio-desktop/, mit den Paketen lpSolve (Version 5.6.17) und linprog (0.9–4) verwendet. Der Code wird jeweils im Anhang als elektronisches Zusatzmaterial hinterlegt.

Bei Durchführung der linearen Optimierung kann zugleich die Lösung für ein weiteres Optimierungsproblem mitberechnet werden, das zur selben Zielgröße gelangt. Das voranstehende Optimierungsproblem wird „Primal“ genannt. Beim Primal werden Zuwächse zum Zeitwert maximiert. Das Rechenergebnis der Optimierung wirft aber nur die Gewinnausschüttungen/-entnahmen $GewA_t$ und die Anzahl der Durchführungen der Objekte x_j ab. Welche Zahlungen welchen konkreten Beitrag zum Zeitwert leisten ist nicht ablesbar. Das andere, sogenannte „duale“ Optimierungsproblem geht den umgekehrten Weg. Es minimiert die dem Zeitwert entgehenden Zuwächse. Primal und Dual optimieren beide den Zeitwert, ihre Zielgrößen sind gleich ($GG = Z$). Die zugehörige Modellstruktur wird in rein mathematisch-technischer Umsetzung gewonnen. Dadurch entspricht sie nicht derjenigen des Primals und enthält einen Parameter, der bei der Optimierung berechnet wird und die Wachstumsbeiträge zum Zeitwert ausdrückt. Die Modellstruktur stellt sich wie folgt dar:[27]

$$Z := \sum_{t=0}^{T} b_t \times d_t + \sum_{j=1}^{m} x_j^{max} \times u_j \qquad \begin{array}{l} \forall\, t \in \{0, 1, 2, \ldots, T\} \\ \forall\, j \in \{0, 1, 2, \ldots, m\} \end{array} \tag{3.9}$$

$$\text{mit} \quad g_{j,t} = E_{j,t} - A_{j,t}, \quad \text{sowie}$$

$$-\sum_{t=0}^{T} g_{j,t} \times d_t + u_j \geq 0 \qquad \forall\, t \in \{0, 1, 2, \ldots, T\} \tag{3.10}$$

$$\forall\, j \in \{0, 1, 2, \ldots, m\}$$

$$d_t \geq w_t \qquad \forall\, j \in \{0, 1, 2, \ldots, m\} \tag{3.11}$$

$$d_t \geq 0 \qquad \forall\, j \in \{0, 1, 2, \ldots, m\} \tag{3.12}$$

$$u_j \geq 0 \qquad \forall\, t \in \{0, 1, 2, \ldots, T\} \tag{3.13}$$

Das Dual basiert auf den selben vor der Optimierung bekannten Inputgrößen wie das Primal (Zahlungsströme $g_{j,t}$, Budget b_t, maximal mögliche Anzahl der Durchführung von Investitionen und Finanzierungen x_j^{max}). Neu hinzugekommen sind die Variablen d_t und u_j,[28] deren optimale Werte bei der Lösung des dualen

[27] Auch die Darstellung des dualen Optimierungsproblems und seine Interpretation sind entnommen aus *Hering*, Investitionstheorie, 1995, 78–88.

[28] Wie schon die Strukturvariablen des Primals können sie nicht negativ sein (Ungleichungen (12) und (13) sowie für das Primal Ungleichungen (7) und (8)).

Problems berechnet werden. Die die Wachstumsbeiträge abbildende Dualvariable ist d_t. Das lässt sich durch wenige Umformungen veranschaulichen. Dazu ist zunächst in Ungleichung (3.10) durch Addition des Summenoperators u_j freizustellen.

$$u_j \geq \sum_{t=0}^{T} g_{j,t} \times d_t \tag{3.14}$$

Anschließend wird durch Einfügen einer Schlupfvariable (μ_j) die Ungleichung in eine Gleichung umgeformt. Die Schlupfvariable stellt die Differenz zu u_j (den „Schlupf") dar, die erreicht werden muss, damit die Bedingung der Ungleichung weiterhin erfüllt ist.

$$u_j = \sum_{t=0}^{T} g_{j,t} \times d_t + \mu_j \tag{3.15}$$

Der erhaltene Begriff lässt sich für u_j in die Zielfunktion (3.9) einsetzen. Es ergibt sich

$$Z := \sum_{t=0}^{T} b_t \times d_t + \sum_{j=1}^{m} \left(x_j^{max} \times \left(\sum_{t=0}^{T} g_{j,t} \times d_t + \mu_j \right) \right). \tag{3.16}$$

Da Z den Zeitwert darstellt und x_j^{max} lediglich eine Anzahl ist, kann unter Vernachlässigung von μ_j gefolgert[29] werden, dass d_t einen Faktor darstellt, mit dem das Budget b_t und die Zahlungssalden $g_{j,t}$ auf den Zeitwert anwachsen. Bei der Dualvariablen d_t muss es sich daher um Auf- bzw. Abzinsungsfaktoren handeln.[30]

[29] Die Vernachlässigung ist auch mathematisch zulässig aufgrund der Komplementaritätsbeziehungen zwischen den Schlupf- und Strukturvariablen von Primal und Dual. Diese lauten $s_j \times u_j = 0$ und $\mu_j \times x_j = 0$, wobei s_j die Schlupfvariable für Ungleichung (6) ist. Wird eine Investition oder Finanzierung gar nicht durchgeführt, ist $x_j = 0$. Dann ist aber auch x_j kleiner als x_j^{max} sowie infolgedessen die Schlupfvariable s_j von Ungleichung (6) positiv, weshalb nach der Komplementaritätsbeziehung $u_j = 0$ sein muss. Wenn ein Objekt durchgeführt wird, ist $x_j > 0$. Infolgedessen muss nach der voranstehend genannten Komplementaritätsbeziehung auch $\mu_j = 0$ sein. Ein Investitions-/Finanzierungsobjekt wird also entweder durchgeführt, dann taucht μ_j aber nicht auf, oder es wird nicht durchgeführt, dann ist aber der ganze Term für u_j, in dem μ_j enthalten ist, nicht in Gleichung (16) enthalten. Vgl. hierzu auch *Hering*, Investitionstheorie, 1995, 84.

[30] Vgl. schon *Hax*, Programmierung, ZfbF 1964, 430, 441.

Als solche beinhalten sie schon die für die Auf-/Abzinsung relevanten Berechnungen mit den Zinssätzen einzelner Perioden, weshalb die Ein- und Auszahlungen der Formeln (3.1) bis (3.3) für die Berechnung des Zeitwerts nur noch mit diesen Faktoren multipliziert werden brauchen. Die Dualvariable u_j ist dann nach Ungleichung (3.14) der höchstens zulässige Wert für die Summe der Bar- oder Endwerte aller Zahlungsströme $g_{j,t}$ einer Finanzierung oder Investition j.

Die Auf- und Abzinsungsfaktoren lassen sich leicht in Kalkulationszinssätze umrechnen. Gibt es nur die Perioden 0 und 1, berechnen sich die beiden Faktoren wie in Formel (3.17) und (3.18) dargestellt.

$$Aufzinsungsfaktor = 1 + i \tag{3.17}$$

$$Abzinsungsfaktor = \frac{1}{1+i} \tag{3.18}$$

Bei mehr als zwei Perioden und einheitlichem Kalkulationszinssatz wird der Faktor für eine Periode in Höhe der Anzahl der Perioden bis zum Anfangs- bzw. Endzeitpunkt mit sich selbst multipliziert, wie in den Formeln (3.19) und (3.20) abgebildet.

$$Endwertfaktor_t = (1+i)^{T-t} \qquad \forall\, t \in \{0, 1, 2, \ldots, T\} \tag{3.19}$$

$$Barwertfaktor_t = \frac{1}{(1+i)^t} \qquad \forall\, t \in \{0, 1, 2, \ldots, T\} \tag{3.20}$$

Aus dem voranstehend beschriebenen Optimierungsproblem können auch für mehr als zwei Perioden und periodenindividuell Kalkulationszinssätze berechnet werden. Unter diesen Bedingungen ergeben sich die Faktoren analog zu den Formeln (3.19) und (3.20), nur jetzt als Produkt der periodenindividuellen Zinssätze, wie in den Formeln (3.21) und (3.22) dargestellt.

$$Endwertfaktor_t = \prod_{\tau=T-t}^{T} (1+i_\tau) \qquad \forall\, t, \tau \in \{0, 1, 2, \ldots, T\} \tag{3.21}$$

$$Barwertfaktor_t = \prod_{\tau=0}^{t} \frac{1}{1+i_\tau} \qquad \forall\, t, \tau \in \{0, 1, 2, \ldots, T\} \tag{3.22}$$

Die Umrechnung der Faktoren in einzelne Kalkulationszinssätze erfolgt durch Freistellung der Formeln nach i, bzw. i_τ. Sie ist für die Bestimmung der Bedingungen hilfreich, unter denen die Zeitwertformeln als Partialmodell ebenfalls zu theoretisch richtigen Ergebnissen wie das Totalmodell führen. Die Vereinfachungen im Partialmodell der Formeln (3.1) bis (3.3) gegenüber dem Totalmodell liegen nämlich gerade im Ansatz der Kalkulationszinssätze.

3.1.2.3 Konsequenzen

3.1.2.3.1 Bestimmung der Parameter

3.1.2.3.1.1 Szenarien nur mit (niedrigen) positiven Zinsen

3.1.2.3.1.1.1 Situation unter Sicherheit mit vollkommenem Kapitalmarkt

Es gelte zunächst der Modellrahmen einer Situation unter Sicherheit und des vollkommenen Kapitalmarkts wie in Abschnitt 1.4 dargelegt. Die dem vollkommenen Kapitalmarkt zugrundeliegenden Annahmen, insbesondere diejenigen zum Verhalten der Marktteilnehmer, wurden in Zeiten ausschließlich positiver Zinsen entwickelt. Sie müssen aufgrund der Existenz negativer Zinsen nicht angepasst werden. Infolge der Auswertung der bisherigen empirischen Untersuchungen in Abschnitt 2.1.2.2.3.2 kann gerade nicht davon ausgegangen werden, dass sich die Zeit- und Risikopräferenzen der Wirtschaftssubjekte umgekehrt hätten.[31] Auch die Annahmen vollkommener Handelsbedingungen, Liquiditätsbedingungen und Informationseffizienz werden durch die Existenz negativer Zinsen nicht tangiert. Aus der Annahme vollkommener Handelsbedingungen folgt vielmehr, dass in diesen Szenarien keine als Verwahrentgelte qualifizierenden negativen Zinsen auftauchen können, denn bei diesen handelt es sich um Kosten für die Kassenhaltung (ausgeschlossene Transaktionskosten). Die Szenarien mit vollkommenem Kapitalmarkt werden dennoch vorab behandelt, da sie den leichtesten Zugang zur Thematik der Zeitwertkalküle bieten.

In einer Situation unter Sicherheit und mit vollkommenem Kapitalmarkt findet jeglicher Handel zum Gleichgewichtspreis[32] statt.[33] Aufgrund des realitätsfern eingegrenzten Modellrahmens gelten die folgenden Irrelevanztheoreme:[34]

---

[31] Siehe hierzu auch das Ergebnis der qualifikatorischen Einordnung auf Seite 81.

[32] Dies sind einerseits die Zinsen (Preis für die Kapitalüberlassung), andererseits die Preise für einzelne Objekte (Mittelanlagen / Investitionen) und Objektbündel (ganze Unternehmungen).

[33] Siehe schon Abschnitt 2.1.2.2.1.3, den Textabsatz bei Fußnote 109 f.

[34] Mit einem guten Überblick vgl. *Rudolph*, Separationstheoreme, ZfB 1983, 261–287.

(1) Der mit der Bewertung verfolgte Zweck ist für die Entscheidungsfindung irrelevant, da zwischen Entscheidungswerten und Marktpreisen kein Unterschied besteht.[35]
(2) Die Zeitpräferenzen (Konsum-/Sparziel in Form von Vermögens-/Einkommens-/Wohlstandsmaximierung) sind für die Entscheidungsfindung irrelevant.[36]
(3) Die Art der Finanzierung einer Investition ist irrelevant für deren Marktpreis.[37]

Als technische Konsequenz enthält der Zähler von Formel (3.2) nur die bekannten, sicheren und daher einwertigen Zahlungsströme der Handlungsalternativen. Im Nenner ist der richtige Kalkulationszinssatz der einheitliche Marktzinssatz, welcher mangels Unsicherheiten eine reine Zeitpräferenzrate darstellt.[38] Er ist mangels Verwahrentgelten als negative Marktzinsen stets größer oder gleich null.[39] Als inhaltliche Konsequenz ist auch der Kapitalwert unter diesen Umständen zugleich Entscheidungswert und Marktpreis für die mit ihm bewertete Handlungsalternative und führt für jede Zeitpräferenz zur richtigen Entscheidung. Die Entscheidungsfindung kann stets mit jedem der Zeitwerte erfolgen,

[35] Weil kein Marktteilnehmer Informationsvorsprünge gegenüber anderen hat, darf angenommen werden, dass niemand aus einer Investition größere Erträge realisieren kann als andere. Dann entsprechen sich die subjektiven Entscheidungswerte der Marktteilnehmer. Weil die Entscheidungswerte für den Käufer die Preisobergrenze und für den Verkäufer die Preisuntergrenze darstellen, einigen sich beide auf genau diesen einheitlichen Grenzwert, der infolgedessen als Marktpreis zustande kommt. Vgl. *Hering,* Unternehmensbewertung, 1999, 95 f. zum Erfordernis homogenen Synergiepotenzials und homogener Erwartungen; *Matschke/Brösel*, Unternehmensbewertung, 4. Aufl. 2013, 28–33.

[36] Dies liegt daran, dass auf dem vollkommenen Kapitalmarkt Kapital unbegrenzt von jedem Marktteilnehmer zum einheitlichen Marktzins nachgefragt und angeboten werden kann. Konsumieren und Sparen lassen sich bei Bedarf jederzeit zum einheitlichen Marktzins gegeneinander austauschen. Mit formalen Nachweisen vgl. *Fisher*, interest, 1930, 269–275, insbesondere 274 und *Rudolph*, Separationstheoreme, ZfB 1983, 261, 266–268.

[37] Vgl. *Modigliani/Miller*, Capital, The American Economic Review 1958, 261, 288–293; *Rudolph*, Separationstheoreme, ZfB 1983, 261, 271 f. Dies folgt ebenfalls aus der Möglichkeit unbegrenzter Kapitalanlage und -aufnahme zum einheitlichen Marktzins und aus der Annahme von Sicherheit.

[38] Vgl. *Franke/Hax*, Finanzwirtschaft, 6. Aufl. 2009, 169 sowie die Ausführungen in Abschnitt 2.1.2.2.1.3. Dies lässt sich auch aus dem im Vorigen aufgestellten Totalmodell herleiten. Mit solchen Herleitungen siehe *Weingartner*, Budgeting, 1963, 143; *Franke/Laux*, Kalkulationszinsfüße, ZfbF 1968, 740, 745.

[39] Vgl. *Hering*, Investitionstheorie, 1995, 13; ähnlich schon *Fisher*, interest, 1930, 282–286, der die Möglichkeit des Vorkommens auf Fälle mit geänderten Präferenzen eingrenzt.

die Rangfolge der Vorteilhaftigkeit der Investitionen ist für alle Zeitwerte gleich. Sie lassen sich mit dem einheitlichen Kalkulationszinssatz einfach in den jeweils anderen umrechnen. Aufgrund der Annahme von Sicherheit braucht es auch keine Unsicherheitspräferenzen.

Tabelle 3.2 Beispiel zur Vergleichbarkeit von Investitionsalternativen – Zahlungsreihen[40]

Alternative	Periode			
	t = 0	t = 1	t = 2	t = 3
Projekt A	./. 1.000 €	0 €	0 €	1.331 €
Projekt B	./. 700 €	300 €	500 €	
Projekt C	./. 900 €	400 €	400 €	300 €

Ein einfaches Rechenbeispiel lässt sich für die in Tabelle 3.2 dargestellten Investitionsprojekte anstellen. Der Markt-/Kalkulationszinssatz betrage 10%. Dann ergeben sich nach Formel (3.2) und (3.3) die in Tabelle 3.3 dargestellten Bar- und Endwerte. Die Sortierung nach der Höhe der berechneten Werte führt zur gleichen Rangfolge der Alternativen. Die Entscheidung kann dann für Projekt C als beste Alternative gefällt werden. Projekt B würde zu einer Schlechterstellung führen und wird daher nicht durchgeführt. Projekt A führt weder zu einer Besserstellung noch zu einer Schlechterstellung.

Tabelle 3.3 Zusätzliche Zeitwerte bei vollkommenem Kapitalmarkt unter Sicherheit[41]

Alternative	Periode	
	Barwert t = 0	Endwert t = 3
Projekt A	0,00 €	0,00 €
Projekt B	./. 14,05 €	./. 18,70 €
Projekt C	19,61 €	26,10 €

Über die Entscheidungsfindung hinaus kann auch eine betragsmäßige Interpretation erfolgen. Sie leitet sich aus den (Konsum-)Präferenzen der Entscheider als Grundannahmen des Modells ab. Umgekehrt besitzen die Zeitwerte aber auch gerade nur durch das Optimierungsziel des Entscheiders eine klar umrissene

[40] Werte zu Projekt A und B in Anlehnung an *Schneider*, Investition, 7. Aufl. 1992, 67 f. Projekt B endet nach Periode 2.

[41] In Fortführung des Beispiels von *Schneider*, Investition, 7. Aufl. 1992, 67 f.

betragsmäßige Aussagekraft. Ein positiver Endwert ist der Betrag, der am Ende des Planungshorizonts zur Auskehrung zur Verfügung steht, wenn bis dahin sämtliche bereits zu Beginn zur Verfügung stehenden Mittel weiterhin für Investitionen verwendet werden. Ein positiver Barwert ist der bei Durchführung der Investition höchstens sofort entnehmbare Betrag.[42] Die Sofortentnahmeeigenschaft des Barwerts wird in dem in Tabelle 3.4 dargestellten vollständigen Finanzplan auf Basis der Daten von Projekt C verdeutlicht.[43] Seine Entnahme gleich zu Beginn bringt den Zahlungsmittelbestand nach Berücksichtigung sämtlicher Zu- und Abflüsse am Ende des Planungshorizonts auf null, führt also exakt zur Erreichung des Ziels der Barwertmaximierung.

Tabelle 3.4 Beispiel zur Sofortentnahmeeigenschaft des Bar-/Kapitalwerts[44]

Posten	Periode			
	t = 0	t = 1	t = 2	t = 3
Zahlungsreihe	./. 900,00 €	400,00 €	400,00 €	300,00 €
Eigenmittel – Entnahmen – Einlagen	**./. 19,61 €**			
Standardkredit – Aufnahme – Tilgung – Zinsen	919,61 €	./. 308,04 € ./. 91,96 €	./. 338,84 € ./. 61,16 €	./. 272,73 € ./. 27,27 €
Standardanlage – Anlage – Auflösung – Zinsen				
Finanzsaldo	0,00 €	0,00 €	0,00 €	0,00 €
Bestandsgrößen – Kredit – Guthaben	919,61 €	611,57 €	272,73 €	0,00 €

42 Vgl. *Grob*, Investitionsrechnung, 1989, 107 f.

43 Anders als im voranstehenden Beispiel wurde keine endfällige Verzinsung mit Zinseszins, sondern eine periodisch fällige Verzinsung gewählt. Nicht von den Investitionsrückflüssen gedeckte Zinsverpflichtungen würden zusätzlich fremdfinanziert, Überschüsse über Zins und Tilgung der Fremdfinanzierung würden reinvestiert.

44 Eigene Darstellung in Anlehnung an *Grob*, Investitionsrechnung, 1989, 109.

Tabelle 3.5 Beispiel zur Vergleichbarkeit von Investitionsalternativen – Zahlungssalden Barwert[45]

Alternative	Periode			
	t = 0	t = 1	t = 2	t = 3
Projekt A – Barwert – Finanzsaldo	0,00 € 0,00 €	0 €	0 €	0 €
Projekt B – Barwert – Finanzsaldo	./. 14,05 € 0,00 €	0 €	0 €	
Projekt C – Barwert – Finanzsaldo	19,61 € 0,00 €	0 €	0 €	0 €

Die Beispiele zeigen, dass bei Verwendung eines Zeitwerts als Entscheidungswert weitere Anwendungsvoraussetzung die Herstellung von Vergleichbarkeit der Handlungsalternativen ist (siehe Tabelle 3.5). Alle Alternativen benötigen angeglichene Planungszeitspannen und Zahlungsströme.[46] Für letzteres müssen Mitteldefizite durch Finanzierungen, Mittelüberschüsse durch Investitionen / Anlage zum Marktzins ausgeglichen werden (Finanzsaldo auf null). Die Technik der Zeitwertformel nimmt diese Anpassungen stets zwingend und automatisch vor. Ihre Anwendung setzt daher automatisch auch die Erfüllung dieser Gegebenheiten voraus. Die Zeitwertformeln sind als Partialmodelle nichts anderes als Komprimierungen des vollständigen Finanzplans in eine kompakte Formel. Dies verdeutlicht die nicht summandenweise, sondern periodenweise Berechnung und Lesart der Formeln in Tabelle 3.6.[47] Die hervorgehobenen Werte sind genau die Kreditbestandsgrößen aus dem Finanzplan in Tabelle 3.4.

[45] Eigene Darstellung.

[46] Vgl. *Schneider*, Investition, 7. Aufl. 1992, 67 f.

[47] Die Perioden- und summandenweise Darstellung sind mathematisch äquivalent. Erstere lässt sich durch fortschreitendes Ausklammern des Faktors $\frac{1}{1,1} = 1,1^{-1}$ aus der summandenweise aufgebauten Formel (3.2) herleiten. Hier ergibt sich $-900 + \left(400 + \left(400 + \left(300 \times 1,1^{-1}\right)\right) \times 1,1^{-1}\right) \times 1,1^{-1}$.

Tabelle 3.6 Periodenweise Betrachtung des Barwertkalküls[48]

t = 3	t = 2	t = 1	t = 0
300,00 €	400,00 €	400,00 €	./. 900,00 €
/ 1,1→	**272,73 €**		
	672,73 €		
	/ 1,1→	**611,57 €**	
		1.011,57 €	
		/ 1,1→	**919,61 €**
			19,61 €

Hieraus folgt abschließend auch die inhaltliche Interpretation des Kalkulationszinssatzes. Er muss sich aus den bei vollständiger Finanzplanung konkret zur Anwendung kommenden Zinssätze für Mittelanlagen und Finanzierungen ergeben und deren Substanzveränderungen je Periode errechnen. Im Zähler der Zeitwertformel dürfen demnach nur Zahlungsströme der Handlungsalternative, Eigenmittelbestand und konstante, nicht zu optimierende Entnahmewünsche angesetzt werden. Widerlegt ist damit die in der Literatur anzutreffende inhaltliche Interpretation des Kalkulationszinssatzes als Eigenkapitalkosten.

Eigenkapitalkosten werden einerseits als (a) entgangene Zahlungsüberschüsse aus Alternativverwendungen eigener Mittel (Opportunitätskosten) verstanden. Der Kalkulationszinssatz verkörpere diese Opportunität. Die Barwertberechnung führe zu einem Vergleich mit dieser Alternativanlage.[49] Der Vergleich kann aber nur bei der Standard-Kapitalmarktanlage als Opportunität gelingen, deren Barwert stets null beträgt.[50] Anderenfalls sind Differenzbarwerte erforderlich. Dies lässt sich an einem einfachen Rechenbeispiel zeigen. Zur Wahl stehen das bereits bekannte

[48] Eigene Darstellung. Ähnlich *Rolfes*, Investitionsrechnung, 3. Aufl. 2003, 19 f., aber nur zum Endwert und ohne die entsprechenden Schlussfolgerungen zu ziehen. Der Zahlungsstrom der letzten Periode wird zunächst für nur eine Periode abgezinst und in die nächste (Vor-)Periode übergeben. Dieser Betrag wird anschließend mit dem dortigen Zahlungsstrom zusammengefasst, wieder nur für eine Periode abgezinst und in die nächste (Vor-)Periode weitergegeben. Der Vorgang wiederholt sich, bis der Zeitpunkt t_0 erreicht ist.

[49] Vgl. *Schneider*, Investition, 5. Aufl. 1980, 230; *Rolfes*, Investitionsrechnung, 3. Aufl. 2003, 26 m. w. N. Ähnlich IDW S 1, Tz. 4. Inhaltlich besteht zwischen Opportunitäts- und Kapitalkosten kein besonderer Unterschied. Geht man davon aus, dass neben der Fremd- auch die Eigenkapitalaufnahme dem Unternehmen Kosten verursacht, liegen die Kosten des Eigenkapitals gerade auch in den entgangenen Gewinnen der nicht realisierten Opportunität. Vgl. *Grob*, Investitionsrechnung, 1989, 188.

[50] Siehe Projekt A in Tabelle 3.3. Dies wiederum liegt nicht daran, dass die Anlage mit sich selbst verglichen würde, sondern daran, dass die Anlage Zahlungen gleicher zeitlicher

Projekt C und das in Tabelle 3.7 abgebildete Projekt D, die sich annahmegemäß gegenseitig ausschließen, bei einem Marktzinssatz von 10%.

Tabelle 3.7 Beispiel zum Vergleich mit der Opportunität – Zahlungsreihen[51]

Alternative	Periode			
	t = 0	t = 1	t = 2	t = 3
Projekt C	./. 900 €	400 €	400 €	300 €
Projekt D	./. 400 €	200 €	200 €	92 €
Differenz	./. 500 €	200 €	200 €	208 €

Der Barwert von Projekt C beträgt 19,61 € (siehe Tabelle 3.3). Der Barwert von Projekt D beträgt 16,23 €.[52] Weil nur Projekt C durchgeführt würde (Barwertmaximierung), ist Projekt D die beste nicht durchgeführte Handlungsalternative (Opportunität). Der Barwert von Projekt C bildet offensichtlich nicht die Differenz gegenüber demjenigen von Projekt D ab. Sie lässt sich nur dann direkt mit Formel (3.2) berechnen, wenn in deren Zähler die Differenz beider Zahlungsreihen angesetzt wird. Für den Kalkulationszinssatz ergeben sich keine Auswirkungen, da im hiesigen Szenario nur ein einziger Zinssatz für Mittelanlage und Kredit zur Verfügung steht. Auf dieser Grundlage ergibt sich ein Differenzbarwert[53] i. H. v. 3,38 €.[54] Weil bei der Entnahme des Differenzbarwerts bei Projekt C ein Endwert verbliebe, kann er zwar als Entscheidungskriterium dienen, passt sachlich aber nur zur Zielsetzung der Wohlstandsmaximierung.[55]

---

und betragsmäßiger Struktur abwirft, wie ihre zugehörige Finanzierung. Dadurch ist die Generierung entnahmefähiger Überschüsse ausgeschlossen.

[51] Eigene Darstellung.

[52] $BW = -400 + \frac{200}{1,1^1} + \frac{200}{1,1^2} + \frac{92}{1,1^3} = 16,23$ €.

[53] Ähnlich *Schneeloch/Meyering/Patek*, Steuerplanung, 4. Aufl. 2020, 81.

[54] $BW = -500 + \frac{200}{1,1^1} + \frac{200}{1,1^2} + \frac{208}{1,1^3} = 3,38$ €. In der Literatur wird diese Art Barwert als zusätzlicher Barwert bezeichnet, vgl. *Grob*, Investitionsrechnung, 1989, 107 f. Auch dieser Barwert ist einer eigenen inhaltlichen Interpretation zugänglich. Er ist als derjenige Betrag interpretierbar, der zu Beginn entnommen werden kann, um am Ende des Planungshorizonts noch genau den Endwert aus der Opportunität zur Verfügung zu haben.

[55] Um Bar- oder Endwertmaximierung kann es sich nicht mehr handeln, da zwangsläufig für mehr als einen Zeitpunkt Gewinnauskehrungen optimiert werden. Die Auskehrung in der letzten Periode ist zwar bei Entnahme des zusätzlichen Barwerts bei Projekt C insoweit konstant, als sie dem Endwert der Opportunität entspricht. Letzterer ist aber wiederum Ergebnis der Optimierung des Projekts D. Zur Abgrenzung der Zielsetzungen vgl. Abschnitt 3.1.2.2.1.

Eigenkapitalkosten werden andererseits (b) als Mindestentnahmewünsche der Unternehmenseigner verstanden, die durch einen prozentualen Aufschlag auf den Kalkulationszinssatz berücksichtigt werden können sollen (Mindestrendite).[56] Versteht man die Forderung einer Mindestrendite so, dass in jeder Periode besser eine noch höhere Gewinnauskehrung als mindestens vorgegeben erfolgen soll, handelt es sich um einen Fall der Einkommensmaximierung, wenn die Auskehrungen periodisch gleichbleiben sollen, ansonsten um Wohlstandsmaximierung. Das Ziel der Vermögensmaximierung wird ersetzt. Für inhaltliche (bspw. betragsmäßige) Aussagen ist der Barwert nicht mehr die richtige Kennzahl.[57] Auch technisch werden mit Mindestrenditen im Kalkulationszinssatz unsinnige Ergebnisse erzielt. Die Auskehrungen bemäßen sich nach den Kredit- und Guthabenbeständen der jeweiligen Perioden und spiegelten gerade keinen konkreten Anteil am erzielten Periodenerfolg wieder. Zur Veranschaulichung wird das Projekt C im Finanzplan in Tabelle 3.8 betrachtet. Es gebe eine Mindestrendite i. H. v. 1 % als Zuschlag zum Kalkulationszinssatz, der dann 11 % beträgt. Der Barwert betrüge 4,37 €.[58] Die Mindestentnahmen werden im Finanzplan gesondert bei der Mittelverwendung ausgewiesen. Die Bemessung der „Mindestentnahmen" mit 1 % am Kreditbestand der jeweiligen Vorperiode ist direkt aus dem Plan ablesbar.[59]

---

[56] Vgl. *Moxter*, Investitionsentscheidungen, ZfhF 1961, 186–200 sowie *Schneider*, Investition, 5. Aufl. 1980, 230 und *Rolfes*, Investitionsrechnung, 3. Aufl. 2003, 13 f., jeweils m. w. N.

[57] Auch innerhalb dieser alternativen Zielsetzungen ist der Ansatz einer Mindestrendite nicht zielführend. Weil nur eine Mindestvorgabe gemacht wird, liegt die für eine Optimierung bei Wohlstandsmaximierung erforderliche Klarheit der Zielsetzung nicht vor. Für eine Optimierung bei Einkommensmaximierung sind die Zeitwerte als Kennzahlen nicht geeignet. In der vorliegenden Situation des vollkommenen Kapitalmarkts bei Sicherheit lässt sich der Barwert zwar wegen des einheitlichen Marktzinssatzes problemlos in die passende Kennzahl, nämlich eine Annuität, umrechnen, er kann dann aber nur als Entscheidungskriterium dienen und steuert keine betragsmäßig sinnvolle Interpretation bei. Der Ansatz einer Mindestrendite im Kalkulationszinssatz des Barwertkalküls führt aber nicht zu solchen gleichbleibenden Beträgen, siehe nachfolgender Fließtext.

[58] $BW = -900 + \frac{400}{1,11^1} + \frac{400}{1,11^2} + \frac{300}{1,11^3} = 4,37€.$

[59] Soweit die veranschlagte Mindestrendite auf Vergangenheitsdaten basiert, wäre sie zudem mit der Zukunftsbezogenheit der Zeitwerte nicht vereinbar, vgl. *Hax*, Programmierung, ZfbF 1964, 430, 434 unter Verweis auf *Albach,* Investition, 1962, 86 f.

Tabelle 3.8 Beispiel zur Mindestrendite – Vollständiger Finanzplan[60]

Posten / Periode	t = 0	t = 1	t = 2	t = 3
Zahlungsreihe	./. 900,00 €	400,00 €	400,00 €	300,00 €
Eigenmittel				
- Entn. Barwert	**./. 4,37 €**			
- Mindestentn.		**./. 9,04 €**	**./. 6,04 €**	**./. 2,70 €**
- Einlagen				
Standardkredit				
- Aufnahme	904,37 €			
- Tilgung		./. 300,52 €	./. 333,57 €	./. 270,28 €
- Zinsen		./. 90,44 €	./. 60,39 €	./. 27,02 €
Standardanlage				
- Anlage				
- Auflösung				
- Zinsen				
Finanzsaldo	0,00 €	0,00 €	0,00 €	0,00 €
Bestandsgrößen				
- Kredit	904,37 €	603,85 €	270,28 €	0,00 €
- Guthaben				

Weil sich die Schlussfolgerungen für die Bestimmung der Parameter – insbesondere den Kalkulationszinssatz – der Zeitwertformel unmittelbar aus deren mathematischer Technik ableiten, entfalten sie Geltung für alle denkbaren Anwendungen. Insbesondere einige gängige Konventionen in der Unternehmensbewertung mit Zeitwertkalkülen stehen mit den hiesigen Erkenntnissen in Konflikt.[61] Abschließend sei noch kurz erwähnt, dass ein zu Beginn verfügbares Budget an Eigenmitteln bei Barwertmaximierung nie für Investitionen genutzt wird.[62] Damit die Mittel im Unternehmen belassen würden, müsste der Barwert der Investition mit Verwendung des Budgets größer sein als die Summe aus dem sofort ausgekehrten Budget und dem Barwert der Investition bei Fremdfinanzierung. Es müsste also gelten

$$\sum_{t=0}^{T} \frac{E_t - A_t + b_t}{(1+i)^t} > b_o + \sum_{t=0}^{T} \frac{E_t - A_t}{(1+i)^t}.$$

[60] Eigene Darstellung.

[61] Siehe vertiefend Anhang 3 im elektronischen Zusatzmaterial.

[62] Bei Endwertmaximierung würde der Bestand dagegen im Unternehmen belassen.

Tatsächlich sind für $b_t = \{b_o, 0, \ldots, 0\}$ aber beide Seiten gleich.[63] Würden die Eigenmittel nicht vollständig entnommen, wäre entgegen der Zielsetzung zum Ende des Planungshorizonts noch ein entnehmbarer Endwert vorhanden. Tabelle 3.9 fasst die voranstehenden Erkenntnisse zum Barwert im hiesigen Szenario zusammen.

3.1.2.3.1.1.2 Situation unter Unsicherheit mit vollkommenem Kapitalmarkt

In einer Situation mit Risiko und vollkommenem Kapitalmarkt sind alle möglichen zukünftigen Zustände und deren Eintrittswahrscheinlichkeiten bekannt, nur nicht der später tatsächlich eintretende Zustand. Fraglich ist, wie die Kapitalwertmethode die Unsicherheit hinreichend abdeckt.[64] Zunächst sei angenommen, dass sich die Unsicherheit im Wesentlichen nur auf die Höhe der Ein- und Auszahlungen erstreckt.[65]

In diesem Fall existiert bislang nur ein einziger, hinsichtlich der Zeitwerttechnik theoretisch belastbarer Ansatz aus der Nutzentheorie, wenn die Risikopräferenzen bekannt sind. So kann für den riskanten Zahlungsstrom bei Risikoaversion ein niedrigerer, sicherer Zahlungsstrom bestimmt werden, der als gleichwertig nutzenstiftend zum höheren Erwartungswert (μ) des unsicheren Zahlungsstroms empfunden wird (Sicherheitsäquivalent ($\hat{e}$)). Die Differenz aus Erwartungswert und Sicherheitsäquivalent kann auch als Risikoprämie (RP) bezeichnet werden ($RP = \mu - \hat{e}$).[66] Der sichere Zahlungsstrom ist dann $\hat{e} = \mu - RP$. Werden die

[63] Zum Beweis der Aussage müssen nur die Zahlungen des ersten Zeitpunkts aus der Gesamtsumme herausgezogen, dann nach b_o freigestellt und anschließend die Zahlungen ohne das Budget wieder in die Gesamtsumme einbezogen werden.

$$\begin{aligned}\sum_{t=0}^{T}\frac{E_t-A_t+b_t}{(1+i)^t} &= \frac{E_0-A_0+b_0}{(1+i)^0}+\sum_{t=1}^{T}\frac{E_t-A_t}{(1+i)^t}\\ &= \frac{b_0}{(1+i)^0}+\frac{E_0-A_0}{(1+i)^0}+\sum_{t=1}^{T}\frac{E_t-A_t}{(1+i)^t}\\ &= \frac{b_0}{(1+i)^0}+\sum_{t=0}^{T}\frac{E_t-A_t}{(1+i)^t}\\ &= \frac{b_0}{1}+\sum_{t=0}^{T}\frac{E_t-A_t}{(1+i)^t} = b_o+\sum_{t=0}^{T}\frac{E_t-A_t}{(1+i)^t}.\end{aligned}$$

[64] Vgl. *Hering*, Investitionstheorie, 1995, 178, der das Verfahren Verdichtung der Unsicherheit nennt.

[65] Hinsichtlich der Anzahl und Art der möglichen Handlungsalternativen, etwaiger Restriktionen und der Planungsdauer sei das Risiko so gering, dass Irrtümer mit an Sicherheit grenzender Wahrscheinlichkeit ausgeschlossen werden können.

[66] Als derjenige Betrag, mit dem das Eingehen des Risikos gegenüber einer sicheren Anlage später (möglicherweise) erwartungsgemäß belohnt wird.

Tabelle 3.9 Zusammenfassung der Erkenntnisse zum Barwert – vollkommener Kapitalmarkt unter Sicherheit[67]

		Vollkommener Kapitalmarkt
		Sicherheit
Aussagekraft	Prämissen	Strukturelle Übereinstimmung • Mit entscheidungsrelevanten Wertungen • Mit entscheidungsgegenständlichen Sachverhalten • Der Sachverhalte untereinander (Budget, Wiederanlage, Dauer)
Aussagekraft	Entscheidung	• Geeignetes Kriterium • Unabhängig von Präferenzen
Aussagekraft	Inhalt	• Nur sinnvoll interpretierbar bei Barwertmaximierung • Sofort entnehmbarer Betrag bei Durchführung der Investition, der alle Zukunftserfolge, Kredit- und Guthabenbestände räumt • Zugleich Marktpreis
Parameterbestimmung	Zähler	• Zahlungen Investitionsobjekte • Eigenmittelbestand • Entnahmen und Einlagen (konstant, nicht optimiert)
Parameterbestimmung	Nenner (Kalkulationszinssatz)	• Kapitalkosten (bei Durchführung tatsächlich zur Anwendung kommenden Anlagen und Finanzierungen) • Bestandsveränderungen grundsätzlich mit abgedeckt • Einheitlicher Marktzinssatz
Parameterbestimmung	Opportunitätsvergleich	Differenzbarwert, bestehend aus • Differenzein-/-auszahlungen • einheitlichem Marktzinssatz

Sicherheitsäquivalente der Zahlungsströme im Kapitalwertkalkül angesetzt, kann wie bei Sicherheit weiter verfahren werden.[68] Der Kalkulationszinssatz entspricht den bei der Durchführung tatsächlich anfallenden Kapitalkosten zum einheitlichen Marktzinssatz, der wegen des Risikos eine Laufzeitstruktur hat. Ein Beispiel zur Entscheidung über Projekt C (Zahlungsströme hier = Sicherheitsäquivalente) verdeutlicht die Auswirkungen. Zu Beginn seien Eigenmittel von 300 € verfügbar. Dem Marktzinssatz liege die Zinsstruktur aus dem Einführungsbeispiel im

---

[67] Eigene Darstellung.

[68] Vgl. *Franke/Hax*, Finanzwirtschaft, 6. Aufl. 2009, 314 f. Die Idee für den Abschlag findet sich bereits bei *Hicks*, Value, 1939, 125 f.

Abschnitt zur Zinsstrukturtheorie zugrunde, wie sie in Tabelle 3.10 abgebildet ist.[69]

Tabelle 3.10 Einfaches Beispiel für eine der Erwartungstheorie entsprechenden Zinsstruktur[70]

Beginn	RLZ		
	1 Jahr	2 Jahre	3 Jahre
t = 0	5,0000 %	6,0000 %	7,0000 %
t = 1	7,0095 %	8,0142 %	–
t = 2	9,0284 %	–	–

Tabelle 3.11 Kalkulationszinssatz bei vollkommenem Kapitalmarkt unter Risiko – Mischfinanzierung – Finanzplan bei Barwertmaximierung[71]

Posten	Periode			
	t = 0	t = 1	t = 2	t = 3
Zahlungsreihe	./. 900,00 €	400,00 €	400,00 €	300,00 €
Eigenmittel – Entnahmen – Einlagen	300,00 € **./. 381,84 €**			
Standardkredit – Aufnahme – Tilgung – Zinsen	981,84 €	./. 350,91 € ./. 49,09 €	./. 355,77 € ./. 44,23 €	./. 275,16 € ./. 24,84 €
Standardanlage – Anlage – Auflösung – Zinsen				
Finanzsaldo	0,00 €	0,00 €	0,00 €	0,00 €
Bestandsgrößen – Kredit – Guthaben	981,84 €	630,93 €	275,16 €	0,00 €

[69] Seite 57 f. Die Laufzeitstruktur kann hier mit der in Abschnitt 2.1.2.2.1.4 dargestellten Zinsstrukturtheorie bestimmt werden, weil auf dem vollkommenen Kapitalmarkt Arbitragefreiheit herrscht.

[70] Aus dem Einführungsbeispiel im Abschnitt 2.1.2.2.1.4 zur Zinsstrukturtheorie.

[71] Eigene Darstellung.

Den zugehörigen Finanzplan für Projekt C bei Bartwertmaximierung zeigt Tabelle 3.11. Der Ansatz der obenstehenden Kalkulationszinssätze in Formel (3.2) ergibt isoliert für die Zahlungsreihe von Projekt C den BW^C in Höhe von 81,84 €.[72] Er entspricht genau der Differenz zwischen dem Barwert der durchgeführten Handlungsalternative BW (381,84 €)[73] und demjenigen der Opportunität (Sofortentnahme der 300 € Eigenmittel).[74] Es gelten alle Ausführungen zum vollkommenen Kapitalmarkt bei Sicherheit entsprechend. Problematisch an den Sicherheitsäquivalenten ist, dass die

- benötigten Risikopräferenzen nicht verallgemeinerbare subjektive Werte sind,[75]
- und die Erwartungstheorie nicht uneingeschränkt mit den Prämissen des vollkommenen Kapitalmarktes im Einklang steht.[76]

Ein alternativer Ansatz, der sich aus dem voranstehenden ableiten lässt, besteht im Zuschlag der Risikoprämie zum Kalkulationszinsfuß. Für ein Projekt mit Anfangsauszahlung A_0, erwarteter Einzahlung im Folgezeitpunkt μ_1 und Kalkulationszinssatz i, gilt bei Durchführung der Investition bei positivem Kapitalwert $-A_0 + \frac{\mu_1 - RP}{1+i} > 0$. Umformung[77] ergibt $\frac{\mu_1}{A_0} - 1 > i + \frac{RP}{A_0}$. Inhaltlich ist $\frac{\mu_1}{A_0} - 1$

---

[72] $BW^C = -900€ + \frac{400€}{1{,}05} + \frac{400€}{1{,}06^2} + \frac{300€}{1{,}07^3} = 81,84€.$

[73]
$$\begin{aligned} BW &= 300\,€ - 900\,€ + \frac{400\,€}{1,05} + \frac{400\,€}{1,06^2} + \frac{300\,€}{1,07^3} \\ &= -600\,€ + \frac{400\,€}{1,05} + \frac{400\,€}{1,05 \times 1,070095} + \frac{300\,€}{1,05 \times 1,070095 \times 1,090284} \\ &= 381,84\,€. \end{aligned}$$

[74] Selbiges gilt für den Endwert, siehe Anhang 4 im elektronischen Zusatzmaterial.

[75] Mangels Markttheorie zum Risiko, vgl. *Franke/Hax*, Finanzwirtschaft, 6. Aufl. 2009, 316 f.

[76] Sie kann als mathematisch rekursives Zinsmodell je nach Datenlage extreme Zinssätze, bei Zinsänderungen auch extreme Zinsschwankungen ergeben. Dabei können Arbitragemöglichkeiten entstehen, die es in der Modellwelt des vollkommenen Kapitalmarkts aber nicht geben kann, insbesondere aufgrund negativer Forward Rates. Werden außer den bis zur Endfälligkeit zinssammelnden Anlagen wie Nullkuponanleihen auch Kredite mit periodisch fälligen Zinszahlungen berücksichtigt, tritt dieses Ergebnis auch bei eigentlich normaler (monoton steigender) Zinsstruktur auf. Vgl. *Hering*, Investitionstheorie, 1995, 44, der insbesondere den letztgenannten Fall behandelt.

[77] (1) $-A_0 + \frac{\mu_1 - RP}{1+i} > 0 \Leftrightarrow$ (2) $\frac{\mu_1 - RP}{1+i} > A_0 \Leftrightarrow$ (3) $\mu_1 - RP > A_0 \times (1 + \mathrm{i}) \Leftrightarrow$ (4) $\frac{\mu_1}{A_0} - \frac{RP}{A_0} > 1 + i \Leftrightarrow$ (5) $\frac{\mu_1}{A_0} - 1 > i + \frac{RP}{A_0}$.

der Renditesatz der Investition, welcher größer sein muss als der Kapitalkostensatz i zuzüglich eines Zuschlags um den Prozentanteil, um den die (absolute Zahlungsstrom-)Risikoprämie die Projektrendite mindern würde ($i + \frac{RP}{A_0}$.). Das Risiko der Zahlungsströme ließe sich also auch durch einen Risikoaufschlag auf den Kalkulationszinssatz berücksichtigen.[78] Die Überlegungen sind aber nur auf Fälle mit nur einer einzigen Planungsperiode anwendbar.[79] Mathematisch eindeutige Kalkulationszinssätze ließen sich im Mehrperiodenfall nicht ermitteln.[80] Da die Risikozuschläge abhängig von den alternativ vorzunehmenden Abschlägen auf die Zahlungen abhängig sind, sehen sie sich ebenfalls der Kritik an letzteren ausgesetzt (Subjektivität und mangelnde Verallgemeinerbarkeit).[81]

Subjektivität und mangelnde Verallgemeinerbarkeit könnten nur durch eine Markttheorie ausgeräumt werden, die die Kenntnis der subjektiven Präferenzen überflüssig macht. Dazu wird vorgeschlagen, den Kalkulationszinssatz aus dem bereits in Abschnitt 2.1.2.2.1.4 vorgestellten CAPM herzuleiten.[82] Diese Vorgehensweise unterliegt aber einem logischen Widerspruch. Das CAPM erklärt

---

[78] Vgl. hierzu insgesamt *Franke/Hax*, Finanzwirtschaft, 6. Aufl. 2009, 314–317 sowie 350 f.

[79] Vgl. *Hering*, Investitionstheorie, 1995, 183–186. Hierunter leiden auch Versuche, das CAPM auf den Mehrperiodenfall zu erweitern, vgl. *Laux*, CAPM, in: Wagner, FS Kreienbaum, 1999, 236–240. Nicht überzeugen kann die Kritik, bei mehreren Perioden würde der Risikoaufschlag für die Zahlungen einer bestimmten Periode wegen des Zinseszinseffekts auch bei Zahlungen anderer Perioden, also häufiger und gewichtiger, berücksichtigt. Vgl. *Hering*, Investitionstheorie, 1995, 184. Zu dieser Interpretation verleitet die klassische summandenweise Interpretation, weil hier der Zinssatz einer Periode optisch öfter auftaucht. Sie wird aber durch die im Vorigen dargestellte periodenweise Betrachtung widerlegt (siehe Tabelle 3.6). Daneben ergäben sich Einschränkungen durch Risikoverflechtungen der Einzelobjekte bei Objektprogrammen, vgl. *Franke/Hax*, Finanzwirtschaft, 6. Aufl. 2009, 317.

[80] Ähnlich *Keifer*, Kalkulationszinsfuß, 1970, 148 f.

[81] Trotz der formalen Ähnlichkeiten ist dieser Vorschlag den Problemen des Ansatzes von Eigenkapitalkosten nicht ausgesetzt, sofern die Bildung des einheitlichen Marktzinssatzes tatsächlich über diesen Mechanismus erfolgt. Es handelt sich nämlich nicht um verschleierte Gewinnauskehrungswünsche der Entscheider, sondern um preisbildende Faktoren für die Kapitalaufnahme und -anlage am Markt, die die bei Durchführung tatsächlich anfallenden Kapitalkosten formen.

[82] Siehe die Unternehmensbewertungsverfahren in Anhang 3 im elektronischen Zusatzmaterial. Die Existenz einer risikofreien Anlage und homogener Erwartungen bei allen Wirtschaftssubjekten vorausgesetzt, würden alle Marktteilnehmer das Marktportfolio bilden und es mit der risikofreien Anlage kombinieren, um es mit ihren persönlichen Präferenzen in Einklang zu bringen. Der Kalkulationszinssatz für die Ermittlung des Marktwerts des Bewertungsobjekts ergäbe sich als risikofreier Zinssatz zuzüglich der Marktrisikoprämie, die mit dem Beitrag des einzelnen zu bewertenden Objekts zum gesamten Marktrisiko gewichtet wird. Die Gleichung lautete $\mu_i = r + (\mu_M - r) \times \beta$ mit Gewichtungsfaktor $\beta = \frac{Cov_{iM}}{\sigma_M^2}$.

die Zerlegung der Rendite des betrachteten Objekts in einen risikofreien und einen risikobehafteten Teil. Ein hieraus abgeleiteter Kalkulationszinssatzes wäre daher genau diese Rendite dieses Objekts selbst. Im Zeitwertkalkül spiegelt der Kalkulationszinssatz dagegen die Kapitalkosten wider. Den Einnahmen (Rendite des Objekts) würden gleich hohe Kosten (Rendite des Objekts) gegenüberstehen. Der Kapitalwert würde null betragen[83]. Das jeweilige Objekt kann auch nicht noch nicht im Marktportfolio enthaltenen sein, denn das CAPM ist ein (Markt-)Gleichgewichtsmodell. Im Gleichgewichtszustand muss das mit dem CAPM zu bewertende Objekt im Marktportfolio enthalten sein. Anderenfalls läge ein Ungleichgewicht vor, über das ein Gleichgewichtsmodell keine Auskunft gibt.[84] Schließlich wäre das CAPM nur zur Erklärung des Marktzinssatzes im Falle einer einzigen Planungsperiode einsetzbar, da in ihm selbst nur eine Periode behandelt wird.[85]

Die Gesamtschau zeigt, dass die hiesigen Konsequenzen denjenigen des vollkommenen Kapitalmarkts bei Sicherheit gleichen. Die Parameterbestimmung erfolgt weitestgehend nach den gleichen Grundsätzen. Der Kalkulationszinssatz stellt die bei Durchführung der Handlungsalternative tatsächlich anfallenden Kapitalkosten dar. Es stellt sich lediglich die Frage etwaiger Risikoabschläge bei der Zahlungsreihe. Lösungsansätze zu Risikozuschlägen zum Kalkulationszinssatz und zur Subjektivitätsproblematik lässt die Theorie derzeit noch offen. Die Ausweitung der Unsicherheit auf andere Aspekte, etwa den Planungshorizont, findet in der Theorie im Barwertkalkül selbst noch gar keine Berücksichtigung. Weitere in der Literatur vorgeschlagene Instrumente, die derartiges berücksichtigen, stützen sich nur auf die Offenlegung der mit einer Entscheidung verbundenen Risiken außerhalb des Kalküls.[86] Im gegebenen Modellrahmen ist das aber nicht nötig, da annahmegemäß alle Wirtschaftssubjekte vollständige Kenntnis aller möglichen Zustände und Eintrittswahrscheinlichkeiten haben.

[83] Die Zahlungsreihe des Objekts i würde mit seiner eigenen erwarteten Rendite μ_i abgezinst. Eine Investition mit einer Anfangsauszahlung i. H. v. 100 € und einem erwarteten Rückfluss i. H. v. 105 € in der Folgeperiode hat eine erwartete Rendite von 5%. Die Berechnung des Barwerts ergibt $\frac{105}{1{,}05} - 100 = 0$. Dieser Zusammenhang wurde auch schon mit Projekt A in Tabelle 3.3 gezeigt.

[84] Vgl. mit dieser Kritik *Hering*, Investitionstheorie, 1995, 194.

[85] Vgl. *Hering*, Investitionstheorie, 1995, 193.

[86] Vgl. *Hering*, Investitionstheorie, 1995, 173.

3.1.2.3.1.2 Szenarien mit (niedrigen) positiven und negativen Zinsen

3.1.2.3.1.2.1 Situation unter Sicherheit mit unvollkommenem Kapitalmarkt

3.1.2.3.1.2.1.1 Vorüberlegungen

Nun sei angenommen, es liege eine Situation unter Sicherheit vor, der Kapitalmarkt sei aber unvollkommen. Dann können auch als Verwahrentgelte qualifizierende negative Zinsen auftreten. Alle aus der mathematischen Technik der Zeitwertmethoden abgeleiteten Erkenntnisse gelten konstellationsunabhängig. Unverändert gelten daher:

- beim Aussagegehalt die Prämissen und die inhaltliche Aussagekraft in Abhängigkeit der Zielsetzung, sofern die Parameter richtig bestimmt sind, und
- bei der Parameterbestimmung die Grundsätze zur Bestimmung von Zähler, Nenner und Opportunitätsvergleich.

Offen sind die Auswirkungen des geänderten Modellrahmens auf die übrigen Erkenntnisse. Weil Aussagegehalt und Parameterbestimmung miteinander verflochten sind, können sie nachfolgend nur gemeinsam untersucht werden. Klärungsbedürftig ist

- beim Aussagegehalt, ob die Zeitwerte als Partialmodelle noch zur Entscheidungsfindung geeignet sind, und dies vorausgesetzt
- bei der Parameterbestimmung, (a) ob sich die Parameter so bestimmen lassen, dass die Zeitwerte auch betragsmäßig interpretierbar sind und (b) wie die Kapitalmarktunvollkommenheiten in die Parameter überführt werden müssen. Zu letzteren gehören auch die negativen Zinsen.

Im Folgenden werden die Annahmen vollkommener Handels- und Liquiditätsbedingungen abgestuft gelockert.[87] In der Folge gibt es keine einheitlichen Gleichgewichtspreise am Kapitalmarkt mehr. Die Irrelevanztheoreme verlieren ihre Gültigkeit:[88]

---

[87] In einer theoretischen Situation unter Sicherheit ist stets von vollständiger Information und daher auch vollkommener Informationseffizienz auszugehen, vgl. schon Abschnitt 1.4.

[88] Vgl. *Rudolph*, Separationstheoreme, ZfB 1983, 261, 272 f. Umkehrschlüsse aus den Erläuterungen zu Beginn von Abschnitt 3.1.2.3.1.1.1.

(1) Entscheidungswerte und Marktpreise entsprechen sich nicht zwangsläufig.[89] Im Folgenden werden daher nur Entscheidungswerte untersucht.[90]
(2) Die Zielsetzung muss für die Entscheidungsfindung bekannt sein. Die im Folgenden angestrebte Zielsetzung sei Barwertmaximierung,[91] weil Entscheidungswerte auch Aufschluss über Kaufpreisgrenzen geben sollen und es sinnvoll ist, einen Kaufpreis zu verlangen, der genau dem bei Entnahme im Zeitpunkt des Geschäftsabschlusses alle künftigen Erfolge der Unternehmung räumenden Betrag entspricht. Die Zeitwerte müssen daher auch betragsmäßig interpretierbar sein.
(3) Investition und Finanzierung müssen stets simultan geplant werden. Die folgende Untersuchung leitet ausgehend vom vorgestellten Totalmodell (Simultanplanung) Konsequenzen für den Barwert als Partialmodell ab (keine Simultanplanung).[92]

In der folgenden Untersuchung soll beispielhaft stets über Projekt C aus Tabelle 3.12 entschieden werden, das höchstens einmal durchgeführt werden kann. Es gibt keine weiteren Investitionen, Mittelanlagen oder Finanzierungen. Zu Beginn seien Eigenmittel i. H. v. 300 € vorhanden.

Tabelle 3.12 Beispiel zur Vergleichbarkeit von Investitionsalternativen – Zahlungsreihen[93]

Alternative	Periode			
	t = 0	t = 1	t = 2	t = 3
Projekt C	./. 900 €	400 €	400 €	300 €

[89] Wegen der Annahme von Sicherheit greift zwar weiterhin die Argumentation zu Synergieeffekten vom vollkommenen Kapitalmarkt, aber es können sich unterschiedliche Werte für unterschiedliche Personen aus Unterschieden in der Finanzierung ergeben.

[90] Die Einigung von Anbieter und Nachfrager auf einen konkreten Preis wird vernachlässigt.

[91] Die Konsequenzen für Endwert-/Zeitwertmaximierung werden nur beiläufig behandelt, soweit sie für das Verständnis des Barwerts als Zeitwert erforderlich sind. Legt die Präferenz eigentlich die Einkommensmaximierung nahe, müsste anstelle eines einmaligen Kaufpreises besser die Zahlung einer entsprechenden Rente vereinbart werden. Entscheidet man sich letztlich doch für einen einmaligen Kaufpreis, hat man seine Präferenzen und Zielsetzung geändert und gegen Barwertmaximierung ersetzt. Dann muss die Bewertung mittels Barwertmaximierung erfolgen. Der Fall der Einkommensmaximierung wird nachfolgend nicht behandelt. Falls es sich um eine Konstellation mit Personenmehrheiten handelt, wird unterstellt, dass die Präferenzen und Zielvorgaben entsprechend dieser Zielsetzung in Ausgleich gebracht worden sind. Vgl. *Franke/Hax*, Finanzwirtschaft, 6. Aufl. 2009, 162 f.

[92] Siehe Abschnitt 3.1.2.2.2 zum Modellrahmen.

[93] Auszugsweise Wiederabbildung von Tabelle 3.2.

Weil die Konsequenzen bei Barwertmaximierung einige Besonderheiten aufweisen, die die Darstellung und Herleitung der Erkenntnisse zu den klärungsbedürftigen Punkten erschweren, wird zunächst auf den Fall der Endwertmaximierung eingegangen und anschließend auf die Barwertmaximierung übergeleitet.

3.1.2.3.1.2.1.2 Endwertmaximierung

Zunächst sei nur die Annahme vollkommener Handelsbedingungen gelockert, die Liquiditätsbedingungen seien weiterhin vollkommen. In dieser Situation stellen sich unterschiedlich hohe Soll- und Habenzinssätze ein, die sich durch Transaktionskosten erklären lassen.[94] Die Habenzinssätze können negativ sein. Die zugehörige Zinsstruktur für den Beispielsachverhalt sei wie in Tabelle 3.13 dargestellt. In jeder Periode können in unbegrenzter Höhe für eine Periode liquide Mittel zu den gelisteten Sätzen aufgenommen und angelegt werden, die Mittelanlage kann dabei nur gegen ein Verwahrentgelt erfolgen.

Tabelle 3.13 Kalkulationszinssatz bei unvollkommenem Kapitalmarkt unter Sicherheit – Zinsstruktur[95]

Zinsstruktur (einperiodig, ab Periode)	t = 0	t = 1	t = 2	t = 3
Sollzinssatz	4%	4%	4%	4%
Habenzinssatz	−0,5%	−0,5%	−0,5%	−0,5%

Unter den voranstehenden Bedingungen stellt sich das Optimierungsergebnis für den Beispielfall bei Endwertmaximierung wie in dem in Tabelle 3.14 abgebildeten vollständigen Finanzplan dar.

[94] Vgl. *Franke/Hax*, Finanzwirtschaft, 6. Aufl. 2009, 160.

[95] Eigene Darstellung,

Tabelle 3.14 Kalkulationszinssatz bei unvollkommenem Kapitalmarkt unter Sicherheit – Mischfinanzierung und Endwertmaximierung – Finanzplan der Investition[96]

Posten	Periode			
	t = 0	t = 1	t = 2	t = 3
Zahlungsreihe	./. 900,00 €	400,00 €	400,00 €	300,00 €
Eigenmittel – Entnahmen – Einlagen	300,00 €			**./. 466,20 €**
Standardkredit – Aufnahme – Tilgung – Zinsen	600,00 €	./. 376,00 € ./. 24,00 €	./. 224,00 € ./. 8,96 €	
Standardanlage – Anlage – Auflösung – Zinsen			./. 167,04 €	167,04 € ./. 0,84 €
Finanzsaldo	0,00 €	0,00 €	0,00 €	0,00 €
Bestandsgrößen – Kredit – Guthaben	600,00 €	224,00 €	167,04 €	0,00 €

Die zugehörigen Dualwerte und die daraus errechenbaren Kalkulationszinssätze zeigt Tabelle 3.15. Die ausführlichen Optimierungsergebnisse enthält Anhang 5 im elektronischen Zusatzmaterial.

Tabelle 3.15 Kalkulationszinssatz bei unvollkommenem Kapitalmarkt unter Sicherheit – Mischfinanzierung und Endwertmaximierung – Dualwerte und Kalkulationszinssätze[97]

	Endwertmaximierung			
	t = 0	t = 1	t = 2	t = 3
Endwertfaktoren (Dualwerte)	1,0762	1,0348	0,9950	1,0000
Kalkulationszinssätze	4%	4%	−0,5%	0%

Die Optimierung ergibt einen Endwert i. H. v. 466,20 €. Es ist der Betrag, der in der letzten Planungsperiode maximal entnommen werden kann und dabei

[96] Eigene Darstellung.

[97] Eigene Darstellung.

die Unternehmung räumt. Beim Abgleich der aus den Dualwerten gewonnenen Kalkulationszinssätze mit dem Finanzplan zeigt sich, dass die Zinssätze diejenigen aus den jeweils gerade noch zur Anwendung kommenden Finanzierungen oder Mittelanlagen sind.[98] So werden in den Perioden 0 und 1 Fremdmittel zum Zinssatz von 4% aufgenommen und der in Periode 2 vorhandene Mittelüberschuss zum negativen Zinssatz von -0,5% angelegt. In Periode 3 endet der Planungszeitraum ohne Wiederanlage. Als bei der Durchführung tatsächlich zur Anwendung kommende (positive wie negative) Zinssätze fügen sich die Dualwertzinssätze in die im vorigen Abschnitt herausgearbeiteten technischen Anwendungsvoraussetzungen der Zeitwertformeln ein. Ihr Ansatz in Formel (3.3) ergibt genau den optimalen Endwert, wenn – ebenfalls entsprechend der voranstehenden Erkenntnisse – die Eigenmittel gemeinsam mit der Zahlungsreihe der Investition angesetzt werden.

$$\begin{aligned} EW_{Dual} =& (300\,€ - 900\,€) \times 1,04^2 \times 0,995 + 400\,€ \times 1,04 \times 0,995 + 400\,€ \times 0,995 \\ & + 300\,€ = 466,20\,€ \end{aligned}$$

Damit ist gezeigt, dass auch bei unvollkommenem Kapitalmarkt als Verwahrentgelte qualifizierende negative Zinsen im Kalkulationszinssatz berücksichtigt werden müssen, obwohl es sich um etwas substanziell von positiven Zinsen Verschiedenes handelt.[99] Der Kalkulationszinssatz bildet weiterhin die Kapitalkosten ab, zu denen auch die negativen Zinsen für die Mittelverwahrung gehören.

Ob die Investition in Projekt C durchgeführt werden sollte, lässt sich nur unter Hinzuziehung der bestehenden Alternativen beurteilen. Die einzige Alternative besteht im Beispielsachverhalt darin, das Projekt C nicht durchzuführen und die zu Beginn vorhandenen Eigenmittel bis zur letzten Periode zu den oben genannten Konditionen anzulegen.[100] Man erhält einen Endwert i. H. v.

---

[98] Vgl. mit formalen Nachweisen dieser Maßgeblichkeit der Zahlungen der Grenzobjekte für die aus dem Totalmodell resultierenden Kalkulationszinssätze *Fisher*, interest, 1930, Chapter XI, insbesondere 264–271; *Schmalenbach*, Wirtschaftslenkung, 1947, 86; *Hirshleifer*, Decision, Journal of Political Economy 1958, 329, 335; *Hax*, Programmierung, ZfbF 1964, 430, 445; *Hering*, Investitionstheorie, 1995, 126–132. Vgl. zudem *Franke/Laux*, Kalkulationszinsfüße, ZfbF 1968, 740, 748; *Laux/Franke*, Kapitalwerte, ZfbF 1969, 43, 55; *Keifer*, Kalkulationszinsfuß, 1970, 48; *Haegert*, Kalkulationszinsfüße, in: Ulrich, Unternehmensplanung, 1975, 243 f.

[99] Der Ansatz im Nenner ist auch leichter. Bei Ansatz im Zähler müssten die Verwahrentgelte in der Zukunftsplanung explizit berücksichtigt werden. Bei einem Ansatz im Nenner erübrigt sich dies.

[100] Siehe dazu auch den vollständigen Finanzplan in Tabelle 3.22.

$300€ \times 0,995^3 = 295,52€$. Richtig wäre daher die Durchführung von Projekt C. Dieselbe Entscheidung ließe sich mit diesen Kalkulationszinssätzen zwar auch über die Barwertformel (3.2) erreichen,[101] für den Barwert lässt sich aber keine inhaltliche Interpretation anstellen, weil keine Barwert-, sondern eine Endwertmaximierung durchgeführt wurde.[102]

Mit dem Ansatz der aus den Dualwerten abgeleiteten Kalkulationszinssätze in den Zeitwertformeln ist auch eine Partialentscheidung ohne Berücksichtigung des gesamten Objektprogramms für jedes Objekt einzeln möglich.[103] So ergibt sich isoliert für die Zahlungsreihen von Projekt C und der Opportunität

$$BW_{Dual}^{C} = -900\,€ + \frac{400€}{1,04} + \frac{400€}{1,04 \times 1,04} + \frac{300€}{1,04 \times 1,04 \times 0,995} = 133,20\,€, \text{ sowie}$$

$$BW_{Dual}^{Opp} = -300€ + \frac{295,52€}{1,04 \times 1,04 \times 0,995} = -25,40€, \text{ bzw.}$$

$$EW_{Dual}^{C} = -900€ \times 1,04^2 \times 0,995 + 400€ \times 1,04 \times 0,995 + 400€ \times 0,995 + 300€ = 143,35€, \text{ sowie}$$

$$EW_{Dual}^{Opp} = -300€ \times 1,04^2 \times 0,995 + 295,52€ = -27,48€.$$

Die Werte für Projekt C sind positiv, weshalb es durchgeführt würde. Dagegen sind die Werte für die Opportunität negativ, sie würde unterlassen. Diese Partialentscheidungsregel unterliegt aber einer Einschränkung. Weder entspricht der errechnete Endwert (143,35 €) dem Unterschiedsbetrag (170,68 €) zwischen dem Endwert bei Durchführung von Projekt C (466,20 €) und dem der Opportunität (295,52 €), noch ist dies entsprechend für die berechneten Barwerte der Fall. Es gibt daher einen Problembereich, in dem die Regel nicht anwendbar ist. Die untere Grenze des Problembereichs liegt beim Endwert der Opportunität, die obere Grenze lässt sich durch Abzug des $EW_{Dual}^{C} = 143,35€$ vom Endwert der Optimierung ($EW_{Dual} = 466,20€$) ermitteln. Der Problembereich liegt dann bei Endwerten zwischen 295,52 € (Opportunität) und 322,85 € (für das modifizierte Projekt C). Die Absenkung des Zahlungsstroms der dritten Periode von 300 € um mehr als 143,35 € auf bspw. 150 € führt nach dem Totalmodell zu einem optimalen Endwert i. H. v. 318,99 €. Voraussetzung ist aber,

[101] Man erhält $BW_{Dual} = 300€ - 900€ + \frac{400€}{1,04} + \frac{400€}{1,04\times1,04} + \frac{300€}{1,04\times1,04\times0,995} = 433,20\,€$. BW_{Dual} ist größer als der Barwert der Opportunität (300 €).

[102] Es handelt sich nicht um den Betrag, der höchstens sofort entnommen werden kann, ohne im Planungszeitraum zahlungsunfähig zu werden. Vgl. *Hering*, Investitionstheorie, 1995, 91.

[103] Vgl. *Hering*, Investitionstheorie, 1995, 73 und 84 f. sowie mit Beispielen 96–105.

dass das modifizierte Projekt C nur 0,58209 mal durchgeführt wird.[104] Auch für Modifikationen bis einschließlich zur unteren Grenze des Problembereichs ergeben sich im Totalmodell anteilige Lösungen. Eine solche anteilige Durchführung einer realen Investition ist auch unter den hier zugrundeliegenden (realitätsfernen) Annahmen eines Kapitalmarktes mit nur unvollkommenen Handelsbedingungen, aber vollkommenen Liquiditätsbedingungen und vollkommener Informationseffizienz unter Umständen ausgeschlossen. Falls die 900 € Anfangsauszahlung für die Beschaffung einer Maschine anfallen, könnte keine anteilige Maschine beschafft und in Betrieb genommen werden.[105] Stattdessen wäre anzunehmen, dass die Investition nur entweder einmal oder gar nicht durchgeführt werden kann. Mathematisch handelt es sich um eine Ganzzahligkeitsbedingung.[106] Optimum und Dualwerte aus der Optimierung eines Totalmodells, das eine anteilige Investition zulässt, können dann nicht für die Kalkulation verwendet werden. Die lineare Optimierung kann aber auch unter Angabe von Ganzzahligkeitsbedingungen für Investitionen und/oder Mittelanlagen sowie Finanzierungen durchgeführt werden. Für die Änderung der letzten Zahlung des Projekts C auf 150 € ergibt die ganzzahlige Optimierung einen maximalen Endwert von 316,20 €. Den zugehörigen Finanzplan zeigt Tabelle 3.16. Die ausführlichen Optimierungsergebnisse finden sich in Anhang 5 im elektronischen Zusatzmaterial. Wird im Totalmodell die Teilung der Investition zugelassen, ergibt sich also ein höherer maximaler Endwert (318,99 €) als im Totalmodell bei Unteilbarkeit (316,20 €). Dieses Ergebnis stellt sich in allen Situationen des Problembereichs ein. Es wird in der Literatur als (gegenüber der Lösung bei Teilbarkeit) nachteilige Ganzzahligkeit bezeichnet. In diesem Fall können die auf den Dualwerten der Totalmodelle basierenden Zinssätze nicht als Kalkulationszinssätze verwendet werden.[107] Die Dualwerte der Endwertoptimierung bei Teilbarkeit und Unteilbarkeit sowie die daraus resultierenden Zinssätze sind in Tabelle 3.17 dargestellt.

[104] Für die ausführlichen Optimierungsergebnisse siehe Anhang 5 im elektronischen Zusatzmaterial.

[105] Mit vergleichbarem Beispiel siehe schon *Hax*, Programmierung, ZfbF 1964, 430, 441 f.

[106] Bei Vorhandensein mehrerer Investitionsprojekte kann auch die Berücksichtigung etwaiger Projektinterdependenzen im Totalmodell zu Ganzzahligkeitsbedingungen führen, vgl. *Hering*, Investitionstheorie, 1995, 113.

[107] Vgl. *Hering*, Investitionstheorie, 1995, 121.

Tabelle 3.16 Kalkulationszinssatz bei unvollkommenem Kapitalmarkt unter Sicherheit – Mischfinanzierung und Endwertmaximierung – Finanzplan bei nachteiliger Ganzzahligkeit und Partialisierbarkeit[108]

Posten	Periode			
	t = 0	t = 1	t = 2	t = 3
Zahlungsreihe	./. 900,00 €	400,00 €	400,00 €	150,00 €
Eigenmittel – Entnahmen – Einlagen	300,00 €			**./. 316,20 €**
Standardkredit – Aufnahme – Tilgung – Zinsen	600,00 €	./. 376,00 € ./. 24,00 €	./. 224,00 € ./. 8,96 €	
Standardanlage – Anlage – Auflösung – Zinsen			./. 167,04 €	167,04 € ./. 0,84 €
Finanzsaldo	0,00 €	0,00 €	0,00 €	0,00 €
Bestandsgrößen – Kredit – Guthaben	600,00 €	224,00 €	167,04 €	0,00 €

Tabelle 3.17 Kalkulationszinssatz bei unvollkommenem Kapitalmarkt unter Sicherheit – Mischfinanzierung und Endwertmaximierung – Dualwerte und Kalkulationszinssätze bei nachteiliger Ganzzahligkeit[109]

	Endwertmaximierung bei Teilbarkeit			
	t = 0	t = 1	t = 2	t = 3
Endwertfaktoren (Dualwerte)	1,06328	1,02239	0,9950	1,0000
Kalkulationszinssätze	4%	2,7526%	−0,5%	0%
	Endwertmaximierung bei Unteilbarkeit			
Endwertfaktoren (Dualwerte)	1,0762	1,0348	0,9950	1,0000
Kalkulationszinssätze	4%	4%	−0,5%	0%

108 Eigene Darstellung. Siehe auch Anhang 5 im elektronischen Zusatzmaterial.

109 Eigene Darstellung. Die Werte sind den in Anhang 5 im elektronischen Zusatzmaterial abgebildeten ausführlichen Optimierungsergebnissen entnommen.

Der Ansatz der Kalkulationszinssätze in den Formeln (3.2) und (3.3) ergibt $EW_{Dual}^{Teil} = BW_{Dual}^{Teil} = 0€$ sowie $EW_{Dual}^{Ganz} = -6,65€$ und $BW_{Dual}^{Ganz} = -6,18€$. Mit den Werten der Optimierung bei Teilbarkeit kann über die Durchführung des modifizierten Projekts C nicht entschieden werden, mit denjenigen bei Unteilbarkeit würde man sich gegen dessen Durchführung entscheiden, obwohl der Endwert der Opportunität geringer ist.

Nimmt man neben den Handelsbedingungen nun auch unvollkommene Liquiditätsbedingungen an, können die Mittelanlagen und Finanzierungen in Volumen und Stückelung nur begrenzt und/oder auch nur ganz oder gar nicht zur Verfügung stehen. Das bisherige Beispiel sei zunächst um die Möglichkeit einer günstigeren Finanzierung von höchstens 400 € zum Zinssatz von 1% pro Periode erweitert. Das zugehörige Optimierungsergebnis zeigen Tabelle 3.18 und ausführlich Anhang 6 im elektronischen Zusatzmaterial.

Tabelle 3.18 Kalkulationszinssatz bei unvollkommenem Kapitalmarkt unter Sicherheit – Mischfinanzierung und Endwertmaximierung – Finanzplan der Investition (Abwandlung)[110]

Posten	Periode			
	t = 0	t = 1	t = 2	t = 3
Zahlungsreihe	./. 900,00 €	400,00 €	400,00 €	300,00 €
Eigenmittel – Entnahmen – Einlagen	300,00 €			**./. 484,95 €**
Kredit (4%) – Aufnahme – Tilgung – Zinsen	200,00 €	./. 200,00 € ./. 8,00 €		
Kredit (1%) – Aufnahme – Tilgung – Zinsen	400,00 €	./. 188,00 € ./. 4,00 €	./. 212,00 € ./. 2,12 €	
Standardanlage (−0,5%) – Anlage – Auflösung – Zinsen			./. 185,88 €	185,88 € ./. 0,93 €

(Fortsetzung)

[110] Eigene Darstellung.

Tabelle 3.18 (Fortsetzung)

Posten	Periode			
	t = 0	t = 1	t = 2	t = 3
Finanzsaldo	0,00 €	0,00 €	0,00 €	0,00 €
Bestandsgrößen – Kredit (10%) – Kredit (8%) – Guthaben	200,00 € 400,00 €	0,00 € 212,00 €	0,00 € 185,88 €	0,00 €

Tabelle 3.19 Kalkulationszinssatz bei unvollkommenem Kapitalmarkt unter Sicherheit – Mischfinanzierung und Endwertmaximierung – Dualwerte und Kalkulationszinssätze[111]

	Endwertmaximierung			
	t = 0	t = 1	t = 2	t = 3
Endwertfaktoren (Dualwerte)	1,045148	1,00495	0,9950	1,0000
Kalkulationszinssätze	4%	1%	−0,5%	0%

Die Optimierung ergibt einen Endwert i. H. v. 484,95 €. Die zugehörigen Dualwerte und die daraus errechenbaren Kalkulationszinssätze zeigt Tabelle 3.19. Das Beispiel verdeutlicht den Charakter der Grenzzinssätze als nur jeweils letzte gerade noch zur Anwendung kommende Finanzierung oder Mittelanlage. So kommen in der ersten Periode sowohl der teurere als auch der günstigere Kredit zur Anwendung, der Dualwert wird aber nur durch ersteren bestimmt. Der Ansatz der aus den Dualwerten abgeleiteten Kalkulationszinssätze in Formel (3.3) ergibt

$$
\begin{aligned}
EW_{Dual} =&(300\text{ €} - 900\text{ €}) \times 1,04 \times 1,01 \times 0,995 + 400\text{ €} \times 1,01 \times 0,995 \\
&+ 400\text{ €} \times 0,995 + 300\text{ €} = \ 472,89\text{ €},
\end{aligned}
$$

führt nun also nicht mehr zum betragsmäßig richtigen Ergebnis (484,95 €). Dies begründet sich unmittelbar durch die Eigenschaft der Zeitwertformeln, den vollständigen Finanzplan in eine mathematische Formel zu komprimieren. Der Nenner der Formel muss alle Mittelanlagen und Finanzierungen abdecken. Die aus den Dualwerten abgeleiteten Kalkulationszinssätze beinhalten aber

111 Eigene Darstellung.

nur die Grenzobjekte. Der günstigere Kredit wird in der ersten Periode vernachlässigt. Zum betragsmäßig richtigen Ergebnis führt nur der folgende, alle tatsächlich durchzuführenden Mittelanlagen und Finanzierungen abdeckender, periodenindividueller Mischzinssatz:[112]

$$i_t^{Misch} = \frac{\sum_p^P Zinsen_{p,t+1}^{Soll} - \sum_u^U Zinsen_{u,t+1}^{Hab}}{\sum_p^P Kredit_{p,t} - \sum_u^U Guthaben_{u,t}} \tag{3.23}$$

$$i_t^{Misch} = \frac{\sum_p^P Zinsen_{p,t+1}^{Soll} + \sum_u^U Verwahrentgelte_{u,t+1}^{Hab}}{\sum_p^P Kredit_{p,t} - \sum_u^U Guthaben_{u,t}}. \tag{3.24}$$

Formel (3.23) gilt für Fälle mit positiven Guthabenzinsen. Der periodenindividuelle Mischzinssatz für eine Periode t ist i_t^{Misch}. Der Zähler enthält die Summen aller in der Folgeperiode $t + 1$ fällig werdender Soll- und Habenzinsen für alle in Periode t bestehenden Kredite p und Guthaben u. Da die Sollzinssätze stets höher sind als die Habenzinssätze, werden von den Sollzinsen die Habenzinsen abgezogen. Für Fälle mit Verwahrentgelten aus zur Verwahrung gegebenen eigenen Mitteln werden die Verwahrentgelte wie negative Zinsen in Formel (3.23) bei den Habenzinsen eingesetzt. Man erhält Formel (3.24). Erhaltene Verwahrentgelte aus der Entgegennahme fremder Mittel würden analog hierzu wie Kredit und Kreditzinsen mit umgekehrtem Vorzeichen im Zähler in Formel (3.23) bzw. (3.24) eingesetzt. Die Verwahrentgelte werden in den Formeln mit den übrigen Zins- und Bestandsgrößen vermengt. Während bei Grenzzinssätzen direkt das Verwahrentgelt für den Kalkulationszinssatz maßgeblich ist, wenn die Verwahrung die teuerste Finanzierung oder die günstigste Mittelanlage einer Periode ist, muss es bei überwiegend laufend positiv verzinslichen Objekten wegen der Vermengung nicht zwingend zu einem negativen Kalkulationszinssatz kommen. Umgekehrt kann ein negativer Mischzinssatz aber sogar stärker negativ sein als das Verwahrentgelt tatsächlich ist, weil im Nenner von Formel (3.24) die Guthabenbestände nach wie vor von den Kreditbeständen subtrahiert werden müssen, obwohl im Zähler eine Addition stattfindet. Mehr Ausgaben der Folgeperiode müssen aus dem gleichen Bestandssaldo errechnet werden.

---

112 Ähnlich schon *Grob*, Investitionsrechnung, 1989, 202 f., der die Formel aber für einen Vergleich mit der Opportunität entwickelt hat. Dieser Anwendungszweck wird nachfolgenden noch dargelegt, hier wurde die Opportunität zweckmäßig ausgespart.

Aus dem voranstehenden Finanzplan lassen sich $i_0^{MischEW} = 2\%$, $i_1^{MischEW} = 1\%$ und $i_2^{MischEW} = -0,5\%$ ableiten.[113] Ihr Ansatz in Formel (3.3) ergibt $EW_{Dual} = 484,95€$.[114] Tabelle 3.20 verdeutlicht, dass nur Mischzinssätze zum richtigen Ergebnis führen können, weil der Kalkulationszinssatz auf den gesamten Mittelanlage- und Finanzierungsbestand berechnet werden muss. Der richtige Bestand für die Folgeperiode ergibt sich nur bei Ansatz eines mit den Bestandsvolumina gewichteten Durchschnittszinssatzes.

Tabelle 3.20 Periodenweise Betrachtung des Endwertkalküls[115]

t = 0	t = 1	t = 2	t = 3
./. 900,00 € + 300,00 € **./. 600,00 €**	400,00 €	400,00 €	300,00 €
x 1,02→	./. 612,00 € **./. 212,00 €**		
Dabei von den 600 €			
– 400 € Kredit (1%) – 200 € Kredit (4%)	x 1,01→	./. 214,12 € **185,88 €**	
		x 0,995→	184,95 €
			484,95 €

Die Mischzinssätze stellen zwar die betragsmäßige Richtigkeit des Endwerts des gesamten Objektprogramms her, sind aber grundsätzlich nicht für eine isolierte Entscheidung über die einzelnen Objekte geeignet. Ferner gibt es auch hier nachteilige Ganzzahligkeit entsprechend der voranstehenden Ausführungen.

113
$$i_0^{MischEW} = \frac{8€ + 4 + 0€}{200€ + 400€ - 0€} = 2,000\%,\quad i_1^{MischEW} = \frac{2,12€ + 0€}{212€ - 0€} = 1,000\% \text{ und } i_2^{MischEW} = \frac{0€ + 0,93€}{0€ - 185,88€} = -0,500\%.$$

114
$$EW_{Dual} = (300€ - 900€) \times 1,02 \times 1,01 \times 0,995 + 400€ \times 1,02 \times 1,01 + 400€ \times 0,995 + 300€ = 484,95€.$$

115 Eigene Darstellung in Anlehnung an *Rolfes*, Investitionsrechnung, 3. Aufl. 2003, 19 f., der aber nicht die entsprechenden Schlussfolgerungen zieht.

Hier können die Zeitwertformeln auch schon dem Grunde nach nicht anwendbar sein, wenn sich aus dem ganzzahligen Totalmodell logisch widerstreitende Lösungen für die Kalkulationszinssätze im Partialmodell ergeben. Ein einfaches Beispiel stellt die Wahl aus den in Tabelle 3.21 dargestellten Investitionen und Finanzierungen dar.

Tabelle 3.21 Kalkulationszinssatz bei unvollkommenem Kapitalmarkt unter Sicherheit – Mischfinanzierung und Endwertmaximierung – Situation mit logisch widerstreitender Lösung bei nachteiliger Ganzzahligkeit[116]

Objekt	Investitionen				Finanzierungen	
	A	B	C	D	E	F
Periode 1	−100 €	−100 €	−50 €	−50 €	100 €	100 €
Periode 2	105 €	115 €	60 €	56 €	−108 €	−113 €
Zins/Rendite	5%	15%	20%	12%	8%	13%

Die Endwertoptimierung ergibt bei Teilbarkeit die vollständige Durchführung von C, B und E sowie die teilweise Durchführung von F i. H. v. 50 €. Der Endwert beträgt 10,5 €.[117] Ist eine teilweise Durchführung unzulässig, ergibt die Endwertoptimierung die Durchführung von B, C, D, E und F. Der Endwert beträgt 10 €.[118] Ein Fall nachteiliger Ganzzahligkeit liegt vor (Endwert geringer als bei Teilbarkeit). Die vollständigen Daten zur Optimierung zeigt Anhang 6 im elektronischen Zusatzmaterial. Die Dualvariablen zeigen einen Kalkulationszinssatz von 12%. Der Zinssatz der Finanzierung F beträgt aber 13%. Sie würde bei Entscheidungsfindung nur anhand der Formeln (3.2) und (3.3) nicht in Anspruch genommen, das Investitionsprogramm wäre kleiner (nur C und D). Das Problem ist mit den Zeitwerten nicht mehr optimal lösbar.[119] Dennoch sind die Partialmodelle in der weit überwiegenden Mehrzahl der Fälle anwendbar. Das gilt insbesondere dann, wenn hinreichend beliebig teilbare Mittelanlagen

---

[116] Mit nur visuellen Anpassungen entnommen aus *Hering*, Investitionstheorie, 1995, 72.

[117] Manerhältihndurch$(-100€ - 50€ + 100€ + 50€) + (115€ + 60€ - 108€ - 56,5€) = 10,5€$.

[118] $(-100€ - 50€ - 50€ + 100€ + 100€) + (115€ + 60€ + 56€ - 108€ - 113€) = 10€$.

[119] Das lässt sich auch mathematisch zeigen. Für die hinzugekommene Investition D müsste nämlich $-50 + 56 \times (1+i)^{-1} \geq 0$ für die Finanzierung F $100 - 113 \times (1+i)^{-1} \geq 0$ gelten. Dann müsste aber $i \leq 12\%$ und gleichzeitig $i \geq 13\%$ sein. Den Nachweis für die Problematik erbrachte am selben Beispiel schon *Hering*, Investitionstheorie, 1995, 119–121, wohl in allgemeinerem Gesamtkontext.

und Finanzierungen vorhanden sind, etwa in Form einfacher Kassenhaltung und Kontokorrentkredite.[120]

Damit sind Aussagegehalt und Parameterbestimmung grundsätzlich auch für unvollkommene Handels- und Liquiditätsbedingungen geklärt. Die herausgearbeiteten Grundsätze lassen sich auch auf weitere, hier noch nicht thematisierte Mittelanlagen und Finanzierungen übertragen. So sind bei nicht laufend verzinsten Anlagen und Finanzierungen wie etwa Zero-Bonds oder unverzinsliche Darlehen alle Zahlungen im Zähler des Kalküls anzusetzen. Dasselbe gilt für die in der Substanz enthaltenen Entgelte laufend verzinster Anlagen und Finanzierungen. Dazu zählen beispielsweise Disagien, bei denen infolge der Rechentechnik für den Nenner des Kalküls der Betrag hergestellt werden muss, auf den sich die Verzinsung berechnet, während der Zähler die Minderauszahlung enthält. Ein Unterschied zwischen positiv und negativ rentierenden Anlagen und Finanzierungen besteht dahingehend nicht.

Durch Bildung der Differenzzahlungen kann auch bei unvollkommenem Kapitalmarkt genau der Vorsprung des jeweiligen Zeitwerts gegenüber demjenigen der Opportunität berechnet werden. Zu diesem Zweck müssen hier aber zusätzlich Differenz-Mischzinssätze gebildet werden. Man erhält sie, indem Formel (3.23) und (3.24) analog um die Zinsen und Bestände der Opportunität erweitert werden, wobei diese von den tatsächlich anfallenden Zinsen und Bestände abgezogen werden. So verbleiben als Kalkulationszinssatz nur die Mehrkapitalkosten gegenüber denjenigen der Opportunität.[121]

$$i_t^{Misch} = \frac{\sum_p^P Zinsen_{p,t+1}^{Soll} - \sum_u^U Zinsen_{u,t+1}^{Hab} - \left(\sum_v^V Zinsen_{v,t+1}^{SollOpp} - \sum_w^W Zinsen_{w,t+1}^{HabOpp}\right)}{\sum_p^P Kredit_{p,t} - \sum_u^U Guthaben_{u,t} - \left(\sum_v^V Kredit_{v,t}^{Opp} - \sum_w^W Guthaben_{w,t}^{Opp}\right)} \tag{3.25}$$

$$\frac{\sum_p^P Zinsen_{p,t+1}^{Soll} + \sum_u^U VerwEnt_{u,t+1}^{Hab} - \left(\sum_v^V Zinsen_{v,t+1}^{SollOpp} + \sum_w^W VerwEnt_{w,t+1}^{HabOpp}\right)}{\sum_p^P Kredit_{p,t} - \sum_u^U Guthaben_{u,t} - \left(\sum_v^V Kredit_{v,t}^{Opp} - \sum_w^W Guthaben_{w,t}^{Opp}\right)} \tag{3.26}$$

[120] Vgl. *Hering*, Investitionstheorie, 1995, 157. Auch bei anderen Finanzierungen wie Kreditaufnahme oder der Anleiheemission dürften aber in aller Regel betragliche Spielräume bestehen.

[121] Die Formel und die zugehörigen Erkenntnisse sind entnommen aus *Grob*, Kalkulationszinsfüße, ZfB 1982, 281–395; *Grob*, Investitionsrechnung, 1989, 202 f.

Am Beispiel von Projekt C ergeben sich aus dessen Finanzplan in Tabelle 3.14 und demjenigen der Opportunität (Tabelle 3.22) als Differenz-Mischzinssätze 1,1667%, 0,1234% und −0,5%.[122] Die Anwendung der Formel (3.3) unter Ansatz der Mischzinssätze ergibt

$$\begin{aligned} EW_{Misch} &= -900€ \times 1,01167 \times 1,001234 \times 0,995 + 400€ \times 1,001234 \times 0,995 \\ &+ 400€ \times 0,995 + 300€ = 189,43€, \end{aligned}$$

also genau die Differenz der Endwerte beider Finanzpläne (484,95 € und 295,52 €).

Tabelle 3.22 Kalkulationszinssatz bei unvollkommenem Kapitalmarkt unter Sicherheit – Mischfinanzierung und Endwertmaximierung – Finanzplan der Opportunität[123]

Posten	Periode			
	t = 0	t = 1	t = 2	t = 3
Zahlungsreihe	0,00 €	0,00 €	0,00 €	0,00 €
Eigenmittel – Entnahmen – Einlagen	300,00 €			**./. 295,52 €**
Standardkredit – Aufnahme – Tilgung – Zinsen				
Standardanlage – Anlage – Auflösung – Zinsen	./. 300,00 € 0,00 €	1,50 € ./. 1,50 €	1,49 € ./. 1,49 €	297,01 € ./. 1,49 €
Finanzsaldo	0,00 €	0,00 €	0,00 €	0,00 €
Bestandsgrößen – Kredit – Guthaben	300,00 €	298,50 €	297,01 €	0,00 €

122

$$i_0^{MischBW} = \frac{8€ + 4€ - (0€ + 1,5€)}{400€ + 200€ - (0€ - 300€)} = 1,1667\%,$$

$$i_1^{MischBW} = \frac{2,12€ + 0€ - (0€ + 1,49€)}{212€ - 0€ - (0€ - 298,50€)} = 0,1234\% \text{ und}$$

$$i_2^{MischBW} = \frac{0€+0,93€-(0€+1,49€)}{0€-185,88€-(0€-297,01€)} = -0,5\%.$$

123 Eigene Darstellung.

Besteht die Opportunität wie im obigen Beispiel nur in der Standardanlage, brauchen wie am vollkommenen Kapitalmarkt keine Differenzzahlungen im Zähler angesetzt werden. Die Mischzinssätze sind grundsätzlich zur Findung einer Entscheidung über die Durchführung einzelner Objekte nicht geeignet und stellen nur die inhaltliche Interpretierbarkeit für den Zahlenbetrag des Barwerts des gesamten Programms an Investitionen und Finanzierungen her.[124] Sie können aber ausnahmsweise zur Entscheidung herangezogen werden, wenn es wie hier nur ein einziges Investitionsobjekt gibt, über dessen Durchführung zu entscheiden ist, oder wenn ein Entscheidungswert für das gesamte Objektbündel gesucht ist und es nicht auf eine separate Bewertung der einzelnen Elemente ankommt. In diesen Fällen besitzen sie die interessante Eigenschaft, dass sie das Problem nachteiliger Ganzzahligkeit ausräumen, sofern dieses nicht aus einem logischen Widerstreit resultiert, da sie auch den identifizierten Problembereich abdecken.

Schließlich sind anhand der voranstehenden Erkenntnisse zwei Spezialfälle denkbar, in denen einerseits ausschließlich Sollzinssätze und andererseits ausschließlich Habenzinssätze bzw. Verwahrentgelte als Kalkulationszinssätze anzusetzen sind.[125] Die Fälle werden als ausschließliche Fremd- und Eigenfinanzierung bezeichnet. Fremdfinanzierung meint die Aufnahme liquider Mittel bei einem Liquiditätsdefizit, Eigenfinanzierung die Anlage von Mittelüberschüssen. Vollständige Fremdfinanzierung kommt demnach nur zustande, wenn kein Anfangsbestand liquider Mittel verfügbar ist und die Investitionen erst in der letzten Planungsperiode Mittelüberschüsse generieren. Dann müssen in jeder Periode Mittel zum Sollzinssatz aufgenommen werden. Am Ende des Planungshorizonts erfolgt keine Mittelaufnahme oder -anlage mehr. Vollständige Eigenfinanzierung liegt nur vor, wenn Eigenmittel und Einzahlungen ausreichen, um die Auszahlungen in jeder Periode zu decken. Dann werden in jeder Periode ausschließlich Mittel zum Habenzinssatz bzw. gegen Verwahrentgelt angelegt.

---

[124] Vgl. *Grob*, Kalkulationszinsfüße, ZfB 1982, 281; *Grob*, Investitionsrechnung, 1989, 196, 201–205. Dies gilt grundsätzlich auch bei Variation der Ausgangsgrößen des Sachverhalts (Zinssätze für die Mittelanlage und -aufnahme, Zahlungsreihe der Investition, Eigenmittelbestand zu Beginn) unter ansonsten gleichen Bedingungen. Zu letzteren gehören hier insbesondere, dass die Sollzinssätze stets größer sind, als die Habenzinssätze und dass es sich um eine gemischte Finanzierung aus Eigen- und Fremdmitteln handelt.

[125] Vgl. *Franke/Hax*, Finanzwirtschaft, 6. Aufl. 2009, 189. Ähnlich schon *Hirshleifer*, Decision, Journal of Political Economy 1958, 329, 333–343, basierend auf einem Konsumnutzenmodell.

Unter vollkommenen Liquiditätsbedingungen sind in diesen beiden Fällen die Dualwerte ausschließlich aus den Soll- bzw. Habenzinssätzen / Verwahrentgelten der unbegrenzt verfügbaren Grenzfinanzierungen bzw. -anlagen gebildete Endwertfaktoren. Auch die Mischzinssätze werden ausschließlich aus nur diesem einen unbegrenzt verfügbaren Objekt gebildet und entsprechen daher den aus den Dualwerten abgeleiteten Kalkulationszinssätzen. Hinsichtlich der Entscheidungsregel und des Vergleichs mit der Opportunität gelten die Ausführungen zum vollkommenen Kapitalmarkt entsprechend. Zahlenbeispiele mit der ursprünglichen Zahlungsreihe von Projekt C enthalten Anhang 7 und Anhang 8 im elektronischen Zusatzmaterial. Bei unvollkommenen Liquiditätsbedingungen sind diese Konsequenzen in der Regel nicht mehr gegeben. Sobald wegen Mengenbeschränkungen mehr als eine Finanzierung bzw. Mittelanlage in Anspruch genommen werden muss und ihnen unterschiedliche Konditionen zugrunde liegen, bleibt es vollumfänglich bei den Konsequenzen des unvollkommenen Kapitalmarkts.

3.1.2.3.1.2.1.3 Barwertmaximierung

Nun wird von Barwertmaximierung als Zielsetzung ausgegangen. Ergibt das Totalmodell bei Barwertmaximierung, dass ein Projekt vorteilhaft ist, hat der Barwert analog zur Situation des vollkommenen Kapitalmarkts die Eigenschaften, dass

(1) seine Entnahme die Unternehmung zum Ende ihrer Lebensdauer räumt, also alle künftigen Erfolge aus den realisierten Objekten abgreift und Kredit- und Guthabenbestände auf null reduziert, sowie
(2) stets alle zu Beginn vorhandenen Eigenmittel in ihm enthalten sind.

Eigenschaft (1) ist notwendige Bedingung des Ziels der Barwertmaximierung. Eigenschaft (2) lässt sich analog zur Situation des vollkommenen Kapitalmarkts beweisen. Damit Eigenmittel im Unternehmen belassen würden, müsste der Barwert der Investition mit Verwendung des Budgets auch hier größer sein als die Summe aus dem sofort ausgekehrten Budget und dem Barwert der Investition bei Fremdfinanzierung. Der mathematische Ansatz lässt sich leicht aus der Zielfunktion (3.9) des dualen Optimierungsproblems gewinnen. Es müsste gelten

$$\sum_{t=0}^{T} b_t \times d_t + \sum_{j=1}^{m} x_j^{max} \times u_j \quad > \quad b_o + \sum_{t=1}^{T} b_t \times d_t + \sum_{j=1}^{m} x_j^{max} \times u_j.$$

In u_j ist b_t nicht enthalten (siehe Ungleichung (3.14)), weshalb hier auf die ausgeschriebene Darstellung der Zielfunktion aus Ungleichung (3.16) verzichtet wird. Auch hier sind für $b_t = \{b_o, 0, \ldots, 0\}$ aber beide Seiten gleich.[126] Würden die Eigenmittel nicht vollständig entnommen, wäre entgegen der Zielsetzung zum Ende des Planungshorizonts noch ein entnehmbarer Endwert vorhanden.

Nachfolgend wird zunächst wieder nur von unvollkommenen Handelsbedingungen, aber vollkommener Liquidität und Informationseffizienz ausgegangen. Unter diesen Bedingungen muss aufgrund der beiden oben genannten Eigenschaften zwischen den Konsequenzen für Normalzahlungsreihen und allen übrigen Zahlungsreihen differenziert werden. Normalzahlungsreihen seien als Zahlungsreihen mit nur einem Vorzeichenwechsel definiert. Eine Normalzahlungsreihe für eine Investition beginnt mit negativem Vorzeichen und wechselt in einer späteren Periode auf ein positives. Eine Normalzahlungsreihe für eine Finanzierung beginnt mit einem positiven Vorzeichen und wechselt in einer späteren Periode zu einem negativen.[127]

Für Normalzahlungsreihen ähnelt die optimale Lösung stark dem Fall vollständiger Fremdfinanzierung. Das zuvor schon verwendete Entscheidungsbeispiel besteht aus solchen Normalzahlungsreihen bei allen Finanzierungen, Mittelanlagen und der Zahlungsreihe des Investitionsprojekts C. Aus dessen linearer Optimierung bei Barwertmaximierung ergibt sich der in Tabelle 3.23 dargestellte Finanzplan.

---

[126] Der Beweis erfolgt in nur einem Schritt, indem $b_t = \{b_o, 0, \ldots, 0\}$ in den linken Begriff eingesetzt wird. Weil bei Barwertmaximierung der Dualwert der ersten Periode als Barwertfaktor immer $d_0 = 1$ sein muss, folgt unmittelbar

$$\sum_{t=0}^{T} b_t \times d_t + \sum_{j=1}^{m} x_j^{max} \times u_j = b_o + \sum_{t=1}^{T} b_t \times d_t + \sum_{j=1}^{m} x_j^{max} \times u_j.$$

Weil die übrigen Werte von d_t wegen der voranstehend gelisteten Werte für b_t alle mit null multipliziert werden, reduziert sich der rechte Ausdruck der Gleichung sogar auf

$$b_o + \sum_{j=1}^{m} x_j^{max} \times u_j.$$

[127] Vgl. *Hering*, Investitionstheorie, 1995, 142.

Tabelle 3.23 Kalkulationszinssatz bei unvollkommenem Kapitalmarkt unter Sicherheit – Mischfinanzierung und Barwertmaximierung – Finanzplan der Investition[128]

Posten	Periode			
	t = 0	t = 1	t = 2	t = 3
Zahlungsreihe	./. 900,00 €	400,00 €	400,00 €	300,00 €
Eigenmittel – Entnahmen – Einlagen	300,00 € **./. 421,14 €**			
Standardkredit – Aufnahme – Tilgung – Zinsen	1.021,14 €	./. 359,15 € ./. 40,85 €	./. 373,52 € ./. 26,48 €	./. 288,47 € ./. 11,53 €
Standardanlage – Anlage – Auflösung – Zinsen				
Finanzsaldo	0,00 €	0,00 €	0,00 €	0,00 €
Bestandsgrößen – Kredit – Guthaben	1.021,14 €	661,99 €	288,47 €	0,00 €

Die Optimierung ergibt einen maximalen Barwert i. H. v. 421,14 €, dessen Entnahme die Unternehmung räumt, sowie die in Tabelle 3.24 dargestellten Dualwerte, bei denen es sich nun um Barwertfaktoren handelt. Die vollständigen Optimierungsdaten enthält Anhang 9 im elektronischen Zusatzmaterial.

Tabelle 3.24 Kalkulationszinssatz bei unvollkommenem Kapitalmarkt unter Sicherheit – Mischfinanzierung und Barwertmaximierung – Dualwerte und Kalkulationszinssätze[129]

	Barwertmaximierung			
	t = 0	t = 1	t = 2	t = 3
Barwertfaktoren (Dualwerte)	1,000000	0,9615385	0,9245562	0,8889964
Kalkulationszinssätze	0%	4%	4%	4%

128 Eigene Darstellung.

129 Eigene Darstellung.

Die aus den Dualwerten abgeleiteten Kalkulationszinssätze stellen wie bei der Endwertmaximierung die Zinssätze der jeweiligen Grenzobjekte dar.[130] Sie entsprechen ähnlich dem Fall vollständiger Fremdfinanzierung in jeder Periode dem Sollzinssatz. Der Ansatz dieser Kalkulationszinssätze in Formel (3.2) ergibt

$$BW_{Dual} = 300 \text{ €} - 900 \text{ €} + \frac{400 \text{ €}}{1,04} + \frac{400 \text{ €}}{1,04^2} + \frac{300 \text{ €}}{1,04^3} = 421,14 \text{ €}.$$

Auch hier ist mit diesen Kalkulationszinssätzen eine Partialentscheidung ohne Berücksichtigung des gesamten Objektprogramms für jedes Objekt einzeln möglich.[131] So ergibt sich isoliert für die Zahlungsreihen von Projekt C

$$BW^C_{Dual} = -900 \text{ €} + \frac{400 \text{ €}}{1,04} + \frac{400 \text{ €}}{1,04^2} + \frac{300 \text{ €}}{1,04^3} = 121,14 \text{ €, sowie}$$

$$BW^{Opp}_{Dual} = -300 \text{ €} + \frac{295,52 \text{ €}}{1,04^3} = -37,28 \text{€, bzw.}$$

$$EW^C_{Dual} = -900 \text{ €} \times 1,04^3 + 400 \text{ €} \times 1,04^2 + 400 \text{ €} \times 1,04 + 300 \text{ €} = 136,26 \text{ €, sowie}$$

$$EW^{Opp}_{Dual} = -300 \text{ €} \times 1,04^3 + 295,52 \text{ €} = -41,94 \text{ €}.$$

Die Werte für Projekt C sind positiv, weshalb es durchgeführt würde. Dagegen sind die Werte für die Opportunität negativ, sie würde unterlassen. Der berechnete EW^C_{Dual} kann grundsätzlich nur als Instrument zur Entscheidung über die Durchführung des Projekts C dienen, da er nicht zwangsläufig eine sinnvolle inhaltliche Interpretation besitzt.[132] Es handelt sich nicht um den Betrag, der am Ende der letzten Periode noch für eine Entnahme zur Verfügung steht, da bei Barwertmaximierung jeglicher Bestand am Ende des Planungszeitraums gerade komplett geräumt ist.

---

[130] Siehe schon in Abschnitt 3.1.2.3.1.2.1.2 den Absatz bei Fußnote 98, diese Erkenntnisse gelten auch hier.

[131] Siehe schon Abschnitt 3.1.2.3.1.2.1.2 den Absatz bei Fußnote 103 und die dort angegebene Literatur.

[132] Hier handelt es sich zufällig zugleich um den zusätzlichen Endwert (Wohlstandsmaximierung). Er ist der in der letzten Periode entnehmbare Betrag, der noch zu dem selben Barwert wie bei der Opportunität (Sofortentnahme i. H. v. 300 €) führt. Man erhält ihn aber in der Regel nur beim Ansatz von Mischzinssätzen nach Formel (3.25), weil die Entnahme eines Endwerts und eines Barwerts einen anderen Sachverhalt mit anderer Kapitalstruktur darstellt, als nur die Entnahme eines Barwerts und infolgedessen auch Habenzinssätze Kalkulationszinssätze sein können.

Hinsichtlich des Vergleichs mit der Opportunität gelten die Ausführungen zum vollkommenen Kapitalmarkt entsprechend. BW_{Dual} ist hier zugleich auch der Barwert, der bei Durchführung von Projekt C zusätzlich zu demjenigen der Opportunität anfällt. Die einzige Alternative im Beispielsachverhalt besteht in der Nichtdurchführung von Projekt C und der Sofortentnahme der Eigenmittel. Ihr Optimum beträgt daher 300 €. Der Finanzplan der Opportunität wäre bis auf den Eigenmittelbestand und seine Entnahme leer, sodass die aus den Dualwerten abgeleiteten Zinssätze zugleich auch den Mischzinssätzen entsprechen. In der Folge kommt es für Normalzahlungsreihen bei unvollkommenen Handelsbedingungen, aber vollkommener Liquidität und Informationseffizienz nicht zum Problem nachteiliger Ganzzahligkeit.

Ändert man den Sachverhalt zu einem tatsächlichen Fall vollständiger Fremdfinanzierung,[133] ändert sich an den Werten für BW^C_{Dual} und EW^C_{Dual} nichts. Sie haben dann aber einen anderen Aussagegehalt. BW^C_{Dual} ist dann identisch mit BW_{Dual}. EW^C_{Dual} entspricht dann immer auch genau dem optimalen Endwert wie bei Endwertmaximierung. Bar- und Endwert nach Formel (3.2) und (3.3) lassen sich dann für Barwertmaximierung und Endwertmaximierung in den jeweils anderen umrechnen, ohne an Aussagegehalt zu verlieren. Der Zusammenhang der Zeitwertformel (3.1) ist ebenfalls wiederhergestellt. Es gelten alle Konsequenzen vom vollkommenen Kapitalmarkt entsprechend.[134] Der Fall vollständiger Eigenfinanzierung ist hier kein Spezialfall. Aufgrund der zu Beginn dargestellten Eigenschaft (2) werden sich nie ausschließlich Habenzinssätze bzw. Verwahrentgelte als Kalkulationszinssätze einstellen.[135]

Für alle übrigen Zahlungsreihen können die Grenzobjekte der optimalen Lösung sowohl Finanzierungen als auch Mittelanlagen sein. In der Folge können sich aus den Dualwerten sowohl Soll- als auch Habenzinssätze und Verwahrentgelte ergeben. Es gelten die bereits zur Endwertmaximierung bei nur unvollkommenen Handelsbedingungen geschilderten Konsequenzen für Entscheidungsregel und Parameterbestimmung entsprechend. Für den Vergleich mit der Opportunität müssen Differenzbarwerte mit Differenz-Mischzinssätzen nach Formel (3.25) bzw. (3.26) gebildet werden. Es resultieren die selben Konsequenzen hinsichtlich der nachteiligen Ganzzahligkeit. Schließlich ist auch hier wegen der obenstehenden Eigenschaft (2) nur vollständige Fremdfinanzierung mit den für Normalzahlungsreihen beschriebenen Konsequenzen möglich.

133 Durch Reduzierung des Eigenmittelbestands auf 0 € und erst in der letzten Periode entstehender Mittelüberschüsse.

134 Siehe dazu auch Anhang 7 im elektronischen Zusatzmaterial.

135 Siehe dazu auch Anhang 8 im elektronischen Zusatzmaterial.

Sind auch die Liquiditätsbedingungen vollkommen, entfallen Unterschiede zwischen den Zahlungsreihen. Die aus den Dualwerten abgeleiteten Kalkulationszinssätze können immer auch Habenzinssätze bzw. Verwahrentgelte sein. Im neuen Modellrahmen sei Projekt C beispielhaft eine nur ganz oder gar nicht mögliche Darlehensfinanzierung i. H. v. 400 € mit 1% Zinssatz pro Periode ergänzt. Die Aufnahme soll nur in der ersten, die Tilgung erst in der letzten Periode möglich sein.[136]

Tabelle 3.25 Kalkulationszinssatz bei unvollkommenem Kapitalmarkt unter Sicherheit – Mischfinanzierung und Barwertmaximierung – Finanzplan der Investition (Abwandlung)[137]

Posten	Periode			
	t = 0	t = 1	t = 2	t = 3
Zahlungsreihe	./. 900,00 €	400,00 €	400,00 €	300,00 €
Eigenmittel – Entnahmen – Einlagen	300,00 € **./. 450,26 €**			
Kontokorrent- kredit – Aufnahme – Tilgung – Zinsen	650,26 €	./. 369,99 € ./. 26.01 €	./. 280,27 € ./. 11,21 €	
Darlehen – Aufnahme – Tilgung – Zinsen	400,00 €	./. 4,00 €	./. 4,00 €	./. 400,00 € ./. 4,00 €
Tagesgeld – Anlage – Auflösung – Zinsen			./. 104,52 €	104,52 € ./. 0,52 €
Finanzsaldo	0,00 €	0,00 €	0,00 €	0,00 €
Bestandsgrößen – Kontokorrent – Darlehen – Guthaben	650,26 € 400,00 €	280,27 € 400,00 €	0,00 € 400,00 € 104,52 €	0,00 € 0,00 €

136 Die Ursache für das Ergebnis ist, dass die Tilgungszahlung in Periode 3 den Zahlungsmittelzufluss aus dem Projekt C in dieser Periode übersteigt. Wäre das nicht der Fall, bliebe es bei dem zu vollkommenen Liquiditätsbedingungen gefundenen Ergebnis.

137 Eigene Darstellung.

Die Optimierung ergibt einen maximalen Barwert i. H. v. 450,26 € sowie die in Tabelle 3.26 dargestellten Dualwerte. Die ausführlichen Optimierungsergebnisse enthält Anhang 9 im elektronischen Zusatzmaterial. Den zugehörigen Finanzplan zeigt Tabelle 3.25.

Tabelle 3.26 Kalkulationszinssatz bei unvollkommenem Kapitalmarkt unter Sicherheit – Mischfinanzierung und Barwertmaximierung – Dualwerte und Kalkulationszinssätze (Abwandlung)[138]

	Barwertmaximierung			
	t = 0	t = 1	t = 2	t = 3
Barwertfaktoren (Dualwerte)	1,000000	0,961539	0,924556	0,929202
Kalkulationszinssätze	0%	4%	4%	–0,5%

Der Ansatz der Grenzzinssätze in Formel (3.2) ergibt

$$BW_{Dual} = -900\,€ + \frac{400\,€}{1,04} + \frac{400\,€}{1,04^2} + \frac{300\,€}{1,04^2 \times 0,995} = 133,20\,€.$$

Den betragsmäßig richtigen Barwert erhält man aufgrund der Bestandsbezogenheit der Zeitwertformeln, wie sie durch die periodenweise Betrachtung verdeutlicht wird, auch hier nur durch Ansatz der Mischzinssätze nach Formel (3.23). Diese betragen hier 1,028574%, 1,022360% und 1,015306% und ergeben $BW_{Misch} = 150,26€$.[139] Die Mischzinssätze stellen die betragsmäßige Richtigkeit für die Kalkulation des Barwerts des gesamten Objektprogramms wieder her, sind aber grundsätzlich nicht für eine isolierte Entscheidung über die einzelnen Objekte geeignet. Auch hier existiert ein analog zur Endwertmaximierung identifizierbarer Problembereich mit nachteiliger Ganzzahligkeit. Die Konsequenzen bei Endwertmaximierung gelten entsprechend.

138 Eigene Darstellung.

139
$$i_0^{MischBW} = \frac{53,58\,€ + 32\,€ - 0\,€}{535,76\,€ + 400\,€ - 0\,€} = 9,145507\%,$$
$$i_1^{MischBW} = \frac{22,13\,€ + 32\,€ - 0\,€}{221,34\,€ + 400\,€ - 0\,€} = 8,711816\% \text{ und}$$
$$i_2^{MischBW} = \frac{32\,€ - 7,47\,€}{400\,€ - 124,53\,€} = 8,904781\%.$$

Tabelle 3.27 Zusammenfassung der Erkenntnisse zum Barwert – vollkommener und unvollkommener Kapitalmarkt unter Sicherheit[140]

<table>
<tr><th></th><th></th><th>Vollkommener Kapitalmarkt</th><th>Unvollkommener Kapitalmarkt</th></tr>
<tr><th></th><th></th><th colspan="2">Sicherheit</th></tr>
<tr><td rowspan="4">Aussagekraft</td><td>Prämissen</td><td colspan="2">Strukturelle Übereinstimmung
• Mit entscheidungsrelevanten Wertungen
• Mit entscheidungsgegenständlichen Sachverhalten
• Der Sachverhalte untereinander (Budget, Wiederanlage, Dauer)</td></tr>
<tr><td>Entscheidung</td><td>• Geeignetes Kriterium
• Unabhängig von Präferenzen</td><td>• Geeignetes Kriterium
• Abhängig von Präferenzen</td></tr>
<tr><td rowspan="2">Inhalt</td><td colspan="2">• Nur sinnvoll interpretierbar bei Barwertmaximierung
• Sofort entnehmbarer Betrag bei Durchführung der Investition, der alle Zukunftserfolge, Kredit- und Guthabenbestände räumt</td></tr>
<tr><td>• Zugleich Marktpreis</td><td>• Kein Marktpreis, aber Preisober-/-untergrenze</td></tr>
<tr><td rowspan="6">Parameterbestimmung</td><td rowspan="2">Zähler</td><td colspan="2">• Zahlungen Investitionsobjekte
• Eigenmittelbestand
• Entnahmen und Einlagen (konstant, nicht optimiert)</td></tr>
<tr><td></td><td>• Bei nicht laufend verzinsten Anlagen und Finanzierungen alle Zahlungen (bspw. Zero-Bonds, unverzinsliche Darlehen)
• Bei laufend verzinsten Anlagen und Finanzierung die in der Substanz enthaltenen Entgelte (Disagien u. ä.)</td></tr>
<tr><td rowspan="2">Nenner
(Kalkulationszinssatz)</td><td colspan="2">• Kapitalkosten (bei Durchführung tatsächlich zur Anwendung kommenden Anlagen und Finanzierungen)
• Bestandsveränderungen grundsätzlich mit abgedeckt</td></tr>
<tr><td>• Einheitlicher Marktzinssatz</td><td>• Für Entscheidungsfindung grds. Grenzzinssätze (periodenabh.)
• Für inhaltliche Interpretation grds. Mischzinssätze (periodenabh.)</td></tr>
<tr><td rowspan="2">Opportunitätsvergleich</td><td colspan="2">Differenzbarwert, bestehend aus</td></tr>
<tr><td>• Differenzein-/-auszahlungen
• einheitlichem Marktzinssatz</td><td>• Differenzein-/-auszahlungen
• Differenz-Mischzinssatz</td></tr>
</table>

140 Eigene Darstellung.

Selbiges gilt hinsichtlich des Vergleichs mit der Opportunität mithilfe von Differenzbarwert und Differenz-Mischzinsen nach Formel (3.25) und hinsichtlich der Konsequenzen im Spezialfall vollständiger Fremdfinanzierung. Anders als bei vollkommenen Liquiditätsbedingungen bleibt es in der Regel bei den zum unvollkommenen Kapitalmarkt dargestellten Konsequenzen. Vollständige Eigenfinanzierung ist wegen der eingangs dargestellten Eigenschaft (2) nach wie vor nicht möglich.

3.1.2.3.1.2.1.4 Auswertung

Tabelle 3.27 fasst die voranstehenden Erkenntnisse zusammen und stellt sie denjenigen vom vollkommenen Kapitalmarkt bei Sicherheit gegenüber.

Die Gesamtbetrachtung zeigt, dass bei negativen Zinsen die Zielsetzung kein Indikator für die Richtung der Zeitwertberechnung ist. Auf- und Abzinsungen zwischen Perioden sind beide gleichsam jeweils bei Endwert- wie auch Barwertmaximierung möglich. Tabelle 3.28 fasst schließlich etwas detaillierter zusammen, welcher der theoretisch richtigen Kalkulationszinssätze für die Barwertberechnung wann welchen Anwendungsgrenzen unterliegt. Es wird danach differenziert, ob der mit den angegebenen Kalkulationszinssätzen berechnete Wert als Entscheidungskriterium verwendbar ist und ob er darüber hinaus eine betragsmäßige, inhaltliche Interpretation zulässt. Ersteres wird weiter differenziert in Partialwertfindung über ein einzelnes Objekt sowie ein Objektprogramm. Schließlich gehört auch zu den Anwendungsgrenzen, ob die nachteilige Ganzzahligkeit ausgeräumt werden kann oder nicht. Das Symbol (+) bedeutet Verwendbarkeit für diese Zwecke, (–) dagegen Nichtanwendbarkeit. In Bezug auf den Modellrahmen bedeutet (+) Vorliegen, (–) Nichtvorliegen.

Tabelle 3.28 Zusammenfassung der Erkenntnisse zum Barwert – Theoretisch richtige Kalkulationszinssätze und Anwendungsgrenzen[141]

			Einzelobjekt		Objektprogramm		Nacht. Ganz. (norm.)	Nacht. Ganz. (widstr.)
			Entscheidung	Inhalt	Entscheidung	Inhalt		
Vollkommener Kapitalmarkt		Marktzinssatz (= Grenzzinssatz) (= Mischzinssatz) (= Differenz-Mischzinssatz)	(+)	(+)	(+)	(+)	n/a	n/a
Unvollkommener Kapitalmarkt	Vlk. Hdl. (–) Vlk. Liqu. (+)	Normalzahlungsreihe						n/a
		- Grenzzinssatz	(+)	(+)	(+)	(+)	(+)	
		- Mischzinssatz	(+)	(+)	(+)	(+)	(+)	
		- Differenz-Mischzinssatz	(+)	(+)	(+)	(+)	(+)	
		Übrige Zahlungsreihen						
		- Grenzzinssatz	(+)	(–)	(+)	(+)	(–)	
		- Mischzinssatz	(+)	(–)	n/a	n/a	n/a	
		- Bei Vgl. mit Opp.	n/a	n/a	(+)	(+)	(+)	
		- Ohne Vgl. mit Opp.	n/a	n/a	(–)	(+)	(–)	
		- Differenz-Mischzinssatz	(–)	n/a	(+)	(+)	(+)	
	Vlk. Hdl. (–) Vlk. Liqu. (–)	- Grenzzinssatz	(+)	(–)	(+)	(–)	(–)	Partialmodell nicht anwendbar
		- Mischzinssatz	(–)	n/a	n/a	n/a	n/a	
		- Bei Vgl. mit Opp.	n/a	n/a	(+)	(+)	(+)	
		- Ohne Vgl. mit Opp.	n/a	n/a	(–)	(+)	(–)	
		- Differenz-Mischzinssatz	(–)	n/a	(+)	(+)	(+)	

3.1.2.3.1.2.2 Situation unter Unsicherheit mit unvollkommenem Kapitalmarkt

Die abschließend zu betrachtende Situation unter Unsicherheit mit unvollkommenem Kapitalmarkt entspricht realen Bedingungen. So können nicht alle Variationen der Zahlungsreihen, alle Handlungsalternativen, Restriktionen, Ziele

141 Eigene Darstellung. Für die Endwertmaximierung und Endwerte bzw. Zeitwertmaximierung und Zeitwerte ergibt sich die selbe Tabelle, nur gekürzt um die Besonderheiten zu den Normalzahlungsreihen, die in diesen Fällen nicht vorhanden sind. Für den Barwert bei End-/ Zeitwertmaximierung wären am unvollkommenen Kapitalmarkt nur Grenzzinssätze theoretisch richtige Kalkulationszinssätze, der Barwert dann aber auch nur ein bloßes Entscheidungskriterium ohne jegliche inhaltliche Aussagekraft.

und Präferenzen der Unternehmenseigner[142] und die Gesamtlebensdauer der Unternehmung bekannt sein. Eindeutige Optimallösungen lassen sich – wenn überhaupt – nur rückblickend bei vollständiger Datenlage am Ende der Gesamtlebensdauer der Unternehmung bestimmen.[143] Die Entscheidungsfindung kann daher nur heuristisch erfolgen.[144] Die bestmögliche Annäherung an eine tatsächlich optimale Lösung wird durch Orientierung an den voranstehenden Erkenntnissen erreicht. Im Gegensatz zu anderen willkürlichen Ansätzen ist von diesem (ebenfalls willkürlichen) wenigstens bekannt, dass er zumindest in den bisher erörterten Modellrahmen zu optimalen Entscheidungen führt.[145]

Zunächst ist eine Annahme über die meist unbekannte Entscheidungszielsetzung erforderlich. Die anstehende Untersuchung wird ausschließlich Barwertkalküle behandeln.[146] Damit die Barwertermittlung plausibel ist, müssen die tatsächlichen Ziele der Entscheidenden möglichst passend durch das Ersatzziel der Barwertmaximierung beschrieben werden können. Die die Existenz negativer Zinsen spricht nicht dagegen, da sich die Präferenzlage bislang nicht geändert hat. Außerdem muss der Planungshorizont festgelegt werden. Sodann muss die Parameterbestimmung erfolgen, bei der sich die Frage stellt, wie die bestehende Unsicherheit berücksichtigt werden soll.[147]

Für die Bestimmung des Zählers bietet es sich bei vorhandenen Erfahrungswerten, insbesondere bei Anwendbarkeit des Gesetzes der großen Zahlen, an,

---

142 Die Ziele und Präferenzen lassen sich auch nicht unbedingt in Ausgleich bringen. Zudem kann die Unternehmensleitung auch eigenständige Ziele verfolgen, die von denjenigen der Eigner abweichen und zu Zielkonflikten führen können.

143 Vgl. *Hering*, Investitionstheorie, 1995, 173.

144 Vgl. *Hering*, Investitionstheorie, 1995, 174.

145 Vgl. *Hering*, Investitionstheorie, 1995, 176 f.

146 Selbstverständlich wäre auch in der Realität die Barwertermittlung mithilfe des im Vorigen dargestellten Totalmodells denkbar. Der Einsatz von Totalplanungen unterliegt aber einerseits einigen praktischen Hemmnissen, andererseits macht er die Kapitalwertmethode als Hauptinstrument zur Entscheidungsfindung überflüssig. Ist die Entscheidung aus der Totalplanung bereits ablesbar, braucht keine Berechnung eines Partialmodells mehr durchgeführt werden. Vgl. *Hirshleifer*, Decision, Journal of Political Economy 1958, 329, 340; *Hax*, Programmierung, ZfbF 1964, 430, 441; *Schneider*, Investition, 7. Aufl. 1992, 133 f.; *Rolfes*, Investitionsrechnung, 3. Aufl. 2003, 106 f., soweit er sich auf die praktische Handhabbarkeit bezieht. Siehe auch *Hering*, Investitionstheorie, 1995, 134–151 mit Ansätzen zur praktischen Nutzbarmachung. Weil Gegenstand der Arbeit gerade (bilanzielle) Barwertkalküle sein sollen, wird nachfolgend nur noch der Kapitalwert als Bewertungsinstrument in den Blick genommen.

147 Vgl. *Hering*, Investitionstheorie, 1995, 178.

aus den Verteilungsdaten der Zahlungsreihen hinreichend verlässliche Sicherheitsäquivalente zu bestimmen.[148] Diese können bei sehr geringem Risiko auch den Erwartungswerten entsprechen. Dann kann die Kalkulation wie in einer Situation mit unvollkommenem Kapitalmarkt unter Sicherheit erfolgen. Für die Bestimmung des Nenners kommt es auf den Bewertungszweck (reines Entscheidungskriterium benötigt oder muss Barwert auch betragsmäßig interpretierbar sein) und auf den Bewertungsgegenstand an (Einzelobjekt oder Objektprogramm). In Abhängigkeit davon ergeben sich die zu ermittelnden Kalkulationszinssätze aus Tabelle 3.28. Für die Bewertung eines Objektprogramms sind in absteigender Rangfolge theoretisch vorzugswürdig:

(1) Differenz-Mischzinssätze, da der Barwert dann betragsmäßig klar als Mehrauskehrung gegenüber der Opportunität definiert ist, Mängel nachteiliger Ganzzahligkeit ausgleicht und zur Entscheidungsfindung geeignet ist.
(2) Mischzinssätze, da der Barwert dann betragsmäßig klar als größte, sofort mögliche Gewinnauskehrung bei Realisierung der bewerteten Handlungsalternative definiert ist. Zur Entscheidungsfindung muss der Barwert aber noch mit demjenigen der Opportunität verglichen werden.
(3) Grenzzinssätze, weil der Barwert dann zur Entscheidungsfindung, nicht aber zur betragsmäßigen Interpretation geeignet ist, und dem Problem nachteiliger Ganzzahligkeit unterliegen kann.

Bei Einzelobjekten können grundsätzlich nur Grenzzinssätze unter den oben genannten Einschränkungen als theoretisch richtige Kalkulationszinssätze für die Ermittlung eines Entscheidungswerts angesetzt werden. Besteht das Handlungsprogramm nur in der Durchführung oder Nichtdurchführung eines einzigen Investitionsprojekts, gilt stattdessen das zu Objektprogrammen Ausgeführte entsprechend. Einen solchen Fall kann auch die Bewertung eines ganzen Unternehmens darstellen, wenn es um dessen Veräußerung bzw. Erwerb oder das Unterlassen dieser Möglichkeit geht.[149]

---

[148] Vgl. *Franke/Hax*, Finanzwirtschaft, 6. Aufl. 2009, 148 f. Dort genannte Beispiele sind etwa Lebensversicherer, die mit Lebens- und Sterbetabellen arbeiten können, der Ersatz einer alten Maschine mit bekanntem Absatz durch eine neue bei ansonsten unveränderten Umständen oder bis zur Endfälligkeit gehaltene Staatsanleihen. Letzteres setzt aber voraus, dass es sich um einen Staat handelt, der erwartungsgemäß nicht ausfällt. Im Falle einer Veräußerung vor der Endfälligkeit wäre der Veräußerungserlös unsicher.

[149] Zu beachten sind aber die unterschiedlichen Zielsetzungen und Präferenzen des Erwerbers und Veräußerers und die Herleitung eines Einigungszustands. Vgl. dazu *Matschke/Brösel*, Unternehmensbewertung, 4. Aufl. 2013, insbesondere 206–235, aber im Kontext

Bei allen der theoretisch richtigen Zinssätze ist problematisch, dass die Barwerte nur dann exakt berechnet werden können, wenn die theoretisch optimale Lösung bereits aus der Totalplanung bekannt ist.[150] In jedem Fall sind daher Schätzungen notwendig. So ist für die Bestimmung der Differenz-Mischzinssätze streng genommen die Kenntnis der Opportunität als in der Rangfolge nächstbeste nicht mehr durchgeführte Alternative erforderlich.[151] Als Schätzung wäre der Ansatz der besten noch bekannten Alternativinvestition denkbar, auch wenn es sich dabei offensichtlich nicht um die (unbekannte) tatsächlich beste Alternative Mittelverwendung handelt.[152] Nicht geeignet ist der Ansatz einer Mindestrendite im Kalkulationszinssatz. Dagegen sprechen die oben bereits erörterte Verwässerung der Zielsetzung und die Unvereinbarkeit mit der mathematischen Technik der Zeitwertformeln.[153] Sie wäre nicht in die Technik der Mischzinssätze integrierbar, da konkrete Zinszahlungen und Bestände eingesetzt werden müssen, die aus dem Renditesatz weder ersichtlich noch ableitbar sind. Daher bleibt offen, mit welcher Gewichtung die tatsächlichen Zinszahlungen und Bestände ins Verhältnis zur Mindestrendite als Platzhalter für die Opportunität zu setzen wären.

Präziser, als die Opportunität für die Berechnung des Differenzbarwerts zu schätzen, scheint die Schätzung einfacher Mischzinssätze für die Barwertberechnung. Sofern die wesentlichen Handlungsalternativen bekannt und überschaubar sind, kann für jede dieser Alternativen ein geschätzter Barwert berechnet werden. Dieser ist deswegen genauer als geschätzte Differenzbarwerte, weil es für die Parameterbestimmung nur auf die Zahlungen der konkret zu planenden und nicht zusätzlich auf diejenigen der im Vorhinein unbekannten, besten verdrängten Handlungsalternative ankommt. Anschließend lässt sich aus den inhaltlich klar definierten Schätzwerten (größte, sofort mögliche Gewinnauskehrung bei Durchführung der Alternative) der größte Wert auswählen. Selbst wenn die Barwerte für die wesentlichen Alternativen nicht ermittelt werden sollen oder können, sind praktisch die Barwerte auf Basis der Mischzinssätze vorzugswürdig. Ihnen geht dann zwar ihre Funktion als Entscheidungskriterium verloren,

---

eines dem zuvor besprochenen Totalmodells sehr ähnlichen Modell und unter der Zielsetzung der Einkommensmaximierung.

[150] Siehe hierzu schon Fußnote 146 in Abschnitt 3.1.2.3.1.2.2.

[151] Vgl. *Schneider*, Investition, 7. Aufl. 1992, 136.

[152] Vorgeschlagen werden auf jeden Fall realisierbare Markttransaktionen, etwa Staatsanleihen *Schwarz*, Investitionsentscheidungen, 1967, 51 f.; *Rolfes*, Investitionsrechnung, 3. Aufl. 2003, 107.

[153] Siehe bereits die Erörterungen zum vollkommenen Kapitalmarkt unter Sicherheit in Abschnitt 3.1.2.3.1.1.1. Ähnlich in Bezug auf die Terminologie „Kapitalkosten" auch schon *Schneider*, Investition, 7. Aufl. 1992, 524.

aber es sollte möglich sein, zusätzlich für diese Investition den Barwert mit den geschätzten Grenzzinssätzen zu berechnen. Letzterer kann dann als Entscheidungskriterium verwendet werden, ersterer für die inhaltliche Interpretation. Hierfür sind Schätzungen der Grenzzinssätze erforderlich, die für das gesamte Objektprogramm ermittelt werden können, aber nicht müssen. Stattdessen können stellvertretend die Grenzzinssätze auch nur aus den hinzukommenden Objekten geschätzt werden, wenn diese ein bestehendes Objektprogramm ergänzen soll. Die bei Realisierung der Alternative anfallenden zusätzlichen Finanzierungen und Mittelanlagen dürften plausible Näherungen an die richtigen Grenzzinssätze darstellen, insbesondere weil zusätzliche Verschuldung wegen der damit verbundenen steigenden Risiken in der Regel teurer wird.

Die Überlegungen zeigen, dass auch die Verwendung von Misch- und Grenzzinssätzen zu Unschärfen führt, weil ihre theoretisch richtigen Werte sich nur aus einer Totalplanung ergeben und Annäherungen das Ergebnis verfälschen. Die Qualität der Näherung hängt dabei von der Fähigkeit und dem Willen der Entscheidenden ab, entsprechende Planungsüberlegungen anzustellen. Für die Ermittlung der Misch- und/oder Grenzzinssätze könnten zumindest grobe Finanzpläne für die wesentlichen überschaubaren Handlungsalternativen erstellt werden.[154] Als noch weniger aufwendige und weniger präzise Näherung könnte als Schätzer für die richtigen Mischzinssätze die voraussichtliche oder (noch unschärfer) die aktuelle Struktur von Eigen- und Fremdmitteln verwendet werden. Schätzer für Grenzzinssätze dürften sich in der Regel leicht ermitteln lassen, da hier nur Überlegungen zur Identifikation der jeweils teuersten Finanzierung und besten verfügbaren Mittelanlage notwendig sind.

Im Ergebnis verengt sich daher aus praktischer Sicht die obenstehende Rangfolge vorzugswürdiger Kalkulationszinssätze für Barwertermittlungen von Objektprogrammen auf die Nummern (2) und (3). Für Einzelobjekte ändert sich grundsätzlich nichts. Ergänzend könnte nur erwogen werden, falls für diese ein inhaltlich interpretierbarer Wert benötigt wird, diesen aus Praktikabilitätsgründen mithilfe von Schätzern für die Mischzinsen des gesamten Objektprogramms zu ermitteln. Inhaltlich würde es sich zumindest um eine Näherung an den Zielwertbeitrag des einzelnen Objekts zum klar definierten Barwert des Objektprogramms handeln. Der so ermittelte Barwert wäre aber nicht zu Entscheidungszwecken geeignet. Dafür werden weiterhin die (geschätzten) Grenzzinssätze benötigt.

[154] Im Falle ausführlicher Pläne bedürfte es wiederum keiner Barwertberechnung mehr. Die Vorteilhaftigkeit der Handlungsalternativen könnte direkt aus den Finanzplänen abgelesen werden.

Weitere Schätzungen in Bezug auf Zähler und Nenner sind mit Blick auf den Planungshorizont erforderlich. Bei zu weit in der Zukunft liegenden Planungsperioden können keine verlässlichen Schätzungen der Datenlage mehr angestellt werden.[155] Stattdessen kann ab derjenigen Periode, die keine hinreichend zuverlässigen Prognosen mehr erlaubt, nur noch ein Ansatz pauschaler Werte erfolgen, z. B. in Form eines Barwerts mit annahmegemäß periodisch gleichbleibendem Zahlungsstrom und Kalkulationszinssatz.[156] Dann kann der Barwert auf einfache Weise berechnet werden. Eine Zahlung der langfristig gleichbleibenden Zahlungsreihe sei als Rente bezeichnet. Der Barwert der Rentenzahlungen, die (nachschüssige[157]) ewige Rente, ergibt sich durch Division der Rente durch den periodisch gleichbleibenden Kalkulationszinssatz i.[158]

$$\frac{Rente}{i} \tag{3.27}$$

Die ewige Rente wurde allerdings zu Zeiten ausschließlich positiver Zinsen entwickelt. Für Kalkulationszinssätze sehr nahe bei null strebt der Wert der ewigen Rente gegen unendlich. Da nicht durch null geteilt werden darf, wäre die Lösung in diesem Fall nicht definiert. Bei negativen Kalkulationszinssätzen ergäbe die ewige Rente ein negatives Ergebnis. In den letzteren beiden Fällen ist die ewige Rentenformel daher gar nicht anwendbar.[159] Ob die voranstehend thematisierten Kalkulationszinssätze negativ werden, ist eine Frage des Verhältnisses der schätzungsweise zu realisierenden Mittelaufnahmen und Mittelanlagen. Nach diesen Grundsätzen dürfte das Vorkommen negativer Kalkulationszinssätze in der Praxis aus zwei Gründen eher selten sein:

- Die Eigenschaft des Barwerts, bei der Entnahme die Unternehmung zu räumen, wird üblicherweise ein Überwiegen an Fremdfinanzierung zur Folge haben.
- In der Marktsituation der jüngst vergangenen Niedrigzinsphase kam es zwar bei Bankeinlagen und hochliquide gehandelten Staatsanleihen bester Bonität zu Verwahrentgelten, die technisch einem nur leicht negativen Zins von knapp

---

[155] Vgl. *Hering*, Investitionstheorie, 1995, 176.

[156] Vgl. *Hering*, Investitionstheorie, 1995, 176 m. w. N. Ähnlich *Franke/Hax*, Finanzwirtschaft, 6. Aufl. 2009, 231.

[157] In den voranstehenden Beispielen sind zinstragende Zahlungsreihen nachschüssig, weil sie erst nach dem Zeitpunkt $t = 0$ ab $t = 1$ anfallen.

[158] Vgl. *Kruschwitz/Lorenz*, Investitionsrechnung, 15. Aufl. 2019, 58 f.

[159] Vgl. *Thießen*, Bewertungsprobleme, CF 2020, 167, 170 f.

über -1 % im niedrigsten Fall entsprechen, zugleich lagen aber die durchschnittlichen Fremdkapitalzinsen an ihrem Tiefpunkt in der Spanne von etwas über 1 % bis 2,5 %.[160] Da in Unternehmungen liquide Mittel in der Regel nur selten in größerem Umfang in die entsprechenden Finanzanlagen investiert sein dürften als verzinsliches Fremdkapital vorhanden ist, spricht dies in der Tendenz für ein Überwiegen der Fremdkapitalzinsen im Mischzinssatz.

Ein ewiger negativer Kalkulationszinssatz wäre daher keine plausible Annahme. Dieselbe Begründung steht Berechnungen der ewigen Rente mit sehr nahe bei null liegenden positiven Kalkulationszinssätzen entgegen.

Ist für Sicherheitsäquivalente keine hinreichend verlässliche Bestimmung möglich, kann das Risiko in den Parametern der Barwertberechnung derzeit nicht verdichtet werden. Nicht sinnvoll scheinen der Ansatz von Eigenkapitalkosten aus dem CAPM sowie von Risikozuschlägen im Kalkulationszinssatz. Dagegen sprechen einerseits die schon im Untersuchungsabschnitt zum vollkommenem Kapitalmarkt unter Risiko genannten Gründe,[161] andererseits entfernt sich der so berechnete Barwert noch weiter von der aus den voranstehenden Fällen bekannten optimalen Lösung, ohne dass die Unsicherheit besser berücksichtigt würde. Dies zeigt sich auch daran, dass beide Ansätze speziell an das zu bewertende Objekt angepasste Kalkulationszinssätze verwenden, aber bei unvollkommenen Kapitalmarkt unter Sicherheit eigentlich der Ansatz von Kalkulationszinssätzen notwendig wäre, die für die Bewertung aller Objekte nutzbar sind und sich aus den Grenzobjekten, bei den Mischzinssätzen aller Objekte einschließlich der Opportunität, ergeben.[162] Es stehen nur Instrumente zur Offenlegung der Unsicherheit zur Verfügung, um besser entscheiden zu können. Dazu gehört die Kalkulation unterschiedlicher Szenarien.[163] Zudem können Sensitivitätsanalysen durchgeführt werden, um zu ermitteln, wie sich Änderungen einzelner oder mehrerer Bewertungsparameter gleichzeitig auf die Entscheidungsfindung auswirken. Schließlich kann in einer Risikoanalyse versucht werden, mithilfe statistischer Methoden die Wahrscheinlichkeitsverteilung der Parameter zu ergründen.[164] Die voranstehend beschriebene Heuristik ändert sich durch die

---

160 Siehe hierzu die Statistiken in Abschnitt 1.1.

161 Siehe die Absätze von Fußnoten 79 bis 81 und 82 bis 85 in Abschnitt 3.1.2.3.1.1.2.

162 Vgl. ausführlich *Hering*, Investitionstheorie, 1995, 183–186, 191–196.

163 Vgl. *Hering*, Investitionstheorie, 1995, 178.

164 Vgl. *Hering*, Investitionstheorie, 1995, 196–211 sowie 223–234 mit einem aus der Gesamtschau der bisherigen Untersuchungsergebnisse abgeleiteten Entscheidungsprozess als Handlungsempfehlung.

zusätzlichen Informationen nicht, wird aber in Abhängigkeit der Datenlage gegebenenfalls verlässlicher in Bezug auf die beabsichtigte Annäherung. Je unsicherer die Datenlage und je geringer der Informationsstand, desto schwerer lässt sich die Plausibilität der gewählten Parameter beurteilen.

3.1.2.3.2 Höhe der Parameter

3.1.2.3.2.1 (Niedrige) Positive Zinsen

Infolge der Parameterbestimmung ergeben sich auch betragsmäßige Konsequenzen für die Barwertberechnung aus der konkreten Höhe der Parameter und bei Änderungen der Parameter. Die Höhe bzw. Änderung der Höhe des Barwerts ist abhängig von den konkreten Daten im jeweiligen Einzelfall und daher nur schwer verallgemeinerbar. Unter Zuhilfenahme eingrenzender Annahmen, die anschließend schrittweise gelockert werden, lässt sich aber die grundlegende Funktionsweise herausarbeiten:

- In jeder Periode soll ein gleich hoher Zahlungsstrom anzusetzen sein.
- In jeder Periode soll der gleiche Kalkulationszinssatz anzusetzen sein.
- Die Änderung des Kalkulationszinssatzes soll in jeder Periode in gleicher Höhe wirksam werden.

Ein in jeder Periode gleich hoher Zahlungsstrom x lässt sich in der Barwertformel (3.2) einfach ausklammern.

$$\sum_{t=0}^{T} \frac{x}{(1+i)^t} = x \times \sum_{t=0}^{T} \frac{1}{(1+i)^t}$$

Höhe und Änderung des Barwerts hängen infolgedessen einerseits von dem gleichbleibenden Zahlungsstrom x und andererseits von der Summe aller Barwertfaktoren der einzelnen Perioden ab, wie sie schon in Formel (3.20) dargestellt wurden. Ändert sich nur der gleichbleibende Zahlungsstrom auf einen anderen gleichbleibenden Zahlungsstrom, setzt sich diese Änderung direkt und in gleichem Umfang in den Barwert um. Beispielsweise führt eine Verdoppelung von x auch zu einer Verdoppelung des Barwerts. Für den anderen Bestandteil der Gleichung werden zunächst die Barwertfaktoren der jeweiligen Perioden unter Außerachtlassung der Summenbildung einzeln betrachtet. Unter Berücksichtigung der Annahme in jeder Periode gleicher Kalkulationszinssätze ergeben sich für

Tabelle 3.29 Barwertfaktoren bei periodisch gleichbleibendem Kalkulationszinssatz für unterschiedlich lange Planungshorizonte[165]

Barwertfaktoren bei gleichbleibendem Kalkulationszinssatz nach Laufzeit in %										
Zins	Prd.									
	0	1	2	3	4	5	6	7	8	9
0%	100,00%	100,00%	100,00%	100,00%	100,00%	100,00%	100,00%	100,00%	100,00%	100,00%
1%	100,00%	99,01%	98,03%	97,06%	96,10%	95,15%	94,20%	93,27%	92,35%	91,43%
2%	100,00%	98,04%	96,12%	94,23%	92,38%	90,57%	88,80%	87,06%	85,35%	83,68%
3%	100,00%	97,09%	94,26%	91,51%	88,85%	86,26%	83,75%	81,31%	78,94%	76,64%
4%	100,00%	96,15%	92,46%	88,90%	85,48%	82,19%	79,03%	75,99%	73,07%	70,26%
5%	100,00%	95,24%	90,70%	86,38%	82,27%	78,35%	74,62%	71,07%	67,68%	64,46%
6%	100,00%	94,34%	89,00%	83,96%	79,21%	74,73%	70,50%	66,51%	62,74%	59,19%
7%	100,00%	93,46%	87,34%	81,63%	76,29%	71,30%	66,63%	62,27%	58,20%	54,39%
8%	100,00%	92,59%	85,73%	79,38%	73,50%	68,06%	63,02%	58,35%	54,03%	50,02%
9%	100,00%	91,74%	84,17%	77,22%	70,84%	64,99%	59,63%	54,70%	50,19%	46,04%
10%	100,00%	90,91%	82,64%	75,13%	68,30%	62,09%	56,45%	51,32%	46,65%	42,41%

(Fortsetzung)

[165] Eigene Darstellung.

Tabelle 3.29 (Fortsetzung)

Barwertfaktoren bei gleichbleibendem Kalkulationszinssatz nach Laufzeit in %

Zins	Prd.									
	10	11	12	13	14	15	16	17	18	19
0%	100,00%	100,00%	100,00%	100,00%	100,00%	100,00%	100,00%	100,00%	100,00%	100,00%
1%	90,53%	89,63%	88,74%	87,87%	87,00%	86,13%	85,28%	84,44%	83,60%	82,77%
2%	82,03%	80,43%	78,85%	77,30%	75,79%	74,30%	72,84%	71,42%	70,02%	68,64%
3%	74,41%	72,24%	70,14%	68,10%	66,11%	64,19%	62,32%	60,50%	58,74%	57,03%
4%	67,56%	64,96%	62,46%	60,06%	57,75%	55,53%	53,39%	51,34%	49,36%	47,46%
5%	61,39%	58,47%	55,68%	53,03%	50,51%	48,10%	45,81%	43,63%	41,55%	39,57%
6%	55,84%	52,68%	49,70%	46,88%	44,23%	41,73%	39,36%	37,14%	35,03%	33,05%
7%	50,83%	47,51%	44,40%	41,50%	38,78%	36,24%	33,87%	31,66%	29,59%	27,65%
8%	46,32%	42,89%	39,71%	36,77%	34,05%	31,52%	29,19%	27,03%	25,02%	23,17%
9%	42,24%	38,75%	35,55%	32,62%	29,92%	27,45%	25,19%	23,11%	21,20%	19,45%
10%	38,55%	35,05%	31,86%	28,97%	26,33%	23,94%	21,76%	19,78%	17,99%	16,35%

Laufzeiten innerhalb der Perioden 0 bis 19 und für Kalkulationszinssätze von 0 % bis 10 % die in Tabelle 3.29 dargestellten Barwertfaktoren. Der Barwertfaktor für eine Laufzeit bis Periode 3 mit einem Kalkulationszinssatz i. H. v. 10% beispielsweise wird nach Formel (3.20) wie folgt berechnet:

$$\frac{1}{(1,1)^3} = 0,7513148.$$

Die Barwertfaktoren zeigen an, auf wie viel Prozent seines Nominalbetrags sich der in einer bestimmten Periode angesetzte Zahlungsstrom ändert. Sie hängen nur vom periodeneinheitlichen Kalkulationszinssatz und der Anzahl der Perioden ab. Sodann lassen sich die Summen dieser Barwertfaktoren bis einschließlich zur letzten Periode des Planungshorizonts berechnen. Diese hängen ebenfalls vom jeweiligen Kalkulationszinssatz und der Anzahl der Perioden ab. Die zugehörigen Werte zeigt Tabelle 3.30. Sie sind nicht gleichermaßen anschaulich interpretierbar wie die Barwertfaktoren selbst. Aus ihnen ist nicht mehr unmittelbar die Änderung des Nominalwerts der – jetzt richtigerweise – Summe der Zahlungsströme aller Perioden ablesbar.

Tabelle 3.30 Summe der Barwertfaktoren bei periodisch gleichbleibendem Kalkulationszinssatz für unterschiedlich lange Planungshorizonte[166]

Summe der Barwertfaktoren bei gleichbleibendem Kalkulationszinssatz nach Laufzeit

Zins	Prd.									
	0	1	2	3	4	5	6	7	8	9
0%	1,0000	2,0000	3,0000	4,0000	5,0000	6,0000	7,0000	8,0000	9,0000	10,0000
1%	1,0000	1,9901	2,9704	3,9410	4,9020	5,8534	6,7955	7,7282	8,6517	9,5660
2%	1,0000	1,9804	2,9416	3,8839	4,8077	5,7135	6,6014	7,4720	8,3255	9,1622
3%	1,0000	1,9709	2,9135	3,8286	4,7171	5,5797	6,4172	7,2303	8,0197	8,7861
4%	1,0000	1,9615	2,8861	3,7751	4,6299	5,4518	6,2421	7,0021	7,7327	8,4353
5%	1,0000	1,9524	2,8594	3,7232	4,5460	5,3295	6,0757	6,7864	7,4632	8,1078
6%	1,0000	1,9434	2,8334	3,6730	4,4651	5,2124	5,9173	6,5824	7,2098	7,8017
7%	1,0000	1,9346	2,8080	3,6243	4,3872	5,1002	5,7665	6,3893	6,9713	7,5152
8%	1,0000	1,9259	2,7833	3,5771	4,3121	4,9927	5,6229	6,2064	6,7466	7,2469
9%	1,0000	1,9174	2,7591	3,5313	4,2397	4,8897	5,4859	6,0330	6,5348	6,9952
10%	1,0000	1,9091	2,7355	3,4869	4,1699	4,7908	5,3553	5,8684	6,3349	6,7590

(Fortsetzung)

166 Eigene Darstellung.

Tabelle 3.30 (Fortsetzung)

Summe der Barwertfaktoren bei gleichbleibendem Kalkulationszinssatz nach Laufzeit										
Zins	Prd.‰									
	10	11	12	13	14	15	16	17	18	19
0%	11,0000	12,0000	13,0000	14,0000	15,0000	16,0000	17,0000	18,0000	18,0000	20,0000
1%	10,4713	11,3676	12,2551	13,1337	14,0037	14,8651	15,7179	16,5623	16,5723	18,2260
2%	9,9826	10,7868	11,5753	12,3484	13,1062	13,8493	14,5777	15,2919	15,3119	16,6785
3%	9,5302	10,2526	10,9540	11,6350	12,2961	12,9379	13,5611	14,1661	14,1961	15,3238
4%	9,1109	9,7605	10,3851	10,9856	11,5631	12,1184	12,6523	13,1657	13,2057	14,1339
5%	8,7217	9,3064	9,8633	10,3936	10,8986	11,3797	11,8378	12,2741	12,3241	13,0853
6%	8,3601	8,8869	9,3838	9,8527	10,2950	10,7122	11,1059	11,4773	11,5373	12,1581
7%	8,0236	8,4987	8,9427	9,3577	9,7455	10,1079	10,4466	10,7632	10,8332	11,3356
8%	7,7101	8,1390	8,5361	8,9038	9,2442	9,5595	9,8514	10,1216	10,2016	10,6036
9%	7,4177	7,8052	8,1607	8,4869	8,7862	9,0607	9,3126	9,5436	9,6336	9,9501
10%	7,1446	7,4951	7,8137	8,1034	8,3667	8,6061	8,8237	9,0216	9,1216	9,3649

Auf wie viel Prozent ihres Nominalbetrags sich die Summe aller Zahlungsströme ändert, lässt sich ermitteln, indem die Werte aus Tabelle 3.30 nun noch durch die Anzahl der Perioden des Planungshorizonts geteilt werden. Einfacher ausgedrückt handelt es sich um das prozentuale Verhältnis der Zahlungsströme mit Barwertberechnung zu denjenigen ohne Barwertberechnung. Die berechneten Werte werden daher nachfolgend als prozentuale Barwerte bezeichnet.

$$
\begin{aligned}
BW_{Prozentual} &= \frac{\text{Wert von } x \text{ mit Barwertberechnung}}{\text{Wert von } x \text{ ohne Barwertberechnung}} \\
&= \frac{x \times \sum_{t=0}^{T} Barwertfakor_t}{x \times \text{Anzahl der Perioden}} = \frac{\sum_{t=0}^{T} Barwertfakor_t}{\text{Anzahl der Perioden}}
\end{aligned}
$$

Tabelle 3.31 zeigt die so berechneten Werte. Der prozentuale Barwert bei einem Kalkulationszinssatz i. H. v. 6 % für einen Planungshorizont bis Periode 3 in Tabelle 3.31 (91,83 %) bspw. ergibt sich aus den Barwertfaktoren für die Perioden 0 bis 3 aus Tabelle 3.29 bei 6 % Kalkulationszinssatz (100%, 94,34%, 89% und 83,96%), die addiert und anschließend durch die Anzahl der Perioden (4) geteilt werden.

Alle Änderungsbeträge aus Tabelle 3.29 und Tabelle 3.31 zeigen bei positivem Kalkulationszinssatz eine Verringerung der Nominalwerte an. Nur wenn letzterer 0 % beträgt, entspricht der Barwert dem Nominalwert des entsprechenden Zahlungsstroms. Die Barwertfaktoren in Tabelle 3.29 zeigen, dass in späten Planungsperioden angesetzte Zahlungen mit deutlich niedrigerem Wert in den Barwert einfließen, als Zahlungen früher Planungsperioden. Außerdem tritt die Minderung des anzusetzenden Werts früher ein, je höher der Kalkulationszinssatz ist. Während für niedrige Kalkulationszinssätze bis 4 % Zahlungsströme durch die Abzinsung nicht vor der 18. Planungsperiode auf unter 50 % ihres Nominalbetrags reduziert werden, ist bei einem Kalkulationszinssatz von 8 % schon ab der 9. Planungsperiode der Barwert des einzelnen Zahlungsstroms dieser Periode nur noch mit 50 % seines Nominalbetrags anzusetzen. Eine grafische Gesamtschau über das Verhalten der Barwertfaktoren in Abhängigkeit der Laufzeit für unterschiedliche Kalkulationszinssätze zeigt Abbildung 3.2.

Tabelle 3.31 Barwerte bei periodisch gleichbleibendem Kalkulationszinssatz für unterschiedlich lange Planungshorizonte in Prozent des Nominalbetrags der Zahlungen[167]

Barwerte bei gleichbleibendem Kalkulationszinssatz nach Laufzeit in % des Nominalbetrags										
Zins	Prd.									
	0	1	2	3	4	5	6	7	8	9
0%	100,00%	100,00%	100,00%	100,00%	100,00%	100,00%	100,00%	100,00%	100,00%	100,00%
1%	100,00%	99,50%	99,01%	98,52%	98,04%	97,56%	97,08%	96,60%	96,13%	95,66%
2%	100,00%	99,02%	98,05%	97,10%	96,15%	95,22%	94,31%	93,40%	92,51%	91,62%
3%	100,00%	98,54%	97,12%	95,72%	94,34%	93,00%	91,67%	90,38%	89,11%	87,86%
4%	100,00%	98,08%	96,20%	94,38%	92,60%	90,86%	89,17%	87,53%	85,92%	84,35%
5%	100,00%	97,62%	95,31%	93,08%	90,92%	88,82%	86,80%	84,83%	82,92%	81,08%
6%	100,00%	97,17%	94,45%	91,83%	89,30%	86,87%	84,53%	82,28%	80,11%	78,02%
7%	100,00%	96,73%	93,60%	90,61%	87,74%	85,00%	82,38%	79,87%	77,46%	75,15%
8%	100,00%	96,30%	92,78%	89,43%	86,24%	83,21%	80,33%	77,58%	74,96%	72,47%
9%	100,00%	95,87%	91,97%	88,28%	84,79%	81,49%	78,37%	75,41%	72,61%	69,95%
10%	100,00%	95,45%	91,18%	87,17%	83,40%	79,85%	76,50%	73,36%	70,39%	67,59%

(Fortsetzung)

[167] Eigene Darstellung.

Tabelle 3.31 (Fortsetzung)

Barwerte bei gleichbleibendem Kalkulationszinssatz nach Laufzeit in % des Nominalbetrags

Zins	Prd.									
	10	11	12	13	14	15	16	17	18	19
0%	100,00%	100,00%	100,00%	100,00%	100,00%	100,00%	100,00%	100,00%	100,00%	100,00%
1%	95,19%	94,73%	94,27%	93,81%	93,36%	92,91%	92,46%	92,01%	91,57%	91,13%
2%	90,75%	89,89%	89,04%	88,20%	87,37%	86,56%	85,75%	84,95%	84,17%	83,39%
3%	86,64%	85,44%	84,26%	83,11%	81,97%	80,86%	79,77%	78,70%	77,65%	76,62%
4%	82,83%	81,34%	79,89%	78,47%	77,09%	75,74%	74,43%	73,14%	71,89%	70,67%
5%	79,29%	77,55%	75,87%	74,24%	72,66%	71,12%	69,63%	68,19%	66,79%	65,43%
6%	76,00%	74,06%	72,18%	70,38%	68,63%	66,95%	65,33%	63,76%	62,25%	60,79%
7%	72,94%	70,82%	68,79%	66,84%	64,97%	63,17%	61,45%	59,80%	58,21%	56,68%
8%	70,09%	67,82%	65,66%	63,60%	61,63%	59,75%	57,95%	56,23%	54,59%	53,02%
9%	67,43%	65,04%	62,77%	60,62%	58,57%	56,63%	54,78%	53,02%	51,35%	49,75%
10%	64,95%	62,46%	60,11%	57,88%	55,78%	53,79%	51,90%	50,12%	48,43%	46,82%

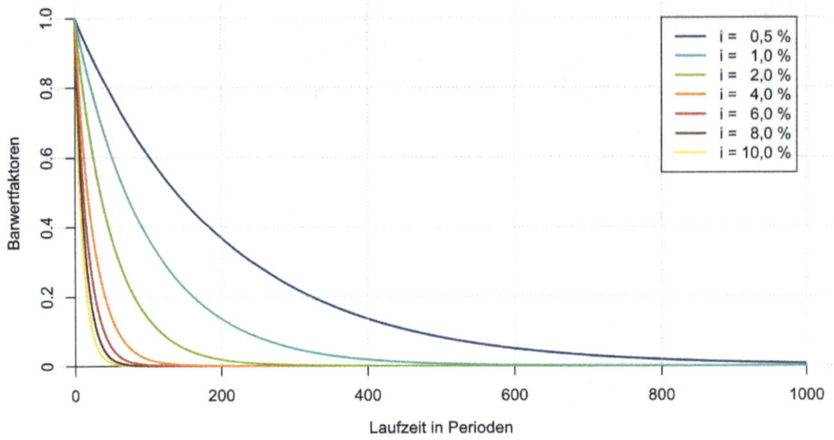

Abbildung 3.2 Barwertfaktoren bei gleichbleibendem Kalkulationszinssatz nach Perioden[168]

Für die prozentualen Barwerte in Tabelle 3.31 lassen sich ähnliche Effekte beobachten. Die Reduzierung tritt jedoch deutlich langsamer ein, weil hier nur der Durchschnitt der Barwertfaktoren einfließt. Die Barwertfaktoren werden durch die Anzahl der Perioden des Planungshorizonts geteilt. Ein Barwert, der weniger als 50 % des Nominalbetrags der Summe der Zahlungsströme beträgt, kommt im hier betrachteten Planungsrahmen frühestens ab einem Kalkulationszinssatz von 9 % und dann auch erst ab der 19. Planungsperiode zustande. Eine grafische Gesamtschau über das Verhalten der prozentualen Barwerte in Abhängigkeit der Laufzeit für unterschiedliche Kalkulationszinssätze zeigt Abbildung 3.3. Im Vergleich zu Abbildung 3.2 wird das langsamere Abfallen aufgrund der Durchschnittsbildung deutlich.

[168] Eigene Darstellung.

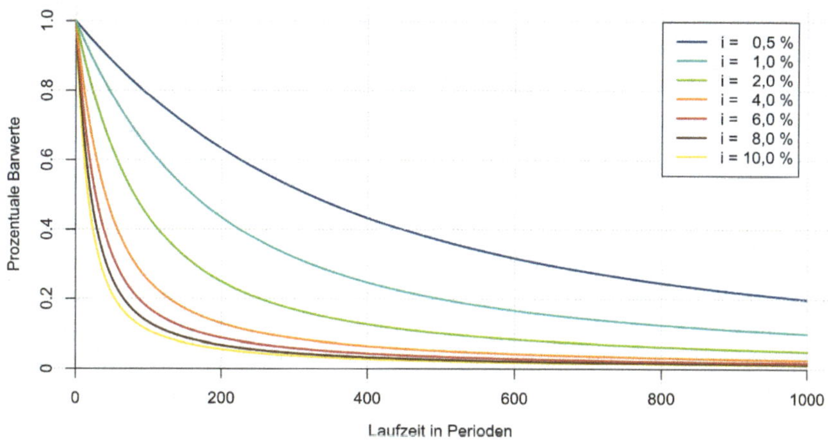

Abbildung 3.3 Prozentuale Barwerte bei gleichbleibendem Kalkulationszinssatz nach Perioden[169]

Im Falle einer Zinsänderung ändert sich ein in Tabelle 3.31 angegebener prozentualer Barwert auf den bei dem geänderten Kalkulationszinssatz angegebenen prozentualen Barwert für den gleichen Planungshorizont. Beispielsweise ändert sich der Wert für einen Planungshorizont bis Periode 3 bei einer Änderung des Kalkulationszinssatzes von 6 % auf 5 % von 91,83 % auf 93,08 %, also um $\frac{0,930812-0,918253}{0,918253} = 1,37\ \%$. Weitere auf diese Art berechnete exemplarische Werte zeigt Anhang 8 im elektronischen Zusatzmaterial. Ihnen liegen Planungshorizonte bis einschließlich Periode 3, 5, 10 und 19 zugrunde. Diese zeigen, dass jeder zusätzlicher Prozentpunkt Kalkulationszinssatzänderung für eine bestimmte Planungsdauer näherungsweise zu gleich viel Barwertänderung führt. So führt bei einem Planungshorizont bis Periode 3

- eine Änderung des Kalkulationszinssatzes von 1 % auf 0 % zu einer Barwertänderung i. H. v. 1,5% und
- eine Änderung des Kalkulationszinssatzes von 2 % auf 0 % zu einer Barwertänderung i. H. v. 2,99%.[170]

[169] Eigene Darstellung.

[170] Siehe Tabelle 14 in Anhang 10 im elektronischen Zusatzmaterial.

Die Änderung des Anteils des Barwerts an den nominalen Zahlungsbeträgen beträgt damit pro Prozentpunkt Kalkulationszinssatzänderung rund 1,5 %. Die Höhe dieser Sprünge für alle in Anhang 10 dargestellten Daten zeigt Anhang 11, jeweils im elektronischen Zusatzmaterial. In der Gesamtbetrachtung beider Anhänge wird außerdem deutlich, dass mit zunehmender Länge des Planungshorizonts auch die Barwertänderung zunimmt. Verdoppelt sich die Länge des Planungshorizonts, verdoppelt sich auch ungefähr die Barwertänderung (insgesamt und pro Prozentpunkt der Änderung des Kalkulationszinssatzes). In Abbildung 3.3 sind die betrachteten Änderungen der senkrechte Abstand parallel zur vertikalen Achse von einer eingezeichneten Linie zur nächsten. Die Globalbetrachtung zeigt, dass die Änderungen des prozentualen Barwerts nicht ausschließlich zunehmend sind. Im Bereich sehr langer Planungshorizonte nehmen sie wieder ab.

Anstelle der Verringerungen der Nominalwerte lassen sich auch die Barwerte selbst betrachten. Weil die Änderung der prozentualen Barwerte und der Barwerte selbst mathematisch äquivalent ist, gelten hier exakt die voranstehend beschriebenen Konsequenzen für eine Zinsänderung.[171] Eine grafische Gesamtschau über das Verhalten der Barwerte in Abhängigkeit der Laufzeit für unterschiedliche Kalkulationszinssätze enthält Abbildung 3.4. In dieser wird deutlich, dass die Barwerte bei positiven Zinsen einem abnehmenden Wachstum unterliegen. Der Grenzwert, dem sie sich nähern, ist hier die ewige Rente für den jeweiligen Kalkulationszinssatz.

171
$$\frac{\frac{\sum_{t=0}^{T} Barwertfakor_{i+x,\,t}}{\text{Anzahl der Perioden}} - \frac{\sum_{t=0}^{T} Barwertfakor_{i,\,t}}{\text{Anzahl der Perioden}}}{\frac{\sum_{t=0}^{T} Barwertfakor_{i,\,t}}{\text{Anzahl der Perioden}}}$$
$$= \left(\frac{\sum_{t=0}^{T} Barwertfakor_{i+x,\,t}}{\text{Anzahl der Perioden}} - \frac{\sum_{t=0}^{T} Barwertfakor_{i,\,t}}{\text{Anzahl der Perioden}}\right) \times \frac{\text{Anzahl der Perioden}}{\sum_{t=0}^{T} Barwertfakor_{i,\,t}}$$
$$= \frac{\sum_{t=0}^{T} Barwertfakor_{i+x,t}}{\sum_{t=0}^{T} Barwertfakor_{i,t}} - 1.$$

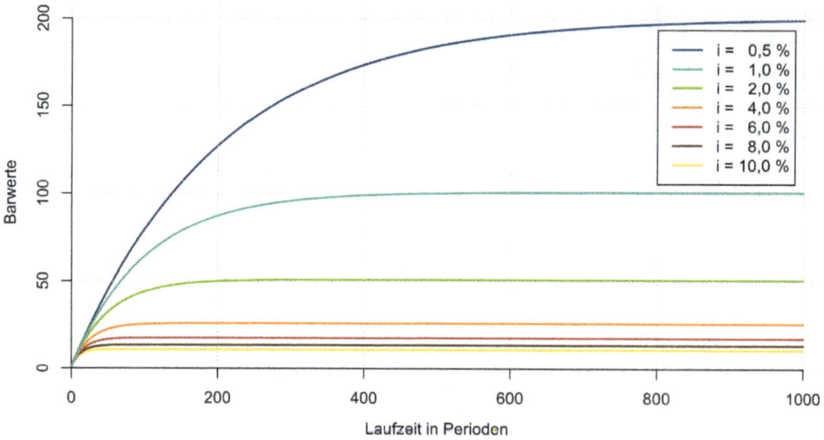

Abbildung 3.4 Barwerte bei gleichbleibendem Kalkulationszinssatz nach Perioden[172]

Werden die eingrenzenden Annahmen gelockert, sind die voranstehenden Aussagen nur noch in ihrer Tendenz aussagekräftig. Wird von weiterhin einheitlichen Kalkulationszinssätzen, aber von nicht gleichbleibenden Zahlungsströmen ausgegangen, fallen die in Tabelle 3.29 dargestellten Barwertfaktoren bei der Bildung des Barwerts unterschiedlich stark ins Gewicht. Je größer der Zahlungsstrom für die jeweilige Periode im Vergleich zu denjenigen der übrigen Perioden ist, desto stärker wirkt sich der Barwertfaktor der zugehörigen Periode im prozentualen Barwert aus. Umgekehrt sind bei periodenindividuellen Kalkulationszinssätzen, aber periodisch gleichbleibenden anzusetzenden Zahlungsströmen die Barwertfaktoren variabel, ihre Gewichtung aber einheitlich. Sind Kalkulationszinssätze und Zahlungsströme variabel, kombinieren sich die beiden Effekte.

Abschließend bleiben noch die Abhängigkeit des Kalkulationszinssatzes von der Marktzinsentwicklung und die Auswirkungen besonders niedriger Zinssätze zu thematisieren. Ob der Kalkulationszinssatz steigt oder sinkt ist eine Frage der Tatsachen im konkreten Einzelfall, weil er an die bei Durchführung der Handlungsalternative konkret zur Anwendung kommenden Zinssätze anknüpft. Daraus

[172] Eigene Darstellung. Die einbezogenen Werte berechnen sich wie diejenigen aus Tabelle 3.30.

folgt sogleich, dass eine Änderung des Zinsniveaus am Markt nicht automatisch zu einer Anpassung der Kalkulationszinssätze führt. Für letzteres muss die Änderung auch tatsächlich realisiert werden (können). Ein sich änderndes (bspw. sinkendes) Zinsniveau kann sich daher

- bei noch laufenden Finanzierungen mit ganzer oder teilweiser Festzinsvereinbarung erst in späteren Planungsperioden im Barwert auswirken und
- bei unmittelbar umzusetzenden variablen Zinsvereinbarungen sofort im Barwert auswirken.

Kann sich das Marktzinsniveau erst in späteren Planungsperioden im Barwert auswirken, muss dessen Änderung (Absenkung) auch nachhaltig sein. Es darf nach Ablauf der Zinsbindung nicht auf das ursprüngliche Niveau zurückgekehrt sein, damit es zu einer Barwertänderung kommt.

Bei besonders niedrigen positiven Kalkulationszinssätzen entsprechen deren Auswirkungen auf die Höhe des Barwerts und auf die Barwertänderung infolge einer Parameteränderung genau den allgemeinen voranstehend beschriebenen Auswirkungen. Rein technisch ergeben sich keine Besonderheiten. In dem der Realität entsprechenden Modellrahmen (unvollkommener Kapitalmarkt bei Unsicherheit) ergibt sich aber eine Rückwirkung auf die Parameterbestimmung. Abbildung 3.4 zeigt, dass niedrigere Kalkulationszinssätze – tendenziell –

(1) zu höheren Barwerten führen als höhere Kalkulationszinssätze und
(2) auch bei Zahlungen in sehr späten Planungsperioden noch zu signifikanten Wertbeiträgen führen, während bei höheren Kalkulationszinssätzen Zahlungsströme aus späteren Perioden kaum noch Wertbeiträge zum Barwert liefern.[173]

Weil die Parameter des Barwerts nur geschätzt werden können, ergibt sich für besonders niedrige Kalkulationszinssätze

- aus Auswirkung (1), dass sich Fehleinschätzungen im Allgemeinen betragsmäßig im Barwert stärker auswirken als bei höheren Kalkulationszinssätzen und

[173] In Abbildung 3.4 wird dies dadurch deutlich, dass die Kurven für höhere Kalkulationszinssätze im Vergleich mit denjenigen für niedrigere schon früh beinahe waagerecht verlaufen.

- aus Auswirkung (2), dass Fehleinschätzungen durch Vereinfachungen der fernen Zukunft bei Bewertungsobjekten mit sehr langfristigen Planungshorizonten betragsmäßig gravierend sind.[174]

Für die langfristigen Bewertungsobjekte, also insbesondere für Unternehmensbewertungen, erscheint es daher sinnvoll, bei Risikoaversion der Entscheider keine Schätzung der entfernten Zukunft mit der ewigen Rente vorzunehmen, sondern von einer begrenzten Lebensdauer[175] auszugehen. Dafür spricht, dass auch die Sicherheitsäquivalente für weit in der Zukunft liegende Zahlungen sehr gering sein dürften[176].[177]

3.1.2.3.2.2 Negative Zinsen

Während die Auswirkungen negativer Kalkulationszinssätze auf die Höhe des Barwerts sich von denjenigen positiver Kalkulationszinssätze unterscheiden, ähnelt sich die Änderung des Barwerts infolge einer Kalkulationszinssatzänderung in beiden Fällen. Zunächst ist festzuhalten, dass negative Kalkulationszinssätze Aufzinsungsfaktoren anstelle von Abzinsungsfaktoren ergeben (siehe Tabelle 3.32).

---

[174] Vgl. schon *Thießen*, Bewertungsprobleme, CF 2020, 167, 169 f.

[175] Nach dem Detailplanungszeitraum, in dem noch verlässliche Schätzungen möglich sind, kann es aber nur bei konstanten Planwerten bis zum Ende des nun begrenzten Planungshorizonts bleiben.

[176] Dies ist auch mit der Akzeptanz der ewigen Rente bei höheren Kalkulationszinssätzen vereinbar. Für solche sind die Wertbeiträge der weit in der Zukunft liegenden Zahlungen wie dargelegt vergleichsweise schnell nur noch verschwindend gering.

[177] Vgl. hierzu insgesamt auch *Thießen*, Bewertungsprobleme, CF 2020, 167, 173 f.

Tabelle 3.32 Barwertfaktoren bei periodisch gleichbleibendem negativen Kalkulationszinssatz für unterschiedlich lange Planungshorizonte[178]

Barwertfaktoren bei gleichbleibendem Kalkulationszinssatz nach Laufzeit in %

Zins	Prd.									
	0	1	2	3	4	5	6	7	8	9
0%	100,00%	100,00%	100,00%	100,00%	100,00%	100,00%	100,00%	100,00%	100,00%	100,00%
−1%	100,00%	101,01%	102,03%	103,06%	104,10%	105,15%	106,22%	107,29%	108,37%	109,47%
−2%	100,00%	102,04%	104,12%	106,25%	108,42%	110,63%	112,89%	115,19%	117,54%	119,94%
−3%	100,00%	103,09%	106,28%	109,57%	112,96%	116,45%	120,05%	123,77%	127,59%	131,54%
−4%	100,00%	104,17%	108,51%	113,03%	117,74%	122,64%	127,75%	133,08%	138,62%	144,40%
−5%	100,00%	105,26%	110,80%	116,64%	122,77%	129,24%	136,04%	143,20%	150,73%	158,67%
−6%	100,00%	106,38%	113,17%	120,40%	128,08%	136,26%	144,95%	154,21%	164,05%	174,52%
−7%	100,00%	107,53%	115,62%	124,32%	133,68%	143,74%	154,56%	166,20%	178,70%	192,16%
−8%	100,00%	108,70%	118,15%	128,42%	139,59%	151,73%	164,92%	179,26%	194,85%	211,79%
−9%	100,00%	109,89%	120,76%	132,70%	145,83%	160,25%	176,10%	193,51%	212,65%	233,68%
−10%	100,00%	111,11%	123,46%	137,17%	152,42%	169,35%	188,17%	209,08%	232,31%	258,12%

(Fortsetzung)

[178] Eigene Darstellung.

Tabelle 3.32 (Fortsetzung)

Barwertfaktoren bei gleichbleibendem Kalkulationszinssatz nach Laufzeit in %

Zins	Prd.									
	10	11	12	13	14	15	16	17	18	19
0%	100,00%	100,00%	100,00%	100,00%	100,00%	100,00%	100,00%	100,00%	100,00%	100,00%
−1%	110,57%	111,69%	112,82%	113,96%	115,11%	116,27%	117,45%	118,63%	119,83%	121,04%
−2%	122,39%	124,89%	127,43%	130,04%	132,69%	135,40%	138,16%	140,98%	143,86%	146,79%
−3%	135,61%	139,80%	144,12%	148,58%	153,18%	157,92%	162,80%	167,83%	173,02%	178,38%
−4%	150,41%	156,68%	163,21%	170,01%	177,09%	184,47%	192,16%	200,17%	208,51%	217,19%
−5%	167,02%	175,81%	185,06%	194,80%	205,05%	215,85%	227,21%	239,17%	251,75%	265,00%
−6%	185,66%	197,51%	210,12%	223,53%	237,80%	252,98%	269,13%	286,30%	304,58%	324,02%
−7%	206,62%	222,17%	238,89%	256,87%	276,21%	297,00%	319,35%	343,39%	369,24%	397,03%
−8%	230,21%	250,23%	271,99%	295,64%	321,34%	349,29%	379,66%	412,67%	448,56%	487,56%
−9%	256,79%	282,19%	310,10%	340,77%	374,47%	411,51%	452,21%	496,93%	546,08%	600,09%
−10%	286,80%	318,66%	354,07%	393,41%	437,12%	485,69%	539,66%	599,62%	666,25%	740,27%

Hinsichtlich der Auswirkungen auf die Höhe des Barwerts bedeutet dies die umgekehrte Wirkungsrichtung wie bei positiven Zinsen. Die Zahlungsströme werden bei Multiplikation mit den Barwertfaktoren nicht mehr im Wert verringert, sondern erhöht.

Werden nicht nur einzelne Barwertfaktoren, sondern die Barwerte selbst betrachtet, ergibt sich auch hier wegen der Durchschnittsbildung ein langsamerer Anstieg der Werte (siehe Tabelle 3.33 mit prozentualen Barwerten).

Die Wirkungsrichtung der Barwertänderung bei einer Änderung der Kalkulationszinssätze ist grundsätzlich die gleiche wie bei positiven Kalkulationszinssätzen. Niedrigere Kalkulationszinssätze führen weiterhin zu steigenden Barwerten. Ein wichtiger Unterschied liegt aber in der Art des Anstiegs. Bei positiven Kalkulationszinssätzen konnten eine mit längerem Planungshorizont abnehmende Zunahme beobachtet werden (siehe Abbildung 3.4). Für die negativen Kalkulationszinssätze zeigen die Werte in den bisher referenzierten Tabellen, dass die Zuwächse mit zunehmendem Planungshorizont größer werden. Der Anstieg vollzieht sich exponentiell. Abbildung 3.5 verdeutlicht dies anhand der Entwicklung der prozentualen Barwerte. Wegen des schnelleren Wachstums ähneln die Änderungsdaten hier schon bei kurzen Planungshorizonten einer linearen Entwicklung zu wenig, um vergleichbare Aussagen wie bei positiven Kalkulationszinssätzen vornehmen zu können.[179]

[179] Vgl. Anhang 14 und Anhang 15 mit Daten analog zu Anhang 10 und Anhang 11, jeweils im elektronischen Zusatzmaterial.

Tabelle 3.33 Barwerte bei periodisch gleichbleibendem negativen Kalkulationszinssatz für unterschiedlich lange Planungshorizonte in Prozent des Nominalbetrags der Zahlungen[180]

Barwerte bei gleichbleibendem Kalkulationszinssatz nach Laufzeit in % des Nominalbetrags										
Zins	Prd.									
	0	1	2	3	4	5	6	7	8	9
0%	100,00%	100,00%	100,00%	100,00%	100,00%	100,00%	100,00%	100,00%	100,00%	100,00%
−1%	100,00%	100,51%	101,01%	101,53%	102,04%	102,56%	103,08%	103,61%	104,14%	104,67%
−2%	100,00%	101,02%	102,05%	103,10%	104,17%	105,24%	106,33%	107,44%	108,56%	109,70%
−3%	100,00%	101,55%	103,12%	104,74%	106,38%	108,06%	109,77%	111,52%	113,31%	115,13%
−4%	100,00%	102,08%	104,22%	106,43%	108,69%	111,01%	113,41%	115,86%	118,39%	120,99%
−5%	100,00%	102,63%	105,36%	108,18%	111,10%	114,12%	117,25%	120,49%	123,85%	127,33%
−6%	100,00%	103,19%	106,52%	109,99%	113,61%	117,38%	121,32%	125,43%	129,72%	134,20%
−7%	100,00%	103,76%	107,72%	111,87%	116,23%	120,82%	125,64%	130,71%	136,04%	141,65%
−8%	100,00%	104,35%	108,95%	113,82%	118,97%	124,43%	130,21%	136,34%	142,85%	149,74%
−9%	100,00%	104,95%	110,22%	115,84%	121,84%	128,24%	135,07%	142,38%	150,19%	158,54%
−10%	100,00%	105,56%	111,52%	117,94%	124,83%	132,25%	140,24%	148,84%	158,12%	168,12%

(Fortsetzung)

[180] Eigene Darstellung.

Tabelle 3.33 (Fortsetzung)

Barwerte bei gleichbleibendem Kalkulationszinssatz nach Laufzeit in % des Nominalbetrags

Zins	Prd.									
	10	11	12	13	14	15	16	17	18	19
0%	100,00%	100,00%	100,00%	100,00%	100,00%	100,00%	100,00%	100,00%	100,00%	100,00%
−1%	105,21%	105,75%	106,29%	106,84%	107,39%	107,94%	108,50%	109,07%	109,63%	110,20%
−2%	110,86%	112,02%	113,21%	114,41%	115,63%	116,87%	118,12%	119,39%	120,68%	121,98%
−3%	116,99%	118,89%	120,83%	122,82%	124,84%	126,91%	129,02%	131,17%	133,38%	135,63%
−4%	123,67%	126,42%	129,25%	132,16%	135,16%	138,24%	141,41%	144,67%	148,03%	151,49%
−5%	130,94%	134,68%	138,56%	142,57%	146,74%	151,06%	155,54%	160,18%	165,00%	170,00%
−6%	138,88%	143,77%	148,87%	154,20%	159,78%	165,60%	171,69%	178,06%	184,72%	191,68%
−7%	147,56%	153,78%	160,32%	167,22%	174,49%	182,14%	190,21%	198,72%	207,70%	217,16%
−8%	157,06%	164,82%	173,06%	181,82%	191,12%	201,01%	211,51%	222,69%	234,58%	247,23%
−9%	167,47%	177,03%	187,27%	198,23%	209,98%	222,58%	236,08%	250,57%	266,13%	282,83%
−10%	178,91%	190,55%	203,13%	216,72%	231,42%	247,31%	264,51%	283,12%	303,29%	325,14%

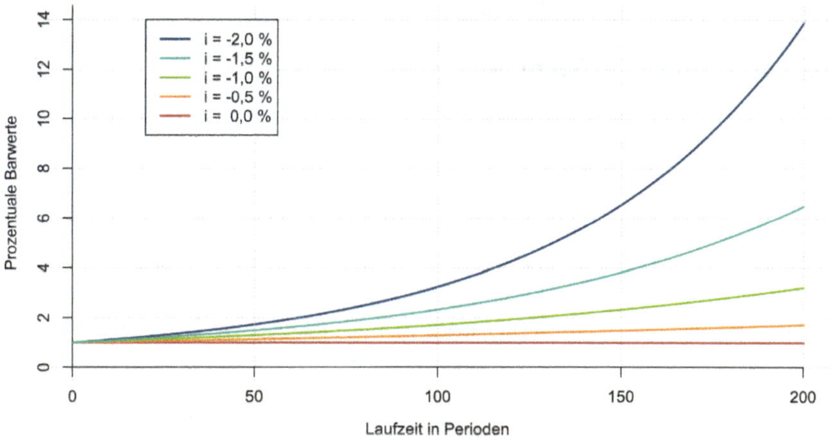

Abbildung 3.5 Prozentuale Barwerte bei gleichbleibendem negativen Kalkulationszinssatz nach Perioden[181]

Infolge des Wachstumsverhaltens sind die Wertbeiträge von Zahlungsströmen aus späteren Perioden nicht nur wie bei niedrigen positiven Kalkulationszinssätzen signifikant, sondern werden sogar stärker gewichtet, als diejenigen früherer Perioden. Die Auswirkung von Fehleinschätzungen im Allgemeinen und speziell bei Bewertungsobjekten mit langfristigen Planungshorizonten wächst dementsprechend. Nur der Vollständigkeit halber sei erwähnt, dass die gegenüber der Situation mit nur niedrigen positiven Kalkulationszinssätze verschärften Umstände die Notwendigkeit unterstreichen, den Barwert für langfristige Bewertungsobjekte mit zeitlich begrenztem Planungshorizont zu berechnen. Vor dem Hintergrund der schon technischen Nichtanwendbarkeit der ewigen Rentenformel ist dieser Umstand aber ohnehin zwingend.[182]

---

181 Eigene Darstellung.

182 Vgl. *Thießen*, Bewertungsprobleme, CF 2020, 167, 169 f.

3.1.3 Barwerte in der Bilanz

3.1.3.1 Zweck und Technik

3.1.3.1.1 Äußeres System

3.1.3.1.1.1 Hauptzweckkategorien der Handelsbilanz

Der hiesige Untersuchungsabschnitt 3.1.3 arbeitet Zweck und Technik der Barwerte in der Bilanz aus. Die anstehende Untersuchung differenziert zunächst zwischen den übergeordneten Zwecken (äußeres System) und den Einzelrechtsnormen (inneres System). Beim äußeren System wird außerdem zwischen den Hauptzweckkategorien der Bilanzierung (Information, Zahlungsbemessung) und deren Unterausprägungen (Grundsätze ordnungsmäßiger Buchführung) differenziert. Innerhalb dieser Differenzierungen erfolgt darüber hinaus eine Unterscheidung zwischen Handels- und Steuerbilanz.

Der Zweck der Bilanzrechtsvorschriften muss im Wege der Auslegung des Gesetzes bestimmt werden.[183] Für die handelsrechtliche Bilanzierung können zwei mit der Bilanzierung verfolgte Hauptzwecke identifiziert werden: (1) Informationszwecke und (2) Zahlungsbemessungszwecke.[184] Die Bilanzierungsvorschriften regeln die Abbildung des betrieblichen Geschehens in Zahlen[185], welches dokumentiert und größen- und rechtsformabhängig von Dritten geprüft und offengelegt werden muss (Information). Zugleich sind zumindest

[183] Ähnlich *Baetge/Kirsch/Thiele*, Bilanzen, 16. Aufl. 2021, 91. Weder für die Handels- noch für die Steuerbilanz ist der Normzweck unmittelbar kodifiziert.

[184] Vgl. *Egner*, Bilanzen, 1974, 24–84; *Förster*, Jahresabschlusszwecke, 1999, 21–166, insb. 134–145; *Tanski*, Bilanztheorie, 2013, 16 f.; *Bitz/Schneeloch/Wittstock et al.*, Jahresabschluss, 6. Aufl. 2014, 40–54; *Bareis*, Grundsätze, in: Brönner/Bareis/Hahn *et al.*, Bilanz, 11. Aufl. 2016, 40 (Rn. 173). Alternativ oder ergänzend werden in der Literatur als Zwecke auch Dokumentation, Rechenschaft, Kapitalerhaltung, Gläubigerschutz und ähnliche genannt, vgl. etwa *Leffson*, Jahresabschluss, ZfbF 1966, 375, 380; *Küting/Pfitzer/Weber*, Systemvergleich, 2. Aufl. 2013, 8; *Winnefeld*, Bilanz-Handbuch, 5. Aufl. 2015, Einf., Rn. 10–16; *Baetge/Kirsch/Thiele*, Bilanzen, 16. Aufl. 2021, 92–100; *Störck/Rimmelspacher*, in: Grottel/Justenhoven/Schubert et al., BeBiKo, § 264 HGB, Rn. 39 (2022); sowie die in Fn. 189 angegebenen Quellen. Weil diese sich aber entweder unter Information und Zahlungsbemessung subsumieren lassen oder bereits eine Wertung über die Gewichtung der Interessen einzelner Adressaten andeuten, werden hier Information und Zahlungsbemessung als neutrale Hauptzwecke verwendet. Ähnlich schon *Baetge*, Rechnungslegungszwecke, in: Baetge/Moxter/Schneider, FS Leffson, 1976, 23 mit seiner Strukturierung der Interessenregelung.

[185] Siehe im Kontext des voranstehenden Konzeptionellen Überblicks *Tanski*, Bilanztheorie, 2013, 3 f., sowie die einfache Definition bei *Schmidt/Auer/Schmidt*, Bilanzierung, 2012, 3.

die Gewinnansprüche der Unternehmenseigner von diesem Rechenwerk abhängig (Zahlungsbemessung).[186] Beide Zwecke können nicht in ein Rangverhältnis gebracht werden.[187] Sie besitzen vielmehr zahlreiche denkbare Unterausprägungen, die in Abhängigkeit dessen, wer der Adressat des Rechenwerks sein soll, mehr oder weniger zweckmäßig sein können.[188] So hat das aktuell geltende Handelsbilanzrecht nach den Gesetzgebungsmaterialien des BiRiLiG zum Ziel, Gesellschafter, Gläubiger, Kapitalanleger und andere Dritte zu schützen.[189] Die genannten Personengruppen sind die potenziellen Adressaten. Das spätere BilMoG verschob die Gewichtung zwischen den Adressaten dabei nur leicht in Richtung der (potenziellen) Anleger, indem es eine nur punktuelle Annäherung an die Zukunftsbezogenheit der IFRS versuchte und dabei bisher vergangenheitsorientierte Ansatz und Bewertungsvorschriften durchbrach, aber die wesentlichen Züge des Handelsbilanzrechts unverändert lies.[190] In der Folge können die einzelnen Rechtsnormen unterschiedliche Ausprägungen des Informations- und Zahlungsbemessungszwecks besitzen. Für die nachfolgende Analyse des inneren Systems (und eine Auslegung einzelner Bilanzierungsvorschriften im Allgemeinen) ist daher eine einzelfallabhängige Zweckbestimmung erforderlich. Dies ist auch Folgeerscheinung der in den Vorüberlegungen dargelegten Methodik.

Keinen Aufschluss über die Zweckausprägungen und daher auch über die Auslegung des geltenden Rechts geben die in der Literatur entwickelten sogenannten

---

[186] Vgl. *Förster*, Jahresabschlusszwecke, 1999, insb. die Zusammenfassung auf Seite 77, die auch die Rechtsformabhängigkeit der Zweckgewichtung verdeutlicht. Zu keiner Zeit in der Entstehungsgeschichte des Handelsbilanzrechts im deutschsprachigen Raum war dies anders.

[187] Vgl. ausführlich *Förster*, Jahresabschlusszwecke, 1999, 145–166; ähnlich *Lorson*, Bilanzierungszwecke, in: Küting/Pfitzer/Weber, BilMoG, 2. Aufl. 2009, 11.

[188] Vgl. *Baetge*, Rechnungslegungszwecke, in: Baetge/Moxter/Schneider, FS Leffson, 1976, 23; *Leffson*, Grundsätze, 7. Aufl. 1987, 59–63, die bei ihm erörterten Ziele unterscheiden sich nach Adressaten; *Tanski*, Bilanztheorie, 2013, 16–19; ähnlich *Bareis*, Grundsätze, in: Brönner/Bareis/Hahn *et al.*, Bilanz, 11. Aufl. 2016, 38 (Rn. 167); *Baetge/Kirsch/Thiele*, Bilanzen, 16. Aufl. 2021, 100.

[189] Vgl. BR-Drs. 163/85, 31; BT-Drs. 10/3440, 30; BT-Drs. 10/317, 63 f.; BT-Drs. 10/4268, 87; jeweils unter Verweis auf die Rechtsgrundlage der Bilanzrichtlinie der EU (Art. 54 Abs. 3 lit. g) EWG-Vertrag, heute Art. 50 Abs. 2 lit. g) AEUV).

[190] Vgl. BT-Drs. 16/10067, 34 und den voranstehenden Überblick sowie *Lorson*, Bilanzierungszwecke, in: Küting/Pfitzer/Weber, BilMoG, 2. Aufl. 2009, 9 f.

Bilanztheorien.[191] Dies liegt daran, dass sie zumeist eine eigenständige Gewichtung der Interessen der unterschiedlichen Adressaten vorgeben und anhand dieses Werturteils ein für diese zweckadäquates Bilanzierungssystem herleiten.[192] Zumindest zur Auslegung des heute geltenden Bilanzrechts sind sie daher methodisch nicht geeignet. Das Werturteil des Gesetzgebers über das Ausmaß der Bedienung der Bedarfe der einzelnen Adressaten würde durch das eigene Werturteil des Bilanztheoretikers ersetzt. Die Zweckausprägungen würden nicht anhand der gesetzlichen Regelungen nachprüfbar bestimmt, sondern durch nicht überprüfbare Behauptung vorgegeben werden.[193] Anhaltspunkt für die Auslegung des geltenden Rechts können Bilanztheorien daher nur insoweit sein, wie sie sich an der geltenden Zweckausprägung orientieren. Dann handelt es sich aber um nichts anderes als herkömmliche Rechtsauslegung. Diese Funktion kam den Bilanztheorien allenfalls zu den Zeiten ihrer Begründung zu, in denen das Bilanzrecht im Bereich von Ansatz, Bewertung und Ausweis nur äußerst rudimentär geregelt war.[194] Ihr aktueller Nutzen liegt darin, Reformüberlegungen für eine Neukonzeptionierung des geltenden Rechts durch den Gesetzgeber auszuarbeiten.[195]

---

[191] Mit guten Überblicken *Tanski*, Bilanztheorie, 2013, 73–111; *Bitz/Schneeloch/Wittstock et al.*, Jahresabschluss, 6. Aufl. 2014, 57–98; knapper auch *Baetge/Kirsch/Thiele*, Bilanzen, 16. Aufl. 2021, 14–27.

[192] Vgl. *Baetge/Kirsch/Thiele*, Bilanzen, 16. Aufl. 2021, 14. Der Gesetzgeber fällt das dem Gesetz zugrunde liegende Werturteil, das der Rechtsanwender zur Auslegung des Rechts identifizieren muss. Eigene Werturteile des Rechtsanwenders dürfen nicht angelegt werden. Vgl. *Wagner*, Steuerlehre, DB 1974, 393, 396 unter 5. im dritten Absatz; *Schmitz*, Bilanztheorie, 2012, 144 f. und 156–164 methodisch abstrakt zur Nachprüfbarkeit und deren Bedeutsamkeit am Beispiel der Bilanztheorie. Diese Notwendigkeit ist für die Bundesrepublik Deutschland über Art. 20 Abs. 3, 30, 70, 73 und 74 GG auch mittelbar gesetzlich kodifiziert, indem vollziehende Gewalt und Rechtsprechung an Recht und Gesetz gebunden werden, welches nur von Bund und Ländern gesetzt werden kann. Der Rechtsanwender ist daher an das Werturteil des Gesetzgebers gebunden.

[193] Vgl. *Schmitz*, Bilanztheorie, 2012, 145 und 152. Ohne speziellen Bezug zum Bilanzrecht siehe auch *Möllers*, Methodenlehre, 2. Aufl. 2019, 174 (§ 5 Rn. 7).

[194] So insbesondere die von *Simon*, Bilanzen, 1886 (statische Bilanztheorie), als die Bewertung im ADHGB gesetzlich noch völlig offen war, und *Schmalenbach*, Bilanz, 13. Aufl. 1962 (dynamische Bilanztheorie) begründeten Theorien. Deren Bestrebungen sind viele der heute vorhandenen Detailregelungen zu verdanken, vgl. *Baetge/Kirsch/Thiele*, Bilanzen, 16. Aufl. 2021, 18, 24.

[195] Vgl. *Fülbier/Weller*, Rechnungslegungsforschung, Journal for General Philosophy of Science 2008, 351, 365; *Schmitz*, Bilanztheorie, 2012, 152 und 156.

3.1.3.1.1.2 Hauptzweckkategorien der Steuerbilanz

Rechnungsadressat der steuerlichen Bilanzierung ist ausschließlich der Fiskus. Die steuerlichen Bilanzierungsvorschriften verfolgen daher als übergeordneten Zweck die Bestimmung der ertragsteuerlichen Bemessungsgrundlagen für insbesondere Gewerbetreibende. Auch die Steuerbilanz dient damit einem Zahlungsbemessungszweck. Zudem wird der Fiskus über die Rechnung informiert.[196] Die Hauptzweckkategorien sind daher mit denjenigen der handelsrechtlichen Bilanzierung identisch. Sie nehmen aber teilweise deutlich andere Unterausprägungen an, als in der Handelsbilanz. Die Ausgestaltung der Zahlungsbemessung erfolgt in der Besteuerung üblicherweise neben reinen Fiskalzwecken auch zu Sozial- und Vereinfachungszwecken.[197] Alle drei steuerlichen Zweckkategorien finden Ausdruck in den steuerlichen Bilanzierungsnormen. Fiskalzwecknormen regeln die grundsätzliche Art und Weise der Lastenverteilung.[198] Zu ihnen gehört demnach die grundsätzliche Funktionsweise der Bilanzierung. Im Gegensatz zum Handelsrecht wird sie aber auch von völlig anderen tragenden Grundsatzentscheidungen zur Lastenverteilung in den Steuergesetzen beeinflusst, zum Beispiel von den Vorschriften zur Entstrickung. Sozialzwecknormen durchbrechen steuerliche Grundsatzentscheidungen des Gesetzgebers bei der Lastenverteilung (Fiskalzwecke) zugunsten eines sozialen Zwecks, der diese Durchbrechungen rechtfertigen kann.[199] Hierunter fallen etwa viele der besonderen Abschreibungs- und Rücklagenregeln, privilegierten Entnahmen und Regelungen zu Umstrukturierungen. Vereinfachungszwecknormen[200] stellen beispielsweise die Regelungen mit Bezug zur Geringwertigkeit (einzelne Abschreibungen, § 5 Abs. 5 Satz 2 EStG) dar. Auch die Maßgeblichkeit der handelsrechtlichen GoB enthält eine Vereinfachung, weil sie es Steuerpflichtigen, Verwaltung und Gesetzgeber gleichermaßen ermöglicht, im Wesentlichen auf ein bereits bekanntes und ohnehin zwingend umzusetzendes Erfolgsermittlungskonzept zurückzugreifen.[201]

---

[196] Siehe auch §§ 5b, 25 Abs. 3 und 4 EStG, § 31 Abs. 1 und 2 KStG, §§ 149, 150 AO.

[197] Zu den drei steuerlichen Zweckkategorien und ihrer Relevanz vgl. *Vogel*, Rechtsfolgen, StuW 1977, 97–121; *Hey*, Kapitel 3, in: Tipke/Lang, Steuerrecht, 24. Aufl. 2021, 78–81 (Rz. 3.19 und 3.25).

[198] Vgl. *Hey*, Kapitel 3, in: Tipke/Lang, Steuerrecht, 24. Aufl. 2021, 78–81 (Rz. 3.20).

[199] Vgl. *Hey*, Kapitel 3, in: Tipke/Lang, Steuerrecht, 24. Aufl. 2021, 78–81 (Rz. 3.21 f.).

[200] Vgl. *Hey*, Kapitel 3, in: Tipke/Lang, Steuerrecht, 24. Aufl. 2021, 78–81 (Rz. 3.19).

[201] Vgl. insbesondere BVerfG v. 12.05.2009, 2 BvL 1/00, BVerfGE 123, 111, Rn. 34.

3.1.3.1.1.3 Gemeinsame Unterausprägungen und Technik

Die voranstehend identifizierten Hauptzweckkategorien – Information und Zahlungsbemessung – sind für die handelsrechtlichen und die steuerrechtlichen Bilanzierungsnormen identisch. Weil es sich um rein technische Funktionen handelt, lässt sich jede Art Erfolgsrechnung, also auch jede Ertragsteuer,[202] auf diese reduzieren. Als solche können sie nur wenig zur Auslegung und Rechensystembildung beitragen. Sie müssen daher zunächst um normativen Inhalt angereichert werden. Dieser führt zur Bildung von Prinzipien, nach denen Information und Zahlungsbemessung durchgeführt werden.

Das allgemeinste und beiden Bilanzregelwerken entnehmbare Prinzip ist die Objektivierung.[203] Die Notwendigkeit einer objektivierten Information der Adressaten und einer objektivierten Zahlungsbemessung ergibt sich aus der dem Gesetz entnehmbaren Anerkennung eines Interessengegensatzes, der die Rechnung überhaupt erst notwendig macht. So können Rechnungsersteller und Rechnungsadressaten unterschiedliche Zielsetzungen verfolgen.[204] Weil der Rechnungsersteller als alleiniger Informationsinhaber die Rechnung notwendigerweise selbst erstellen muss, muss diese zwangsläufig durch Dritte nachprüfbar und nur mit möglichst geringen Ermessensspielräumen (objektiviert) erfolgen.[205] Bei eingeräumtem Ermessen müssen die Daten und die Methode der Ermessenausübung dann aber auch zu den Informationen für die Adressaten gehören, um Nachprüfbarkeit zu gewährleisten.[206] Einfluss auf die Ausgestaltung des Ausgleichs der Interessen der Rechnungsadressaten hat die Objektivierung daher nicht. Sie ist

202 Steuerermittlungen sind per oben vorgenommener Definition ebenfalls Erfolgsrechnungen, weil der Staat selbst ein sozio-technisches System ist und als solches aus Menschen besteht, die im Zusammenhang mit Unternehmungen die im Rahmen der Politik gefassten Zielsetzungen verfolgen.

203 Vgl. etwa *Moxter*, Rechnungslegung, 2003, 16 f.; auch *Fladung*, Obejktivierungsprinzip, 2000, 81–87, 90–92, 114.

204 Dies findet auch Ausdruck in den in Fußnote 184 in Abschnitt 3.1.3.1.1.1 dargelegten alternativen Hauptzweckkategorien, beispielsweise Kapitalerhaltung oder Gläubigerschutz.

205 Vgl. ausführlich *Förster*, Jahresabschlusszwecke, 1999, 90 f., 97 f., 101 f., 121 f., 128, 130 f.

206 Diese Gedanken liegen auch der Bilanzierung nach HGB zugrunde, wie sich aus den eingeräumten Wahlrechten i. V. m. § 284 Abs. 1 und 2 HGB ergibt. Offen bleibt dabei der notwendige Detaillierungsgrad der Offenlegung von Daten und Methode der Ermessensausübung, um dem Objektivierungserfordernis hinreichend gerecht werden zu können. Dieselben tragenden Gedanken liegen auch der Werttheorie zugrunde, siehe Abschnitt 2.1.2.2.1.1 und Abschnitt 2.1.2.2.1.2.

als überwiegend technisches Prinzip zu sehen, das ähnlich Information und Zahlungsbemessung für Handels- und Steuerbilanz normativ weiter ausgefüllt werden kann.[207]

Weitere derartige Prinzipien, nach denen die Bilanzierung aufgebaut ist, sind wegen der mangelnden Aussagekraft der Hauptzweckkategorien entscheidend für den nachfolgenden Vergleich. Der Interessenausgleich erfordert Werturteile darüber, ob Informationen offengelegt werden müssen, welche Informationen das sein sollen und wie die handels- und steuerrechtliche Bilanzierung als Ermittlungstechnik dieser Informationen ausgestaltet sein soll. Das Ob wurde unmittelbar voranstehend beantwortet. Das Wie ist in seinen Grundzügen in Handels- und Steuerbilanz sehr ähnlich. Die vom Gesetzgeber hierüber gefällten Werturteile finden Ausdruck in den einzelnen Bilanzierungsrechtsnormen.

Für die Handelsbilanz sind neben der Objektivierung weitere technische Grundsätze explizit im Gesetzeswortlaut angelegt. Einen Überblick über die einschlägigen Vorschriften enthält Tabelle 3.34.

Tabelle 3.34 Explizit geregelte technische Grundprinzipien der handelsrechtlichen Bilanzierung[208]

Zeitbezug	Abschlussstichtagsprinzip (§§ 242, 252 Abs. 1 Nr. 3 und 4 HGB) Fristgerechtigkeit (§ 243 Abs. 3 HGB) Stetigkeit und Vergleichbarkeit • Ansatzstetigkeit (§ 246 Abs. 3 HGB) • Bewertungsstetigkeit (§ 252 Abs. 1 Nr. 6 HGB) • Ausweisstetigkeit (§ 265 Abs. 1 Satz 1 HGB) • Klarheit, Übersichtlichkeit (§ 243 Abs. 2 HGB)
Umfang	Vollständigkeitsgebot (§ 246 Abs. 1 Satz 1 HGB) Grundsatz der Wesentlichkeit (Art. 6 Abs. 1 lit. j) Bilanz-RL)
Art	Grundsatz der Einzelbewertung (§ 252 Abs. 1 Nr. 3 HGB) Grundsatz der Unternehmensfortführung (§ 252 Abs. 1 Nr. 2 HGB) Grundsatz der Periodisierung (§ 252 Abs. 1 Nr. 5 HGB) • Vorsichtsprinzip (§ 252 Abs. 1 Nr. 4 HGB) • Realisationsprinzip (§ 252 Abs. 1 Nr. 4 Hs. 2 HGB) • Imparitätsprinzip (§ 252 Abs. 1 Nr. 4 Hs. 1 HGB)

[207] Zu den methodischen Grundlagen siehe Abschnitt 3.1.1. Postulate darüber, wie die Objektivierung konkret ausgestaltet sein sollte, bewegen sich auf dem Gebiet der Bilanztheorie, nicht der Gesetzesauslegung.

[208] Eigene Darstellung. Dokumentationsgrundsätze werden hier vernachlässigt, weil sie keinen Aufschluss über die Beschaffenheit der Rechnung geben. Mit anderen Kategorisierungen vgl. bspw. sie Struktur der Werke von *Leffson*, Grundsätze, 7. Aufl. 1987 und *Moxter*, Rechnungslegung, 2003; *Buchner/Wenz*, Jahresabschluss, 7. Aufl. 2005 61–85; *Baetge/Kirsch/Thiele*, Bilanzen, 16. Aufl. 2021 142, 113–141.

Zunächst ist festgelegt, dass die Bilanzierung eine Rechnung für den Abschlussstichtag als bestimmter Zeitpunkt ist (§§ 242, 252 Abs. 1 Nr. 3 und 4 HGB). Das Geschäftsjahr beträgt im Regelfall 12 Monate (§ 239 Abs. 2 Satz 2 HGB). Als zeitpunktbezogene und jährlich durchzuführende Rechnung wird zudem festgelegt, dass die Rechnung innerhalb einer bestimmten Frist durchgeführt werden soll (§ 243 Abs. 3 HGB) und dass methodisch bei jeder Rechnungsdurchführung möglichst einheitlich verfahren werden muss, um die Vergleichbarkeit der Berechnungen zu gewährleisten. Die einheitliche Verfahrensweise findet Ausdruck in den Stetigkeitsgrundsätzen (§§ 246 Abs. 3, 252 Abs. 1 Nr. 6, 265 Abs. 1 Satz 1 HGB), die für die Vergleichbarkeit notwendige Nachvollziehbarkeit der Rechnung wird zudem durch eine klare und übersichtliche Rechenweise erlangt (§ 243 Abs. 2 HGB). Diese Grundsätze können daher als solche hinsichtlich des Rhythmus und des Zeitbezugs der Rechnung in formaler Hinsicht kategorisiert werden.

Das Bezugsobjekt ist das Handelsgewerbe des bilanzierenden Kaufmanns, welches in vollem Umfang von der Rechnung erfasst wird (§ 242 Abs. 1 Satz 1 HGB und Vollständigkeitsgebot gem. § 246 Abs. 1 Satz 1 HGB). Nur ohnehin unwesentliche Teile des Handelsgewerbes dürfen nach dem Wesentlichkeitsgrundsatz unberücksichtigt bleiben oder anders behandelt werden (Art. 6 Abs. 1 lit. j) Bilanz-RL).[209] Aus betriebswirtschaftlicher Perspektive kann das Handelsgewerbe dabei entweder die gesamte Unternehmung oder nur einen Teil der Unternehmung darstellen, wenn sie als Konzern in mehreren rechtlich selbständigen Einheiten organisiert ist, die aber unter einheitlicher wirtschaftlicher Leitung stehen.[210]

Hinsichtlich der Rechenart[211] wird zunächst festgelegt, dass alle Vermögensgegenstände und Schulden einzeln zu bewerten sind (§ 252 Abs. 1 Nr. 3 HGB). Das gesamte Bezugsobjekt soll also in einzelne Bestandteile zerlegt werden, denen sodann einzeln Werte zugeordnet werden müssen. Für deren Bewertung

---

[209] Vgl. BT-Drs. 18/5256, 78; *Kahle/Kopp*, Wesentlichkeitsgrundsatz, DStR 2022, 2627, 2628 f.; jeweils zur Geltung im nationalen Handelsbilanzrecht ohne ausdrückliche wörtliche Umsetzungsnorm, weil die Wesentlichkeit auch zuvor bereits Bestandteil der GoB gewesen sei. Vgl. zu letzterem *Leffson*, Grundsätze, 7. Aufl. 1987, 180–186; *Marx*, Wesentlichkeitsgrundsatz, FR 2011, 267, 268 f.

[210] Vgl. *Theisen,* Konzern, 1991, 19–24; *Rose/Glorius-Rose,* Unternehmen, 3. Aufl. 2001, 140.

[211] Trotz grundsätzlichen Gleichrangs und gegenseitiger Konkretisierung aller GoB werden die Grundsätze der Einzelbewertung, Unternehmensfortführung und Periodisierung als übergeordnet systembildende Grundsätze erkannt, vgl. *Baetge/Ziesemer/Schmidt*, in: Baetge/Kirsch/Thiele, Bilanzrecht, § 252 HGB, Rz. 5 (Oktober 2011).

soll von der Fortführung des Unternehmens ausgegangen werden (§ 252 Abs. 1 Nr. 2 HGB). Werte, die sich für eine Zerschlagung der Unternehmung ergäben, werden damit grundsätzlich ausgeklammert.[212] Zugleich wird prinzipiell Spielraum für die Berücksichtigung künftiger Erfolgsentwicklungen geöffnet. Der Spielraum ist aber durch den Einzelbewertungsgrundsatz begrenzt.[213] Die künftigen Erfolge sind überwiegend nur auf die Gesamtheit aller Einzelbestandteile des Bezugsobjekts zurückführbar. Die Schwierigkeit besteht daher in der Zuordnung zu einem einzelnen Vermögensgegenstand oder einer einzelnen Schuld.[214] Sodann wird in § 252 Abs. 1 Nr. 5 HGB geregelt, dass alle Wertgrößen der Bilanzierung zwar grundsätzlich an Zahlungsströme anknüpfen, der Unterschied der bilanziellen Wertgrößen zu Zahlungsströmen aber im Zeitpunkt ihrer Erfassung liegt. Bilanzielle Wertgrößen sind daher periodisierte Zahlungsströme.[215] Die Norm lässt die Zuordnungskriterien zu den Rechnungsperioden zunächst offen. Sie ergeben sich aus den in Tabelle 3.34 gelisteten und in § 252 Abs. 1 Nr. 4 HGB kodifizierten Unterprinzipien zum Periodisierungsgrundsatz.[216]

Dort wird zunächst das Vorsichtsprinzip festgelegt, nach dem sämtliche Bewertung vorsichtig zu erfolgen hat. Es enthält ein allgemeines Schätzprinzip für Situationen unter Unsicherheit, welches erst durch die nachfolgend kodifizierten Imparitäts- und Realisationsprinzipien, also erst durch weitere Auslegung, konkretisiert werden kann.[217] In die Forderung nach Vorsicht allein kann zumindest

---

[212] Vgl. *Kirsch/Brötzmann/Wätjen et al.*, in: Baetge/Kirsch/Thiele, Bilanzrecht, § 243 HGB, Rz. 55 (Oktober 2018).

[213] Vgl. *Baetge/Ziesemer/Schmidt*, in: Baetge/Kirsch/Thiele, Bilanzrecht, § 252 HGB, Rz. 117 (Oktober 2011); *Kirsch/Brötzmann/Wätjen et al.*, in: Baetge/Kirsch/Thiele, Bilanzrecht, § 243 HGB, Rz. 57 (Oktober 2018).

[214] Vgl. *Ballwieser,* Bewertungsgrundsätze, in: Ballwieser, HdR, 3. Aufl. 2002, 356; in ähnlichem Kontext auch *Fladung*, Obejktivierungsprinzip, 2000, 82, 84 f.

[215] Mit dieser Terminologie schon *Baetge*, GoB, Beilage zu DB Heft 26 1986, 1, 9–11; *Kirsch*, GoB, StuB 2008, 453, 457 im Kontext des BilMoG. Die in § 252 Abs. 1 Nr. 5 HGB enthaltene Sollensaussage wird üblicherweise als Grundsatz der Pagatorik bezeichnet, weil sie die zeitliche Zuordnung selbst offen lässt. Die Notwendigkeit einer Zuordnung ist aber dort im Wortlaut angelegt („sind unabhängig von den Zeitpunkten der entsprechenden Zahlungen im Jahresabschluß zu berücksichtigen"). Vgl. dazu auch *Baetge/Ziesemer/Schmidt*, in: Baetge/Kirsch/Thiele, Bilanzrecht, § 252 HGB, Rz. 225 (Oktober 2011).

[216] Vgl. schon *Herzig,* Realisationsprinzip, in: Raupach/Uelner, FS Schmidt, 1993, 272. Die Periodisierungstechnik geht zurück auf *Schmalenbach*, Erfolgsbilanz, ZfhF 1915/1916, 379, 380–382; *Schmalenbach*, Bilanzlehre, ZfhF 1919, 1, 17–29; *Walb*, Erfolgsrechnung, ZfhF 1923, 416, 421–428; *Kosiol,* Bilanzreform, 2. Aufl. 1949, 43–71; *Kosiol,* Pagatorische Bilanz, 1976, 113–304. Vgl. hierzu *Förster*, Jahresabschlusszwecke, 1999, 186.

[217] Vgl. ausführlich *Förster*, Jahresabschlusszwecke, 1999, 200–204.

die sorgfältige und vollständige Berücksichtigung aller relevanten Umstände bei Ermessensentscheidungen hineininterpretiert werden.[218] Dies spricht bei Schätzungen von Beträgen zunächst für rationales Verhalten, da in der Bildung von Erwartungswerten als rationales Entscheidungsinstrument ebenfalls alle relevanten Datenpunkte berücksichtigt werden. Aus Objektivierungsgründen können grundsätzlich auch keine subjektiven Risikopräferenzen Berücksichtigung finden, weil im Bilanzierungsregelwerk regelmäßig nur die Grundzüge der Rechenmethode offengelegt werden müssen, nicht aber die einzelnen dann subjektiven Datenpunkte, die berechneten Beträge also nicht mehr hinreichend nachprüfbar wären.[219] Geht es nicht um die Schätzung unsicherer Erfolgs-/Bilanzansätze der Höhe nach, sondern dem Grunde nach, handelt es sich zugleich um eine Frage des Ansatzzeitpunktes. Auch für diesbezügliche Schätzungen kann nichts anderes gelten. Fragen der Ansatzzeitpunkte sind Fragen des Realisations- und des Imparitätsprinzips. Das Realisationsprinzip regelt, dass Gewinne nur zu berücksichtigen sind, wenn sie am Abschlussstichtag realisiert sind. Weil Gewinne sich nur aus Erträgen und Aufwendungen gemeinsam ergeben, gilt es gleichermaßen

[218] Vgl. *Redaktion*, in: Adler/Düring/Schmaltz, Rechnungslegung, § 252 HGB, Tz. 66 (1994); *Selchert*, II. Kap., § 252 HGB, in: Küting/Weber, HdR Band Ia, 4. Aufl. 1995, Rn. 66; *Förster*, Jahresabschlusszwecke, 1999, 200.

[219] Im Übrigen gelten diese Offenlegungsvorschriften nur für kapitalistische Rechtsformen. Siehe zu den angesprochenen Informationen insbesondere § 284 Abs. 2 Nr. 1 HGB, der den Umfang der Informationen weitestgehend offenlässt sowie § 285 Nr. 9 lit. b) und 24 HGB selektiv für Pensionsverpflichtungen mit konkreten quantitativen Informationserfordernissen, diese aber auf streng rationaler Entscheidungsbasis. Unter weiterer Beachtung von § 284 Abs. 2 Nr. 2 HGB ergibt sich vielmehr, dass die Bilanzierungsvorschriften grundsätzlich auch in unsicheren Fällen nicht individuell gehandhabt, sondern nach einheitlichen Kriterien erfolgen sollen, die die Vergleichbarkeit der Einzelabschlüsse wahren.

für beide Größen.[220] Offen bleibt der konkrete Zuordnungszeitpunkt.[221] Nach dem Imparitätsprinzip sind außerdem alle vorhersehbaren Risiken und Verluste, die bis zum Abschlussstichtag entstanden sind, zu berücksichtigen. Rein terminologisch soll der Zeitpunkt für Gewinne derjenige der Realisation sein, für Verluste derjenige der Entstehung. Art. 6 Abs. 5 Bilanz-RL spricht zudem von voraussehbaren Verbindlichkeiten und potenziellen Verlusten. Das Begriffspaar Realisation und Entstehung meint daher unterschiedliche Zeitpunkte. Es unterscheidet zudem nach dem Grad an Sicherheit. Realisation soll augenscheinlich das tatsächliche Eintreten, Entstehung ein voraussichtliches, potenzielles Eintreten bezeichnen.[222]

Gemeinsames Kriterium von Realisation und Entstehung ist, dass der Zeitpunkt der Erfassung von Aufwand bzw. Ertrag bei objektiviert vorsichtiger Betrachtung erst dann vorliegt, wenn die Schätzung auch tatsächlich durchführbar, also die Höhe quantifizierbar ist.[223]

Für die Realisation ist nach objektiviert vorsichtiger Beurteilung der Zeitpunkt der Marktleistung entscheidend.[224] Erträge und Aufwendungen sind demnach in dem Zeitpunkt realisiert (Realisationsprinzip), wenn

---

[220] Dies ist zwar umstritten, letztlich führen jedoch beide Ansichten zum selben Ergebnis, vgl. *Herzig,* Realisationsprinzip, in: Raupach/Uelner, FS Schmidt, 1993, 212; *Förster*, Jahresabschlusszwecke, 1999, 191–193; *Wohlgemuth/Radde*, in: Kirsch, Rechnungslegung, § 252 HGB, Rz. 35 (Juni 2012); *Ballwieser*, in: Schmidt/Ebke, MüKoHGB, § 252 HGB, Rn. 57 (2020); *Tiedchen*, in: Henssler/Dicken/Fehrenbacher et al., BeckOGK BilR, § 252 HGB, Rn. 75 (September 2023) auch mit einem Überblick über die jüngeren Positionsanhänger. Selbst und mit einem Überblick über die Positionen a. A. vgl. *Baetge/Ziesemer/Schmidt*, in: Baetge/Kirsch/Thiele, Bilanzrecht, § 252 HGB, Rz. 186 f. (Oktober 2011); *Krumm*, in: Brandis/Heuermann, Ertragsteuerrecht, § 5 EStG, Rz. 241b (Dezember 2021). Zur Gegenauffassung zählt insbesondere auch der BFH mit BFH v. 08.09.2011, IV R 5/09, BStBl. II 2012, 122 Rn. 36; BFH v. 27.06.2001, I R 45/97, BStBl. II 2003, 121 unter II.3.b). Während die Befürworter üblicherweise vertreten, dass das Imparitätsprinzip nur für Sondertatbestände der Aufwandsentstehung gilt, etwa außerplanmäßige Abschreibungen und Drohverlustrückstellungen, will die Gegenauffassung das Realisationsprinzip nur für Erträge, das Imparitätsprinzip nur für Aufwendungen einschlägig wissen. Kern des Streits sind damit die im Wortlaut angelegten Begriffe „Gewinn" und „Verlust". Vorliegend wird als Differenzierungskriterium der Zuständigkeiten beider Prinzipien der Grad an Sicherheit (Antizipation – keine Antizipation) gewählt.

[221] Kritisch dazu aus steuerlicher Sicht *Weber-Grellet*, Emanzipation, StuW 2016, 226, 230.

[222] Ähnlich *Störk/Büssow*, in: Grottel/Justenhoven/Schubert et al., BeBiKo, § 252 HGB, Rn. 48 (2022).

[223] Vgl. *Baetge/Kirsch/Thiele*, Bilanzen, 16. Aufl. 2021, 175, 179.

[224] In Abwägung der unterschiedlichen denkbaren einzelnen und auch kombinierbaren Anknüpfungspunkte (Vertragsabschluss und Rechnungsstellung, Marktleistung, Zahlung) vgl. *Förster*, Jahresabschlusszwecke, 1999, 188–191. Die dort ebenfalls herangezogene,

- bei einem Leistungsaustausch die Marktleistung soweit erbracht worden ist, dass der eigene Anspruch auf Gegenleistung (Ertrag) bzw. der Anspruch der anderen Partei auf Erbringung der Gegenleistung (Aufwand) in rechtlicher Hinsicht so gut wie sicher ist,[225] sowie
- ohne Leistungsaustausch, wenn so gut wie sicher ein eigener Anspruch (Ertrag) bzw. ein Anspruch für einen Dritten (Aufwand) aus einer rechtlichen oder faktischen Außenverpflichtung besteht und dieser geltend gemacht ist.

Weil Umschichtungen von Vermögensgegenständen und Schulden in Geld und umgekehrt aus anderen Vorgängen als eigener Leistungserbringung/ Produktbereitstellung noch nicht zur Erbringung einer eigenen Marktleistung führen, sind

- die Aktivierung der Zahlungen für Vermögensgegenstände als Anschaffungs-/ Herstellungskosten,
- die Passivierung der Zahlungen für Verbindlichkeiten und dem Grunde nach sicheren Rückstellungen[226] als Erfüllungsbetrag,
- die Verteilung der Anschaffungs- und Herstellungskosten auf die Perioden der Abnutzung durch die Marktleistungserbringung[227] und

---

normativ vorgeprägte Objektivierung ist für die Herstellung des Ergebnisses nicht erforderlich. Es ergibt sich in dem hier geprägten Kontext bereits allein aus der für das Vorsichtsprinzip gewonnenen Wertung. Vgl. außerdem *Baetge/Ziesemer/Schmidt*, in: Baetge/ Kirsch/Thiele, Bilanzrecht, § 252 HGB, Rz. 188 f. (Oktober 2011); *Ballwieser*, in: Schmidt/ Ebke, MüKoHGB, § 252 HGB, Rn. 61 (2020); *Meyering/Gröne*, in: Anzinger/Oser/Schlotter, Rechnungslegung, § 252 HGB, Rz. 207–210 (2023).

[225] Im Kontext von Erträgen vgl. BFH v. 17.01.2018, I R 27/16, BStBl. II 2018, 449, Rn. 12; BFH v. 31.08.2011, X R 19/10, BStBl. II 2012, 190, Rn. 16–20; BFH v. 02.03.2004, III B 114/03, BFH/NV 2004, 1109 unter II.2.b); BFH v. 10.09.1998, IV R 80/96, BStBl. II 1999, 21 unter 1. der Gründe; BFH v. 12.05.1993, XI R 1/93, BStBl. II 1993, 786 unter II.1.; BFH v. 02.03.1990, III R 70/87, BStBl. II 1990, 733 unter 2. der Gründe; BFH v. 27.02.1986, IV R 52/83, BStBl. II 1986, 552, Entscheidungsgründe; BFH v. 11.12.1985, I B 49/85, BFH/ NV 1986, 595 unter 3.b) der Gründe; BFH v. 14.12.1982, VIII R 53/81, BStBl. II 1983, 303 unter 1.a) der Gründe; BFH v. 29.11.1973, IV R 181/71, BStBl. II 1974, 202, Entscheidungsgründe. Vgl. außerdem *Beisse,* Gewinnrealisierung, in: Ruppe, DStJG Bd. 4, 1981, 21; *Förster*, Jahresabschlusszwecke, 1999, 188; *Weber-Grellet*, in: Schmidt, EStG, § 5 EStG, Rz. 79 und 601 (2022).

[226] Der Ansatz dieser Rückstellungen ist ebenfalls Ausfluss des Realisationsprinzips, weil die noch verbleibende Unsicherheit der Höhe nach nur noch eine Frage der Schätzung, also des Vorsichtsprinzips ist.

[227] Dies äußert sich insbesondere darin, dass für Zwecke von Abschreibungen die Anschaffungs- und Herstellungskosten, die bei einer Einzelbewertung identifizierbar sind,

- die Verteilung der Erfüllungsbeträge dem Grunde nach sicherer Rückstellungen durch Ansammlung auf die Nutzungsperioden zugehöriger Vermögensgegenstände[228]

Ausfluss des Realisationsprinzips. Es bestimmt daher auch über den Zeitpunkt des Ansatzes von Vermögensgegenständen/Wirtschaftsgütern und dem Grunde nach sicheren Schulden.[229]

Aufwendungen sind grundsätzlich in dem Zeitpunkt entstanden (Imparitätsprinzip), wenn ein Anspruch für einen Dritten aus einer rechtlichen oder faktischen Außenverpflichtung besteht und die Inanspruchnahme aus der Verpflichtung noch nicht so gut wie sicher, aber vorsichtig-objektiviert betrachtet wahrscheinlicher ist als die Nichtinanspruchnahme.[230] Das Erfordernis vorsichtiger Objektivierung der Eintrittswahrscheinlichkeit folgt aus dem Umstand, dass die den Aufwendungen zugrundeliegenden Verpflichtungen dem Grunde nach noch unsicher sind, offenlegungspflichtig aber im Wesentlichen nur die Kriterien

---

symbolisch an den Ertragswert des einzelnen Vermögensgegenstands gebunden sind, der bei einer Einzelbewertung nicht identifizierbar ist. Infolgedessen kommen außerplanmäßige Abschreibungen für das dauernd dem Betrieb dienende Anlagevermögen nur in Betracht, wenn die Wertminderung auch zu einer Nutzenminderung beim Ertragswert führt. Vgl. hierzu *Hachmeister/Beyer/Hagemann et al.*, in: Anzinger/Oser/Schlotter, Rechnungslegung, § 253 HGB, Rz. 620 (2023). Die gewählte Nutzungsdauer typisiert daher die Zuordnung der Anschaffungs-/Herstellungsauszahlungen zu den Perioden der Marktleistungserbringung, vgl. *Hachmeister/Beyer/Hagemann et al.*, in: Anzinger/Oser/Schlotter, Rechnungslegung, § 253 HGB, Rz. 452 (2023).

[228] Bei Ansammlungsrückstellungen werden Fälle unterschieden, in denen die künftigen Auszahlungen mit fortschreitender Unternehmenstätigkeit tatsächlich zunehmen, z. B. bei Rekultivierungsverpflichtungen für das Ausbeuten von Bodenschätzen, und solche, bei denen die künftigen Auszahlungen mit fortschreitender Unternehmenstätigkeit gleich bleiben, z. B. bei einer Rückbauverpflichtung für ein errichtetes Gebäude. Mit Fertigstellung des Gebäudes ist klar, dass es künftig vollständig wieder abgerissen werden muss. Insoweit steht der Verpflichtungsumfang bereits fest. Vgl. *Schubert*, in: Grottel/Justenhoven/Schubert et al., BeBiKo, § 253 HGB, Rn. 148–150 (2022). In diesen Fällen entspricht der tragende Gedanke der Ansammlung demjenigen von planmäßigen Abschreibungen des Anlagevermögens. Die Verpflichtungen stehen in identifizierbar engem Zusammenhang mit einem längerfristig nutzbaren Vermögensgegenstand. Sie stammen aus einem Leistungsaustausch. Die Aufwandsentstehung muss daher der Marktleistungserbringung durch Nutzung im fortgeführten Betrieb folgen.

[229] Vgl. hierzu insgesamt *Förster*, Jahresabschlusszwecke, 1999, 191; *Baetge/Ziesemer/Schmidt*, in: Baetge/Kirsch/Thiele, Bilanzrecht, § 252 HGB, Rz. 182 (Oktober 2011); *Ballwieser*, in: Schmidt/Ebke, MüKoHGB, § 252 HGB, Rn. 59 (2020); *Meyering/Gröne*, in: Anzinger/Oser/Schlotter, Rechnungslegung, § 252 HGB, Rz. 6, 22 f., 74, 195, 197 (2023).

[230] Ähnlich *Weber-Grellet*, in: Schmidt, EStG, § 5 EStG, Rz. 383–386 (2022).

der Berechnung, nicht des Ansatzes dem Grunde nach sind. Das Wahrscheinlichkeitskriterium muss für Dritte nachprüfbar sein.[231] Die BFH-Rechtsprechung knüpft das Wahrscheinlichkeitskriterium daher zurecht an die bereits im Wesentlichen vorliegende Erfüllung des rechtlichen oder faktischen Tatbestands der Verpflichtung (Vergangenheitsbezug).[232] Bei zusätzlicher Unsicherheit der Höhe nach liegt auch hier nur noch eine Frage der Schätzung, also des Vorsichtsprinzips vor. Schließlich sind auch Fälle außerplanmäßiger Abschreibungen wegen voraussichtlich dauernder Wertminderung (§ 253 Abs. 3 Satz 5 f., Abs. 4 HGB, § 6 Abs. 1 Nr. 1 Satz 2, Nr. 2 Satz 2 EStG) und Drohverlustrückstellungen (§ 249 Abs. 1 Satz 1 HGB) imparitätische Anlässe der Aufwandsrealisation, die neben den voranstehend dargestellten Grundsätzen in Betracht kommen.[233] Aufwendungen in diesem Zusammenhang entstehen, sobald sich die Beeinträchtigung der erwarteten Marktleistungsfähigkeit (Ertragswert des Unternehmens) abzeichnet (durch voraussehbare Wertminderung in Bezug auf einzelne Vermögensgegenstände bzw. drohenden Verlust als Gesamtergebnis eines schwebenden Geschäfts zum Bilanzstichtag).[234]

Für das Vorsichtsprinzip lässt sich aus der früheren Berücksichtigung von Risiken und Verlusten – schon dann, wenn sie nur hinreichend voraussehbar sind – folgern, dass im Zweifel eine pessimistischere Schätzung[235] vorzunehmen ist, denn Realisation und Imparität sind dem Vorsichtsprinzip nachgelagert.[236]

---

[231] Siehe dazu schon die Ausführungen in Abschnitt 3.1.3.1.1.3, Fußnote 219 und dem zugehörigen Textabsatz.

[232] Vgl. BFH v. 24.01.1990, I B 112/88, BFH/NV 1991, 494 unter II.3.c); BFH v. 12.12.1991, IV R 28/91, BStBl. II 1992, 600 unter II.1.a) und b) sowie II.2.a) der Gründe; BFH v. 10.12.1992, XI R 34/91, BStBl. II 1994, 158 unter III.1.b); BFH v. 18.01.1995, I R 44/94, BStBl. II 1995, 742 unter II.4.; BFH v. 19.08.2002, VIII R 30/01, BStBl. II 2003, 131 unter II.1. Siehe auch die Übersicht bei *Weber-Grellet*, in: Schmidt, EStG, § 5 EStG, Rz. 386 (2022).

[233] Vgl. *Störk/Büssow*, in: Grottel/Justenhoven/Schubert et al., BeBiKo, § 252 HGB, Rn. 55 (2022); *Meyering/Gröne*, in: Anzinger/Oser/Schlotter, Rechnungslegung, § 252 HGB, Rz. 182 und 184 (2023).

[234] Vgl. Fußnote 227 in Abschnitt 3.1.3.1.1.2; BFH v. 23.06.1997, GrS 2/93, BStBl. II 1997, 735 unter B.I.4. Vgl. außerdem *Förster*, Jahresabschlusszwecke, 1999, 196–199.

[235] Vgl. hierzu *Baetge/Ziesemer/Schmidt*, in: Baetge/Kirsch/Thiele, Bilanzrecht, § 252 HGB, Rz. 143–145 (Oktober 2011); ausführlich mit den für das Vorsichtsprinzip verbleibenden Anwendungsmöglichkeiten auch *Wohlgemuth/Radde*, in: Kirsch, Rechnungslegung, § 252 HGB, Rz. 55–60 (Juni 2012).

[236] Dagegen möglicherweise *Baetge/Ziesemer/Schmidt*, in: Baetge/Kirsch/Thiele, Bilanzrecht, § 252 HGB, Rz. 142 (Oktober 2011), deren Kritik sich aber im Kern auf mangelnde Objektivierung stützt, die in der hier vertretenen Lösung nicht zu beklagen ist.

Anderenfalls würden Risiken und Verluste nicht antizipiert. Für die voranstehend geschilderten Auslegungsergebnisse zur Erfolgsrealisation und -entstehung ergeben sich hieraus keine Änderungen, da die aus der Objektivierung gezogenen Folgerungen zwingend bleiben.

Im Steuerbilanzrecht gelten die gleichen Grundsätze hinsichtlich Objektivierung, Zeitbezug, Umfang und Rechenart, wenngleich in den Bereichen mit größerem Auslegungsspielraum im Detail Unterschiede bestehen. Dieser Zustand kann auf zwei Arten hergeleitet werden. Beide Ansätze stehen in Zusammenhang mit § 5 Abs. 1 Satz 1 EStG, der den Ansatz desjenigen Betriebsvermögens vorsieht, das nach den handelsrechtlichen GoB auszuweisen ist, vorbehaltlich steuerlicher Wahlrechte und zwingender Abweichungen wegen steuerrechtlicher Vorschriften i. S. d. § 5 Abs. 6 EStG.

Diese Verweisung wird in der Literatur einerseits so verstanden, dass das Steuerbilanzrecht im Grundsatz weitgehend vom Handelsbilanzrecht abhängig ist und dieses nur punktuell für steuerliche Zwecke durchbricht. Zentral sind dabei die im Normwortlaut angesprochenen GoB. Bei diesen handelt es sich um einen unbestimmten Rechtsbegriff, dessen Konkretisierung methodisch umstritten ist. So wurde im Zeitablauf zunächst vertreten, die GoB seien induktiv zu ermitteln, anschließend wurde eine deduktive Ermittlung bevorzugt und heute wird schließlich die juristisch-hermeneutische Methode als richtig angesehen.[237] Trotz methodischer Einigung ist der genaue Umfang der GoB weiterhin unklar. Einigkeit besteht wohl nur darin, dass es sich mindestens um eben jene voranstehend dargestellten, unmittelbar im Gesetzeswortlaut angelegten, prinzipienbasierten Sollensaussagen über die Beschaffenheit von Buchführung und Bilanzierung handelt.[238] Damit ist – bis auf noch zu untersuchende Abweichungen aus andersartigen steuerlichen Vorschriften – die weitgehende Identität der Grundsätze hergeleitet.

---

[237] Vgl. *Baetge/Kirsch/Thiele*, Bilanzen, 16. Aufl. 2021, 105–107. Die Entwicklung ist mit Blick auf den im historisch-systematischen Überblick dargelegten Umfang der Regelungen zum Grundsystem verständlich. Ohne jegliche Kodifikation entsprechender Grundsätze, mit nur ganz rudimentären Vorschriften über Ansatz, Bewertung und Ausweis und mit dem ausdrücklichen Zweck, Anreicherungen durch Handelsbräuche erfahren zu können, konnte der unbestimmte Rechtsbegriff der „GoB" in seiner Anfangszeit wahrscheinlich zu Recht durch Bilanztheorien und induktives Vorgehen gefüllt werden. Mit dem Hinzutreten diesbezüglicher Regelungen können aus diesen aber zunehmend Schlussfolgerungen über den vom Gesetzgeber beabsichtigten Zustand des Rechenwerks gezogen werden, die diesen Auslegungsspielraum begrenzen.

[238] Vgl. bspw. *Herzig,* Realisationsprinzip, in: Raupach/Uelner, FS Schmidt, 1993, 209; *Hennrichs,* Maßgeblichkeitsprinzip, in: Ebling, DStJG 24, 2001, 303.

Die Gegenauffassung vertritt, dass das Bilanzsteuerrecht durch die zwischenzeitlich entstandene Vielzahl vorrangig anzuwendender, eigener steuerrechtlicher Vorschriften weitgehend verselbständigt ist. Dies wird auch durch die Einordnung der Maßgeblichkeit der handelsrechtlichen GoB als Vereinfachungszwecknorm bestärkt, die keine folgerichtig umzusetzende Grundsatzentscheidung über die einkommen- und körperschaftsteuerliche Lastenverteilung im Sinne von Art. 3 Abs. 1 GG enthält.[239] Tatsächlich ließe sich das bestehende Rechnungssystem auch ohne die angeordnete Maßgeblichkeit herleiten. Beim Zeitbezug ließe sich ein Stichtagsprinzip aus dem Prinzip der Abschnittsbesteuerung und dem Begriff „Wirtschaftsjahr" des § 4 Abs. 1 Satz 1 EStG für die Rechnungsperiode herleiten. Die Rechnungsfrist würde sich nach der allgemeinen Steuererklärungsfrist bestimmen. Hinsichtlich des Rechnungsumfangs ist in § 4 Abs. 1 Satz 1 EStG der Begriff des Betriebsvermögens gegeben, der sich in Verbindung mit dem Leistungsfähigkeitsprinzip auch mit einem Vollständigkeitsgebot füllen lassen müsste. Dies ist eng verbunden mit dem Zurechnungsgedanken der § 39 AO und § 4 Abs 4 EStG, demzufolge doch zumindest alle Wirtschaftsgüter und Schulden in betrieblichem Veranlassungszusammenhang als Betriebsvermögen erfasst werden müssen.[240] Der Veranlassungszusammenhang konkretisiert sich durch die Nähe zur zu erbringenden Marktleistung,[241] die wiederum Ausdruck der Leistungsfähigkeit in der Einkommen- und Körperschaftsteuer im Sinne des objektiven Nettoprinzips ist.[242] Schließlich ließe sich auch die Rechnungsart hinreichend bestimmen. Aus der Abgrenzung der Bewertungsvorschriften, insbesondere der §§ 6, 6a, 7 EStG sowie speziell § 6 Abs. 1 Nr. 1 Satz 3 EStG, zu § 16 Abs. 3 EStG und § 11 KStG lässt sich ziemlich klar die Annahme der Unternehmensfortführung ableiten. Der Einleitungssatz des § 6 Abs. 1 EStG spricht zudem ausdrücklich von der Bewertung der einzelnen Wirtschaftsgüter (über den Inhalt der folgenden Nummern auch Schulden), woraus sich auf einen geltenden Einzelbewertungsgrundsatz schließen lässt. Die Notwendigkeit einer Periodisierung ergibt insbesondere aus § 5 Abs. 5 EStG, der ausdrücklich Ausgaben und Einnahmen von Aufwendungen und Erträgen unterscheidet, und der systematischen Abgrenzung zu § 4 Abs. 3 EStG.[243] Das zeitliche Zuordnungskriterium bleibt

---

[239] Vgl. BVerfG v. 12.05.2009, 2 BvL 1/00, BVerfGE 123, 111, Rn. 34.

[240] Vgl. *Benke,* Bilanzierungskonkurrenzen, 2022, 49 f., 61–64.

[241] Vgl. R 4.2 Abs. 1 und 2 EStR; *Loschelder,* in: Schmidt, EStG, § 4 EStG, Rz. 30 (2022) unter Verweis auf zugehörige Rechtsprechung und den Bezug zum objektiven Nettoprinzip.

[242] Vgl. etwa BVerfG v. 29.03.2017, 2 BvL 6/11, BVerfGE 145, 106, Rn. 99 und 109–116.

[243] Zur Abgrenzung zu § 4 Abs. 3 EStG vgl. *Redaktion,* in: Adler/Düring/Schmaltz, Rechnungslegung, § 252 HGB, Tz. 94 (1994).

dabei ebenso wie in § 252 Abs. 1 Nr. 5 HGB offen. Auch steuerlich besteht ein Interessenkonflikt zwischen Rechnungsersteller und Rechnungsadressat, der eine objektivierte, also nachprüfbare und möglichst ermessensfreie Rechenweise erfordert.[244] Zudem regeln die grundlegenden Bewertungsvorschriften die Bewertung zur (fortgeführten) Anschaffungs- und Herstellungskosten. Aus beidem lässt sich folgern, dass auch hier die Erfolgsrealisation nach dem Zeitpunkt der Marktleistung erfolgen soll. Dies führt grundsätzlich auch zur Annahme von Stetigkeit bei Ansatz und Bewertung in der Steuerbilanz. Abschließend ist auch eine imparitätische Bewertung in den Vorschriften des § 6 Abs. 1 Nr. 1 Satz 2 und Nr. 2 Satz 2 EStG zur Teilwertabschreibung bei voraussichtlich dauernder Wertminderung erkennbar. Damit ist auch bei Annahme weitestgehender Eigenständigkeit des Steuerbilanzrechts eine überwiegende Identität der Rechnungsgrundsätze zum Handelsbilanzrecht hergeleitet.

Die Abweichungen zwischen den systematischen Grundzügen der handels- und steuerrechtlichen Bilanzrechnung liegen damit im Wesentlichen in einer stringenteren Umsetzung des Realisationsprinzips[245] unter umfangreicher Zurückdrängung des Imparitätsprinzips im Steuerrecht. So dürfen nach § 5 Abs. 4a Satz 1 EStG keine Drohverlustrückstellungen gebildet werden. Hinsichtlich der Teilwertabschreibungen besteht nur ein Wahlrecht.[246] Vernachlässigbar ist die technische Verbindung hinsichtlich des Rechnungshorizonts.[247] Eine Entscheidung über die Richtigkeit der einen oder der anderen Auffassung hinsichtlich der Eigenständigkeit des Steuerbilanzrechts ist weder sachlich möglich,[248] noch ist dies

---

[244] Vgl. *Förster*, Jahresabschlusszwecke, 1999, 130 f.

[245] Auch *Tiedchen*, in: Henssler/Dicken/Fehrenbacher et al., BeckOGK BilR, § 252 HGB, Rn. 77 (September 2023).

[246] Vgl. *Weber-Grellet*, Maßgeblichkeitsgrundsatz, DB 2016, 1279, 1280.

[247] Für steuerliche Zwecke wird die festgelegte Zeitspanne als Wirtschaftsjahr grundsätzlich übernommen. Weil der Besteuerungszeitraum dem Kalenderjahr entspricht und das Wirtschafts- bzw. Geschäftsjahr auch einen anderen Startzeitpunkt haben kann, als das Kalenderjahr, wird das Jahresergebnis aber per Zurechnungsregel vollständig einem bestimmten Kalenderjahr zugeordnet (§ 2 Abs. 7 Sätze 1 und 2 EStG, § 4a EStG, §§ 8 Abs. 1, 31 Abs. 1 KStG).

[248] Vgl. *Ballwieser*, Einheitsbilanz, in: Mellinghoff/Schön/Viskorf, FS Spindler, 2011, 586. Die Frage, ob es mit der steuerlichen Maßgeblichkeit der handelsrechtlichen GoB einen starken gemeinsamen Regelungskern für die handels- und die steuerrechtliche Bilanzierung gibt, oder ob die eigenen steuerlichen Regelungen diesen bereits soweit ausgehöhlt haben, dass man auch auf seine Aufrechterhaltung verzichten könne, ist eine Frage der Beurteilung des Überwiegens der Gemeinsamkeiten oder der Unterschiede zwischen handels- und steuerrechtlicher Bilanzierung. Diese erfordert ohne konkreten Wertmaßstab ein nicht überprüfbares Werturteil.

erforderlich, denn beide Ansätze führen hinsichtlich der Rechencharakteristika im Wesentlichen zum selben Ergebnis.

3.1.3.1.2 Inneres System

3.1.3.1.2.1 Systematisierung der Anwendungsfälle

Nach der Ausarbeitung von Zweck und Technik des äußeren Bilanzsystems erfolgt nun eine Ausarbeitung von Zweck und Technik der einzelnen bilanziellen Barwertkalküle (inneres System). Hierfür müssen zunächst die Anwendungsfälle der bilanziellen Barwertkalküle identifiziert und systematisiert werden. Da für die Schulden einige offene gesetzliche Kodifikationen für Barwertkalküle bestehen, bietet sich eine Differenzierung zwischen den Aktivposten und den Passivposten an. Begonnen wird mit der Ausarbeitung für die Aktivposten.

Für die Bewertung der Aktiva sind keine Barwertkalküle gesetzlich definiert. Um hier mögliche Anwendungsfälle von Barwertkalkülen identifizieren und einordnen zu können, erfolgt daher zunächst ein Überblick über die Grundsätze der Bewertung der Aktiva und die dabei anwendbaren Bewertungsmaßstäbe.

Handelsrechtlich waren Vermögensgegenstände und Wirtschaftsgüter zunächst mit dem Wert zu bewerten, der ihnen zum Stichtag beizulegen war (§ 40 Abs. 2 HGB 1897). Für zweifelhafte und uneinbringliche Forderungen galt ein strenges Niederstwertprinzip (§ 40 Abs. 3 HGB 1897). Seit dem AktG 1937 gilt bis heute die Bewertung zu fortgeführten Anschaffungs- oder Herstellungskosten. Wesentliche Unterschiede ergaben sich nur in der Strenge außerplanmäßiger Abschreibungen und der Wertaufholung. Einen Überblick gibt Tabelle 3.35.

Tabelle 3.35 Rechtsnormen der Bewertung von Aktiva im Zeitverlauf im Handelsrecht[249]

		Anschaffungskosten / Herstellungskosten	Abschreibungen (planmäßig)	Abschreibungen (außerplanmäßig)
AktG 1937	Anlagevermögen (abnutzbar)	§ 133 Nr. 1 S. 1 AktG 1937	§ 133 Nr. 1 S. 2 AktG 1937	Wahlrecht § 40 Abs. 2 HGB 1987 § 133 Nr. 1 S. 2 AktG 1937
	Anlagevermögen (nicht abnutzbar) Umlaufvermögen	§ 133 Nr. 2 S. 1, Nr. 3 S. 1 AktG 1937	Unzulässig	Zwang (streng) § 40 Abs. 2 HGB 1987 § 133 Nr. 2 S. 2, 3 AktG 1937
AktG 1965	Anlagevermögen (abnutzbar)	§ 153 Abs. 1 AktG 1965	§ 154 Abs. 1 AktG 1965	Wahlrecht § 154 Abs. 2 AktG 1937
	Anlagevermögen (nicht abnutzbar) Umlaufvermögen	§ 153 Abs. 1 AktG 1965 § 155 Abs. 1 S. 1 AktG 1965	Unzulässig	Zwang (streng) § 40 Abs. 2 HGB 1987 § 154 Abs. 2 AktG 1965 § 155 Abs. 2 AktG 1965 Wertaufholung optional §§ 154 Abs. 2 S. 2, 155 Abs. 3 und 4 AktG 1965
BiRiLiG 1985	Anlagevermögen (abnutzbar)	§ 253 Abs. 1 S. 1 HGB 1985	§ 253 Abs. 2 S. 1, 2 HGB 1985	Zwang (gemildert) § 253 Abs. 2 S. 3 HGB 1985 Wertaufholung optional § 253 Abs. 5 HGB 1985

(Fortsetzung)

[249] Eigene Darstellung.

Tabelle 3.35 (Fortsetzung)

		Anschaffungskosten / Herstellungskosten	Abschreibungen (planmäßig)	Abschreibungen (außerplanmäßig)
	Anlagevermögen (nicht abnutzbar) Umlaufvermögen		Unzulässig	Zwang (streng) § 253 Abs. 3 S. 3 HGB 1985 Wertaufholung optional § 253 Abs. 5 HGB 1985
seit BilMoG 2009	Anlagevermögen (abnutzbar)	§ 253 Abs. 1 S. 1 HGB	§ 253 Abs. 3 S. 1–4 HGB	Zwang (gemildert) § 253 Abs. 3 S. 5 f. HGB Wertaufholungsgebot § 253 Abs. 5 HGB
	Anlagevermögen (nicht abnutzbar) Umlaufvermögen		Unzulässig	Zwang (streng) § 253 Abs. 4 HGB Wertaufholungsgebot § 253 Abs. 5 HGB

Steuerrechtlich ist abnutzbares Anlagevermögen seit 1934 mit den fortgeführten Anschaffungs- oder Herstellungskosten anzusetzen, wobei ein Wahlrecht zum Ansatz des niedrigeren Teilwerts besteht (§ 6 Nr. 1 Sätze 1–3 EStG 1934). Die einzigen wesentlichen zwischenzeitlichen Änderungen sind, dass die Teilwertabschreibung nur bei voraussichtlich dauernder Wertminderung zulässig und das Wertaufholungsgebot bei entfallenem Grund oder mangelnder Nachweisführung zwingend anzuwenden ist (§ 6 Abs. 1 Nr. 1 Sätze 1–4 EStG). Für nicht abnutzbares Anlagevermögen und Umlaufvermögen verhält es sich ebenso, nur werden sie nicht planmäßig abgeschrieben (§ 6 Nr. 2 Sätze 1 und 2 EStG 1934, § 6 Abs. 1 Nr. 2 Sätze 1–3 EStG).

An Bewertungsmaßstäben für die Vermögensgegenstände und Wirtschaftsgüter sind insgesamt fünf identifizierbar: (i) handels- und steuerrechtlich die Anschaffungs- und Herstellungskosten, (ii) nur handelsrechtlich der beizulegende Wert, (iii) nur steuerrechtlich der Teilwert und (iv) der gemeine Wert sowie in Ausnahmefällen (v) nur handelsrechtlich der beizulegende Zeitwert.

i. Die Anschaffungskosten definiert § 255 Abs. 1 HGB, die Herstellungskosten § 255 Abs. 2 und 2a HGB. Für steuerrechtliche Zwecke wird grundsätzlich an diese Definitionen angeknüpft.[250] Der Zweck der Bewertung mit Anschaffungs- und Herstellungskosten nebst planmäßiger Abschreibungen ist die Umsetzung und Konturierung des Realisationsprinzips.[251] Ein Barwertkalkül sieht das Gesetz im Rahmen dieses Bewertungsmaßstabs nicht ausdrücklich vor. Da es die Anschaffungs- und Herstellungskosten als Aufwendungen definiert (§ 255 Abs. 1 Satz 1, Abs. 2 Satz 1 HGB), die wiederum regelmäßig periodisierte Geldzahlungen darstellen (§§ 252 Abs. 1 Nr. 5, 244 HGB), kann ein Barwertkalkül im Rahmen von Anschaffungs- oder Herstellungsvorgängen nur in Sonderfällen vorkommen. Dazu gehören beispielsweise geldlose Geschäftsvorfälle (Tauschvorgänge), die aber wegen des auf Geldbeträge ausgerichteten Rechensystems in solchen abgebildet werden müssen. Auch gehören Anschaffungen mit Geldzahlungsreihen dazu, die für Zwecke der Bilanzierung in einem einzigen Betrag abgebildet werden müssen (Renten und Raten). Die Anschaffungs- bzw. Herstellungskosten sind in diesen Fällen nicht näher definiert. Sofern keine Marktleistungserbringung erfolgt ist oder die Marktleistung quantifiziert werden muss, zwingt das Realisationsprinzip in diesen Fällen daher zur Schätzung eines passenden Werts.
ii. Der beizulegende Wert (§ 253 Abs. 3 Satz 5, Abs. 4 Satz 2 HGB) muss mangels gesetzlicher Konkretisierung durch Auslegung mit Inhalt gefüllt werden. Er ist ein abweichender Bewertungsmaßstab zu demjenigen der fortgeführten Anschaffungs- oder Herstellungskosten.[252] So ist sein gesetzlich vorgesehener Hauptanwendungszweck die Wertbestimmung für außerplanmäßige Abschreibungen.[253] Dagegen sind die fortgeführten Anschaffungs- oder Herstellungskosten planmäßig. Letztere repräsentieren wegen des Grundsatzes

[250] Vgl. nur *Kulosa*, in*:* Schmidt, EStG, § 6 EStG, Rz. 31 f. (2022).

[251] Siehe Fußnote 227 in Abschnitt 3.1.3.1.1.3.

[252] Vgl. *Hachmeister/Beyer/Hagemann et al.*, in: Anzinger/Oser/Schlotter, Rechnungslegung, § 253 HGB, Rz. 616 (2023).

[253] Anlagevermögen ist bei voraussichtlich dauernder Wertminderung zwingend auf den niedrigeren beizulegenden Wert am Stichtag abzuschreiben (§ 253 Abs. 3 Satz 5 HGB). Bei Finanzanlagen darf die auch bei nur vorübergehender Wertminderung erfolgen (§ 253 Abs. 3 Satz 6 HGB). Im Umlaufvermögen ist stets zwingend auf einen niedrigeren Wert am Stichtag abzuschreiben. Vorrangig soll es sich dabei um den Börsen-/Marktpreis handeln, nachrangig um den beizulegenden Wert (§ 253 Abs. 4 HGB).

der Unternehmensfortführung (§ 252 Abs. 1 Nr. 2 HGB) symbolisch den mit dem einzelnen Vermögensgegenstand (§ 252 Abs. 1 Nr. 3 HGB) erzielbaren Wertbeitrag zum erwarteten Ertragswert des gesamten Unternehmens. Der beizulegende Wert kann daher nur dann niedriger sein als die fortgeführten Anschaffungs- oder Herstellungskosten, wenn auch der erzielbare Wertbeitrag sinkt.[254] Aus Objektivierungsgründen braucht es ein diese Wertminderung indizierendes Ereignis[255] und einen nachprüfbaren niedrigeren Ersatzwert, der im Fortführungszusammenhang den Platz des bisherigen symbolischen Wertes einnimmt. Ereignis und Ersatzwert müssen wegen des Fortführungszusammenhangs zum bisherigen Verwendungszweck der Vermögensgegenstände passen. Das Ereignis ist zudem Indikator der Wertminderung und bestimmt über den Zeitpunkt der Aufwandsberücksichtigung. Der Ersatzwert kann auch ein Barwertkalkül enthalten, wenn ein Ertragswert zu berechnen ist, weil (1) im Falle von Anlagevermögen keine Wiederbeschaffungs- oder Einzelveräußerungswerte ermittelbar sind,[256] oder (2) im Falle von Umlaufvermögen keine (Absatz-)Marktpreise von Börsen oder sonstigen Märkten verfügbar sind.[257] Ist die Wertminderung mit Sicherheit dauernd (z. B. Schadenfälle), ist der Aufwand mit dem Ereignis realisiert (Realisationsprinzip). Ist die Wertminderung nur voraussichtlich dauernd, ist der Aufwand

---

[254] Vgl. schon Abschnitt 3.1.3.1.1.3, Fußnote 234; *Hachmeister/Beyer/Hagemann et al.*, in: Anzinger/Oser/Schlotter, Rechnungslegung, § 253 HGB, Rz. 620, 452 (2023).

[255] Vgl. mit Kategorisierung in objektbedingte (stärkere Abnutzung, Katastrophenverschleiß) und marktbedingte (Preisverfall) Ereignisse *Hachmeister/Beyer/Hagemann et al.*, in: Anzinger/Oser/Schlotter, Rechnungslegung, § 253 HGB, Rz. 619 (2023); mit einer schönen ausführlichen Übersicht auch *Schubert/Schieler*, in: Grottel/Justenhoven/Kliem et al., BeBiKo, § 253 HGB, Rn. 233 f. (2024). Ähnlich zum Ereignis auch *Winnefeld*, Bilanz-Handbuch, 5. Aufl. 2015, E 1036; *Heyes/Thelen*, in: Heidel/Schall, Bilanzierungsvorschriften, § 253 HGB, Rn. 26 (2019).

[256] Dies kann insbesondere bei Patenten, ähnlichen Rechten, Geschäfts- oder Firmenwerten, Gebäuden, Beteiligungen, u. ä. der Fall sein, weil hier aktive Märkte selten sind, vgl. hierzu insgesamt *Wohlgemuth/Radde*, in: Kirsch, Rechnungslegung, § 253 HGB, Rz. 351 (November 2014); *Thiele/Kahn/Moser et al.*, in: Baetge/Kirsch/Thiele, Bilanzrecht, § 253 HGB, Rz. 455–464 (November 2020); *Hachmeister/Beyer/Hagemann et al.*, in: Anzinger/Oser/Schlotter, Rechnungslegung, § 253 HGB, Rz. 619, 628–630, 662 f. (2023); *Tiedchen*, in: Henssler/Dicken/Fehrenbacher et al., BeckOGK BilR, § 253 HGB, Rn. 163 (September 2023); *Schubert/Schieler*, in: Grottel/Justenhoven/Kliem et al., BeBiKo, § 253 HGB, Rn. 308 (2024). Die Trennung von Börsen-/Marktpreis und beizulegendem Wert in § 253 Abs. 4 HGB ist daher nur künstlich.

[257] Vgl. *Wohlgemuth/Radde*, in: Kirsch, Rechnungslegung, § 253 HGB, Rz. 388 (November 2014); *Hachmeister/Beyer/Hagemann et al.*, in: Anzinger/Oser/Schlotter, Rechnungslegung, § 253 HGB, Rz. 768, 772 (2023).

mit dem Ereignis entstanden (Imparitätsprinzip). Zweck der Bewertung mit dem beizulegenden Wert im Rahmen der außerplanmäßigen Abschreibungen ist daher die Umsetzung und Konturierung des Realisations- bzw. des Imparitätsprinzips.[258]

iii. Der Teilwert (§ 6 Abs. 1 Nr. 1 Sätze 2–4 und Nr. 2 Satz 2 f. EStG) wird gesetzlicher als der Wert definiert, den ein gedachter Erwerber des gesamten Betriebs im Rahmen des Gesamtkaufpreises für das einzelne Wirtschaftsgut ansetzen würde, wobei von der Fortführung des Betriebs auszugehen ist (§ 6 Abs. 1 Nr. 1 Satz 3 EStG, § 10 Satz 2 f. BewG). Auch der Teilwert dient der außerplanmäßigen Abschreibung bei voraussichtlich dauernder Wertminderung.[259] Da zudem auch steuerrechtlich grundsätzlich zu fortgeführten Anschaffungs- oder Herstellungskosten zu bewerten ist, die gesetzliche Teilwertdefinition ebenfalls keine konkreten Werte vorgibt, von der Fortführung des Betriebs auszugehen ist und auch ein dem Handelsrecht entsprechendes Objektivierungserfordernis besteht,[260] gelten für die Auslegung des Teilwerts die selben Grundprinzipien wie beim beizulegenden Wert im Handelsrecht. Teilwert und beizulegender Wert entsprechen sich daher inhaltlich weitestgehend.[261] Zweck der Bewertung mit dem Teilwert ist daher auch hier die Umsetzung und Konturierung des Realisations- bzw. des

---

[258] Vgl. sinngemäß *Hachmeister/Beyer/Hagemann et al.*, in: Anzinger/Oser/Schlotter, Rechnungslegung, § 253 HGB, Rz. 618 (2023).

[259] Er kommt zudem bei der Bewertung von Entnahmen und Einlagen zum Einsatz, bei denen inhaltlich dem Teilwertbegriff der außerplanmäßigen Abschreibungen entsprochen wird, vgl. BFH v. 29.04.1999, IV R 63/97, BStBl. II 2004, 639 unter 2.a) der Gründe. Unterschied ist hier nur, dass gerade die unbekannten Anschaffungskosten mit einem Ersatzbewertungsmaßstab ermittelt werden müssen und daher keine Bewertungsobergrenze bei den Anschaffungskosten besteht, vgl. *Kulosa*, in: Schmidt, EStG, § 6 EStG, Rz. 251 (2022). Bei § 6 Abs. 1 Nr. 7 EStG dient er nur als vorrangiger Bewertungsmaßstab bei der Aufteilung des Gesamtkaufpreises für eines ganzen Betriebs, vgl. *Meyering*, Anschaffungskosten, DStR 2008, 1008 f.; *Werndl*, in: K/S/M, EStG, § 6 EStG, Rn. H 1 f. (Februar 2023).

[260] Zu Geltung dieser Grundsätze bei der Auslegung des Teilwertbegriffs vgl. auch BFH v. 16.07.1968, GrS 7/67, BStBl. II 1969, 108 unter III.3).c).cc) zur Eigenschaft als Korrekturmaßstab; *Hiller*, Teilwert, Ubg 2016, 341 bis einschließlich 2.1.1.; *Kulosa*, in: Schmidt, EStG, § 6 EStG, Rz. 232 f. (2022).

[261] Vgl. BFH v. 25.06.1985, VIII R 274/81, BFH/NV 1986, 22 unter 1. der Gründe; BFH v. 20.08.2003, I R 49/02, BStBl. II 2003, 941 unter II.2.; BFH v. 08.06.2011, I R 98/10, BStBl. II 2012, 716, Rn. 16; anhand von Einzelfällen *Velte*, Teilwertabschreibung, StuW 2016, 33–49; *Schubert/Schieler*, in: Grottel/Justenhoven/Kliem et al., BeBiKo, § 253 HGB, Rn. 311 (2024).

Imparitätsprinzips.[262] Auch hier kann der Ersatzwert[263] für die fortgeführten Anschaffungs-/Herstellungskosten in Einzelfällen der Literatur zufolge ein Barwertkalkül enthalten, wenn ein Ertragswert zu berechnen ist.[264]

iv. Der gemeine Wert (§ 6 Abs. 6 Satz 1 EStG) stellt per gesetzlicher Definition einen Einzelveräußerungspreis dar (§ 9 Abs. 2 BewG). In Abgrenzung zum Teilwert werden wertbestimmende Merkmale der Betriebszugehörigkeit der zu bewertenden Wirtschaftsgüter und Schulden außer Acht gelassen.[265] Er ist steuerrechtlich für die Bewertung von Tauschvorgängen maßgeblich, hat aber sonst keinen Anwendungsfall, für den ein Barwertkalkül in Betracht kommt.

v. Der beizulegende Zeitwert (§ 255 Abs. 4 HGB) hat als Anwendungsfall für alle Unternehmen nur die Bewertung des Deckungsvermögens für Altersversorgungsverpflichtungen (§§ 246 Abs. 2 Satz 3, 253 Abs. 1 Satz 4 HGB) und wertpapiergedeckte Pensionsrückstellungen (§ 253 Abs. 1 Satz 3 HGB). Der Verweis auf die allgemein anerkannte Bewertungsmethode kann dabei auch ein Barwertkalkül enthalten. Wegen der Unwesentlichkeit seiner Anwendungsfälle für die in dieser Arbeit anzustellende Untersuchung werden diese aber nicht weiter vertieft.

---

262 Vgl. dazu deutlich BFH v. 08.06.2011, I R 98/10, BStBl. II 2012, 716, Rn. 16, der keine Anhaltspunkte für eine abweichende Auslegung finden kann. Unbrauchbar sind die in der Gesetzesbegründung zum EStG 1934 angeführten Zwecke (Mittel gegen Unterbewertungen, richtige Gewinnermittlung), vgl. etwa *Werndl*, in: K/S/M, EStG, § 6 EStG, Rn. B 321 (April 2018); *Thiele/Kahn/Moser et al.*, in: Baetge/Kirsch/Thiele, Bilanzrecht, § 253 HGB, Rz. 471 (November 2020); *Krumm*, in: Brandis/Heuermann, Ertragsteuerrecht, § 6 EStG, Rz. 672 (Mai 2023). Sie unterstellen die Bekanntheit des zutreffend zu ermittelnden Gewinns, der aber gerade unbekannt ist und erst durch die Bilanzrechtsnormen definiert wird. Ähnlich schon zu den Bilanztheorien Abschnitt 3.1.3.1.1.1, letzter Absatz.

263 Der Vollständigkeit halber sei angemerkt, dass sich stets eine Bandbreite von Werten ergeben wird, die auf einen Wert einzugrenzen ist. Zutreffend, ausführlich und ablehnend gegenüber der von eindeutigen Punktwerten ausgehenden BFH-Rechtsprechung vgl. *Krumm*, in: Brandis/Heuermann, Ertragsteuerrecht, § 6 EStG, Rz. 690–698 (Mai 2023) m. w. N.

264 Vgl. nur die knappe Übersicht bei *Kulosa*, in: Schmidt, EStG, § 6 EStG, Rz. 275, 280, 291, 296, 316–319, 322 (2022) zu Gebäuden, Beteiligungen, Forderungen, Geschäfts- oder Firmenwerten, anderen immateriellen Wirtschaftsgütern.

265 Vgl. *Kulosa*, in: Schmidt, EStG, § 6 EStG, Rz. 235 (2022).

Mögliche Anwendungsfälle des Barwertkalküls bei den Aktiva ergeben sich daher aus den folgenden Umständen:

(1) Bei Überlassungen von Geld mit Auf- oder Abgeldern wird das Auf- oder Abgeld realisationsgerecht unter Anwendung der dem Barwertkalkül entlehnten Effektivzinsmethode auf einzelne Rechnungsperioden verteilt.
(2) Bei entgeltlichen Übertragungen durch Tausch ohne Geld ist die Marktgegenleistung für den Übertragungsvorgang bekannt, lässt sich aber technisch nicht unmittelbar im Rechenwerk Bilanzierung abbilden. Ihnen muss zur Herstellung der Abbildbarkeit ein Geldbetrag beigemessen werden. Zur Schätzung nicht bekannter Marktpreise kann hier der Barwert etwa im Rahmen eines Zukunftserfolgswertverfahrens eingesetzt werden.
(3) Auch bei Anschaffungsvorgängen mit Renten, Raten und Kaufpreisstundung ist die Marktgegenleistung für den Übertragungsvorgang bekannt, lässt sich aber technisch nicht unmittelbar im Rechenwerk Bilanzierung abbilden., da es sich um eine Zahlungsreihe handelt. Die Reihe muss auf einen einzelnen Betrag verdichtet werden, da die Wertansätze in der Bilanz nur einen einzigen Betrag und keine Zahlungsreihe abbilden können. Gesucht würde also ersatzweise der Marktpreis für eine einmalige Zahlung, die eine Reihe künftiger Zahlungen ablöst. Kann hierfür kein Marktpreis unmittelbar abgeleitet werden, wird modellhaft auf den Barwert zurückgegriffen, da er die Eigenschaft hat, eine Zahlungsreihe in einen einzigen Betrag zu verdichten.
(4) Bei den außerplanmäßigen Abschreibungen und Teilwertabschreibungen muss der Ersatzwert ermittelt werden, auf den abgeschrieben werden soll. Ein Barwertkalkül kommt auch hier nur zum Einsatz, wenn kein aktiver Markt besteht, von dem Wiederbeschaffungs- oder Einzelveräußerungspreise abgeleitet werden können. Eingesetzt wird es dann zur Schätzung dieser nicht bekannten Marktpreise, etwa im Rahmen eines Zukunftserfolgswertverfahrens.[266] Dabei ist handels- und steuerrechtlich eine Differenzierung zwischen solchen für (a) nicht finanzielle und solchen für (b) finanzielle Vermögensgegenstände und Wirtschaftsgüter sinnvoll.[267] Zudem unterscheidet die gesetzliche Bilanzgliederung bei den finanziellen Vermögensgegenständen (b)

---

[266] Siehe schon bei den allgemeinen Ausführungen zu den Bewertungsmaßstäben oben sowie die in den Fußnoten 256, 257 und 264 angegebene Literatur.

[267] Dies liegt daran, dass das Barwertkalkül im Rahmen von Zukunftserfolgswertermittlungen zum Einsatz kommen soll, die eine objektivierte Zuordenbarkeit einzelner Zahlungen

kategorisch (aa) Anteile und Beteiligungen sowie (bb) Ausleihungen und Forderungen.[268] Während Anteile und Beteiligungen typischerweise diejenigen Finanztitel bezeichnen, die verbrieft oder nicht verbrieft Mitgliedschaftsrechte an anderen Unternehmen vermitteln,[269] sind Ausleihungen und Forderungen alle auf Geldzahlung gerichteten Forderungen aus Ansprüchen ohne solche Mitgliedschaftsrechte. Sie werden daher im Folgenden einheitlich als Forderungen bezeichnet. Die Unterscheidung wird auch in der Folgenden Untersuchung übernommen, da die Unternehmensbewertung komplizierter ist, als die Bewertung einzelner Ausleihungen und Forderungen.

---

zu den einzelnen Bewertungsobjekten voraussetzen. Bei finanziellen Vermögensgegenständen und Wirtschaftsgütern sind zugehörige Ein- und Auszahlungen in der Regel problemlos zuordenbar, da sie aus der jeweiligen vertraglichen Vereinbarung hervorgehen. Bei den übrigen Vermögensgegenständen und Wirtschaftsgütern ist die einzelne Zuordnung der daraus erzielbaren Erfolge schwierig, da sie als Bestandteil des Gesamtunternehmens produktiv eingesetzt werden. Vgl. hierzu etwa *Thiele/Kahn/Moser et al.*, in: Baetge/Kirsch/Thiele, Bilanzrecht, § 253 HGB, Rz. 464 (November 2020); *Schubert/Schieler*, in: Grottel/Justenhoven/Kliem et al., BeBiKo, § 253 HGB, Rn. 308 (2024). Auch Literatur und Rechtsprechung behandeln die beiden Gruppen getrennt.

[268] Vgl. § 266 Abs. 2 A. III. sowie B. II. Nr. 1–3 und III. HGB. Der Bilanzgliederung nach sind geleistete Anzahlungen nach der Bilanzgliederung den immateriellen Vermögensgegenständen bzw. den Vorräten zugeordnet. Ein sachlicher Unterschied zu den Forderungen besteht aber nicht, sodass die diesbezüglichen Ausführungen für die Anzahlungen entsprechend gelten. Vgl. hierzu *Schubert/Schieler*, in: Grottel/Justenhoven/Kliem et al., BeBiKo, § 253 HGB, Rn. 452, 455, 561, 565 (2024). Mit der ebenfalls in der Bilanzgliederung enthaltenen Bezeichnung Wertpapiere können sowohl Anteile und Beteiligungen als auch Ausleihungen gemeint sein, vgl. *Marx/Dallmann*, in: Baetge/Kirsch/Thiele, Bilanzrecht, § 266 HGB, Rz. 66 (Juli 2022).

[269] Vgl. *Marx/Dallmann*, in: Baetge/Kirsch/Thiele, Bilanzrecht, § 266 HGB, Rz. 61, 62.1, 64 (Juli 2022).

Tabelle 3.36 Rechtsnormen zur Bewertung von Passiva aktuell[270]

	Handelsrecht	Steuerrecht
Pensions-rückstellungen	• Erfüllungsbetrag § 253 Abs. 1 S. 2 HGB • Abzinsung § 253 Abs. 2 S. 2 HGB	• Teilwert = Erfüllungsbetrag § 6a Abs. 3 EStG • Abzinsung § 6a Abs. 3 S. 3 EStG
Sonstige Rückstellungen	• Erfüllungsbetrag § 253 Abs. 1 S. 2 HGB • Abzinsung § 253 Abs. 2 S. 1, 3 HGB	• Modifizierter Erfüllungsbetrag § 6 Abs. 1 Nr. 3a EStG • Abzinsung § 6 Abs. 1 Nr. 3a lit. e) EStG
Verbindlichkeiten	• Erfüllungsbetrag § 253 Abs. 1 S. 2 HGB	• Anschaffungskosten = Erfüllungsbetrag § 6 Abs. 1 Nr. 3 EStG • Teilwertabschreibung § 6 Abs. 1 Nr. 3 und Nr. 2 S. 2 f. EStG

Bei den Passiva unterscheidet die Bilanzgliederung zwischen Rückstellungen und Verbindlichkeiten (§ 266 Abs. 3 HGB). Für beide liegen eigenständige Bewertungsvorschriften vor. Zudem werden für Pensionsrückstellungen im Gesetz spezielle Bewertungsgrundsätze normiert, die sie von den übrigen Rückstellungen unterscheiden. Zwischen den in § 266 Abs 3 HGB ebenfalls gesondert ausgewiesenen Steuerrückstellungen und den sonstigen Rückstellungen bestehen dagegen keine besonderen Unterschiede, weshalb sie im Folgenden gemeinsam mit den sonstigen Rückstellungen behandelt werden. Tabelle 3.36 gibt einen Überblick über die Bewertungsvorschriften und -maßstäbe in der aktuell geltenden Rechtslage nach Handels- und Steuerrecht.

Anders als bei den Aktiva sind die Barwertkalküle bei den Pensionsrückstellungen und bei den sonstigen Rückstellungen offen im Gesetz angelegt. Für Verbindlichkeiten sind keine derartigen Vorschriften unmittelbar ersichtlich.[271]

---

[270] Eigene Darstellung.

[271] Ob eine Abzinsungsvorschrift für Verbindlichkeiten existiert, ist eine Frage der Auslegung von § 253 Abs. 2 Satz 3 HGB. Im Folgenden wird eine Abgrenzung von Renten und Raten vorgenommen, die die Renten als Rückstellungen qualifiziert. Schließlich sei kurz auf die seit dem 01.01.2023 nicht mehr geltende steuerbilanzielle Abzinsung für unverzinsliche Verbindlichkeiten in § 6 Abs. 1 Nr. 3 EStG a. F. hingewiesen (§ 52 Abs. 12 Satz 2 EStG).

In der anstehenden Untersuchung wird daher zwischen (1) Pensionsrückstellungen, (2) Sonstigen Rückstellungen und (3) Verbindlichkeiten differenziert. Bei den Verbindlichkeiten können einzelne Anwendungsfälle für Barwertkalküle analog zu denjenigen auf der Aktivseite ausgemacht werden. So kann es auch hier zu (a) Disagien kommen. Darüber hinaus können auch (b) Ratenzahlungen und Kaufpreisstundungen vorkommen, die in der Literatur auch teilweise als Fälle der Unter- bzw. Unverzinslichkeit untersucht werden. Schließlich können auch Überlegungen zur (c) Überverzinslichkeit angestellt werden, die steuerrechtlich im Verdacht stehen, eine Teilwertabschreibung begründen zu können.

3.1.3.1.2.2 Aktiva

3.1.3.1.2.2.1 Überlassungen von Geld mit Auf-/Abgeld

3.1.3.1.2.2.1.1 Zweck

Nutzungsüberlassungen von Geld führen beim Überlassenden zum Ansatz einer Geldforderung und beim Nutzenden zum Ansatz einer Verbindlichkeit. In Fällen etwaiger Damna (Auf- oder Abgelder) ist dies nicht anders. Fraglich ist hier nur die Bewertung, da in diesen Fällen der Rückzahlungsbetrag der Verpflichtung nicht ihrem Auszahlungsbetrag entspricht. Auch Zero-Bonds gehören daher zu dieser Fallgruppe. Weil aufgrund der Differenz zwischen Auszahlungs- und Rückzahlungsbetrag bilanziell eine Einnahme / Ausgabe entstehen kann, deren Behandlung hier fraglich ist, ist der Zweck der relevanten Vorschriften über die Damna die Umsetzung des Realisationsprinzips. Nichts anderes kann für das hierin enthaltene Barwertkalkül gelten.

Forderungen sind handels- und steuerrechtlich stets mit ihren Anschaffungskosten zu bewerten. Speziell bei ihnen passt der Begriff der Anschaffungskosten aber nicht richtig, wenn sie nicht durch Zession gegen Zahlung eines Entgelts erworben werden. Diesbezüglich entschied die Rechtsprechung, dass nur der Nennwert der Forderungen als Anschaffungskosten in Frage kommt. Abgeleitet wurde dies auf Grundlage von Überlegungen zu Forderungen aus der Veräußerung von Wirtschaftsgütern, da bei diesen anderenfalls gegen das Realisationsprinzip verstoßen würde.[272] Mit Übergang von Nutzen, Lasten, Chancen und Risiken im Rahmen der Hingabe des Wirtschaftsguts wird der Anspruch auf die gesamte Gegenleistung so gut wie sicher und realisiert. Die Forderung muss mit dem gesamten Nennwert der Gegenleistung bilanziert werden. Weil kein

[272] Vgl. BFH v. 23.11.1967, IV 123/63, BStBl. II 1968, 176; BFH v. 23.04.1975, I R 236/72, BStBl. II 1975, 875 unter 1.a) der Gründe. Auch für eine Forderung aus einer langfristigen Ausleihung wurde die Bewertung mit dem Nennwert zwischenzeitlich beiläufig entschieden, vgl. BFH v. 25.09.1968, I 52/64, BStBl. II 1969, 18 unter den Entscheidungsgründen zu Nr. 1.

ausschlaggebender Unterschied zwischen Geldforderungen aus der Veräußerung von Wirtschaftsgütern und Geldforderungen aus Darlehen (Nutzungsüberlassung) ersichtlich ist, wurde wohl aus Gleichbehandlungsgründen auch für letztere der Nennwert als Anschaffungskosten bestimmt. Zudem sah die Rechtsprechung eine Gleichbehandlung von Forderungen und Verbindlichkeiten aus Geldleistungsverpflichtungen als notwendig an.[273] Der Ansatz mit dem Nennwert ist seither für alle Forderungen verallgemeinert.[274]

Für Disagien (Abgelder) entschied die Rechtsprechung unter Verweis auf das Realisationsprinzip und aus Gründen der Gleichbehandlung, dass nur der Ansatz der Forderung mit ihrem Nennwert als Anschaffungskosten in Frage kommt. Weil der Geldabfluss um das Disagio geringer ist als der Anspruch aus der Forderung in Höhe ihres Nennwerts, liegt insoweit eine Einnahme vor. Diese Einnahme soll im passiven Rechnungsabgrenzungsposten abgegrenzt werden. Sie wird als nicht realisiert betrachtet, da das Disagio eine Vergütung für die Überlassung des Kapitals, nicht für den Ersatz von Nebenkosten der Darlehensgewährung darstellen soll.[275]

Die Literatur differenziert bei den für ein Disagio bilanzrechtlich zu ziehenden Konsequenzen teilweise nach der zivilrechtlichen Behandlung des Disagios.[276] Im Zivilrecht ist nach der Rechtsprechung des BGH sowohl die Vereinbarung eines

---

[273] Mit einer Andeutung der Gleichstellung der Anschaffungskostenbestimmung von Forderungen und Verbindlichkeiten vgl. schon BFH v. 03.07.1964, VI 262/63 U, BStBl. III 1965, 83 ganz zu Beginn der Gründe. Aus der Rechtsprechung zu den Forderungen vgl. BFH v. 23.04.1975, I R 236/72, BStBl. II 1975, 875 unter 1.a) der Gründe. Aus der Rechtsprechung zu den Verbindlichkeiten vgl. BFH v. 04.03.1976, IV R 78/72, BStBl. II 1977, 380 unter 1. der Gründe; BFH v. 19.01.1978, IV R 153/72, BStBl. II 1978, 262 unter 1. der Gründe.

[274] Vgl. BFH v. 09.07.1981, IV R 35/78, BStBl. II 1981, 734 unter a) der Gründe; BFH v. 30.11.1988, I R 114/84, BStBl. II 1990, 117 unter II.1; BFH v. 24.10.2006, I R 2/06, BStBl. II 2007, 469 unter II.2.a); BFH v. 24.10.2012, I R 43/11, BStBl. II 2013, 162, Rn. 11; BFH v. 24.07.2013, IV R 30/10, BFH/NV 2014, 304, Rn. 16; BFH v. 28.11.2018, I R 56/16, BStBl. II 2020, 104, Rn. 12.

[275] Vgl. BFH v. 23.04.1975, I R 236/72, BStBl. II 1975, 875 unter 1.a) der Gründe. Für das Disagio wurde auf die zugehörige Rechtsprechung bei den Verbindlichkeiten verwiesen. Vgl. diesbezüglich BFH v. 25.09.1968, I 52/64, BStBl. II 1969, 18 in den Entscheidungsgründen zu Nr. 3 sowie zu Nr. 7 unter a) unter Verweis auf BFH v. 06.12.1965, GrS 2/64 S, BStBl. III 1966, 144. Siehe auch BFH v. 29.06.1968, IV 131/63, BStBl. III 1967, 670 in den Gründen zu 1., aber noch anders zu den Nebenkosten der Geldbeschaffung.

[276] Vgl. *Tiedchen*, in: H/H/R, EStG/KStG, § 5 EStG, Anm. 2240–2242 (Dezember 2021); *Hennrichs*, in: Henssler/Dicken/Fehrenbacher et al., BeckOGK BilR, § 250 HGB, Rn. 46–53 (September 2023); *Hennrichs*, in: Henssler/Dicken/Fehrenbacher et al., BeckOGK BilR, § 246 HGB, Rn. 120 f. (September 2023).

Disagios als Vergütung für die Überlassung des Kapitals als auch (alternativ) für den Ersatz von Nebenkosten der Darlehensgewährung möglich.[277]

Im Bilanzrecht besteht grundsätzlich keine zwingende Anbindung an das Zivilrecht. Das Zivilrecht kann aber insofern aufschlussreich sein, als

- eine Orientierung an klaren gesetzlichen Regelungen zur Objektivierung beitragen kann;
- es voneinander trennbare Rechte konstituiert, die objektiviert und im Sinne des Einzelbewertungsgrundsatzes bei der Identifikation und Abgrenzung von Vermögensgegenständen/Wirtschaftsgütern und Schulden dienlich sein können;
- es Wirtschaftenden Sicherheit über Entstehung und Inhalt der jeweiligen Rechte bzw. Ansprüche gibt.

Dies gilt auch für die Frage der Erfolgsrealisation beim Disagio. Allgemein sind Aufwendungen und Erträge im Rahmen eines Leistungsaustauschs in ständiger Rechtsprechung realisiert, wenn der Anspruch auf Gegenleistung einer der Parteien so gut wie sicher ist.[278] Für die Bestimmung des Grads an Sicherheit erfolgt eine Orientierung an den Sicherheit gebenden zivilrechtlichen Konsequenzen vorgenommener Handlungen. So tritt beim Kauf und beim Tausch dieser Zustand ein, wenn der Leistungsverpflichtete die vereinbarte Leistung bereits erbracht

---

[277] Vgl. BGH v. 09.05.2017, XI ZR 308/15, BGHZ 215, 23, Rn. 28; BGH v. 16.02.2016, XI ZR 454/14, BGHZ 209, 71, Rn. 21–28 für ein Disagio, das eine Risikoprämie für eine vorzeitige außerplanmäßige Tilgung des Darlehens darstellen sollte, sowie Rn. 29–37, wo Refinanzierungskosten in gleicher Höhe an den Darlehensnehmer überwälzt wurden; BGH v. 27.01.1998, XI ZR 158/97, ZIP 1998, 418 unter II.1.a).aa) der Gründe; BGH v. 08.10.1996, XI ZR 283/95, BGHZ 133, 355 unter II.1. der Gründe; BGH v. 12.10.1993, XI ZR 11/93, ZIP 1993, 1700 unter II.2.a) der Gründe; BGH v. 29.05.1990, XI ZR 231/89, BGHZ 111, 287 unter II.1.b).aa) der Gründe, auch m. w. N. aus der älteren Rechtsprechung. Die Begründung des BGH v. 16.02.2016, XI ZR 454/14, BGHZ 209, 71, Rn. 21–28 für ein Disagio als nicht zinsgleiche Risikoprämie überzeugt nicht richtig, da außer Acht gelassen wird, dass die Berücksichtigung von Risiken ebenfalls über laufende Zinsen erfolgt (Abschnitt 2.1.2.2.1.4), sodass auch in diesem Fall nur von einer Justierung der laufenden Zinsen auszugehen ist.

[278] Siehe bereits den Textabsatz bei und die Verweise in Fußnote 225.

hat.[279] Analog hierzu wird auch bei Nutzungsüberlassungen (oder Dienstleistungen), bei denen sich die zu erbringende Leistung qualitativ gleichbleibend über einen Zeitraum erstreckt (Dauerschuldverhältnisse), der Erfolg in ständiger Rechtsprechung realisiert, soweit die geschuldete Leistung erbracht wurde. Wegen der qualitativen Gleichmäßigkeit der Leistungserbringung mangelt es derartigen Geschäftsvorfällen aber an mathematisch diskret messbaren Ereignissen, denen die Realisation alternativ zugeordnet werden könnte, weshalb der Erfolg zeitanteilig mit der fortschreitend bereitgestellten Nutzung oder Dienstleistung realisiert sein muss.[280] Die qualitative Gleichmäßigkeit führt ferner zu dem Schluss, dass die Leistung auch nur zeitanteilig gleichwertig erbracht werden kann. So ist nach der Rechtsprechung trotz von vornherein vereinbarten, betragsmäßig zu- oder abnehmenden Gegenleistungen nur die gleichwertige durchschnittliche Gegenleistung realisiert, wenn der Eintritt des betragsmäßigen Gefälles so gut wie sicher ist.[281]

---

[279] Vgl. BFH v. 23.11.1967, IV 123/63, BStBl. II 1968, 176; BFH v. 29.11.1973, IV R 181/71, BStBl. II 1974, 202 unter 1. der Gründe; BFH v. 05.05.1976, I R 121/74, BStBl. II 1976, 541 unter 2. der Gründe; BFH v. 03.05.1979, I R 49/78, BStBl. II 1979, 738; BFH v. 14.12.1982, VIII R 53/81, BStBl. II 1983, 303 unter 1.a) der Gründe; BFH v. 22.08.1984, I R 198/80, BStBl. II 1985, 126 unter II.3.c); BFH v. 27.02.1986, IV R 52/83, BStBl. II 1986, 552 unter 1. und 2. der Gründe; BFH v. 12.05.1993, XI R 1/93, BStBl. II 1993, 786 unter II.1.; BFH v. 07.12.2017, IV R 23/14, BStBl. II 2018, 444, Rn. 21–23. Nach § 446 BGB gehen dann das Risiko eines zufälligen Untergangs, zufälliger Verschlechterung, Nutzen und Lasten der Sache auf den Käufer über. Nach § 362 BGB erlischt die eigene Schuld des Leistenden, es ist keine Einrede der Nichterfüllung (§ 320 BGB) mehr möglich.

[280] Vgl. BFH v. 22.08.1984, I R 198/80, BStBl. II 1985, 126 unter II.3.c); BFH v. 20.05.1992, X R 49/89, BStBl. II 1992, 904 unter 1.c) und e) der Gründe; BFH v. 10.09.1998, IV R 80/96, BStBl. II 1999, 21 unter 1. und 2. der Gründe; BFH v. 07.12.2017, IV R 23/14, BStBl. II 2018, 444, Rn. 24. Ähnlich auch BFH v. 27.02.1976, III R 64/74, BStBl. II 1976, 52, aber zum Bewertungsrecht. Nach der zitierten Rechtsprechung kann insbesondere nicht auf die Zeitpunkte der Zahlungen abgestellt werden. Dafür müssten vorgenommene Zahlungen als Gegenleistung bewirken können, dass der Anspruch auf die vereinbarte Leistung so gut wie sicher würde. Dies ist nicht der Fall. Dauerschuldverhältnisse werden von (abschnittsweisen) Einmalleistungen abgegrenzt, bei denen die zu erbringende Leistung nicht qualitativ gleichmäßig ist. Zu diesen vgl. etwa BFH v. 18.12.1956, I 84/56 U, BStBl. III 1957, 27; BFH v. 05.05.1976, I R 121/74, BStBl. II 1976, 541 unter 3. der Gründe; BFH v. 29.11.2007, IV R 62/05, BStBl. II 2008, 557 unter II.1.a) m. w. N.

[281] Bei betragsmäßig abnehmenden Gegenleistungen ist der oberhalb der durchschnittlichen Gegenleistung gezahlte Teil daher vorausgeleistet und muss in einem Rechnungsabgrenzungsposten abgegrenzt werden. Bei betragsmäßig steigenden Gegenleistungen entsteht zunächst aufwandswirksam eine Verbindlichkeit in Höhe der Differenz zur durchschnittlichen Gegenleistung, die später aus den Leistungen oberhalb des Durchschnitts getilgt wird. Vgl. hierzu insgesamt BFH v. 27.07.2011, I R 77/10, BStBl. II 2011, 284, Rn. 10–12; BFH

Da Disagien in Zusammenhang mit Nutzungsüberlassungen von Geld auftreten, ist infolge des Voranstehenden für die Frage der Realisation entscheidend, ob das jeweilige Disagio die Nutzungsüberlassung vergütet oder nicht. Falls nicht kommt alternativ nur eine Begleichung von Nebenkosten der Darlehensgewährung in Betracht. Es ist nicht ersichtlich, dass die auf Seiten des Darlehensgebers anfallenden (Verwaltungs-)Nebenkosten sich an der Höhe des Nennbetrags des Darlehens bemessen. Insbesondere auf Refinanzierungskosten als übergewälzte Kosten kann nicht abgestellt werden. Sie stellen ihrerseits entweder laufend verzinsliche Vergütungen für die Nutzungsüberlassung dar oder enthalten Disagien, deren Heranziehung hier zu einem Zirkelschluss führen würde. Ferner dienen auch laufende Zinsen der Deckung von Kosten des Darlehensgebers. Andererseits ist von den Disagien bekannt, dass sie in der Praxis verhandlungstaktisch zur Anhebung niedrigerer laufender Zinsen auf höhere Effektivzinsen (Renditen) verwendet werden und in der wirtschaftswissenschaftlichen Theorie zur Zinsstruktur mit den laufenden Zinsen als austauschbar gehandhabt werden.[282] Die Disagien können daher – wie vom BFH entschieden – nur Vergütungen für die Nutzungsüberlassung darstellen. Aufwendungen und Erträge hieraus werden einem Zinslauf entsprechend zeitanteilig mit der fortschreitenden Bereitstellung des Geldkapitals zur Nutzung realisiert. Eine Ausnahme hiervon soll nach Ansicht des BFH nur dann gegeben sein, wenn eine Kündigung des Vertrags gemessen an seiner rechtlichen Ausgestaltung und den Tatsachen wahrscheinlich ist und das Disagio bei Kündigung nicht anteilig zurückgezahlt werden muss.[283] In diesem Fall ist der Anspruch auf das Disagio mit der Darlehensausreichung bereits so gut wie sicher. Der Vorgang mutet dann aber eher einem tauschähnlichen Geschäft (zivilrechtlich etwa Mischvertrag zwischen Darlehen und weiterem Vertragstyp)

---

v. 12.08.1982, IV R 184/79, BStBl. II 1982, 696, unter II.A.1.a). Ohne Widerspruch zu den voranstehend genannten Grundsätzen, vgl. BFH v. 20.01.1993, I R 115/91, BStBl. II 1993, 373 unter II.2., da hier die Verpflichtung wegen sehr flexiblen Kündigungsrechts nicht so gut wie sicher, daher nicht realisiert war.

[282] Siehe hierzu schon Abschnitt 2.1.2.2.1.4, auch 2.1.2.2.1.1. Einige der Argumente tauchen zudem schon in der voranstehend zitierten Rechtsprechung von BFH und BGH auf.

[283] Vgl. BFH v. 14.11.2012, I R 19/12, BFH/NV 2013, 1389, Rn. 16; BFH v. 27.07.2011, I R 77/10, BStBl. II 2011, 284, Rn. 13; BFH v. 22.06.2011, I R 7/10, BStBl. II 2011, 870, Rn. 17–19. Der BGH geht für als Gegenleistung für die Nutzungsüberlassung qualifizierende Disagien von eine Rückerstattungspflicht aus, vgl. die in Fußnote 277 angeführte Rechtsprechung, insbesondere BGH v. 27.01.1998, XI ZR 158/97, ZIP 1998, 418 unter II.1.a).bb) der Gründe; BGH v. 29.05.1990, XI ZR 231/89, BGHZ 111, 287 unter II.1.b).aa) der Gründe.

an, da nicht ersichtlich ist, aus welchen Gründen ein Darlehensnehmer bei bereits absehbarer Kündigung freiwillig diesen Nachteil in Kauf nehmen sollte.[284]

Im Falle eines Agios (Aufgeld) kann nichts anderes gelten. Forderungen (Verbindlichkeiten) sind nach der allgemeinen Rechtsprechung des BFH mit dem Nennbetrag zuzüglich des Aufgelds (dem Rückzahlungs-/Erfüllungsbetrags inklusive des Aufgelds) zu bewerten. Das Aufgeld kann aus den schon für das Disagio erwogenen Gründen nur die Nutzungsüberlassung entgelten. Aufwendungen und Erträge hieraus werden einem Zinslauf entsprechend zeitanteilig mit der fortschreitenden Bereitstellung des Geldkapitals zur Nutzung realisiert.[285]

Im Falle von Agien und Disagien bei Anleihen sind die für deren bilanzielle Behandlung bisher entwickelten Grundsätze uneinheitlich. Gemeinsam haben sie ihren zivilrechtlichen Rahmen. Anleihen können grundsätzlich mit den gleichen Konditionen ausgestattet werden, wie Darlehen. Es gibt sowohl laufend (variabel und fest) verzinsliche als auch nicht laufend verzinsliche Anleihen. Auch Agien und Disagien können eingerichtet werden.[286] Nicht laufend verzinsliche Anleihen mit einem Damnum werden als Zero-Bonds oder Nullkuponanleihen bezeichnet. Alle Anleihearten stellen zivilrechtlich Inhaberschuldverschreibungen dar (§ 793 Abs. 1 BGB).[287] Die Schuldverschreibung verbrieft dem Inhaber der Urkunde ein abstraktes Leistungsversprechen, das die voranstehend gelisteten Konditionen

---

[284] Ein Mischfall liegt auch bei Bausparverträgen vor (bei verpflichtend zu zahlenden Spareinlagen: vom Sparer gewährtes Darlehen mit Recht auf späteren Bezug eines weiteren Darlehens als Darlehensnehmer). Zu einem solchen, aber ohne Bezug zu den Gegebenheiten im Kündigungsfall, vgl. BFH v. 11.02.1998, I R 23/96, BStBl. II 1998, 381. Eine Abweichung von der bisherigen Rechtsprechung ist weder durch die Rechtsprechung zur Kündigung noch durch die Mischfälle gegeben. So aber beispielsweise *Herzig/Joisten*, Darlehensverträge, DB 2011, 1014, 1015; *Bauer*, in: K/S/M, EStG, § 5 EStG, Rn. F 193 (November 2024).

[285] Für eine Gleichbehandlung bspw. auch *Bauer*, in: K/S/M, EStG, § 5 EStG, Rn. F 218 (November 2024).

[286] Einige Beispiele finden sich bei *Beckmann*, Zerobonds, BB 1991, 938; *Hahne*, Schuldverschreibungen, DStR 2005, 2000; *Habersack*, in: Säcker/Rixecker/Oetker et al., MüKo BGB, § 793 BGB, Rn. 12 f. (2024). Nicht thematisiert werden hier Wandelanleihen und ähnliche Hybridformen wegen ihrer Nähe zum Eigenkapital und der thematischen Ausgrenzung von Umwandlungen, Entnahmen und Einlagen. Auf die Grundlegung wird verwiesen.

[287] Vgl. *Hahne*, Schuldverschreibungen, DStR 2005, 2000, 2000. Zu den Gegebenheiten bei den Inhaberschuldverschreibungen siehe bereits Abschnitt 2.2.1.2.2.3.2.

beinhaltet.[288] Die Urkunde selbst wird zivilrechtlich durch Kauf erworben (§ 433 BGB oder § 453 BGB).[289]

Darüber hinaus wird für alle Anleihen gemeinsam bilanzrechtlich grundsätzlich davon ausgegangen, dass es sich um Dauerschuldverhältnisse handelt, bei denen der Erfolg nach den für Darlehen geltenden Grundsätzen realisiert sein muss. Sofern in der Literatur sehr selten Abweichendes vertreten wird,[290] kann dies nicht überzeugen. Als Bestandteile der Leistungsbeziehung sind nur die Überlassung des hingegebenen Geldkapitals als faktisch erbrachte Leistung und die Vergütung der Nutzung mit dem Betrag des Auf-/Abgelds als Gegenleistung erkennbar. Daran ändern auch die zivilrechtliche Abstraktheit des Schuldversprechens und der regelmäßige Erwerb der Urkunde durch Kauf nichts, denn wie beim Darlehen ist die spätere Rückzahlung des Nennbetrags von vornherein festgelegt. Der einzige Unterschied besteht in der einfachen Austauschbarkeit des Gläubigers wegen der Verbriefung der Ansprüche. Für den Schuldner ändert sich nichts, insbesondere nicht durch eine Änderung des Gläubigers, da die bestehenden Verpflichtungen gleich bleiben. Für den jeweiligen Gläubiger ändert sich ebenfalls nichts. Eine potenzielle Weiterveräußerung ist eine eigenständige Marktleistungserbringung, die bis zu ihrer Vornahme daher nicht relevant ist. Das Auf- oder Abgeld kann aus den bei den Darlehen bereits erwogenen Gründen nur die Nutzungsüberlassung entgelten, die hier entsprechend gelten. Aufwendungen und Erträge aus dem Auf-/Abgeld werden einem Zinslauf entsprechend zeitanteilig mit der fortschreitenden Bereitstellung des Geldkapitals zur Nutzung realisiert.

Sodann wird nach der Art der Anleihe unterschieden. Für Auf- und Abgelder bei Zero-Bonds gibt es noch keine Rechtsprechung für das Bilanzrecht. Die Literatur vertritt hier drei Ansichten.[291] Nach der ersten Ansicht soll die Abbildung ausschließlich nach der Bruttomethode erfolgen. Sie entspricht inhaltlich

---

[288] Hier wird entweder nur ein Anspruch auf Leistung einer Zahlung verbrieft oder zusätzlich – im Falle laufender Zinsen – ein Zinsstammrecht. Die einzelnen Zinsansprüche werden bei Entstehung eigene Wertpapiere in Form von Zinsscheinen i. S. v. § 803 BGB. Auch hierzu siehe bereits Abschnitt 2.2.1.2.2.3.2.

[289] Vgl. etwa *Maultzsch*, in: Säcker/Rixecker/Oetker et al., MüKo BGB, § 453 BGB, Rn. 6 (2024).

[290] Vgl. *Döllerer*, Disagio, BB 1988, 883; *Plewka/Schimmele*, Emissionsdisagio, DB 1998, 2494–2498.

[291] Ohne eigene Stellungnahme vgl. *Strobl*, Verbindlichkeiten, in: Knobbe-Keuk/Klein/Moxter, FS Döllerer, 1988, 618 f.; *Tiedchen*, in: Schulze-Osterloh/Hennrichs/Wüstemann, HdJ, Abt. II/9, Rz. 185 (Juli 2021).

den zum Disagio bei Darlehen dargestellten Grundsätzen.[292] Nach der zweiten Ansicht soll die Abbildung ausschließlich nach der Nettomethode erfolgen. Auch sie ähnelt den zum Darlehen dargestellten Grundsätzen. Anders als dort soll aber bei Zugang der Forderung oder Verbindlichkeit nur der Nennwert des Zero-Bonds ohne das Auf-/Abgeld bilanziert werden. Im Zeitverlauf soll die Forderung (Verbindlichkeit) dann anteilig erfolgswirksam erhöht werden. Ein Rechnungsabgrenzungsposten braucht nicht gebildet zu werden.[293] Nach der dritten Ansicht sind beide der voranstehend genannten Methoden zulässig.[294] Sie geht zutreffend davon aus, dass die Wahl der Methode für die Erfolgsrealisation keinen Unterschied macht. Die Methodenwahl kann daher nur von Anforderungen abhängen, die an die Abbildung des Vorgangs zu stellen sind. Diesbezüglich erweist sich nur die Bruttomethode als schlüssig. Der Anspruch auf das Auf-/Abgeld ist zivilrechtlich im Zeitpunkt des Wirksamwerdens der Inhaberschuldverschreibung entstanden. Er gehört daher zum Nennwert der Geldforderung, der nach der ständigen Rechtsprechung für die Zugangsbewertung von Geldforderungen maßgeblich ist. Der Grund für diesen Ansatz war die Gleichbehandlung mit Geldforderungen aus der Veräußerung von Wirtschaftsgütern, zu denen keine

---

[292] Diese Methode wird stets mit erörtert, hat aber soweit ersichtlich kaum Vertreter, die nicht auch die Nettomethode für zulässig halten und für vorzugswürdig befinden. Sie wird wohl nur für Optionsanleihen vertreten, vgl. *Bauer*, in: K/S/M, EStG, § 5 EStG, Rn. F 386 „Zerobonds“ (November 2024) m. w. N.

[293] Vgl. *Ulmer/Ihrig*, Zero-Bonds, ZIP 1985, 1169, 1179 f.; *Böcking*, Zero-Bonds, ZfbF 1986, 930–955; *IDW*, HFA 1/1986, WPg 1986, 248 f.; BMF v. 05.03.1987, IV B 2 – S 2133 – 1/87, BStBl. I 1987, 394; *Beckmann*, Zerobonds, BB 1991, 938, 940 für die Perspektive des Gläubigers; *Oestreicher*, Finanzierungsverträge, BB-Beilage Nr. 12 zu Heft 18 1993, 1, 5; *Forster/Goerdeler/Lanfermann et al.*, in: Adler/Düring/Schmaltz, Rechnungslegung (1), § 253 HGB, Tz. 86 (1995); *Naumann/Breker/Siebler et al.*, in: Schulze-Osterloh/Hennrichs/Wüstemann, HdJ, Abt. I/6, Rz. 537 f. (April 2013); *Schaber/Amann*, Erfüllungsbetrag, WPg 2014, 938–943; *Wohlgemuth/Radde*, in: Kirsch, Rechnungslegung, § 253 HGB, Rz. 63 f. (November 2014); *Winnefeld*, Bilanz-Handbuch, 5. Aufl. 2015, M 860–862, F 1515; *Thiele/Kahn/Moser et al.*, in: Baetge/Kirsch/Thiele, Bilanzrecht, § 253 HGB, Rz. 97 (November 2020); *Weber-Grellet*, in: Schmidt, EStG, § 5 EStG, Rz. 270 „Finanzprodukte“ (2022); *Kulosa*, in: Schmidt, EStG, § 6 EStG, Rz. 140 „Zerobonds“ (2022); *Hennrichs*, in: Hensler/Dicken/Fehrenbacher et al., BeckOGK BilR, § 250 HGB, Rn. 48 (September 2023), *Marx*, in: Hachmeister/Kahle/Mock et al., Bilanzrecht, § 253 HGB, Rz. 30 (2024); *Schubert/Hutzler*, in: Grottel/Justenhoven/Kliem et al., BeBiKo, § 255 HGB, Rn. 156, 208 (2024); *Kiesel*, in: H/H/R, EStG/KStG, § 6 EStG, Anm. 696c (November 2024).

[294] Vgl. *Beckmann*, Zerobonds, BB 1991, 938, 942 für die Perspektive des Schuldners; wohl auch *Kirsch*, in: Kirsch, Rechnungslegung, § 250 HGB, Rz. 136–138 (April 2023), wenngleich die Nettomethode befürwortend; grundsätzlich auch *Förster*, in: Anzinger/Oser/Schlotter, Rechnungslegung, § 250 HGB, Rz. 157 (2023), aber nur für andere Geschäfte als die hier gegenständlichen Zero-Bonds.

ausschlaggebenden Unterschiede ersichtlich waren.[295] Da schon für Disagien bei Darlehen keine bedeutenden Unterschiede ersichtlich waren, ist dies auf Grundlage der voranstehenden Überlegungen auch bei Anleihen nicht der Fall. Einer Anwendung der Nettomethode mangelt es daher an einer Begründung für den Bruch mit der regelmäßig geltenden Zugangsbewertung für (Geld-)Forderungen und Verbindlichkeiten.[296]

Für Auf- und Abgelder bei der Ausgabe laufend- und festverzinslicher Anleihen hat der BFH daher zwischenzeitlich bereits entschieden, dass die allgemein für die Damna bei Darlehen geltenden Grundsätze anzuwenden sind.[297] Es sind keine Gründe für eine Ungleichbehandlung laufend und nicht laufend verzinslicher Anleihen ersichtlich.

Zu klären bleiben noch die Gegebenheiten der Rechnungsabgrenzung. Beim Schuldner sieht die heutige Rechtslage in § 250 Abs. 3 HGB für die aktive Rechnungsabgrenzung der Ausgabe aus dem Disagio ein Wahlrecht vor.[298] In

[295] Siehe hierzu bereits die Ausführungen zum Anfang dieses Abschnitts.

[296] Vgl. *Schaber/Amann*, Erfüllungsbetrag, WPg 2014, 938–943, insbesondere 941, die diese Tatsache ebenfalls feststellen, aber Befürworter einer einheitlichen Nettomethode auch für verzinsliche Anleihen und Darlehen sind. Kein belastbarer Grund ist ein Abstellen auf eine etwaige Pflicht zur anteiligen Erstattung im Fall der vorzeitigen Kündigung – so etwa *Hennrichs*, in: Henssler/Dicken/Fehrenbacher et al., BeckOGK BilR, § 250 HGB, Rn. 48 (September 2023). Ihr kommt in ständiger Rechtsprechung höchstens indizielle Bedeutung für die Einordnung der Gegenleistung zu, ist aber für die Frage der Realisation im Übrigen stets unbeachtlich; siehe dazu bereits oben. Auch ein Abstellen auf anderenfalls eintretende Durchbrechungen des Realisationsprinzips wegen des Wahlrechts in § 250 Abs. 3 HGB – siehe hierzu bspw. *IDW*, HFA 1/1986, WPg 1986, 248 – sind nicht hinreichend, da sie vom Gesetzgeber ausdrücklich zugelassen sind.

[297] Vgl. BFH v. 29.11.2006, I R 46/05, BStBl. II 2009, 955 unter II.2.b). Auch BFH v. 27.07.2011, I R 77/10, BStBl. II 2011, 284, Rn. 11; BFH v. 22.06.2011, I R 7/10, BStBl. II 2011, 870, Rn. 14; keine Beschränkung der Vorschriften über die Rechnungsabgrenzung auf synallagmatische schuldrechtliche Leistungen. Zustimmend auch *Weber-Grellet*, in: Schmidt, EStG, § 5 EStG, Rz. 270 „Emissionsdisagio“ (2022); *Schubert*, in: Grottel/Justenhoven/Kliem et al., BeBiKo, § 250 HGB, Rn. 41 (2024).

[298] Das Wahlrecht ist konstitutiv, nicht aber die Erfassung der Disagien im aktiven Rechnungsabgrenzungsposten. Sie würden anderenfalls § 250 Abs. 1 HGB unterliegen. Es handelt sich daher um ein rein bilanzpolitisches Wahlrecht. A. A. *Hennrichs*, in: Henssler/Dicken/Fehrenbacher et al., BeckOGK BilR, § 250 HGB, Rn. 50–52 (September 2023); *Hennrichs*, in: Henssler/Dicken/Fehrenbacher et al., BeckOGK BilR, § 246 HGB, Rn. 120 f. (September 2023), aber auch mit anderem Grundverständnis.

der Steuerbilanz besteht nach § 5 Abs. 5 Satz 1 Nr. 1 EStG eine Aktivierungspflicht.[299] Dem Gläubiger wurde für die Bilanzierung kein entsprechendes Wahlrecht eingeräumt. Für diesen besteht daher eine Pflicht zur passiven Rechnungsabgrenzung der Einnahme nach § 250 Abs. 2 HGB bzw. § 5 Abs. 5 Satz 1 Nr. 2 EStG.[300]

Bei der späteren Auflösung eines gebildeten Rechnungsabgrenzungspostens muss die gewählte Auflösungsmethode dem Realisationsprinzip gerecht werden.[301] Eine darüber hinausgehende methodische Einschränkung besteht nicht.[302] Sofern angenommen wird, dass das jeweilige Damnum eine Verzinsung inklusive Zinseszinsen darstellt, kann ein Effektivzins berechnet werden. In diesem Fall entspricht der Auszahlungsbetrag der Verpflichtung ihrem mit dem Effektivzins berechenbaren Barwert.

Im Ergebnis sind die Auf-/Abgelder daher Einnahmen (Ausgaben) vor dem Abschlussstichtag, die noch nicht realisiert sind und daher Ertrag (Aufwand) für eine bestimmte Zeit nach dem Abschlussstichtag darstellen. Die Effektivzinsmethode dient dem Zweck der realisationsgerechten Auflösung des Rechnungsabgrenzungspostens in den Folgeperioden nach der Periode der Zugangsbewertung. Das nicht als laufende Verzinsung ausgedrückte Entgelt für eine Nutzungsüberlassung wird korrigierend nach den für Dauerschuldverhältnisse geltenden Grundsätzen wie eine laufende Verzinsung dargestellt (Korrektur der Darstellung).

3.1.3.1.2.2.1.2 Technik

Während der Rechnungsabgrenzungsposten bei Zugang stets schlicht in Höhe des gesamten Auf- oder Abgelds gebildet wird, ist für dessen Auflösung entscheidend, welche Art Verzinsung dem Darlehen oder der Anleihe zugrunde liegt.[303]

---

[299] Rein nachrichtlich sei angemerkt, dass im Falle der Vertretung der Nettomethode bei Zero-Bonds für diese kein Anwendungsfall der Rechnungsabgrenzung gegeben sein soll, bei verzinslichen Anleihen und Darlehen jeder Art aber schon.

[300] Vgl. *Tiedchen*, in: H/H/R, EStG/KStG, § 5 EStG, Anm. 2242 (Dezember 2021).

[301] Die Rechnungsabgrenzungsposten bemessen sich daher nach der Höhe der Einnahme / Ausgabe im Verhältnis der noch zu erbringenden Gegenleistung zur gesamten Gegenleistung, vgl. *Förster*, in: Anzinger/Oser/Schlotter, Rechnungslegung, § 250 HGB, Rz. 86, 178 (2023).

[302] Vgl. *Hennrichs*, in: Henssler/Dicken/Fehrenbacher et al., BeckOGK BilR, § 250 HGB, Rn. 60 (September 2023).

[303] Die Unterscheidung der Darlehensarten orientiert sich an *Förster*, in: Anzinger/Oser/Schlotter, Rechnungslegung, § 250 HGB, Rz. 134 (2023), der auch bereits einige der untenstehenden Formeln anführt.

Unterstellt wird im Folgenden ein periodisch gleichbleibender Zinssatz. In allen Fällen ist der für die gesamte Laufzeit (N) abzugrenzende Aufwand das Damnum.

- Bei am Ende der Laufzeit zu tilgenden Finanztiteln ohne laufende Zinsen ist zu unterscheiden, ob bei objektiviert vorsichtiger Betrachtung eine Verzinsung mit oder ohne Zinseszinsen angenommen werden muss. Ohne Zinseszinsen wird der Rechnungsabgrenzungsposten einfach linear über die Gesamtlaufzeit (N) aufgelöst. Der Effektivzinssatz beträgt

$$r_F = \frac{Damnum}{Nennwert - Damnum} \times \frac{1}{N}. \tag{3.28}$$

Mit Zinseszinsen sind der Barwert (Ausgabebetrag) und der Endwert (Nennwert) bekannt. Der unbekannte Zinssatz kann mithilfe der Effektivzinsmethode nach Formel (3.29) ermittelt werden. Die Auflösung des Rechnungsabgrenzungspostens in einer Periode (n) erfolgt dann durch Multiplikation des Barwerts der aktuellen Periode (n) mit dem Effektivzinssatz ($r_{F,ZZ}$) wie in Formel (3.30) dargestellt.

$$r_{F,ZZ} = \sqrt[N]{\frac{Nennnwert}{Nennwert - Damnum}} - 1 \tag{3.29}$$

$$Auflösung_n = (Nennwert - Damnum) \times \left(1 + r_{F,ZZ}\right)^n \times r_{F,ZZ} \tag{3.30}$$

- Bei Finanztiteln mit laufenden Zinsen und gleichmäßiger jährlicher Tilgung folgt die Auflösung des Damnums dem Anfallen der laufenden Zinsen, weil es sich bei dem Damnum nur um eine Ergänzung der laufenden Verzinsung handelt. Wegen der gleichmäßigen Tilgung reduzieren sich laufender Zinsaufwand und Auflösung des Damnums gleichmäßig im selben Verhältnis wie der Restwert einer Periode (n) zum Nennwert. Der Auflösungsbetrag einer Periode (n) kann mithilfe von Formel (3.32) berechnet werden. Hierin steckt kein Barwertkalkül.[304]

[304] Die Vorgehensweise wird in der Rechtsprechung und von der Finanzverwaltung als Zinsstaffelmethode bezeichnet, vgl. H 5.6 „Auflösung von Rechnungsabgrenzungsposten im Zusammenhang mit Zinsaufwand" EStH; BFH v. 17.07.1974, I R 195/72, BStBl. II 1974, 684; BFH v. 31.05.1967, I 208/63, BStBl III 1967, 607.

$$Restwert_n = Nennwert \times \frac{N-n}{N} \tag{3.31}$$

$$Auflösung_n = Damnum \times \frac{2}{N+1} \times \frac{N-n}{N} \tag{3.32}$$

- Bei annuitätischen Finanztiteln folgt die Auflösung des Damnums ebenfalls dem Anfallen der laufenden Zinsen, weil es sich auch hier bei dem Damnum nur um eine Ergänzung der laufenden Verzinsung handelt. Die Annuität lässt sich mithilfe von Formel (3.33) berechnen.

$$Annuität = Nennwert \times \frac{(1+i)^N \times i}{(1+i)^N - 1} \tag{3.33}$$

Die über die gesamte Laufzeit (N) insgesamt anfallenden Zinsen (ZA^A_{Ges}) können mithilfe von Formel (3.34) berechnet werden.

$$ZA^A_{Ges} = Nennwert \times \left[N \times \frac{(1+i)^N \times i}{(1+i)^N - 1} - 1 \right] \tag{3.34}$$

Die jährlich anfallenden Zinsen (ZA^A_n) werden einfach durch Multiplikation des Zinssatzes mit dem noch nicht getilgten Restwert des Finanztitels zum Bilanzstichtag errechnet.

$$ZA^A_n = Restwert_n \times i \tag{3.35}$$

Dabei verringert sich der bei der Zugangsbewertung ursprünglich anzusetzende Nennwert mit jeder Annuitätenzahlung um den Tilgungsanteil $Annuität - ZA^A_n$. Auf diese Art lässt sich der Restwert errechnen. Der Rechnungsabgrenzungsposten wird im Verhältnis des Zinsaufwands der Periode zu den insgesamt anfallenden Zinsen aufgelöst.

$$Auflösung_n = Damnum \times \frac{ZA^A_n}{ZA^A_{Ges}} \tag{3.36}$$

3.1.3.1.2.2.2 Übertragungen durch Tausch ohne Geld

3.1.3.1.2.2.2.1 Zweck

Bei Übertragungen durch Tausch wird einerseits regelmäßig Marktleistung durch die Hingabe des Tauschobjekts erbracht. Andererseits wird das im Gegenzug erhaltene Tauschobjekt angeschafft. Zweck der Bilanzierung von Tauschvorgängen kann daher nur die Umsetzung des Realisationsprinzips sein. Mangels Geld im Leistungsaustausch muss im Falle der Erfolgsrealisation – sofern kein aus Objektivierungsgründen vorzugswürdiger Wert unmittelbar aus Marktpreisen abgeleitet werden kann – ein hypothetischer Marktwert geschätzt werden. Die Schätzung ist erforderlich, um den Vorgang bilanziell erst abbilden zu können. Die Schätzmethode kann dann auch Barwertkalküle beinhalten, für die die allgemeinen betriebswirtschaftlichen Grundsätzen gelten, wie sie in Abschnitt 3.1.2 herausgearbeitet wurden.

Im Handelsrecht bestehen für Tauschvorgänge keine besonderen Regelungen. Bis heute strittig ist bereits die Frage, ob Tauschvorgänge nach den allgemeinen Bilanzierungsvorschriften überhaupt zu einer bilanziellen Erfolgsrealisation führen können. Unabhängig von der Bilanzierung setzt Erfolgsrealisation Wertschöpfung voraus. Wert kann sowohl im ein-Personen-Kontext, als auch im mehr-Personen-Kontext auftreten und ist stets subjektiv. Als innerer Tatbestand sind Werte nur im mehr-Personen-Kontext messbar und durch Offenlegung der Messmethode objektivierbar. Bei Interaktionen mehrerer Personen sind nach wirtschaftswissenschaftlichem Verständnis Märkte gegeben. Finden die Interaktionen in Form von Tauschhandel ohne Geld statt, sind die subjektiven Werte nur über Mengenverhältnisse messbar. Finden die Interaktionen in Form von Tauschhandel mit Geld als zusätzlichem Tauschmittel statt, sind die Werte auch in Geldeinheiten messbar.[305] Auch die Bilanzierung ist eine Erfolgsrechnung, die sich von diesen Grundsätzen nicht trennen kann.[306] Als Rechenwerk und Instrument eines Interessenausgleichs müssen die von ihr abgebildeten Werte sowohl quantifizierbar als auch objektivierbar sein. Ihre Erfolgsrealisation wird daher zutreffend an die Erbringung von Marktleistung geknüpft. Die Marktleistung wird erbracht, wenn die bilanzierende Unternehmung mit anderen Marktteilnehmern in Leistungsaustausch tritt.[307] Wie die voranstehenden allgemeinen Ausführungen zeigen, findet sowohl bei Handel mit Geld als auch bei Handel ohne Geld ein Leistungsaustausch statt. Es kann daher kein Zweifel bestehen, dass ein Realisationsakt

[305] Auf die diesbezüglichen, bereits in den Grundlagen der Arbeit vorgenommenen Ausführungen zur Werttheorie in Abschnitt 2.1.2.2.1.1 und Abschnitt 2.1.2.2.1.2 wird verwiesen.

[306] Zum Charakter als Erfolgsrechnung siehe Abschnitt 3.1.1.

[307] Siehe dazu schon Abschnitt 3.1.3.1.1.3, Textabschnitt zur Realisation.

gegeben ist. Dies muss wegen insoweit gleicher allgemeiner Grundsätze auch für das Steuerrecht gelten.[308] Handels- und steuerrechtlich muss der Tauschvorgang unsaldiert bilanziert werden (§ 246 Abs. 2 Satz 1 HGB, § 5 Abs. 1 Satz 1 EStG), also eine getrennte Erfassung des Abgangs der hingegebenen und des Zugangs der erhaltenen Leistung stattfinden.

Für die Bewertung regelt im Steuerbilanzrecht der 1999[309] eingeführte § 6 Abs. 6 Satz 1 EStG, dass sich beim Tausch einzelner Wirtschaftsgüter die Anschaffungskosten für das erworbene Wirtschaftsgut nach dem gemeinen Wert des dafür im Tausch hingegebenen Wirtschaftsguts bemessen. Auch vor dessen Einführung orientierte sich die Rechtsprechung bereits zutreffend an der Subjektivität der Wertermittlung und entschied, dass der Wert der hingegebenen Leistung, nicht der erhaltenen Leistung, für die Erfolgsermittlung der hingebenden Unternehmung maßgeblich ist. Für steuerliche Zwecke legte die Rechtsprechung diesen Wert als den gemeinen Wert fest.[310] Im Ergebnis enthält § 6 Abs. 6 Satz 1 EStG nur eine Klarstellung der auch allgemeingültig herleitbaren Grundsätze.[311]

---

[308] So auch *Kronner*, Tauschweg, DStR 1996, 1185, 1188; *Schulze-Osterloh*, in: Baumbach/Hueck, GmbHG, § 42 GmbHG, Rn. 357 (2006); *Lüdenbach/Freiberg*, Tausch, DB 2012, 2701, 2701–2703; *Wohlgemuth/Radde*, in: Schulze-Osterloh/Hennrichs/Wüstemann, HdJ, Abt. I/4, Rz. 64 (März 2021); *Kirsch*, in: Kirsch, HGB, § 255 HGB, Rz. 89 (Juni 2023); *Tiedchen*, in: Henssler/Dicken/Fehrenbacher et al., BeckOGK BilR, § 255 HGB, Rn. 65 (September 2023); *Krumm*, in: Hachmeister/Kahle/Mock et al., Bilanzrecht, § 255 HGB, Rz. 27 (2024); *Kahle/Haas/Hachmeister*, in: Baetge/Kirsch/Thiele, Bilanzrecht, § 255 HGB, Rz. 72 (September 2024).

[309] Vgl. das Gesetz vom 24.03.1999, BGBl. I 1999, 402.

[310] Vgl. BFH v. 28.11.2019, IV R 54/16, BStBl. II 2023, 447, Rn. 47; BFH v. 14.12.1982, VIII R 53/81, BStBl. II 1983, 303 unter 1.a) der Gründe; BFH v. 27.05.1970, IV R 222/69, BStBl. II 1970, 743; ausdrücklich BFH v. 14.06.1967, VI 318/65, BStBl. III 1967, 574; BFH v. 08.07.1964, I 119/63 U, BStBl. III 1964, 561; BFH v. 11.10.1960, I 175/60 U, BStBl. III 1960, 492 unter a) der Gründe; BFH v. 16.12.1958, I D 1/57 S, BStBl. III 1959, 30 unter A.IV.; BFH v. 04.04.1957, IV 460/56 U, BStBl. III 1957, 195; BFH v. 13.09.1955, I 246/54 U, BStBl. III 1955, 320; BFH v. 17.05.1952, I 4/52 U, BStBl. III 1952, 208 unter 4.; RFH v. 13.02.1929, VI A 164/29, RStBl. 1929, 267; RFH v. 02.04.1930, VI A 1361/29, RStBl. 1930, 363; RFH v. 12.12.1935, VI A 852/35, StuW 1936, Nr. 78; abweichende Entscheidung nur RFH v. 26.09.1934, VI A 2020/32, StuW 1934, Nr. 729. Zu den Besonderheiten bei teilweiser Verwendung von Geld (Tausch mit Zuzahlung/Baraufgabe) vgl. BFH v. 19.12.1997, X B 235/96, juris, , Keinen Tausch sieht die Rechtsprechung bei Zurverfügungstellungen von Material durch den Kunden für die Produktherstellung, vgl. BFH v. 11.10.1960, I 175/60 U, BStBl. III 1960, 492 unter b) der Gründe; BFH v. 29.03.1979, IV R 1/75, BStBl. II 1979, 412 unter 4.

[311] Vgl. BFH v. 28.11.2019, IV R 54/16, BStBl. II 2023, 447, Rn. 47; BFH v. 06.12.2017 VI R 68/15, BStBl. II 2019, 128, Rn. 20; BT-Drs. 14/265, 174. Nach der letztgenannten Fundstelle ist eine konstitutive Wirkung der Gesetzesänderung aber die Nichtanwendung

Die Bewertungsgrundsätze können daher auf das Handelsbilanzrecht übertragen werden. Auch dort bedarf es mangels eines für Tauschvorgänge definierten Wertmaßstabs eines Ersatzwerts, der dem gemeinen Wert entspricht. Die Erfolgsrealisation erfolgt dann in Höhe der Differenz zwischen dem gemeinen Wert und dem Buchwert der hingegebenen Leistung. Handels- und Steuerrecht sind gleichlaufend.

Steuerlich wird von der Ertragsrealisation beim Tausch wird für

- erzwungene Tauschvorgänge wegen behördlicher Eingriffe oder höherer Gewalt (verwaltungsseitige Billigkeitsregelung der R 6.6 EStR) und
- Umwandlungsfälle (siehe die Vorschriften des UmwStG)

abgewichen. Weil sie ursprünglich in der steuerlichen Rechtsprechung entwickelt wurden,[312] vertreten Teile der handelsrechtlichen Literatur bis heute, bei

der auf BFH v. 16.12.1958, I D 1/57 S, BStBl. III 1959, 30 (Tauschgutachten) basierenden Folgerechtsprechung zum Anteilstausch, soweit nicht schon eine Ablösung durch besondere umwandlungssteuerrechtliche Vorschriften eingetreten war, vgl. BFH v. 11.07.2012, I R 50/11, BFH/NV 2013, 40, Rn. 15.

[312] Zu den erzwungenen Tauschvorgänge wegen behördlicher Eingriffe oder höherer Gewalt vgl. BFH v. 29.03.1979, IV R 1/75, BStBl. II 1979, 412 unter 2. der Gründe; BFH v. 14.10.1970, I R 34/69, BStBl. II 1971, 90; BFH v. 12.03.1969, I 97/65, BStBl. II 1969, 381 unter 3.; BFH v. 08.07.1964, I 119/63 U, BStBl. III 1964, 561; BFH v. 03.09.1957, I 315/56 U, BStBl. III 1957, 386; BFH v. 17.05.1952, I 4/52 U, BStBl. III 1952, 208 unter 2. unter Verweis auf RFH v. 10.08.1938, VI 494/38, RStBl. 1938, 915; RFH v. 03.05.1944, VI 11/44, RStBl. 1944, 619. Als maßgeblicher Zweck der Ausnahme ist erkennbar, dem Steuerpflichtigen zusätzlich zum Nachteil aus dem äußeren Zwang nicht auch noch eine Steuerbelastung aufzubürden. Voraussetzung war aber die Funktionsgleichheit vom alten und vom neuen Wirtschaftsgut, sodass der Betrieb wie bisher fortgeführt werden konnte.

In Umwandlungsfällen war maßgeblicher Zweck, betrieblich sinnvolle rechtliche Umstrukturierungen bei in gleicher Weise fortgeführter Wirtschaftstätigkeit nicht durch Steuerbelastungen zu unterdrücken. Zu Umwandlungen allgemein vgl. etwa BFH v. 30.04.1975, I R 41/73, BStBl. II 1975, 706 unter 1. und 2. der Gründe; BFH v. 17.05.1952, I 4/52 U, BStBl. III 1952, 208 unter 3. Die Tauschqualität von Umwandlungen war grundsätzlich noch nicht höchstrichterlich geklärt. Vgl. hierzu BFH v. 16.10.1968, I 85/65, BStBl. II 1969, 147 unter V. zu Umwandlungen als tauschähnlichem Umsatz sowie BFH v. 27.06.1960, I 113/59 S, BStBl. III 1960, 351 für Umwandlungen als vom Tausch klar abzugrenzende rein gesellschaftsrechtliche Vorgänge. Die Diskussion erübrigte sich aber durch die Einführung konkreter steuerrechtlicher Sondervorschriften, vgl. BFH v. 17.01.1969, VI 367/65, BStBl. II 1969, 540; BFH v. 16.05.2002, III R 45/98, BStBl. II 2003, 10 unter II.2.b).bb). Im Rahmen von früheren Überlegungen zur Realteilung vgl. BFH v. 01.12.1992, VIII R 57/90, BStBl. II 1994, 607 unter II.2.b).dd) der Gründe; BFH v. 18.10.1988, VIII R 172/85, BStBl. II 1989, 549 unter B.I.4.; BFH v. 19.01.1982, VIII R 21/77, BStBl. II 1982, 456 unter I.1.c) der Gründe; BFH v. 10.02.1972, IV 317/65, BStBl. II 1972, 419 unter 1.;

Tauschvorgängen wahlweise eine Gewinnrealisierung, eine Buchwertfortführung oder eine ergebnisneutrale Behandlung vornehmen zu dürfen.[313] Für die damalige Rechtsprechung wurde später erkannt, dass zuvor keine konkrete Rechtsgrundlage vorhanden war, auf die sie hätte gestützt werden können.[314] Im Handelsrecht mangelt es daher für Ausnahmen von der Realisation an einer konkreten Rechtsgrundlage.[315] Auf die handelsrechtliche Bilanzierung waren sie wegen

BFH v. 02.10.1962, I 256/61 U, BStBl. III 1962, 513. Speziell in Bezug auf den Anteilstausch bei Wert-, Art-, und Funktionsgleichheit der Beteiligung vgl. BFH v. 29.03.1979, IV R 1/75, BStBl. II 1979, 412 unter 3. der Gründe; BFH v. 12.03.1969, I 97/65, BStBl. II 1969, 381 unter 3; BFH v. 04.07.1968, IV 13/65, BStBl. II 1968, 682; BFH v. 02.11.1965, I 169/63 U, BStBl. III 1966, 127; BFH v. 16.12.1958, I D 1/57 S, BStBl. III 1959, 30, nach dem insbesondere die Realisierungsabsicht des Bilanzierenden nicht entscheidend ist. Anders war dies noch in BFH v. 17.05.1952, I 4/52 U, BStBl. III 1952, 208 angedeutet. In diesem Sinne auch BFH v. 29.03.1979, IV R 1/75, BStBl. II 1979, 412 unter 3. der Gründe; BFH v. 15.05.1975, IV R 138/70, BStBl. II 1975, 692 unter 2.c).aa) der Gründe. Die Anwendung des Tauschgutachtens (I D 1/57) erübrigte sich steuerrechtlich mit der Einführung von Sondervorschriften zum Anteilstausch im UmwStG, vgl. BFH v. 11.07.2012, I R 50/11, BFH/NV 2013, 40, Rn. 15. Die Grundsätze waren ausdrücklich nicht auf andere Vorgänge übertragbar.

[313] Zumindest werden dieselben Begründungen für die Ausnahmen wie in der in der voranstehenden Fußnote zitierten Rechtsprechung verwendet. Vgl. *Forster/Goerdeler/Lanfermann et al.*, in: Adler/Düring/Schmaltz, Rechnungslegung (1), § 255 HGB, Tz. 89–93 (1995); *Kronner*, Tauschweg, DStR 1996, 1185, 1188 f.; *Lüdenbach/Freiberg*, Tausch, DB 2012, 2701, 2701, 2701–2703; *Naumann/Breker/Siebler et al.*, in: Schulze-Osterloh/Hennrichs/Wüstemann, HdJ, Abt. I/7, Rz. 261 f. (April 2013); *Winnefeld*, Bilanz-Handbuch, 5. Aufl. 2015, E 510–515; *Meyering/Gröne*, in: Anzinger/Oser/Schlotter, Rechnungslegung, § 252 HGB, Rz. 239 (2023); *Hiller/Maetz*, in: Anzinger/Oser/Schlotter, Rechnungslegung, § 255 HGB, Rz. 205–209 (2023); *Justenhoven*, in: IDW, WP Handbuch, 18. Aufl. 2023, Kapitel F, Tz. 122; *Ballwieser*, in: Drescher/Ebke/Fleischer et al., MüKoHGB, § 255 HGB, Rn. 42 (2024); *Böcking/Gros/Wirth*, in: Ebenroth/Boujong, HGB, § 255 HGB, Rn. 24 (2024); *Kahle/Braun*, in: Hachmeister/Kahle/Mock et al., Bilanzrecht, § 252 HGB, Rz. 175 (2024); *Merkt*, in: Hopt, HGB, § 255 HGB, Rn. 5 (2024); *Schubert/Hutzler*, in: Grottel/Justenhoven/Kliem et al., BeBiKo, § 255 HGB, Rn. 32 (2024).

[314] Vgl. BFH v. 29.03.1979, IV R 1/75, BStBl. II 1979, 412 unter 3. der Gründe; BFH v. 15.05.1975, IV R 138/70, BStBl. II 1975, 692 unter 2.c).aa) der Gründe.

[315] So auch *Krumm*, in: Hachmeister/Kahle/Mock et al., Bilanzrecht, § 255 HGB, Rz. 27 (2024). Ähnlich auch *Schulze-Osterloh*, in: Baumbach/Hueck, GmbHG, § 42 GmbHG, Rn. 357 (2006); *Wohlgemuth/Radde*, in: Schulze-Osterloh/Hennrichs/Wüstemann, HdJ, Abt. I/4, Rz. 64 (März 2021); *Kirsch*, in: Kirsch, HGB, § 255 HGB, Rz. 89 (Juni 2023); *Tiedchen*, in: Henssler/Dicken/Fehrenbacher et al., BeckOGK BilR, § 255 HGB, Rn. 65 (September 2023); *Kahle/Haas/Hachmeister*, in: Baetge/Kirsch/Thiele, Bilanzrecht, § 255 HGB, Rz. 72 (September 2024).

der im Vordergrund stehenden steuerlichen Belastungserwägungen als tragender Zweck ohnehin nicht übertragbar. Eine explizite gesetzliche Grundlage für eine Ausnahme von der Realisation findet sich für das Handelsrecht nur für Umwandlungsfälle in § 24 UmwG.[316]

Die bisher herausgearbeiteten Grundsätze lassen die konkrete bilanzielle Abbildung einzelner Arten an Tauschvorgängen noch offen. Die hinter geldlosen Tauschvorgängen im voranstehend dargelegten wirtschaftswissenschaftlichen Verständnis stehenden zivilrechtlichen Vorgänge zeigt Tabelle 3.37.

Tabelle 3.37 Zivilrechtliche Vertragstypeneinordnung wirtschaftlicher Tauschvorgänge[317]

	Hingegeben	Erhalten	Vertragstypeneinordnung[318]
1	Sache / Recht	Sache / Recht	Tauschvertrag (§ 480 BGB) / Kaufvertrag (§ 433 BGB) mit Sache / Recht als Leistung an Erfüllungs statt (§ 364 BGB)
2	Sache / Recht	Nutzung/ Dienstleistung	Nutzungsüberlassungsvertrag[319] / Dienstleistungsvertrag[320]
3	Nutzung/ Dienstleistung	Sache / Recht	
4	Nutzung/ Dienstleistung	Nutzung/ Dienstleistung	Nutzungsüberlassungsvertrag / Dienstleistungsvertrag[321]

Die Überführung dieser zivilrechtlichen Vorgänge in die bilanzrechtlichen Fälle und Konsequenzen zeigt Tabelle 3.38. Bilanzrechtlich ist eine Unterscheidung notwendig, ob Vermögensgegenstände und Wirtschaftsgüter oder andere

[316] Der Vollständigkcit halber sei noch erwähnt, dass damals wie heute eine Ausnahme für rechtliche Sonderfortsetzungen des Eigentums besteht, insbesondere bei gesetzlichen Verfahren zur Neuaufteilung von Grundbesitz. In diesen Fällen liegt aber wegen der Eigentumsfortsetzung von vornherein kein Tauschvorgang vor. Vgl. BFH v. 23.10.2019, VI R 25/17, BStBl. II 2021, 425, Rn. 15 f., 19–21; BFH v. 01.07.2010, IV R 7/08, BFH/NV 2010, 2250 unter II.1.b).bb) und cc); BFH v. 23.09.2009, IV R 70/06, BStBl. II 2010, 270 unter II.2.a) und b); BFH v. 13.03.1986, IV R 1/84, BStBl. II 1986, 711 unter 1. der Gründe zum Umlegungsverfahren bei Grundbesitz in Abgrenzung zur Enteignung.

[317] Eigene Darstellung.

[318] Die hier verwendeten Oberkategorien an Vertragstypen orientieren sich an der Gliederung von *Emmerich,* Schuldrecht, 16. Aufl. 2022, Rn. 2 f.

[319] Siehe etwa *Emmerich*, in: Staudinger, BGB, § 535 BGB, Rn., Rn. 174, 177 (2024).

[320] Siehe zum Beispiel *Latzel*, in: Staudinger, BGB, § 611 BGB, Rn., Rn. 367 (2022).

[321] Siehe die Quellenangaben in den beiden unmittelbar voranstehenden Fußnoten.

Tabelle 3.38 Bilanzrechtliche Konsequenzen wirtschaftlicher Tauschvorgänge[322]

Hingegeben	Erhalten	Zivilr. Fälle	Konsequenzen beim Hingebenden	Konsequenzen beim Erhaltenden
VG/WG	VG/WG	1	Ohne Verzögerungen • Aufwandswirksamer Abgang des/der hingegebenen VG/WG i. H. ihres Buchwerts • Ertragswirksame Aktivierung erhaltene VG/WG mit Anschaffungskosten = Marktwert hingegebene VG/WG Mit Verzögerungen • Bei Hingabe: Aufwandswirksame Passivierung Verbindlichkeit für hinzugebende VG/WG mit Marktwert hinzugebende VG/WG • Bei Erhalt: Ertragswirksame Aktivierung Forderung für zu erhaltende VG/WG mit Marktwert hingegebene VG/WG	Ohne Verzögerungen • Aufwandswirksamer Abgang des/der hingegebenen VG/WG i. H. ihres Buchwerts • Ertragswirksame Aktivierung erhaltene VG/WG mit Anschaffungskosten = Marktwert hingegebene VG/WG Mit Verzögerungen • Bei Hingabe: Aufwandswirksame Passivierung Verbindlichkeit mit Marktwert hinzugebende VG/WG • Bei Erhalt: Ertragswirksame Aktivierung Forderung auf zu erhaltende VG/WG mit Marktwert hingegebene VG/WG

(Fortsetzung)

[322] Die Konsequenzen der Fälle ergeben sich aus der Rechtsprechung. Zur Unterscheidung von Verzögerungen vgl. BFH v. 14.12.1982, VIII R 53/81, BStBl. II 1983, 303 unter 1. der Gründe. Siehe außerdem *Schubert/Hutzler*, in: Grottel/Justenhoven/Kliem et al., BeBiKo, § 255 HGB, Rn. 33 (2024).

Tabelle 3.38 (Fortsetzung)

Hingegeben	Erhalten	Zivilr. Fälle	Konsequenzen beim Hingebenden	Konsequenzen beim Erhaltenden
VG/WG	Andere Leistung	2, 3	• Aufwandswirksamer Abgang des/der VG/WG zum Zeitpunkt ihrer Hingabe mit Übergang Chancen, Risiken, Nutzen, Lasten; Bewertung mit deren Buchwert • Keine weiteren Konsequenzen, da durch die erhaltene andere Leistung bereits Aufwendungen in Höhe des Marktwerts dieser Leistung erspart wurden	Erhalt ohne Verzögerungen • Ertragswirksame Aktivierung erhaltene VG/WG mit Anschaffungskosten = Marktwert der eigenen Leistung • Ohne Erfüllungsrückstand: aufwandswirksame Buchung der Ausgaben für eigene Leistungserbringung • Mit Erfüllungsrückstand: aufwandswirksame Passivierung Verbindlichkeit i. H. d. erwarteten Ausgaben für eigene Leistung, Ausbuchung Verbindlichkeit bei Zahlung Erhalt mit Verzögerungen • Soweit eigene Leistungserbringung erfolgt ist: Ertragswirksame Aktivierung Forderung mit Marktwert der eigenen Leistung • Im Übrigen wie ohne Verzögerung
Andere Leistung	Andere Leistung	4	• Aufwandswirksame Buchung der Ausgaben für eigene Leistungserbringung, gegebenenfalls Passivierung einer Verbindlichkeit soweit Erfüllungsrückstand • Keine weiteren Konsequenzen, da durch die erhaltene andere Leistung bereits Aufwendungen in Höhe des Marktwerts dieser Leistung erspart wurden	

Leistungen Tauschgegenstand sind. Zudem unterscheiden sich die Konsequenzen bei verzögerter Leistungserbringung und Erfüllungsrückständen.

Der für die Bilanzierung benötigte Wert der hingegebenen Leistung in Geld (§ 244 HGB, § 5 Abs. 1 Satz 1 EStG) ist wegen der Geldlosigkeit des Tauschvorgangs unbekannt. Er muss unter Beachtung des Vorsichtsprinzips geschätzt werden. Aus Objektivierungsgründen sind beobachtbare Marktpreise vorzugswürdig. Sind solche nicht beobachtbar, kann auch ein Marktpreis durch Anwendung einer Zukunftserfolgswertermittlung geschätzt werden. Dies kommt bei nicht finanziellen Vermögensgegenständen und Wirtschaftsgütern des Anlagevermögens als Tauschgegenstand in Betracht, insbesondere bei Immobilien, Schutzrechten und ähnlichen Rechten. Voraussetzung ist die objektivierte Zuordenbarkeit einzelner Zahlungen zu diesen Vermögensgegenständen und Wirtschaftsgütern. Insbesondere bei den Schutzrechten und ähnlichen Rechten ist diese regelmäßig fraglich, aber nicht ausgeschlossen.[323] Ist der Wert für die hingegebene Leistung nicht objektiviert ermittelbar, kann ausnahmsweise auch derjenige der erhaltenen Leistung ermittelt werden.[324]

Einer der Anwendungsfälle zur zweiten Zeile von Tabelle 3.38 mit potenziellem Barwertkalkül wird in der Literatur und Rechtsprechung unter dem Schlagwort „verdeckter Zinsanteil" bei der außerplanmäßigen Abschreibung auf Forderungen thematisiert. Konkret handelt es sich um den Fall der Gewährung eines Darlehens ohne laufende Verzinsung in Geld. Anstelle dieser Verzinsung wird ein Vermögensgegenstand bzw. Wirtschaftsgut als Gegenleistung bezogen.[325] Die Literatur vertritt hier die Aktivierung der Forderung mit ihrem Barwert und des Vermögensgegenstands/Wirtschaftsguts mit der Differenz von

---

[323] Vgl. zu Tauschvorgängen bei solchen Rechten *Freidank*, Spielervermögen, DStR 2023, 1958, 1959, der mit Fußnote 56 zutreffend auch auf die Wertermittlungsgrundsätze zu außerplanmäßigen Abschreibungen verweist. Zu letzteren siehe mit dem voranstehenden Inhalt auch *Wohlgemuth/Radde*, in: Kirsch, Rechnungslegung, § 253 HGB, Rz. 352 f. (November 2014); *Thiele/Kahn/Moser et al.*, in: Baetge/Kirsch/Thiele, Bilanzrecht, § 253 HGB, Rz. 464 (November 2020); *Schubert/Schieler*, in: Grottel/Justenhoven/Kliem et al., BeBiKo, § 253 HGB, Rn. 308 (2024). Zu den aus objektivierungsgründen vorzugswürdigen Alternativen vor dem Zukunftserfolgswert bei außerplanmäßigen Abschreibungen, die auch hier anwendbar sind, siehe BFH v. 09.12.1983, III R 40/79, BStBl. II 1984, 193 unter I.3.; BFH v. 08.09.1994, IV R 16/94, BStBl. II 1995, 309 unter 2. der Gründe; BFH v. 21.09.2016, X R 58/14, BFH/NV 2017, 275, Rn. 29–33; BFH v. 02.02.1990, III R 173/86, BStBl. II 1990, 497 unter I.2.c); *Kulosa*, in: Schmidt, EStG, § 6 EStG, Rz. 275 (2022)). A. A. für nicht materielle Tauschobjekte *Kronner*, Tauschweg, DStR 1996, 1185, 1189–1191.

[324] Vgl. BFH v. 18.07.1972, VIII R 16/68, BStBl. II 1972, 884 ganz am Ende.

[325] Vgl. *Hachmeister/Beyer/Hagemann et al.*, in: Anzinger/Oser/Schlotter, Rechnungslegung, § 253 HGB, Rz. 710–712 (2023) unter Verweis auf *Böcking*, Verzinslichkeit, 1988, 215–220. Zur Rechtsprechung vgl. BFH v. 09.07.1969, I R 38/66, BStBl. II 1969, 744 unter

Barwert zum Nennwert der Forderung, beides gebucht gegen den Geldabgang in Höhe des Nennwerts der Forderung.[326] Die frühere Rechtsprechung wollte die Darlehensforderung zunächst mit ihrem Nennwert aktivieren, anschließend eine außerplanmäßige Abschreibung mangels laufender Verzinsung in Geld vornehmen und den Aufwand hieraus als Aufwendung für den Erwerb des erhaltenen Vermögensgegenstands bzw. Wirtschaftsguts gleich wieder aktivieren.[327] Die Zulässigkeit der Teilwertabschreibung wurde in diesen Fällen später aber so stark eingeschränkt, dass kaum Anwendungsfälle verblieben.[328] Für nicht gegen laufende Geldzahlung überlassene Nutzungsrechte an Grundstücken wurde die außerplanmäßige Abschreibung allerdings weiterhin für zulässig gehalten.[329] Tabelle 3.39 enthält die zugehörigen Buchungssätze beider Varianten. Zu Darstellungszwecken wird angenommen, der Nennwert des endfälligen Darlehens betrage 100.000 € und seine Laufzeit 4 Jahre. Bei einem Kalkulationszinssatz in Höhe von 5 % p. a. beträgt der Barwert 82.270 € und die Differenz zum Nennwert 17.730 €.

---

2. der Gründe; BFH v. 26.02.1975, I R 72/73, BStBl. II 1976, 13 unter 1. und b) der Gründe; BFH v. 23.04.1975, I R 236/72, BStBl. II 1975, 875 unter 4. der Gründe.

[326] Vgl. *Hachmeister/Beyer/Hagemann et al.*, in: Anzinger/Oser/Schlotter, Rechnungslegung, § 253 HGB, Rz. 712 (2023).

[327] Vgl. BFH v. 09.07.1969, I R 38/66, BStBl. II 1969, 744 unter 2. der Gründe; BFH v. 26.02.1975, I R 72/73, BStBl. II 1976, 13 unter 1. und b) der Gründe; BFH v. 23.04.1975, I R 236/72, BStBl. II 1975, 875 unter 4. der Gründe.

[328] Vgl. BFH v. 30.11.1988, I R 114/84, BStBl. II 1990, 117 unter II.4.; BFH v. 24.10.2006, I R 2/06, BStBl. II 2007, 469 unter II.2.b); sowie die Ausführungen zu außerplanmäßigen Abschreibungen unten in den Textabsätzen zu Fußnoten 426 bis 434 in Abschnitt 3.1.3.1.2.2.4.3.

[329] Vgl. BFH v. 09.08.1989, X R 20/86, BStBl. II 1990, 128 unter 3. der Gründe. Dort wurde erläutert, aus Gewährung eines Nutzungsrechts (hier an einem Grundstück) könne sich eine Minderung des beizulegenden Werts bzw. des Teilwerts des überlassenen Vermögensgegenstands oder Wirtschaftsguts (das Grundstück) ergeben (kein Ausscheiden des Grundstücks aus dem Betrieb), die folglich nur im Falle der außerplanmäßigen Abschreibung realisiert wird. Die tauschweise erhaltene Gegenleistung für die Einräumung des Nutzungsrechts (hier ebenfalls ein Recht auf Nutzung an einem benachbarten Grundstück) könne dann in Höhe des Aufwands aus der außerpanmäßigen Abschreibung aktiviert werden.

Tabelle 3.39 Bilanzierung von Tauschvorgängen nach Literatur und Rechtsprechung[330]

Abbildung nach Auffassung der Literatur:				
Forderung aus Darlehen Vermögensgegenstand/ Wirtschaftsgut	82.270 € 17.730 €	an	Bank	100.000 €
Abbildung nach Auffassung der Rechtsprechung:				
Forderung aus Darlehen Außerplanmäßige Abschreibung Vermögensgegenstand/ Wirtschaftsgut	100.000 € 17.730 € 17.730 €	an an an	Bank Forderung aus Darlehen Außerplanmäßige Abschreibung	100.000 € 17.730 € 17.730 €

Beide Varianten sind aber nicht ganz schlüssig. Der Darlehensgeber gewährt dem Darlehensnehmer einen Nutzungsvorteil. Er verzichtet auf die Vergütung des Darlehens mit laufenden Zinsen in Geld oder die Nutzung der Mittel im eigenen Betrieb. Verzichtet wird also nur auf potenziell erzielbare Einnahmen. Die Einnahmen entgehen dem Darlehensgeber nach der Hingabe des Darlehens automatisch, sodass der bilanzielle Erfolg beim Hingebenden bereits ohne weitere Buchungen um diese „gemindert" ist. Eine Buchung dieses Aufwands im Rahmen einer außerplanmäßigen Abschreibung würde die „Aufwendungen" daher doppelt erfassen. Zudem müssten die aus dem Tausch als Realisationsakt erzielten Erlöse als Wertaufholungen zur Darlehensforderung gezeigt werden. In Fällen, in denen Nennwert des Darlehens sowohl ausgereicht als auch zurückerhalten wird, spricht dieser Umstand ferner dafür, dass die Zinsberechnung ausgehend vom Nennwert vorgenommen werden muss. Die entgangenen Zinsen müssten $100.000\ € \times \left(1,05^4 - 1\right) = 21.550\ €$ betragen.[331] Die von der Literatur vorgeschlagene Variante kann entweder als verkürzte Darstellung der Variante der Rechtsprechung verstanden werden. Dann sieht sie sich auch derselben Kritik ausgesetzt. Anderenfalls steht sie nicht mit der Rechtsprechung in Einklang, nach der die Anschaffungskosten einer Forderung stets ihr Erfüllungs-/

[330] Eigene Darstellung.

[331] Hinter der Zinsberechnung steht die Annahme, dass fremde Dritte sich untereinander nichts schenken und dass deswegen auch Zinseszinsen anfallen. Werden keine konkreten Vorstellungen der Vertragsparteien über den Wert der Zinsen und dessen Ermittlung schriftlich und für Dritte nachvollziehbar im Vertrag festgehalten, bleibt dem Bilanzierenden innerhalb des Rahmens der Objektivierungsanforderungen ein Spielraum. Der fehlende Information kann dann nur subjektiv und willkürlich gewonnen werden, aber nachvollziehbar gemacht und plausibilisiert werden. Dies trifft auch auf die voranstehende Annahme zu.

Rückzahlungsbetrag sind. Vorzugswürdig wäre daher eine Abbildung des Vorgangs wie beim Tausch von Vermögensgegenständen/Wirtschaftsgütern wie folgt (Tabelle 3.40).

Tabelle 3.40 Bilanzierung von Tauschvorgängen – Alternativvorschlag[332]

Abbildung Alternativvorschlag:				
Forderung aus Darlehen	100.000 €	an	Bank	100.000 €
Vermögensgegenstand/ Wirtschaftsgut	21.550 €	an	Passiver Rechnungsabgrenzungsposten (Erlöse)	21.550 €

Der vorgenommene Leistungsaustausch rechtfertigt die ertragswirksame Aktivierung des erhaltenen Vermögensgegenstands bzw. Wirtschaftsguts in Höhe der Differenz vom Barwert zum Nennwert der Forderung. Weil der Nutzungsvorteil aus einem Darlehen sich erst durch Zeitverstreichen realisiert, müsste hier anstelle einer sofort erfolgswirksamen Buchung zunächst eine passive Rechnungsabgrenzung erfolgen. Der Posten wird dann zeitanteilig entsprechend dem rechnerischen Anfallen der Zinsen ertragswirksam aufgelöst.

Im Ergebnis setzt die Bilanzierung von Tauschvorgängen das Realisationsprinzip um. Soweit ein Tausch mit anderen Leistungen in Form von Dauerschuldverhältnissen mit Damnum erfolgt, wird das nicht als laufende Verzinsung ausgedrückte Entgelt korrigierend wie eine laufende Verzinsung dargestellt (Korrektur der Darstellung). Soweit ein Marktpreis unter Anwendung des Barwertkalküls geschätzt wird, wird hierdurch die bilanzielle Abbildung erst ermöglicht (Herstellung der Darstellbarkeit).

3.1.3.1.2.2.2.2 Technik

Wird der Barwert der hingegebenen Leistung für die Bilanzierung benötigt und kann er objektiviert mithilfe eines Zukunftserfolgswertverfahrens ermittelt werden, gelten für die Ermittlung des Barwerts die Formeln (3.2) bzw. (3.2a).

$$(3.2) \quad BW = \sum_{t=0}^{T} \frac{A_t - E_t}{(1+i)^t} \quad \text{bzw.} \quad (3.2a) \quad BW = \sum_{t=0}^{T} \frac{A_t - E_t}{\prod_{t=0}^{T}(1+i_t)}$$

332 Eigene Darstellung.

Für die Ermittlung finden sich in der Literatur nur die für außerplanmäßige Abschreibungen beschriebenen Methoden, die hier entsprechend anwendbar sind.[333] Dies sind die vom IDW aufgestellten Grundsätze sowie für Immobilien auch diejenigen der ImmoWertV.[334] Die Grundsätze sind aber nicht ganz konform mit den Erkenntnissen der voranstehend angestellten Untersuchung in Abschnitt 3.1.2. Das IDW schlägt ein Discounted Cash Flow Verfahren vor, §§ 6 Abs. 1 Satz 1, 27–34 ImmoWertV enthalten ein Ertragswertverfahren.

Im Discounted Cash Flow Verfahren soll nach Ansicht des IDW im Nenner der WACC als Kalkulationszinssatz verwendet werden, der mithilfe des CAPM ermittelt wird und auch Risikozuschläge beinhalten darf.[335] Die diesbezügliche, in Abschnitt 3.1.2. geübte Kritik gilt hier entsprechend.[336] Auch die Liegenschaftszinssätze des Ertragswertverfahrens nach der ImmoWertV beruhen auf der Ableitung einer Rendite aus Marktdaten (§ 21 Abs. 2 ImmoWertV) wie beim CAPM. Die zu letzterem geäußerte Kritik gilt daher entsprechend.

Im Zähler stehen nur zu erwartende Ein- und Auszahlungen für das Bewertungsobjekt. Um die Unsicherheit im Kalkül zu berücksichtigen, sieht das IDW den Ansatz von Sicherheitsäquivalenten für diese Zahlungen als zulässig an.[337] Diese sind nach den Erkenntnissen von Abschnitt 3.1.2. das bisher einzige bekannte und probate Mittel zur Berücksichtigung der Unsicherheit im Kalkül.

In den Fällen des Tauschs von Darlehen (andere Leistung) gegen Vermögensgegenstände bzw. Wirtschaftsgüter kann der vom Darlehensgeber im Tausch hingegebene Vorteil in einer Unverzinslichkeit oder in einer Unterverzinslichkeit bestehen. In beiden Fällen müssen die Zinsen aus dem gewährten Vorteil zunächst abgegrenzt und diese Rechnungsabgrenzung später ertragswirksam aufgelöst werden. Die Technik wird beispielhaft für Fälle der Unverzinslichkeit beschrieben.[338]

---

333 Vgl. *Freidank*, Spielervermögen, DStR 2023, 1958, 1959, Fußnote 59 und der zugehörige Satz.

334 Vgl. *IDW*, S 5, IDW-FN 2015, 447; *IDW*, S 10, IDW-FN 2013, 503, modifiziert durch *IDW*, RS IFA 2, IDW-FN 2015, 381; *Kulosa*, in: Schmidt, EStG, § 6 EStG, Rz. 275 (2022); *Hachmeister/Beyer/Hagemann et al.*, in: Anzinger/Oser/Schlotter, Rechnungslegung, § 253 HGB, Rz. 628, 630 (2023).

335 Vgl. *IDW*, S 5, IDW-FN 2015, 447, Rn. 27, 41, 43 und *IDW*, S 10, IDW-FN 2013, 503, Rn. 46 und 64 f. *IDW*, S 10, IDW-FN 2013, 503, Rn. 64 f. verweisen auch auf einen internen Zinsfuß für eine Vergleichstransaktion, sofern keine Marktdaten zur Berechnung des WACC vorliegen.

336 Siehe oben in den Textabsätzen um Fußnoten 82 bis 86 in Abschnitt 3.1.2.3.1.1.2.

337 Vgl. *IDW*, S 5, IDW-FN 2015, 447, Rn. 27 und *IDW*, S 10, IDW-FN 2013, 503, Rn. 46.

338 Die Ausführungen gelten aber bei Unterverzinslichkeit entsprechend. In solchen Fällen werden anstelle der über die gesamte Laufzeit des Darlehens insgesamt anfallenden Zinsen

Hierfür ist entscheidend, welche Art Darlehen von den Vertragsparteien bei vorsichtig objektivierter Betrachtung vereinbart wurde.[339] Sie bestimmt über die Berechnung der zunächst abzugrenzenden insgesamt anfallenden Zinsen und die spätere Auflösung des Rechnungsabgrenzungspostens, welche entsprechend des rechnerischen Anfallens der Zinsen erfolgen muss. Unterstellt wird im Folgenden ein gleichbleibender Zinssatz.

- Im Falle eines Fälligkeitsdarlehens mit Tilgung am Ende der Laufzeit ohne Zinseszinsen lässt sich der Betrag der über die gesamte Laufzeit (N) insgesamt anfallenden Zinsen (ZA_{Ges}^{F}) mithilfe von Formel (3.37) berechnen (Rechnungsabgrenzung). Die durch Auflösung des Rechnungsabgrenzungspostens jährlich anfallenden Zinsen werden durch Multiplikation des Zinssatzes mit dem Darlehensnennwert (zugleich Restschuld zum Bilanzstichtag) errechnet. Dies führt zu einer linearen Auflösung der Gesamtzinsen verteilt über die Jahre der Laufzeit N.

$$ZA_{Ges}^{F} = N \times Nennwert \times i \tag{3.37}$$

Mit Zinseszinsen lassen sich die insgesamt anfallenden Zinsen ($ZA_{Ges}^{F,ZZ}$) mithilfe von Formel (3.38) berechnen (Rechnungsabgrenzung). Die durch Auflösung des Rechnungsabgrenzungspostens jährlich anfallenden Zinsen werden errechnet, indem der Zinssatz mit der Summe aus dem Nennbetrag des Darlehens und den bisher realisierten Zinsen zum Bilanzstichtag multipliziert wird.

$$ZA_{Ges}^{F,ZZ} = Nennwert \times \left((1+i)^{N} - 1\right) \tag{3.38}$$

- Im Falle eines Tilgungsdarlehens mit gleichmäßiger jährlicher Tilgung lässt sich der Betrag der über die gesamte Laufzeit (N) insgesamt anfallenden Zinsen (ZA_{Ges}^{T}) mithilfe von Formel (3.39) berechnen (Rechnungsabgrenzung).

---

nur die auf den Vorteil entfallenden Zinsen abgegrenzt. Für die tatsächlich in Geld zu begleichenden Zinsen ist ohne Vorausleistungen keine Rechnungsabgrenzung notwendig. Denkbar wäre zudem eine Kombination mit anderen, später thematisierten Verzinsungsformen, etwa einem Disagio.

339 Die Unterscheidung der Darlehensarten orientiert sich an *Förster*, in: Anzinger/Oser/Schlotter, Rechnungslegung, § 250 HGB, Rz. 134 (2023).

Die durch Auflösung des Rechnungsabgrenzungspostens jährlich anfallenden Zinsen werden durch Multiplikation des Zinssatzes mit der noch nicht getilgten Restschuld zum Bilanzstichtag errechnet.

$$ZA^{T}_{Ges} = Nennwert \times i \times \frac{N+1}{2} \tag{3.39}$$

- Im Falle eines Annuitätendarlehens lässt sich der Betrag der über die gesamte Laufzeit (N) insgesamt anfallenden Zinsen (ZA^{A}_{Ges}) mithilfe von Formel (3.40) berechnen. Dieser Betrag wird im Rechnungsabgrenzungsposten abgegrenzt. Die jährlich anfallenden Zinsen werden einfach durch Multiplikation des Zinssatzes mit der noch nicht getilgten Restschuld zum Bilanzstichtag errechnet. In dieser Höhe wird dann auch der Rechnungsabgrenzungsposten aufgelöst. Die Differenz der jährlich anfallenden Zinsaufwendungen zu den jährlich geflossenen Annuitätenzahlungen ist der für Tilgungen gezahlte Betrag, um den sich die Restschuld des Darlehens mindert. Die Annuität selbst lässt sich mit Formel (3.41) berechnen.

$$ZA^{A}_{Ges} = Nennwert \times \left[N \times \frac{(1+i)^{N} \times i}{(1+i)^{N}-1} - 1\right] \tag{3.40}$$

$$Annuit\ddot{a}t = Nennwert \times \frac{(1+i)^{N} \times i}{(1+i)^{N}-1} \tag{3.41}$$

3.1.3.1.2.2.3 Übertragungen gegen Renten, Raten, Stundungen

3.1.3.1.2.2.3.1 Zweck

Bei den Übertragungen gegen Renten, Raten und Stundungen stellt sich regelmäßig

- beim Erwerber die Frage nach der Bilanzierung der erworbenen Vermögensgegenstände / Wirtschaftsgüter und der Renten- / Ratenzahlungs- / gestundeten Verpflichtung,
- beim Veräußerer korrespondierend hierzu die Frage nach der Bilanzierung der Forderung auf die Renten- / Ratenzahlungen oder der gestundeten Forderung und des Abgangs des Hingegebenen.

Es handelt sich um Fragestellungen der Umsetzung des Realisationsprinzips und der Bestimmung der Anschaffungskosten als Konkretisierung des Realisationsprinzips. Dies gilt grundsätzlich auch für die Barwertkalküle dieser Fallgruppe. Die Abgrenzung zu den im voranstehenden Abschnitt thematisierten Tauschvorgängen ergibt sich aus der Leistungsrichtung des eingeräumten Nutzungsvorteils. Er kommt in den hiesigen und den vorherigen Fällen der jeweils anderen Partei zugute. Beim Tausch einer Nutzung gegen einen Vermögensgegenstand oder ein Wirtschaftsgut erspart sich der den Vermögensgegenstand / das Wirtschaftsgut Hingebende die Zahlung von Nutzungsentgelten. Ihm als Hingebenden steht der Nutzungsvorteil zu. Bei der Übertragung gegen Renten, Raten oder Stundungen gewährt der den Vermögensgegenstand / das Wirtschaftsgut Hingebende stattdessen dem Empfänger zusätzlich den Nutzungsvorteil. Der Empfänger leistet die Zahlungen erst zeitverschoben.

Die einzelnen Anwendungsfälle der (entgeltlichen[340]) Übertragungen von Vermögensgegenständen und Wirtschaftsgütern gegen Renten und Raten sind breit gefächert. Als übertragene Vermögensgegenstände und Wirtschaftsgüter kommen einzelne Vermögensgegenstände und Wirtschaftsgüter oder Sachgesamtheiten wie ganze Betriebe oder Teilbetriebe in Betracht. Auf Seiten der Renten und Raten ist in der Literatur eine Unterscheidung von Leibrenten, Zeitrenten und Raten gängig.[341] In allen drei Fällen sind wiederkehrend, das heißt mindestens mehr als ein Mal, Zahlungen zu leisten, die entweder gleichbleiben oder sich im Zeitverlauf ändern können. Die Reihe zu leistender Zahlungen kann theoretisch endlich sein, unendlich sein oder ihr Ende kann vom Eintritt eines Ereignisses abhängig gemacht werden. Leibrenten bezeichnen Verpflichtungen zur wiederkehrenden Leistung von Zahlungen bis zum unbekannten Todeszeitpunkt einer Person, sind also biometrisch von der Lebensdauer abhängig. Bei Zeitrenten kann der Zeitraum für die Leistung der wiederkehrenden Zahlungen begrenzt oder unbegrenzt sein. Bei begrenztem Zahlungszeitraum ist keine klare Unterscheidung von Ratenzahlungen möglich. Sie könnte nur im Wege einer willkürlichen Definition über die Dauer der Zahlungsverpflichtung erreicht werden. Da insofern sachlich kein Unterschied besteht, werden im Folgenden nur Renten als unbegrenzt oder nur bedingt endliche Zahlungsverpflichtungen sowie Raten als unbedingt endliche

[340] Auf die thematische Eingrenzung im Rahmen der Grundlegung wird hingewiesen, siehe Abschnitt 1.3 unter Nr. 4.

[341] Vgl. die Unterscheidungen in *Myßen/Fischer/Gragert et al.,* Renten, 16. Aufl. 2017 267–274, 283–286, 305–313, 781–783.

Zahlungsverpflichtungen unterschieden.[342] Ein besonderer Anwendungsfall der Übertragung gegen Raten ist infolgedessen Leasing zu Konditionen, bei denen das wirtschaftliche Eigentum am Leasingobjekt auf den Leasingnehmer übergeht.[343] Mangels besonderer Unterschiede gehören zudem Erwerbsvorgänge, bei denen der Kaufpreis von vornherein gestundet ist, zu dieser Fallgruppe.[344]

Der Erwerber hat die erworbenen Vermögensgegenstände und Wirtschaftsgüter handels- und steuerrechtlich mit den Anschaffungskosten anzusetzen (§ 253 Abs. 1 Satz 1 HGB, § 6 Abs. 1 Nr. 1 und 2 EStG). Sie sind aber in Fällen des Erwerbs gegen Renten nicht klar definiert (§ 255 Abs. 1 HGB). Diesbezüglich hat der BFH schon früh entschieden, dass sich die Anschaffungskosten nach dem Wertansatz der Verpflichtung als aufgewendete Gegenleistung richten sollten.[345] Handelsrechtlich ergibt sich die Bewertung der Rentenverpflichtungen mit ihrem

[342] Ähnlich *Kopp*, in: Hachmeister/Kahle/Mock et al., Bilanzrecht, § 255 HGB, Rz. 30 (2024); *Krumm*, in: Brandis/Heuermann, Ertragsteuerrecht, § 6 EStG, Rz. 284 (September 2024).

[343] Vgl. BFH v. 18.11.1970, I 133/64, BStBl. II 1971, 133 unter IV.2. der Gründe. Es sei darauf hingewiesen, dass die in der voranstehenden Entscheidung enthaltenen Ausführungen in die nachfolgend beschriebene allgemeine Entwicklungsgeschichte zu Raten und Stundungen eingeordnet werden müssen, sodass sich heute stattdessen die nachfolgend beschriebenen Konsequenzen ergeben. Soweit ersichtlich ist diese Entscheidung aus denjenigen zu Leasing und Mietkauf aber die einzige, die zur Technik und zu Barwertkalkülen nähere Inhalte verlautet. Im Übrigen konzentriert sich die Rechtsprechung auf die Identifikation des wirtschaftlichen Eigentümers.

[344] Bei nachträglichen Kaufpreisstundungen war die Stundung für die ursprüngliche Anschaffung nicht ausschlaggebend und daher nicht Gegenstand des Leistungsaustauschs. Stattdessen handelt es sich um ein Ereignis, das bei Vorliegen der übrigen Voraussetzungen Anlass einer außerplanmäßigen Abschreibung sein kann.

[345] Vgl. BFH v. 30.07.1965, VI 264/64 U, BStBl. III 1965, 663 (Einzel-WG, Leibrente); BFH v. 05.02.1969, I R 21/66, BStBl. II 1969, 334 unter II.1. der Gründe (Einzel-WG, Leibrente); BFH v. 26.01.1978, IV R 62/77, BStBl. II 1978, 301 unter 1.a) der Gründe (Ganzer Betrieb, Leibrente); BFH v. 23.02.1984, IV R 128/81, BStBl. II 1984, 516 unter 2.a) der Gründe (Ganzer Betrieb, Leibrente); BFH v. 24.10.1990, X R 64/89, BStBl. II 1991, 358 unter 1. der Gründe (Einzel-WG, Leibrente); BFH v. 27.01.1998, VIII R 64/96, BStBl. II 1998, 537 unter II.2.a) (Ganzer Betrieb, Leibrente), aber im Kontext von Sanierungsgewinnen; BFH v. 02.05.2001, VIII R 64/93, BFH/NV 2002, 10 unter 3.a) der Gründe.

Barwert sodann unmittelbar aus § 253 Abs. 2 Satz 1 bzw. 3 und Satz 4 HGB.[346] Steuerrechtlich ist zu differenzieren.

Grundsätzlich gilt § 6 Abs. 1 Nr. 3a lit. e) EStG, da es sich bei Renten um der Höhe nach ungewisse Verpflichtungen (Rückstellungen) handelt (§ 249 Abs. 1 Satz 1 HGB, § 5 Abs. 1 Satz 1 EStG). Ausgenommen von der darin geregelten allgemeinen Abzinsungspflicht sind aber verzinsliche Verpflichtungen (§ 6 Abs. 1 Nr. 3a lit. e) Satz 1 Hs. 2 EStG). Bei der Beurteilung, ob eine Verpflichtung verzinslich ist, knüpft der BFH an seine Rechtsprechung zu sogenannten Zinsanteilen an.[347] Rentenverpflichtungen enthielten nach dieser Rechtsprechung einen solchen Zinsanteil. Sie wären daher verzinslich und nicht nach der Vorschrift abzuzinsen, sondern nach den bisher geltenden Grundsätzen mit dem Barwert anzusetzen.[348] Ein Festhalten an der Rechtsprechung zum Zinsanteil kann aber

346 Vgl. etwa *IDW,* WP Handbuch, 18. Aufl. 2023, Kap. F Tz. 115; *Kirsch*, in: Kirsch, HGB, § 255 HGB, Rz. 59 (Juni 2023); *Tiedchen*, in: Henssler/Dicken/Fehrenbacher et al., BeckOGK BilR, § 255 HGB, Rn. 62 (September 2023); *Ballwieser*, in: Drescher/Ebke/Fleischer et al., MüKoHGB, § 253 HGB, Rn. 75 (2024) mit mittelbarem Verweis auf die BFH Rechtsprechung zu Zinsanteilen; *Böcking/Gros/Wirth*, in: Ebenroth/Boujong, HGB, § 253 HGB, Rn. 25 (2024); *Kahle/Haas/Hachmeister*, in: Baetge/Kirsch/Thiele, Bilanzrecht, § 255 HGB, Rz. 92 (November 2024), die aber einen lockereren Zusammenhang zwischen der Bewertung der erworbenen Vermögensgegenstände / Wirtschaftsgüter mit derjenigen der Verpflichtung sehen; *Kopp*, in: Hachmeister/Kahle/Mock et al., Bilanzrecht, § 255 HGB, Rz. 30 (2024); *Schubert/Hutzler*, in: Grottel/Justenhoven/Kliem et al., BeBiKo, § 255 HGB, Rn. 217 „Kaufpreisrente" (2024). Bei *Schubert*, in: Grottel/Justenhoven/Kliem et al., BeBiKo, § 253 HGB, Rn. 66 (2024) klingt die Anwendung von § 253 Abs. 2 Satz 1 HGB optional, sie ist aber verpflichtend.

347 Vgl. BFH v. 27.01.2010, I R 35/09, BStBl. II 2010, 478, Rn. 27 für einen Fall ohne Zinsanteil sowie BFH v. 27.09.2017, I R 65/15, BFH/NV 2018, 437, Rn. 26–28 für einen Fall mit Zinsanteil, jeweils zur Rechtslage vor BilMoG.

348 Vgl. BFH v. 31.01.1980, IV R 126/76, BStBl. II 1980, 491 unter 2. der Gründe; BFH v. 23.02.1984, IV R 128/81, BStBl. II 1984, 516 unter 2.b) der Gründe; BFH v. 24.01.1998, VIII R 64/94, BStBl. II 1998, 537 unter II.2.a); BFH v. 02.05.2001, VIII R 64/93, BFH/NV 2002, 10 unter 3.a) und c) der Gründe. Ausführlich auch die Textabschnitte um Fußnoten 494 bis 501 in Abschnitt 3.1.3.1.2.3.2.1. Siehe auch die ältere Rechtsprechung in BFH v. 05.02.1969, I R 21/66, BStBl. II 1969, 334 unter II.1. der Gründe; BFH v. 20.11.1969, IV R 22/68, BStBl. II 1970, 309; BFH v. 25.02.1975, VIII R 19/70, BStBl. II 1975, 647 unter 1. der Gründe; jeweils unter Verweis auf BFH v. 12.03.1964, IV 456/61 U, BStBl. III 1964, 525 unter I. der Gründe. Zu dessen Folgerechtsprechung vgl. BFH v. 03.07.1964, VI 262/63 U, BStBl. III 1965, 83; BFH v. 10.07.1964, VI 352/62, HFR 1965, 203 im dritten Absatz der Gründe; BFH v. 09.12.1965, IV 423/62, HFR 1966, 208 in den Gründen. Siehe auch schon die handelsrechtliche Literatur zu § 156 Abs. 2 AktG 1965 mit *Dahl,* Aktivierung, 1959, 50. Zu beachten ist aber, dass die ältere Rechtsprechung noch davon ausging, den Teilwert ermitteln zu müssen, der dem Barwert entspreche, und noch nicht nach dem nicht einwertigen Rückzahlungsbetrag suchte.

nicht mehr überzeugen, da nie widerspruchsfrei herausgearbeitet werden konnte, wann ein solcher gegeben sein soll.[349] Stattdessen muss differenziert werden, ob bei vorsichtig objektivierter Betrachtung ein Einmalkaufpreis für die erworbenen Wirtschaftsgüter vorliegt und die Summe der erwarteten Rentenzahlungen diesen überschreitet.[350] Ist dies der Fall, liegt ein Damnum vor, das infolgedessen nach den bei den Auf- und Abgeldern dargestellten Grundsätzen bilanziert werden und als Verzinsung der Rentenverpflichtung gelten muss. Es gilt die Bruttomethode.[351] Ist dies nicht der Fall, ist die Verpflichtung nicht verzinslich im Sinne von § 6 Abs. 1 Nr. 3a lit. e) Satz 1 Hs. 2 EStG und wird nach dieser Vorschrift mit dem Barwert bewertet. Dies entspricht der Anwendung der Nettomethode.

Der Barwert wird je nach einschlägigem Fall (§ 253 Abs. 2 Satz 3 HGB, § 6 Abs. 1 Nr. 3a lit. e) EStG oder Zinsanteil) anders berechnet. In allen Fällen müssen die unbestimmten Größen der Verpflichtung (versicherungsmathematisch) geschätzt werden.[352] Die Folgebilanzierung von Wirtschaftsgut und Verbindlichkeit erfolgt unabhängig voneinander, sodass spätere Anpassungen der Rentenzahlungen und Zinsänderungen die Bewertung der erworbenen Vermögensgegenstände und Wirtschaftsgüter nicht berühren.[353] Sie unterliegen fortan nur regulär den jeweiligen planmäßigen und außerplanmäßigen Abschreibungen. Letztere kommen gegebenenfalls in Betracht, wenn bei vorsichtig objektivierter Betrachtung Einmalkaufpreise für die erworbenen Wirtschaftsgüter vorhanden sind, die unterhalb der unter dem Zwang der § 253 Abs. 2 HGB bzw. § 6 Abs. 1 Nr. 3a lit. e) EStG ermittelten Werte liegen. Eine etwaige tatsächliche Effektivverzinsung wird von den dort typisierten Kalkulationszinssätzen nämlich überschrieben, der Wertansatz ist fingiert. Die Beurteilung, ob eine außerplanmäßige

---

[349] Vgl. hierzu die Textabschnitte um Fußnoten 494 bis 501 in Abschnitt 3.1.3.1.2.3.2.1.

[350] Eine Besonderheit besteht beim Erwerb eines ganzen Betriebs. In diesem Fall muss nach § 6 Abs. 1 Nr. 7 EStG vorrangig der Teilwert als Anschaffungskosten für die erworbenen Wirtschaftsgüter angesetzt werden, vgl. *Meyering*, Anschaffungskosten, DStR 2008, 1008 f. Eine etwaige Differenz zu den Rentenzahlungen bestimmt sich dann ausgehend von der Summe der Teilwerte.

[351] Siehe hierzu die Ausführungen aus den Textabsätzen um Fußnoten 273 bis 275 und 292 bis 298, Abschnitt 3.1.3.1.2.2.1.1. Dieser Fall wurde auch in der Rechtsprechung zu den Zinsanteilen so behandelt, vgl. BFH v. 31.01.1980, IV R 126/76, BStBl. II 1980, 491 unter 2.c) der Gründe

[352] Vgl. BFH v. 31.01.1980, IV R 126/76, BStBl. II 1980, 491 unter 2. der Gründe; *Tiedchen*, in: Henssler/Dicken/Fehrenbacher et al., BeckOGK BilR, § 255 HGB, Rn. 62 (September 2023); *Böcking/Gros/Wirth*, in: Ebenroth/Boujong, HGB, § 253 HGB, Rn. 25 (2024); *Krumm*, in: Brandis/Heuermann, Ertragsteuerrecht, § 6 EStG, Rz. 1179 (September 2024).

[353] Vgl. BFH v. 02.02.1967, IV 246/64, BStBl. III, 366; BFH v. 05.02.1969, I R 21/66, BStBl. II 1969, 334 unter II.1. der Gründe.

Abschreibung tatsächlich erfolgen kann, ist einzelfallabhängig nach der jeweiligen Vorschrift und in Abhängigkeit der erworbenen Vermögensgegenstände und Wirtschaftsgüter nach allgemeinen Grundsätzen zu ermitteln.[354]

Für die im Falle von Erwerben mit Raten und Stundungen beim Erwerber eintretenden Konsequenzen sind die Literaturauffassungen geteilt. Soweit ersichtlich ist Rechtsprechung bislang nur zu Erwerben gegen Renten, nicht zu Raten ergangen. Beim Erwerb mit Raten und Stundung[355] kommt ein Barwertkalkül nur in Betracht, wenn nicht ohnehin eine laufende Verzinsung offen vereinbart ist.[356] Soweit ersichtlich wird für Fälle ohne offen vereinbarte laufende Verzinsung handels- und steuerrechtlich einhellig vertreten, dass die erworbenen Vermögensgegenstände und Wirtschaftsgüter grundsätzlich mit dem Barwert des in Raten oder im ganzen gestundeten Kaufpreises angesetzt werden sollen.[357] Soweit hierfür eine ausführlichere Begründung erfolgt, wird auf die Rechtsprechung des BFH zum Zinsanteil verwiesen.[358] Ein Teil der Literatur will den Zinsanteil dabei vorrangig anhand der Differenz eines ermittelbaren Einzelkaufpreises für die erworbenen Vermögensgegenstände und Wirtschaftsgüter zur Summe der Raten oder dem gestundeten Kaufpreis ermitteln.[359] Der andere Teil der Literatur orientiert sich ausschließlich an der Bewertung der Kaufpreisverpflichtung, nimmt den Zinsanteil damit implizit als gegeben an und ermittelt den Barwert mithilfe eines

---

[354] A. A. *Thiele/Kahn/Moser et al.*, in: Baetge/Kirsch/Thiele, Bilanzrecht, § 253 HGB, Rz. 331 (November 2020); *Bertram/Heusinger/Kessler*, in: Bertram/Kessler/Müller, HGB, § 253 HGB, Rz. 153 (Oktober 2024). Dort wird jeweils vertreten, es könne in teleologischer Reduktion von § 253 Abs. 2 Satz 3 HGB von vornherein eine Zugangsbewertung mit dem konkret vereinbarten Effektivzins vorgenommen werden.

[355] Die Stundung soll auch nach Ansicht der handels- und steuerrechtlichen Literatur nicht anders behandelt werden als ein Ratenkauf. Vgl. hierzu *Tiedchen*, in: Henssler/Dicken/Fehrenbacher et al., BeckOGK BilR, § 255 HGB, Rn. 62 (September 2023); *Ballwieser*, in: Drescher/Ebke/Fleischer et al., MüKoHGB, § 253 HGB, Rn. 35 f. (2024); *Kahle/Haas/Hachmeister*, in: Baetge/Kirsch/Thiele, Bilanzrecht, § 255 HGB, Rz. 90 f. (September 2024); *Krumm*, in: Brandis/Heuermann, Ertragsteuerrecht, § 6 EStG, Rz. 277 (September 2024).

[356] Ähnlich *Krumm*, in: Brandis/Heuermann, Ertragsteuerrecht, § 6 EStG, Rz. 277 (September 2024).

[357] Siehe dazu die in den folgenden Fußnoten angegebene Literatur.

[358] Vgl. *Kratzsch*, in: H/H/R, EStG/KStG, § 6 EStG, Anm. 1323 (Dezember 2021) Ausführungen zu Kaufpreisraten, die nur in Zusammenhang mit den voranstehenden zu Renten sinnvoll sind, dort letzter Stichpunkt; *Tiedchen*, in: Henssler/Dicken/Fehrenbacher et al., BeckOGK BilR, § 255 HGB, Rn. 62 (September 2023); *Kahle/Haas/Hachmeister*, in: Baetge/Kirsch/Thiele, Bilanzrecht, § 255 HGB, Rz. 90 (September 2024); *Krumm*, in: Brandis/Heuermann, Ertragsteuerrecht, § 6 EStG, Rz. 278 (September 2024).

[359] Vgl. *Kirsch*, in: Kirsch, HGB, § 255 HGB, Rz. 58 (Juni 2023); *Tiedchen*, in: Henssler/Dicken/Fehrenbacher et al., BeckOGK BilR, § 255 HGB, Rn. 62 (September 2023).

Fremdvergleichs-Sollzinssatzes für frist- und risikoäquivalente Darlehen von Banken.[360] Sofern zu dem Ergebnis gelangt wird, dass der Barwert anzusetzen ist, will wiederum ein Teil der Literatur nach der von den Damna bekannten Nettomethode,[361] ein zweiter Teil nach der Bruttomethode[362] und ein dritter Teil (nur handelsrechtlich) mit einem Wahlrecht zwischen beiden Methoden[363] verfahren.

Da die den Raten und Stundungen zugrundeliegenden Verpflichtungen weder dem Grunde noch der Höhe nach unsicher sind, handelt es sich um Verbindlichkeiten. Weder handels- noch steuerrechtlich besteht für Verbindlichkeiten eine gesetzlich angeordnete Abzinsungspflicht. Ein Festhalten an der Rechtsprechung zum Zinsanteil kann, wie bereits bei den Ausführungen zu Renten dargelegt, nicht überzeugen.[364] Die Verbindlichkeiten sind mit ihrem nicht abgezinsten Erfüllungsbetrag anzusetzen. Die Zugangsbewertung der erworbenen Vermögensgegenstände und Wirtschaftsgüter hat mit dem für die Verbindlichkeit anzusetzenden Wert zu erfolgen. Eine Ausnahme hiervon ist nur gegeben, wenn bei vorsichtig objektivierter Betrachtung ein Einmalkaufpreis für die erworbenen Vermögensgegenstände und Wirtschaftsgüter vorliegt und die Summe der Ratenzahlungen bzw. der gestundete Kaufpreis diesen überschreitet.[365] Ist dies der Fall, liegt ein Damnum vor, das infolgedessen nach den bei den Auf- und

[360] Vgl. *Prinz*, in: Bordewin/Brandt, EStG, § 6 EStG, Rn. 1/179–181 (Juni 2015); *Hiller/Maetz*, in: Anzinger/Oser/Schlotter, Rechnungslegung, § 255 HGB, Rz. 189–192 (2023); *Kahle/Haas/Hachmeister*, in: Baetge/Kirsch/Thiele, Bilanzrecht, § 255 HGB, Rz. 91 (September 2024); *Kopp*, in: Hachmeister/Kahle/Mock et al., Bilanzrecht, § 255 HGB, Rz. 28 (2024); *Krumm*, in: Brandis/Heuermann, Ertragsteuerrecht, § 6 EStG, Rz. 278 (September 2024); *Schindler*, in: Kirchhof, EStG, § 6 EStG, Rn. 139, 152 (2024).

[361] Vgl. *Gelhausen/Fey/Kämpfer*, BilMoG, 2009 179, Kap. I Rn. 14; *IDW*, WP Handbuch, 18. Aufl. 2023, Kap. F Tz. 115; *Schubert*, in: Grottel/Justenhoven/Kliem et al., BeBiKo, § 253 HGB, Rn. 67 (2024) unter Verweis auf *Schulze-Osterloh*, Abzinsung, BB 2003, 351, 353 mit abweichender Auffassung zur Behandlung von Damna.

[362] Vgl. *Forster/Goerdeler/Lanfermann et al.*, in: Adler/Düring/Schmaltz, Rechnungslegung (1), § 253 HGB, Tz. 82 f. (1995); *Hachmeister/Glaser*, in: Schulze-Osterloh/Hennrichs/Wüstemann, HdJ, Abt. II/4, Rz. 365 (Juni 2022); *Kirsch*, in: Kirsch, HGB, § 255 HGB, Rz. 57 (Juni 2023); *Ballwieser*, in: Drescher/Ebke/Fleischer et al., MüKoHGB, § 253 HGB, Rn. 35 f. (2024); *Kahle/Haas/Hachmeister*, in: Baetge/Kirsch/Thiele, Bilanzrecht, § 255 HGB, Rz. 90 (September 2024).

[363] Vgl. *Kopp*, in: Hachmeister/Kahle/Mock et al., Bilanzrecht, § 255 HGB, Rz. 28 (2024).

[364] Siehe Abschnitt 3.1.3.1.2.2.3.1 bei Fußnote 350 und Abschnitt 3.1.3.1.2.3.2.1 bei Fußnote 499.

[365] Auch hier gilt steuerbilanziell der Ausnahmefall des Erwerbs eines ganzen Betriebs aufgrund von § 6 Abs. 1 Nr. 7 EStG, siehe bereits Abschnitt 3.1.3.1.2.2.3.1, Fußnote 351.

Abgeldern dargestellten Grundsätzen bilanziert werden und als Verzinsung der Rentenverpflichtung gelten muss. Es gilt die Bruttomethode.[366]

Abschießend sei für die Konsequenzen beim Erwerber angemerkt, dass die Rechtsprechung eine Orientierung an den Vorschriften des ersten Teils des BewG, insbesondere zur Bestimmung des Kalkulationszinssatzes, für einen brauchbaren Anhaltspunkt hält. Eine unmittelbare Anwendbarkeit dieser folgt hieraus nicht.[367] Weil die Rechtsprechung im Zweifel lieber an diesen Vorschriften orientiert einen Wert für die verrentete oder gestundete Forderung oder Verpflichtung ermittelt hat, anstatt Einzelkaufpreise für die erworbenen Vermögensgegenstände und Wirtschaftsgüter bestimmen zu lassen, folgern einzelne Stimmen in der Literatur und insbesondere die Finanzverwaltung, es ergebe sich eine strenge Maßgeblichkeit der Vorschriften des BewG.[368]

Für die Konsequenzen beim Veräußerer sind Rechtsprechung und Literatur dünn. Im Falle der Veräußerung einzelner Vermögensgegenstände und Wirtschaftsgüter gegen Renten ist – soweit ersichtlich – nur eine Entscheidung des BFH aus der Zeit des Zinsanteils gegeben. Aus ihr ergibt sich aber nur, dass bei Bilanzierung in diesen Fällen kein Wahlrecht zwischen einer sofortigen Erfolgsrealisation oder einer Erfolgsrealisation bei Zufluss der Rentenzahlungen besteht, wie es steuerrechtlich für die Veräußerung betrieblicher Sachgesamtheiten gilt.[369] Die Konsequenzen müssen daher aus den allgemein bekannten Grundsätzen hergeleitet werden. So ist zunächst in Auslegung des Realisationsprinzips bei der Bewertung von Forderungen aus der Veräußerung von Vermögensgegenständen und Wirtschaftsgütern vom Zugang der Forderung mit ihrem Nennwert

---

[366] Zu Damna siehe Abschnitt 3.1.3.1.2.2.1.1, Textabsätze um Fußnoten 273 bis 275 und 292 bis 298. Siehe auch die Ausführungen zu Erwerben gegen Renten und die diesbezügliche Rechtsprechung in Bezug auf Zinsanteile, die Damna entsprechend behandelte, vgl. BFH v. 31.01.1980, IV R 126/76, BStBl. II 1980, 491 unter 2.c) der Gründe. Das gefundene Ergebnis entspricht im Wesentlichen auch der Entscheidung des EuGH v. 23.04.2020, Rs. C-640/18, „*Wagram*", ECLI:EU:C:2020:293, Rn. 38–41.

[367] Vgl. BFH v. 20.11.1969, IV R 22/68, BStBl. II 1970, 309; BFH v. 31.01.1980, IV R 126/76, BStBl. II 1980, 491 unter 2.c) und d) der Gründe; BFH v. 02.05.2001, VIII R 64/93, BFH/NV 2002, 10 unter 3.c) der Gründe. Siehe bspw. auch *Prinz*, in: Bordewin/Brandt, EStG, § 6 EStG, Rn. 1/185 (Juni 2015), nur, soweit eine Anwendung von § 6 EStG ausgeschlossen ist; *Kratzsch*, in: H/H/R, EStG/KStG, § 6 EStG, Anm. 1323 (Dezember 2021), nur aus Vereinfachungsgründen.

[368] Vgl. R 6.2 Satz 2 EStR. Auch *Kirsch*, in: Kirsch, HGB, § 255 HGB, Rz. 60 (Juni 2023); *Kahle/Haas/Hachmeister*, in: Baetge/Kirsch/Thiele, Bilanzrecht, § 255 HGB, Rz. 92 (September 2024); *Kopp*, in: Hachmeister/Kahle/Mock et al., Bilanzrecht, § 255 HGB, Rz. 30 (2024).

[369] Vgl. BFH v. 20.01.1971, I R 147/69, BStBl. II 1971, 302.

auszugehen.[370] Auch für Forderungen existiert frühe Rechtsprechung, die auf etwaige Zinsanteile bei der Bewertung einging. Sie verwies auch auf die parallel ergangene, widersprüchliche Rechtsprechung zum Zinsanteil bei Verpflichtungen. Anders als bei den Verpflichtungen wurde für Forderungen aber dennoch stets der Nennwert als maßgeblicher Zugangswert erachtet. Das Vorliegen einer verdeckten Verzinsung verhinderte nur eine außerplanmäßige Abschreibung der jeweiligen Forderung wegen Unverzinslichkeit.[371] Der Nennwert der Forderung entspricht der Summe der erwarteten Rentenzahlungen. Sie ist vorsichtig objektiviert zu schätzen. Eine Orientierung an den Methoden der Versicherungsmathematik wie bei den Verpflichtungen ist sinnvoll.[372] Liegt bei vorsichtig objektivierter Betrachtung auch ein Einmalkaufpreis für die veräußerten Vermögensgegenstände und Wirtschaftsgüter vor und ist der Nennwert der Forderung höher, so ist ein Damnum gegeben. Das Damnum ist nach den bei den Auf- und Abgeldern dargestellten Grundsätzen zu bilanzieren, also in einem passiven Rechnungsabgrenzungsposten abzugrenzen und entsprechend der objektiviert erkennbaren Art der Verzinsung aufzulösen (§ 250 Abs. 2 HGB, § 5 Abs. 5 Satz 1 Nr. 2 EStG). Es kann nach den voranstehend zu den Damna dargestellten Grundsätzen nur als Verzinsung der Rentenforderung qualifizieren. Es gilt die Bruttomethode.[373] Für

---

[370] Siehe bereits ausführlich bei den Auf- und Abgeldern die ersten drei Absätze in Abschnitt 3.1.3.1.2.2.1.1.

[371] Vgl. zu Forderungen BFH v. 17.03.1959, I 207/58 U, BStBl. III 1959, 320; BFH v. 09.07.1969, I R 38/66, BStBl. II 1969, 744 unter 2. der Gründe; BFH v. 26.02.1975, I R 72/73, BStBl. II 1976, 13 unter 1.b) der Gründe; BFH v. 23.04.1975, I R 236/72, BStBl. II 1975, 875 unter 2. der Gründe, BFH v. 09.07.1981, IV R 35/78, BStBl. II 1981, 734 unter a) und d) der Gründe. Siehe zudem BFH v. 11.12.1986, IV R 222/84, BStBl. II 1987, 553 unter 4.b) der Gründe mit Verweis auf Zinsanteile bei Rückstellungen; BFH v. 25.02.1975, VIII R 19/70, BStBl. II 1975, 647 unter 1.a) und b) der Gründe mit Verweis auf Zinsanteile bei Verbindlichkeiten. Siehe auch ausführlich die Ausführungen in Abschnitt 3.1.3.1.2.2.4.3, die Textabsätze um Fußnoten 425 bis 434 zur Folgebewertung. A. A. wohl *Kulosa*, in: Schmidt, EStG, § 6 EStG, Rz. 140 „Forderungen" (2022) unter Verweis auf die Rechtsprechung zu Verpflichtungen und auf BFH v. 20.01.1971, I R 147/69, BStBl. II 1971, 302. Zum Inhalt von letzterem siehe aber schon oben am Anfang des Fließtextabsatzes zu dieser Fußnote. A. A. auch *Schubert/Hutzler*, in: Grottel/Justenhoven/Kliem et al., BeBiKo, § 255 HGB, Rn. 190 (2024), aber mit abweichendem Verständnis der Folgen aus dem Realisationsprinzip; *Clemm*, Verzinslichkeit, in: Raupach, DStJG Bd. 7, 1984, 230.

[372] Vgl. etwa *Hachmeister/Glaser*, in: Schulze-Osterloh/Hennrichs/Wüstemann, HdJ, Abt. II/4, Rz. 262 (Juni 2022).

[373] Zu Damna siehe Abschnitt 3.1.3.1.2.2.1.1, Textabsätze um Fußnote 273 bis 275 und 292 bis 298. Siehe auch die Ausführungen zu Erwerben (nicht Perspektive des Veräußerers) gegen Renten und die diesbezügliche Rechtsprechung in Bezug auf Zinsanteile, die Damna entsprechend behandelte, vgl. BFH v. 31.01.1980, IV R 126/76, BStBl. II 1980, 491

Fälle von Veräußerungen gegen Raten oder mit Kaufpreisstundung kann nichts anderes gelten.

Der Zweck des Barwertkalküls bei Übertragungen gegen Renten, Raten oder mit Kaufpreisstundungen hängt von der anzuwendenden Methode ab:

- In allen Fällen sind Anschaffungskosten für Vermögensgegenstände, Wirtschaftsgüter (Erwerber) und Forderungen (Veräußerer) sowie der Erfüllungsbetrag für die Verpflichtung (Erwerber) zu ermitteln. Die Bestimmung der Zugangswerte ist üblicherweise unmittelbar Ausfluss und Konkretisierung des Realisationsprinzips.[374]
- Bei Anwendung der Nettomethode (beim Erwerber in Fällen mit Renten im Handelsrecht aufgrund von § 253 Abs. 3 Satz 2 HGB und in Fällen mit Renten und Raten ohne Zinsanteil im Steuerrecht aufgrund von § 6 Abs. 1 Nr. 3a lit. e) EStG) wird der Zugangswert auch für die Vermögensgegenstände und Wirtschaftsgüter als Reflex zur Bewertung der Verpflichtung mit einem Barwertkalkül ermittelt. Die gesetzliche Anordnung bei der Bewertung der Verpflichtungen durchbricht gerade das ansonsten geltende Realisationsprinzip mit einer Fiktion. Es kommt zu einer Überlagerung durch die für die Bewertung der Verpflichtung geltenden Zweckbestimmung. Schließlich ist festzuhalten, dass für Renten anstelle einer bilanziellen Erfassung bei Zufluss der einzelnen Zahlungen die Zahlungsreihe in einen einwertigen Betrag verdichtet wird. Insoweit würde nur eine Korrektur der Art und Weise der bilanziellen Darstellung bezweckt. Eine Abzinsung ist hierfür nicht notwendig. Weil die oben genannten gesetzlichen Bestimmungen beim Erwerber dennoch eine solche auf die Renten und steuerlich auch Raten ohne Zinsanteil anwenden, wird stattdessen hauptsächlich der von der gesetzlichen Typisierung vorgegebene Sachverhalt dargestellt (Herstellung der Darstellbarkeit).
- Bei Anwendung der Bruttomethode (beim Erwerber in Fällen von Raten im Handelsrecht und in Fällen mit Renten und Raten mit Zinsanteil im Steuerrecht, beim Veräußerer in Fällen mit Zinsanteil in Handels- und Steuerrecht) kommt es zur Bilanzierung von Damna. Sie dienen der Umsetzung des Realisationsprinzips. Die hierbei auftretenden Einnahmen (Ausgaben) vor dem Abschlussstichtag sind noch nicht realisiert und daher Ertrag (Aufwand) für eine bestimmte Zeit nach dem Abschlussstichtag. Das nicht als laufende Verzinsung ausgedrückte Entgelt für eine Nutzungsüberlassung wird korrigierend

unter 2.c) der Gründe. Nach einer möglichen Anwendung auch der Nettomethode klingen die Ausführungen bei *Förster*, in: Anzinger/Oser/Schlotter, Rechnungslegung, § 250 HGB, Rz. 157 (2023). Gegen die Nettomethode sprechen aber die bei den Damna bereits angeführten Gründe.

[374] Siehe hierzu bereits Abschnitt 3.1.3.1.1.3, Textabsatz um Fußnoten 226 bis 228 und Abschnitt 3.1.3.1.2.1 die Fälle unter i.

nach den für Dauerschuldverhältnisse geltenden Grundsätzen wie eine laufende Verzinsung dargestellt (Korrektur der Darstellung). Anders als bei den im voranstehenden Abschnitt zu Auf- und Abgeldern braucht es hier nur dann ein echtes Barwertkalkül, wenn der vereinfachenden Anwendung der Vorschriften des BewG gefolgt wird.

3.1.3.1.2.2.3.2 Technik

Beim Erwerber kommt es in den Fällen, in denen § 253 Abs. 2 HGB bzw. § 6 Abs. 1 Nr. 3a lit. e) Satz 1 EStG anzuwenden sind zwingend zur technischen Abbildung des Vorgangs nach der Nettomethode. Die Anschaffungskosten der Vermögensgegenstände und Wirtschaftsgüter richten sich nach dem Barwert der Verpflichtung. Die Verpflichtung wird mit ihrem nach Formel (2) oder (2a) zu ermittelnden Barwert angesetzt.

$$(3.2) \qquad BW = \sum_{t=0}^{T} \frac{A_t - E_t}{(1+i)^t} \qquad \text{bzw.} \quad (3.2a) \qquad BW = \sum_{t=0}^{T} \frac{A_t - E_t}{\prod_{t=0}^{T}(1+i_t)}$$

Im Zähler sind dabei die künftigen Auszahlungen für die Ratenzahlung bzw. den gestundeten Kaufpreis anzusetzen. Im Falle von Rentenverpflichtungen handelt es sich um die gegebenenfalls biometrisch geschätzten (mit einer Eintrittswahrscheinlichkeit multiplizierten), erwarteten Rentenzahlungen. Im Nenner wird der Kalkulationszinssatz durch § 253 Abs. 2 HGB bzw. § 6 Abs. 1 Nr. 3a lit. e) Satz 1 EStG bestimmt. Im Falle der Anschaffung mehrerer Vermögensgegenstände und Wirtschaftsgüter ist der berechnete Barwert der Gesamtkaufpreis, der noch auf diese aufgeteilt werden muss. Für die Folgebewertung der Vermögensgegenstände und Wirtschaftsgüter sind – unabhängig von der Wertentwicklung des Verpflichtungsbarwerts – die allgemeinen Regelungen zu planmäßigen und außerplanmäßigen Abschreibungen zu befolgen. Die späteren Rentenzahlungen haben nur Auswirkungen auf die Erfolgsrealisation und den Bestand der Verbindlichkeit. Sie werden in Zinsaufwand und Tilgung aufgeteilt. In Höhe des jeweils letzten Rückstellungsbestands (aktueller Barwert der Rentenverpflichtung) multipliziert mit dem Kalkulationszinssatz liegt Zinsaufwand vor. Durch Subtraktion des Zinsaufwands von der Ratenzahlung ergibt sich die Tilgung. Wird eine einzelne Rentenzahlung geleistet, wird daher per Rückstellung (Tilgung) und Zinsaufwand an Bank (Rentenzahlung) gebucht.[375]

---

[375] Zur Aufteilung der Rentenzahlung vgl. BFH v. 23.02.1984, IV R 128/81, BStBl. II 1984, 516 unter 2.b) der Gründe. Zum Ausweis in den Zinsen und ähnlichen Erträgen und Aufwendungen siehe § 277 Abs. 5 HGB. Die Auffassung des BMF v. 26.05.2005, IV B 2 – S

Beim Veräußerer und in den übrigen Fällen beim Erwerber kommt es zur Anwendung der Bruttomethode. Dort wird die Forderung oder Verbindlichkeit mit dem Nennwert bewertet. Der Barwert ist der bei vorsichtig objektivierter Betrachtung vorliegende Einmalkaufpreis für die erworbenen Vermögensgegenstände und Wirtschaftsgüter. Er bildet beim Erwerber die Anschaffungskosten dieser Vermögensgegenstände und Wirtschaftsgüter. Der Veräußerer benötigt die Einmalkaufpreise nur für die Realisation seiner Erlöse. Die veräußerten Vermögensgegenstände und Wirtschaftsgütern gehen im Zeitpunkt der Leistungserbringung aufwandswirksam mit ihrem Buchwert ab. Die Differenz zur Summe der Ratenzahlungen bzw. zum gestundeten Kaufpreis ist die feststellbare Verzinsung, die bei der Zugangsbewertung in den jeweiligen aktiven (Erwerber) oder passiven (Veräußerer) Rechnungsabgrenzungsposten eingestellt wird. Die Auflösung des Rechnungsabgrenzungspostens folgt der schon bei den Auf- und Abgeldern dargestellten Methode für Tilgungsdarlehen.[376] Die späteren Renten- bzw. Ratenzahlungen mindern in voller Höhe den Bestand der Forderung oder der Verpflichtung. Ein echtes Barwertkalkül ist für die Bewertung in diesen Fällen daher nicht notwendig. Eine Ausnahme hiervon besteht nur, sofern man der vereinfachenden, analogen Anwendung der Vorschriften des BewG folgt. Dann würde kein Marktpreis für die Vermögensgegenstände und Wirtschaftsgüter ermittelt, sondern der Barwert der Forderung oder Verpflichtung durch Abzinsung nach Formel (2) wie bei der Nettomethode berechnet. Die dort beschriebenen Konsequenzen gölten entsprechend.

3.1.3.1.2.2.4 Außerplanmäßige Abschreibungen und Teilwertabschreibungen

3.1.3.1.2.2.4.1 Nicht finanzielle VG/WG

Zweck

In der Folgebewertung der nicht finanziellen Vermögensgegenstände und Wirtschaftsgüter treten Barwertkalküle nur in den außerplanmäßigen Abschreibungen und den Teilwertabschreibungen auf. Zweck dieser Abschreibungen ist die Umsetzung des Realisations- bzw. des Imparitätsprinzips.[377] Bei Eintritt eines eine

---

2175 – 7/05, BStBl. I 2005, 699, Rz. 41 steht nicht zwingend in einem Widerspruch hierzu, denn sie zielt im Wesentlichen auf die Qualifikation des Zinsanteils für außerbilanzielle steuerliche Zwecke. Sie mag zu Beginn auch als innerbilanzielle Auslegungshilfe gedient haben, ist aber insoweit durch die spätere Einführung von § 277 Abs. 5 HGB mit dem BilMoG in 2009 überholt.

[376] Dargestellt in Abschnitt 3.1.3.1.2.2.1.2, sogenannte Zinsstaffelmethode.

[377] Zum Realisationsprinzip bei Schadenfällen siehe bereits Abschnitt 3.1.3.1.2.1, die Fälle unter ii.

Wertminderung anzeigenden Ereignisses muss im Fortführungszusammenhang ein Ersatzwert für den symbolisch durch die fortgeführten Anschaffungs- oder Herstellungskosten repräsentierten Wertbeitrag des einzelnen Vermögensgegenstands / Wirtschaftsguts zum Gesamtwert des Unternehmens ermittelt werden. Kann kein aus Objektivierungsgründen vorzugswürdiger Ersatzwert unmittelbar aus Marktpreisen abgeleitet werden, kann auch auf Bewertungsverfahren zurückgegriffen werden, die mit dem Barwertkalkül arbeiten.[378] Zweck der Barwertkalküle ist in diesem Zusammenhang die Schätzung eines hypothetischen Marktwertes. Die Schätzung erfolgt nach allgemeinen betriebswirtschaftlichen Grundsätzen, sodass die in Abschnitt 3.1.2 herausgearbeiteten Grundsätze gelten. Durch die Schätzung wird das gesetzliche Erfordernis der Abschreibung erst abbildbar (Herstellung der Darstellbarkeit).

Bei den nicht finanziellen Vermögensgegenständen und Wirtschaftsgütern kommt die außerplanmäßige Abschreibung auf einen niedrigeren Zukunftserfolgswert (Barwert) als beizulegender Wert oder Teilwert insbesondere bei Schutzrechten und ähnliche Rechten,[379] bei Geschäfts- oder Firmenwerten[380] sowie bei Immobilien in Betracht.[381] Damit sind typischerweise dem Anlagevermögen zuzuordnende Vermögensgegenstände und Wirtschaftsgüter betroffen. Kein Anwendungsfall sind geleistete Anzahlungen.[382] Auch für typisches Umlaufvermögen sind keine Zukunftserfolgswerte als beizulegende Werte oder Teilwerte ersichtlich. Weil die meisten immateriellen Vermögensgegenstände und Wirtschaftsgüter nur schwer bewertbar sind, ist der Anwendungsbereich der außerplanmäßigen Abschreibungen auf niedrigere Zukunftserfolgswerte tendenziell gering. In solchen Fällen ist

[378] Siehe bereits die Systematisierung der Anwendungsfälle in Abschnitt 3.1.3.1.2.1.

[379] Vgl. *IDW*, S 5, IDW-FN 2015, 447, Rn. 13 mit einer Kategorisierung der Rechte in technologiebasierte, künstlerische, kunden- und werbeorientierte sowie sonstige.

[380] Gem. § 246 Abs. 1 Satz 3 HGB gilt der Geschäfts- oder Firmenwert als zeitlich begrenzt nutzbarer Vermögensgegenstand, weshalb auf ihn auch § 253 Abs. 3 Satz 5 HGB und § 6 Abs. 1 Nr. 1 Satz 2 f. EStG angewendet werden können.

[381] Vgl. *Winnefeld*, Bilanz-Handbuch, 5. Aufl. 2015, E 1037, 1041; *Kulosa*, in: Schmidt, EStG, § 6 EStG, Rz. 275, 315, 322 (2022); *Hachmeister/Beyer/Hagemann et al.*, in: Anzinger/Oser/Schlotter, Rechnungslegung, § 253 HGB, Rz. 628, 630, 662 (2023). Die Finanzverwaltung nimmt in ihrem Anwendungsschreiben zur Teilwertabschreibung keine Stellung zu Barwertkalkülen bei nicht finanziellen Wirtschaftsgütern, vgl. BMF v. 02.09.2016, IV C 6 – S 2171-b/09/10002:002, BStBl. I 2016, 974.

[382] Sie bilden finanzielle Vorleistungen für schwebende Geschäfte ab, die bei der späteren Leistung der anderen Vertragspartei in Anschaffungskosten des erworbenen Vermögensgegenstands münden. Vgl. hierzu mit Bezug zum Barwertkalkül *Marx*, in: Hachmeister/Kahle/Mock et al., Bilanzrecht, § 253 HGB, Rz. 121 (2024).

die objektivierte Zuordenbarkeit einzelner Zahlungen zu diesen Vermögensgegenständen und Wirtschaftsgütern fraglich.[383] Ausgeschlossen ist sie aber nicht.

Soweit die voranstehend genannten Rechte und Immobilien als Anwendungsfälle in der handelsrechtlichen Literatur thematisiert werden, wird im Wesentlichen nur auf die dazu ergangene Standardsetzung des IDW[384] verwiesen. Darin erkennt das IDW zunächst den Zukunftserfolgswert als Wert in Abgrenzung zu Marktpreisen[385] und als Fortführungswert[386]. Die Wertermittlung soll nach dem Discounted Cash Flow Verfahren erfolgen, wie es bereits in Anhang 3 (elektronisches Zusatzmaterial) für Zwecke der Unternehmensbewertung nach IDW S 1 dargelegt ist.[387] Es handelt sich um die selbe auf Zahlungsströmen basierte Art von Kalkül, wie sie bereits in Abschnitt 3.1.2 untersucht wurde.[388] Die steuerrechtliche Literatur und Rechtsprechung verweist auf die Bewertungsverfahren der ImmoWertV, die nach §§ 6 Abs. 1 Satz 1, 27–34 ImmoWertV ebenfalls ein Ertragswertverfahren als Zukunftserfolgswertverfahren enthalten.[389]

Für den Geschäfts- oder Firmenwert gelten die voranstehenden Ausführungen entsprechend. Auf die Zukunftserfolgswertermittlung analog IDW S 1 wird

[383] Vgl. hierzu *Wohlgemuth/Radde*, in: Kirsch, Rechnungslegung, § 253 HGB, Rz. 352 f. (November 2014); *Thiele/Kahn/Moser et al.*, in: Baetge/Kirsch/Thiele, Bilanzrecht, § 253 HGB, Rz. 464 (November 2020), die zudem zutreffend darauf hinweisen, dass dies Anwendungsvoraussetzung des Bewertungsverfahrens ist. Die Literatur verweist darauf, dass sich ein Ertragswert für Patente oder Lizenzen nur ermitteln lässt, wenn die Mehrkosten einer alternativen Vorgehensweise ohne diese Rechte genau bestimmbar sind, vgl. etwa *Schubert/Schieler*, in: Grottel/Justenhoven/Kliem et al., BeBiKo, § 253 HGB, Rn. 308 (2024). Zu den aus objektivierungsgründen vorzugswürdigen Alternativen vor dem Zukunftserfolgswert siehe auch BFH v. 09.12.1983, III R 40/79, BStBl. II 1984, 193 unter I.3. (Vergleichstransaktionen) für immaterielle Wirtschaftsgüter; BFH v. 08.09.1994, IV R 16/94, BStBl. II 1995, 309 unter 2. der Gründe; BFH v. 21.09.2016, X R 58/14, BFH/NV 2017, 275, Rn. 29–33; jeweils für Grund und Boden (Vergleichstransaktionen und baurechtliche Wertermittlung); BFH v. 02.02.1990, III R 173/86, BStBl. II 1990, 497 unter I.2.c) für Gebäude (baurechtliche Wertermittlung, auch Vergleichstransaktionen, vgl. *Kulosa*, in: Schmidt, EStG, § 6 EStG, Rz. 275 (2022)).

[384] Angesprochen sind *IDW*, S 5, IDW-FN 2015, 447 und *IDW*, S 10, IDW-FN 2013, 503, letzterer mit leichten Modifikationen durch *IDW*, RS IFA 2, IDW-FN 2015, 381.

[385] Vgl. *IDW*, S 5, IDW-FN 2015, 447, Rn. 14–17 und *IDW*, S 10, IDW-FN 2013, 503, Rn. 7–10.

[386] Vgl. *IDW*, S 5, IDW-FN 2015, 447, Rn. 4.

[387] Vgl. *IDW*, S 5, IDW-FN 2015, 447, Rn. 22 f. und *IDW*, S 10, IDW-FN 2013, 503, Rn. 20 und 42.

[388] Vgl. zum Bezug auf Zahlungsströme auch *Wohlgemuth/Radde*, in: Kirsch, Rechnungslegung, § 253 HGB, Rz. 351–353 (November 2014).

[389] Siehe bereits die Quellenangaben in Fußnote 335 oben.

verwiesen.[390] Steuerrechtlich werden neben diesen grundsätzlich auch andere, vereinfachende Ermittlungsmethoden für Zukunftserfolgswerte für zulässig erachtet.[391] Alle dieser Verfahren greifen aber auf das Barwertkalkül zurück, weshalb auch hier die voranstehenden Grundsätze entsprechend gelten.[392] Darüber hinaus bestehen für die Ermittlung des Firmenwerts einige zu berücksichtigende Besonderheiten. Da der Firmenwert nur den Teil des Zukunftserfolgswerts abbildet, der nicht auf die einzelnen Vermögensgegenstände und Schulden entfällt, kann für die Überprüfung der Werthaltigkeit des gegenwärtig bilanzierten Firmenwerts nur die Differenz des Zukunftserfolgswerts zum Reinvermögen herangezogen werden.[393] Daneben kann der derivative Firmenwert nur dann in Einzelabschlüssen angesetzt werden, wenn das erworbene Unternehmen per Asset Deal angeschafft worden ist. Er kann demnach auch Synergieeffekte mit dem zuvor schon vorhandenen Unternehmensteil enthalten. In diesen Fällen sind – wie schon für die Kaufpreisfindung – mehrere Zukunftserfolgswertermittlungen notwendig, denn es dürfen nur

---

[390] Zur Verwendung eines Zukunftserfolgswerts (dort: Ertragswert) als beizulegender Wert vgl. *Hachmeister/Beyer/Hagemann et al.*, in: Anzinger/Oser/Schlotter, Rechnungslegung, § 253 HGB, Rz. 660–663 (2023). Ähnlich auch *IDW*, RS HFA 10, IDW-FN 2013, 62, Rn. 3.

[391] Die in der Rechtsprechung aufgegriffene direkte Methode, indirekte Methode und Mittelwertmethode stellen grundsätzlich nur unterschiedliche Berechnungsreihenfolgen für Zukunftserfolgswerte, teilweise gepaart mit eigenen Vereinfachungen dar. Zu diesen vgl. BFH v. 28.10.1976, IV R 76/72, BStBl. II 1977, 73 unter 2. bis 4. der Gründe; BFH v. 08.12.1976, I R 215/73, BStBl. II 1977, 409 unter II.A).2.; BFH v. 17.03.1977, IV R 218/72, BStBl. II 1977, 595 unter II.; BFH v. 24.04.1980, IV R 61/77, BStBl. II 1980, 690 unter 3.a). Vgl. auch erläuternd *Kulosa*, in: Schmidt, EStG, § 6 EStG, Rz. 316 (2022).

[392] Der Vollständigkeit halber sei angemerkt, dass die Rechtsprechung aus Objektivierungsgründen für eine Teilwertabschreibung zusätzlich zur Berechnung des niedrigeren Zukunftserfolgswerts zurecht auch den Nachweis einer Fehlannahme zum Zeitpunkt des Erwerbs oder den Nachweis nachhaltig fehlerhafter Planwerte, z. B. anhaltende Verluste, erfordert. Vgl. hierzu BFH v. 28.10.1976, IV R 76/72, BStBl. II 1977, 73 unter 3.; BFH v. 17.03.1977, IV R 218/72, BStBl. II 1977, 595 unter II.; BFH v. 29.07.1982, IV R 49/78, BStBl. II 1982, 650 unter 3.a); BFH v. 13.04.1983, I R 63/79, BStBl. II 1983, 667 unter II.1.; BFH v. 13.03.1991, I R 83/89, BStBl. II 1991, 595 unter II.2.b).cc). Deren Bekanntwerden entspricht dem voranstehend dargelegten Erfordernis eines die Wertminderung indizierenden Ereignisses. Wegen der Gleichartigkeit der Objektivierungsanforderungen ist kein Grund ersichtlich, warum die Nachweisanforderungen nicht auch handelsrechtlich gelten sollten.

[393] Vgl. *Hachmeister/Beyer/Hagemann et al.*, in: Anzinger/Oser/Schlotter, Rechnungslegung, § 253 HGB, Rz. 662 (2023) zur Frage, welches Reinvermögen gegenübergestellt werden soll sowie zu möglichen Vereinfachungsansätzen. Die Methode, mit der die Werthaltigkeit geprüft wird, darf keine nach dem Erwerb neu hinzugetretenen Ertragswertbestandteile aktiviert lassen. Zur diesbezüglichen steuerlichen Situation, die an die handelsrechtliche angeglichen ist, vgl. *Schubert/Schieler*, in: Grottel/Justenhoven/Kliem et al., BeBiKo, § 253 HGB, Rn. 395 (2024).

die Erfolge des erworbenen Unternehmensteils und die durch dessen Aufnahme entstandenen Synergieeffekte im Firmenwert enthalten sein, nicht aber die Erfolge des bisher vorhandenen Unternehmensteils. Vom Zukunftserfolgswert für das neue Gesamtunternehmen muss deswegen der Zukunftserfolgswert des bisher vorhandenen Unternehmensteils abgezogen werden. Anderenfalls würde der ursprünglich derivative Firmenwert in einen originären übergehen, für den ein Ansatzverbot besteht (§ 246 Abs. 1 Satz 4 HGB, § 5 Abs. 1 Satz 1 EStG).[394] Ist eine Aufteilung nicht möglich,[395] hat die Abschreibung handelsrechtlich auf den niedrigeren beizulegenden Wert des gesamten Unternehmens zu erfolgen. Steuerrechtlich besteht hierfür ein Wahlrecht (§ 6 Abs. 1 Nr. 1 Satz 2 EStG).

In allen Fällen außerplanmäßiger Abschreibungen ist eine Wertaufholung bei Wegfall der Gründe für die Wertminderung vorzunehmen (§ 253 Abs. 5 Satz 1 HGB, § 6 Abs. 1 Nr. 1 Satz 4, Nr. 2 Satz 3 EStG). Ausgenommen hiervon ist nur der Geschäfts- oder Firmenwert. Für diesen besteht handelsrechtlich ein Wertaufholungsverbot (§ 253 Abs. 5 Satz 2 HGB), welches dazu dient, zu verhindern, dass ein ursprünglicher derivativer Firmenwert durch einen später geschaffenen originären Firmenwert ersetzt wird.[396] Dieser Gedanke ist auch steuerrechtlich zu befolgen. Kann steuerrechtlich nach einer Teilwertabschreibung kein Nachweis für eine Wertaufholung nur des derivativen Teils des Firmenwerts geführt werden, ist wegen der Maßgeblichkeit des handelsrechtlichen Ansatzverbots eines originären Firmenwerts bzw. § 5 Abs. 2 EStG die Wertaufholung ausgeschlossen.[397] Um eine Wertaufholung prüfen zu können, muss die für die Wertminderung vorgenommene Wertermittlung des jeweiligen als beizulegender Wert oder Teilwert herangezogenen Ersatzwerts erneut vorgenommen werden, nun allerdings zum aktuellen Stichtag.

[394] Ähnlich BT-Drs. 344/08, 124. Die Überlegungen zur außerplanmäßigen Abschreibung von Beteiligungen gelten hier entsprechend. Zu diesen vgl. *Deubert/Lewe*, Beteiligungsbewertung, BB 2019, 2155 f. Der BFH hat in seiner frühen Rechtsprechung keine Notwendigkeit für eine Trennung der bisherigen und neu erworbenen Unternehmensteile gesehen. Zur zutreffenden späteren Aufgabe dieser sogenannten Einheitstheorie vgl. BFH v. 28.05.1998, IV R 48/97, BStBl. II 1998, 775 unter 1.b) der Gründe; BFH v. 20.11.2006, VIII R 47/05, BStBl. II 2008, 69 unter II.3.a).dd) m. w. N.

[395] Wegen regelmäßiger Aufteilungsschwierigkeiten vertritt ein Teil der Literatur aus praktischen Gründen weiterhin die Befolgung der Einheitstheorie, vgl. etwa *Kulosa*, in: Schmidt, EStG, § 6 EStG, Rz. 313 (2020); *Hachmeister/Beyer/Hagemann et al.*, in: Anzinger/Oser/Schlotter, Rechnungslegung, § 253 HGB, Rz. 663 (2023), selbst zwar dagegen, aber m. w. N.

[396] Vgl. BT-Drs. 344/08, 124.

[397] Vgl. *Velte*, Abnutzbarkeit, 2008, 280, 281–284; *Herzig/Briesemeister*, BilMoG-RegE, Ubg 2009, 157, 164; *Herzig/Briesemeister*, Konsequenzen, DB 2009, 976, 978 f.; *Justenhoven/Buchholz*, in: Grottel/Justenhoven/Kliem et al., BeBiKo, § 253 HGB, Rn. 671 (2024).

Auch das Eintreten eines weiteren Ereignisses, das eine Wertänderung indiziert und zur Heranziehung eines ganz anderen Ersatzwerts als bisher führt, muss überprüft werden.[398] Die Entscheidung für eine außerplanmäßige Abschreibung ist daher auch mit Ermittlungs- und Dokumentationsaufwand[399] in den Folgeperioden verbunden. Wird dies nicht getan, kann aus Objektivierungsgründen sowohl handels- als auch steuerrechtlich nicht mehr vom niedrigeren Wert ausgegangen werden.[400] Wird eine Wertaufholung notwendig, ist sie bis zum niedrigeren Wert aus den fortgeführten Anschaffungs- oder Herstellungskosten einerseits oder dem beizulegenden Wert andererseits vorzunehmen.[401]

Technik

Für die Ermittlung des Barwerts gelten die Formeln (3.2) bzw. (3.2a).

$$(3.2) \quad BW = \sum_{t=0}^{T} \frac{A_t - E_t}{(1+i)^t} \quad \text{bzw.} \quad (3.2a) \quad BW = \sum_{t=0}^{T} \frac{A_t - E_t}{\prod_{t=0}^{T}(1+i_t)}$$

Im Nenner hält das IDW den WACC für die bestmögliche Wahl des Kalkulationszinssatzes, zu dessen Ermittlung das CAPM angewendet werden kann und der auch Risikozuschläge berücksichtigen darf.[402] Die diesbezügliche, in Abschnitt 3.1.2 geübte Kritik gilt hier entsprechend.[403] Ähnlich wie beim CAPM beruhen auch die bei der Immobilienbewertung verwendeten Liegenschaftszinssätze auf der Ableitung einer Rendite aus Marktdaten (§ 21 Abs. 2 ImmoWertV). Die zum CAPM geäußerte Kritik gilt daher bei diesen entsprechend.

---

[398] Vgl. *Hachmeister/Beyer/Hagemann et al.*, in: Anzinger/Oser/Schlotter, Rechnungslegung, § 253 HGB, Rz. 816 (2023).

[399] Vgl. *Winnefeld*, Bilanz-Handbuch, 5. Aufl. 2015, E 1046; *Hachmeister/Beyer/Hagemann et al.*, in: Anzinger/Oser/Schlotter, Rechnungslegung, § 253 HGB, Rz. 815, 816 (2023).

[400] Ähnlich *Hachmeister/Beyer/Hagemann et al.*, in: Anzinger/Oser/Schlotter, Rechnungslegung, § 253 HGB, Rz. 815 (2023). Steuerrechtlich ausdrücklich § 6 Abs. 1 Nr. 1 Satz 4, Nr. 2 Satz 3 EStG.

[401] Vgl. *Hachmeister/Beyer/Hagemann et al.*, in: Anzinger/Oser/Schlotter, Rechnungslegung, § 253 HGB, Rz. 819 f. (2023)

[402] Vgl. *IDW*, S 1, IDW-FN 2008, 271, Rn. 89, 92; *IDW*, S 5, IDW-FN 2015, 447, Rn. 27, 41, 43 und *IDW*, S 10, IDW-FN 2013, 503, Rn. 46 und 64 f. *IDW*, S 10, IDW-FN 2013, 503, Rn. 64 f. verweisen auch auf einen internen Zinsfuß, der aus einer Vergleichstransaktion errechnet werden soll, sofern keine Marktdaten zur Berechnung des WACC vorliegen.

[403] Siehe die Ausführungen in den Textabsätzen um Fußnoten 78 bis 85 in Abschnitt 3.1.2.3.1.1.2.

Im Zähler stehen nur die zu erwartenden Ein- und Auszahlungen für das Bewertungsobjekt. Als Barwert ergibt sich dann der Betrag, auf den die fortgeführten Anschaffungs- oder Herstellungskosten außerplanmäßig abgeschrieben werden können. Bringt man auch die fortgeführten Anschaffungs- oder Herstellungskosten im Barwertkalkül als „Anfangsauszahlung" der aktuellen Periode ($t = 0$) zum Abzug, erhält man den Betrag, um den der bisherige Wertansatz abgeschrieben werden kann, nicht auf den abgeschrieben werden kann. Sicherheitsäquivalente für die Zahlungen im Zähler, die voranstehend für tauglich befunden wurden, um die Unsicherheit im Kalkül zu berücksichtigen, sieht das IDW als zulässig an.[404]

3.1.3.1.2.2.4.2 Finanzielle VG/WG – Anteile und Beteiligungen

Auch bei der Folgebewertung der Anteile und Beteiligungen als finanzielle Vermögensgegenstände und Wirtschaftsgüter treten Barwertkalküle nur in den – die Umsetzung des Realisations- bzw. des Imparitätsprinzips konturierenden – außerplanmäßigen Abschreibungen und den Teilwertabschreibungen auf. Zweck der Barwertkalküle ist daher auch hier die Schätzung eines hypothetischen Marktwertes als Ersatzwert für die fortgeführten Anschaffungs- oder Herstellungskosten, wenn kein – aus Objektivierungsgründen vorzugswürdiger – Wert unmittelbar aus Marktpreisen abgeleitet werden kann. Die Schätzung erfolgt nach allgemeinen betriebswirtschaftlichen Grundsätzen, sodass die in Abschnitt 3.1.2 herausgearbeiteten Grundsätze gelten. Durch die Schätzung wird das gesetzliche Erfordernis der Abschreibung erst abbildbar (Herstellung der Darstellbarkeit). Für die technischen Ausführungen wird auf die Darstellung bei den nicht finanziellen Vermögensgegenständen und Wirtschaftsgütern verwiesen.

Für die Anteile und Beteiligungen als finanzielle Vermögensgegenstände kommt ebenfalls eine außerplanmäßige Abschreibung auf einen niedrigeren Zukunftserfolgswert als beizulegender Wert oder Teilwert in Betracht.[405] Unerheblich ist, ob sie zum Anlage- oder zum Umlaufvermögen gehören.[406]

---

[404] Vgl. . *IDW*, S 1, IDW-FN 2008, 271, Rn. 89; *IDW*, S 5, IDW-FN 2015, 447, Rn. 27 und *IDW*, S 10, IDW-FN 2013, 503, Rn. 46.

[405] Vgl. *Küting*, Wertminderungen, DB 2005, 1121, 1124 f.; *Deubert/Lewe*, Beteiligungsbewertung, BB 2019, 2155; *Hachmeister/Glaser*, in: Schulze-Osterloh/Hennrichs/Wüstemann, HdJ, Abt. II/4, Rz. 321–330 (Juni 2022); *Hachmeister/Beyer/Hagemann et al.*, in: Anzinger/Oser/Schlotter, Rechnungslegung, § 253 HGB, Rz. 688–700 (2023); *Tiedchen*, in: Henssler/Dicken/Fehrenbacher et al., BeckOGK BilR, § 253 HGB, Rn. 163 (September 2023); *Ballwieser*, in: Drescher/Ebke/Fleischer et al., MüKoHGB, § 253 HGB, Rn. 51 (2024).

[406] Unterschiede bei der Zukunftserfolgswertermittlung können sich aber in Abhängigkeit des Vorliegens einer Veräußerungsabsicht ergeben, vgl. *Winnefeld*, Bilanz-Handbuch, 5. Aufl. 2015, M 676.

Soweit diese Fälle in der handelsrechtlichen Literatur thematisiert werden, wird im Wesentlichen nur auf die dazu ergangene Standardsetzung des IDW RS HFA 10 bzw. IDW S1 verwiesen.[407] Es gelten die bereits voranstehenden Ausführungen zu den Geschäfts- oder Firmenwerten entsprechend ((Fortführungs-) Wert statt Marktpreis, Ermittlung mit Discounted Cash Flow Verfahren).[408] Ein Unterschied besteht nur insoweit, als der Geschäfts- oder Firmenwert nur die Differenz zum Reinvermögen der bilanzierenden Unternehmung abbildet. Im hiesigen Fall geht es aber um den Unternehmenswert der Gesellschaft, an der die Anteile bzw. die Beteiligungen gehalten werden. Eine Differenzbildung ist daher nicht notwendig.

Soweit diese Fälle in der steuerrechtlichen Literatur thematisiert werden, wird für Zwecke der Teilwertabschreibungen entweder auf die nach dem Handelsrecht zulässigen Bewertungsverfahren oder auf die auch bei Firmenwerten zulässigen, vereinfachenden Verfahren verwiesen, für die hinsichtlich des Barwertkalküls sachlich kein Unterschied besteht.[409] Steuerrechtlich besteht aber insoweit ein Unterschied zur Handelsbilanz, als Anteile an Personengesellschaften transparent besteuert werden müssen und bilanziell daher nach der Spiegelbildmethode den ideellen Anteil des Gesellschafters an den Wirtschaftsgütern und Schulden der Gesellschaft abbilden. Die Personengesellschaftsbeteiligung ist keiner Teilwertabschreibung zugänglich.[410] Handelsrechtlich wird nicht zwischen Personen- und Kapitalgesellschaftsanteilen unterschieden.

Schließlich gelten hier auch für die Wertaufholung deckungsgleich die zu den nicht finanziellen Vermögensgegenständen und Wirtschaftsgütern gemachten Ausführungen mit Ausnahme der Wertaufholungsverbote speziell für den Geschäfts- oder Firmenwert.

---

[407] Siehe *IDW*, RS HFA 10, IDW-FN 2013, 62; *IDW*, S 1, IDW-FN 2008, 271.

[408] Vgl. *IDW*, RS HFA 10, IDW-FN 2013, 62, Rn. 3 f. Siehe auch Anhang 3 im elektronischen Zusatzmaterial für Unternehmensbewertung nach IDW S 1.

[409] Vgl. etwa *Kulosa*, in: Schmidt, EStG, § 6 EStG, Rz. 280 (2022). Die Finanzverwaltung thematisiert in ihrem Schreiben zur Teilwertabschreibung nur die Fälle der aus Objektivierungsgründen vorzugswürdigen alternativen Werte aus Marktpreisen, vgl. BMF v. 02.09.2016, IV C 6 – S 2171-b/09/10002:002, BStBl. I 2016, 974, Rn. 17–20c, 24–26.

[410] Vgl. etwa *Winnefeld*, Bilanz-Handbuch, 5. Aufl. 2015, E 1311; *Hachmeister/Glaser*, in: Schulze-Osterloh/Hennrichs/Wüstemann, HdJ, Abt. II/4, Rz. 336 (Juni 2022); *Kulosa*, in: Schmidt, EStG, § 6 EStG, Rz. 232 (2022). Kritisch *Gabert-Pipersberg*, in: H/H/R, EStG/KStG, § 6 EStG, Anm. 440–444 (November 2024).

3.1.3.1.2.2.4.3 Finanzielle VG/WG – Ausleihungen und Forderungen

Zweck

Schließlich können Barwertkalküle auch in der Folgebewertung der Ausleihungen und Forderungen als finanzielle Vermögensgegenstände und Wirtschaftsgüter nur in den – die Umsetzung des Realisations- bzw. des Imparitätsprinzips konturierenden – außerplanmäßigen Abschreibungen und den Teilwertabschreibungen vorkommen. Zweck der Barwertkalküle ist auch hier die Schätzung eines hypothetischen Marktwertes unter Rückgriff auf allgemeine betriebswirtschaftliche Grundsätze, da kein – aus Objektivierungsgründen vorzugswürdiger – Wert unmittelbar aus Marktpreisen abgeleitet werden kann. Es gelten die Ausführungen des Abschnitts 3.1.2. Die Konturierung der Leitprinzipien ist hier aber differenzierter.

Bei außerplanmäßigen Abschreibungen auf Forderungen thematisiert die Literatur Pauschalwertberichtigungen (nur Umlaufvermögen) und Einzelwertberichtigungen (Anlage- und Umlaufvermögen). Einzelwertberichtigungen werden wiederum bei Börsennotierung wegen gesunkener Börsenkurse, ohne Börsennotierung wegen verminderter Zahlungsfähigkeit des Schuldners und schließlich auch bei Unverzinslichkeit oder Unterverzinslichkeit der Forderung erörtert.[411] Bis auf Abschreibungen wegen Unverzinslichkeit oder Unterverzinslichkeit sind die voranstehend genannten Anwendungsfälle außerplanmäßiger Abschreibungen für den hiesigen Untersuchungsgegenstand uninteressant, da sie kein Barwertkalkül enthalten. Da auch Forderungen aus börsengehandelten Wertpapieren unter-/unverzinslich sein können, ist der aus Objektivierungsgründen vorzugswürdige Marktpreis der Börsenkurs. Ansonsten steht die Unter-/Unverzinslichkeit von Forderungen sachlich gleichrangig neben der verminderten Zahlungsfähigkeit des Schuldners als Abschreibungsgrund.

Steuerrechtlich muss die für eine Teilwertabschreibung erforderliche Wertminderung gem. § 6 Abs. 1 Nr. 1 Sätze 2–4 und Nr. 2 Satz 2 f. EStG voraussichtlich dauernd sein. Nach der aktuellen Rechtsprechung des BFH[412] kann sich keine voraussichtlich dauernde Wertminderung ergeben, solange davon auszugehen ist, dass der Nominalbetrag (Nennwert) der Forderungen vollständig zurückerlangt wird.[413]

[411] Vgl. etwa *Kulosa*, in: Schmidt, EStG, § 6 EStG, Rz. 291–310 (2022).

[412] Es sei darauf hingewiesen, dass ältere Rechtsprechung des BFH zu Teilwertabschreibungen auf Forderungen mit und ohne Zinsanteil durch die Einführung des gesetzlichen Erfordernisses der voraussichtlichen Dauerhaftigkeit obsolet geworden ist.

[413] Vgl. BFH v. 08.06.2011, I R 98/10, BStBl. II 2012, 716, Rn. 13–15; BFH v. 24.10.2012, I R 43/11, BStBl. II 2013, 162, Rn. 16; BFH v. 24.07.2013, IV R 30/10, BFH/NV 2014, 304, Rn. 20–22, wobei der vierte Senat in Rn. 18 die Rechtsprechung zur älteren Rechtslage anders aufgefasst zu haben scheint; BFH v. 18.04.2018, I R 37/16, BStBl. II 2019, 73, Rn. 14 f. Nicht in die dargestellten Rechtsprechungsgrundsätze passt die Entscheidung des

Teilwertabschreibungen auf Forderungen sind daher nur zulässig bei verminderter Zahlungsfähigkeit des Schuldners. Nicht ausdrücklich erläutert wird, ob in diesen Fällen auf den Barwert abzuschreiben sein soll. Zentrales Argument der aktuellen Rechtsprechung zur steuerlichen Teilwertabschreibung ist die Unbeachtlichkeit von Marktschwankungen, sofern die Wiedererlangung des Nennwerts gesichert ist. Das Recht auf letzteres ist dauernd, Marktschwankungen von Kursen (sofern sie nicht auf mangelnder Zahlungsfähigkeit des Schuldners beruhen) oder dem Zinsniveau seien vorübergehend.[414] Da eine Abzinsung auf einen Marktzinssatz (oder eine gesetzliche Typisierung von Marktzinssätzen) zurückgreift, würde die Abzinsung zur Berücksichtigung nicht dauerhaft wertmindernder Marktschwankungen führen.[415] Es ist daher wohl davon auszugehen, dass insoweit mangels dauerhafter

---

BFH v. 28.11.2018, I R 56/16, BStBl. II 2020, 104. Dort ging es die bilanzielle Behandlung der nach § 37 Abs. 5 KStG gestundeten und ausdrücklich unverzinslichen Erstattung von Körperschaftsteuerguthaben i. S. v. § 37 Abs. 1 KStG. Mit den hiesigen Grundsätzen ist die Entscheidung gar nicht vereinbar, da der Nennbetrag der Forderung sicher und der Staat als Schuldner in aller Regel zahlungsfähig ist. Auch eine Weiteranwendung der Rechtsprechungslinie zur älteren Rechtslage für Teilwertabschreibungen passt nicht richtig. Es handelt sich zwar um einen Spezialfall, aber auch den bisherigen Grundsätzen wird inhaltlich ausdrücklich widersprochen, vgl. Fußnote 434.

[414] Vgl. BFH v. 08.06.2011, I R 98/10, BStBl. II 2012, 716, Rn. 16; BFH v. 24.10.2012, I R 43/11, BStBl. II 2013, 162, Rn. 16.

[415] Der BFH scheint dies anders zu sehen. In BFH v. 24.10.2012, I R 43/11, BStBl. II 2013, 162, geht es um unverzinsliche Darlehensforderungen. Deren Teilwert (= Barwert, Rn. 12) sei bis zur Fälligkeit berechenbar, verlaufe linear und betrage bei Fälligkeit wieder den Nennwert der Forderung. Die Wertminderung vor Fälligkeit sei deswegen nur vorübergehend. Dies beruhe gerade nicht auf Veränderungen des allgemeinen Marktgeschehens.

Der geäußerte Gedanke ist aber zirkulär. Um den Barwert berechnen zu können, muss ein Kalkulationszinssatz bekannt sein, der nach dem derzeitigen Kenntnisstand der Rechtsprechung nur aus einem Vergleich mit dem Marktgeschehen kommen kann. Auch fixe gesetzliche Zinssätze typisieren Marktzinssätze (siehe Grundlegung). Ausschlaggebend ist also dennoch das Marktgeschehen. Dass der Anstieg des Barwerts berechenbar ist, ist Folge davon, dass zu Beginn ein solcher Kalkulationszinssatz gewählt worden ist. Der Verlauf des Anstiegs ergibt sich aus getroffenen Annahmen zur Höhe des Kalkulationszinssatzes. Auch in dem Fall, dass der BFH Bewertungsmodelle für Wertpapiere vor Augen hatte, bei denen sich bekanntermaßen die Werte der Termingeschäfte den Werten der Kassageschäfte annähern, je näher erstere dem Zeitpunkt letzterer kommen, geht es um das Marktgeschehen, denn die Bewertungsmodelle sind Modelle zur Bildung von Marktpreisen und funktionieren technisch nach dem voranstehend beschriebenen Schema.

Wertminderung nicht auf einen Barwert abgeschrieben werden darf. Eine Differenzierung zwischen Anlage- und Umlaufvermögen ist steuerrechtlich wegen gleicher Ausgestaltung des Tatbestands nicht notwendig.[416]

Handelsrechtlich ist zwischen Anlagevermögen und Umlaufvermögen zu differenzieren. Im Anlagevermögen darf ebenfalls nur bei voraussichtlich dauernder Wertminderung außerplanmäßig abgeschrieben werden (§ 253 Abs. 3 Satz 5 HGB). Dort muss daher grundsätzlich Gleiches gelten wie für die steuerliche Teilwertabschreibung. Für das hier gegenständliche Finanzanlagevermögen darf aber ausnahmsweise auch bei nur vorübergehender Wertminderung außerplanmäßig abgeschrieben werden (§ 253 Abs. 3 Satz 6 HGB). Da Marktzinsänderungen zu solchen vorübergehenden Minderungen des beizulegenden Werts führen, sind außerplanmäßige Abschreibungen nach Ansicht des BFH für diese zulässig.[417] Die Abschreibung kann auf den Barwert der Forderung vorgenommen werden.[418] Die Literatur zum Handelsrecht kommt grundsätzlich zu gleichen Ergebnissen (zulässige Abschreibung auf den Barwert), weicht aber in der Herleitung teilweise von der Rechtsauffassung des BFH ab.[419]

---

[416] Vgl. BFH v. 18.04.2018, I R 37/16, BStBl. II 2019, 73, Rn. 15, demzufolge die mit der Zuordnung zum Umlaufvermögen verbundene frühzeitige Veräußerungsabsicht nicht erheblich ist, weil ein nachteiliges Geschäft nicht eingegangen werden muss, sondern auch bis zur Fälligkeit des sicheren Nennbetrags abgewartet werden kann.

[417] Vgl. BFH v. 08.06.2011, I R 98/10, BStBl. II 2012, 716, Rn. 16.

[418] Auch hier ist die ältere Rechtsprechung des BFH durch die geänderte Differenzierung des Gesetzes nach voraussichtlich dauerhaften und nicht dauerhaften Wertminderungen überholt. Zur Gesetzesänderung siehe § 253 Abs. 3 Satz 5 HGB im Vergleich zu § 253 Abs. 2 Satz 3 HGB 1987 (BiRiLiG) bzw. § 154 Abs. 2 Satz 1 AktG 1965. Anderenfalls würden im Übrigen faktisch keine Anwendungsfälle für eine außerplanmäßige Abschreibung aufgrund von Schwankungen des Zinsniveaus verbleiben, die der BFH in seiner aktuellen Rechtsprechung aber gerade für zulässig hält. Vgl. die Ausführungen und zitierte Rechtsprechung in Fußnote 414, auch zum möglicherweise abweichenden Verständnis des vierten Senats des BFH. Zur bisherigen Rechtsprechung vgl. Abschnitt 3.1.3.1.2.2.4.3, Textabsätze um Fußnoten 425 bis 434.

[419] Übereinstimmend etwa *Hachmeister/Beyer/Hagemann et al.*, in: Anzinger/Oser/Schlotter, Rechnungslegung, § 253 HGB, Rz. 643, 704, 710 und 714 (2023); *Schubert/Schieler*, in: Grottel/Justenhoven/Kliem et al., BeBiKo, § 253 HGB, Rn. 352 (2024). Abweichend etwa *Hachmeister/Beyer/Hagemann et al.*, in: Anzinger/Oser/Schlotter, Rechnungslegung, § 253 HGB, Rz. 668 (2023), aber in sich widersprüchlich, da sie im ersten Absatz Wertänderungen aufgrund von Marktzinsänderungen als vorübergehend deklarieren, im zweiten Absatz aber Barwertminderungen als stets dauerhaft einordnen, sowie Rz. 711–713 mit Weiteranwendung der Rechtsprechung zur älteren Rechtslage.

Im Umlaufvermögen weist der handelsrechtliche Grundtatbestand keine Anknüpfungen an die Dauerhaftigkeit der Wertminderung auf.[420] Hier lassen sich die folgenden Überlegungen anstellen:

- Der Normwortlaut in § 253 Abs. 4 Satz 2 HGB lässt offen, wann einem Vermögensgegenstand ein niedrigerer Wert als die fortgeführten Anschaffungs- oder Herstellungskosten beizulegen ist und welcher Wert beizulegen ist. Für beides ist wegen des Fortführungsgrundsatzes eine Orientierung am Verwendungszweck erforderlich, der einem Vermögensgegenstand zugedacht ist. Vermögensgegenstände des Umlaufvermögens sind solche, die nicht dauernd dem Betrieb dienen sollen (§ 247 Abs. 2 HGB im Umkehrschluss). Dieser Dienst kann bei Forderungen sowohl im Halten bis zur Endfälligkeit als auch in einer Veräußerung bestehen.[421]
- Der beizulegende Wert ist daher entweder ein Haltewert oder ein Veräußerungswert. Sie müssen sich wegen des Grundsatzes der Pagatorik in einer Zahlung konkretisieren können. Haltewert ist daher der zu erwartende Rückzahlungsbetrag aus der Forderung, Veräußerungswert ein am Markt erzielbarer Veräußerungspreis.

---

[420] § 253 Abs. 4 HGB ist unverändert im Vergleich zu § 253 Abs. 3 Sätze 1 und 2 HGB 1985 (BiRiLiG).

[421] Vgl. *Schubert/Hargarten*, in: Grottel/Justenhoven/Kliem et al., BeBiKo, § 247 HGB, Rn. 253, 256 f. (2024); BFH v. 18.04.2018, I R 37/16, BStBl. II 2019, 73, Rn. 15; *Hachmeister/Beyer/Hagemann et al.*, in: Anzinger/Oser/Schlotter, Rechnungslegung, § 253 HGB, Rz. 710 (2023). Die beiden Alternativen können als allgemeine betriebswirtschaftliche Überlegungen auch den meisten gängigen Lehrbüchern zur Finanzwirtschaft der Unternehmungen entnommen werden. Eine typisierte Annahme einer Veräußerung besteht nicht. § 253 Abs. 4 HGB äußert sich hierzu nicht. § 247 Abs. 2 HGB bestimmt nur, dass diejenigen Vermögensgegenstände das Anlagevermögen bilden, die dazu bestimmt sind, dauernd dem Geschäftsbetrieb zu dienen. Umlaufvermögen besteht im Umkehrschluss aus denjenigen Vermögensgegenständen, die nicht dauernd dem Geschäftsbetrieb dienen, vgl. *Schubert/Hargarten*, in: Grottel/Justenhoven/Kliem et al., BeBiKo, § 247 HGB, Rn. 253, 256 f. (2024). Dass der vergleichsweise kurzfristige Dienst im Geschäftsbetrieb durch Veräußerung beendet wird, ist dadurch nicht festgelegt. Gerade bei Forderungen als Finanztitel ohne verbriefte Mitgliedschaftsrechte besteht stets die Möglichkeit, das Engagement entweder durch Halten bis zum Ablauf der vereinbarten Laufzeit oder durch Veräußerung zu beenden. Der Dienst von Forderungen des Umlaufvermögens für den Geschäftsbetrieb besteht regelmäßig darin, vergleichsweise kurzfristig in Geld umgeschlagen zu werden. Dies kann in der Regel sowohl durch Veräußerung als auch durch Halten bis zur Endfälligkeit bewirkt werden. Dadurch löst sich auch vorgebrachte Kritik an der Eignung von Zukunftserfolgswerten als niedrigerer beizulegender Wert für Umlaufvermögen auf. Mit solcher vgl. *Thiele/Kahn/Moser et al.*, in: Baetge/Kirsch/Thiele, Bilanzrecht, § 253 HGB, Rz. 522 (November 2020).

- Der Zeitpunkt der Entstehung der Wertminderung ist nach dem Imparitätsprinzip derjenige, zu dem sich die Wertminderung bereits abzeichnet. Der Eintritt der Wertminderung muss wahrscheinlicher sein als der Nichteintritt.[422]

Aus den Überlegungen folgen zwei Fälle.

- Ist ein Halten der Forderung beabsichtigt, kann keine Abschreibung auf den niedrigeren Barwert vorgenommen werden. Der Rückzahlungsbetrag ist vertraglich vereinbart und steht fest. Wahrscheinlich ist, dass er am Ende der Haltedauer zurückerlangt wird. Unwahrscheinlich ist, dass nur ein niedrigerer Barwert vereinnahmt wird. Dies gilt auch bei verringerter Zahlungsfähigkeit des Schuldners. Gleiches gilt zudem auch bei ursprünglich beabsichtigter Veräußerung der Forderung, wenn kein Zwang zur Veräußerung besteht. Ist der Barwert niedriger, kann schlicht auf die Vereinnahmung des höheren Rückzahlungsbetrags gewartet werden. Das Eingehen eines nachteiligen Geschäfts ohne Zwang ist unwahrscheinlich.[423] Würde in diesen Fällen eine Abschreibung auf den Barwert vorgenommen, würden Aufwendungen erfasst, die keine Reduktion des Ertragswerts der gesamten Unternehmung widerspiegeln.
- Ist die Veräußerung der Forderung wahrscheinlich, zum Beispiel weil sie von vornherein ernsthaft beabsichtigt war und zur Schaffung von Liquidität ausnahmsweise doch zwingend durchgeführt werden muss oder weil eine großflächig angelegte Restrukturierung der Anlagestruktur in Finanztiteln absehbar ist, wäre eine Abschreibung auf den Barwert denkbar.

Bei der Folgebewertung der Forderungen des handelsrechtlichen Umlaufvermögens nicht weitergelten kann die BFH-Rechtsprechung zur Rechtslage vor Einführung des Dauerhaftigkeitskriteriums in den anderen Abschreibungstatbeständen, obwohl

[422] Dies resultiert einerseits aus dem Wortlaut des Imparitätsprinzips („entstehen"), welches zwar einen niedrigeren Grad an Sicherheit als beim Realisationsprinzip, aber doch wahrscheinlichen Eintritt des Ereignisses andeutet. Andererseits müssen sich nach dem Grundsatz der Pagatorik Aufwendungen und Erträge stets in tatsächlichen Zahlungen konkretisieren können (§ 252 Abs. 1 Nr. 5 HGB), was bei unwahrscheinlichen Ereignissen nicht anzunehmen wäre. Siehe zur Eintrittswahrscheinlichkeit schon die Ausführungen in Abschnitt 3.1.3.1.1.3, Textabsatz zu Fußnoten 230 bis 234. sowie die dort zitierte Rechtsprechung des BFH zu den Rückstellungen für Verpflichtungen und drohende Verluste. Für die außerplanmäßigen Abschreibungen kann nichts anderes gelten. Ähnlich auch zum Anlagevermögen *Hachmeister/Beyer/Hagemann et al.*, in: Anzinger/Oser/Schlotter, Rechnungslegung, § 253 HGB, Rz. 613 (2023).

[423] In diesem Sinne auch schon BFH v. 18.04.2018, I R 37/16, BStBl. II 2019, 73, Rn. 15.

der Tatbestand im hiesigen Fall im Wesentlichen unverändert fortbesteht.[424] Die Rechtsprechung differenzierte bei unter-/unverzinslichen Forderungen nach dem Vorliegen von Zinsanteilen:

- Die Forderungen durften zunächst nur dann auf den niedrigeren Barwert abgeschrieben werden, wenn sie keinen Zinsanteil enthielten.[425] Eine Rechnungsabgrenzung des sich hieraus ergebenden Aufwands kam nicht in Betracht, da keine Ausgabe vorlag.[426] Als Zinsanteil[427] wurde eine offene oder verdeckte und abgrenzbare Gegenleistung an Zinses statt verstanden.[428] In Fällen zinslos gestundeter Forderungen wurde ein Zinsanteil auch schlicht als allgemeiner Erfahrungssatz angenommen.[429]
- Später durften Forderungen ohne Zinsanteil nicht mehr auf ihren Barwert abgeschrieben werden, sofern ein gedachter Erwerber des ganzen Betriebs die

[424] Die handels- und steuerrechtliche Rechtslage zu außerplanmäßigen Abschreibungen bzw. Teilwertabschreibungen war spätestens durch das AktG 1965 weitestgehend gleichlaufend, sodass die steuerliche BFH-Rechtsprechung auch für das Handelsrecht Geltung entfaltet haben dürfte.

[425] Siehe Fußnote 273. Dies gilt nach den dort zitierten Urteilen explizit auch in den hiesigen Fällen.

[426] Vgl. BFH v. 23.04.1975, I R 236/72, BStBl. II 1975, 875 unter 5. der Gründe.

[427] Die Terminologie wurde bei den Forderungen nicht ganz so konsequent gepflegt, wie es bei den Rückstellungen und Verbindlichkeiten der Fall ist. Mit sehr ähnlicher Terminologie (verdeckte Verzinsung) vgl. BFH v. 23.04.1975, I R 236/72, BStBl. II 1975, 875 unter 2. der Gründe. Mit Verweis auf mehrere diesbezügliche Entscheidungen zu Rückstellungen vgl. BFH v. 11.12.1986, IV R 222/84, BStBl. II 1987, 553 unter 4.b) der Gründe, und Verbindlichkeiten, vgl. BFH v. 25.02.1975, VIII R 19/70, BStBl. II 1975, 647 unter 1.a) und b) der Gründe. Siehe zudem BFH v. 24.07.2013, IV R 30/10, BFH/NV 2014, 304, Rn. 18.

[428] Vgl. BFH v. 17.03.1959, I 207/58 U, BStBl. III 1959, 320; BFH v. 09.07.1969, I R 38/66, BStBl. II 1969, 744 unter 2. der Gründe; BFH v. 26.02.1975, I R 72/73, BStBl. II 1976, 13 unter 1.b) der Gründe, jeweils mit einem Bierlieferungsrecht als Gegenleistung an Zinses statt. Vgl. auch BFH v. 23.04.1975, I R 236/72, BStBl. II 1975, 875 unter 2. der Gründe, demzufolge kein solcher Vorteil bei zinsloser Darlehensgewährung an Betriebsangehörige vorliegt (entspricht in etwa der Arbeitnehmerzufriedenheit bei den Verbindlichkeiten, siehe Fußnote 497, Abschnitt 3.1.3.1.2.3.2.1); BFH v. 09.07.1981, IV R 35/78, BStBl. II 1981, 734 unter a) der Gründe mit der Gegenleistung der Führung einer Zeitschrift in Lesemappen für Lesezirkel zu Werbezwecken sowie unter d) der Gründe mit Bestätigung für Niedrigverzinsung.

[429] Vgl. BFH v. 11.12.1986, IV R 222/84, BStBl. II 1987, 553 unter 4.b) der Gründe unter Verweis auf Rechtsprechung zu Rückstellungen, vgl. BFH v. 07.07.1983, IV R 47/80, BStBl. II 1983, 753 unter II.2.c) der Gründe (zinslose Stundung einer Verpflichtung), und Verbindlichkeiten, vgl. BFH v. 25.02.1975, VIII R 19/70, BStBl. II 1975, 647 unter 1.a) und b) der Gründe.

ungünstigeren Konditionen fortführen würde und/oder eine positive Teilwertvermutung bestand, die nicht widerlegt werden konnte.[430] Damit verblieben so gut wie keine Anwendungsfälle.[431] Möglich war nur noch die Abschreibung einer Forderung auf den Barwert der erwarteten Erlöse aus einer Kreditsicherung, da bei einem zahlungsunfähigen Schuldner tatsächlich kein Zinsanteil und keine andere Wertfortführungsannahme vorliegen könne.[432] Längerfristig fällige Forderungen seien weniger wert als kurzfristige fällige.[433]

Für ein Abstellen auf das Vorhandensein von Zinsanteilen ist aber keine konkrete Rechtsgrundlage erkennbar. Zudem sind nach dem derzeitigen Diskussionsstand in der handelsrechtlichen Literatur keine Gründe für das Gegenteil ersichtlich. Sie nimmt auf diese ältere Rechtsprechung des BFH nicht Bezug.[434] Stattdessen vertritt

[430] Vgl. BFH v. 30.11.1988, I R 114/84, BStBl. II 1990, 117 unter II.2.a) und II.4.. Hier ging es konkret um eine Verbesserung des Betriebsklimas durch unverzinsliche oder niedrigverzinsliche Darlehen an Arbeitnehmer.

[431] Für das Eingehen eines formal nachteiligen Geschäfts gibt es in der Regel einen Grund, der auch für einen gedachten Erwerber des ganzen Unternehmens plausibel sein wird. Eine Fehlmaßnahme, die die positive Teilwertvermutung widerlegen würde, kann auch kaum gefunden werden, wenn die verdeckte Gegenleistung derart vage ist, dass sie keinen Zinsanteil darstellt. Im Urteilsfall genügte die Inanspruchnahme der Darlehen in größerem Umfang durch die Mitarbeiter als Beleg für die Wirksamkeit der Maßnahme, vgl. BFH v. 30.11.1988, I R 114/84, BStBl. II 1990, 117 unter II.4.cc). Die Gegenleistung, anhand derer die Wirksamkeit beurteilt werden musste, war die Arbeitnehmerzufriedenheit bzw. das Betriebsklima, das durch die Vergabe unverzinslicher oder niedrigverzinslicher Darlehen gefördert werden sollte, siehe die unmittelbar voranstehende Fußnote 429.

[432] Vgl. BFH v. 24.10.2006, I R 2/06, BStBl. II 2007, 469 unter II.2.b). Ähnlich auch BFH v. 14.12.1982, VIII R 53/81, BStBl. II 1983, 303 unter 1.a).bb) der Gründe für eine Forderung aus einem Tausch bei zweifelhafter Lieferfähigkeit des Tauschpartners, aber ohne nähere Ausführungen.

[433] Vgl. BFH v. 24.10.2006, I R 2/06, BStBl. II 2007, 469 unter II.2.b).bb). Mit derselben Begründung könnten von Gesetzes wegen ausdrücklich unverzinsliche Forderungen aus Körperschaftsteuerguthaben gem. § 37 Abs. 1 und 5 KStG einen weiteren Anwendungsfall darstellen. In BFH v. 28.11.2018, I R 56/16, BStBl. II 2020, 104, Rn. 12 f. passen zumindest die gezogenen Konsequenzen dazu. Allerdings wird systemwidrig dem Ansatz zum Nennwert mit anschließender außerplanmäßiger Abschreibung zugunsten eines sofortigen Ansatzes des Barwerts als Anschaffungskosten ausdrücklich widersprochen.

[434] Vereinzelt kommen teilweise ausdrücklich, teilweise implizit Bezugnahmen auf die Rechtsprechung vor, um in Einzelfällen eine außerplanmäßige Abschreibung unter Anwendung eines Barwertkalküls zu begründen. Sie erfolgen aber pauschal, beziehen sich nur auf einzelne Urteile und ziehen insbesondere nicht die voranstehend dargelegten Konsequenzen aus dem Gesamtbild der Rechtsprechung. Mit solchen Bezugnahmen vgl. etwa *Thiele/Kahn/Moser et al.*, in: Baetge/Kirsch/Thiele, Bilanzrecht, § 253 HGB, Rz. 555 (November 2020);

sie, dass in Fällen unverzinslicher oder niedrig verzinslicher Forderungen weiterhin eine (zwingende) außerplanmäßige Abschreibung vorgenommen werden müsse. Zentrales Argument ist dabei, dass im Umlaufvermögen typisierend eine baldige Veräußerung der dort zugeordneten Vermögensgegenstände anzunehmen sei. Die außerplanmäßige Abschreibung antizipiere den zu erwartenden Veräußerungsverlust.[435] Eine konkrete gesetzliche Typisierung für die Annahme einer Veräußerung im Umlaufvermögen besteht aber – wie oben dargelegt – nicht.[436] Dieser Auffassung kann daher nicht gefolgt werden.

Für die Wertaufholung gelten hier ebenfalls deckungsgleich die zu den nicht finanziellen Vermögensgegenständen und Wirtschaftsgütern gemachten Ausführungen, ausgenommen derjenigen speziell mit Bezug auf den Geschäfts- oder Firmenwert.

Durch die Schätzung der hypothetischen Marktpreise in den verbliebenen Anwendungsfällen mit Barwertkalkülen wird das gesetzliche Erfordernis der Abschreibung erst abbildbar (Herstellung der Darstellbarkeit). In den als unzulässig ausgesonderten Fällen von Abschreibungen aufgrund von pauschal angenommenen Zinsanteilen und nicht marktüblicher Verzinsung würde es sich dagegen um eine „Korrektur des Sachverhalts“ handeln. Bei vorsichtig objektivierter Betrachtung ist weder eine laufende Verzinsung noch ein Unterschied zwischen Auszahlungs- und Erfüllungsbetrag erkennbar, noch eine Realisation eines anderen Marktpreises wahrscheinlich.

Hachmeister/Beyer/Hagemann et al., in: Anzinger/Oser/Schlotter, Rechnungslegung, § 253 HGB, Rz. 795 (2023).

[435] Vgl. *Hachmeister/Beyer/Hagemann et al.*, in: Anzinger/Oser/Schlotter, Rechnungslegung, § 253 HGB, Rz. 795 (2023). Ohne konkrete Begründung vgl. *Forster/Goerdeler/Lanfermann et al.*, in: Adler/Düring/Schmaltz, Rechnungslegung (1), § 253 HGB, Tz. 532 (1995); *Wohlgemuth/Radde*, in: Kirsch, Rechnungslegung, § 253 HGB, Rz. 426 f. (November 2014); *Thiele/Kahn/Moser et al.*, in: Baetge/Kirsch/Thiele, Bilanzrecht, § 253 HGB, Rz. 549, 555 (November 2020); *Ballwieser*, in: Drescher/Ebke/Fleischer et al., MüKoHGB, § 253 HGB, Rn. 61 (2024); *Böcking/Gros/Wirth*, in: Ebenroth/Boujong, HGB, § 253 HGB, Rn. 115 (2024); *Marx*, in: Hachmeister/Kahle/Mock et al., Bilanzrecht, § 253 HGB, Rz. 181 (2024); *Merkt*, in: Hopt, HGB, § 253 HGB, Rn. 26 (2024); *Schubert/Berberich*, in: Grottel/Justenhoven/Kliem et al., BeBiKo, § 253 HGB, Rn. 592 f. (2024). Zur typisierenden Annahme einer Veräußerung im Umlaufvermögen vgl. *Thiele/Kahn/Moser et al.*, in: Baetge/Kirsch/Thiele, Bilanzrecht, § 253 HGB, Rz. 501 (November 2020), aber relativierend (Veräußerung sei nur naheliegend); *Hachmeister/Beyer/Hagemann et al.*, in: Anzinger/Oser/Schlotter, Rechnungslegung, § 253 HGB, Rz. 800 (2023); *Böcking/Gros/Wirth*, in: Ebenroth/Boujong, HGB, § 253 HGB, Rn. 117 (2024); *Marx*, in: Hachmeister/Kahle/Mock et al., Bilanzrecht, § 253 HGB, Rz. 186 (2024).

[436] Siehe bereits Fußnote 422, Abschnitt 3.1.3.1.2.2.4.3.

Technik

Wird eine außerplanmäßige Abschreibung auf den niedrigeren Barwert als Ersatzwert vorgenommen, folgt seine Berechnung auch hier auf Grundlage einzelner Zahlungen den bekannten Formeln (3.2) bzw. (3.2a).

$$(3.2) \qquad BW = \sum_{t=0}^{T} \frac{A_t - E_t}{(1+i)^t} \qquad \text{bzw.} \quad (3.2a) \qquad BW = \sum_{t=0}^{T} \frac{A_t - E_t}{\prod_{t=0}^{T}(1+i_t)}$$

Für den Kalkulationszinssatz wird in der Literatur darauf verwiesen, es müsse sich um einen Marktzinssatz für eine Forderung vergleichbarer Laufzeit und Risikoklasse handeln.[437] Im Zähler stehen auch hier nur die zu erwartenden Ein- und Auszahlungen für das Bewertungsobjekt, sodass sich als Barwert der Betrag ergibt, auf den die fortgeführten Anschaffungs- oder Herstellungskosten außerplanmäßig abgeschrieben werden können. Werden auch die fortgeführten Anschaffungs- oder Herstellungskosten im Barwertkalkül als „Anfangsauszahlung" der aktuellen Periode ($t = 0$) zum Abzug gebracht, erhält man stattdessen den Betrag, um den (nicht: auf den) der bisherige Wertansatz abgeschrieben werden kann.

3.1.3.1.2.3 Schulden

3.1.3.1.2.3.1 Pensionsrückstellungen

3.1.3.1.2.3.1.1 Zweck

Die Bilanzierung von Altersversorgungsverpflichtungen ist inklusive der dort zur Anwendung kommenden Barwertkalküle umfassend gesetzlich kodifiziert. Die Identifizierung des Zwecks erfordert daher zunächst einen Überblick über die Anwendungsfälle. So wird seit jeher unterschieden, ob die bilanzierende Unternehmung die Versorgungszusage (1) unmittelbar erteilt, sodass sie bei Eintritt des Versorgungsfalls selbst die Versorgungsverpflichtung zu erfüllen hat, oder (2) mittelbar erteilt, d. h. sie bis zum Eintritt des Versorgungsfalls in eine Direktversicherung, Pensions-/Unterstützungskasse oder einen Pensionsfonds einzahlt. Versicherung, Kasse oder Fonds übernehmen dann ab dem Eintritt des Versorgungsfalls die Erfüllung der Verpflichtung. Darüber hinaus wurde ebenfalls schon immer danach unterschieden, ob es sich (i) um laufende Verpflichtungen (die

---

[437] Vgl. *Forster/Goerdeler/Lanfermann et al.*, in: Adler/Düring/Schmaltz, Rechnungslegung (1), § 253 HGB, Tz. 532 (1995); *Hachmeister/Glaser*, in: Schulze-Osterloh/Hennrichs/Wüstemann, HdJ, Abt. II/4, Rz. 364 (Juni 2022); *Hachmeister/Beyer/Hagemann et al.*, in: Anzinger/Oser/Schlotter, Rechnungslegung, § 253 HGB, Rz. 707 (2023); *Krumm*, in: Brandis/Heuermann, Ertragsteuerrecht, § 6 EStG, Rz. 1110 (September 2024); *Schindler*, in: Kirchhof, EStG, § 6 EStG, Rn. 139 (2024); *Schubert/Berberich*, in: Grottel/Justenhoven/Kliem et al., BeBiKo, § 253 HGB, Rn. 592 f. (2024).

Leistungen aus den Verpflichtungen müssen bereits erbracht werden) oder (ii) um Anwartschaften (bislang besteht nur ein Anspruch auf künftige Altersversorgungsleistungen) handelt. Die Anwendungsfälle für Bartkalküle in den Fällen der voranstehenden Differenzierung sind die Folgenden:

- Handelsrechtlich sind (i) (1) laufende unmittelbare Versorgungsverpflichtungen und (ii) (1) Anwartschaften aus unmittelbaren Versorgungsverpflichtungen als ungewisse Verbindlichkeiten passivierungspflichtig (§ 249 Abs. 1 Satz 1 HGB).[438] Sie sind mit dem nicht näher bestimmten, nach vernünftiger kaufmännischer Beurteilung notwendigen Erfüllungsbetrag anzusetzen (§ 253 Abs. 1 Satz 2 HGB), der eine Schätzung der künftig erwarteten Auszahlungen (Erfüllungsbetrag) notwendig macht.[439] Wie alle Rückstellungen mit einer Restlaufzeit von mehr als einem Jahr sind sie abzuzinsen (§ 253 Abs. 2 Satz 1 HGB). Für die Rentenverpflichtungen für bereits aus dem Dienst des bilanzierenden Unternehmens ausgeschiedene Personen gilt dies entsprechend (§ 253 Abs. 2 Satz 3 HGB).[440] Der Unterschied zwischen (i) laufenden Fällen und (ii) Anwartschaftsfällen liegt daher nur darin, dass bei den Anwartschaften noch eine zeitanteilige Ansammlung der künftig erwarteten Auszahlungen über den Dienstzeitraum erfolgt. Bei den laufenden Versorgungsverpflichtungen wird nicht angesammelt, weil der Dienstzeitraum bereits abgelaufen ist. Abgezinst wird aber in beiden Fällen. Die Abzinsung erfolgt mit einem der Restlaufzeit entsprechenden, durchschnittlichen Marktzinssatz der vergangenen zehn Geschäftsjahre, wobei hier auch ein Wahlrecht besteht, eine Restlaufzeit von 15 Jahren anzunehmen (§ 253 Abs. 2 Satz 2 HGB).[441] Die Wahl des Zinssatzes wird dem Bilanzierenden nicht freigestellt. Die Kalkulationszinssätze werden nach §§ 1, 2, 6 RückAbzinsV[442] aus einer Null-Kupon-Euro-Zinsswapkurve

---

[438] Vgl. BT-Drs. 10/4268, 98 zum BiRiLiG v. 19.12.1985, BGBl. I 1985, 2355. Für bis zur Erstanwendung des BiRiLiG ergangene Pensionszusagen wird aber das ehemalige Ansatzwahlrecht in Art. 28 Abs. 1 Satz 1 EGHGB aufrecht erhalten. Das Ansatzwahlrecht stützte sich auf die Rechtsprechung des BGH v. 27.02.1961, II ZR 292/59, BGHZ 34, 324 unter I. Zur Geltungsdauer siehe auch *Kraus,* Rückstellungen, 1987, 28 f.

[439] Vgl. *Winnefeld*, Bilanz-Handbuch, 5. Aufl. 2015, E 1622. Die Konkretisierung der Ermittlungsmethode wird dem Unterabschnitt zur Technik überlassen. Hier steht nur die Abzinsung im Fokus.

[440] Vgl. BT-Drs. 10/4268, 100.

[441] Der Zeitraum der Durchschnittsbildung wurde in 2016 von zunächst 7 Jahren auf die heute geltenden 10 Jahre erhöht, vgl. Art. 1 Nr. 10 des BilMoG v. 25.05.2009, BGBl. I 2009, 1102 und Art. 7 Nr. 1 des Gesetzes v. 11.03.2016, BGBl. I 2016, 396.

[442] Ermächtigungsgrundlage ist § 253 Abs. 2 Satz 4 f. HGB

ermittelt, auf die ein Aufschlag vorgenommen wird, der aus einem Rendite-Index für auf Euro lautende Unternehmensanleihen aller Laufzeiten abgeleitet wird. Es werden nur Titel bester Bonitätseinstufung für die Berechnung verwendet. Für (i) (2) laufende mittelbare Versorgungsverpflichtungen und (ii) (2) Anwartschaften aus mittelbaren Versorgungsverpflichtungen sieht Art. 28 Abs. 1 Satz 2 EGHGB ein Ansatzwahlrecht vor. Wird das Wahlrecht für einen Ansatz ausgeübt, finden dieselben bereits erörterten Bewertungsgrundsätze Anwendung.[443] Weitere Anwendungsfälle können handelsrechtlich auch den Altersversorgungsverpflichtungen ähnliche Verpflichtungen sein. Dies gilt insbesondere für „vergleichbare langfristig fällige Verpflichtungen" im Sinne von §§ 246 Abs. 2 Satz 2, 253 Abs. 2 Satz 2 HGB, bei denen ein Zusammenhang mit einer internen Tätigkeit für das Unternehmen besteht und als Zweck die allgemeine oder gesundheitliche[444] Versorgung bis zum endgültigen Ausscheiden aus dem Berufs-/Erwerbsleben verfolgt wird.[445] Die Konsequenzen sind

[443] Vgl. *Winnefeld*, Bilanz-Handbuch, 5. Aufl. 2015, D 1271.

[444] So das IDW für Beihilfen, Vorruhestandsgelder, Übergangsgelder sowie Sterbegelder, vgl. *IDW*, RS HFA 30, IDW Life 2017, 102, Tz. 8. Die Auslegung siehe unmittelbar nachfolgende Fußnote spricht nicht dagegen. Nicht vergleichbar sind aber die vom IDW ebenfalls angeführten Verpflichtungen für Dienstjubiläen, weil kein Versorgungszweck, sondern nur die Bindung der Mitarbeiter an das Unternehmen zwecks weiterer Erwerbstätigkeit ausschlaggebend ist, vgl. BFH v. 05.02.1987, IV R 81/84, BStBl. II 1987, 845 unter 1.c) der Gründe; BFH v. 07.07.1983, IV R 47/80, BStBl. II 1983, 753 unter II.2.a) der Gründe.

[445] Was vergleichbar ist, kann plausibel nur aus der Begriffsdefinition für Altersversorgungsverpflichtungen in §§ 1 Abs. 1 Satz 1, 17 Abs. 1 Satz 2 BetrAVG abgeleitet werden, der (i) ein Zusammenhang mit irgendeiner internen oder externen Tätigkeit für das Unternehmen und (ii) der Zweck der Versorgung beim Ausscheiden aus dem Berufs-/Erwerbsleben inhärent ist, vgl. *Gelhausen/Fey/Kämpfer*, BilMoG, 2009, 20 f., C 10–12. Ähnlich sind laut Gesetzesbegründung Altersteilzeitverpflichtungen und Verpflichtungen aus Lebensarbeitszeitmodellen als Beispiele, vgl. BT-Drs. 16/10067, 48. Diesen sind die beiden oben im Fließtext genannten Eigenschaften inhärent. Ähnlich *Gelhausen/Fey/Kämpfer*, BilMoG, 2009, 21 f., C 13 f. Bei Altersteilzeit wird die Arbeitszeit vor dem endgültigen Ausscheiden aus dem Berufs-/Erwerbsleben herabgesetzt. Zur Versorgung in der erwerbstätigkeitslosen Herabsetzungszeit vor dem endgültigen Ausscheiden erhält der Arbeitnehmer ein um einen Zuschlag erhöhtes Grundgehalt vom Arbeitgeber. Bei Lebensarbeitszeitmodellen können Arbeitnehmer Ansprüche gegenüber dem Arbeitgeber, bspw. nicht genutzte Urlaubstage oder Überstunden, auf einem sogenannten Zeitwertkonto sammeln und später für eine bezahlte Freistellung, etwa ein Sabbatical oder den vorzeitigen Eintritt in den Ruhestand, einlösen. Vgl. *Heger/Weppler*, in: Schulze-Osterloh/Hennrichs/Wüstemann, HdJ, Abt. III/7, Rz. 13 f. (März 2012). Die im Gesetzeswortlaut angesprochene Langfristigkeit ist daher kein für die Vergleichbarkeit notwendiges Kriterium, Ähnlich *Gelhausen/Fey/Kämpfer*, BilMoG, 2009, 192, I 66; *Heger/Weppler*, in: Schulze-Osterloh/Hennrichs/Wüstemann, HdJ, Abt. III/7, Rz. 12 (März 2012).

auch in diesen Fällen die gleichen wie die voranstehend erläuterten. Für die den Pensionen „ähnliche Verpflichtungen" in § 266 Abs. 3 B. 1 HGB und Art. 28 Abs. 1 EGHGB dürften so gut wie keine Anwendungsfälle existieren.[446]

- Steuerrechtlich sind (i) (1) laufende unmittelbare Versorgungsverpflichtungen und (ii) (1) Anwartschaften aus unmittelbaren Versorgungsverpflichtungen als ungewisse Verbindlichkeiten grundsätzlich passivierungspflichtig (§ 249 Abs. 1 Satz 1 HGB, § 5 Abs. 1 Satz 1 EStG), sofern die Versorgungszusage den Formerfordernissen von § 6a Abs. 1 und 2 EStG entspricht.[447] Bei der Bewertung wird analog zum Handelsrecht unterschieden. Bei (i) (1) laufenden unmittelbaren Versorgungsverpflichtungen sind die künftig erwarteten Auszahlungen mit ihrem Barwert anzusetzen (§ 6a Abs. 3 Satz 2 Nr. 2 EStG), ohne dass eine Ansammlung erfolgt (die Dienstzeit ist bereits abgelaufen).[448] Bei (ii) (1) Anwartschaften aus unmittelbaren Versorgungsverpflichtungen sind die künftig erwarteten Auszahlungen zeitanteilig über die Dauer vom Zeitpunkt des

---

[446] Weil alle Pensionsverpflichtungen im BetrAVG geregelt sind, stimmt die Pensionsverpflichtung mit der Altersversorgungsverpflichtung inhaltlich überein. Vgl. *Gelhausen/Fey/Kämpfer*, BilMoG, 2009, 192, I 65. Zu Pensionen siehe schon *Redaktion*, in: Adler/Düring/Schmaltz, Rechnungslegung, § 249 HGB, Tz. 85 f. (1997). Nicht inhaltlich übereinstimmend sind (d) die den Pensionen ähnlichen Verpflichtungen und (b) die vergleichbaren langfristig fälligen Verpflichtungen. Für (d) die ähnlichen Verpflichtungen besteht ein Ansatzwahlrecht in Art. 28 Abs. 1 Satz 2 HGB. Aufgrund des Zweckzusammenhangs mit dem zeitgleich eingeführten Ansatzgebot für Rückstellungen für ungewisse Verbindlichkeiten in § 249 Abs. 1 Satz 1 HGB muss das Wahlrecht restriktiv ausgelegt werden. Vgl. *Redaktion*, in: Adler/Düring/Schmaltz, Rechnungslegung, § 249 HGB, Tz. 115 (1997); BFH v. 30.01.2002, I R 71/00, BStBl. II 2003, 279 unter II.3. Die ähnlichen Verpflichtungen dürfen daher keine anderen Versorgungszwecke verfolgen als denjenigen von Pensionsverpflichtungen. Vgl. BFH v. 30.01.2002, I R 71/00, BStBl. II 2003, 279 unter II.3. für krankenversicherungsähnliche Beihilfeverpflichtungen. Vgl. BFH v. 30.01.2002, I R 71/00, BStBl. II 2003, 279 unter II.3. für krankenversicherungsähnliche Beihilfeverpflichtungen. Die ähnlichen Verpflichtungen müssten den Pensions-/Altersversorgungsverpflichtungen noch ähnlich sein, als die in Fußnote 446 diskutierten.

[447] Vgl. *Gosch*, in: Kirchhof, EStG, § 6a EStG, Rn. 2 (2025). Bis zum BiRiLiG 1987 bestand nach Auffassung des BFH ein dem Handelsrecht entsprechendes Ansatzwahlrecht, das für Altzusagen weiterhin gilt. Vgl. dazu auch BFH v. 10.02.1952, I 113/52 U, BStBl. III 1953, 102 unter 3.; BFH v. 27.09.1955, I 174/55 S, BStBl. III 1955, 366 zu Beginn der Entscheidungsgründe; BFH v. 22.01.1958, I 14/57 S, BStBl. III 1958, 186; BFH v. 27.05.1964, I 237/62 U, BStBl. III 1964, 489.

[448] Dies galt auch schon in der Rechtslage vor Einführung des § 6a EStG (bis 1974), vgl. *Katzmann,* Pensionsrückstellung, 1969, 156–158, 163 f.

Diensteintritts bis zum Eintritt des Versorgungsfalls anzusammeln (Teilwertverwahren) (§ 6a Abs. 3 Satz 2 Nr. 1 EStG).[449] Die Abzinsung erfolgt in beiden Fällen mit 6% p. a. (§ 6a Abs. 3 Satz 3 EStG). Die Höhe des Kalkulationszinssatzes unterlag im Zeitverlauf mehreren Änderungen.[450] Für (2) mittelbare Versorgungszusagen besteht schließlich wegen des handelsrechtlichen Ansatzwahlrechts ein Ansatzverbot für die (antizipative) Rückstellung bei gleichzeitiger Beschränkung des (laufenden) Betriebsausgabenabzugs nach §§ 4b-4e EStG.[451] Für diese ist daher kein Anwendungsfall eines bilanziellen Barwertkalküls gegeben. Sofern eine nach dem Handelsrecht den Pensions-/Altersversorgungsverpflichtungen vergleichbare Verpflichtung auch als solche nach § 6a EStG qualifiziert, gelten die voranstehenden Grundsätze uneingeschränkt. Anderenfalls bleibt die steuerliche Bilanzierung wohl ähnlich der handelsrechtlichen, richtet sich aber nach § 6 Abs. 1 Nr. 3a EStG. Insofern wird auf die noch folgenden Ausführungen zu sonstigen Rückstellungen verwiesen.

Ausgehend von den identifizierten Barwertkalkülen sind sodann folgende Zweckbestimmungen erkennbar:

---

[449] Vgl. *Briese*, in: K/S/M, EStG, § 6a EStG, Rn. A 91 (Februar 2022). Wenn die Pensionszusage erst nach Dienstbeginn erteilt wird, ist ein Teil der Dienstzeit im Zeitpunkt der Zusage bereits abgelaufen. Für diesen Teil ist beim Teilwertverfahren bereits der „volle Barwert" passiviert. Die Idee des Teilwertverfahrens geht wohl zurück auf BFH v. 10.02.1952, I 113/52 U, BStBl. III 1953, 102. Historisch stand auch das (nicht mehr zulässige) Gegenwartswertverfahren zur Verfügung, bei dem die Ansammlung alternativ über die Dauer vom Zeitpunkt der Pensionszusage bis zum Eintritt des Versorgungsfalls erfolgte, vgl. BT-Drs. 2/481, 78; *Briese*, in: K/S/M, EStG, § 6a EStG, Rn. A 90 (Februar 2022). Der Unterschied zum Teilwertverfahren liegt im Anfangszeitpunkt zur Berechnung der Dauer, über die angesammelt wird (Zeitpunkt der Erteilung der Zusage oder Zeitpunkt des Diensteintritts).

[450] Zunächst 1954 Beginn mit 3,5% bei Einführung des § 6a EStG, vgl. Art. 1 Nr. 10 des Gesetzes v. 16.12.1954, BGBl. I 1954, 373. Sodann Anhebung auf mindestens 5,5% mit Art. 1 Nr. 4 des Steueränderungsgesetzes 1960 v. 30.07.1960, BGBl. I 1960, 616. Anschließend Änderung auf 5,5% fix mit § 19 Nr. 3 des Gesetzes v. 22.12.1974, BGBl. I 1974, 3610. Schließlich Anhebung auf 6% fix mit Art. 26 Nr. 1 des 2. HStruktG v. 22.12.1981, BGBl. I 1981, 1523. Seither wurden die übrigen Rechnungsgrundlagen und die Ansatzvoraussetzungen noch punktuell angepasst, der Kalkulationszinssatz und das Teilwertverwahren an sich aber unverändert gelassen. Mit einem guten Überblick siehe *Briese*, in: K/S/M, EStG, § 6a EStG, Rn. A 95–102 (Februar 2022).

[451] Vgl. *Gosch*, in: Kirchhof/Seer, EStG, § 6a EStG, Rn. 2 (2023).

- Pensionsverpflichtungen sind üblicherweise Rentenzahlungen nach dem schon bei den Erwerben gegen Renten dargelegten Verständnis. Anstelle einer bilanziellen Erfassung bei Abfluss der einzelnen Zahlungen wird die Zahlungsreihe in einen einwertigen Betrag verdichtet. Insoweit würde nur eine Korrektur der Art und Weise der bilanziellen Darstellung bezweckt. Durch Ansammlung der Rückstellung über die Dienstzeit würde zudem nur das Realisationsprinzip umgesetzt. Eine Abzinsung ist hierfür nicht notwendig. Weil die oben genannten gesetzlichen Bestimmungen beim Erwerber dennoch eine Abzinsung vorschreiben, wird das Realisationsprinzip durchbrochen und stattdessen hauptsächlich der von der gesetzlichen Typisierung vorgegebene Sachverhalt dargestellt (Herstellung der Darstellbarkeit).
- Im Handelsrecht findet sich die Möglichkeit der Innenfinanzierung als alleinige ausdrückliche Zweckbestimmung für die Abzinsung von Pensionsrückstellungen.[452] Die Innenfinanzierung stellt daher den typisierten Sachverhalt dar, der korrigierend dargestellt werden soll. Die gesetzliche Regelung des Kalkulationszinssatzes und dessen Ermittlung durch die Bundesbank wird mit höherer Vergleichbarkeit der Abschlüsse, mit der Verhinderung von Bilanzpolitik und als Erleichterung für die Bilanzersteller begründet.[453] Dies gilt sowohl für (ii) Fälle mit Anwartschaften, die sich nach § 253 Abs. 2 Satz 1 und 2 HGB richtet, als auch für (i) laufende Fälle, für die diese Vorschriften nach § 253 Abs. 2 Satz 3 HGB entsprechend gelten. Ziel des BilMoG war es gerade, eine einheitliche Behandlung aller Rückstellungen herbeizuführen.[454] Keine Relevanz für

---

[452] Niederlegung dieses Zwecks bei Ansatz und Bewertung erst mit BilMoG, vgl. BT-Drs. 344/08, 116. Aus der Anschlussänderung 2016 resultiert keine Zweckänderung, sie hat rein technischen Anlass, vgl. BT-Drs. 18/7584, 149. Beim Ausweis auch schon die Begründung zum AktG 1965, vgl. BT-Drs. 4/171, 171. Ansonsten schweigen die Gesetzesbegründungen hinsichtlich des konkreten jeweiligen Normzwecks, vgl. für die Rechtslage bis einschließlich des AktG 1965 unter Verweis auf die „allgemeine Meinung“ BT-Drs. 4/171, 177 sowie für die Rechtslage des BiRiLiG 1987 ausdrücklich ohne Zweckänderungen BT-Drs. 10/317, 91 und BT-Drs. 10/4268, 98. Auch die Bilanz-RL enthielt und enthält keine Abzinsungsvorschrift. Sie verhindert diese auch nicht. Art. 12 Abs. 2 UAbs. 3 Bilanz-Richtlinie schreibt die Bewertung der Rückstellungen mit dem besten Schätzwert von Aufwendungen vor, die wahrscheinlich eintreten werden, bzw. im Falle einer Verbindlichkeit mit dem Betrag, der zu ihrer Abgeltung erforderlich ist. Aufgrund der Unsicherheit besteht bei der Schätzung der jeweiligen Beträge auch Interpretationsspielraum für eine Abzinsung.

[453] Vgl. BT-Drs. 344/08, 120.

[454] Vgl. BT-Drs. 344/08, 113, 119.

die Zweckbestimmung hat das zwischenzeitliche generelle Abzinsungsverbot aus dem VersRiLiG 1994, das sich mit dem BilMoG wieder erübrigt hat.[455]

- Im Steuerrecht finden sich für § 6a EStG im Wesentlichen zwei ausdrückliche Zweckbestimmungen in den Gesetzesbegründungen:[456]

  - einerseits die Vermeidung einer Besserstellung unmittelbarer gegenüber mittelbarer betrieblicher Altersvorsorge;[457]
  - andererseits allgemeine[458] (darunter Anhebungen des Kalkulationszinssatzes[459]) und spezielle (Vermeidung von Steuerbilanzpolitik[460]) fiskalische Gründe

Daneben werden auch folgende weitere Überlegungen angestellt, an denen der Gesetzgeber sich bei der Festlegung des Kalkulationszinssatzes zwar betragsmäßig orientiert hat, an die er aber keine strenge Anbindung erkennen lässt:[461]

---

455 Die Abzinsung wurde auf Rückstellungen für ungewisse Verbindlichkeiten begrenzt, die einen Zinsanteil enthalten, im Übrigen aber untersagt. Die Gesetzesbegründung verwies auf eine Umsetzung der zugehörigen EU-Richtlinie, vgl. BT-Drs. 12/7646, 2. Tatsächlich wurden durch die Vorschrift aber nicht nur Bestimmungen für Versicherungsleistungen getroffen, sondern für alle Verbindlichkeitsrückstellungen, daher handelte es sich nicht um reines Umsetzungsrecht. Die Literatur sah in der Änderung daher eine Reaktion des Gesetzgebers auf die Literaturdiskussion um die Zulässigkeit einer Abzinsung in der Bilanz, vgl. *Redaktion*, in: Adler/Düring/Schmaltz, Rechnungslegung, § 253 HGB, Tz. 197 (1994).

456 Neben den unten aufgeführten Zweckbestimmungen findet sich auch bei der Ersteinführung von § 6a EStG in 1954 diejenige, Härten für Betriebe vermeiden zu wollen, die finanziell nicht in der Lage sind, einen hohen Einmalbetrag passivieren zu können, vgl. BT-Drs. 2/481, 78. Aus diesem Grund wurde zunächst das Gleichverteilungsverfahren kodifiziert. Dieser Zweck ist aber mit dem Wechsel zum Teilwertverfahren 1974 entfallen, zu dem es ausdrücklich heißt, dass die Rückstellungshöhe nach der bisherigen Regelung zur Finanzierung des unverfallbaren Pensionsanspruchs nicht ausreiche, vgl. BT-Drs. 7/1281, 2, 37.

457 Zur Änderung 1954 vgl. BT-Drs. 2/481, 78. Zur Änderung von 1974 vgl. BT-Drs. 7/1281, 37.

458 Mit der Änderung von 1998 vgl. BT-Drs. 14/158, 9.

459 Zur Änderung 1960 vgl. BT-Drs. 3/1811, 7. Zur Änderung von 1981 vgl. BT-Drs. 9/842, 66.

460 Zur Änderung 1954 vgl. BT-Drs. 2/481, 78. Zur Änderung von 1974 vgl. BT-Drs. 7/1281, 37. Mit den Änderungen von 1996 vgl. BT-Drs. 13/5359, 118.

461 Daneben finden sich 1960 auch Überlegungen zu einem Gleichlauf des Zinssatzes mit der Einheitsbewertung in BT-Drs. 3/1811, 9, die sich aber mit der Anhebung des Kalkulationszinssatzes 1981 gleich wieder erübrigen.

- Feststellung der Möglichkeit der Innenfinanzierung (ersparte Fremdfinanzierung, Nutzung zur Erzielung eigener Renditen);[462]
- Interpretation der heutigen Abziehbarkeit künftiger Auszahlungen als Steuerstundung.[463]

Der typisierte Sachverhalt, der korrigierend dargestellt werden soll, ist daher im Falle des § 6a EStG nicht klar erkennbar.

3.1.3.1.2.3.1.2 Technik

Für den Barwert der Versorgungsverpflichtungen zu Beginn der Leistungsphase gelten Formel (3.2) bzw. (3.2a), nur dass im Zähler anstelle der Ein- und Auszahlungen nur die vereinbarten Versorgungsauszahlungen stehen. Im Fall einer monatlich gleichbleibenden Rentenzahlung ergibt sich bei Formel (3.2)

$$BW = \sum_{t=0}^{T} \frac{Rente}{(1+i)^t} = Rente \times \sum_{t=0}^{T} \frac{1}{(1+i)^t}$$

und bei Formel (3.2a)

$$BW = \sum_{t=0}^{T} \frac{Rente}{\prod_{t=0}^{T}(1+i_t)} = Rente \times \sum_{t=0}^{T} \frac{1}{\prod_{t=0}^{T}(1+i_t)}.$$

Weil die Dauer der Rentenzahlungen in der Regel an biometrische Faktoren, etwa die Lebensdauer des zu Versorgenden, gebunden ist, sind die Anzahl der Perioden und Zahlungen ungewiss und müssen geschätzt werden. Dies führt dazu, dass – nach Bestimmung der Gesamtrechnungsdauer – die Rente zusätzlich mit der Eintrittswahrscheinlichkeit ihrer Zahlung in der jeweiligen künftigen Periode multipliziert werden muss. Die Wahrscheinlichkeiten sind nach dem Kommutativgesetz mathematisch von der Rentenhöhe und dem Barwertfaktor unabhängig.[464] Da hier Untersuchungsgegenstand das Barwertkalkül ist, werden zwecks Übersichtlichkeit im Folgenden biometrische Überlegungen und die technische Abbildung der Unsicherheit vernachlässigt. Die mathematische Unabhängigkeit ermöglicht dies.

---

[462] Mit den Änderungen von 1960 vgl. BT-Drs. 3/1811, 9; von 1974 vgl. BT-Drs. 7/1281, 37; von 1981 vgl. BT-Drs. 9/842, 65 f..

[463] Mit den Änderungen von 1974, vgl. BT-Drs. 7/1281, 37; von 1981 vgl. BT-Drs. 9/842, 65 f.

[464] Vgl. *Ortmann,* Lebensversicherungsmathematik, 2. Aufl. 2016, 124 f.

Sind für die Verpflichtung noch keine Leistungen zu erbringen, bspw. weil das Renteneintrittsalter noch nicht erreicht ist, und steht der Arbeitnehmer, dem die Versorgungszusage erteilt wurde, noch im Dienst des Unternehmens, erfolgt die Rückstellungsbilanzierung durch ratierliche Ansammlung des voranstehend dargestellten Barwerts der künftigen Leistungen.[465] Für die Ansammlungsmethode besteht handelsrechtlich grundsätzlich keine Einschränkung. Zulässig sind sowohl das in den IFRS normierte Verfahren der laufenden Einmalprämien (Projected Unit Credit (PUC) Methode) sowie das voranstehend erwähnte Teilwert- oder Gegenwartswertverfahren.[466] Steuerrechtlich ist nur das Teilwertverfahren mit den in § 6a EStG beschriebenen Modifikationen zulässig. Die Literatur verwendet für die Verfahren unterschiedliche Bezeichnungen. Keine Bezeichnung drückt die methodischen Unterschiede klar aus. Allen Methoden ist gemein, dass sie den Barwert für die (voraussichtlichen) Zahlungen der Leistungsphase nehmen und diesen auf die Dauer der Anwartschaftsphase verteilen. Man geht bei der Bilanzierung daher vor, wie eine Versicherung, die erst die künftig zu erbringenden Leistungen schätzt und hieraus dann Prämien berechnet, die während der Anwartschaftsphase zu zahlen sind und die (wahrscheinlich) ausreichend hoch sind, um die Mittel für die künftigen Leistungen verfügbar zu haben.[467] Der Zeitwert (Endwert) der Prämien zum Zeitpunkt des Leistungsbeginns ist gleich dem Zeitwert (Barwert) der Leistungen zum Zeitpunkt des Leistungsbeginns. Da für die Dauer der Leistungsphase voranstehend bereits die Bezeichnung der Perioden $t = (0, \dots, T)$ gewählt wurde, seien die Perioden der Anwartschaftsphase mit $n = (0, \dots, N)$ bezeichnet.[468]

[465] Auch die Unsicherheitsaspekte aus der Anwartschaftsphase werden für die nachfolgende Darstellung vernachlässigt. Die Begründung entspricht derjenigen zur Leistungsphase. Ein solcher Unsicherheitsaspekt ist zum Beispiel die bei Pensionsverpflichtungen üblicherweise vereinbarte Abhängigkeit der Höhe Rentenzahlung von der Gehaltsentwicklung des Arbeitnehmers.

[466] Vgl. *IDW*, RS HFA 30, IDW Life 2017, 102, 109 Rn. 61; *Winnefeld*, Bilanz-Handbuch, 5. Aufl. 2015, E 1622–1626. Siehe auch Fußnote 450 in Abschnitt 3.1.3.1.2.3.1.1 zum Gegenwartswertverfahren.

[467] Ähnlich in Bezug auf das Teilwertverfahren *Pochmann,* Altersversorgung, 2020, 137. Zum Vorgehen einer Versicherung siehe *Kahlenberg,* Lebensversicherungsmathematik, 2018, 187–189.

[468] Weil die Zeitwerte der Prämien und der späteren Leistungen gleich hoch sein sollen, müssen die Reihen t und n nahtlos ineinander übergehen. Man muss t daher umformulieren in $t = (N, N + 1, N + 2, \dots, T)$.

Bei der PUC Methode[469] wird der Barwert der Leistungsphase einfach auf die Anzahl der Perioden der Anwartschaftsphase verteilt (BW/N). Der anteilige Barwert zum Zeitpunkt des Leistungsbeginns wird anschließend noch auf den jeweiligen Zeitpunkt auf-/abgezinst, in dem die Prämie zu entrichten ist ($(1+i)^{-N+n}$). Man erhält für die Prämie einer Periode n nach der PUC-Methode

$$Pr\ddot{a}mie_n^{PUC} = \frac{BW}{N} \times \frac{1}{(1+i)^{N-n}}.$$

Der[470] Zeitraum $(0, \ldots, N)$ umfasst bei dieser Methode nur Perioden, in denen nach dem Leistungsplan der Versorgungszusage die Ansprüche erworben werden. Gibt es zwischen dem letzten Zeitpunkt des Anspruchserwerbs und dem Beginnzeitpunkt der Leistungsphase noch weitere Perioden, ist der Barwert der Leistungen zu Beginn der Leistungsphase auf diesen Zeitpunkt weiter abzinsen, bevor er auf die N Perioden verteilt wird.[471] Die Auf-/Abzinsung führt dazu, dass die Prämie in jeder Periode unterschiedlich hoch ist. Beim Teilwertverfahren und beim Gleichverteilungsverfahren wird aus dem Barwert der Leistungsphase eine Prämie berechnet, die in jeder Periode gleich hoch ist. Der Barwert wird also auch auf die Anzahl der Perioden N verteilt, aber in Form einer Annuität. Der einzige Unterschied zwischen Teilwert- und Gleichverteilungsverfahren besteht in der Anzahl der Perioden, da die Zählung bei ersterem mit dem Zeitpunkt des Diensteintritts, bei letzterem mit dem Zeitpunkt der Erteilung der Zusage beginnt.[472] Man erhält für die in jeder Periode n gleiche Prämie nach diesen beiden Methoden

$$Pr\ddot{a}mie^{TW/GV} = BW \times \frac{i}{(1+i)^N - 1}.$$

Bei[473] allen der dargestellten Methoden werden zum Bilanzstichtag die Prämie der jeweiligen Periode und Zinsen auf den Rückstellungsbestand des vorigen

---

[469] Zur groben Technik der PUC-Methode siehe IAS 19.66–19.69.

[470] Die Formel lässt sich leicht aus den eingängigen Rechenbeispielen in *Pochmann*, Altersversorgung, 2020, 139 gewinnen.

[471] Zur Periodenzuordnung der Anspruchserwerbe nach dem Leistungsplan zu den Rechnungsperioden siehe IAS 19.70–19.74.

[472] Vgl. *Winnefeld*, Bilanz-Handbuch, 5. Aufl. 2015, E 1624.

[473] Die Formel lässt sich direkt aus der Annuitätenformel gewinnen, siehe dazu Anhang 16 im elektronischen Zusatzmaterial.

Stichtags als Aufwand an Pensionsrückstellung gebucht.[474] Die Zinsen folgen aus dem Barwertkalkül, das in der ersten Periode zur Abzinsung, in allen Folgeperioden zur Aufzinsung zwingt.

Die Anwendung lässt sich am einfachsten an einem Beispiel zeigen.[475] Angenommen, es wird eine Vereinbarung über die Zahlung von 6.000 € jährlich[476] getroffen, für die noch mit 20 Jahren der Erfüllung zu rechnen ist. Der Kalkulationszinssatz betrage konstant 5%. Dann betrüge – die Ungewissheit ausgeblendet – zum Zeitpunkt des Leistungsbeginns der Barwert der Rente nach Formel (3.2)

$$BW = \sum_{t=0}^{20} \frac{6.000€}{(1+0,05)^t} = 6.000\,€ \times \sum_{t=0}^{20} \frac{1}{(1+0,05)^t} = 74.773,26\,€.$$

Weiterhin sei angenommen, dass bis zum Zeitpunkt des Leistungsbeginns noch 10 Jahre Dienstzeit anstehen und dass der Zeitpunkt der Zusage der Vereinbarung und der Zeitpunkt des Dienstbeginns zusammenfallen, sodass zwischen Teilwert- und Gleichverteilungsverfahren kein Unterschied besteht. Dann ergeben sich für die Prämie, den Zinsaufwand und die Rückstellungsbeträge je Periode nach den unterschiedlichen Methoden die Beträge wie in Tabelle 3.41 dargestellt.

---

474 Bei negativem Kalkulationszinssatz müsste insoweit Ertrag an Rückstellung gebucht werden.

475 Ähnliche Beispiele finden sich in *Pochmann*, Altersversorgung, 2020, 137–140

476 500 € pro Monat, ausgezahlt jeweils in Summe für das ganze Jahr.

Tabelle 3.41 Rechenbeispiel PUC-Methode, Teilwert- und Gleichverteilungsverfahren[477]

Periode	PUC-Methode			Teilwert-/Gleichverteilungsverfahren		
	Prämie	Zinsaufwand	Rückstellung	Prämie	Zinsaufwand	Rückstellung
1	4.820 €		4.820 €	5.945 €		5.945 €
2	5.061 €	241 €	10.122 €	5.945 €	297 €	12.187 €
3	5.314 €	506 €	15.942 €	5.945 €	609 €	18.741 €
4	5.580 €	797 €	22.319 €	5.945 €	937 €	25.623 €
5	5.859 €	1.116 €	29.293 €	5.945 €	1.281 €	32.849 €
6	6.152 €	1.465 €	36.910 €	5.945 €	1.642 €	40.436 €
7	6.459 €	1.845 €	45.214 €	5.945 €	2.022 €	48.403 €
8	6.782 €	2.261 €	54.257 €	5.945 €	2.420 €	56.768 €
9	7.121 €	2.713 €	64.091 €	5.945 €	2.838 €	65.551 €
10	7.477 €	3.205 €	74.773 €	5.945 €	3.278 €	74.773 €

Einzige Bedingung ist nach Auffassung der Literatur, dass die gewählte Methode nicht in offenem Widerspruch zur Realität stehen darf.[478]

3.1.3.1.2.3.2 Sonstige Rückstellungen

3.1.3.1.2.3.2.1 Zweck

Auch bei den sonstigen Rückstellungen ergibt sich das Barwertkalkül wie schon bei den Pensionsrückstellungen unmittelbar aus dem Gesetz:

- Handelsrechtlich sind Rückstellungen mit dem nach vernünftiger kaufmännischer Beurteilung notwendigen Erfüllungsbetrag anzusetzen (§ 253 Abs. 1

[477] Eigene Darstellung.

[478] Vgl. *IDW*, RS HFA 30, IDW Life 2017, 102, 109 Rn. 60.

Satz 2 HGB).[479] Alle sonstigen Rückstellungen mit einer Restlaufzeit von mehr als einem Jahr sind mit einem der Restlaufzeit entsprechenden, durchschnittlichen Marktzinssatz der vergangenen sieben Geschäftsjahre abzuzinsen (§ 253 Abs. 2 Satz 1 HGB). Dies gilt für Sach- und Geldleistungsverpflichtungen als ungewisse Verbindlichkeiten sowie Drohverlustrückstellungen[480] unmittelbar, für Rentenverpflichtungen (Unterfall der Geldleistungsverpflichtungen) ohne noch zu erwartende Gegenleistung entsprechend (§ 253 Abs. 2 Satz 3 HGB)[481]. Die Kalkulationszinssätze werden nach §§ 1, 2, 6 RückAbzinsV[482] aus einer Null-Kupon-Euro-Zinsswap-kurve ermittelt, auf die ein Aufschlag vorgenommen wird, der aus einem Rendite-Index für auf Euro lautende Unternehmensanleihen aller Laufzeiten abgeleitet wird. Es werden nur Titel bester Bonitätseinstufung für die Berechnung verwendet.

- Steuerrechtlich sind Rückstellungen für ungewisse Verbindlichkeiten nach § 6 Abs. 1 Nr. 3 EStG sinngemäß wie nicht abnutzbares Anlage- und Umlaufvermögen nach § 6 Abs. 1 Nr. 2 EStG mit den Anschaffungskosten anzusetzen, höchstens insbesondere aber unter Berücksichtigung weiterer Sonderregeln aus § 6 Abs. 1 Nr. 3a EStG. Damit sind zwar grundsätzlich eigene steuerrechtliche Bewertungsmethoden etabliert, der ermittelte Wert kann aber auch durch einen handelsrechtlichen Wertansatz überschrieben werden, wenn dieser niedriger ist.[483] Die Bewertung nach § 6 Abs. 1 Nr. 3 und 2 EStG bedeutet grundsätzlich eine Bewertung zum geschätzten Rückzahlungsbetrag als

---

[479] Historisch war dies nie anders. Anfangs gab es keine eigenständigen Regelungen. Rückstellungen wurden in betrieblicher Übung ohne klare Abgrenzung zum Eigenkapital und den Verbindlichkeiten gebildet. Vgl. *Kraus*, Rückstellungen, 1987, 6 f. Die Abgrenzung zum Eigenkapital, also die Definition als Schuld, wurde von der Rechtsprechung in RFH v. 17.12.1929, I Aa 643/29, RStBl. 1930, 95. geleistet. Durchgesetzt hat sie sich durch Literaturabhandlungen und infolge der Gliederungsvorschrift § 131 Abs. 1 B. IV. AktG 1937. Maßgebend war unter anderem die Abhandlung von *Streit*, Rückstellungen, 2. Aufl. 1936. § 40 Abs. 2 HGB 1897 ließ die Bewertung offen. Erst § 152 Abs. 7 AktG 1965 brachte Rechtsklarheit über den Ansatz, vgl. *Redaktion*, in: Adler/Düring/Schmaltz, Rechnungslegung, § 249 HGB, Tz. 3–7 (1998). § 156 Abs. 4 AktG 1965 verlange die Bewertung von Rückstellungen in Höhe des nach vernünftiger kaufmännischer Beurteilung notwendigen Betrages. Deutlich wird die Notwendigkeit einer Schätzung, weil die Rückstellungen dem Grunde bzw. der Höhe nach unsicher sind. Offen bleibt die konkrete Schätzmethode.

[480] Vgl. *Hachmeister/Beyer/Hagemann et al.*, in: Anzinger/Oser/Schlotter, Rechnungslegung, § 253 HGB, Rz. 409 (2023).

[481] Auch hier schrieb schon § 156 Abs. 2 AktG 1965 die Bewertung mit dem Barwert vor.

[482] Ermächtigungsgrundlage ist § 253 Abs. 2 Satz 4 f. HGB

[483] Dies resultiert aus der Formulierung „höchstens insbesondere" in § 6 Abs. 1 Nr. 3a EStG, siehe BFH v. 20.11.2019, XI R 46/17, BStBl. II 2020, 195, Rn. 24–33.

Anschaffungskosten.[484] Abzuzinsen ist erst nach der in § 6 Abs. 1 Nr. 3a lit. e) EStG kodifizierten Sonderregel mit einem Kalkulationszinssatz von 5,5% p. a. Sie greift nur, wenn die Restlaufzeit zum Bilanzstichtag mehr als 12 Monate beträgt, die Verpflichtung unverzinslich ist, und die Verpflichtung nicht auf einer Anzahlung oder Vorausleistung[485] beruht.

Steuerrechtlich ergeben sich darüber hinaus weitere Anwendungsfälle für eine Abzinsung von Verbindlichkeiten aus der Rechtsprechung zu Zinsanteilen. Dies liegt daran, dass § 6 Abs. 1 Nr. 3a lit. e) EStG mit dem Kriterium der Unverzinslichkeit an eben diese Rechtsprechung anknüpft.[486] Enthält die Verpflichtung einen solchen Zinsanteil, ist sie verzinslich und wird nicht nach dieser Vorschrift abgezinst. Es ist zwischen (a) Verpflichtungen ohne und (b) Verpflichtungen mit Zusammenhang mit dem Ansatz eines Vermögensgegenstands bzw. Wirtschaftsguts zu unterscheiden:[487]

---

[484] Angestrebte Gleichbehandlung mit den Forderungen analog zu § 156 Abs. 2 AktG 1965. Mit einer Andeutung dieser Gleichstellung schon BFH v. 03.07.1964, VI 262/63 U, BStBl. III 1965, 83 ganz zu Beginn der Gründe. Vgl. zunächst zu Fremdkapitalbeschaffungskosten BFH v. 04.03.1976, IV R 78/72, BStBl. II 1977, 380 unter 1. der Gründe; BFH v. 19.01.1978, IV R 153/72, BStBl. II 1978, 262 unter 1. der Gründe. Im Ergebnis waren die Rechtsprechungsgrundsätze für Rückstellungen, Verbindlichkeiten und Forderungen einheitlich zu sehen und auf die jeweils andere zu übertragen.

[485] Siehe zu diesem Kriterium BFH v. 05.05.2011, IV R 32/07, BStBl. II 2012, 98, Rn. 39; BFH v. 21.09.2011, I R 50/10, BStBl. II 2012, 197, Rn. 28.

[486] Vgl. *Groh*, Abzinsungsgebot, DB 2007, 2275, 2276. Siehe die Entscheidung des BFH v. 05.05.2011, IV R 32/07, BStBl. II 2012, 98, Rn. 35–38, in der bei einer Verpflichtung für eine Deponie-Rekultivierung keine verdeckte Zinsvereinbarung gefunden wurde (Sachleistung mangele es regelmäßig an Zinsanteil), unter Verweis auf BFH v. 15.07.1998, I R 24/96, BStBl. II 1998, 728. Siehe zudem *Kulosa*, in: Schmidt, EStG, § 6 EStG, Rz. 461 (2022) unter Verweis auf *Kulosa*, in: Schmidt, EStG, § 6 EStG, Rz. 298 (2019). Die Finanzverwaltung scheint dies ebenfalls so handzuhaben, vgl. BMF v. 26.05.2005, IV B 2 – S 2175 – 7/05, BStBl. I 2005, 699, Rn. 14 f.

[487] Kein Zusammenhang mit dem Ansatz eines Vermögensgegenstands bzw. Wirtschaftsguts besteht etwa bei Verpflichtungen für den Bezug von Dienstleistungen oder bei Verpflichtungen ohne Leistungsaustausch, etwa öffentlich-rechtliche Verpflichtungen. Ein Zusammenhang mit dem Ansatz eines Vermögensgegenstands bzw. Wirtschaftsguts ist insbesondere gegeben, wenn einzelne oder mehrere WG/VG oder ein ganzes Unternehmen bzw. ein ganzer Unternehmensteil gegen Entgelt mit ungewisser Laufzeit und/oder Höhe angeschafft werden. Das ist bei Erwerben gegen Renten (Leibrente, Zeitrente) oder Raten der Fall. Auf die einschränkenden Annahmen in der Grundlegung, insbesondere der ausschließlichen Behandlung steuerlich voll entgeltlicher Vorgänge, wird verwiesen. Da Verpflichtungen mit den voranstehenden Eigenschaften höchstens untergeordnet Versorgungszwecken und hauptsächlich

- Bei Fallgruppe (a) ist für Rückstellungen für ungewisse Geldleistungsverpflichtungen der Rückzahlungsbetrag bekannt. Bei Vorliegen eines Zinsanteils ist zudem durch Abzinsung der unbekannte Auszahlungs-/Verfügungsbetrag (Barwert) zu ermitteln. Entweder soll der Zinsanteil in einem Rechnungsabgrenzungsposten abgegrenzt werden können (§ 5 Abs. 5 Satz 1 Nr. 1 EStG), wenn die Verpflichtung mit dem Erfüllungsbetrag angesetzt wird (Bruttomethode), oder die Verpflichtung nur mit dem Barwert passiviert werden (Nettomethode).[488] Sachleistungsverpflichtungen können keinen Zinsanteil enthalten und sind daher stets nach § 6 Abs. 1 Nr. 3a lit. e) EStG abzuzinsen.[489] Drohverlustrückstellungen sind kein steuerrechtlicher Anwendungsfall (§ 5 Abs. 4a EStG).[490]

---

als Veräußerungsentgelt dienen, sind die speziellen Bilanzierungsvorschriften für Pensionsrückstellungen nicht anwendbar. Für die Bildung von Rückstellungen als dem Grunde oder der Höhe nach ungewisse Verbindlichkeiten (§ 249 Abs. 1 Satz 1 HGB) kommen zudem nur die Erwerbe gegen Leibrenten in Betracht, da die Verpflichtung mit dem Erhalt der Vermögensgegenstände bzw. Wirtschaftsgüter dem Grunde nach (so gut wie) sicher besteht und nur bei Leibrenten die Höhe ungewiss ist, da sie vom Leben einer oder mehrerer Personen abhängt. Nur diese Fälle sind daher hier behandelt.

[488] Vgl. BFH v. 07.07.1983, IV R 47/80, BStBl. II 1983, 753 unter II.2.c) der Gründe; BFH v. 05.02.1987, IV R 81/84, BStBl. II 1987, 845 unter 3.c) der Gründe; BFH v. 15.07.1998, I R 24/96, BStBl. II 1998, 728 unter II.3.b); BFH v. 30.11.2005, I R 1/05, BStBl. II 2006, 471 unter II.2.a) und b). Die voranstehend genannten Entscheidungen lassen die Frage der Methode offen. Vor der Angleichung der steuerrechtlichen Bilanzierung von Verpflichtungen an diejenige von Forderungen (siehe Fußnote 485) vertrat die Rechtsprechung, die Anschaffungskosten seien der unbekannte Auszahlungs-/Verfügungsbetrag, der dem Teilwert der Verpflichtung entspreche. Diese Werte seien unbekannt und entsprächen dem erst rechnerisch zu ermittelnden Barwert. Vgl. BFH v. 12.03.1964, IV 456/61 U, BStBl. III 1964, 525 unter I. der Gründe; BFH v. 10.07.1964, VI 352/62, HFR 1965, 203 im dritten Absatz der Gründe; BFH v. 09.02.1975, I R 28/73, BStBl. II 1975, 480 unter 1.a) der Gründe. Zur Terminologie, allerdings im Kontext von Disagien bei Verbindlichkeiten, siehe BFH v. 29.06.1967, IV 131/63, BStBl. III 1967, 670 unter zu 1. der Gründe. Die ältere Rechtsprechung ist durch die Änderung der Auffassung zu den Anschaffungskosten aber überholt.

[489] Vgl. diesbezüglich abgrenzend BFH v. 07.07.1983, IV R 47/80, BStBl. II 1983, 753 unter II.2.c) der Gründe; BFH v. 19.08.2002, VIII R 30/01, BStBl. II 2003, 131 unter II.3. Aus der Zeit vor der Angleichung der steuerrechtlichen Bilanzierung von Verpflichtungen und Forderungen siehe BFH v. 09.02.1975, I R 28/73, BStBl. II 1975, 480 unter 1.a) der Gründe; BFH v. 05.02.1969, I R 21/66, BStBl. II 1969, 334 unter II.1. der Gründe; BFH v. 20.11.1969, IV R 22/68, BStBl. II 1970, 309.

[490] Die Frage kam in der Rechtsprechung aus Zeiten vor § 5 Abs. 4a EStG auf, blieb aber ungeklärt. Vgl. BFH v. 19.07.1983, VIII R 160/79, BStBl. II 1984, 56 unter III.4. der Gründe; BFH v. 26.05.1993, X R 72/90, BStBl. II 1993, 855 unter B).III.; BFH v. 23.06.1997, GrS 2/93, BStBl. II 1997, 735; BFH v. 07.10.1997, VIII R 84/94, BStBl. II 1998, 331 unter 2. der Gründe; BFH v. 17.05.2000, I R 66/99, BFH/NV 2001, 155 unter II.3.b) und c).

- Bei Fallgruppe (b), den Erwerben gegen Leibrentenverpflichtungen, soll die Zugangsbewertung zum Barwert der Rentenzahlungen erfolgen, weil der Rückzahlungsbetrag nicht einwertig ist und die Rentenzahlungen einen Zinsanteil enthalten sollen.[491] Infolgedessen kann kein Rechnungsabgrenzungsposten gebildet werden. Zudem sind die Verpflichtungen nach versicherungsmathematischen Grundsätzen – also unter Einbeziehung der Eintrittswahrscheinlichkeiten – zu bewerten.[492]

Das Vorliegen eines Zinsanteils wird entweder (1) pauschal angenommen („allgemeiner Erfahrungssatz")[493] oder (2) mit einer offenen oder verdeckten und

[491] Vgl. BFH v. 31.01.1980, IV R 126/76, BStBl. II 1980, 491 unter 2. der Gründe, insbesondere 2.a); BFH v. 23.02.1984, IV R 128/81, BStBl. II 1984, 516 unter 2.b) der Gründe; BFH v. 24.01.1998, VIII R 64/94, BStBl. II 1998, 537 unter II.2.a); BFH v. 02.05.2001, VIII R 64/93, BFH/NV 2002, 10 unter 3.a) und c) der Gründe. Es wird wohl weiterhin davon ausgegangen, dass Auszahlungs-/Verfügungsbetrag, Rückzahlungsbetrag und Teilwert übereinstimmen. Diesbezüglich hat die Rechtsprechung die Änderung der Auffassung zu den Anschaffungskosten überdauert. Zur entsprechenden Rechtsprechung aus dieser Zeit vgl. BFH v. 05.02.1969, I R 21/66, BStBl. II 1969, 334 unter II.1. der Gründe; BFH v. 20.11.1969, IV R 22/68, BStBl. II 1970, 309. Zur Umkehr der Bewertungsmaßstäbe im Falle des Erwerbs eines ganzen Betriebs nach § 6 Abs. 1 Nr. 6 EStG 1934 bzw. heute § 6 Abs. 1 Nr. 7 EStG, vgl. *Meyering*, Anschaffungskosten, DStR 2008, 1008 f., auch allgemein zur Aufteilung des Gesamtkaufpreises; *Werndl*, in: K/S/M, EStG, § 6 EStG, Rn. H 1 f. (Februar 2023). Andere Konsequenzen folgen hieraus wegen des Übereinstimmens aller Bewertungsmaßstäbe nicht. Wurde ein schwer bewertbarer, immaterieller Vermögensgegenstand wie ein Firmenwert angeschafft, räumte die Rechtsprechung zudem ein Wahlrecht ein, beides anzusetzen und mit dem Barwert der Verpflichtung zu bewerten oder keine Verpflichtung anzusetzen und den Vermögensgegenstand erst mit den Zahlungen aus Verpflichtung zu bilanzieren und zu bewerten. Vgl. BFH v. 02.02.1967, IV 246/64, BStBl. III, 366.

[492] Vgl. BFH v. 05.02.1969, I R 21/66, BStBl. II 1969, 334 unter II.1. der Gründe unter Verweis auf BFH v. 30.07.1965, VI 264/64 U, BStBl. III 1965, 663.

[493] Vgl. BFH v. 07.07.1983, IV R 47/80, BStBl. II 1983, 753 unter II.2.c) der Gründe für zinslose Stundung einer Verpflichtung; BFH v. 05.02.1987, IV R 81/84, BStBl. II 1987, 845 unter 3.c) der Gründe für eine Jubiläumszuwendung, die erst nach einigen Jahren Betriebszugehörigkeit gezahlt wird; BFH v. 15.07.1998, I R 24/96, BStBl. II 1998, 728 unter II.3.c) für die Zusage einer Bank über eine am Ende der Laufzeit auszuzahlende Sparprämie. Siehe auch zu Verbindlichkeiten BFH v. 25.02.1975, VIII R 19/70, BStBl. II 1975, 647 unter 1.a) und b) der Gründe; BFH v. 31.01.1980, IV R 126/76, BStBl. II 1980, 491 unter 2. der Gründe; BFH v. 23.02.1984, IV R 128/81, BStBl. II 1984, 516 unter 2.a) der Gründe per Verweis auf IV R 126/76. Siehe auch bei Forderungen BFH v. 11.12.1986, IV R 222/84, BStBl. II 1987, 553 unter 4.b) der Gründe.

abgrenzbaren anderen Gegenleistung an Zinses statt begründet.[494] Es soll (3) gerade kein Zinsanteil vorliegen, wenn Auszahlungs- und Rückzahlungsbetrag identisch sind.[495] Die Kriterien sind weder innerhalb der einzelnen Gruppen (1)-(3)[496] noch gruppenübergreifend[497] widerspruchsfrei.[498] Ein umfassendes Festhalten an der bisherigen Rechtsprechung zum verdeckten Zinsanteil wäre daher nicht mehr überzeugend. Ernstlich problematisch sind dabei all diejenigen Fälle, in denen das Vorliegen eines Zinsanteils nicht bei objektiviert vorsichtiger Betrachtung auf einen Unterschied zwischen Auszahlungs- und Verfügungsbetrag zurückgeführt wird.[499] Vorzugswürdig erscheint daher eine entsprechende

494 Zu Forderungen vgl. BFH v. 09.07.1969, I R 38/66, BStBl. II 1969, 744 unter 2. der Gründe; BFH v. 26.02.1975, I R 72/73, BStBl. II 1976, 13 unter b) und a) der Gründe; BFH v. 23.04.1975, I R 236/72, BStBl. II 1975, 875 unter 2. der Gründe.

495 Vgl. BFH v. 12.12.1990, I R 153/86, BStBl. II 1991, 479 unter II.A.7.b); BFH v. 12.12.1990, I R 18/89, BStBl. II 1991, 485 unter II.A.2.b).bb); BFH v. 03.12.1991, VIII R 88/87, BStBl. II 1993, 89 unter 4.c) der Gründe; BFH v. 30.11.2005, I R 1/05, BStBl. II 2006, 471 unter II.2.c), wo angeführt wird, dass die fehlende Möglichkeit zur vorzeitigen Begleichung einer Verpflichtung durch Zahlung ihre Barwerts ein Indiz hierfür sein kann.

496 Gruppe (1) wird auf pauschale Annahmen gestützt und liefert allein deswegen schon keine Gründe. In Gruppe (2) war die Abgrenzbarkeit der anderen Gegenleistung problematisch. Die andere Gegenleistung dürfe sich nicht nur im gesamten Unternehmenserfolg niederschlagen (z. B. Arbeitnehmerzufriedenheit), vgl. BFH v. 30.11.1988, I R 114/84, BStBl. II 1990, 117, Rn. 13–15 (zu einer Forderung). Ein Bierlieferungsrecht, bzw. für den Abnehmer eine Verpflichtung zum ausschließlichen Bezug des Biers des Anbieters, sollte ausreichend sein, vgl. BFH v. 26.02.1975, I R 72/73, BStBl. II 1976, 13 unter b) und a) der Gründe (ebenfalls zu einer Forderung). In Gruppe (3) wurden zwei Fälle entschieden, in denen Aus- und Rückzahlungsbetrag wegen der Eigenheiten der in den Urteilen zu würdigenden Verpflichtungen aus Bausparverträgen tatsächlich bekannt und identisch waren, siehe BFH v. 12.12.1990, I R 153/86, BStBl. II 1991, 479 unter II.A.7.b); BFH v. 12.12.1990, I R 18/89, BStBl. II 1991, 485 unter II.A.2.b).bb). In einem dritten Fall mit einer Rückstellung für die Erneuerung gepachteter Gegenstände sind die Beträge aber gerade unbekannt und wegen zwischenzeitlicher Preissteigerungen vermutlich auch nicht identisch, siehe BFH v. 03.12.1991, VIII R 88/87, BStBl. II 1993, 89 unter 4.c) der Gründe.

497 Insbesondere einige Fälle der allgemeinen Erfahrungssätze (1) stehen in Widerspruch zur inhaltlichen Aussage und den Fällen der Gruppe (3).

498 Streng genommen wurden bei Altersteilzeitrückstellungen die Verpflichtungen auch noch auf ein Rentenstammrecht und steigende Vergütungsbeträge hin untersucht, vgl. BFH v. 30.11.2005, I R 110/04, BStBl. II 2007, 251. Dies war aber nur bei dieser Art Verpflichtungen der Fall, für die heute die Grundsätze für Pensionsverpflichtungen gelten. Sie können daher vernachlässigt werden.

499 Auf die Fußnoten 494–499 in Abschnitt 3.1.3.1.2.3.2.1 wird verwiesen. Durch eine Reduzierung auf diese Anwendungsfälle würden die gruppenübergreifenden Konflikte aufgelöst, die durch (1) die pauschale Annahme aufgrund allgemeiner Erfahrungssätze verursacht werden. Auch der in Gruppe (3) ausgemachte Konflikt beruht auf einer vereinfachenden

Abstandnahme. In den infolgedessen verbleibenden Fällen mit „Zinsanteilen" ist dieser wie bei einem Disagio berechenbar.[500] Es ergeben sich die folgenden Konsequenzen:

- Anwendungsfälle für die Abzinsung wegen Zinsanteils sind Sach-/ Geldleistungsverpflichtungen (Fallgruppe (a)) sowie Rentenverpflichtungen (Fallgruppe (b)), bei denen keine offene Gegenleistung in Form einer herkömmlichen laufenden Verzinsung vereinbart ist, aber bei vorsichtig objektivierter Betrachtung eine Differenz zwischen Auszahlungs- und Erfüllungsbetrag vorliegt. Der Auszahlungsbetrag kann entweder als vertraglich dokumentierter oder vorsichtig objektiviert aus Marktdaten ermittelbarer Einmalkaufpreis quantifiziert werden. Der Erfüllungsbetrag ist bei Leibrenten die Summe der erwarteten Rentenzahlungen (versicherungsmathematischer Erwartungswert ohne Abzinsung). Aufgrund der schon bei den Aktiva gewonnenen Erkenntnissen ist sowohl für Fallgruppe (a) als auch für Fallgruppe (b) nur die Anwendung der Bruttomethode schlüssig.[501] Die Verpflichtung wird mit dem Erfüllungsbetrag passiviert, der Zinsanteil in einem Rechnungsabgrenzungsposten abgegrenzt.
- Anwendungsfälle für die Abzinsung nach § 6 Abs. 1 Nr. 3a lit. e) EStG sind Sach- und Geldleistungsverpflichtungen (Fallgruppe (a)) sowie Rentenverpflichtungen (Fallgruppe (b)), bei denen weder eine offene Gegenleistung in Form einer herkömmlichen laufenden Verzinsung vereinbart ist, noch bei

---

Annahme, die hierdurch behoben würde. Gruppe (2) litt nur unter Unschärfen in der Konturierung der Wirtschaftsgüter und Vermögensgegenstände, die sich im Zeitablauf bereits gelöst haben dürften.

[500] Obsolet für die Zweckbestimmung wird hierdurch der in der Rechtsprechung angeführte Abzinsungsgrund einer Innenfinanzierung. Zu diesem vgl. insbesondere BFH v. 12.03.1964, IV 456/61 U, BStBl. III 1964, 525 unter I. der Gründe; BFH v. 03.07.1964, VI 262/63 U, BStBl. III 1965, 83, „Wollte man (...) gestatten, diese Verpflichtung sofort mit dem Nennbetrag anzusetzen, so ergäbe die Bilanz ein wirtschaftlich falsches Bild insofern, als (...) der Arbeitgeber mit dem zugesagten Betrag noch auf lange Zeit wirtschaften kann". Siehe auch BFH v. 10.07.1964, VI 352/62, HFR 1965, 203 im dritten Absatz der Gründe; BFH v. 09.12.1965, IV 423/62, HFR 1966, 208 in den Gründen. Selbiges gilt für die entsprechenden Überlegungen zu Leibrenten. Zu diesen vgl. BFH v. 20.11.1969, IV R 22/68, BStBl. II 1970, 309 unter Verweis auf BFH v. 12.03.1964, IV 456/61 U, BStBl. III 1964, 525 unter II. der Gründe.

[501] Die Anwendung der Nettomethode führt zu Brüchen mit der Bewertung von Geldforderungen, zu der hier wie schon bei den Disagien für Darlehen und Anleihen keine bedeutenden rechtfertigenden Unterschiede ersichtlich sind. Vgl. bereits die Textabsätze bei Fußnoten 272 bis 274, 292 bis 297 und 367 oben.

vorsichtig objektivierter Betrachtung eine Differenz zwischen Auszahlungs- und Erfüllungsbetrag vorliegt.

Im Ergebnis gilt handelsrechtlich stets die Nettomethode aufgrund von § 253 Abs. 2 HGB. Steuerrechtlich gilt die Nettomethode, sofern die Abzinsung nach § 6 Abs. 1 Nr. 3a lit. e) EStG anzuwenden ist, bzw. die Bruttomethode, sofern ein Anwendungsfall eines Zinsanteils vorliegt.

Ausgehend von den identifizierten Barwertkalkülen sind sodann folgende Zweckbestimmungen erkennbar:

- Die Bildung und gegebenenfalls Ansammlung von sonstigen Rückstellungen setzt das Realisationsprinzip um. Eine Abzinsung ist hierfür nicht notwendig. Weil die oben genannten gesetzlichen Bestimmungen beim Erwerber dennoch zusätzlich eine Abzinsung vorschreiben, wird das Realisationsprinzip durchbrochen und hauptsächlich der von der gesetzlichen Typisierung vorgegebene Sachverhalt dargestellt (Herstellung der Darstellbarkeit). Das gilt auch für Fälle sonstiger Rückstellungen für Renten, wenngleich es sich bei diesen im Rahmen der Überführung einer Zahlungsreihe in einen einwertigen Betrag für sich genommen (auch hierfür ist keine Abzinsung notwendig) nur um eine Korrektur der Darstellung handeln würde.
- Im Handelsrecht ist die alleinige ausdrückliche Zweckbestimmung der Abzinsung sonstiger Rückstellungen die Möglichkeit der Innenfinanzierung.[502] Sie deckt sich mit derjenigen von Pensionsrückstellungen. Ziel des BilMoG war es gerade, dahingehend eine einheitliche Behandlung aller Rückstellungen herbeizuführen.[503] Die gesetzliche Regelung des Kalkulationszinssatzes und

[502] Niederlegung dieses Zwecks bei Ansatz und Bewertung erst mit BilMoG, vgl. BT-Drs. 344/08, 116. Aus der Anschlussänderung 2016 resultiert keine Zweckänderung, sie hat rein technischen Anlass, vgl. BT-Drs. 18/7584, 149. Beim Ausweis auch schon die Begründung zum AktG 1965, vgl. BT-Drs. 4/171, 171. Ansonsten schweigen die Gesetzesbegründungen hinsichtlich des konkreten jeweiligen Normzwecks, vgl. für die Rechtslage bis einschließlich des AktG 1965 unter Verweis auf die „allgemeine Meinung" BT-Drs. 4/171, 177 sowie für die Rechtslage des BiRiLiG 1987 ausdrücklich ohne Zweckänderungen BT-Drs. 10/317, 91 und BT-Drs. 10/4268, 98. Auch die Bilanz-RL enthielt und enthält keine Abzinsungsvorschrift. Sie verhindert diese auch nicht. Art. 12 Abs. 2 UAbs. 3 Bilanz-Richtlinie schreibt die Bewertung der Rückstellungen mit dem besten Schätzwert von Aufwendungen vor, die wahrscheinlich eintreten werden, bzw. im Falle einer Verbindlichkeit mit dem Betrag, der zu ihrer Abgeltung erforderlich ist. Aufgrund der Unsicherheit besteht bei der Schätzung der jeweiligen Beträge auch Interpretationsspielraum für eine Abzinsung.

[503] Vgl. BT-Drs. 344/08, 113, 119.

dessen Ermittlung durch die Bundesbank wird (1) mit höherer Vergleichbarkeit der Abschlüsse, (2) mit der Verhinderung von Bilanzpolitik und (3) als Erleichterung für die Bilanzersteller begründet.[504] Keine Relevanz für die Zweckbestimmung hat das zwischenzeitliche generelle Abzinsungsverbot aus dem VersRiLiG 1994, das sich mit dem BilMoG wieder erübrigt hat.[505]

- Im Steuerrecht ist der Normzweck für die Abzinsung nach § 6 Abs. 1 Nr. 3a lit. e) EStG ebenfalls die Möglichkeit der Innenfinanzierung. Nebenfolge ist die stärkere Objektivierung durch Einschränkung des Imparitätsprinzips.[506]

Der Hauptzweck ergibt sich durch Auslegung anhand der Gesetzesbegründung. Dieser zufolge ist die Besteuerung nach der tatsächlichen Leistungsfähigkeit ausschlaggebend. Sie ergebe sich aus dem Vergleich mit dem Wertansatz der einzelnen Rückstellung im Kaufpreis für das gesamte Unternehmen. Ein gedachter Erwerber werde bei fremdunüblich vorteilhafter Verzinsung und längerer Laufzeit die Verpflichtung wegen ihrer geringeren wirtschaftlichen

---

[504] Vgl. BT-Drs. 344/08, 120.

[505] Die Abzinsung wurde auf Rückstellungen für ungewisse Verbindlichkeiten begrenzt, die einen Zinsanteil enthalten, im Übrigen aber untersagt. Die Gesetzesbegründung verwies auf eine Umsetzung der zugehörigen EU-Richtlinie, vgl. BT-Drs. 12/7646, 2. Tatsächlich wurden durch die Vorschrift aber nicht nur Bestimmungen für Versicherungsleistungen getroffen, sondern für alle Verbindlichkeitsrückstellungen, daher handelte es sich nicht um reines Umsetzungsrecht. Die Literatur sah in der Änderung daher eine Reaktion des Gesetzgebers auf die Literaturdiskussion um die Zulässigkeit einer Abzinsung in der Bilanz, vgl. *Redaktion*, in: Adler/Düring/Schmaltz, Rechnungslegung, § 253 HGB, Tz. 197 (1994). Vgl. auch Art. 1 Nr. 8 des BiRiLiG v. 19.12.1985, BGBl. I 1985, 2355.

[506] So zumindest noch im Regierungsentwurf, vgl. BT-Drs. 14/265, 171. Dieser enthielt aber einige weitere Bestimmungen, die im folgenden Gesetzgebungsverfahren entfallen sind. In den späteren Begründungen wurde von dieser Zielsetzung nicht mehr gesprochen. Für die Gültigkeit auch dieser Begründung BFH v. 27.01.2010, I R 35/09, BStBl. II 2010, 478, Rn. 18. Es handelt sich bei dieser aber nur um eine Nebenfolge der geringeren wirtschaftlichen Belastung durch die Innenfinanzierungsmöglichkeiten als Hauptzweck. Dafür spricht unter anderem, dass die hier nur anteilig vorgenommene Passivierungsbeschränkung (die Rückstellung ist um den Zinseffekt aus der Abzinsung geringer) dem Zweck der Einschränkung des Imparitätsprinzips weniger dienlich ist, als ein grundsätzliches Verbot des Ansatzes dem Grunde nach unsicherer Rückstellungen. Schließlich hat auch hier das zwischenzeitliche generelle Abzinsungsverbot aus dem VersRiLiG 1994 keine Relevanz für die Zweckbestimmung, da mit dem Steuerentlastungsgesetz 1999/2000/2002 ausdrücklich davon abgewichen wurde. Vgl. BT-Drs. 14/265, 171.

Belastung nur mit ihrem geringeren Barwert ansetzen.[507] Schon der Ausgangspunkt der Überlegungen, die „tatsächliche Leistungsfähigkeit", wird durch gesetzgeberische Grundentscheidungen zur Belastung des Steuerpflichtigen erst festgelegt.[508] Diese Grundentscheidungen waren bisher das Realisations- und das Imparitätsprinzip. Die Regelung durchbricht aber bei den dem Grunde nach sicheren, aber der Höhe nach unsicheren Rückstellungen das bisher geltende Realisationsprinzip. Die reine Periodisierung von Zahlungen[509] wird um einen rein kalkulatorischen Bewertungsschritt ergänzt, der sich weder so gut wie sicher noch wahrscheinlich in einer tatsächlichen Zahlung konkretisieren wird. Insofern wird die tatsächliche Leistungsfähigkeit neu definiert. Darüber hinaus führt der Vergleich mit dem Ansatz, den ein Erwerber des gesamten Unternehmens vornehmen würde, nicht zu dem Schluss, dass durch die Abzinsung ein Marktpreis typisiert geschätzt wird. Stattdessen führt die Formulierung den Rechtsanwender zum Teilwert als Fortführungswert. Für diesen ist von den außerplanmäßigen Abschreibungen bekannt, dass die wertbeeinflussenden Parameter aus dem Fortführungszusammenhang regelmäßig gegen eine Anpassung an abweichende Marktpreise sprechen.[510] Da der Marktvergleich ausscheidet, die Regelung aber dennoch eine geringere wirtschaftliche Belastung abzubilden versucht, bleibt als einziger ausschlaggebender Grund für die steuerrechtliche Abzinsung das Innenfinanzierungspotenzial im eigenen Unternehmen übrig.

---

[507] Im Regierungsentwurf war zunächst nur eine Abzinsung von Geldleistungsverpflichtungen unter entsprechender Anwendung von § 12 Abs 3 BewG vorgesehen. In der zugehörigen Begründung wurden die dargelegten Gründe niedergelegt. Vgl. hierzu BT-Drs. 14/265, 172. Im weiteren Verlauf des Gesetzgebungsverfahrens erfolge auch eine Ausdehnung auf Sachleistungsverpflichtungen. Der Verweis auf das BewG ist entfallen. Es sollten dieselben Gründe maßgeblich sein, die bereits im Regierungsentwurf dargelegt wurden. Vgl. hierzu BT-Drs. 14/442, 10 und BT-Drs. 14/443, 24. An diese Zweckbestimmung hält sich auch die Rechtsprechung. Vgl. zu Rückstellungen BFH v. 27.01.2010, I R 35/09, BStBl. II 2010, 478, Rn. 11, 21; BFH v. 05.05.2011, IV R 32/07, BStBl. II 2012, 98, Rn. 32; BFH v. 21.09.2011, I R 50/10, BStBl. II 2012, 197, Rn. 22–24; BFH v. 08.11.2016, I R 35/15, BStBl. II 2017, 768, Rn. 28. Vgl. zu Verbindlichkeiten BFH v. 06.10.2009, I R 4/08, BStBl. II 2010, 178, Rn. 14; BFH v. 27.01.2010, I R 35/09, BStBl. II 2010, 478, Rn. 11; BFH v. 25.05.2016, I R 17/15, BStBl. II 2016, 930, Rn. 31; BFH v. 13.07.2017, VI R 62/15, BStBl. II 2018, 15, Rn. 19; BFH v. 18.09.2018, XI R 30/16, BStBl. II 2019, 67, Rn. 24; BFH v. 22.05.2019, X R 19/17, BStBl. II 2019, 795, Rn. 39 f.

[508] Hier sind explizit nicht diejenigen mit verfassungsrechtlichem Sonderrang im Folgerichtigkeitsgebot angesprochen, sondern allgemein die der hier gegenständlichen Regelung höher vorgelagerten Regel-Ausnahme-Verhältnisse bei der Einkommensermittlung.

[509] Gegebenenfalls verbunden mit einer Schätzung nach ihrer Eintrittswahrscheinlichkeit.

[510] Siehe hierzu etwa den Text bei Fußnoten 413 bis 424 und 259 bis 264.

Zuletzt sei angemerkt, dass sich ein nicht auflösbarer Widerspruch aus der Gesetzesbegründung zur Abschaffung der Abzinsung unverzinslicher Verbindlichkeiten in 2022 ergibt. Für beide Abzinsungsregeln war bei ihrer Einführung derselbe oben angeführte Zweck ausschlaggebend. Für Verbindlichkeiten wurde die Abzinsung abgeschafft, weil aufgrund der niedrigen Marktzinsen keine geringere wirtschaftliche Belastung mehr angenommen werden könne. Bei Rückstellungen sei dies nicht der Fall, weshalb die Abzinsung beibehalten werde.[511]

- Schließlich ist im Steuerrecht der Zweck der Abzinsung im Falle von Zinsanteilen den Damna entsprechend die Umsetzung des Realisations- bzw. Imparitätsprinzips.[512] Das Damnum als nicht als laufende Verzinsung ausgedrücktes Entgelt für eine Nutzungsüberlassung wird korrigierend nach den für Dauerschuldverhältnisse geltenden Grundsätzen wie eine laufende Verzinsung dargestellt (Korrektur der Darstellung).

3.1.3.1.2.3.2.2 Technik

Technisch erfolgt die Abzinsung genau analog zu den Pensionsrückstellungen. Für den Ansatz des Barwerts gelten die Formeln (3.2) bzw. (3.2a). Im Zähler stehen ausschließlich die handels-/steuerrechtlich als Erfüllungsbetrag zu erwartenden Zahlungen. Bei diesen wird es sich wegen des Saldierungsverbots (§ 246 Abs. 2 Satz 1 HGB) in aller Regel nur um erwartete Auszahlungen handeln.[513] Bei Drohverlustrückstellungen, die in Höhe des drohenden Verlusts bewertet werden müssen, also dem Saldo von Erträgen und Aufwendungen aus Ansprüchen und Verpflichtungen desselben Geschäfts,[514] kann es sich daher um erwartete Ein- und Auszahlungen handeln. Wegen § 5 Abs. 4a Satz 1 EStG kann dieser Fall aber nur in der Handelsbilanz auftreten.

$$(3.2) \quad BW = \sum_{t=0}^{T} \frac{A_t - E_t}{(1+i)^t} \quad \text{bzw.} \quad (3.2a) \qquad BW = \sum_{t=0}^{T} \frac{A_t - E_t}{\prod_{t=0}^{T}(1+i_t)}$$

In allen Fällen von Rückstellungen mit Barwertkalkülen können sich spätere Anpassungen in der Rechnung durch geänderte Tatsachen ergeben. Stellt sich

[511] Vgl. BT-Drs. 20/1906, 40.

[512] Siehe Abschnitt 3.1.3.1.2.2.1.2 am Ende und 3.1.3.1.2.3.2.1, Fußnote 502.

[513] Vgl. *Hachmeister/Beyer/Hagemann et al.*, in: Anzinger/Oser/Schlotter, Rechnungslegung, § 253 HGB, Rz. 268 (2023).

[514] Vgl. *Tiedchen*, in: Anzinger/Oser/Schlotter, Rechnungslegung, § 249 HGB, Rz. 288 f., 297–303 (2023).

erst später heraus, dass die Schätzung fehlerhaften Annahmen unterlag oder ändern sich die sachlichen Gegebenheiten nachträglich (z. B. früherer oder späterer Erfüllungsbeginn, schnellerer oder langsamerer Ansammlungsfortschritt, ungleichmäßige statt gleichmäßige Ansammlung), müssen die Bewertungsparameter angepasst bzw. auf die passende Methode umgestellt werden. Die Rückstellung muss dann bis zur Höhe des richtigen Betrags zu demjenigen Bilanzstichtag, zu dem bessere Erkenntnis eingetreten ist, erfolgswirksam erhöht oder herabgesetzt werden.[515] Die Anpassungen lassen die mathematischen Grundlagen des Barwertkalküls aber unberührt.

Für (i) alle handelsrechtlichen Rückstellungen mit einer Restlaufzeit von mehr als einem Jahr und (ii) diejenigen steuerrechtlichen Rückstellungen, die unverzinslich sind und daher § 6 Abs 1 Nr. 3a lit. e) EStG unterliegen, ist bei der Zugangsbewertung der zum Stichtag berechnete Barwert zu passivieren. Die Passivierung erfolgt erfolgswirksam durch Buchung von Aufwand an Rückstellung. Mit jeder verstreichenden Rechnungsperiode verkürzt sich der zeitliche Abstand bis zur Erfüllung.[516] Im Barwertkalkül ändert sich die der Rechnung zugrundeliegende Zeitspanne. Infolgedessen ändert sich auch der Barwert. Weil es keine kodifizierte Fortschreibungsregel wie bei den planmäßigen Abschreibungen gibt, kann sich der Ansatz der Rückstellung in Höhe des jeweils neuen Barwerts nur aus der periodenweisen Neubewertung von Rückstellungen (Stichtagsprinzip) ergeben.[517] Der Barwert ändert sich um den Barwert (Rückstellungsbestand) der

---

[515] Vgl. auch *IDW*, RS HFA 34, IDW-FN 2015, 380, Tz. 19 f.; *Kulosa*, in: Schmidt, EStG, § 6 EStG, Rz. 486 f. (2022). Dies liegt daran, dass nach § 252 Abs. 1 Nr. 3 HGB eine Bewertung einzeln zu (jedem) Abschlussstichtag erfolgen muss und der nach vernünftiger kaufmännischer Schätzung notwendige Erfüllungsbetrag als Bewertungsmaßstab nicht an eine historische Schätzung gebunden ist, wie die Anschaffungs- oder die Herstellungskosten an historische Aufwendungen. Zu beachten ist, dass nur diejenigen Tatsachen zu berücksichtigen sind, die auch in der jeweiligen Rechnungsperiode bis zum Abschlussstichtag eingetreten sind. Vgl. BFH v. 02.07.2014, I R 46/12, BStBl. II 2014, 979, Rn. 19–24; BFH v. 16.12.2014, VIII R 45/12, BStBl. II 2015, 759, Rn. 24 f.; *Wüstemann/Rost*, in: Schulze-Osterloh/Hennrichs/Wüstemann, HdJ, Abt. III/5, Rz. 71 (Juli 2020).

[516] Zu den Sachleistungsverpflichtungen vgl. § 6 Abs. 1 Nr. 3a lit. e) Satz 2 EStG; BFH v. 27.01.2010, I R 35/09, BStBl. II 2010, 478, Rn. 21 und 25; BFH v. 05.05.2011, IV R 32/07, BStBl. II 2012, 98, Rn. 33; BFH v. 08.11.2016, I R 35/15, BStBl. II 2017, 768, Rn. 29; BFH v. 13.07.2017, VI R 62/15, BStBl. II 2018, 15, Rn. 14.

[517] Der nach vernünftiger kaufmännischer Schätzung notwendige Erfüllungsbetrag als Bewertungsmaßstab ist nicht an eine historische Schätzung gebunden, wie es bei den Anschaffungs- oder Herstellungskosten (an historische Aufwendungen) der Fall ist. Gem. § 252 Abs. 1 Nr. 3 HGB muss die Bewertung einzeln zu (jedem) Abschlussstichtag erfolgen. Vgl. BFH v. 02.07.2014, I R 46/12, BStBl. II 2014, 979, Rn. 19–24; *Wüstemann/Rost*, in: Schulze-Osterloh/Hennrichs/Wüstemann, HdJ, Abt. III/5, Rz. 71 (Juli 2020).

Vorperiode multipliziert mit dem Kalkulationszinssatz für die jeweilige Periode (i_t). Der Betrag wird erfolgswirksam als Zinsen[518] gegen den Rückstellungsbetrag gebucht. Der jeweilige Kalkulationszinssatz ergibt sich aus § 253 Abs. 2 Sätze 1 und 3 HGB bzw. § 6 Abs. 1 Nr. 3a lit. e) Satz 1 EStG.

Besonderheiten ergeben sich (iii) in den voranstehend thematisierten Fällen von Leibrentenverpflichtungen. Dort müssen die Laufzeit und Höhe der Verpflichtung wegen Anbindung an biometrische Faktoren versicherungsmathematisch mit deren Eintrittswahrscheinlichkeiten geschätzt werden, wie dies auch für Pensionsverpflichtungen erfolgt. Es besteht mathematische Unabhängigkeit zu den übrigen Rechenparametern, weshalb diese nachfolgend vernachlässigt werden können.[519] Ist § 6 Abs. 1 Nr. 3a lit. e) Satz 1 EStG mangels Verzinslichkeit anwendbar, gelten die voranstehenden Ausführungen entsprechend. Einziger Unterschied ist, dass zwischenzeitlich laufende Rentenzahlungen geleistet werden. Dies hat Auswirkungen auf die Folgebewertung. Die einzelnen Rentenzahlungen entfallen dann in Höhe des jeweils letzten Rückstellungsbestands multipliziert mit dem Kalkulationszinssatz auf kalkulatorische Zinsen. Die übrige Differenz zum Betrag der einzelnen Rentenzahlung ist Tilgung auf den Rückstellungbestand. Wird eine einzelne Rentenzahlung geleistet, wird daher per Rückstellung (Tilgungsanteil) und Zinsaufwand (Zinsanteil) an Bank gebucht.[520] Kann § 6 Abs. 1 Nr. 3a lit. e) Satz 1 EStG nicht angewendet werden, ist stattdessen der Erfüllungsbetrag unvermindert zu bilanzieren. Die Differenz zum Auszahlungsbetrag ist nach den in den voranstehenden Untersuchungsabschnitten bereits dargestellten Grundsätzen in einem aktiven Rechnungsabgrenzungsposten abzugrenzen und entsprechend der Zinsstaffelmethode für Tilgungsdarlehen aufzulösen.[521]

Besonderheiten ergeben sich ebenfalls (iv), wenn die Rückstellung angesammelt werden soll (siehe etwa § 6 Abs. 1 Nr. 3a lit. d) EStG). Dann ist zwischen Fällen zu differenzieren, in denen (a) der Umfang der Verpflichtung erst noch

---

[518] Ausweis gem. § 277 Abs. 5 HGB in den Zinsen und ähnlichen Erträgen und Aufwendungen.

[519] Auf die Ausführungen zu Pensionsrückstellungen in Abschnitt 3.1.3.1.2.3.1.2 wird verwiesen.

[520] Zur Aufteilung der Rentenzahlung in die Anteile vgl. BFH v. 23.02.1984, IV R 128/81, BStBl. II 1984, 516 unter 2.b) der Gründe. Zum Ausweis in den Zinsen und ähnlichen Erträgen und Aufwendungen siehe § 277 Abs. 5 HGB. Die Auffassung des BMF v. 26.05.2005, IV B 2 – S 2175 – 7/05, BStBl. I 2005, 699, Rz. 41 steht nicht zwingend in einem Widerspruch hierzu, denn sie zielt im Wesentlichen auf die Qualifikation des Zinsanteils für außerbilanzielle steuerliche Zwecke. Sie mag zu Beginn auch als innerbilanzielle Auslegungshilfe gedient haben, ist aber insoweit durch die spätere Einführung von § 277 Abs. 5 HGB mit dem BilMoG in 2009 überholt.

[521] Siehe hierzu schon Abschnitt 3.1.3.1.2.2.3.2 im letzten Absatz.

vom tatsächlichen betrieblichen Fortschritt abhängt, bspw. weil eine Kiesgrube ausgehoben werden soll und später wieder verfüllt werden muss, und Fällen, in denen (b) der Umfang der Verpflichtung unmittelbar feststeht, z. B. bei einer Rückbauverpflichtung für einen Mietereinbau.[522] Weil in beiden Fällen die Verpflichtung dem Grunde nach bereits (so gut wie) sicher ist, ist die Ansammlung eine Frage des Realisationsprinzips. Die Verpflichtungen stehen in identifizierbar engem Zusammenhang mit einem längerfristig nutzbaren Vermögensgegenstand bzw. Wirtschaftsgut. Die Aufwandsentstehung muss daher der Marktleistungserbringung durch Nutzung im fortgeführten Betrieb folgen.[523] Bei der Ansammlung kommen mathematisch grundsätzlich ebenfalls dieselben Bewertungsmethoden zum Einsatz, wie bei den Pensionsrückstellungen. Sie haben hier nur andere Namen erhalten und es bedarf für die Aufwendungen der späteren Leistungserbringung keiner weiteren Barwertermittlung, da die Leistung in der Regel nicht langfristig erbracht werden muss, sondern kurzfristig erledigt werden kann. In der Namensgebung des IDW heißen diese Methoden Barwertverfahren (entspricht im Wesentlichen der PUC Methode) und Gleichverteilungsverfahren (entspricht im Wesentlichen dem Teilwert-/Gleichverteilungsverfahren).[524] Beim Barwertverfahren wird der voraussichtliche Nominalbetrag des späteren Erfüllungsaufwands (E)

---

[522] Die Fälle sind entnommen aus *Frank*, Jubiläumsrückstellungen, Stbg 2009, 210; *Wüstemann/Rost*, in: Schulze-Osterloh/Hennrichs/Wüstemann, HdJ, Abt. III/5, Rz. 44–46 (Juli 2020); *Schubert*, in: Grottel/Justenhoven/Schubert et al., BeBiKo, § 253 HGB, Rn. 148–150 (2022); *Hommel*, in: Baetge/Kirsch/Thiele, Bilanzrecht, § 249 HGB, Rz. 232–237 (November 2022). Siehe zudem BT-Drs. 14/443, 23. Die Idee der Verteilung in den Fällen der Kategorie (b) geht wohl zurück auf eine nicht veröffentlichte Entscheidung des RFH v. 29.04.1941, I 435/40, vgl. BFH v. 27.11.1968, I 162/64, BStBl. II 1969, 247 in den Gründen ganz oben.

[523] Siehe hierzu bereits Fußnote 228 in Abschnitt 3.1.3.1.1.3. Für Fälle der Kategorie (a) lässt sich die Ansammlung unmittelbar aus dem Realisationsprinzip begründen. Bei ihnen ist offensichtlich, dass der rechtliche und faktische Tatbestand nur in dem Umfang erfüllt ist, in dem der betriebliche Fortschritt erfolgt, z. B. die Ausbeutung physisch voranschreitet. Ob eine Ansammlung in den Fällen der Kategorie (b) zwingend durchgeführt werden muss, kann aber bezweifelt werden. Für eine solche Behandlung bei Rückstellungen mangelt es an einer ausdrücklichen gesetzlichen Aufforderung wie derjenigen bei Abschreibungen. Auch § 6 Abs. 1 Nr. 3a lit. d) EStG hilft hier nicht weiter, da er auf eine Verursachung durch laufenden Betrieb abstellt und diese Floskel eine Leerfloskel ist. Für dessen Nutzbarmachung müsste bereits geklärt sein, wann eine Verursachung vorliegt.

[524] Vgl. *IDW*, RS HFA 34, IDW-FN 2015, 380, Tz. 18–20.

- bei Kategorie (a) nach dem Anteil der erbrachten Leistung einer Periode (L_n) an der voraussichtlich zu erbringenden Gesamtleistung (L) verteilt ($E \times \frac{L_n}{L}$), sowie
- bei Kategorie (b) auf die Anzahl der Perioden bis zum Beginn der Leistungserbringung (N) verteilt ($\frac{E}{N}$).[525]

Der anteilige Nominalbetrag wird anschließend noch auf den jeweiligen Zeitpunkt auf-/abgezinst, in dem die Prämie zu entrichten ist ($(1 + i)^{-N+n}$).[526] Man erhält für den entstandenen Aufwand einer Periode n nach dem Barwertverfahren[527]

$$\text{(a)} \quad \mathit{Aufwand}_n^{BWV} = \frac{E}{N} \times \frac{1}{(1+i)^{N-n}}, \quad \text{bzw.}$$

$$\text{(b)} \quad \mathit{Aufwand}_n^{BWV} = E \times \frac{L_n}{L} \times \frac{1}{(1+i)^{N-n}}.$$

Die Auf-/Abzinsung führt dazu, dass der entstandene Aufwand in jeder Periode unterschiedlich hoch ist.[528] Beim Gleichverteilungsverfahren wird aus dem voraussichtlichen Nominalbetrag des späteren Erfüllungsaufwands ein in jeder Periode gleich hoher entstandener Aufwand berechnet. Der Nominalbetrag wird also auch auf die Anzahl der Perioden N verteilt, aber in Form einer Annuität.[529] Da die Verteilung auch hier schlicht über die Anzahl der Perioden erfolgt, ist diese Methode nur bei Kategorie (b) zulässig.[530] Man erhält für den in jeder

---

[525] Zur Beschreibung der Verteilungsmechanismen vgl. etwa BFH v. 05.05.2011, IV R 32/07, BStBl. II 2012, 98, Rn. 28–30; *Hommel*, in: Baetge/Kirsch/Thiele, Bilanzrecht, § 249 HGB, Rz. 235 (November 2022). Sie beschreiben auch, dass hierdurch ähnlich zu den planmäßigen Abschreibungen eine typisierte Zuordnung zur Ertragserzielung erfolgt. Eine unmittelbare Zuordnung von Erträgen zu einzelnen Vermögensgegenständen wäre ohnehin nur in äußersten Ausnahmefällen eindeutig möglich, da der Unternehmenserfolg immer nur durch eine Mehrheit unternehmerischer Ressourcen erzielt werden kann. Uneindeutige Fälle widersprechen mangels Nachprüfbarkeit dem Objektivierungserfordernis. Anders wohl *Wüstemann/ Rost*, in: Schulze-Osterloh/Hennrichs/Wüstemann, HdJ, Abt. III/5, Rz. 84 f. (Juli 2020).

[526] Vgl. *IDW*, RS HFA 34, IDW-FN 2015, 380, Tz. 19.

[527] Die Formel ist aus derjenigen für die PUC Methode bei den Pensionsrückstellungen entnommen, siehe Abschnitt 3.1.3.1.2.3.1.2 bei Fußnote 470.

[528] Vgl. *IDW*, RS HFA 34, IDW-FN 2015, 380, Tz. 19.

[529] Vgl. *IDW*, RS HFA 34, IDW-FN 2015, 380, Tz. 19.

[530] Gegen die Zulässigkeit dieser Methode in der Steuerbilanz vgl. *Tiedchen*, in: Hennrichs/ Kleindiek/Watrin, MüKo BilR, Anhang zu § 253 HGB, Rn. 161 (2013) unter Verweis auf BFH v. 05.05.2011, IV R 32/07, BStBl. II 2012, 98, Rn. 66. Der BFH äußert dort aber nur, dass kein Zwang zum Gleichverteilungsverfahren besteht. Die Finanzverwaltung hat sich

Periode n gleich hohen entstandenen Aufwand[531]

$$Aufwand^{GVV} = E \times \frac{i}{(1+i)^N - 1}.$$

Bei beiden Methoden werden zum Bilanzstichtag der entstandene Aufwand der jeweiligen Periode und Zinsen auf den Rückstellungsbestand des vorigen Stichtags als Aufwand an die sonstige Rückstellung gebucht.[532] Die Zinsen folgen aus dem Barwertkalkül, das für entstandenen Aufwand künftiger Perioden zur Abzinsung und für entstandenen Aufwand vergangener Perioden zur Aufzinsung zwingt.

Tabelle 3.42 Rechenbeispiel Barwertverfahren und Gleichverteilungsverfahren[533]

Periode	Barwertverfahren			Gleichverteilungsverfahren		
	Prämie	Zinsaufwand	Rückstellung	Prämie	Zinsaufwand	Rückstellung
1	645 €		645 €	795 €		795 €
2	677 €	32 €	1.354 €	795 €	40 €	1.630 €
3	711 €	68 €	2.132 €	795 €	81 €	2.506 €
4	746 €	107 €	2.985 €	795 €	125 €	3.427 €
5	784 €	149 €	3.918 €	795 €	171 €	4.393 €
6	823 €	196 €	4.936 €	795 €	220 €	5.408 €
7	864 €	247 €	6.047 €	795 €	270 €	6.473 €
8	907 €	302 €	7.256 €	795 €	324 €	7.592 €
9	952 €	363 €	8.571 €	795 €	380 €	8.767 €
10	1.000 €	429 €	10.000 €	795 €	438 €	10.000 €

mit BMF v. 26.05.2005, IV B 2 – S 2175 – 7/05, BStBl. I 2005, 699, Rz. 29 auf das Barwertverfahren festgelegt, äußert sich zum Gleichverteilungsverfahren aber gar nicht. Warum letzteres dem Grunde nach ausgeschlossen sein soll, ist nicht ersichtlich.

531 Die Formel ist aus derjenigen für das Teilwert-/Gleichverteilungsverfahren bei den Pensionsrückstellungen entnommen, siehe Abschnitt 3.1.3.1.2.3.1.2 bei Fußnote 474.

532 Bei negativem Kalkulationszinssatz müsste insoweit Ertrag an Rückstellung gebucht werden.

533 Eigene Darstellung.

Auch hier lässt sich die Anwendung am einfachsten an einem Beispiel verdeutlichen.[534] Angenommen, es wird bei einem angemieteten Grundstück vom Mieter ein zusätzlicher Bau vorgenommen, der nach Ablauf der Mietzeit in 10 Jahren wieder zu entfernen ist. Die Kosten für die Entfernung betragen voraussichtlich 10.000 €. Der Kalkulationszinssatz betrage einheitlich 5% p. a. Dann ergeben sich für die periodisch entstehenden Aufwendungen, den Zinsaufwand und die Rückstellungsbeträge je Periode nach den unterschiedlichen Methoden die Beträge wie in Tabelle 3.42 dargestellt. Schließlich gilt auch hier, dass die gewählte Methode nicht in offenem Widerspruch zur Realität stehen darf.[535]

3.1.3.1.2.3.3 Verbindlichkeiten

3.1.3.1.2.3.3.1 Zweck

Bei Verbindlichkeiten sind keine Abzinsungen unmittelbar aus dem Gesetz erkennbar:

- Handelsrechtlich sind Verbindlichkeiten mit dem Erfüllungsbetrag zu bewerten (§ 253 Abs. 1 Satz 2 HGB).[536] Es wird zwischen Geld- und Sachleistungsverpflichtungen unterschieden. Für Geldleistungsverpflichtungen bedeutet dies die Bewertung mit dem Rückzahlungsbetrag, für Sachleistungsverpflichtungen die Bewertung mit dem im Erfüllungszeitpunkt voraussichtlich aufzuwendenden Geldbetrag.[537] § 253 Abs. 2 HGB enthält alle Abzinsungsvorschriften. Die dort vorgeschriebenen Abzinsungen betreffen nur Rückstellungen und

[534] Ähnliche Beispiele finden sich bei *Schubert*, in: Grottel/Justenhoven/Kliem et al., BeBiKo, § 253 HGB, Rn. 148 f. (2024).

[535] So schon zu Pensionsrückstellungen Abschnitt 3.1.3.1.2.3.1.2 bei Fußnote 479.

[536] Aktuelle Rechtslage seit Art. 1 Nr. 10 des BilMoG v. 25.05.2009, BGBl. I 2009, 1102.

[537] Für Geldleistungsverpflichtungen war dies nie anders. Die Bewertung offen ließ noch § 40 Abs. 2 HGB 1897. Parallel regelte später § 133 Nr. 6 AktG 1937 den Ansatz vom Bilanzierenden ausgegebener Anleihen mit ihrem Rückzahlungsbetrag. Dies wurde für alle Verbindlichkeiten verallgemeinert und mit § 156 Abs. 2 AktG 1965 ausdrücklich kodifiziert. Vgl. BT-Drs. 4/171, 177. 1987 wurde diese Regelung in § 253 Abs. 1 Satz 2 HGB überführt, ohne dass sich inhaltliche Änderungen ergaben, vgl. Art. 1 Nr. 8 des BiRiLiG v. 19.12.1985, BGBl. I 1985, 2355. § 40 Abs. 2 HGB 1897 ist entfallen. Die Änderung durch das BilMoG sollte schließlich nur der Bewertung der Sachleistungsverpflichtungen besser gerecht werden, vgl. BT-Drs. 344/08, 112.

Rentenverpflichtungen (§ 253 Abs. 2 Satz 3 HGB):[538] Auch bei Rentenverpflichtungen (Unterfall von Geldleistungsverpflichtungen) kann es sich nach hier vertretener Auffassung nur um Rückstellungen, nicht um Verbindlichkeiten handeln. Nur sichere und unsichere Verpflichtungen können willkürfrei voneinander abgegrenzt werden. Bei auf einen endlichen Zeitraum lautenden Zeitrentenverpflichtungen kann keine sachliche Abgrenzung zu Raten vorgenommen werden. Ein etwaiges Abstellen auf ein zivilrechtliches Rentenstammrecht ist für Zwecke der Bilanzierung daher untauglich. Infolgedessen sind Anwendungsfälle von § 253 Abs. 2 Satz 3 HGB nur Rückstellungen.[539] Sein Zweck erschöpft sich in der Zulassung von Ansammlungen.[540] Aus § 253 Abs. 2 HGB ergibt sich daher keine Abzinsung für Verbindlichkeiten.

- Steuerrechtlich sind Verbindlichkeiten in sinngemäßer Anwendung der Vorschriften zur Bewertung des nicht abnutzbaren Anlage- und des Umlaufvermögens anzusetzen (§ 6 Abs. 1 Nr. 3 EStG). Hieraus folgt die Bewertung mit dem Rückzahlungsbetrag.[541]

[538] Auch dies war historisch nie anders. Zum unveränderten Normzweck durch das BilMoG 2009 vgl. BT-Drs. 344/08, 119. Zuvor galt selbiges in § 156 Abs. 2 AktG 1965, der 1985 mit dem BiRiLiG in § 253 Abs. 1 Satz 2 HGB überführt wurde, ohne dass sich inhaltliche Änderungen ergaben. Vgl. Art. 1 Nr. 8 des BiRiLiG v. 19.12.1985, BGBl. I 1985, 2355. Es wurde nur klarstellend ergänzt, dass nur solche Rentenverpflichtungen mit dem Barwert zu bewerten sind, für die keine Gegenleistung mehr zu erwarten ist, damit die Ansammlung von Rückstellungen nicht unterbunden wird, vgl. BT-Drs. 10/317, 91. Zum Inhaltlichen der bis dahin geltenden Rechtslage siehe *Forster/Goerdeler/Lanfermann et al.*, in: Adler/Düring/Schmaltz, Rechnungslegung (1), § 253 HGB, Tz.78–84 (1995). Nur Geldleistungsverpflichtungen sollten abgezinst werden können, vgl. BFH v. 12.03.1964, IV 456/61 U, BStBl. III 1964, 525 unter I. der Gründe. Klare Vorgaben für Raten und Stundungen gab es nicht. Für Sachleistungsverpflichtungen kam nie eine Abzinsung in Betracht.

[539] Die Überlegungen wurden in ähnlicher Form bereits oben in Abschnitt 3.1.3.1.2.2.3.1 zu Beginn bei den Barwertkalkülen im Rahmen der Aktiva angestellt.

[540] Siehe bereits Fußnote 539 oben. Der Normwortlaut („Verbindlichkeiten") steht dem nicht entgegen, da Rückstellungen nach § 249 Abs. 1 HGB gerade „ungewisse Verbindlichkeiten" sein sollen.

[541] Angestrebte Gleichbehandlung mit den Forderungen analog zu § 156 Abs. 2 AktG 1965. Mit einer Andeutung dieser Gleichstellung schon BFH v. 03.07.1964, VI 262/63 U, BStBl. III 1965, 83 ganz zu Beginn der Gründe. Vgl. zunächst zu Fremdkapitalbeschaffungskosten BFH v. 04.03.1976, IV R 78/72, BStBl. II 1977, 380 unter 1. der Gründe; BFH v. 19.01.1978, IV R 153/72, BStBl. II 1978, 262 unter 1. der Gründe. Im Ergebnis waren die Rechtsprechungsgrundsätze für Rückstellungen, Verbindlichkeiten und Forderungen einheitlich zu sehen und auf die jeweils andere zu übertragen.

Stattdessen ergibt sich die Abzinsung von Verbindlichkeiten für Handels- und Steuerrecht aus der BFH-Rechtsprechung zu Zinsanteilen. Sie wurde zu dem seit 1934 bestehenden § 6 Abs. 1 Nr. 3 EStG unter Verweis auf die inhaltsgleichen Vorgängervorschriften zu § 253 Abs. 1 Satz 2, Abs. 2 Satz 3 HGB in § 156 Abs. 2 AktG 1965 entwickelt[542] und gilt daher in beiden Rechtskreisen. Es ist zwischen (a) Verpflichtungen ohne und (b) Verpflichtungen mit Zusammenhang mit dem Ansatz eines Vermögensgegenstands bzw. Wirtschaftsguts zu unterscheiden:

- Bei Fallgruppe (a) ist für Geldleistungsverpflichtungen der Rückzahlungsbetrag bekannt. Bei Vorliegen eines Zinsanteils ist zudem durch Abzinsung der unbekannte Auszahlungs-/Verfügungsbetrag[543] (Barwert) zu ermitteln. Entweder soll der Zinsanteil in einem Rechnungsabgrenzungsposten abgegrenzt werden können (Zwang in § 5 Abs. 5 Satz 1 Nr. 1 EStG bzw. Wahlrecht in § 250 Abs. 3 HGB), wenn die Verpflichtung mit dem Erfüllungsbetrag angesetzt wird (Bruttomethode), oder die Verpflichtung nur mit dem Barwert passiviert werden (Nettomethode).[544] Sachleistungsverpflichtungen sind nicht abzuzinsen.[545]

[542] Siehe schon die Ausführungen in Fußnote 539 oben.

[543] Zur Terminologie, allerdings im Kontext von Disagien, siehe BFH v. 29.06.1967, IV 131/63, BStBl. III 1967, 670 unter zu 1. der Gründe.

[544] Vgl. BFH v. 07.07.1983, IV R 47/80, BStBl. II 1983, 753 unter II.2.c) der Gründe; BFH v. 05.02.1987, IV R 81/84, BStBl. II 1987, 845 unter 3.c) der Gründe; BFH v. 05.02.1987, IV R 81/84, BStBl. II 1987, 845 unter 3.c) der Gründe; BFH v. 15.07.1998, I R 24/96, BStBl. II 1998, 728 unter II.3.b); BFH v. 30.11.2005, I R 1/05, BStBl. II 2006, 471 unter II.2.a) und b). Ursprünglich war dies anders. Die steuerliche Rechtsprechung vertrat zunächst, bei Zinsanteilen seien die Anschaffungskosten („Auszahlungsbetrag"/„Verfügungsbetrag") und der Teilwert unbekannt und entsprächen dem erst rechnerisch aus dem bekannten Rückzahlungsbetrag zu ermittelnden Barwert. Vgl. BFH v. 12.03.1964, IV 456/61 U, BStBl. III 1964, 525 unter I. der Gründe; BFH v. 03.07.1964, VI 262/63 U, BStBl. III 1965, 83; BFH v. 10.07.1964, VI 352/62, HFR 1965, 203 im dritten Absatz der Gründe; BFH v. 09.12.1965, IV 423/62, HFR 1966, 208 in den Gründen; BFH v. 09.02.1975, I R 28/73, BStBl. II 1975, 480 unter 1.a) der Gründe. Die Rechtsprechung stand aber in Widerspruch zu derjenigen bei Disagien (Bildung eines Rechnungsabgrenzungspostens) und ist durch die Änderung der Auffassung zu den Anschaffungskosten (siehe Fußnote 542) überholt.

[545] Vgl. BFH v. 27.11.1968, I 162/64, BStBl. II 1969, 247 unter 4.c) der Gründe; BFH v. 09.02.1975, I R 28/73, BStBl. II 1975, 480 unter 1.a) und b) der Gründe BFH v. 07.07.1983, IV R 47/80, BStBl. II 1983, 753 unter II.2.c) der Gründe; BFH v. 19.08.2002, VIII R 30/01, BStBl. II 2003, 131 unter II.3.

- Bei Fallgruppe (b) soll schon die Zugangsbewertung von Anschaffungsverbindlichkeiten in Form von Renten mit dem Barwert erfolgen.[546] Rückzahlungsbetrag, Auszahlungs-/Verfügungsbetrag und Teilwert sollen hier alle zusammenfallen,[547] weshalb kein Rechnungsabgrenzungsposten gebildet werden könne. Für Raten und Stundungen gibt es weder gesetzliche Vorgaben noch konkrete Rechtsprechung.

Wann ein Zinsanteil vorliegen soll, wurde bereits für die analoge Rechtsprechung zu den Rückstellungen und den Übertragungen gegen Renten, Raten und Stundungen herausgearbeitet (pauschale Annahme, andere Gegenleistung an Zinses statt, nicht bei identischem Auszahlungs- und Rückzahlungsbetrag).[548] Wie dort bereits erörtert, wäre ein umfassendes Festhalten an der Rechtsprechung nicht mehr überzeugend, da die Anwendungsfälle zum Zinsanteil nie widerspruchsfrei ausgearbeitet werden konnten.[549] Entsprechend der dort angestellten Überlegungen ist eine Abstandnahme von denjenigen Fällen vorzugswürdig, in denen das Vorliegen eines Zinsanteils bei objektiviert vorsichtiger Betrachtung nicht

[546] Die Rechtsprechung erging zwar zu Leibrentenverpflichtungen, welche Rückstellungen darstellen, sprach aber in den Entscheidungsgründen häufig allgemein von Rentenverpflichtungen. Die Begründung war auch hier zunächst, dass der Barwert den Anschaffungskosten und dem Teilwert der Geldleistungsverpflichtung entspreche, und wurde später damit begründet, dass Rentenzahlungen stets einen Zinsanteil enthielten. Vgl. BFH v. 05.02.1969, I R 21/66, BStBl. II 1969, 334 unter II.1. der Gründe; BFH v. 20.11.1969, IV R 22/68, BStBl. II 1970, 309; BFH v. 31.01.1980, IV R 126/76, BStBl. II 1980, 491 unter 2. der Gründe; BFH v. 23.02.1984, IV R 128/81, BStBl. II 1984, 516 unter 2.b) der Gründe; BFH v. 24.01.1998, VIII R 64/94, BStBl. II 1998, 537 unter II.2.a); BFH v. 02.05.2001, VIII R 64/93, BFH/NV 2002, 10 unter 3.a) und c) der Gründe. Ebenso verhielt es sich in Fällen des Erwerbs eines ganzen Betriebs, nur mit umgekehrtem Verhältnis der Wertmaßstäbe Anschaffungskosten und Teilwert aufgrund von § 6 Abs. 1 Nr. 6 EStG 1934 bzw. heute § 6 Abs. 1 Nr. 7 EStG. Vgl. zum Rangverhältnis *Meyering*, Anschaffungskosten, DStR 2008, 1008 f.

[547] Vgl. BFH v. 31.01.1980, IV R 126/76, BStBl. II 1980, 491 unter 2.a) der Gründe.

[548] Auf die Ausführungen in Abschnitt 3.1.3.1.2.3.2.1 in den Textabsätzen zu Fußnoten 487 bis 499 und Abschnitt 3.1.3.1.2.2.1.1, Fußnote 273, wird verwiesen.

[549] Siehe dazu oben in Abschnitt 3.1.3.1.2.3.2.1, Textabsätze zu Fußnoten 494 bis 501.

auf einen Unterschied zwischen Auszahlungs- und Verfügungsbetrag zurückgeführt werden kann.[550] Als handels- und steuerrechtliche Anwendungsfälle von Barwertkalkülen bei den Verbindlichkeiten verbleiben daher:

- bei Fallgruppe (a) Damna im Rahmen von Geldleistungsverpflichtungen, insbesondere bei Darlehen und Anleihen, wie sie bereits in Abschnitt 3.1.3.1.2.2.1.1 thematisiert wurden.
- bei Fallgruppe (b) Anschaffungsverbindlichkeiten, für die bei vorsichtig objektivierter Betrachtung ein Einmalkaufpreis für die erworbenen Vermögensgegenstände und Wirtschaftsgüter vorliegt und die Summe der erwarteten Ratenzahlungen / der gestundete Kaufpreis diesen überschreitet. Auch in diesem Fall liegt ein Damnum vor, das nach den hierzu bereits dargestellten Grundsätzen bilanziert werden und als Verzinsung der Verpflichtung gelten muss.[551]

Zweck der Barwertkalküle ist daher den Damna entsprechend die Umsetzung des Realisationsprinzips.[552] Das Damnum als nicht als laufende Verzinsung ausgedrücktes Entgelt für eine Nutzungsüberlassung wird korrigierend nach den für

[550] Auf Abschnitt 3.1.3.1.2.2.3.1 bei Fußnoten 353 bis 355 und 360 wird verwiesen. Durch eine Reduzierung auf diese Anwendungsfälle würden die gruppenübergreifenden Konflikte aufgelöst, die durch (1) die pauschale Annahme aufgrund allgemeiner Erfahrungssätze verursacht werden. Auch der in Gruppe (3) ausgemachte Konflikt beruht auf einer vereinfachenden Annahme, die hierdurch behoben würde. Gruppe (2) litt nur unter Unschärfen in der Konturierung der Wirtschaftsgüter und Vermögensgegenstände, die sich im Zeitablauf bereits gelöst haben dürften. Obsolet für die Zweckbestimmung wird hierdurch auch der in der Rechtsprechung ursprünglich angeführte Abzinsungsgrund einer Innenfinanzierung. Zu diesem vgl. BFH v. 20.11.1969, IV R 22/68, BStBl. II 1970, 309 unter Verweis auf BFH v. 12.03.1964, IV 456/61 U, BStBl. III 1964, 525 unter II. der Gründe. Siehe auch BFH v. 03.07.1964, VI 262/63 U, BStBl. III 1965, 83 „Wollte man (…) gestatten, diese Verpflichtung sofort mit dem Nennbetrag anzusetzen, so ergäbe die Bilanz ein wirtschaftlich falsches Bild insofern, als (…) der Arbeitgeber mit dem zugesagten Betrag noch auf lange Zeit wirtschaften kann".

[551] Es wird darauf hingewiesen, dass sich auch hier aufgrund der schon bei den Aktiva gewonnenen Erkenntnissen sowohl für Fallgruppe (a) als auch für Fallgruppe (b) nur die Anwendung der Bruttomethode schlüssig ist. Die Anwendung der Nettomethode führt zu Brüchen mit der Bewertung von Geldforderungen, zu der hier wie schon bei den Disagien für Darlehen und Anleihen, Erwerben gegen Renten, Raten und Stundungen und den sonstigen Rückstellungen keine bedeutenden rechtfertigenden Unterschiede ersichtlich sind. Vgl. bereits Abschnitt 3.1.3.1.2.2.1.1, Textabsätze zu Fußnoten 272 bis 274 und 292 bis 297, Abschnitt 3.1.3.1.2.2.3.1 bei Fußnote 367 und Abschnitt 3.1.3.1.2.3.2.1 bei Fußnote 502.

[552] Siehe Abschnitt 3.1.3.1.2.2.1.1 ganz am Ende und die unmittelbar voranstehende Fußnote.

Dauerschuldverhältnisse geltenden Grundsätzen wie eine laufende Verzinsung dargestellt (Korrektur der Darstellung). Ohne Auswirkungen auf den Zweck der Abzinsung bleibt die 1999 eingeführte und 2022 wieder abgeschaffte eigenständige Regelung zur Abzinsung unverzinslicher Verbindlichkeiten in § 6 Abs. 1 Nr. 3 EStG.[553] Weil nur unverzinsliche Verbindlichkeiten abzuzinsen waren und zur Feststellung der Verzinslichkeit auf das Vorhandensein von Zinsanteilen im Sinne der bisherigen Rechtsprechung abgestellt wurde,[554] war sie auf die bisherigen Anwendungsfälle von Zinsanteilen gerade nicht anzuwenden.

3.1.3.1.2.3.3.2 Technik

Handels- und steuerrechtlich gilt die Bruttomethode.[555] Die Verbindlichkeit ist mit ihrem unverminderten Erfüllungsbetrag zu bilanzieren. Die Damna sind nicht realisierte Ausgaben vor dem Abschlussstichtag, die Aufwand für eine bestimmte Zeit nach dem Abschlussstichtag darstellen. Sofern handelsrechtlich nicht vom Wahlrecht in § 250 Abs. 3 HGB Gebrauch gemacht wird, werden sie in einen aktiven Rechnungsabgrenzungsposten eingestellt. Steuerrechtlich hat zwingend die Bildung eines aktiven Rechnungsabgrenzungspostens zu erfolgen (§ 5 Abs. 5 Satz 1 Nr. 1 EStG). Ein gebildeter Rechnungsabgrenzungsposten wird in den Folgeperioden realisationsgerecht entsprechend der Zinsstaffelmethode für Tilgungsdarlehen aufgelöst. Zur Vermeidung von Doppelungen wird auf die voranstehenden Ausführungen verwiesen.[556]

---

[553] Vgl. Art. 8 a) dd), ee) des Steuerentlastungsgesetzes 1999/2000/2002 v. 24.03.1999, BGBl. I 1999, 402 und Art. 3 Nr. 3 des Vierten Corona-Steuerhilfegesetzes v. 19.06.2022, BGBl. I 2022, 911.

[554] Abzuzinsen waren nur unverzinsliche Verbindlichkeiten mit einer Restlaufzeit von mehr als 12 Monaten zum Bilanzstichtag mit einem Zinssatz von 5,5% (§ 6 Abs. 1 Nr. 3 Satz 2 EStG a. F.). Vgl. BFH v. 22.05.2019, X R 19/17, BStBl. II 2019, 795, Rn. 45; BFH v. 05.05.2011, IV R 32/07, BStBl. II 2012, 98, Rn. 35–38, in der bei einer Verpflichtung für eine Deponie-Rekultivierung keine verdeckte Zinsvereinbarung gefunden wurde (Sachleistung mangele es regelmäßig an Zinsanteil), unter Verweis auf BFH v. 15.07.1998, I R 24/96, BStBl. II 1998, 728; *Groh*, Abzinsungsgebot, DB 2007, 2275, 2276; *Kulosa*, in: Schmidt, EStG, § 6 EStG, Rz. 461 (2022) unter Verweis auf *Kulosa*, in: Schmidt, EStG, § 6 EStG, Rz. 298 (2019). Auch die Finanzverwaltung scheint dies so handzuhaben, vgl. BMF v. 26.05.2005, IV B 2 – S 2175 – 7/05, BStBl. I 2005, 699, Rn. 14 f.

[555] Zu Damna siehe Abschnitt 3.1.3.1.2.2.1.1, Textabsätze zu Fußnoten 273 f. und 292 bis 297. Siehe auch die Ausführungen zu Erwerben gegen Renten und die diesbezügliche Rechtsprechung in Bezug auf Zinsanteile, die Damna entsprechend behandelte, vgl. BFH v. 31.01.1980, IV R 126/76, BStBl. II 1980, 491 unter 2.c) der Gründe. Das gefundene Ergebnis entspricht im wesentlichen auch der Entscheidung des EuGH v. 23.04.2020, Rs. C-640/18, „*Wagram*", ECLI:EU:C:2020:293, Rn. 38–41.

[556] Siehe Abschnitt 3.1.3.1.2.2.1.2.

Tabelle 3.43 Bilanzielle Barwertkalküle – Eigenschaften im Einzelnen[557]

	Zweck	Technik	Hauptzweck-kategorie	Verhältnis zu Realisation / Imparität
Damna	Verteilung des Zinserfolgs	Effektivzinsmethode (Lineare Methode, Zinsstaffelmethode, Annuitätenmethode)	Korrektur der Darstellung	Umsetzung
Tausch	Marktpreisschätzung	Zukunftserfolgswert-verfahren	Herstellung der Darstellbarkeit	Umsetzung
	Verteilung des Zinserfolgs	Effektivzinsmethode (Lineare Methode, Zinsstaffelmethode, Annuitätenmethode)	Korrektur der Darstellung	Umsetzung
Renten* / Raten / Stundung	Möglichkeit der Innenfinanzierung	Einfacher finanzmathematischer Barwert	Herstellung der Darstellbarkeit	Durchbrechung
	Verteilung des Zinserfolgs	Effektivzinsmethode (Lineare Methode, Zinsstaffelmethode, Annuitätenmethode)	Korrektur der Darstellung	Umsetzung

(Fortsetzung)

[557] Eigene Darstellung. Die Daten für die mit * markierten Renten und sonstigen Rückstellungen gelten nur uneingeschränkt in der Handelsbilanz. In der Steuerbilanz gelten sie nur für solche Verpflichtungen, die keinen vorsichtig objektiviert identifizierbaren Zinsanteil (Unterschied zwischen Auszahlungs- und Rückzahlungsbetrag) aufweisen. Liegt dagegen ein Zinsanteil vor, gelten die Ausführungen der jeweils darunter liegenden Zeile (Verteilung des Zinserfolgs).

Tabelle 3.43 (Fortsetzung)

	Zweck	Technik	Hauptzweck-kategorie	Verhältnis zu Realisation / Imparität
Abschreibungen: nicht finanziell	Marktpreisschätzung	Zukunftserfolgswert-verfahren	Herstellung der Darstellbarkeit	Umsetzung
Abschreibungen: finanziell	Marktpreisschätzung	Zukunftserfolgswert-verfahren / einfacher finanzmathematischer Barwert	Herstellung der Darstellbarkeit	Umsetzung
Pensionsrückstellungen	HBil: Möglichkeit der Innenfinanzierung StBil: Fiskalzwecke, Gleichstellung mit Versicherungen, auch Innenfinanzierung und Steuerstundung	Einfacher finanzmathematischer Barwert	Herstellung der Darstellbarkeit	Durchbrechung
Sonstige Rückstellungen*	Möglichkeit der Innenfinanzierung	Einfacher finanzmathematischer Barwert	Herstellung der Darstellbarkeit	Durchbrechung
Verbindlichkeiten	Verteilung des Zinserfolgs	Effektivzinsmethode (Lineare Methode, Zinsstaffelmethode, Annuitätenmethode)	Korrektur der Darstellung	Umsetzung

3.1.3.2 Auswertung

Die Ergebnisse der voranstehenden Ermittlung von Zweck und Technik der einzelnen bilanziellen Barwertkalküle fasst Tabelle 3.43 zusammen. In der ersten Spalte ist der Zweck der jeweiligen Barwertkalküle im Einzelnen Anwendungsfall eingetragen, in der zweiten Spalte die jeweilige Umsetzungstechnik. In der dritten Spalte ist vermerkt, welcher voranstehend identifizierten Hauptzweckkategorie die Einzelzwecke folgen. Diese waren stets entweder die Korrektur der Darstellung oder die Herstellung der Darstellbarkeit des mit der Bilanzierung abzubildenden Sachverhalts. In der vierten Spalte ist eingetragen, ob die jeweiligen Einzelzwecke das übergeordnete Realisations- bzw. Imparitätsprinzip durchbrechen oder es lediglich umsetzen / konturieren. Realisations- und Imparitätsprinzip als rechensystembildende Grundsätze ordnungsmäßiger Buchführung sind an sich den Einzelzwecken und damit auch deren Hauptzweckkategorien übergeordnet. Eine korrigierende Überlagerung abweichender Einzelzwecke, die sich aus unmittelbaren gesetzlichen Anordnungen ergeben, folgt hieraus aber nicht. Anderenfalls könnten auch keine Durchbrechungen der Prinzipien auftreten.

In der Gesamtschau des Verhältnisses zum Realisations- bzw. Imparitätsprinzip wird die gesamtsystematische Ursache der Durchbrechungen der Prinzipien deutlich. Die beiden Prinzipien erfordern in bilanztechnisch-systematischer Hinsicht nämlich Aufwendungen und Erträge (§ 252 Abs. 1 Nr. 4 HGB – Gewinne und Verluste als Saldo von Aufwendungen und Erträgen)[558] als periodisierte Zahlungen (§ 252 Abs. 1 Nr. 5 HGB). Das Barwertkalkül führt in diesen Fällen aber nicht zur Schätzung von so gut wie sicher (und auch nicht wahrscheinlich) eintretenden Zahlungsströmen. Die Ergebnisgröße der Berechnung ist rein kalkulatorisch.

In der Gesamtschau der Hauptzweckkategorien kann für die „Korrektur der Darstellung" abschließend festgehalten werden, dass hierunter insbesondere alle plausiblen Anwendungsfälle der Zinsanteilsrechtsprechung des BFH fallen.[559] Neben der „Korrektur der Darstellung" und der „Herstellung der

[558] Siehe hierzu bereits die Ausführungen in Abschnitt 3.1.3.1.1.3 bei Fußnote 220.

[559] Vorgeschlagen wurde in der voranstehenden Analyse die Abstandnahme von den Entscheidungen, in denen Zinsanteile pauschal als allgemeiner Erfahrungssatz angenommen wurden. Das Ergebnis ist auch sinnvoll, denn nur bei vorsichtig objektiviert ermittelbarer Differenz zwischen Auszahlungs- und Erfüllungsbetrag kann mit hinreichender Sicherheit den Objektivierungsanforderungen genügend von einem Entgelt für eine Nutzungsüberlassung als „Zinsanteil" ausgegangen werden. Ähnlich in Auswertung der bis dahin ergangenen Rechtsprechung schon *Strobl*, Verbindlichkeiten, in: Knobbe-Keuk/Klein/Moxter, FS Döllerer, 1988, 622–624, die aber nur vertraglich festgehaltene Wertunterschiede genügen lassen

Darstellbarkeit“ eines Geschäftsvorfalls konnte zudem auch eine dritte Hauptzweckkategorie „Korrektur des Sachverhalts“ identifiziert werden. Dies waren diejenigen Fälle, die als unzulässig ausgemustert wurden. Es handelt sich insbesondere um Fälle außerplanmäßiger Abschreibungen auf Forderungen oder Verbindlichkeiten, die gelegentlich in der Literatur als zulässig vertreten werden und aufgrund nicht marktüblicher Verzinsung bzw. unter Verweis auf die nach allgemeinem Erfahrungssatz vorliegenden Zinsanteile nach der Rechtsprechung des BFH vorgenommen werden sollen. Für diese kann abschließend auch in einem gesamtsystematischen Überblick gezeigt werden, dass es sich nicht um sinnvolle Anwendungsfälle für bilanzielle Barwertkalküle handeln kann. Für die Abzinsung bliebe in solchen Fällen nämlich nur ein Rückgriff auf Vergleichszinssätze am Markt. Diese Vorgehensweise mutet einer Fremdvergleichspreiskorrektur an. Dieser Gedanke wiederum ist dem Bilanzrecht aber fremd.[560] Die technische Abbildung mithilfe der Abzinsung würde nicht dem Zweck einer echten Sachverhaltskorrektur gerecht. Der Aufwand und Ertrag aus einer Abzinsung heben sich im Zeitverlauf wieder gegenseitig auf. Für eine echte Korrektur müssten aber unumkehrbare Mehraufwendungen oder -erträge erfasst werden können. Auch dürfte sich der Erfüllungsbetrag (Nennwert) durch zusätzliche Zinszahlungen nicht ändern. Durch die Barwertberechnung würde er aber herabgesetzt.[561]

---

will. Nach hier vertretener Auffassung ist es ebenfalls ausreichend, wenn ein aktiver Markt besteht, aus dem Vergleichspreise ableitbar sind, deren Bandbreite auf eine Differenz zwischen Auszahlungs- und Erfüllungsbetrag schließen lässt. Die Wertdifferenz darf nicht an den Eintritt einer Bedingung gebunden sein (so etwa beim Skonto, dessen Verwirklichung unter der aufschiebenden Bedingung der Zahlung bis zu einem bestimmten Zeitpunkt steht).

[560] Im Steuerrecht wird diesen Überlegungen durch außerbilanzielle Korrekturen Rechnung getragen, vgl. insbesondere § 8 Abs. 3 Satz 2 und 3 KStG, § 1 AStG und R 7.1 Abs. 1 Satz 2 Nr. 1, 10, 11, 13 und 19 KStR. Im Handelsrecht gibt es keine Bilanzrechtsnorm, der solche konkret entnehmbar wären. Zwar existieren in den Rechtsgrundlagen des Gesellschaftsrechts Grundsätze, mit denen auch Fremdvergleichskorrekturen erfolgen können, etwa bei der GmbH die Gleichstellung von Gesellschaftern und die Kapitalerhaltung zum Schutz von Gläubigern. Hierzu vgl. *Schmitt*, in: Bartl/Bartl/Beine et al., GmbH-Recht, Rz. 12 f. (2024); BGH v. 14.05.1990, II ZR 125/89, BGHZ 111, 224 unter 2. der Gründe. Diese sind jedoch reaktiv. Sie führen nur dann zu zivilrechtlichen Rückgewähransprüchen des bilanzierenden Unternehmens, wenn diese geltend gemacht werden. Allein daraus ist deswegen kein Grundsatz für eine notwendigerweise proaktiv fremdübliche Bilanzierung ableitbar (und erst recht nicht für alle Kaufleute). Bis zur Geltendmachung sind sie schwebend.

[561] Bei der Bilanzierung von Tauschvorgängen ist der Aufhebungseffekt zwar ähnlich. Im Unterschied zu den hiesigen Fällen liegt Tauschvorgängen aber bei objektiviert vorsichtiger Betracht ein zu bewertender Leistungsaustausch vor. Geänderte Marktbedingungen allein wie bei den hier diskutierten ausgesonderten Fällen führen nicht zur Erbringung von Marktleistung.

Schließlich zeigt die Gesamtschau auch, dass in den Fällen verdeckter Zinsvereinbarungen die Darstellung stets nach der Bruttomethode (alle Zeilen mit Verteilung des Zinserfolgs als Zweck) erfolgt. Kommt es zu einer Durchbrechung der tragenden Bilanzierungsprinzipien (siehe Zeilen mit Durchbrechung in der Spalte zum Verhältnis zu Realisation / Imparität), erfolgt eine Abbildung nach der Nettomethode. Alle übrigen Fälle, die ohne Barwertkalkül nicht abbildbar wären (alle Zeilen mit Marktpreisschätzung als Zweck), folgen keiner bestimmten Methode. Einen nach Hauptzweckkategorie aggregierten Gesamtüberblick verschafft Tabelle 3.44.

Tabelle 3.44 Bilanzielle Barwertkalküle – Eigenschaften nach Hauptzweckkategorie[562]

	Hauptzweck-kategorie	Anwendungs bereich	Technik
(1)	Korrektur der Darstellung	Geschäftsvorfälle mit verdeckter Zinsvereinbarung	• Effektivzinsmethode • Parameter aus Vertrag, ggfs. Marktdaten ○ Bar-, Endwert bekannt (ggfs. geschätzt) ○ Zinssatz (hier Rendite) gesucht • Darstellung nach der Bruttomethode
(2a)	Herstellung der Darstellbarkeit	Tausch ohne Geld und außerplanmäßige Abschreibungen	• Zukunftserfolgswertermittlung / • finanzmathematisches Barwertkalkül • Parameter aus Markt- und Plandaten ○ Zahlungen und Zinssatz geschätzt ○ Barwert gesucht
(2b)		Gesetzlich angeordnete Barwertkalküle	• Finanzmathematisches Barwertkalkül • Parameter aus Vertrag und Gesetz ○ Endwert und Zinssatz bekannt ○ Barwert gesucht • Darstellung nach der Nettomethode
(3)	Korrektur des Sachverhalts	Keiner	• Finanzmathematisches Barwertkalkül • Parameter aus Vertrag und Marktdaten ○ Endwert und Zinssatz bekannt ○ Barwert gesucht • Darstellung theoretisch nach Nettomethode

562 Eigene Darstellung.

3.2 Konsequenzen

3.2.1 Vorüberlegungen

Nachdem nun alle wesentlichen Charakteristika von Zweck und Technik der Barwerte als Entscheidungswerte und Marktpreise sowie der handels- und steuerrechtlichen Bilanzierung herausgearbeitet sind, können die hieraus resultierenden (1) bilanzsystematischen und (2) höherrangig rechtssystematischen Konsequenzen untersucht werden. Entsprechend differenziert die anstehende Untersuchung.

Die (1) bilanzsystematischen Konsequenzen beziehen sich unmittelbar auf die in der Grundlegung aufgeworfene Frage, ob in Niedrigzinszeiten Barwertkalküle in der Bilanz noch zu sachgerechten Ergebnissen führen. Des weiteren wurde die Frage aufgeworfen, ob bei diesbezüglichen Unterschieden zwischen Handels- und Steuerbilanz die Abweichungen sachgerecht sind. Zur Beantwortung der Fragen wird wie folgt vorgegangen:

- Es wird einleitend überprüft, ob Barwertkalküle als Entscheidungswerte und Marktpreise und Bilanzierung überhaupt miteinander vereinbar sind. Dabei werden analog zur bisherigen Vorgehensweise zunächst Vergleichbarkeitsüberlegungen im (a) äußeren System anhand der in Abschnitt 3.1.1 erarbeiteten Vergleichskriterien angestellt. Danach wird (b) einzelfallabhängig die Vereinbarkeit bei den einzelnen bilanziellen Barwertkalkülen überprüft. Sind die Rechenwerke nicht miteinander vereinbar, sind die Barwertkalküle im gesetzlichen System nie sachgerecht. Das Zinsniveau ist dann nicht Ursache der Verwerfungen, kann aber Einfluss auf das Ausmaß der Verwerfungen haben, etwa wenn es zu einer Annäherung der Barwerte an die Nominalwerte der Zahlungen führt.
- Ist die Vereinbarkeit im Einzelfall gegeben, werden (c) Folgerungen für die theoretisch richtige Bestimmung des Kalkulationszinssatzes gezogen. Anhand dessen wird bestimmt, (d) ob die tatsächliche und die theoretisch richtige Ausgestaltung voneinander abweichen, das Bilanzrecht also sachgerecht ausgestaltet ist. Bei der Thematisierung der tatsächlichen Ausgestaltung werden auch Konsequenzen aus den als Verwahrentgelten qualifizierenden negativen Zinsen erörtert. Im Falle von Abweichungen wird (e) auf wirtschaftliche Konsequenzen eingegangen. Zu diesen gehören auch Abweichungen zwischen Handels- und Steuerbilanz wegen der sich aus der Steuerbilanzierung ergebenden Be- und Entlastungswirkungen. Das Zinsniveau kann analog zum voranstehenden Bullet Point Einfluss auf das Ausmaß der Verwerfungen durch Abweichungen der tatsächlichen von der theoretisch richtigen Ausgestaltung

sowie Abweichungen von der handels- zur steuerbilanziellen Ausgestaltung haben. Zudem können sich auch bei sachgerechter Ausgestaltung des bilanziellen Barwertkalküls allgemeine Konsequenzen für die Barwertkalküle aus einem niedrigen Zinsniveau ergeben.

Die (2) höherrangig rechtssystematischen Konsequenzen werden für die in Handels- und Steuerbilanz gleichsam vorkommenden Barwertkalküle untersucht.[563] Anhand der in Schritt (1) gewonnenen bilanzsystematischen Erkenntnisse stellt sich (i) im Falle der grundsätzlichen Unvereinbarkeit beider Rechenwerke, (ii) im Falle einer nicht dem theoretisch richtigen Kalkulationszinssatz entsprechenden Zinstypisierung und, falls keine Unvereinbarkeit und keine Abweichung vom theoretisch richtigen Kalkulationszinssatz vorliegt, (iii) auch aufgrund des anhaltend niedrigen Zinsniveaus und der starren steuergesetzlichen Zinstypisierungen jeweils die Frage der Zulässigkeit nach höherrangigem Recht.

3.2.2 Bilanzsystematisch

3.2.2.1 Äußeres System

Die vom Gesetzgeber erkannte Notwendigkeit einer Rechnung zur Information und Zahlungsbemessung bedeutet, dass kein Vergleich von Situationen mit vollkommenem Kapitalmarkt gezogen werden darf. In solchen Situationen bestünden keine Interessengegensätze oder Informationsdefizite, für die es eines Ausgleichs bedürfte. Das Rechenwerk der Bilanzierung wäre gar nicht notwendig.[564]

Adressat der Barwerte als Entscheidungswerte und Marktpreise sind regelmäßig die Unternehmenseigner. Die Interessenkonflikte zwischen den Eignern untereinander sowie Eignern und Geschäftsleitung bei organisatorischer Trennung sind bekannt und werden in der Regel im Rahmen der Annahmen berücksichtigt. Diese Personenkreise und ihre Interessenlagen finden sich auch im Bilanzrecht wieder. Dass der Kreis der Rechnungsadressaten dort noch größer ist, ist kein Ausschlusskriterium. Den Interessenausgleich nimmt der Gesetzgeber vor. Dieser ist Sinn des Rechenwerks Bilanzierung. Die Anordnung einer bilanziellen Bewertung mit einem Barwertkalkül durch den Gesetzgeber deutet eine stärkere Orientierung an den für die Unternehmensführung relevanten Informationen an, ist also eine solche Regelung des Interessenausgleichs.

---

[563] Siehe hierzu bereits die thematische Eingrenzung in der Grundlegung.

[564] Vgl. auch *Schneider*, Geschichte, 2001, 855–866.

Auch Zeitbezug und Rhythmus beider Rechenwerke sind verträglich. Beide sind Rechnungen für einen bestimmten Zeitpunkt und arbeiten mit Rechnungsperioden in gleichbleibenden Abständen. Die Barwerte als Entscheidungswerte und Marktpreise können ohne weiteres auch laufend berechnet werden. Auch spricht nichts gegen deren stetige Durchführung zur Wahrung periodenübergreifender Vergleichbarkeit.

Das Bezugsobjekt ist in beiden Fällen die Unternehmung. Unterschiede bestehen aber hinsichtlich des Rechnungsumfangs. Während die Bilanzierung an einzelne rechtliche Einheiten anknüpft, haben die Barwerte als Entscheidungswerte und Marktpreise nur in Bezug auf die Gesamtheit aller in einem Abhängigkeitsverhältnis stehenden Tätigkeiten der Unternehmung (Objektprogramm) die bisher erörterte Aussagekraft in betragsmäßiger Hinsicht und für eine Entscheidungsfindung zugleich. Daher ist zu differenzieren. Handelt es sich nicht um eine Konzernunternehmung, schließt der Rechnungsumfang in der Bilanzierung die gesamte Unternehmung ein. Diesem Umfang sind die Barwertberechnungen ohne weiteres zugänglich. Genauso verhält es sich, wenn die einzelne bilanzierende rechtliche Einheit ein völlig von den übrigen Geschäftstätigkeiten des Konzerns unabhängiges Geschäftsfeld verkörpert. Dann bestehen keine über diese Einheit hinausgehenden Abhängigkeitsverhältnisse. Problematisch sind daher Fälle einzelner bilanzierender rechtlicher Einheiten einer Konzernunternehmung, bei denen mit anderen rechtlichen Einheiten Abhängigkeitsverhältnisse bestehen. Soll die Bewertung dennoch mit dem Barwert erfolgen, bieten sich grundsätzlich vier Möglichkeiten mit nur geringerer Aussagekraft:

(1) Bewertung mit Grenzzinssätzen des gesamten Objektprogramms (Konzerns),
(2) Bewertung mit Grenzzinssätzen für die einzelne rechtliche Einheit,
(3) Bewertung mit Mischzinssätzen des gesamten Objektprogramms (Konzerns),
(4) Bewertung mit Mischzinssätzen für die einzelne rechtliche Einheit.[565]

Die Forderung nach Vollständigkeit lässt die Eignung der Alternativen für Zwecke der Bilanzierung zunächst offen. Aufschluss hierüber gibt erst der Rückgriff auf die Hauptzweckkategorien der Bilanzierung. Während sowohl Berechnungen mit Grenzzinssätzen als auch mit Mischzinssätzen geeignet sind, Informationen im voranstehend dargelegten Sinne zu vermitteln, ist nur die Barwertberechnung

[565] Bei Zinssätzen für das gesamte Objektprogramm wären die Rechenparameter über den Umfang der einzelnen rechtlichen Einheit hinaus ausgehend vom gesamten Konzern zu bestimmen.

mit Mischzinssätzen geeignet, eine sinnvolle Grundlage für die Zahlungsbemessung beizusteuern. Der mit Grenzzinssätzen berechnete Barwert ermöglicht nur auf binäre Art die Entscheidungsfindung, verfügt aber über keine betragsmäßige Aussagekraft. Weil die Bilanzierung aber ein Gewinnauskehrungspotenzial bzw. eine Steuerbemessungsgrundlage mit betragsmäßiger Aussagekraft festzulegen sucht, um daran die Zahlungsansprüche zu knüpfen, ist eine Wertgröße ohne betragsmäßige Aussagekraft nicht sinnvoll. Der mit Mischzinssätzen berechnete Barwert kann zwar nicht als Entscheidungskriterium verwendet werden, gibt aber den Wertbeitrag des Einzelobjekts zu dem größtmöglichen, der Unternehmung zum Rechnungsstichtag sofort entziehbaren Betrag an. Aufgrund der Fiktion der Selbständigkeit der einzelnen rechtlichen Einheiten kommt zudem nur eine Berechnung mit den Mischzinssätzen für die einzelne rechtliche Einheit in Betracht. Dies ist auch deswegen zwingend, weil der Barwert ein Gewinnauskehrungspotenzial darstellt und die Bilanz der einzelnen rechtlichen Einheit über das für sie isoliert betrachtet gesetzlich zulässige Gewinnauskehrungsvolumen bestimmt. Auch die Steuerbemessung wird an der einzelnen rechtlichen Einheit ausgerichtet. Die bis hierher angestellten Überlegungen führen also bereits zu einem leicht veränderten inhaltlichen Aussagegehalt des Barwerts, wenn er in der Bilanzierung verwendet wird. Die bilanzielle Barwertberechnung ergibt den Wertbeitrag des Einzelobjekts zu dem größtmöglichen, der einzelnen rechtlichen Einheit als (gegebenenfalls fiktivem) Objektprogramm zum Rechnungsstichtag sofort entziehbaren Betrag.

Hinsichtlich der Rechenart gehen sowohl die Bilanzierung als auch die außerbilanziellen Barwertberechnungen von der Unternehmensfortführung aus. Problematisch sind die übrigen Eigenschaften der jeweiligen Rechenart.

Beim Einzelbewertungsgrundsatz liegt das Problem ähnlich wie beim allgemeinen Rechnungsumfang. Das Erfordernis der einzelnen Bewertung der Vermögensgegenstände, Wirtschaftsgüter und Schulden führt dazu, dass ein bilanzielles Barwertkalkül sich notwendigerweise auf eines dieser Objekte beziehen muss. Es ist also je nach Fallkonstellation eine erstmalige oder noch weitergehende Teilung des echten oder fingierten Objektprogramms notwendig. Diese ist ebenfalls möglich. Es gelten aber die unter den voranstehend bei der Vollständigkeit erörterten Bedingungen entsprechend mit denselben Einschränkungen des Aussagegehalts.

Darüber hinaus stellt der bilanzielle Periodisierungsgrundsatz einen Unterschied zur rein zahlungsstrombasierten Rechenart der außerbilanziellen Barwertkalküle dar. Ein Verbindungsstück für beide Rechnungen bietet der in § 252 Abs. 1 Nr. 5 HGB angelegte Grundsatz der Pagatorik, der verlangt, dass die

Bilanzierung grundsätzlich ebenfalls auf Zahlungen basiert. Die Zahlungen werden dann aber nach dem Realisations- und dem Imparitätsprinzip regelmäßig auf andere Zeitpunkte als diejenigen des Zu-/Abflusses der Zahlungsmittel verteilt.

Aus Sicht der Barwertberechnung resultiert hieraus kein unmittelbares Problem. Grund dafür ist, dass die Berechnung nach den voranstehend dargestellten bilanziellen Barwertkalkülen selbst im Zähler noch mit nicht periodisierten Zahlungsströmen erfolgt. Erst das Rechenergebnis führt zu (periodisiertem) Aufwand oder Ertrag.

Problematisch könnte aber aus bilanzieller Sicht sein, dass der berechnete Barwert selbst kein echter, sondern nur ein hypothetischer Zahlungsstrom ist. Er ist deswegen nur hypothetisch, weil der größtmögliche, sofort entziehbare Betrag tatsächlich nicht entzogen und ausgezahlt wird.[566] Die Auszahlung würde zudem nicht zu Aufwand oder Ertrag führen, da es sich um Ergebnisverwendung handelt. Zusätzlich kommt es außerdem zu der Fiktion, dass die Barwertberechnung von unbegrenzter Ausschüttung ausgeht. Anderenfalls läge keine Barwertmaximierung, sondern Einkommens- oder Wohlstandsmaximierung vor, bei denen der Barwert keine aussagekräftige Kennzahl ist. Um eine Fiktion handelt es sich deswegen, weil die Handelsbilanz im Einzelabschluss nach HGB das Ausschüttungsvolumen auf den dort ermittelten Gewinn beschränkt.[567] Schließlich ist zu berücksichtigen, dass Barwertunterschiede an unterschiedlichen Stichtagen technisch notwendigerweise zu rechnerischen (Zins-)Aufwendungen und -erträgen führen müssen. Diese bauen Periode für Periode den Unterschied zwischen zunächst anzusetzender kalkulatorischer Größe und in Zukunft tatsächlich eintretendem Zahlungsstrom wieder ab, damit am Ende der Laufzeit wieder ein rein zahlungsbasiertes Bilanzergebnis erreicht wird. Damit ist aber zugleich von vornherein klar, dass diesen rein kalkulatorischen Aufwendungen und Erträgen nie tatsächliche Zahlungen gegenüberstehen werden. Zwar können – Barwertkalküle

---

[566] Der Vollständigkeit halber sei angemerkt, dass das Barwertkonzept im Rahmen der Bewertung einzelner Vermögensgegenstände und Wirtschaftsgüter keine die Kapitalerhaltung vernichtende Tendenz aufweist. Die Fiktion unterstellt nur die Entnahme der mit dem Kapital erwirtschaftbaren Überschüsse. Ähnlich *Matschke/Brösel*, Unternehmensbewertung, 4. Aufl. 2013, 247.

[567] Würde die Ausschüttungsbeschränkung berücksichtigt, wären die im aktuellen Zeitpunkt maximal entziehbaren Mittel stark beschränkt. Es müssten in späteren Perioden weitere Mittel entzogen werden. Die Bilanzierung erlaubt bei der Bewertung des Einzelobjekts aber nur die Abbildung eines einzigen Wertes, nicht einer Zahlenreihe. Zudem würde die Berechnung der Werte zirkulär. Die maximal mögliche Mittelauskehrung einer Periode hinge zugleich von dem noch zu berechnenden Wertbeitrag des Einzelobjekts zu dieser maximal möglichen Gewinnauskehrung ab.

gedanklich ausgeblendet – auch nach dem Realisations- und dem Imparitätsprinzip zunächst Aufwendungen anzusetzen sein, die sich später doch nicht als Zahlungen herausstellen und dann ganz oder teilweise wieder durch Buchung von gleich hohem Ertrag neutralisiert werden müssen. Dies ist bei Rückstellungen der Fall, die dem Grunde und/oder der Höhe nach unsicher sind, wenn sich die ursprünglich vorgenommene Schätzung nachträglich als falsch herausstellt. Bedingung für die Berücksichtigung ist lediglich die hinreichend hohe Eintrittswahrscheinlichkeit bzw. die vorsichtig-objektivierte Schätzbarkeit. Der Unterschied ist aber, dass diese Schätzungen sich zukünftig wahrscheinlich zu tatsächlichen Zahlungen konkretisieren werden, während dies bei den sich aus der Barwertberechnung ergebenden kalkulatorischen Zinsen von vornherein ausgeschlossen ist. Ähnliches gilt für einen Vergleich mit Steuerlatenzen. Latente Steuern werden ebenfalls erfolgswirksam berücksichtigt und bezwecken durch die kalkulatorischen Steueraufwendungen und -erträge eine Glättung der tatsächlichen aktuellen mit künftigen Steuerzahlungen zwecks Abbildung der Steuerquote in GuV. Im Unterschied zu kalkulatorischen Zinsen werden aber auch hier voraussichtliche tatsächliche Zahlungen antizipiert.[568] Das Ergebnis ist daher ein klarer Verstoß gegen den Grundsatz der Pagatorik, wenn bilanziell eine Bewertung mit dem Barwert als kalkulatorische Größe erfolgt.[569]

Im Lichte der im Folgenden anzustellende Analyse der Konsequenzen im inneren System der einzelnen Anwendungsfälle bilanzieller Barwertkalküle sind die problematischen Fälle diejenigen der Hauptzweckkategorie (2b). Bei ihnen steht genau der voranstehend als problematisch identifizierte Bruch mit dem Realisationsprinzip im Vordergrund. Nicht kritisch sind die Hauptzweckkategorien (1) und (2a), denn dort sollen nur Zahlungen realisationsgerecht umverteilt werden (Effektivzinsmethode) oder mit dem Barwertkalkül wird ein Schätzwert für einen Marktpreis als Zahlung errechnet, die künftig tatsächlich erfolgen kann (Abschreibung) oder einen geldlosen Vorgang in Geldeinheiten abbildbar machen soll (Tausch).

---

[568] Der Vollständigkeit halber sei angemerkt, dass der Ansatz aktiver latenter Steuern gegen das Realisationsprinzip verstößt, weil ein Anspruch ohne Gegenleistung bereits vor dessen Geltendmachung als Ertrag erfasst wird. Auch hier werden daher für kalkulatorische Zwecke GoB durchbrochen. Ein Ansatz passiver latenter Steuern für ein wahrscheinlich eintretendes Steuerrisiko und scheint aber mit dem Imparitätsprinzip grundsätzlich in Einklang zu stehen. Weil der „bilanzielle Tatbestand“ bereits verwirklicht ist, ließe sich gegebenenfalls noch darüber streiten, ob das Abwarten bis zum Verstreichen des steuerlichen Veranlagungszeitraums notwendig ist (im wesentlichen vorliegende Erfüllung des rechtlichen Tatbestands der Steuerentstehung), siehe dazu die grundlegenden Ausführungen in Abschnitt 3.1.3.1.1.3 im Textabsatz bei Fußnoten 224 und 225.

[569] Ähnlich *Meyering/Gröne*, in: Anzinger/Oser/Schlotter, Rechnungslegung, § 252 HGB, Rz. 243 (2023).

3.2.2.2 Inneres System

3.2.2.2.1 Aktiva

3.2.2.2.1.1 Überlassungen von Geld mit Auf-/Abgeld

Bei den Nutzungsüberlassungen von Geld mit Damna ist das Barwertkalkül mittelbar in der Anwendung der Effektivzinsmethode enthalten. Sie ist methodisch in der Bilanzierung zulässig. Es liegt insbesondere keiner derjenigen Fälle aus der Untersuchung des äußeren Systems vor, in denen die Vereinbarkeit von Realisation, Pagatorik und Barwertkalkulation kritisch ist. Der Auszahlungsbetrag ist tatsächlich geflossen und entspricht dem Barwert. Auch der Erfüllungsbetrag wird voraussichtlich tatsächlich gezahlt. Er stellt den zum Auszahlungsbetrag als Barwert korrespondierenden Endwert dar. Das Damnum als Unterschiedsbetrag zwischen Barwert und Endwert wird nur noch entsprechend der Technik der Zeitwertkalküle realisationsgerecht auf die Periode der Nutzungsüberlassung verteilt. Zweck und Technik beider Rechenwerke sind kompatibel. Die Barwertkalküle können in der Bilanz dem Grunde nach sachgerecht sein.

Weil hier der Effektivzinssatz die einzig unbekannte Größe ist, die mithilfe der Effektivzinsmethode ermittelt wird, stellt sich in diesen Fällen gerade nicht die Frage nach dem theoretisch richtigen Kalkulationszinssatz. Es kommt zu keinen Unstimmigkeiten zwischen Bilanzrecht und finanzwirtschaftlicher Theorie. Die rechtliche Ausgestaltung ist sachgerecht, aus ihr resultieren keinerlei Verwerfungen.

Auch die als Verwahrentgelte qualifizierenden negativen Zinsen der jüngsten Niedrigzinsphase fügen sich adäquat in die Bilanzierung der Damna ein, sodass keine Verwerfungen entstehen. Der Effektivzinssatz kann auch negative Zinsen abbilden. Negativverzinsliche Anleihen – insbesondere Zero-Bonds – stellten neben den Verwahrentgelten auf Bankeinlagen auch den Hauptanwendungsfall der Verwahrentgelte dar. Bei diesen überstieg der Auszahlungsbetrag den Erfüllungsbetrag. Wie in Kapitel 2 herausgearbeitet handelt es sich bei den laufend zu entrichtenden Verwahrentgelten gleichermaßen um Dauerschuldverhältnisse wie bei Darlehen mit positiven Zinsen. Wie bei den positiven Zinsen ist für die Frage der Realisation entscheidend, ob das jeweilige Damnum die Kapitalüberlassung entgilt oder nicht. Alternativ kommen auch hier nur Nebenkosten der Verwahrung in Betracht. Sodann gelten die gleichen Erwägungen wie bei den Damna zu positiven Zinsen. Bei objektivierter Betrachtung muss es sich um eine Vergütung für die (verwahrende) Kapitalüberlassung handeln. Eine andere Qualifikation scheidet aus dort bereits genannten Gründen aus.[570] Aufwendungen und Erträge aus dem Damnum werden den laufenden Verwahrentgelten entsprechend zeitanteilig mit

[570] Zu diesen siehe bereits Abschnitt 3.1.3.1.2.2.1.1, Textabsatz bei Fußnoten 282-284.

der fortschreitenden Überlassung (Verwahrung) des Geldkapitals realisiert. Die Änderung der Leistungsrichtung gegenüber den positiven Zinsen ändert nichts an der Art der Abbildung des Damnums. Der Anspruch auf das als Verwahrentgelt qualifizierende Damnum ist zivilrechtlich im Zeitpunkt des Wirksamwerdens der Inhaberschuldverschreibung entstanden. Beim Erwerber der Anleihe gehört er daher zum Nennwert der Geldforderung, der in ständiger Rechtsprechung für die Zugangsbewertung von Geldforderungen maßgeblich ist. Bedeutende Unterschiede zu Geldforderungen aus der Veräußerung von Vermögensgegenständen oder Wirtschaftsgütern, die eine Abweichung von dieser Rechtsprechung rechtfertigen würden, sind auch hier nicht ersichtlich.[571] Dasselbe gilt umgekehrt entsprechend für die Perspektive des Emittenten. Es gilt die Bruttomethode.

Die Technik der Bildung und Auflösung des Rechnungsabgrenzungspostens sollte analog derjenigen für positive Zinsen entsprechen, weil in technischer Hinsicht grundsätzlich keine besonderen Unterschiede zwischen Fällen positiver und negativer Zinsen ersichtlich sind. Der Emittent der Anleihe vereinnahmt bei der Emission vom Ersterwerber den höheren Auszahlungsbetrag, braucht aber nur den niedrigeren Erfüllungsbetrag zu passivieren. Es liegt eine Einnahme vor dem Abschlussstichtag vor, die Ertrag für eine bestimmte Zeit nach dem Abschlussstichtag darstellt und daher zwingend in einen passiven Rechnungsabgrenzungsposten eingestellt werden muss (§ 250 Abs. 2 HGB, § 5 Abs. 5 Satz 1 Nr. 2 EStG). Der Erwerber der Anleihe wendet bei der Anschaffung der Anleihe den höheren Auszahlungsbetrag auf, aktiviert aber nur den niedrigeren Nennwert als Forderung. Die Differenz ist eine Ausgabe vor dem Abschlussstichtag für eine bestimmte Zeit nach dem Abschlussstichtag und muss infolgedessen zwingend in einen aktiven Rechnungsabgrenzungsposten eingestellt werden (§ 250 Abs. 1 HGB, § 5 Abs. 5 Satz 1 Nr. 1 EStG). Eine entsprechende Anwendung des Wahlrechts in § 250 Abs. 3 HGB kommt nicht in Betracht. Als Rechtsnorm mit bilanzpolitischem Normzweck hat die dort getroffene Regelung Ausnahmecharakter und ist auf die ausdrücklich geregelten Fälle begrenzt. Sie erfasst nach ihrem Wortlaut nur Fälle, in denen der Auszahlungsbetrag geringer ist als der Erfüllungsbetrag. Die umgekehrte Leistungsrichtung kann bei der Gesetzgebung mangels Existenz der Niedrigzinsphase mit Verwahrentgelten noch nicht von der Regelungsabsicht des Gesetzgebers abgedeckt sein. Die Auflösung des Rechnungsabgrenzungspostens erfolgt nach der Effektivzinsmethode.

Fraglich ist abschließend noch, welche Konsequenzen sich aus dem hier identifizierten Unterschied zwischen Handels- und Steuerbilanz (das von § 250 Abs.

[571] Auf die Ausführungen in Abschnitt 3.1.3.1.2.2.1.1 dritter Absatz am Ende wird verwiesen.

3 HGB gewährte Wahlrecht) ergeben. Wird handelsrechtlich von einer aktiven Rechnungsabgrenzung abgesehen, dürfen Kapitalgesellschaften und kapitalistische Personengesellschaften aktive latente Steuern bilden (§ 274 Abs. 1 Satz 2 HGB). Die Steuerlatenz ist zinsbedingt, aber nicht niedrigzinsbedingt. Da das handelsrechtliche Wahlrecht bilanzpolitischer Natur ist, besteht keine Grundlage für sich aus dem Bilanzsystem ergebende Rechtfertigungen der zinsbedingten Abweichung. Niedrige Zinsen lassen schließlich das Ausmaß der Abweichung geringer werden, tragen also zur Verringerung der Verwerfungen bei.

3.2.2.2.1.2 Übertragungen durch Tausch ohne Geld

Bei den Übertragungen durch Tausch ohne Geld dient das Barwertkalkül der Ermittlung des Werts des von der jeweiligen Tauschpartei hingegebenen Vermögensgegenstands, Wirtschaftsguts, bzw. der hingegebenen anderen Leistung:

- Im Falle von Vermögensgegenständen und Wirtschaftsgütern geht es dabei um diejenigen, für die die Schätzung bei Nichtvorliegen vorzugswürdiger Marktpreise mithilfe eines Zukunftserfolgswertverfahrens angestellt werden kann.
- Im Falle anderer Leistungen in Form eines Darlehens, das als Fälligkeitsdarlehen mit Zinseszinsen identifiziert werden kann, repräsentiert nach der hier vertretenen Auffassung der Darlehensnennwert dem Barwert. Durch einfache finanzmathematische Aufzinsung kann auch der zugehörige Endwert ermittelt werden. Die Differenz zwischen beiden Beträgen stellt die insgesamt anfallenden Zinsen dar. Diese sind der hingegebene Vorteil, der als Anschaffungskosten für etwaige im Gegenzug erhaltene Vermögensgegenstände und Wirtschaftsgüter anzusetzen und bis zur Realisation in einem passiven Rechnungsabgrenzungsposten abzugrenzen ist.

In beiden Fällen ist das Barwertkalkül in der Bilanzierung methodisch zulässig. Es liegt insbesondere keiner derjenigen Fälle aus der Untersuchung des äußeren Systems vor, in denen die Vereinbarkeit von Realisation, Pagatorik und Barwertkalkulation kritisch ist. Die betroffenen Geschäftsvorfälle sind geldlos, müssen aber wegen der Erbringung von Marktleistung nach dem Realisationsprinzip für die pagatorische Bilanzierung in Geld abgebildet werden. Zwar werden die errechneten Beträge nicht in Geld geleistet, dafür aber in Sachwerten. Insofern werden sie auch tatsächlich „gezahlt". Zweck und Technik beider Rechenwerke sind kompatibel. Die Barwertkalküle können in der Bilanz dem Grunde nach sachgerecht sein.

Die Frage nach dem theoretisch richtigen Kalkulationszinssatz stellt sich in den Fällen mit hingegebener anderer Leistung in Form eines nicht in Geld verzinslichen Darlehens nicht. Dort geht es stattdessen um die Bestimmung eines passenden Vergleichszinssatzes vom Markt, der den bilanziellen Objektivierungsanforderungen genügend für die Berechnung herangezogen werden kann. In den Fällen mit Zukunftserfolgswertverfahren kommt das Barwertkalkül in seinem originären finanzwissenschaftlichen Kontext zur Anwendung. Es soll der Ermittlung eines (hypothetischen) Marktpreises dienen. Theoretisch richtig wäre daher die Anwendung der Mischzinssätze für die einzelne bilanzierende rechtliche Einheit, da sie die relevante Marktteilnehmerin ist und der hingegebene Vermögensgegenstand bzw. das hingegebene Wirtschaftsgut aus ihrem Objektprogramm ausscheidet. Die Ermittlung eines Einigungswerts ist weder hinreichend objektiviert möglich noch erforderlich. Es kommt auf den subjektiven Wert der eigenen Leistung an. Die Bestimmung der übrigen Rechenparameter (Zahlungsströme und Kalkulationszinssätze) bleibt aber vor dem Hintergrund der Objektivierungserfordernisse problematisch. Geht man davon aus, dass es Fälle gibt, in denen eine hinreichende Objektivierung bspw. bei einer Bewertung nach den entsprechenden IDW Standards möglich ist,[572] sollte auch eine Verwendung der theoretisch richtigen Mischzinssätze möglich sein.[573] Dies vorausgesetzt lässt das Bilanzrecht dem Rechtsanwender die für die theoretisch richtige Lösung nötige Anwendungsfreiheit. Eine bestimmte Methode ist nicht vorgegeben. Umgekehrt ist die Anwendung der theoretisch richtigen Kalkulationszinssätze aber auch nicht verpflichtend. Ist zum Beispiel bekannt, dass die Preise am Markt üblicherweise zwar mit Zukunftserfolgswerten, aber tatsächlich unter Verwendung anderer Kalkulationszinssätze zustande kommen, stellen letztere sogar das bessere Mittel für die Schätzung eines mit einer fremden Partei am Markt zustande kommenden Preises dar. Die rechtliche Ausgestaltung ist daher im Ergebnis sachgerecht, aus ihr resultieren keine Verwerfungen. Hinsichtlich den Auswirkungen der jüngsten

[572] Siehe bereits die diesbezüglichen Ausführungen in Abschnitt 3.1.3.1.2.2.2.2 und in Abschnitt 3.1.3.1.2.2.4.1 im Text bei Fußnoten 380 bis 390.

[573] So bestehen auch bei den in den voranstehenden Abschnitten dargestellten, bisher bekannten Bewertungsverfahren nach den einschlägigen IDW Standards bzw. Rechtsnormen Spielräume bei der Ermittlung der Zahlungsströme (i. d. R. planungsabhängig) und der Bestimmung des Kalkulationszinssatzes (insbesondere alle Arten „objektspezifischer Anpassungen", z. B. Bestimmung der Vergleichsanlage in Bezug auf Frist und Risiko, Methodenwahl bei Bestimmung von Risikoaufschlägen), die nicht weniger groß sind als diejenigen bei den Mischzinssätzen (planungsabhängig, gegebenenfalls standardisierte Vereinfachung möglich, die Spielräume einschränkt, etwa durch Annahme gleichbleibender Mischzinssätze, die aus dem letzten abgelaufenen Geschäftsjahr ermittelt werden).

Niedrigzinsphase sei darauf hingewiesen, dass im Falle niedrigerer Marktzinssätze auch niedrigere Kalkulationszinssätze zu erwarten sind. Der Barwert wird infolgedessen größer. Auf die Ausführungen in Abschnitt 3.1.2.3.2 wird verwiesen. Getauschte Güter dürften in diesen Fällen daher mit höheren Werten anzusetzen gewesen sein. Zur Anwendung negativer Kalkulationszinssätze wird es im Rahmen dessen regelmäßig nicht gekommen sein.[574]

Schließlich sind keine Unterschiede zwischen Handels- und Steuerbilanz ersichtlich, aus denen Steuerlatenzen (§ 274 Abs. 1 Satz 1 und 2 HGB) oder anderweitige Konsequenzen resultieren könnten.

3.2.2.2.1.3 Übertragungen gegen Renten, Raten, Stundungen

Bei den Übertragungen gegen Renten, Raten und mit Kaufpreisstundungen ist die Lage geteilt. Der Veräußerer muss die Renten-, Raten- oder gestundete Kaufpreisforderung und den Abgang der veräußerten Vermögensgegenstände und Wirtschaftsgüter bilanzieren. Der Erwerber setzt die erworbenen Vermögensgegenstände und Wirtschaftsgüter bei Zugang mit dem auf der Passivseite anzusetzenden Wert der Rückstellung oder Verbindlichkeit aus der Renten-, Raten- oder gestundeten Kaufpreiszahlungsverpflichtung an:

- In Fällen, in denen der Erwerber die Verpflichtung nach § 253 Abs. 2 HGB bzw. § 6 Abs. 1 Nr. 3a lit. e) Satz 1 EStG abzuzinsen hat, erfolgt eine Bilanzierung nach der Nettomethode. In den Anschaffungskosten der erworbenen Vermögensgegenstände und Wirtschaftsgüter steckt kein eigenes Barwertkalkül, da sie nur Reflex der Bewertung des zugehörigen Passivpostens sind. Es gelten sämtliche Ausführungen entsprechend, die im Folgenden zu den sonstigen Rückstellungen getroffen werden. Zur Vermeidung von Doppelungen wird auf diese verwiesen.
- In Fällen, in denen der Erwerber von Gesetzes wegen keine Abzinsung vorzunehmen hat oder in denen der Veräußerer betroffen ist, erfolgt die Bilanzierung nach der Bruttomethode. Das Barwertkalkül ist mittelbar in der Anwendung der Effektivzinsmethode wie bei den Damna enthalten. Auch dieser Anwendungsfall der Effektivzinsmethode ist methodisch in der Bilanzierung zulässig.

[574] Anwendungsfälle negativer Kalkulationszinssätze waren auch in der angesprochenen Niedrigzinsphase nicht bekannt. Auch bei den theoretisch richtigen Kalkulationszinssätzen ist unwahrscheinlich, dass diese regelmäßig negativ geworden wären, da (nicht hoch liquide gehandelte) Fremdfinanzierungen sich noch stets im Bereich positiver Zinsen bewegten und Mischzinssätze nur in Gewichtung mit diesen negativ werden können. Siehe auch die Ausführungen in Abschnitt 3.1.2.3.1.2.2 am Ende nach der ewigen Rente und 3.1.2.3.2.1 bei den Schlusserwägungen.

Es liegt insbesondere keiner der kritischen Fälle aus der Untersuchung des äußeren Systems vor. Anders als dort entspricht hier aber der bei vorsichtig objektivierter Betrachtung vorliegende Einmalkaufpreis für die erworbenen Vermögensgegenstände und Wirtschaftsgüter dem Barwert. Die Vermögensgegenstände und Wirtschaftsgüter werden tatsächlich vereinnahmt. Die Summe der erwarteten Renten-, Raten- bzw. gestundeten Kaufpreiszahlungen bildet den anzusetzenden Nennwert der Forderung oder Verbindlichkeit, welcher dem Endwert entspricht. Auch sie wird voraussichtlich tatsächlich gezahlt. Der Unterschiedsbetrag zwischen Barwert und Endwert wird auch hier nur noch entsprechend der Zeitwerttechnik realisationsgerecht verteilt. Zweck und Technik beider Rechenwerke sind kompatibel. Die Barwertkalküle können in der Bilanz dem Grunde nach sachgerecht sein.

Analog zu den Damna stellt sich weder die Frage nach dem theoretisch richtigen Kalkulationszinssatz noch kommt es zu Unstimmigkeiten zwischen Bilanzrecht und finanzwirtschaftlicher Theorie. Die rechtliche Ausgestaltung ist sachgerecht, aus ihr resultieren keinerlei Verwerfungen.

Wie schon die Ausführungen bei den Damna zu den negativverzinslichen Anleihen zeigen, könnten darüber hinaus auch die in einem Damnum abgebildeten und als Verwahrentgelte qualifizierenden negativen Zinsen bilanziell abgebildet werden. Es käme zu keinem Bruch von Zweck und Technik der Rechenwerke. Da negativverzinsliche Renten und Darlehen in der jüngsten Niedrigzinsphase nicht beobachtet werden konnten, sollten sie aber noch keinen praktischen Anwendungsfall gehabt haben.

Aktive latente Steuern sind nur bei von der Steuerbilanz abweichender Ausübung des von § 250 Abs. 3 HGB gewährten Wahlrechts zu bilden (§ 274 Abs. 1 Satz 2 HGB). Die Steuerlatenz ist zinsbedingt, aber nicht niedrigzinsbedingt. Da das handelsrechtliche Wahlrecht bilanzpolitischer Natur ist, besteht keine Grundlage für sich aus dem Bilanzsystem ergebende Rechtfertigungen der zinsbedingten Abweichung. Niedrige Zinsen lassen schließlich das Ausmaß der Abweichung geringer werden, tragen also zur Verringerung der Verwerfungen bei.

3.2.2.2.1.4 Außerplanmäßige Abschreibungen und Teilwertabschreibungen

3.2.2.2.1.4.1 Nicht finanzielle VG/WG

Bei der Folgebewertung nicht finanzieller Vermögensgegenstände und Wirtschaftsgüter wird für diese ein Ersatzwert in ihrem bisherigen Fortführungszusammenhang ermittelt, auf den bei Eintritt eines eine Wertminderung indizierenden Ereignisses außerplanmäßig abgeschrieben werden kann oder muss. Das

Barwertkalkül steckt in der Ermittlung des Ersatzwerts, sofern ein Zukunftserfolgswertverfahren zum Einsatz kommt. Es ist in der Bilanzierung methodisch zulässig. Die deutlichste Parallele beider Rechenwerke resultiert aus der Bedeutung des Fortführungsgrundsatzes. So stehen die fortgeführten Anschaffungs- und Herstellungskosten symbolisch für den erzielbaren (Wert-)Beitrag zum Gesamtwert des Unternehmens. Letzterer ist ein Zukunftserfolgswert mit Barwertkalkül im Sinne von Abschnitt 3.1.2 bzw. Anhang 3 im elektronischen Zusatzmaterial. Außerplanmäßig abgeschrieben wird nur bei Ereignissen, die eine Minderung des Wertbeitrags zum Gesamtwert indizieren. Die Abschreibung erfolgt auf den Ersatzwert, der wiederum in einem Zukunftserfolgswertverfahren ermittelt wird.[575] Es liegt kein Fall vor, in dem die Vereinbarkeit von Realisation, Pagatorik und Barwertkalkulation kritisch ist:

- In Fällen von Schutzrechten, ähnlichen Rechten und Immobilien dient das Zukunftserfolgswertverfahren der der Ermittlung eines (hypothetischen) Marktpreises. Die Bilanzierung lässt in diesen Fällen ausnahmsweise auch die Entstehung von Aufwendungen zu, bei denen eine Umsetzung des errechneten Werts in echte Zahlungsströme tatsächlich nicht angestrebt ist, aber wahrscheinlich wäre, wenn sie vorgenommen würde. Es geht insoweit nur um die Erfassung von Investitionsrisiken.[576] Auf die diese Anwendungsfälle sehr eng begrenzenden Anforderungen der vorsichtigen Objektivierung sei hingewiesen.
- In Fällen von derivativen Geschäfts- oder Firmenwerten handelt es sich um die in einem tatsächlichen Kaufpreis konkretisierten, künftigen, erwarteten Erfolge der hinzuerworbenen Sachgesamtheit, soweit sie das Reinvermögen der Sachgesamtheit übersteigen. Eine Wertminderung des Zukunftserfolgswerts, die sich in einem vorsichtig objektiviert erneut durchgeführten Ermittlungsverfahren abzeichnet, konkretisiert sich daher in einer Minderung eben

[575] Siehe hierzu schon die Ausführungen in Abschnitt 3.1.3.1.2.1 unter ii.

[576] Vgl. *Hachmeister/Beyer/Hagemann et al.*, in: Anzinger/Oser/Schlotter, Rechnungslegung, § 253 HGB, Rz. 607 (2023). Der Vollständigkeit halber sei darauf hingewiesen, dass umstritten ist, ob notwendige Bedingung für die Vornahme einer außerplanmäßigen Abschreibung nicht auch die wahrscheinliche Konkretisierung des Ersatzwerts in einer tatsächlichen Zahlung ist. Auch dahingehend kritische Stimmen gelangen aber zu pragmatischen Kompromisslösungen in dem im Fließtext geschilderten Sinne. Siehe hierzu etwa *Hachmeister/Beyer/Hagemann et al.*, in: Anzinger/Oser/Schlotter, Rechnungslegung, § 253 HGB, Rz. 613 f., 620–623 (2023) m. w. N. Die Entscheidung der Streitfrage in die andere Richtung ändert an dem hier gefundenen Ergebnis zur Kompatibilität der beiden Rechenwerke nichts. Ist eine außerplanmäßige Abschreibung im voranstehenden Sinne zulässig, sind die Rechenwerke kompatibel. Ist eine außerplanmäßige Abschreibung nicht zulässig, stellt sich von vornherein nicht die Frage nach der Kompatibilität.

dieser künftig erwarteten Zahlungen. Hierbei handelt es sich zwar um theoretisch nicht berücksichtigungsfähige Opportunitätskosten,[577] der derivative Geschäfts- oder Firmenwert gilt aber aufgrund ausdrücklicher gesetzlicher Anordnung als zeitlich begrenzt nutzbarer Vermögensgegenstand (§ 246 Abs. 1 Satz 4 HGB).[578] Im Übrigen wird auf die Überlegungen zu Schutzrechten, ähnlichen Rechten und Immobilien verwiesen.

Zweck und Technik beider Rechenwerke sind daher kompatibel. Die Barwertkalküle können in der Bilanz dem Grunde nach sachgerecht sein.

Das Barwertkalkül kommt in seinem originären finanzwissenschaftlichen Kontext zur Anwendung. Mit dem Zukunftserfolgswertverfahren wird ein hypothetischer Wiederbeschaffungspreis ermittelt. Die relevante (hypothetische) Marktteilnehmerin ist die einzelne bilanzierende rechtliche Einheit. Der theoretisch richtige Kalkulationszinssatz ist der Mischzinssatz für diese einzelne rechtliche Einheit. Auch hier ist analog zu den Tauschvorgängen die Ermittlung eines Einigungswerts weder hinreichend objektiviert möglich noch erforderlich. Das Hinreichen des subjektiven Werts ergibt sich aus dem Fortführungszusammenhang, den beizulegender Wert und Teilwert zugrunde legen. Die Bestimmung der übrigen Rechenparameter (Zahlungsströme und Kalkulationszinssätze) bleibt aber vor dem Hintergrund der Objektivierungserfordernisse problematisch. Geht man davon aus, dass es Fälle gibt, in denen eine hinreichende Objektivierung bspw. bei einer Bewertung nach den entsprechenden IDW Standards möglich ist,[579] sollte auch eine Verwendung der theoretisch richtigen Mischzinssätze möglich sein.[580] Dies vorausgesetzt können mangels methodischer Beschränkungen durch

---

[577] Siehe *Hachmeister/Beyer/Hagemann et al.*, in: Anzinger/Oser/Schlotter, Rechnungslegung, § 253 HGB, Rz. 613 (2023).

[578] Aus den finanzwissenschaftlichen Erkenntnissen des Abschnitts 3.1.2 auch weitere Konsequenzen zur theoretisch richtigen Bilanzierung von Geschäfts- oder Firmenwerten. So erkennt *Werthebach*, Erwerb, StuW 2024, 48 65, zwar in leicht anderem Kontext aber dennoch übertragbar, dass in auf Zukunftserfolgswerten basierenden Kaufpreisen regelmäßig keine Wertansätze einzelner Vermögensgegenstände und Schulden enthalten sind, wie es etwa § 6 Abs. 1 Nr. 2 Satz 3 EStG andeutet, sondern eben nur künftige Erfolgsüberschüsse. Zu möglichen Folgen für die Kaufpreisallokation und die (grundsätzlich zutreffende) erfolgsabhängige Auflösung des derivativen Geschäfts- oder Firmenwerts siehe die Ausführungen im voranstehend zitierten Beitrag.

[579] Siehe bereits die diesbezüglichen Ausführungen in Abschnitt 3.1.3.1.2.2.4.1.

[580] So bestehen auch bei den in den voranstehenden Abschnitten dargestellten, bisher bekannten Bewertungsverfahren nach den einschlägigen IDW Standards bzw. Rechtsnormen Spielräume bei der Ermittlung der Zahlungsströme (i. d. R. planungsabhängig) und der

das Bilanzrecht die theoretisch richtigen Mischzinssätze auch tatsächlich verwendet werden. Ihre Anwendung ist aber nicht verpflichtend. Abweichungen von diesen können – wie bei den Tauschvorgängen erörtert – sinnvoll sein, wenn bekannt ist, dass der Markt tatsächlich andere Kalkulationszinssätze bei seiner Preisbildung verwendet. Zudem spricht hier auch der Stetigkeitsgrundsatz gegen eine spätere Abweichung von einer einmal für eine außerplanmäßige Abschreibung oder die ursprüngliche Kaufpreisfindung gewählte Methode, sofern keine vorsichtig objektiviert tragfähigen Gründe dafür ersichtlich sind (§ 252 Abs. 1 Nr. 6, Abs. 2 HGB, § 5 Abs. 1 Satz 1 EStG). Die rechtliche Ausgestaltung ist daher im Ergebnis sachgerecht, aus ihr resultieren keine Verwerfungen. Analog zu den entsprechenden Ausführungen beim Tausch wird für die Auswirkungen der jüngsten Niedrigzinsphase darauf hingewiesen, dass bei niedrigeren Marktzinsen auch niedrigere Kalkulationszinssätze zu erwarten sind und der Barwert entsprechend größer wird. Auf die Ausführungen in Abschnitt 3.1.2.3.2 wird verwiesen. Das Potenzial für außerplanmäßige Abschreibungen sinkt. Zur Anwendung negativer Kalkulationszinssätze wird es in der jüngsten Niedrigzinsphase regelmäßig nicht gekommen sein.[581]

Es sind keine zinsbedingten oder sonstigen Abweichungen von Handels- und Steuerbilanz ersichtlich, aus denen Steuerlatenzen (§ 274 Abs. 1 Satz 1 und 2 HGB) oder anderweitige Konsequenzen resultieren könnten.

3.2.2.2.1.4.2 Finanzielle VG/WG – Anteile und Beteiligungen

Bei der Folgebewertung von Anteilen und Beteiligungen ergab bereits die Untersuchung der Grundlagen, dass sich der Anwendungsfall im Wesentlichen mit demjenigen des Geschäfts- oder Firmenwerts deckt.[582] Die wenigen dort herausgearbeiteten Unterschiede führen zu keinen Änderungen der Konsequenzen. Zur Vermeidung von Doppelungen wird daher umfassend auf die Konsequenzen zu den Geschäfts- oder Firmenwerten verwiesen.

Bestimmung des Kalkulationszinssatzes (insbesondere alle Arten „objektspezifischer Anpassungen", z. B. Bestimmung der Vergleichsanlage in Bezug auf Frist und Risiko, Methodenwahl bei Bestimmung von Risikoaufschlägen), die nicht weniger groß sind als diejenigen bei den Mischzinssätzen (planungsabhängig, gegebenenfalls standardisierte Vereinfachung möglich, die Spielräume einschränkt, etwa durch Annahme gleichbleibender Mischzinssätze, die aus dem letzten abgelaufenen Geschäftsjahr ermittelt werden).

[581] Siehe bereits die Ausführungen in Fußnote 575 in Abschnitt 3.2.2.2.1.2.

[582] Siehe hierzu Abschnitt 3.1.3.1.2.2.4.2.

3.2.2.2.1.4.3 Finanzielle VG/WG – Ausleihungen und Forderungen

Im Rahmen der Folgebewertung von Ausleihungen und Forderungen konnten Barwertkalküle ebenfalls nur im Fall außerplanmäßiger Abschreibungen identifiziert werden. Der Ersatzwert ist ein im Wege eines einfachen finanzmathematischen Barwertkalküls ermittelter hypothetischer Marktpreis. Das Barwertkalkül ist in der Bilanzierung auch methodisch zulässig. Es liegt kein Fall vor, in dem die Vereinbarkeit von Realisation, Pagatorik und Barwertkalkulation kritisch ist:

- Grundsätzlich darf die außerplanmäßige Abschreibung nur erfolgen, sofern auch eine Minderung des Wertbeitrags zum Gesamtwert des Unternehmens wahrscheinlich ist. Dies ist nach den ausgearbeiteten Grundlagen nur handelsrechtlich und nur bei Forderungen des Umlaufvermögens zulässig, wenn auch eine tatsächliche Veräußerung der Forderung zu ihrem niedrigeren Barwert wahrscheinlich ist. Der mit dem Barwertkalkül ermittelte hypothetische Marktpreis wird sich dann wahrscheinlich künftig in einer tatsächlichen Zahlung konkretisieren.
- Im Falle von Finanzanlagevermögen darf handelsrechtlich wegen des in § 253 Abs. 3 Satz 6 HGB eingeräumten Wahlrechts auch bei nur vorübergehender Wertminderung, die sich nicht voraussichtlich in einer tatsächlichen Zahlung konkretisieren, auf einen niedrigeren Barwert abgeschrieben werden. Anders als bei den nicht finanziellen Vermögensgegenständen und Wirtschaftsgütern kann sich der niedrigere Barwert als hypothetischer Marktpreis in diesen Fällen auch nicht in einer Minderung des Wertbeitrags zum Gesamtwert des Unternehmens niederschlagen. Für die Abweichung von den üblicherweise geltenden Grundsätzen liegt aber eine ausdrückliche gesetzliche Anordnung vor, die das Imparitätsprinzip (nur) in diesen Fällen anders konturiert.

Zweck und Technik beider Rechenwerke sind daher kompatibel. Die Barwertkalküle können in der Bilanz dem Grunde nach sachgerecht sein.

Die Frage nach dem theoretisch richtigen Kalkulationszinssatz stellt sich hier nicht. Anders als bei den nicht finanziellen Vermögensgegenständen und Wirtschaftsgütern handelt es sich vorliegend nicht um ein Zukunftserfolgswertverfahren für eine Realinvestition. Stattdessen wird ein Marktzinssatz für eine Forderung vergleichbarer Laufzeit und Risikoklasse als Kalkulationszinssatz angesetzt, um die Annäherung an einen aktuellen hypothetischen Marktpreis für die jeweilige Forderung zu ermitteln.[583] Weil es sich um eine gängige Marktmethode zur Preisbestimmung von Finanztiteln handelt, dürfte die Ausgestaltung

---

[583] Siehe schon die Ausführungen in Abschnitt 3.1.3.1.2.2.4.3.

des Barwertkalküls für den gesetzlich angestrebten Zweck zu keinen Verwerfungen führen. Niedrigere Zinsen führen nach dieser Methode zu einer Annäherung des Barwerts an den Nennwert der Forderung, da die Zinszahlungsströme geringer werden. Auf die Ausführungen in Abschnitt 3.1.2.3.2 wird hingewiesen. Da es für die Abschreibung auf die Differenz der Verzinsung der bestehenden Forderungen zur aktuellen Marktverzinsung ankommt, hat an dieser Stelle weniger das Vorhandensein eines niedrigeren Zinsniveaus Auswirkungen, als vielmehr die Änderung des niedrigen Zinsniveaus auf ein höheres. Sie würde zu einer Abwertung der bestehenden Forderungen und dementsprechend erhöhtem Abschreibungspotenzial führen.[584]

Schließlich bestehen für die handelsrechtlich in Ausnahmefällen im Umlaufvermögen zulässigen Abschreibungen und die Abschreibungen auf Grundlage von § 253 Abs. 3 Satz 6 HGB Unterschiede zur Steuerbilanz, für die aktive latente Steuern abzugrenzen sind (§ 274 Abs. 1 Satz 2 HGB). Die Steuerlatenz ist zinsbedingt, aber nicht niedrigzinsbedingt. Da das handelsrechtliche Wahlrecht bilanzpolitischer Natur ist, besteht keine Grundlage für sich aus dem Bilanzsystem ergebende Rechtfertigungen der zinsbedingten Abweichung. Auch für die Abweichungen bei den außerplanmäßigen Abschreibungen besteht keine solche Grundlage, da die abweichende steuerrechtliche Vorschrift fiskalpolitisch motiviert ist.[585] Eine Abmilderung des Ausmaßes der Abweichungen ergibt sich nur bei länger anhaltendem gleichbleibenden Zinsniveau.

3.2.2.2.2 Schulden

3.2.2.2.2.1 Pensionsrückstellungen

Für die Pensionsrückstellungen ist das Barwertkalkül gesetzlich angeordnet. Da bereits der Ansatz mit dem nach vernünftiger kaufmännischer Schätzung notwendigen Erfüllungsbetrag der Umsetzung des Realisationsprinzips Rechnung trägt, handelt es sich bei der Anordnung der Abzinsung um eine Prinzipiendurchbrechung.[586] Es liegt einer derjenigen Fälle aus der Untersuchung des

[584] Ähnlich siehe *Scholz/Kottenstein*, Zinswende, WPg 2023, 13, 16.

[585] Vgl. BT-Drs. 14/443, 18, 22.

[586] Siehe bereits die Einzelanalyse in Abschnitt 3.1.3.1.2.3.1.1 und die Auswertung in Abschnitt 3.1.3.2. Realisations- und Imparitätsprinzip setzen (periodisierte) künftig wahrscheinlich tatsächlich eintretende Zahlungsströme voraus. Gibt es keinen Zinsanteil, genügt eine Bildung des Erwartungswerts (Gewichtung mit den Eintrittswahrscheinlichkeiten der Zahlungen, die irgendwann null sind), um die Rentenverpflichtung als Zahlungsreihe einwertig zu machen. Dann wären die wahrscheinlich tatsächlich eintretenden Zahlungen bereits hinreichend geschätzt. Die Abzinsung verzerrt die erwarteten tatsächlichen Zahlungsströme. Gibt es einen Zinsanteil (Unterschied zwischen Arbeitsleistung als „Verfügungsbetrag“ und

äußeren Systems vor, in denen die Vereinbarkeit von Realisation, Pagatorik und Barwertkalkulation kritisch ist.

Fraglich ist, ob für die Durchbrechung eine sachliche Rechtfertigung gegeben ist. Nach den voranstehenden Untersuchungsgrundlagen ist handelsrechtlich der rechtfertigende Abzinsungsgrund (Normzweck) die Möglichkeit der Nutzung der langfristigen Verpflichtungen für Zwecke der unternehmerischen Innenfinanzierung.[587] Steuerrechtlich sind Fiskalzwecke, eine Gleichstellung mit Versicherungen, sowie ohne strenge Anbindung auch die Innenfinanzierung und ein einzuschränkender Steuerstundungseffekt erkennbar.[588] Fiskalzwecke, zu denen auch das Argument der Steuerstundung gehört, bieten wegen ihrer fiskalpolitischen Eigenschaften keine sachliche Rechtfertigungsgrundlage. Auch die Gleichstellung mit Versicherungen (mittelbaren Durchführungswegen der betrieblichen Altersvorsorge) scheidet aus, da diese Überlegungen nur die zeitanteilige Ansammlung der Rückstellungen, nicht aber deren Abzinsung betrafen.[589] Als einziger sachlicher Rechtfertigungsgrund bleibt daher auch bei der steuerrechtlichen Abzinsungsvorschrift nur die Möglichkeit der unternehmerischen Innenfinanzierung.

Infolge der Zweckbestimmung sind die theoretisch richtigen Kalkulationszinssätze die Mischzinssätze der bilanzierenden rechtlichen Einheit. In bilanzrechtssystematischer Hinsicht resultieren hieraus die folgenden Konsequenzen:

- Die Personen- bzw. Unternehmensabhängigkeit (Subjektivität) der Kalkulationszinssätze steht vorliegend nicht im Widerspruch zu den bilanziellen Objektivierungserfordernissen, weil sie gesetzlich typisiert werden und dem

dem Erfüllungsbetrag der Verpflichtung), führt die gesetzliche Typisierung trotzdem immer dazu, dass von den tatsächlichen erwarteten Zahlungsströmen abgewichen wird. Stattdessen finden die nur fiktiven typisierten Zahlungsströme Eingang in die Bilanz.

[587] Siehe Abschnitt 3.1.3.1.2.3.1.1 am Ende.

[588] Siehe Abschnitt 3.1.3.1.2.3.1.1 am Ende.

[589] Vgl. BT-Drs. 2/481, 78.

Rechtsanwender daher keinen Spielraum einräumen.[590] Müssten die Mischzinssätze geschätzt werden, wäre die Vereinbarkeit mit den Objektivierungserfordernissen kritisch. Der Schätzungsspielraum müsste dann sinnvoll eingeengt werden.[591]

- Auch die Vergleichbarkeit der handelsrechtlichen Abschlüsse und die Gleichmäßigkeit der Besteuerung werden durch Mischzinssätze nicht gravierend beeinträchtigt. Stattdessen werden Vergleichbarkeit und Gleichmäßigkeit dadurch hergestellt, dass die bilanzierenden Unternehmungen einen Schätzer für den klar definierten Wertbeitrag der Verpflichtungen zu dem größtmöglichen, der einzelnen rechtlichen Einheit sofort entziehbaren Betrag zum Rechnungsstichtag ausweisen.
- Der Grundsatz der Pagatorik bleibt hierdurch durchbrochen, da die Vollauskehrung auch aller künftigen Gewinne nur ein hypothetischer Fall ist, in dem die Gewinnauskehrungen nicht auf den bilanziellen Gewinn begrenzt sind.
- Würde letztere aufgehoben, könnte sich der errechnete Betrag aber theoretisch in einer tatsächlichen Zahlung konkretisieren. Dies ist für alle anderen denkbaren Zinssätze anders. Ein mit ihnen errechnetes Ergebnis kann keinem Sachverhalt zugeordnet werden, der größere Übereinstimmungen mit der Realität aufweist. Insofern stellt die Verwendung der Mischzinssätze auch die einzige Möglichkeit dar, die erforderliche bilanzielle Abbildung von Tatsachen (§ 264 Abs. 2 Satz 1 HGB) bzw. die Besteuerung nach der tatsächlichen Leistungsfähigkeit nicht übermäßig zu verletzen.
- Auch die Abbildung von Tatsachen bzw. die Besteuerung nach der tatsächlichen Leistungsfähigkeit bleiben trotzdem verletzt. Nach der Systematik der Bilanzierung ist Tatsache, dass die vorsichtig objektiviert geschätzten Rentenzahlungen künftig ungemindert zu leisten sind. Die Abzinsung führt zu einer darüber hinausgehenden Minderung des zu passivierenden Betrags.
- Auch gesamtsystematisch ist ein Bruch erkennbar. Die Abzinsung ergibt einen Wertbeitrag für eine hypothetische Gewinnverwendung. Die verwendbaren Gewinne sollen aber von der Bilanzierung gerade erst ermittelt werden. So

[590] Dass im HGB die Anbindung der Kalkulationszinssätze an Marktzinssätze erfolgt ist, ändert nichts daran, dass mit diesen nach dem Normzweck die Innenfinanzierung abgebildet werden soll, für die die Mischzinssätze die theoretisch richtigen Kalkulationszinssätze sind.

[591] Die Schätzung könnte gegebenenfalls anhand der für die nächsten Jahre geplanten Finanzierungs- und Anlagestruktur erfolgen, wenn bei Vorliegen von Erfahrungswerten aus der Vergangenheit der bilanzpolitische Spielraum der Plandaten hinreichend gering ist. Ansonsten bestünde bei Rückgriff auf die aktuell laufenden Finanzierungen und Anlagen kein Spielraum.

ist das Handelsbilanzergebnis Grundlage der Zahlungsbemessung für die Auskehrungen an die Anteilseigner und das Steuerbilanzergebnis Bestandteil der Ermittlung der steuerlichen Bemessungsgrundlage. Zudem finden sich steuerliche Sondervorschriften, nach denen die Gewinnverwendung ausdrücklich für die Ermittlung der Bemessungsgrundlage unbeachtlich ist (§ 4 Abs. 1 Satz 1, 2, 8 EStG, § 8 Abs. 3 Satz 1 KStG). Das für die Gewinnauskehrung zugrunde gelegte Ergebnis würde mit der Abzinsung zirkulär.

Zu einer sachlichen Unstimmigkeit führt daher bereits dem Grunde nach die Abzinsung der Rückstellungen in ihrer Gesamtheit. Theoretisch richtig wäre eine Bilanzierung entlang der Tatsachen, mit denen die Abzinsung wie dargelegt unvereinbar ist. Es kommt zu einer Verfälschung der Informationen zur Vermögens- und Ertragslage. Wirtschaftliche Folge hieraus ist die Einschränkung des Schutzes der Unternehmenseigner und Gläubiger durch die (beeinträchtigte) Informationsfunktion der Bilanz. Daneben ist weitere wirtschaftliche Folge die bei der Zahlungsbemessung entstehende Unstimmigkeit. Geht man davon aus, dass Pensionsverpflichtungen theoretisch sowohl auf- als auch abgezinst werden können (auch negative Kalkulationszinssätze können auftreten), tritt bei der Zahlungsbemessung wirtschaftlich je nach Zinsniveau entweder eine tendenzielle Benachteiligung der Gläubiger oder der Unternehmenseigner ein. Bei positiven Kalkulationszinssätzen werden die Rückstellungen abgezinst, die angesetzten Werte sind niedriger als theoretisch richtig. Infolgedessen ist die Flexibilität der Unternehmenseigner bei der Auskehrung von Gewinnen erhöht, das Ausschüttungspotenzial ist höher als theoretisch richtig.[592] Bei negativen Kalkulationszinssätzen kehrt sich der Effekt um. Je weiter die Kalkulationszinssätze sich im positiven oder negativen Bereich von der 0 %-Marke weg bewegen, und je umfangreicher Pensionsverpflichtungen bestehen, desto stärker wird der Effekt. Infolgedessen kann bei Veränderungen des Zinsniveaus innerhalb des Bereichs positiver Zinsen keinesfalls von einer ungerechtfertigten Benachteiligung der Unternehmenseigner gesprochen werden, da es sich insoweit gerade um eine begünstigende Regelung handelt. Dasselbe gilt umgekehrt für negative Zinsen. Schließlich geht es vorliegend auch nicht um eine Beschneidung des Imparitätsprinzips, das man noch als einseitig den Gewinnanspruch der

[592] Nach § 253 Abs. 6 HGB ausschüttungsgesperrt ist nur der Unterschied aus einer Bewertung mit einem 7-Jahres-Durschnittszinssatz gegenüber einer Bewertung mit einem 10-Jahres-Durchschnittszinssatz, nicht aber der weniger entstehende Aufwand aus der Abzinsung insgesamt.

Unternehmenseigner beschränkende Ausnahme vom Realisationsprinzip[593] deuten könnte, sondern um Überlegungen innerhalb des Realisationsprinzips. Die Pensionsverpflichtungen sind dem Grunde nach sicher, nur ihre Höhe bedarf der Schätzung.

Weil die handelsrechtliche Bilanzierung mit § 253 Abs. 2 Satz 1, 4 f. HGB an einen 10-Jahres-Durchschnitt von Marktzinssätzen anknüpft, der sich auch während der jüngsten Niedrigzinsphase stets im positiven Bereich bewegte, kam es tatsächlich nur zu einer Beschränkung der den Unternehmenseignern eingeräumten Begünstigung.

Vor dem Hintergrund des Zwecks der handelsrechtlichen Abzinsungsvorschrift ist ferner nicht davon auszugehen, dass bei Vorliegen negativer Kalkulationszinssätze eine Aufzinsung zu erfolgen hat. Die Regelung zur Abzinsung von Rentenverpflichtungen ohne noch zu erwartende Gegenleistung wurde in Zeiten positiver Zinsen eingeführt. Negative Zinsen waren noch nicht denkbar und wurden vom Gesetzgeber entsprechend auch nicht im Rahmen der Gesetzgebung berücksichtigt. Das gleiche gilt für die Neuregelung mit dem BilMoG in 2009, mit der für alle Rückstellungen – auch solche für Rentenverpflichtungen mit noch ausstehender Gegenleistung wie bei Versorgungsanwartschaften – eine Abzinsung verpflichtend eingeführt worden ist. Dies fand noch deutlich vor der Einführung der negativen Einlagezinsen durch die EZB in 2014 statt. Keinen Einfluss auf die Beurteilung hat die mit dem BilMoG in 2009 eingeführte Durchschnittsbildung über mehrere Jahre bei den Kalkulationszinssätzen. Hier ist nur der Wille erkennbar, die Geschwindigkeit der Belastung (verschwindender Vorteil) aus einem zu rapiden Absinken der Kalkulationszinssätze abzusenken.[594] Bedeutsam ist dagegen die 2016 vorgenommene Verlängerung des Zeitraums. Nach den Gesetzgebungsmaterialien sollten ausdrücklich die negativen Auswirkungen der Niedrigzinsphase auf die Attraktivität der Direktzusagen von Betriebsrenten spürbar vermindert werden.[595] Für die Verminderung der negativen Auswirkungen wurde zwar nur der Zeitraum der Durchschnittsbildung angehoben und nicht eine feste Untergrenze oder ein fixer Kalkulationszinssatz eingeführt. Zudem waren auch schon bei der Null-Kupon-Euro-Swapkurve (§ 2 RückAbzinsV, § 253 Abs. 2 Satz 4 und 5 HGB) einzelne negative Zinssätze erkennbar. Insgesamt war aber erkennbar, dass bei allen Laufzeiten der handelsrechtlich zu bildende Zehnjahresdurchschnitt noch deutlich von 0 % entfernt war und mithilfe der Verlängerung

[593] Ähnlich *Förster*, Jahresabschlusszwecke, 1999, 197.

[594] Vgl. BT-Drs. 344/08, 116 f., mit einem Glättungseffekt für Ertragsschwankungen.

[595] Vgl. BT-Drs. 18/7584, 149.

des Durchschnittszeitraums auch für die nächsten Jahre nicht zu erwarten war.[596] Darüber hinaus kann mit den negativen Auswirkungen, die vermindert werden sollen, angesichts der bisher ausschließlich positiven Kalkulationszinssätze nur gemeint sein, den weiteren Wegfall des bisher existierenden Vorteils abzumildern. Dies schließt auch eine Umkehr des Vorteils aus der Abzinsung bei positiven Kalkulationszinssätzen in einen Nachteil durch eine Aufzinsung wegen negativer Kalkulationszinssätze aus.

Die handelsrechtliche Abzinsungsregelung ist vor diesem Hintergrund insgesamt als die Unternehmenseigner begünstigende Regelung einzustufen. Auch steuerrechtlich wird offensichtlich diese handelsrechtliche Vorteilsrichtung unterstellt, da sie sich mit dem in § 6a Abs. 3 Satz 3 EStG geregelten fixen Abzinsungszinssatz von 6 % p. a. nicht umkehren kann. Auf das handelsrechtlich höhere Gewinnauskehrungspotenzial will der Staat steuerrechtlich mit der dort geregelten Abzinsung ebenfalls zugreifen.

Sowohl handels- als auch steuerrechtlich bestehen ferner Unstimmigkeiten dahingehend, dass der theoretisch richtige Kalkulationszinssatz der Mischzinssatz der bilanzierenden rechtlichen Einheit ist, die gesetzlichen Regelungen sich aber nicht direkt an diesem orientieren. Handelsrechtlich wird stattdessen an den Zehnjahresdurchschnitt von aus Marktdaten abgeleiteten Null-Kupon-Euro-Swapzinssätzen angeknüpft, steuerrechtlich werden die 6 % fest vorgeschrieben. Die hieraus resultierenden wirtschaftlichen Konsequenzen hängen wegen der Individualität des Mischzinssatzes vom Einzelfall ab. In jedem Fall wirkt die handelsrechtlich begünstigende Regelung nicht zielgenau. Sie wirkt je nach Verhältnis der Zinssätze entweder zu stark oder zu schwach. Dies kann in einem Anreiz für oder gegen eine betriebliche Altersvorsorge resultieren.

Problematisch ist zudem, dass auch der handels- und der steuerrechtliche Kalkulationszinssatz voneinander abweichen. Hieraus entstehen Unstimmigkeiten in der Bewertung, die keine sachliche Rechtfertigung finden, da beide Kalkulationszinssätze gleichermaßen auf die Möglichkeit der Innenfinanzierung als Rechtfertigungsgrund zurückzuführen sind. Der Unterschied ist rein fiskalpolitisch. Auf die Bewertungsunterschiede wegen der abweichenden Kalkulationszinssätze in Handels- und Steuerbilanz (durchschnittlicher Marktzinssatz vs. 6 % fix) sind von bilanzierenden Kapitalgesellschaften latente Steuern zu bilden. Wegen derzeit niedrigerer handelsrechtlicher Kalkulationszinssätze handelt es sich um aktive latente Steuern (§ 274 Abs. 1 Satz 1 HGB).

[596] Siehe hierzu die von der Deutschen Bundesbank ermittelten Daten, abrufbar unter https://www.bundesbank.de/de/statistiken/zeitreihen-datenbanken (abgerufen am 19.10.2025) in der Kategorie „Geld- und Kapitalmärkte" unter „Zinssätze und Renditen" bei „Abzinsungszinssätze gemäß § 253 Abs. 2 HGB".

3.2.2.2.2.2 Sonstige Rückstellungen

Auch für die sonstigen Rückstellungen dient der Ansatz in Höhe des nach vernünftiger kaufmännischer Schätzung notwendigen Erfüllungsbetrags der Umsetzung des Realisationsprinzips. Das gesetzlich angeordnete Barwertkalkül führt daher analog zu den Pensionsrückstellungen auch hier zu einer Prinzipiendurchbrechung. Es liegt einer derjenigen Fälle aus der Untersuchung des äußeren Systems vor, in denen die Vereinbarkeit von Realisation, Pagatorik und Barwertkalkulation kritisch ist. Für die Durchbrechung ist keine sachliche Rechtfertigung ersichtlich. Nach den voranstehenden Untersuchungsgrundlagen ist handels- und steuerrechtlich der einzige Zweck der Abzinsung sonstiger Rückstellungen die Möglichkeit der Nutzung der Verpflichtungen für die unternehmerische Innenfinanzierung. Eine Interpretation als Marktpreisermittlung kommt nicht in Betracht.[597]

Infolgedessen sind die theoretisch richtigen Kalkulationszinssätze die Mischzinssätze der bilanzierenden rechtlichen Einheit. Die hieraus resultierenden bilanzrechtssystematischen und wirtschaftlichen Konsequenzen gleichen wegen gleicher Ausgangslage denjenigen bei den Pensionsrückstellungen. Insoweit wird zur Vermeidung von Doppelungen auf die dortigen Ausführungen verwiesen. Diese gelten grundsätzlich vollumfassend entsprechend. Die einzigen Unterschiede, die den Aussagegehalt aber nicht wesentlich ändern, sind:

- Handelsrechtlich wird anstelle eines Zehnjahresdurchschnitts nur ein Siebenjahresdurchschnitt gebildet (§ 253 Abs. 2 Satz 1 HGB).
- Der steuerrechtliche Kalkulationszinssatz beträgt 5,5 %, nicht 6 % (§ 6 Abs. 1 Nr. 3a lit. e) EStG).

3.2.2.2.2.3 Verbindlichkeiten

Bei den Verbindlichkeiten kommen nach den Erkenntnissen in der Grundlagenuntersuchung Barwertkalküle nur bei den Erwerbern in Fällen von Übertragungen gegen Raten und mit Kaufpreisstundungen in Betracht. Es handelt sich um diejenigen Fälle, in denen keine gesetzliche Abzinsung kodifiziert ist. Das Barwertkalkül ist mittelbar in der Anwendung der Effektivzinsmethode wie bei den Damna enthalten, sofern sich eine Differenz zwischen der Summe der Ratenzahlungen bzw. der gestundeten Kaufpreiszahlung und dem bei vorsichtig objektivierter Betrachtung vorliegenden Einmalkaufpreis für die erworbenen Vermögensgegenstände und Wirtschaftsgüter ergibt. Es ergeben sich keine wesentlichen Änderungen gegenüber den diesbezüglichen bei den Übertragungen gegen

---

[597] Vgl. Abschnitt 3.1.3.1.2.3.2.1 am Ende.

Renten, Raten und mit Kaufpreisstundung getroffenen Aussagen. Zur Vermeidung von Doppelungen wird auf diese verwiesen.

Klarstellend sei angemerkt, dass im hiesigen Fall nur bei von der Steuerbilanz abweichender Ausübung des von § 250 Abs. 3 HGB gewährten Wahlrechts (aktive) latente Steuern entstehen (§ 274 Abs. 1 Satz 2 HGB). Die Steuerlatenz ist zinsbedingt, aber nicht niedrigzinsbedingt. Da das handelsrechtliche Wahlrecht bilanzpolitischer Natur ist, besteht keine Grundlage für sich aus dem Bilanzsystem ergebende Rechtfertigungen der zinsbedingten Abweichung. Niedrige Zinsen lassen das Ausmaß der Abweichung geringer werden und tragen so zur Verringerung der Verwerfungen bei.

3.2.3 Höherrangig rechtssystematisch

3.2.3.1 Vorüberlegungen

Aufgrund der beim Bilanzsystem aufgedeckten Unstimmigkeiten stellt sich die Frage nach der Vereinbarkeit der derzeitigen rechtlichen Ausgestaltung der dort steuerrechtlich zwingend und typisierend angelegten Barwertkalküle bei den Pensionsrückstellungen und den sonstigen Rückstellungen mit höherrangigem Recht. Untersuchungsgegenstand ist die Vereinbarkeit der §§ 6 Abs. 1 Nr. 3a lit. e), 6a Abs. 3 Satz 3 EStG mit dem Verfassungsrecht. Nicht zu untersuchen ist die Vereinbarkeit der Vorschriften mit der Bilanzrichtlinie der EU, da es sich um eigenständige steuerrechtliche Vorschriften handelt.[598]

Für die Prüfung der verfassungsrechtlichen Zulässigkeit der Ausgestaltung der einzelnen bilanziellen Barwertkalküle kommt nur ein Verstoß gegen Art. 3 Abs. 1 GG in Betracht. Fragen steuerlicher Rückwirkung interessieren hier nicht. Auch bestehen keine Anzeichen für inhaltlich unzureichende Bestimmtheit der zu überprüfenden Rechtsnormen. Fragen des inneren Bilanzsystems betreffen üblicherweise auch keine speziellen Grundfreiheiten.

Zunächst ist die Eröffnung des Schutzbereichs von Art. 3 Abs. 1 GG zu prüfen, wozu eine Ungleichbehandlung von wesentlich Gleichem oder eine Gleichbehandlung von wesentlich Ungleichem dargelegt werden muss, denn der allgemeine Gleichheitssatz gebietet dem Gesetzgeber, wesentlich Gleiches gleich

---

[598] Vgl. BFH v. 15.07.1998, I R 24/96, BStBl. II 1998, 728 unter II.4.; *Kahle/Kopp*, Bilanzsteuerrecht, DStR 2021, 1569, 1574; *Weber-Grellet*, in: Schmidt, EStG, § 5 EStG, Rz. 3 (2022).

und wesentlich Ungleiches ungleich zu behandeln. Er gilt für ungleiche Belastungen und Begünstigungen.[599] Der Gesetzgeber wählt diejenigen Sachverhalte aus, an die er dieselben Rechtsfolgen knüpft und die er so als rechtlich gleich qualifiziert, muss diese Auswahl aber sachgerecht treffen.[600] Dies lässt sich nur individuell am Einzelfall zeigen.

Eine Art der Ungleichbehandlung hängt dabei mit der nicht folgerichtigen Ausgestaltung einer gesetzgeberischen Belastungsentscheidung zusammen. Den Steuergesetzgeber bindet Art. 3 Abs. 1 GG an die Besteuerung nach der wirtschaftlichen Leistungsfähigkeit.[601] Das gilt insbesondere im Einkommen- und Körperschaftsteuerrecht[602], die den jeweiligen Steuerpflichtigen als Steuersubjekt mit seiner Leistungsfähigkeit besteuern sollen.[603] Der Gesetzgeber hat bei der Auswahl von Steuergegenstand und Steuersatz einen weit reichenden Entscheidungsspielraum.[604] Ausgehend vom Steuergegenstand muss die Besteuerung des

[599] Vgl. BVerfG v. 28.03.2023, 2 BvL 8/13, juris, Rn. 139; BVerfG v. 28.07.2023, 2 BvL 22/17, juris, Rn. 59 unter Verweis auf BVerfG v. 08.06.2004, 2 BvL 5/00, BVerfGE 110, 412, 431; BVerfG v. 21.06.2006, 2 BvL 2/99, BVerfGE 116, 164, 180; BVerfG v. 09.12.2008, 2 BvL 1/07 u. a., BVerfGE 122, 210, 230; BVerfG v. 06.06.2010, 2 BvL 13/09, BVerfGE 126, 268, 277; BVerfG v. 29.03.2017, 2 BvL 6/11, BVerfGE 145, 106, Rn. 98; BVerfG v. 10.04.2018, 1 BvL 11/14, BVerfGE 148, 147, Rn. 94; BVerfG v. 08.12.2021, 2 BvL 1/13, BVerfGE 160, 41, Rn. 51; BVerfG v. 28.06.2022, 2 BvL 9/14 u. a., BVerfGE 162, 277, Rn. 68.

[600] Vgl. BVerfG v. 28.03.2023, 2 BvL 8/13, juris, Rn. 140; BVerfG v. 28.07.2023, 2 BvL 22/17, juris, Rn. 59 unter Verweis auf BVerfG v. 08.04.1987, 2 BvR 909/82 u. a., BVerfGE 75, 108, 157; BVerfG v. 12.02.2003, 2 BvL 3/00, BVerfGE 107, 218, 244; BVerfG v. 23.05.2006, 1 BvR 1484/99, BVerfGE 115, 381, 389; BVerfG v. 15.12.2015, 2 BvL 1/12, BVerfGE 141, 1, Rn. 93; BVerfG v. 29.03.2017, 2 BvL 6/11, BVerfGE 145, 106, Rn. 98; BVerfG v. 19.11.2019, 2 BvL 22/14 u. a., BVerfGE 152, 274, Rn. 95; BVerfG v. 08.12.2021, 2 BvL 1/13, BVerfGE 160, 41, Rn. 51; BVerfG v. 28.06.2022, 2 BvL 9/14 u. a., BVerfGE 162, 277, Rn.69.

[601] Vgl. BVerfG v. 28.03.2023, 2 BvL 8/13, juris, Rn. 143; BVerfG v. 28.07.2023, 2 BvL 22/17, juris, Rn. 63 unter Verweis auf BVerfG v. 17.01.1957, 1 BvL 4/54, BVerfGE 6, 55, 70.

[602] Vgl. BVerfG v. 29.03.2017, 2 BvL 6/11, BVerfGE 145, 106, Rn. 99 und 109–116.

[603] Vgl. BVerfG v. 28.07.2023, 2 BvL 22/17, juris, Rn. 63 unter Verweis auf BVerfG v. 23.11.1976, 1 BvR 150/75, BVerfGE 43, 108, 120; BVerfG v. 03.11.1982, 1 BvR 620/78 u. a., BVerfGE 61, 319, 343 f.; BVerfG v. 22.02.1984, 1 BvL 10/80, BVerfGE 66, 214, 223; BVerfG v. 29.05.1990, 1 BvL 20/84, BVerfGE 82, 60, 86; BVerfG v. 26.01.1994, 1 BvL 12/86, BVerfGE 89, 346, 352; BVerfG v. 12.10.2010, 1 BvL 12/07, BVerfGE 127, 224, 248; BVerfG v. 29.03.2017, 2 BvL 6/11, BVerfGE 145, 106, Rn. 99; BVerfG v. 19.11.2019, 2 BvL 22/14 u. a., BVerfGE 152, 274, Rn. 99; BVerfG v. 08.12.2021, 2 BvL 1/13, BVerfGE 160, 41, Rn. 55; BVerfG v. 28.06.2022, 2 BvL 9/14 u. a., BVerfGE 162, 277, Rn. 75.

[604] Vgl. BVerfG v. 28.07.2023, 2 BvL 22/17, juris, Rn. 64 unter Verweis auf BVerfG v. 07.06.2010, 1 BvL 14/02 u. a., BVerfGE 127, 1, 27; BVerfG v. 23.06.2015, 1 BvL 13/11, 14/

Steuerschuldners aber gleichheitsgerecht erfolgen.[605] Dies bedeutet, dass Steuerpflichtige möglichst gleichmäßig belastet werden müssen. Infolgedessen muss der steuerrechtliche Ausgangstatbestand belastungsgleich ausgestaltet sein (Folgerichtigkeitsgebot).[606] Ausnahmen von einer belastungsgleichen Ausgestaltung der getroffenen gesetzgeberischen Belastungsentscheidung, also nicht folgerichtige Ausgestaltungen, bedürfen eines besonderen sachlichen Grundes, der Art und Ausmaß der Ungleichbehandlung rechtfertigen kann.[607]

Eine weitere Art der Ungleichbehandlung ist diejenige durch Typisierung. Bei der Ausgestaltung einer Belastungsentscheidung darf der Gesetzgeber generalisierende, typisierende und pauschalierende Regelungen treffen, ohne allein wegen der damit unvermeidlich verbundenen Härten gegen Art. 3 Abs. 1 GG zu verstoßen.[608] Zur Ordnung von Massenerscheinungen darf die Vielzahl der Einzelfälle in einem Gesamtbild (Leitbild) erfasst werden, das nach den dem Gesetzgeber vorliegenden Erfahrungen die regelungsbedürftigen Sachverhalte zutreffend

---

11, BVerfGE 139, 285, Rn. 72; BVerfG v. 29.03.2017, 2 BvL 6/11, BVerfGE 145, 106, Rn. 102; BVerfG v. 10.04.2018, 1 BvL 11/14, BVerfGE 148, 147, Rn. 96; BVerfG v. 28.06.2022, 2 BvL 9/14 u. a., BVerfGE 162, 277, Rn. 76.

[605] Vgl. BVerfG v. 28.07.2023, 2 BvL 22/17, juris, Rn. 64 unter Verweis auf BVerfG v. 15.01.2008, 1 BvL 2/04, BVerfGE 120, 1, 44; BVerfG v. 04.02.2009, 1 BvL 8/05, BVerfGE 123, 1, 19; BVerfG v. 29.03.2017, 2 BvL 6/11, BVerfGE 145, 106, Rn. 103.

[606] Vgl. BVerfG v. 28.03.2023, 2 BvL 8/13, juris, Rn. 144; BVerfG v. 28.07.2023, 2 BvL 22/17, juris, Rn. 64 unter Verweis auf BVerfG v. 27.06.1991, 2 BvR 1493/89, BVerfGE 84, 239, 271; BVerfG v. 20.06.1995, 2 BvR 37/91, BVerfGE 93, 121, 136; BVerfG v. 30.09.1998, 2 BvR 1818/91, BVerfGE 99, 88, 95; BVerfG v. 11.11.1998, 2 BvL 10/95, BVerfGE 99, 280, 290; BVerfG v. 28.06.2022, 2 BvL 9/14 u. a., BVerfGE 162, 277, Rn. 76.

[607] Vgl. BVerfG v. 28.03.2023, 2 BvL 8/13, juris, Rn. 144; BVerfG v. 28.07.2023, 2 BvL 22/17, juris, Rn. 64 unter Verweis auf BVerfG v. 06.03.2002, 2 BvL 17/99, BVerfGE 105, 73, 125; BVerfG v. 05.11.2014, 1 BvF 3/11, BVerfGE 137, 350, Rn. 41; BVerfG v. 17.12.2014, 1 BvL 21/12, BVerfGE 138, 136, Rn. 123; BVerfG v. 15.12.2015, 2 BvL 1/12, BVerfGE 141, 1, Rn. 96; BVerfG v. 29.03.2017, 2 BvL 6/11, BVerfGE 145, 106, Rn. 104; BVerfG v. 10.04.2018, 1 BvL 11/14, BVerfGE 148, 147, Rn. 96; BVerfG v. 28.06.2022, 2 BvL 9/14 u. a., BVerfGE 162, 277, Rn. 76.

[608] Vgl. BVerfG v. 28.03.2023, 2 BvL 8/13, juris, Rn. 152; BVerfG v. 28.07.2023, 2 BvL 22/17, juris, Rn. 65 unter Verweis auf BVerfG v. 08.10.1991, 1 BvL 50/86, BVerfGE 84, 348, 359; BVerfG v. 18.07.2005, 2 BvF 2/01, BVerfGE 113, 167, 236; BVerfG v. 06.06.2010, 2 BvL 13/09, BVerfGE 126, 268, 278 f.; BVerfG v. 07.05.2013, 2 BvR 909/06 u. a., BVerfGE 133, 377, Rn. 86; BVerfG v. 29.03.2017, 2 BvL 6/11, BVerfGE 145, 106, Rn. 106; BVerfG v. 19.11.2019, 2 BvL 22/14 u. a., BVerfGE 152, 274, Rn. 101; BVerfG v. 28.06.2022, 2 BvL 9/14 u. a., BVerfGE 162, 277, Rn. 77.

wiedergibt.[609] Eine Typisierung ist eine Zusammenfassung in wesentlichen Elementen gleich gearteter Lebenssachverhalte. Bekannte Besonderheiten können generalisierend vernachlässigt werden und bedürfen keiner Sonderregelung.[610] Begünstigungen oder Belastungen können zwecks Verwaltungsvereinfachung pauschalierend bestimmt werden.[611]

Ist ein Eingriff in den Schutzbereich von Art. 3 Abs. 1 GG dargelegt, ist zu prüfen, ob der Eingriff gerechtfertigt ist. Die Grundlagen zu den denkbaren Prüfungsmaßstäben sind für alle Fälle einheitlich. Für eine Verletzung des Gleichheitssatzes ergeben sich je nach Regelungsgegenstand und Differenzierungsmerkmalen stufenlos und am Grundsatz der Verhältnismäßigkeit orientiert unterschiedliche Grenzen für den Gesetzgeber, die vom bloßen Willkürverbot bis zu einer strengen Bindung an Verhältnismäßigkeitserfordernisse reichen.[612]

Das Willkürverbot ist dabei der in allen Fällen stets zu erfüllende Grundprüfungsmaßstab. Es handelt sich um den lockersten der denkbaren Maßstäbe.

---

[609] Vgl. BVerfG v. 28.07.2023, 2 BvL 22/17, juris, Rn. 65 unter Verweis auf BVerfG v. 28.06.1960, 2 BvL 19/59, BVerfGE 11, 245, 254; BVerfG v. 31.05.1988, 1 BvR 520/83, BVerfGE 78, 214, 227; BVerfG v. 08.10.1991, 1 BvL 50/86, BVerfGE 84, 348, 359; BVerfG v. 09.12.2008, 2 BvL 1/07 u. a., BVerfGE 122, 210, 232; BVerfG v. 06.06.2010, 2 BvL 13/09, BVerfGE 126, 268, 278; BVerfG v. 07.05.2013, 2 BvR 909/06 u. a., BVerfGE 133, 377, Rn. 86; BVerfG v. 29.03.2017, 2 BvL 6/11, BVerfGE 145, 106, Rn. 106; BVerfG v. 19.11.2019, 2 BvL 22/14 u. a., BVerfGE 152, 274, Rn. 101; BVerfG v. 28.06.2022, 2 BvL 9/14 u. a., BVerfGE 162, 277, Rn. 73.

[610] Vgl. BVerfG v. 28.07.2023, 2 BvL 22/17, juris, Rn. 66 unter Verweis auf BVerfG v. 31.05.1990, 2 BvL 12/88, BVerfGE 82, 159, 185 f.; BVerfG v. 09.12.2008, 2 BvL 1/07 u. a., BVerfGE 122, 210, 232; BVerfG v. 06.06.2010, 2 BvL 13/09, BVerfGE 126, 268, 279; BVerfG v. 07.05.2013, 2 BvR 909/06 u. a., BVerfGE 133, 377, Rn. 87; BVerfG v. 19.11.2019, 2 BvL 22/14 u. a., BVerfGE 152, 274, Rn. 102; BVerfG v. 28.06.2022, 2 BvL 9/14 u. a., BVerfGE 162, 277, Rn. 74.

[611] Vgl. BVerfG v. 28.07.2023, 2 BvL 22/17, juris, Rn. 66 unter Verweis auf BVerfG v. 23.06.2004, 1 BvL 3/98 u. a., BVerfGE 111, 115, 137; BVerfG v. 19.11.2019, 2 BvL 22/14 u. a., BVerfGE 152, 274, Rn. 102.

[612] Vgl. BVerfG v. 28.03.2023, 2 BvL 8/13, juris, Rn. 140; BVerfG v. 28.07.2023, 2 BvL 22/17, juris, Rn. 60 unter Verweis auf BVerfG v. 20.04.2004, 1 BvR 1748/99, 905/00, BVerfGE 110, 274, 291; BVerfG v. 11.01.2005, 2 BvR 167/02, BVerfGE 112, 164, 174; BVerfG v. 21.06.2006, 2 BvL 2/99, BVerfGE 116, 164, 180; BVerfG v. 09.12.2008, 2 BvL 1/07 u. a., BVerfGE 122, 210, 230; BVerfG v. 06.06.2010, 2 BvL 13/09, BVerfGE 126, 268, 277; BVerfG v. 07.05.2013, 2 BvR 909/06 u. a., BVerfGE 133, 377, Rn. 74; BVerfG v. 17.12.2014, 1 BvL 21/12, BVerfGE 138, 136, Rn. 121 f.; BVerfG v. 15.12.2015, 2 BvL 1/12, BVerfGE 141, 1, Rn. 93; BVerfG v. 29.03.2017, 2 BvL 6/11, BVerfGE 145, 106, Rn. 98; BVerfG v. 10.04.2018, 1 BvL 11/14, BVerfGE 148, 147, Rn. 94 f.; BVerfG v. 19.11.2019, 2 BvL 22/14 u. a., BVerfGE 152, 274, Rn. 96; BVerfG v. 08.12.2021, 2 BvL 1/13, BVerfGE 160, 41, Rn. 52; BVerfG v. 28.06.2022, 2 BvL 9/14 u. a., BVerfGE 162, 277, Rn.70.

Es sind folgende Mindestanforderungen aus der Rechtsprechung des BVerfG erkennbar:[613]

- Art. 3 Abs. 1 GG ist immer ungerechtfertigt verletzt, wenn sich ein vernünftiger, aus der Natur der Sache folgender oder sonst sachlich einleuchtender Grund für eine gesetzliche Differenzierung oder Gleichbehandlung nicht finden lässt (Willkür).[614] Willkür liegt nicht schon dann vor, wenn unter mehreren Lösungen nicht die zweckmäßigste, vernünftigste oder gerechteste gewählt wurde.[615]
- Grenze der zulässigen gesetzlichen Verallgemeinerungen bei Typisierungen ist, dass das Leitbild der realitätsgerechte typische Fall sein muss.[616] Die Verallgemeinerungen müssen von einer möglichst breiten, alle betroffenen Gruppen

[613] Zur Einordnung der Typisierungsanforderungen als Willkürmaßstab siehe ausdrücklich BVerfG v. 29.03.2017, 2 BvL 6/11, BVerfGE 145, 106, Rn. 121, 127

[614] Vgl. BVerfG v. 28.03.2023, 2 BvL 8/13, juris, Rn. 141; BVerfG v. 28.07.2023, 2 BvL 22/17, juris, Rn. 61 unter Verweis auf BVerfG v. 27.09.1951, 1 BvR 70/51, BVerfGE 1, 14, 52; BVerfG v. 16.06.1959, 2 BvL 10/59, BVerfGE 9, 334, 337; BVerfG v. 30.09.1987, 2 BvR 933/82, BVerfGE 76, 256, 329; BVerfG v. 07.10.1980, 1 BvL 50/79 u. a., BVerfGE 55, 72, 90; BVerfG v. 08.01.1992, 2 BvL 9/88, BVerfGE 85, 176, 187; BVerfG v. 05.10.1933, 1 BvL 34/81, BVerfGE 89, 132, 141; BVerfG v. 07.12.1999, 2 BvR 1533/94, BVerfGE 101, 275, 291; BVerfG v. 06.03.2002, 2 BvL 17/99, BVerfGE 105, 73, 110; BVerfG v. 12.02.2003, 2 BvL 3/00, BVerfGE 107, 218, 45 f.; BVerfG v. 08.06.2004, 2 BvL 5/00, BVerfGE 110, 412, 431 f.; BVerfG v. 18.07.2005, 2 BvF 2/01, BVerfGE 113, 167, 214; BVerfG v. 23.05.2006, 1 BvR 1484/99, BVerfGE 115, 381, 389; BVerfG v. 15.12.2015, 2 BvL 1/12, BVerfGE 141, 1, Rn. 94 BVerfG v. 29.03.2017, 2 BvL 6/11, BVerfGE 145, 106, Rn. 101; BVerfG v. 19.11.2019, 2 BvL 22/14 u. a., BVerfGE 152, 274, Rn. 97; BVerfG v. 08.12.2021, 2 BvL 1/13, BVerfGE 160, 41, Rn. 53; BVerfG v. 28.06.2022, 2 BvL 9/14 u. a., BVerfGE 162, 277, Rn. 71.

[615] Vgl. BVerfG v. 28.03.2023, 2 BvL 8/13, juris, Rn. 141; BVerfG v. 28.07.2023, 2 BvL 22/17, juris, Rn. 61 unter Verweis auf BVerfG v. 07.10.1980, 1 BvL 50/79 u. a., BVerfGE 55, 72, 90; BVerfG v. 26.01.1994, 1 BvL 12/86, BVerfGE 89, 346, 141 f.; BVerfG v. 28.06.2022, 2 BvL 9/14 u. a., BVerfGE 162, 277, Rn. 71.

[616] Vgl. BVerfG v. 28.07.2023, 2 BvL 22/17, juris, Rn. 66 unter Verweis auf vgl. BVerfG v. 21.06.2006, 2 BvL 2/99, BVerfGE 116, 164, 182 f.; BVerfG v. 09.12.2008, 2 BvL 1/07 u. a., BVerfGE 122, 210, 232 f.; BVerfG v. 06.06.2010, 2 BvL 13/09, BVerfGE 126, 268, 279; BVerfG v. 04.06.2012, 2 BvC 1/11, 2/11, BVerfGE 132, 39, Rn. 29; BVerfG v. 07.05.2013, 2 BvR 909/06 u. a., BVerfGE 133, 377, Rn. 87; BVerfG v. 05.11.2014, 1 BvF 3/11, BVerfGE 137, 350, Rn. 66; BVerfG v. 29.03.2017, 2 BvL 6/11, BVerfGE 145, 106, Rn. 107; BVerfG v. 19.11.2019, 2 BvL 22/14 u. a., BVerfGE 152, 274, Rn. 102; BVerfG v. 28.06.2022, 2 BvL 9/14 u. a., BVerfGE 162, 277, Rn. 74.

und Regelungsgegenstände einschließenden Beobachtung ausgehen.[617] Zudem müssen die Vorteile der Typisierung in angemessenem Verhältnis zu der mit ihr notwendig verbundenen Ungleichheit der steuerlichen Belastung stehen.[618] Die durch Typisierung eintretenden Härten und Ungerechtigkeiten dürfen nur unter Schwierigkeiten vermeidbar sein, nur verhältnismäßig wenige Personen betreffen und das Ausmaß der Ungleichbehandlung muss gering sein.[619]

Höhere Anforderungen an Rechtfertigungsgründe können sich insbesondere in den folgenden Fällen ergeben:

- Die Ungleichbehandlung von Personen oder Sachverhalten kann sich auf die Ausübung grundrechtlich geschützter Freiheiten auswirken kann. Die Strenge des Prüfungsmaßstabs erhöht sich insoweit, wie dies der Fall ist.[620]

[617] Vgl. BVerfG v. 28.07.2023, 2 BvL 22/17, juris, Rn. 66 unter Verweis auf BVerfG v. 09.12.2008, 2 BvL 1/07 u. a., BVerfGE 122, 210, 232 f.; BVerfG v. 06.06.2010, 2 BvL 13/09, BVerfGE 126, 268, 279; BVerfG v. 04.06.2012, 2 BvC 1/11, 2/11, BVerfGE 132, 39, Rn. 29; BVerfG v. 07.05.2013, 2 BvR 909/06 u. a., BVerfGE 133, 377, Rn. 87; BVerfG v. 19.11.2019, 2 BvL 22/14 u. a., BVerfGE 152, 274, Rn. 102; BVerfG v. 28.06.2022, 2 BvL 9/14 u. a., BVerfGE 162, 277, Rn. 74.

[618] Vgl. BVerfG v. 28.07.2023, 2 BvL 22/17, juris, Rn. 67 unter Verweis auf BVerfG v. 20.04.2004, 1 BvR 1748/99, 905/00, BVerfGE 110, 274, 292; BVerfG v. 07.11.2006, 1 BvL 10/02, BVerfGE 117, 1, 31; BVerfG v. 15.01.2008, 1 BvL 2/04, BVerfGE 120, 1, 30; BVerfG v. 04.02.2009, 1 BvL 8/05, BVerfGE 123, 1, 19; BVerfG v. 07.05.2013, 2 BvR 909/06 u. a., BVerfGE 133, 377, Rn. 88; BVerfG v. 05.11.2014, 1 BvF 3/11, BVerfGE 137, 350, Rn. 66; BVerfG v. 29.03.2017, 2 BvL 6/11, BVerfGE 145, 106, Rn. 108; BVerfG v. 19.11.2019, 2 BvL 22/14 u. a., BVerfGE 152, 274, Rn. 103.

[619] Vgl. BVerfG v. 28.07.2023, 2 BvL 22/17, juris, Rn. 67 unter Verweis auf BVerfG v. 08.02.1983, 1 BvL 28/79, BVerfGE 63, 119, 128; BVerfG v. 08.10.1991, 1 BvL 50/86, BVerfGE 84, 348, 360; BVerfG v. 06.07.2010, 1 BvL 9/06, 2/08, BVerfGE 126, 233, 263 f.; BVerfG v. 07.05.2013, 2 BvR 909/06 u. a., BVerfGE 133, 377, Rn. 88; BVerfG v. 29.03.2017, 2 BvL 6/11, BVerfGE 145, 106, Rn. 108; BVerfG v. 19.11.2019, 2 BvL 22/14 u. a., BVerfGE 152, 274, Rn. 103; BVerfG v. 28.06.2022, 2 BvL 9/14 u. a., BVerfGE 162, 277, Rn. 74.

[620] Vgl. BVerfG v. 28.03.2023, 2 BvL 8/13, juris, Rn. 142; BVerfG v. 28.07.2023, 2 BvL 22/17, juris, Rn. 62 unter Verweis auf BVerfG v. 11.01.2005, 2 BvR 167/02, BVerfGE 112, 164, 174; BVerfG v. 09.12.2008, 2 BvL 1/07 u. a., BVerfGE 122, 210, 230; BVerfG v. 06.06.2010, 2 BvL 13/09, BVerfGE 126, 268, 277; BVerfG v. 17.12.2014, 1 BvL 21/12, BVerfGE 138, 136, Rn. 122; BVerfG v. 23.06.2015, 1 BvL 13/11, 14/11, BVerfGE 139, 285, Rn. 71; BVerfG v. 15.12.2015, 2 BvL 1/12, BVerfGE 141, 1, Rn. 94; BVerfG v. 29.03.2017, 2 BvL 6/11, BVerfGE 145, 106, Rn. 105; BVerfG v. 10.04.2018, 1 BvL 11/14, BVerfGE 148, 147, Rn. 95; BVerfG v. 19.11.2019, 2 BvL 22/14 u. a., BVerfGE 152, 274, Rn. 98.

- Die Merkmale der gesetzlichen Differenzierung sind für den Einzelnen nicht oder nur eingeschränkt verfügbar. Der Maßstab verschärft sich, je weniger die Merkmale verfügbar sind.[621]

3.2.3.2 Vergleichspaarbildung

Wie dargelegt kommt hier nur eine Eröffnung des Schutzbereichs von Art. 3 Abs. 1 GG in Betracht. Mögliche Vergleichspaare sind:

(a) die Ungleichbehandlung zwischen Handels- und Steuerbilanz, obwohl wesentlich gleich,
(b) die Ungleichbehandlung von Erträgen aus Rentenforderungen und Aufwendungen aus Rentenverpflichtungen, obwohl wesentlich gleich,
(c) die Gleichbehandlung durch gleichen Kalkulationszinssatz für alle Steuerpflichtigen, obwohl die Innenfinanzierung von Steuerpflichtigem zu Steuerpflichtigem wesentlich ungleich ist.

Bei (a) der Ungleichbehandlung zwischen Handels- und Steuerbilanz steht die Überlegung im Vordergrund, dass beide Bilanzierungssysteme weitgehend gleichen sachlichen Wertungen folgen. Wie voranstehend gezeigt werden Pensionsrückstellungen durch die Abzinsung mit unterschiedlichen Kalkulationszinssätzen handels- und steuerrechtlich unterschiedlich behandelt, obwohl der sachliche Abzinsungsgrund der gleiche ist. Dasselbe gilt für die sonstigen Rückstellungen.

Bei (b) der Ungleichbehandlung von Erträgen aus Rentenforderungen und Aufwendungen aus Rentenverpflichtungen geht es im Wesentlichen um das Realisationsprinzip. Rentenforderungen werden nach den in der voranstehenden Untersuchung dargelegten Grundsätzen stets mit ihrem geschätzten Nennwert als Summe der erwarteten Rentenzahlungen bilanziert. Der hieraus entstehende Periodenerfolg ist nur dann auch in geringerer Höhe realisiert, wenn bei vorsichtig objektivierter Betrachtung ein Damnum identifiziert werden kann. Rentenverpflichtungen werden mit dem dem Forderungsansatz entsprechenden Erfüllungsbetrag angesetzt. Der Periodenerfolg wird gleichsam der Rentenforderungen in geringerer Höhe realisiert, wenn ein Damnum identifiziert werden

[621] Vgl. BVerfG v. 28.03.2023, 2 BvL 8/13, juris, Rn. 142; BVerfG v. 28.07.2023, 2 BvL 22/17, juris, Rn. 62 unter Verweis auf BVerfG v. 26.01.1993, 1 BvL 38/92 u. a., BVerfGE 88, 87, 96; BVerfG v. 21.06.2011, 1 BvR 2035/07, BVerfGE 129, 49, 69; BVerfG v. 17.12.2014, 1 BvL 21/12, BVerfGE 138, 136, Rn. 122; BVerfG v. 29.03.2017, 2 BvL 6/11, BVerfGE 145, 106, Rn. 105; BVerfG v. 08.12.2021, 2 BvL 1/13, BVerfGE 160, 41, Rn. 54; BVerfG v. 28.06.2022, 2 BvL 9/14 u. a., BVerfGE 162, 277, Rn. 72.

kann. Anders als bei den Forderungen wird aber auch dann, wenn kein Damnum identifizierbar ist, die Erfolgsrealisation durch die gesetzlichen Vorschriften eingeschränkt (§ 6 Abs. 1 Nr. 3a lit. e) EStG, § 6a Abs. 3 Satz 3 EStG). Zwischen Renten in Zusammenhang mit der Übertragung von Wirtschaftsgütern und Renten aus Pensionsverpflichtungen, bei denen die Gegenleistung in der vom Arbeitnehmer erbrachten Arbeitsleistung liegt, besteht insoweit kein Unterschied. Bei letzteren können zwar regelmäßig keine Damna identifiziert werden, die Ungleichbehandlung ergibt sich aber gerade nur bei Nichtvorliegen von Damna.

Bei (c) stützt sich die Gleichbehandlung von Ungleichem auf den Abzinsungsgrund. Dieser ist bei allen hier untersuchten Rechtsnormen die Möglichkeit der Innenfinanzierung im eigenen Unternehmen. Die in den Rückstellungen gebundenen Mittel stehen bis zur späteren Fälligkeit der Zahlungen für unternehmerische Zwecke zur Verfügung. Da der Innenfinanzierungseffekt infolgedessen von den unternehmensindividuellen Gegebenheiten abhängt, die Abzinsungsvorschriften aber für alle Steuerpflichtigen bzw. Unternehmungen gleiche Kalkulationszinssätze vorschreiben, wie wesentlich Ungleiches gleich behandelt.

Nicht eröffnet ist der Schutzbereich für Vergleichspaare wie (d) die Ungleichbehandlung von Aufwand aus Pensionsverpflichtungen und Aufwand aus allen anderen Verpflichtungen,[622] auch nicht spezieller (e) die Ungleichbehandlung von Aufwand aus dem Grunde nach sicheren, aber der Höhe nach unsicheren Verpflichtungen mit dem Grunde und der Höhe nach sicheren Verpflichtungen. Hier ist nicht erkennbar, warum die ungleich behandelten Fälle wesentlich gleich sein sollen. Insbesondere bei (e) zeigt der abweichende Grad an Sicherheit einen ausschlaggebenden Unterschied zwischen beiden Arten an Aufwand auf, denn im einen Fall kann die Höhe der Aufwendungen nur im Wege einer Schätzung ermittelt werden, im anderen Fall steht sie fest. Wenn schon eine Ungleichbehandlung von Gleichem für Vergleichspaar (e) nicht gegeben ist, muss dies für das unspezifischere Vergleichspaar (d) erst recht gelten.

3.2.3.3 Prüfungsmaßstäbe

Bei Vergleichspaar (a) sind zwei Herangehensweisen möglich.

- Einerseits kann von einer weitgehenden Abhängigkeit der Steuerbilanz von der Handelsbilanz ausgegangen werden.[623] Dann steht eine Durchbrechung der in § 5 Abs. 1 Satz 1 EStG niedergelegten Maßgeblichkeit der handelsrechtlichen Grundsätze ordnungsmäßiger Buchführung im Raum. Die Beschränkung des

[622] So schon BVerfG v. 28.07.2023, 2 BvL 22/17, juris, , Rn. 46–49.

[623] Siehe hierzu bereits die Ausführungen in Abschnitt 3.1.3.1.1.3 hinteres Viertel.

Ansatzes einer dem Grunde nach sicheren Rückstellung ist eine Frage des Realisationsprinzips, das Realisationsprinzip wiederum ist ein GoB.

- Andererseits kann von einer weitgehenden Eigenständigkeit der Steuerbilanz ausgegangen werden. Dann stellt sich nur abstrakt die Frage, warum der in beiden Systemen grundsätzlich gleichartige Realisationsgrundsatz steuerrechtlich anders beschränkt wird, als dies handelsrechtlich der Fall ist.[624]

Hierzu hat das BVerfG bereits zutreffend entschieden, dass das Realisationsprinzip handels- und steuerrechtlich nur über den Zeitpunkt entscheidet, zu dem Zahlungsströme als Aufwendungen oder Erträge antizipiert werden (§ 252 Abs. 1 Nr. 4 und 5 HGB). Es entscheidet in beiden Systemen nicht darüber, aus welchen Vorgängen Zahlungsströme für die Bilanzierung beachtlich sind.[625] Weil dies in beiden Systemen gleich ist, reduziert sich zudem § 5 Abs. 1 Satz 1 EStG insoweit auf eine rein vereinfachende, technische Vorschrift.[626] Für beide Vorschriften liegt daher keine grundlegende Entscheidung zur Lastenverteilung vor. Belastungsgrundentscheidung ist die Besteuerung des Erwerbseinkommens.[627] Relevante Ausgestaltungen der Belastungsgrundentscheidung sind daher die Fragen, ob und in welcher Höhe Lebenssachverhalte der Besteuerung unterliegen, hier also insbesondere ob sie Erwerbseinkommen darstellen oder nicht.[628] Dies sind keine Fragestellungen des Realisationsprinzips. Der Folgerichtigkeitsverstoß kann deshalb nur am lockeren Willkürverbot gemessen werden.[629]

Bei Vergleichspaar (b) zeigen bereits die Vergleichsüberlegungen, dass auch hier nur die Frage nach dem Belastungszeitpunkt betroffen ist. Nur insofern weicht die Berücksichtigung von Rentenforderungen und Rentenverpflichtungen

---

[624] Vgl. BVerfG v. 12.05.2009, 2 BvL 1/00, BVerfGE 123, 111, Rn. 35. Siehe zudem bereits die Ausführungen in Abschnitt 3.1.3.1.1.3 hinteres Viertel.

[625] Steuerrechtlich ergibt sich dies aus der jeweiligen Definition des Erwerbseinkommens. Handelsrechtlich kann dies am ehesten §§ 238 Abs. 1, 239 Abs. 2 HGB entnommen werden, die erfordern, dass alle Handelsgeschäfte und Geschäftsvorfälle eines Kaufmanns in der Buchführung abgebildet werden sollen.

[626] Nicht ausschlaggebend ist daher, dass die Frage des Grads der Eigenständigkeit des Steuerbilanzrechts nicht sachlich lösbar ist. Kritisch zur Ermittlung von Regel- und Ausnahmeverhältnissen im Kontext der Maßgeblichkeit *Ballwieser,* Einheitsbilanz, in: Mellinghoff/Schön/Viskorf, FS Spindler, 2011, 586.

[627] Vgl. etwa *Hey,* § 3 Steuersystem und Verfassungsrecht, in: Tipke/Lang, Steuerrecht, 23. Aufl. 2018, 103 Rz. 123.

[628] Vgl. BVerfG v. 28.07.2023, 2 BvL 22/17, juris, , Rn. 52; auch BFH v. 20.11.2019, XI R 46/17, BStBl. II 2020, 195, Rn. 40

[629] Vgl. BVerfG v. 12.05.2009, 2 BvL 1/00, BVerfGE 123, 111, Rn. 30.

voneinander ab. Nicht gegenständlich ist die Frage, ob die ihnen zugrundeliegenden Vorgänge generell zu steuerpflichtigen Einkünften führen oder nicht.

Bei Vergleichspaar (c) stützen sich die Überlegungen zwar auf eine Typisierung unternehmensindividueller Merkmale, die Merkmale entfalten aber ebenfalls nur in Bezug auf die Hinwegsetzung über das Realisationsprinzip Wirkung. Auch hier ist daher nicht die Ausgestaltung einer Belastungsgrundentscheidung betroffen.

Hieraus resultiert in allen Fällen nur die Anlegung eines lockeren Willkürmaßstabs. So sind auch keine Betroffenheit etwaiger Freiheitsrechte oder Tendenzen in Richtung Art. 3 Abs. 3 GG erkennbar. Auch für eine Ungleichbehandlung erheblichen Ausmaßes fehlen Indizien. Schließlich ist insbesondere nicht ersichtlich, warum das Merkmal, an das die gesetzliche Differenzierung knüpft, für den einzelnen bilanzierenden Steuerpflichtigen nur gering verfügbar sein sollte.

3.2.3.4 Würdigung

Für die Willkürprüfung sind die in der voranstehenden Untersuchung herausgearbeiteten Normwecke als Begründungen für die Ungleichbehandlung heranzuziehen.

Für § 6 Abs. 1 Nr. 3a lit. e) EStG fand sich als Grund die Besteuerung nach der tatsächlichen Leistungsfähigkeit, die sich aus Gedanken ergab, der gedachte Erwerber des gesamten Unternehmens werde bei fremdunüblich vorteilhafter Verzinsung und längerer Laufzeit die Verpflichtung wegen ihrer geringeren wirtschaftlichen Belastung nur mit ihrem geringeren Barwert ansetzen.[630] Hinsichtlich der „tatsächlichen Leistungsfähigkeit" war aber in technischer Hinsicht

---

[630] Im Regierungsentwurf war zunächst nur eine Abzinsung von Geldleistungsverpflichtungen unter entsprechender Anwendung von § 12 Abs 3 BewG vorgesehen. In der zugehörigen Begründung wurden die dargelegten Gründe niedergelegt. Vgl. hierzu BT-Drs. 14/265, 172. Im weiteren Verlauf des Gesetzgebungsverfahrens erfolge auch eine Ausdehnung auf Sachleistungsverpflichtungen. Der Verweis auf das BewG ist entfallen. Es sollten dieselben Gründe maßgeblich sein, die bereits im Regierungsentwurf dargelegt wurden. Vgl. hierzu BT-Drs. 14/442, 10 und BT-Drs. 14/443, 24. An diese Zweckbestimmung hält sich auch die Rechtsprechung. Vgl. zu Rückstellungen BFH v. 27.01.2010, I R 35/09, BStBl. II 2010, 478, Rn. 11, 21; BFH v. 05.05.2011, IV R 32/07, BStBl. II 2012, 98, Rn. 32; BFH v. 21.09.2011, I R 50/10, BStBl. II 2012, 197, Rn. 22–24; BFH v. 08.11.2016, I R 35/15, BStBl. II 2017, 768, Rn. 28. Vgl. zu Verbindlichkeiten BFH v. 06.10.2009, I R 4/08, BStBl. II 2010, 178, Rn. 14; BFH v. 27.01.2010, I R 35/09, BStBl. II 2010, 478, Rn. 11; BFH v. 25.05.2016, I R 17/15, BStBl. II 2016, 930, Rn. 31; BFH v. 13.07.2017, VI R 62/15, BStBl. II 2018, 15, Rn. 19; BFH v. 18.09.2018, XI R 30/16, BStBl. II 2019, 67, Rn. 24; BFH v. 22.05.2019, X R 19/17, BStBl. II 2019, 795, Rn. 39 f.

von einer Neudefinition der Leistungsfähigkeit auszugehen. Auch in verfassungsrechtlicher Hinsicht kann bei einer reinen zeitlichen Umverteilung nicht von einer Regelung zur Ausgestaltung der Belastungsgrundentscheidung die Rede sein.[631] Aus dem Vergleich mit dem gedachten Erwerber konnte nicht gefolgert werden, dass durch die Abzinsung ein Marktpreis typisiert geschätzt wird. Angesprochen ist der Teilwertgedanke, bei dem die wertbeeinflussenden Parameter aus dem Fortführungszusammenhang regelmäßig gegen eine Anpassung an abweichende Marktpreise sprechen.[632] Ohne Leistungsfähigkeit und Marktvergleich bleibt von der Zweckbestimmung nur noch allgemein die „geringere wirtschaftliche Belastung". Sie konnte nur auf das Innenfinanzierungspotenzial im eigenen Unternehmen zurückgeführt werden. Daneben kam als Grund auch stärkere Objektivierung durch Einschränkung des Imparitätsprinzips in Betracht.[633] Es handelt sich aber nur um eine Nebenfolge der geringeren wirtschaftlichen Belastung durch die Innenfinanzierungsmöglichkeiten als Hauptzweck.[634]

Für § 6a EStG fanden sich als Zweckbestimmungen, die auch für die Abzinsung Gültigkeit entfalten, (a) fiskalische Gründe[635], (b) die Möglichkeit der Innenfinanzierung durch ersparte Fremdfinanzierung oder Nutzung zur Erzielung eigener Renditen[636] und (c) die Interpretation der heutigen Abziehbarkeit künftiger Auszahlungen als Steuerstundung.[637] Fiskalzwecke, zu denen auch das Argument der Steuerstundung gehört, sind verfassungsrechtliche keine zulässigen Rechtfertigungsgründe. Als Rechtfertigungsgrund bleibt daher einzig die Möglichkeit der unternehmerischen Innenfinanzierung. Da keine besonderen Unterschiede zwischen Pensionsverpflichtungen und anderen Rentenverpflichtungen bestehen, kann auch hier analog zu § 6 Abs. 1 Nr. 3a lit. e) EStG von geringerer wirtschaftlicher Belastung als Grund ausgegangen werden.

---

[631] Siehe hierzu die Ausführungen bei den Prüfungsmaßstäben zu Vergleichspaar (a).

[632] Siehe hierzu etwa Abschnitt 3.1.3.1.2.2.4.3., Textabsätze zu Fußnoten 413 bis 424, auch Abschnitt 3.1.3.1.2.1 bei den Bewertungsmaßstäben unter iii.

[633] Vgl. BT-Drs. 14/265, 171; BFH v. 27.01.2010, I R 35/09, BStBl. II 2010, 478, Rn. 18.

[634] Dafür spricht unter anderem, dass die hier nur anteilig vorgenommene Passivierungsbeschränkung (die Rückstellung ist um den Zinseffekt aus der Abzinsung geringer) dem Zweck der Einschränkung des Imparitätsprinzips weniger dienlich ist, als ein grundsätzliches Verbot des Ansatzes dem Grunde nach unsicherer Rückstellungen.

[635] Vgl. BT-Drs. 2/481, 78; BT-Drs. 7/1281, 37; BT-Drs. 13/5359, 118 zur Vermeidung von Steuerbilanzpolitik. Zu den Anhebungen der Kalkulationszinssätze vgl. BT-Drs. 3/1811, 7; BT-Drs. 9/842, 66. Allgemein siehe BT-Drs. 14/158, 9.

[636] Vgl. BT-Drs. 3/1811, 9; BT-Drs. 7/1281, 37; BT-Drs. 9/842, 65 f.

[637] Mit den Änderungen von 1974, vgl. BT-Drs. 7/1281, 37; von 1981 vgl. BT-Drs. 9/842, 65 f.

Bei Vergleichspaar (a) ist mit dem Verweis auf die geringere wirtschaftliche Belastung und die Innenfinanzierung sowohl im Handels- als auch im Steuerrecht im Speziellen der gleiche Abzinsungsgrund gegeben. Nach der Rechtsprechung des BVerfG sind aber die Zielhorizonte von Handels- und Steuerbilanz nur beschränkt übereinstimmend.[638] Weil nur eine lockere Willkürprüfung erfolgen muss, braucht nicht geklärt werden, wie genau die Abweichungen sich zueinander verhalten. Entscheidend ist nur, dass es Abweichungen gibt. Aufgrund der Zielabweichungen besteht keine Verpflichtung des Gesetzgebers zur Gleichbehandlung innerhalb beider Bilanzierungssysteme, nach der Ungleichbehandlungen gegen das Willkürverbot verstoßen würden. Nicht beklagt wird im Rahmen des vorliegenden Vergleichspaares die Abweichung vom rein steuerrechtlichen Realisationsprinzip, sofern man von weitestgehender Eigenständigkeit der Steuerbilanz ausginge. Allein der Widerspruch zur handelsrechtlichen Regelung ist hier Untersuchungsgegenstand.[639]

Bei Vergleichspaar (b) ist kein sachlicher Grund für die Differenzierung zwischen Rentenforderungen und Rentenverpflichtungen erkennbar. Beide sind dem Grunde nach sicher. Unsicherheit besteht nur der Höhe nach. Es handelt sich um eine Frage des Realisationsprinzips. Insbesondere für Zwecke von § 6 Abs. 1 Nr. 3a lit. e) EStG scheidet daher die stärkere Objektivierung durch Einschränkung des Imparitätsprinzips als Rechtfertigungsgrund aus. Sobald der Anspruch dem Grunde nach so gut wie sicher ist, wird die Forderung bereits in voller Höhe bilanziert und der zugehörige Ertrag realisiert. Auch die Verpflichtung wird erst passiviert, wenn der Anspruch dem Grunde nach so gut wie sicher ist. Sodann soll aber nicht der volle Betrag, sondern nur der abgezinste Betrag angesetzt werden, also auch nur ein geringerer Betrag aufwandswirksam werden. Insoweit besteht zwischen Rentenverpflichtungen allgemein und Pensionsverpflichtungen kein bedeutender sachlicher Unterschied. Die einzige für die Differenzierung heranziehbare Begründung ist die geringere wirtschaftliche Belastung durch Innenfinanzierungsmöglichkeiten. Hier ist wiederum kein einleuchtender Grund ersichtlich, warum sie nur für die Verpflichtungen gelten soll.

---

[638] Vgl. BVerfG v. 12.05.2009, 2 BvL 1/00, BVerfGE 123, 111, Rn. 34. Die Hauptzweckkategorien beider Rechenwerke geben hierüber keinen Aufschluss. Ihre Gesamttendenzen hängen gerade von der Ausgestaltung der einzelnen Bilanzrechtsnormen ab. Fest steht aber, dass im Handelsrecht wegen ihres Informationsdefizits Schutzbedarf der Unternehmensgläubiger erkennbar ist. Im Steuerrecht liegt das Informationsdefizit beim Fiskus, gleichzeitig ist aber wegen dessen hoheitlicher Befugnisse auch der Steuerpflichtige schutzbedürftig. Die Zielhorizonte sind daher sehr ähnlich, aber dennoch unterschiedlich.

[639] Angesichts der voranstehenden Überlegungen zum potenziellen Vergleichspaar (d) ist auch ernsthaft fraglich, ob sich überhaupt ein hierfür tragfähiges Vergleichspaar finden ließe.

Während dem Steuerpflichtigen, der eine Rentenverpflichtung passivieren kann, ein solcher Vorteil zugute kommt, ist ein Steuerpflichtiger, der eine Rentenforderung bilanzieren muss, einem entsprechenden Nachteil ausgesetzt. Denn auch die Forderung wird bereits in Höhe der erwarteten Summe der Rentenzahlungen aktiviert, obwohl die tatsächlichen Zahlungen – und damit die eigentliche Leistungsfähigkeit im Sinne der Rechtsprechung des Bundesverfassungsgerichts zum Realisationsprinzip – erst in Zukunft zufließen. Die Abzinsungsvorschrift ist daher als willkürlich einzuordnen. Es müsste entweder gar keine oder eine für beide Seiten gleiche Abzinsung erfolgen. Nicht vom vorliegenden Vergleichspaar abgedeckt ist die Frage, ob der jeweilige Liquiditätsvor- oder -nachteil auch durch die Abzinsung verfassungskonform typisiert werden kann.

Bei Vergleichspaar (c) ist eben dies zu untersuchen. Grenze der zulässigen gesetzlichen Verallgemeinerungen bei Typisierungen ist, dass das Leitbild der realitätsgerechte typische Fall sein muss. Hieran scheitert es bereits.

- Leitbild ist die geringere wirtschaftliche Belastung durch Innenfinanzierung. Hierbei handelt es sich um einen immateriellen Vorteil, der in möglichen künftigen alternativen Mittelverwendungen besteht. Er wird durch die aus diesen Alternativen zufließenden Zahlungsüberschüsse quantifiziert.
- Realitätsgerecht ist eine Zuordnung dieser Zahlungsüberschüsse aus Alternativverwendungen zu einer einzelnen Forderung oder Verpflichtung typischerweise grundsätzlich nicht möglich.[640] Dies schlägt sich auch im Barwertkalkül nieder. Nach den Erkenntnissen zu den Eigenschaften des Barwertkalküls aus Abschnitt 3.1.2 berücksichtigt das Barwertkalkül grundsätzlich alle Zahlungssalden aus der unternehmerischen Tätigkeit im Zähler. Zum Zähler gehören auch die Auszahlungs- und Rückzahlungsbeträge aus nicht laufend verzinslichen Forderungen und Verpflichtungen.[641] Ohne einzelne Zuordenbarkeit weiterer Zahlungsströme aus Alternativverwendungen kann zwar ein Wertbeitrag für das Einzelobjekt (Forderung oder Verpflichtung) ermittelt werden. Er gibt dann aber gerade nur einen Wert für die jeweiligen Auszahlungs- oder Rückzahlungsbeträge aus und nimmt gerade keinen Bezug auf alternative Mittelverwendungen. Die alternativen Mittelverwendungen werden auch nicht im Kalkulationszinssatz abgebildet. Weder kommt es zu einem automatischen Vergleich mit einer irgendwie gearteten Investitionsalternative,[642] noch spiegelt der Kalkulationszinssatz diese originär aus sich heraus wider. Der

[640] Siehe hierzu etwa Abschnitt 3.1.3.1.1.3 bei Fußnote 214.

[641] Siehe die Übersicht in Abschnitt 3.1.2.3.1.2.1.4, Tabelle 3.26.

[642] Siehe die Ausführungen in Abschnitt 3.1.2.3.1.1.1. im Textabsatz zu Fußnoten 49 und 50.

Kalkulationszinssatz ist schlicht der Mischzinssatz aus den bei der Umsetzung des vollständigen Objektprogramms der gesamten Unternehmung tatsächlich anfallenden laufenden Zinsen.[643]

- Schließlich verhält es sich auch nicht so, dass der Mischzinssatz als theoretisch richtiger Kalkulationszinssatz nur der zweckmäßigste aus einer Reihe weiterer zwar weniger aber dennoch grundsätzlich zweckmäßiger Kalkulationszinssätze ist. Vielmehr ginge in diesem Fall jeglicher Aussagegehalt des errechneten Ergebnisses verloren, da in der voranstehenden Untersuchung zum Barwertkalkül kein realer Sachverhalt identifiziert werden konnte, der von der Kalkulation noch abgebildet werden könnte.[644] Selbst mithilfe der theoretisch richtigen Kalkulationszinssätze kann nur ein hypothetischer Sachverhalt ermittelt werden, da hierfür eine Vollgewinnauskehrung ungeachtet der gesellschaftsrechtlichen Beschränkungen auf den bilanziellen Gewinn notwendig wäre.[645] Da darüber hinaus auch im nur theoretischen Konstrukt eines vollkommenen Kapitalmarktes keine anderen Grundsätze gelten, hilft auch ein Abstellen auf diesen bei den Modellannahmen nicht. Aufgrund der extremen Realitätsferne der für diesen benötigten Grundannahmen und deren grundsätzlicher Unvereinbarkeit mit der Notwendigkeit von Bilanzierung[646] wäre aber ohnehin ein Verstoß gegen das Willkürverbot evident.

Im Ergebnis erfolgt durch die Barwertberechnung bei den Rückstellungen nur irgendeine andere zeitliche Verteilung. Die Art der Umverteilung steht aber in keinerlei sachlichen Zusammenhang zu dem dafür vom Gesetzgeber als ausschlaggebend angegebenen Grund einer geringeren wirtschaftlichen Belastung aus der unternehmerischen Innenfinanzierung. Sie ist daher willkürlich.

[643] Siehe die Ausführungen in Abschnitt 3.1.2.3.1.2.1.4 und 3.1.2.3.1.2.2.

[644] Siehe die Ausführungen in Abschnitt 3.1.2.3.1.1.1 ab den Eigenkapitalkosten, in Abschnitt 3.1.2.3.1.2.1.2 bei Tabelle 3.19 und in 3.1.2.3.1.2.1.3 ganz am Ende.

[645] So auch schon Abschnitt 3.2.2.1, Fußnote 568.

[646] Siehe Abschnitt 3.2.2.1 gleich zu Beginn.

In der Gesamtbetrachtung kann daher diese Art des Barwertkalküls in der steuerrechtlichen Bilanzierung[647] nie verfassungsrechtlichen Anforderungen standhalten. Die Ausführungen zu Vergleichspaar (c) sind nicht wie Vergleichspaar (b) nur auf dem Grunde nach sichere, aber der Höhe nach unsichere Verpflichtungen beschränkt. Sie beziehen sich auf die Bilanzierung sämtlicher Geschäftsvorfälle, die von §§ 6 Abs. 1 Nr. 3a lit. e), 6a Abs. 3 Satz 3 EStG betroffen sind.

[647] Rein nachrichtlich wird darauf hingewiesen, dass – soweit ersichtlich – für die handelsrechtliche Bilanzierung anders als bei der steuerrechtlichen Bilanzierung noch kein umfassender Rahmen an verfassungsrechtlichen Grundsätzen aus etwaigen Entscheidungen des BVerfG vorliegt. Dort könnten sich möglicherweise auch strengere Prüfungsmaßstäbe für einzelne Bilanzierungsvorschriften ergeben. Auch könnten die GoB möglicherweise als „Grundentscheidungen" anzusehen sein. So kommt deren Wichtigkeit mittelbar etwa im Straftatbestand in § 331 HGB zum Ausdruck, der für Kapitalgesellschaften auf die tatsächlichen Verhältnisse i. S. v. § 265 HGB verweist, da es sich bei dieser weitgehend um eine Leerfloskel handelt, die für sich genommen nur eine an den Tatsachen orientierte Auslegung erfordert und erst durch die GoB Kontur gewinnt. Immerhin erachtet das BVerfG die Vorschrift für Zwecke des voranstehend genannten Straftatbestands in BVerfG v. 15.08.2006, 2 BvR 822/06, juris, als inhaltlich hinreichend bestimmt. Die Ausarbeitung bleibt aber anderen Untersuchungen als der hiesigen vorbehalten.

Schlussbetrachtung 4

Erstes Unterziel der Arbeit war die Untersuchung der qualifikatorischen Zinsfragen. Es war in eine ökonomische und eine rechtliche Analyse geteilt:

- Die ökonomische Analyse ergab, dass positive Zinsen als Gegenleistung für ein über eine beliebige Zeit überlassenes Kapital im Rahmen eines Leistungsaustauschs zwischen mehreren Personen verstanden werden können. Unerheblich ist, ob die Gegenleistung als Einmalentgelt oder als laufend zu entrichtendes Entgelt zu leisten ist. Werttreiber der positiven Zinsen sind unter realen Gegebenheiten die Zeit- und Unsicherheitspräferenz der Menschen. Bei den in der jüngsten Niedrigzinsphase beobachtbaren negativen Zinsen ergab die Untersuchung, dass diese Verwahrentgelte darstellen. Es wurde festgestellt, dass jede Kapitalüberlassung zugleich eine Art Kuppelprodukt mit der Kapitalverwahrung beim Nutzenden bildet. Weil insbesondere aus empirischen Untersuchungen keine Änderungen der menschlichen Zeit- und Unsicherheitspräferenz als Werttreiber für Zinsen entnehmbar waren, wurden die negativen Zinsen als Verwahrentgelte erkannt. Sie weisen im freien Wirtschaftsverkehr keine Eigenschaften hoheitlicher Maßnahmen oder allgemeiner Geldwertminderungen auf.
- Die rechtliche Analyse zeigte, dass die Verwahrentgelte mit höherrangigem Recht vereinbar sind. Sie können bürgerlich-rechtlich im Rahmen einer unregelmäßigen Verwahrung (laufend und Damnum) sowie einer Inhaberschuldverschreibung (Damnum) vereinbart werden. Handels- und steuerbilanziell werden sie wie positive Zinsen nach den für Dauerschuldverhältnissen geltenden Grundsätzen behandelt. Weder positive Zinsen noch Verwahrentgelte

K. Lentz, *Steuerliche Zinsfragen und Bilanzierung bei Niedrigzinsen*, Forschungsreihe Rechnungslegung und Steuern,
https://doi.org/10.1007/978-3-658-52483-8_4

können einzeln mit Anschaffungs- oder Herstellungskosten in Bezug gebracht werden. Hinsichtlich des Ausweises in der Gewinn- und Verlustrechnung wird wegen des ökonomischen Zusammenhangs mit der Finanzwirtschaft der Unternehmungen, aber jeweils entweder überwiegendem Nutzungs- oder Verwahrungscharakter, nur ein gesonderter Ausweis von positiven Zinsen und Verwahrentgelten im Finanzergebnis den Tatsachen gerecht. Steuerrechtlich qualifizieren Verwahrentgelte infolge der bisherigen Erkenntnisse als (abzugsfähige) Betriebsausgaben und -einnahmen. Sie stellen originäre Einnahmen und Aufwendungen dar, keine negativen Einnahmen oder positive Aufwendungen.

Zweites Unterziel der Arbeit war die Untersuchung konzeptioneller Zinsfragen bei den Barwerten als Entscheidungswerte und Marktpreise.

- Hier wurden einerseits mit Blick auf das folgende dritte Unterziel Zweck und Technik des Rechenwerks zu Vergleichszwecken herausgearbeitet. Die Untersuchung gibt Aufschluss über die theoretisch richtigen Kalkulationszinssätze in allen nach dem Grad an Kapitalmarktvollkommenheit und dem Grad an Sicherheit denkbaren Abstufungen und Kombinationen. Sie ergibt für reale Bedingungen als Modellrahmen die Schätzung von Mischzinssätzen der ganzen Unternehmung als theoretisch richtige Kalkulationszinssätze, sofern das Ergebnis betragsmäßig interpretiert werden und finanzwirtschaftliche Entscheidungsprobleme gelöst werden können sollen. Ihnen kann als hypothetisch möglicher Sachverhalt die sofortige Auskehrung des Totalperiodengewinns (bei Teilung des Objektprogramms: Wertbeitrag des Einzelobjekts zur Auskehrung) zugeordnet werden. Für alle anderen geläufigen Kalkulationszinssätze ergab die Untersuchung, dass die mit ihnen errechneten Barwerte über keine sinnvollen inhaltlichen Interpretationen verfügen. Auch Konventionen wie der Ansatz von Eigenkapitalrenditen oder Risikoaufschlägen erwiesen sich als mit der Barwerttechnik unvereinbar.
- Andererseits wurden bereits die Konsequenzen für die als Verwahrentgelte qualifizierenden negativen Zinsen im Kalkulationszinssatz gezogen. Sie fließen in die Bestimmung des Kalkulationszinssatzes mit ein, sind aber dort in der vergangenen Niedrigzinsphase wohl nicht dominant gewesen. Die theoretisch richtigen Kalkulationszinssätze dürften weiterhin positiv gewesen sein, wenn auch niedrig. Zweck und Technik des Kalküls bleiben unverändert. Neben Erkenntnissen zu den mathematischen Auswirkungen, welche Kalkulationszinssatzänderungen in etwa zu wie viel Barwertänderung führen, zeigt die

Niedrigzinsphase bisherige theoretische und praktische Versäumnisse hinsichtlich Unschärfen bei der Ermittlung der Plandaten auf. Wegen einer höheren Gewichtung der Zahlungsströme für späte Perioden als bei hohen Zinsen ist im Fall niedrigerer Kalkulationszinssätze die Schätzung des Planungshorizonts von besonderer Bedeutung, bei der Unternehmensbewertung also beispielsweise der Lebensdauer des Geschäftsmodells. Die Problematik kann auch über entsprechend niedrigere Sicherheitsäquivalente für Zahlungsströme späterer Perioden gehandhabt werden. Dies gilt in den Folgenden Anwendungsfällen im Rahmen der Bilanzierung ebenfalls.

Drittes Unterziel der Arbeit war die Untersuchung konzeptioneller Zinsfragen in der handels- und steuerrechtlichen Bilanzierung. Grundlage war die Ausarbeitung eines gemeinsamen äußeren Systems von Zweck und Technik für Handels- und Steuerbilanz (Hauptzwecke, GoB). Sie legte besonderen Wert auf vorsichtiges Interpretieren ausschließlich gesetzgeberisch erkennbarer Werturteile. Die Verwendung von Bilanztheorien schied daher aus. Eine Besonderheit besteht zudem in der in der Literatur bisher nicht üblichen Abgrenzung von Realisations- und Imparitätsprinzip nach dem Grad an Sicherheit anstelle von Gewinnen, Verlusten und Alimentation. Sodann wiesen Zweck und Technik der Bilanzierung zu Zweck und Technik der Barwerte als Entscheidungswerte und Marktpreise einen Bruch auf (Pagatorik vs. Kalkulation). Dieser äußerte sich auch bei der anschließenden Erarbeitung der bilanziellen Grundlagen und Konsequenzen einzelner bilanzieller Barwertanwendungen. Während die Ermittlung von Marktpreisen für Zwecke der Bewertung und die Realisation von Damna nach den Grundsätzen für Dauerschuldverhältnisse keine Systembrüche darstellten, erwiesen sich die ausdrücklich gesetzlich angeordneten Barwertkalküle für Pensionsrückstellungen und sonstige Rückstellungen als systemwidrige Durchbrechung des Realisationsprinzips mit vielschichtigen wirtschaftlichen wie bilanziellen Konsequenzen. Diese Regelungen sind unter Zugrundelegung der Erkenntnisse zu den Barwerten als Entscheidungswerte und Marktpreise nach hier vertretener Auffassung auch verfassungswidrig, da sie keinen realen Sachverhalt als typisches Leitbild beschreiben können.

Die Ergebnisse innerhalb der einzelnen Untersuchungsunterziele zeigen eine jeweils stimmige Leitlinie auf. Auch das sich übergreifend über die Ergebnisse zu den Unterzielen ergebende Gesamtbild ist stimmig. Insbesondere werden die Ergebnisse der Analyse der Bilanzierungskonzeptionen den Ergebnissen zu den Barwertkalkülen als Entscheidungswerten und Marktpreisen sowie der Einordnung von Zinsen als Kuppelprodukt von Nutzungsüberlassung und Verwahrung gerecht:

- So dienen bei den Barwertkalkülen als Entscheidungswerte und Marktpreise die laufenden und in Abhängigkeit des Kapitalbetrags ausgestalteten positiven Zinsen technisch der Übertragung der Zahlungsströme im Kalkül von einer Periode in die nächste. Entsprechend dem Kuppelproduktcharakter von Nutzung und Verwahrung erfüllen auch laufend in Abhängigkeit des Kapitalbetrags ausgestaltete Verwahrentgelte diese technische Funktion. Mit ihnen kann gerechnet werden, wie mit positiven Zinsen.
- Im Rahmen der Bilanzierung werden die laufenden Verwahrentgelte entsprechend ihrer wirtschaftlichen Qualifikation als Entgelte in Zusammenhang mit einer Kapitalüberlassung nach den für Dauerschuldverhältnisse geltenden Grundsätzen behandelt. Auch dies wird dem Kuppelproduktcharakter gerecht. Letzterem entsprechen auch die gefundenen Ergebnisse zur Systemwidrigkeit des gesetzlichen Abzinsungsgebots in § 6 Abs. 1 Nr. 3a lit. e) EStG sowie zur teilweisen Abkehr von der Rechtsprechung zu Zinsanteilen. Anderenfalls entstünden hier Abgrenzungsprobleme bei der Bestimmung, ob die jeweilige Verpflichtung unverzinslich ist.[1]
- Schließlich stellten sich die Barwertkalküle im Rahmen der Bilanzierung nur dann als systemkonform heraus, wenn es um die Verwendung im Sinne einer ihrer originären Funktionen geht, nämlich der Ermittlung eines Schätzers für einen Marktpreis oder der rein technischen Verteilung vorsichtig-objektiviert erkennbarer Verzinsungen bei Auf- oder Abgeldern. Systemwidrig sind dagegen die gesetzlich angeordneten Barwertkalküle ohne Bezug zu diesen Funktionen.

[1] Siehe etwa *von Cölln*, Gesellschafterdarlehen, FR 2020, 248, 252–260.

Literaturverzeichnis

Abad, Pharos, Arbitrage, SSRN Nr. 3554322 (14.03.2020), https://doi.org/10.2139/ssrn.3554322 (abgerufen am 19.10.2025).

Abdellaoui, Mohammed/Bleichrodt, Han/l'Haridon, Olivier (Sign-dependence): Sign-dependence in intertemporal choice, Journal of Risk and Uncertainty Vol. 47 2013, 225–253.

Abdellaoui, Mohammed/Bleichrodt, Han/l'Haridon, Olivier et al. (Utility): Is There One Unifying Concept of Utility? An Experimental Comparison of Utility Under Risk and Utility Over Time, Management Science 2013, 2153–2169.

Abdellaoui, Mohammed/Diecidue, Enrico/Öncüler, Ayse (Preferences): Risk Preferences at Different Time Periods: An Experimental Investigation, Management Science 2011, 975–987.

Abdellaoui, Mohammed/Kernel, Emmanuel/Panin, Amma et al. (framework): Measuring time and risk preferences in an integrated framework, Games and Economic Behavior 2019, 459–469.

Abo-Zaid, Salem/Garín, Julio (Optimal Monetary Policy and Imperfect Financial Markets: A Case for Negative Nominal Interest Rates?): Optimal Monetary Policy and Imperfect Financial Markets: A Case for Negative Nominal Interest Rates?, Economic Inquiry 2016, 215–228.

Ackert, Lucy F./Deaves, Richard/Miele, Jennifer et al. (Intelligence): Are Time Preference and Risk Preference Associated with Cognitive Intelligence and Emotional Intelligence?, Journal of Behavioral Finance 2020, 136–156.

Adler, Hans/Düring, Walther/Schmaltz, Kurt (Rechnungslegung (1)): Rechnungslegung und Prüfung der Unternehmen – Kommentar zum HGB, AktG, GmbHG, PublG nach den Vorschriften des Bilanzrichtlinien-Gesetzes Teilband 1, Kommentar, 6. Aufl., Stuttgart 1995.

Adriani, Fabrizio/Sonderegger, Silvia (similarity): Optimal similarity judgments in intertemporal choice (and beyond), Journal of Economic Theory 2020, 105097.

Agarwal, Ruchir/Kimball, Miles S., Lower Bound, IMF Working Paper Nr. 15/224 (Oktober 2015), https://ssrn.com/abstract=2711134 (abgerufen am 19.10.2025).

K. Lentz, *Steuerliche Zinsfragen und Bilanzierung bei Niedrigzinsen*, Forschungsreihe Rechnungslegung und Steuern, https://doi.org/10.1007/978-3-658-52483-8

Agarwal, Ruchir/Kimball, Miles S., Guide, IMF WP Nr. 19/84 (April 2019), https://www.imf.org/-/media/Files/Publications/WP/2019/WPIEA2019084.ashx (abgerufen am 19.10.2025).

Aguirre, Álvaro/Brunnermeier, Markus K./Saravia, Diego [Hrsg.] (Monetary Policy): Monetary Policy and Financial Stability: Transmission Mechanisms and Policy Implications – Vol. 26, Santiago 2019.

Ahlbrecht, Martin/Weber, Martin (risk): An empirical study on intertemporal decision making under risk, Management Science 1997, 813–826.

Ainslie, Geroge (Picoeconomics): Picoeconomics – The Strategic Interaction of Successive Motivational States within the Person, Camebridge 1992.

Aït-Sahalia, Yacine/Hansen, Lars Peter [Hrsg.] (Financial Econometrics): Handbook of Financial Econometrics – Volume 1: Tools and Techniques, Amsterdam, Oxford 2010.

Albach, Horst (Investition): Investition und Liquidität – Die Planung des optimalen Investitionsbudgets, Wiesbaden 1962.

Albach, Horst (Unsicherheit): Ungewißheit und Unsicherheit, in: **Grochla, Erwin/Wittmann, Waldemar** [Hrsg.] (Handwörterbuch): Handwörterbuch der Betriebswirtschaft, 4. Aufl., Stuttgart 1974, 4036–4041.

Albach, Horst (Investitionstheorie): Entwicklung und Stand der Investitionstheorie, Köln 1975.

Albert, Steven M./Duffy, John (Differences): Differences in risk aversion between young and older adults, Neuroscience and Neuroeconomics 2012, 3–9.

Alessandri, Pierdiordio/Nelson, Benjamin D. (Profitability): Simple Banking: Profitability and the Yield Curve, Journal of Money Credit and Banking 2015, 143–175.

Allais, Maurice (risque): Le comportement de l'homme rationnel devant le risque: critique des postulats et axiomes de l'école Américaine, Econometrica 1953, 503–546.

Altavilla, Carlo/Andreeva, Dessislava C./Boucinha, Miguel et al., lending channel, ECB Occasional Paper Series Nr. 222 (Mai 2019), https://doi.org/10.2866/297821 (abgerufen am 19.10.2025).

Altavilla, Carlo/Boucinha, Miguel/Peydró, José-Luis (profitability): Monetary policy and bank profitability in a low interest rate environment, Economic Policy 2018, 531–586.

Altrock, Frank/Hakenberg, Michael (Negativzinsen): Negativzinsen auf Einlagen – eine juristisch-ökonomische Analyse, RdF 2018, 296–303.

Ampudia, Miguel/Van den Heuvel, Skander, policy, ECB Working Paper Series Nr. 2199 (November 2018), https://doi.org/10.2866/637668 (abgerufen am 19.10.2025).

Anderegg, Ralph (Geldtheorie): Grundzüge der Geldtheorie und Geldpolitik, München 2007.

Anderhub, Vital/Güth, Werner/Gneezy, Uri et al. (Interaction): On the Interaction of Risk and Time Preferences: An Experimental Study, German Economic Review 2001, 239–253.

Andersen, Steffen/Di Girolamo, Amalia/Harrison, Glenn W. et al. (entrepreneurs): Risk and time preferences of entrepreneurs: evidence from a Danish field experiment, Theory and Decision 2014, 341–357.

Andersen, Steffen/Harrison, Glenn W./Lau, Morten I. et al. (state): Lost in state space: Are preferences stable?, International Economic Review 2008, 1091–1112.

Andersen, Steffen/Harrison, Glenn W./Lau, Morten I. et al. (heterogeneity): Preference heterogeneity in experiments: Comparing the field and laboratory, Journal of Economic Behavior & Organization 2010, 209–224.

Andersen, Steffen/Harrison, Glenn W./Lau, Morten I. et al. (preferences): Eliciting risk and time preferences, Econometrica 2008, 583–618.

Andersen, Steffen/Harrison, Glenn W./Lau, Morten I. et al. (Discounting): Discounting behavior: A reconsideration, European Economic Review 2014, 15–33.

Anderson, Lisa R./Stafford, Sarah L. (decision-making): Individual decision-making experiments with risk and intertemporal choice, Journal of Risk and Uncertainty Vol. 38 2009, 51–72.

Andersson, Ola/Holm, Håkan J./Tyran, Jean-Robert et al. (Loss Aversion): Deciding for Others Reduces Loss Aversion, Management Science 2016, 29–36.

Andersson, Ola/Holm, Håkan J./Tyran, Jean-Robert et al. (Incentives): Risking Other People's Money: Experimental Evidence on the Role of Incentives and Personality Traits, Scandinavian Journal of Economics 2020, 648–674.

Andrade, Philippe/Galí, Jordi/Le Bihan, Hervé et al. (strategy): Should the ECB adjust its strategy in the face of a lower r*?, Journal of Economic Dynamics & Control 2021, 104207.

Andreoni, James/Sprenger, Charles (Preferences): Risk Preferences Are Not Time Preferences, American Economic Review 2012, 3357–3376.

Andreoni, James/Sprenger, Charles (Reply): Risk Preferences Are Not Time Preferences: Reply, American Economic Review 2015, 2287–2293.

Anscombe, Frank J./Aumann, Robert J. (Probability): A Definition of Subjective Probability, The Annals of Mathematical Statistics 1963, 199–205.

Anzinger, Heribert M. (Dauerniedrigzins I): Dauerniedrigzins bei Bilanzierung, Unternehmensbewertung und Besteuerung (Teil I), DStR 2016, 1766–1773.

Anzinger, Heribert M. (Dauerniedrigzins II): Dauerniedrigzins bei Bilanzierung, Unternehmensbewertung und Besteuerung (Teil II), DStR 2016, 1829–1836.

Appelt, Kirstin C./Hardisty, David J./Weber, Elke U. (discounting): Asymmetric discounting of gains and losses: A query theory account, Journal of Risk and Uncertainty Vol. 43 2011, 107–126.

Arce, Oscar/García-Posada, Miguel/Mayordomo, Sergio, lending, Banco de España Economic Bulletin Nr. 1/2019 (Mai 2019), https://ssrn.com/abstract=3361542 (abgerufen am 19.10.2025).

Arrow, Kenneth J./Debreu, Gerard (Equilibrium): Existence of an Equilibrium for a Competetive Economy, Econometrica 1954, 265–290.

Ashby, Nathaniel J. S./Rakow, Tim (research): When time is (not) money: preliminary guidance on the interchangeability of time and money in laboratory-based risk research, Journal of Risk Research 2018, 1036–1051.

Attema, Arthur E./Bleichrodt, Han/Gao, Yu et al. (Discounting): Measuring Discounting without Measuring Utility, American Economic Review 2016, 1476–1494.

Aust, Benjamin (Strombörsen): Erneuerbare Energien an Strombörsen – eine empirische Analyse deutscher und europäischer Spothandelsmärkte, Diss., Freiberg 2020.

Baars, Maren/Cordes, Henning/Mohrschladt, Hannes (risk-taking): How negative interest rates affect the risk-taking of individual investors: Experimental evidence, Finance Research Letters 2020, 101179.

Backus, David/Foresi, Silverio/Mozumdar, Abon et al. (yields): Predictable changes in yields and forward rates, Journal of Financial Economics 2001, 281–311.

Baetge, Jörg (Kapital): Kapital und Vermögen, in: **Grochla, Erwin/Wittmann, Waldemar** [Hrsg.] (Handwörterbuch): Handwörterbuch der Betriebswirtschaft, 4. Aufl., Stuttgart 1974, 2089–2096.

Baetge, Jörg (Rechnungslegungszwecke): Rechnungslegungszwecke des aktienrechtlichen Jahresabschlusses, in: **Baetge, Jörg/Moxter, Adolf/Schneider, Dieter** [Hrsg.] (FS Leffson): Bilanzfragen – Festschrift zum 65. Geburtstag von Prof. Dr. Ulrich Leffson, Düsseldorf 1976, 12–30.

Baetge, Jörg (GoB): Grundsätze ordnungsmäßiger Buchführung, Beilage zu DB Heft 26 1986, 1–15.

Baetge, Jörg/Kirsch, Hans-Jürgen/Thiele, Stefan (Bilanzen): Bilanzen, 14. Aufl., Düsseldorf 2017.

Baetge, Jörg/Kirsch, Hans-Jürgen/Thiele, Stefan (Bilanzen): Bilanzen, 16. Aufl., Düsseldorf 2021.

Baetge, Jörg/Moxter, Adolf/Schneider, Dieter [Hrsg.] (FS Leffson): Bilanzfragen – Festschrift zum 65. Geburtstag von Prof. Dr. Ulrich Leffson, Düsseldorf 1976.

Baillon, Aurélien/Huang, Zhenxing/Selim, Asli et al. (Ambiguity): Measuring Ambiguity Attitudes for All (Natural) Events, Econometrica 2018, 1839–1858.

Baker, Malcolm/Greenwood, Robin/Wurgler, Jeffrey (bond returns): The maturity of debt issues and predictable variation in bond returns, Journal of Financial Economics 2003, 261–291.

Balakrishnan, Uttara/Haushofer, Johannes/Jakiela, Pamela (present bias): How soon is now? Evidence of present bias from convex time budget experiments, Experimental Economics 2020, 294–321.

Balduzzi, Pierluigi/Bertola, Giuseppe/Foresi, Silverio (term structure): A model of target changes and the term structure of interest rates, Journal of Monetary Economics 1997, 223–249.

Ball, Ray (Crisis): The Global Financial Crisis and the Efficient Market Hypothesis: What Have We Learned?, Journal of Applied Corporate Finance 2009, 8–16.

Ballwieser, Wolfgang [Hrsg.] (Information): Information und Wirtschaftlichkeit, Wiesbaden 1985.

Ballwieser, Wolfgang (Unternehmensbewertung): Aktuelle Aspekte der Unternehmensbewertung, WPg 1995, 119–129.

Ballwieser, Wolfgang (Bewertungsgrundsätze): Bewertungsgrundsätze, in: **Ballwieser, Wolfgang** [Hrsg.] (HdR): Handwörterbuch der Rechnungslegung und Prüfung, 3. Aufl., Stuttgart 2002, 353–375.

Ballwieser, Wolfgang (Einheitsbilanz): Möglichkeiten und Grenzen der Erstellung einer Einheitsbilanz – Zur Rolle und Entwicklung des Maßgeblichkeitsprinzips, in: **Mellinghoff, Rudolf/Schön, Wolfgang/Viskorf, Hermann-Ulrich** [Hrsg.] (FS Spindler): Steuerrecht im Rechtsstaat – Festschrift für Wolfgang Spindler zum 65. Geburtstag, Köln 2011, 577–594.

Ballwieser, Wolfgang/Hachmeister, Dirk (Unternehmensbewertung): Unternehmensbewertung – Prozess, Methoden und Probleme, 6. Aufl., Stuttgart 2021.

Balz, Ulrich/Bordemann, Heinz-Gerd/Rullkötter, Nils (Unternehmenswerte): Kapitalisierungszins und Unternehmenswerte – ein Vergleich des vereinfachten Ertragswertverfahrens mit dem Ertragswertverfahren nach IDW, Stbg 2012, 492–500.

Bamberg, Günter/Krapp, Michael (Arbitragefreiheit): Starke und schwache Arbitragefreiheit von Finanzmärkten mit Geld-Brief-Spannen, in: **Geyer-Schulz, Andreas/Taudes, Alfred** [Hrsg.] (Informationswirtschaft): Informationswirtschaft: Ein Sektor mit Zukunft, Bonn 2003, 261–276.

Bandyopadhyay, Anwesha/Begum, Lutfunnahar/Grossman, Philip J. (stability): Gender differences in the stability of risk attitudes, Journal of Risk and Uncertainty Vol. 63 2021, 169–201.

Banerjee, Ryan/Hofmann, Boris (zombie firms): The rise of zombie firms: causes and consequences, in: **BIS** [Hrsg.] (Quarterly Review March 2022): BIS Quarterly Review – International banking and financial market developments – March 2022, Basel 2018, 67–78.

Bär, Michael/Blaschke, Silke/Geisel, Adrian et al. (Zinsen): Negative Zinsen bei Kreditinstituten: Wie ist zu bilanzieren?, WPg 2017, 1132–1138.

Bareis, Peter (Grundsätze): Teil A.II.1. Die Grundsätze ordnungsmäßiger Buchführung nach deutschem Bilanzrecht, in: **Brönner, Herbert/Bareis, Peter/Hahn, Klaus et al.** [Hrsg.] (Bilanz): Die Bilanz nach Handels- und Steuerrecht – Einzel- und Konzernabschluss nach HGB und IFRS, 11. Aufl., Stuttgart 2016.

Bariviera, Aurelio F./Guercio, Maria B./Martinez, Lisana B. (efficiency): A comparative analysis of the informational efficiency of the fixed income market in seven European countries, Economics Letters 2012, 426–428.

Bariviera, Aurelio F./Guercio, Maria B./Martinez, Lisana B. (Efficiency): Informational Efficiency in Distressed Markets: The Case of European Corporate Bonds, Economic and Social Review 2014, 349–369.

Bartl, Angela/Bartl, Harald/Beine, Klaus et al. [Hrsg.] (GmbH-Recht): GmbH-Recht, Kommentar, 9. Aufl., Heidelberg 2024.

Barucci, Emilio/Fontana, Claudio (Theory): Financial Markets Theory – Equilibrium, Efficiency and Information, 2. Aufl., London 2017.

Bassetto, Marco (interest rates): Negative nominal interest rates, American Economic Review 2004, 104–108.

Basten, Christoph/Mariathasan, Mike, Banks, CESifo Working Papers Nr. 6901 (Februar 2018), https://ssrn.com/abstract=3164780 (abgerufen am 19.10.2025).

Baucells, Manel/Heukamp, Franz H. (delay): Common ratio using delay, Theory and Decision 2010, 149–158.

Baucells, Manel/Heukamp, Franz H. (Probability): Probability and Time Trade-Off, Management Science 2012, 831–842.

Baucells, Manel/Villasís, Antonio (Stability): Stability of risk preferences and the reflection effect of prospect theory, Theory and Decision Vol. 68 2010, 193–211.

Bauer, Keldon/Esqueda, Omar A. (loan market efficiency): Credit ratings, relationship lending and loan market efficiency, Studies in Economics and Finance 2017, 122–142.

Bauer, Michal/Chytilova, Julie/Miguel, Edward (preferences): Using survey questions to measure preferences: Lessons from an experimental validation in Kenya, European Economic Review 2020, 103493.

Baumbach, Adolf/Hopt, Klaus (HGB): Handelsgesetzbuch – mit GmbH & Co., Handelsklauseln, Bank- und Kapitalmarktrecht, Transportrecht (ohne Seerecht), Kommentar, 40. Aufl., München 2021.

Baumbach, Adolf/Hueck, Alfred (GmbHG): GmbH-Gesetz – Gesetz betreffend die Gesellschaften mit beschränkter Haftung, Kommentar, 18. Aufl., München 2006.

Baums, Theodor (Unternehmensfinanzierung): Recht der Unternehmensfinanzierung, München 2017.

Bayer, Ya'akov M./Osher, Yamima (Preference): Time Preference, Executive Functions, and Ego-Depletion: An Exploratory Study, Journal of Neuroscience Psychology and Economics 2018, 127–134.

Becker, Johannes (Negativzinsen): "Negativzinsen" als Folge von Zinsgleitklauseln bei Inhaberschuldverschreibungen? – zugleich Anmerkung zur Festsetzung des Basiszinssatzes durch die Bundesbank auf -0,38 %, WM 2013, 1736–1742.

Beckmann, Reinhard (Zerobonds): Bilanzierung und Besteuerung von Zerobonds und Zerofloatern, BB 1991, 938–944.

Behr, Simon (Verzinsung): Vertragsrechtliche Zulässigkeit negativer Verzinsung im Einlagenbereich – Zugleich ein Beitrag zur Identität des Schuldverhältnisses, Diss., Berlin 2018.

Behrens, Stefan (Vollverzinsung): Reformbedarf bei der Vollverzinsung im Steuerverfahrensrecht, FR 2015, 214–227.

Behrens, Stefan/Dworog, Jan (Zweifel): Verfassungsrechtliche Zweifel an den Vorschlägen zur Änderung des Grunderwerbsteuergesetzes in Bezug auf Share Deals, BB 2018, 1943–1947.

Beisel, Wilhelm (Kaufpreis): Der Kaufpreis, in: **Beisel, Wilhelm/Klumpp, Hans-Hermann** [Hrsg.] (Unternehmenskauf): Der Unternehmenskauf, 7. Aufl., München 2016, § 11.

Beisel, Wilhelm/Klumpp, Hans-Hermann [Hrsg.] (Unternehmenskauf): Der Unternehmenskauf, 7. Aufl., München 2016.

Beisse, Heinrich (Gewinnrealisierung): Gewinnrealisierung – Ein systematischer Überblick über Rechtsgrundlagen, Grundtatbestände und grundsätzliche Streitfragen, in: **Ruppe, Hans Georg** [Hrsg.] (DStJG Bd. 4): Gewinnrealisierung im Steuerrecht, Köln 1981, 13–44.

Bekaert, Geert/Hodrick, Robert J./Marshall, David A. (biases): On biases in tests of the expectations hypothesis of the term structure of interest rates, Journal of Financial Economics 1997, 309–348.

Bekir, Insaf/Doss, Faten (bias): Status quo bias and attitude towards risk: An experimental investigation, Managerial and Decision Economics 2020, 827–838.

Bendahan, Samuel/Goette, Lorenz/Thoresen, John et al. (stress): Acute stress alters individual risk taking in a time-dependent manner and leads to anti-social risk, European Journal of Neuroscience 2017, 877–885.

Benke, Maximilian (Bilanzierungskonkurrenzen): Bilanzierungskonkurrenzen bei mehrstöckigen Personengesellschaften, Diss., Freiburg 2022.

Benndorf, Volker/Moellers, Claudia/Normann, Hans-Theo (participants): Experienced vs. inexperienced participants in the lab: do they behave differently?, Journal of the Economic Science Association-Jesa 2017, 12–25.

Benzion, Uri/Rapoport, Amnon/Yagil, Joseph (Discount Rates): Discount Rates Inferred from Decisions: An Experimental Study, Management Science 1989, 270–284.

Berechey, Meredith/Hjalmarsson, Erik/Österholm, Pär (expectations hypothesis): Testing the expectations hypothesis when interest rates are near integrated, Journal of Banking and Finance 2009, 934–943.

Berger, Klaus Peter/Nettekoven, Hendrik (Zinsanpassungsklauseln): Die marktwirtschaftlich geleitete ergänzende Vertragsauslegung bei unwirksamen Zinsanpassungsklauseln in langfristigen Sparverträgen, ZIP 2022, 293–300.

Bernanke, Ben S. (Saving): The Global Saving Glut and the U.S. Current Account Deficit, 2005, https://www.federalreserve.gov/boarddocs/speeches/2005/200503102/default.htm, abgerufen am 19.10.2025.

Bernoulli, Daniele (Specimen): Specimen Theoriae Novae de Mensura Sortis, Commentarii Academicae Scientiarum Imperialis Petropolitanae 5 1738, 175–192.

Bertram, Klaus/Kessler, Harald/Müller, Stefan [Hrsg.] (HGB): HGB Bilanz Kommentar, Kommentar, 12. Aufl., Freiburg 2021.

Bhojraj, Sanjeev/Swaminathan, Bhaskaran (accruals): How does the corporate bond market value capital investments and accruals?, Review of Accounting Studies 2009, 31–62.

Białaszek, Wojciech/Marcowski, Przemysław (Dependency): Path Dependency in the Discounting of Delayed and Probabilistic Gains and Losses, Scientific Reports 2019, 8738.

Bidlingmaier, Johannes/Schneider, Dieter (Ziele): Ziele, Zielsysteme und Zielkonflikte, in: **Grochla, Erwin/Wittmann, Waldemar** [Hrsg.] (Handwörterbuch): Handwörterbuch der Betriebswirtschaft, 4. Aufl., Stuttgart 1974, 4731–4740.

Binder, Jens-Hinrich/Ettensberger, Svenja (Negativzins): "Automatischer" Negativzins bei darlehensvertraglichen Zinsänderungsklauseln im Niedrigzinsumfeld? – Vertragsauslegung und Lösungsansätze, WM 2015, 2069–2074.

Bindseil, Ulrich/Panetta, Fabio/Terol, Ignacio, Currency, ECB Occasional Paper Series Nr. 286 (Dezember 2021), https://www.ecb.europa.eu/pub/pdf/scpops/ecb.op286~9d472374ea.en.pdf (abgerufen am 19.10.2025).

BIS [Hrsg.] (Quarterly Review March 2022): BIS Quarterly Review – International banking and financial market developments – March 2022, Basel 2018.

Bittlingmayer, George/Moser, Shane M. (Corporate Bond Market): What Does the Corporate Bond Market Know?, The Financial Review 2014, 1–19.

Bitz, Michael/Schneeloch, Dieter/Wittstock, Wilfried et al. (Jahresabschluss): Der Jahresabschluss – Nationale und internationale Rechtsvorschriften, Analyse und Politik, 6. Aufl., München 2014.

Bixter, Michael T./Trimber, Elizabeth M./Luhmann, Christian C. (preferences): Are intertemporal preferences contagious? Evidence from collaborative decision making, Memory & Cognition 2017, 837–851.

Blackburn, Marianna/El-Deredy, Wael (Discounting): The future is risky: Discounting of delayed and uncertain outcomes, Behavioural Processes 2013, 9–18.

Blanchard, Olivier/Dell'Arriccia, Giovanni/Mauro, Paolo (Policy): Rethinking Macroeconomic Policy, Supplement zu Journal of Money, Credit and Banking Heft 6 aus 2010, 199–215.

Blanchard, Olivier/Furceri, Davide/Pescatori, Andrea (period): A prolonged period of low real interest rates?, in: **Teulings, Coen/Baldwin, Richard** [Hrsg.] (Stagnation): Secular Stagnation: Facts, Causes and Cures, https://voxeu.org/system/files/epublication/Vox_secular_stagnation.pdf (abgerufen am 09.03.2022) 2014, 101–110.

Blanchard, Olivier/Illing, Gerhard (Makroökonomie): Makroökonomie, 7. Aufl., Hallbergmoos 2017.

Blavatskyy, Pavlo R./Maafi, Hela (choice): Estimating representations of time preferences and models of probabilistic intertemporal choice on experimental data, Journal of Risk and Uncertainty Vol. 56 2018, 259–287.

Blaywais, Reut/Rosenboim, Mosi (decisions): The effect of cognitive load on economic decisions, Managerial and Decision Economics 2019, 993–999.

Bletzinger, Tilman/von Thadden, Leopold (QE): Designing QE in a fiscally sound monetary union, European Economic Review 2021, 103611.

Blume, Marshall E./Keim, Donald B./Patel, Sandeep A. (Low-Grade Bonds): Returns and Volatility of Low-Grade Bonds 1977–1989, The Journal of Finance 1991, 49–74.

Boadway, Robin/Bruce, Neil (Business Tax): A General Proposition On The Design Of A Neutral Business Tax, Journal of Public Economics 1984, 231–239.

Böcking, Hans-Joachim (Zero-Bonds): Der Grundsatz der Netto-Bilanzierung von Zero-Bonds, ZfbF 1986, 930–955.

Böcking, Hans-Joachim (Verzinslichkeit): Bilanzrechtstheorie und Verzinslichkeit, Diss., Wiesbaden 1988.

Böcking, Hans-Joachim/Nowak, Karsten (§ 4): § 4 Überblick über das Ertragswertverfahren, in: **Fleischer, Holger/Hüttemann, Rainer** [Hrsg.] (Unternehmensbewertung): Rechtshandbuch Unternehmensbewertung, 2. Aufl., Köln 2019, 81–98.

Bodie, Zvie/Kane, Alex/Marcus, Alan (Investments): Investments, 10. Aufl., Berkshire 2014.

Bogliacino, Francesco/Codagnone, Cristiano/Montealegre, Felipe et al. (shocks): Negative shocks predict change in cognitive function and preferences: assessing the negative affect and stress hypothesis, Scientific Reports 2021, 3546.

Böhm-Bawerk, Eugen von (Exkurse): Kapital und Kapitalzins: Positive Theorie des Kapitales (Exkurse), 4. Aufl., Stuttgart 1961.

Böhm-Bawerk, Eugen von (Geschichte): Kapital und Kapitalzins: Geschichte und Kritik der Kapitalzins-Theorien, 4. Aufl., Stuttgart 1961.

Böhm-Bawerk, Eugen von (Theorie): Kapital und Kapitalzins: Positive Theorie des Kapitales, 4. Aufl., Stuttgart 1961.

Bokern, Paul/Linde, Jona/Riedl, Arno et al., measures, Netspar Industry Series Nr. 58 (Juli 2021), https://www.netspar.nl/assets/uploads/P20210720_Netspar-Survey-Paper-176_WEB.pdf (abgerufen am 19.10.2025).

Bongiovanni, Alessio/Reghezza, Alessio/Santamaria, Riccardo et al. (risk-taking): Do negative interest rates affect bank risk-taking?, Journal of Empirical Finance 2021, 350–364.

Bontrup, Heinz-Joseph (Volkswirtschaftslehre): Volkswirtschaftslehre – Grundlagen der Mikro- und Makroökonomie, 2. Aufl., München, Wien 2014.

Booij, Adam S./van Praag, Bernard M. S. (estimation): A simultaneous approach to the estimation of risk aversion and the subjective time discount rate, Journal of Economic Behavior & Organization 2009, 374–388.

Bordewin, Arno/Brandt, Jürgen (EStG): Einkommensteuergesetz, Kommentar, Loseblatt, Heidelberg (Stand: 466. EL, Januar 2025).

Borggräfe, Joachim/Staud, Mona-Larissa (Zins): Wie kann der Zins gem. § 238 AO verfassungsrechtlich abgesichert werden? – Überlegungen zum BFH, Beschl. v. 25.4.2018 – IX B 21/18 , BStBl. II 2018, 415, FR 2018, 857–870.

Borggräfe, Joachim/Staud, Mona-Larissa (Zins): Der Zins gem. § 238 AO – Die Diskussion geht weiter, FR 2019, 120–124.

Borio, Claudio E. V./Disyatat, Piti/Juselius, Mikael et al., Interest, BIS Working Paper Nr. 685 (02.12.2017), https://ssrn.com/abstract=3090799 (abgerufen am 19.10.2025).

Borio, Claudio/Gambacorta, Leonardo (effectiveness): Monetary policy and bank lending in a low interest rate environment: Diminishing effectiveness?, Journal of Macroeconomics Dezember 2017, 217–231.

Borio, Claudio/Gambacorta, Leonardo/Hofmann, Boris (profitablity): The influence of monetary policy on bank profitability, International Finance 2017, 48–63.

Börner, Christoph J./Hoffmann, Ingo/Poetter, Fabian et al., Information Constraints, arXiv:1906.10624v2 (April 2020), https://arxiv.org/abs/1906.10624v2 (abgerufen am 01.11.2021).

Boungou, Whelsy (risk-taking): Negative interest rates policy and banks' risk-taking: Empirical evidence, Economics Letters 2020, 108760.

Boungou, Whelsy (lending): Empirical evidence of the lending channel of monetary policy under negative interest rates, Quarterly Review of Economics and Finance 2021, 309–318.

Boungou, Whelsy/Hubert, Paul (channels): The channels of banks' response to negative interest rates, Journal of Economic Dynamics & Control 2021, 104228.

Boungou, Whelsy/Mawusi, Charles (lending): Bank lending margins in a negative interest rate environment, International Journal of Finance & Economics 2021, Early View, https://doi.org/10.1002/ijfe.2455 (abgerufen am 19.10.2025).

Brace, Alan/Gatarek, Dariusz/Musiela, Marek (Market Model): The Market Model of Interest Rate Dynamics, Mathematical Finance 1997, 127–147.

Bracha, Anat (Decisions): Investment Decisions and Negative Interest Rates, Management Science 2020, 5316–5340.

Brand, Oliver (Zinsrecht): Das internationale Zinsrecht Englands, Diss., Tübingen 2002.

Brandis, Peter/Heuermann, Bernd [Hrsg.] (Ertragsteuerrecht): Ertragsteuerrecht, Kommentar, Loseblatt, München 2022 (Stand: 162. Erg.-Lfg., Mai 2022).

Brandt, Jürgen (IX B 21/18 (Anm.)): Verfassungsmäßigkeit des Nachzahlungszinssatzes nach § 233a i.V.m. § 238 AO ab Vz. 2015, DB 2018, 2666.

Brandt, Jürgen (Verienfachungszwecknormen): Anwendung von Vereinfachungszwecknormen und Vereinfachung als Auslegungstopos – Aus Sicht der Rechtsprechung, in: **Drüen/Hey/Mellinghoff** [Hrsg.] (FS BFH): 100 Jahre Steuerrechtsprechung in Deutschland 1918–2018 – Festschrift für den Bundesfinanzhof, Köln 2018, 289–319.

Branger, Nicole/Schlag, Christian (Zinsderivate): Zinsderivate – Modelle und Bewertung, Berlin, Heidelberg 2004.

Brei, Michael/Borio, Claudio/Gambacorta, Leonardo (intermediation activity): Bank intermediation activity in a low-interest-rate environment, Economic Notes 2020, e12164.

Breithecker, Volker/Schmiel, Ute (Steuerbilanz): Steuerbilanz und Vermögensaufstellung in der Betriebswirtschaftlichen Steuerlehre, Bielefeld 2003.

Brennan, Michael J./Schwartz, Eduardo S. (Market Efficiency): An Equilibrium Model of Bond Pricing and a Test of Market Efficiency, Journal of Financial and Quantitative Analysis 1982, 301–329.

Breuer, Wolfgang/Renerken, Thomas/Salzmann, Astrid Juliane (decision making): Measuring risk-taking and patience in financial decision making, Review of Financial Economics 2022, 97–114.

Briese, André (Verfassungswidrigkeit): Verfassungswidrigkeit des Rechnungszinssatzes von 6 % für steuerbilanzielle Pensionsrückstellungen?, DStR 2018, 1248–1253.

Brockhoff, Klaus (Geschichte): Geschichte der Betriebswirtschaftslehre – Kommentierte Meilensteine und Originaltexte, 2. Aufl., Wiesbaden 2002.

Brönner, Herbert/Bareis, Peter/Hahn, Klaus et al. [Hrsg.] (Bilanz): Die Bilanz nach Handels- und Steuerrecht – Einzel- und Konzernabschluss nach HGB und IFRS, 11. Aufl., Stuttgart 2016.

Browne, Mark J./Jager, Verena/Richter, Andreas et al. (risks): Family changes and the willingness to take risks, Journal of Risk and Insurance 2022, 187–209.

Brunnermeier, Markus K./Koby, Yann, Reversal, NBER Working Paper Series Nr. 25406 (Dezember 2018), http://www.nber.org/papers/w25406 (abgerufen am 19.10.2025).

Bubeck, Johannes/Maddaloni, Angela/Peydró, José-Luis (Risk-Taking): Negative Monetary Policy Rates and Systemic Banks' Risk-Taking: Evidence from the Euro Area Securities Register, Journal of Money Credit and Banking 2020, 197–231.

Buchner, Robert/Wenz, Martin (Jahresabschluss): Buchführung und Jahresabschluss, 7. Aufl., München 2005.

Buiter, Willem H. (interest rates): Negative nominal interest rates: Three ways to overcome the zero lower bound, North American Journal of Economics and Finance 2009, 213–238.

Buiter, Willem H./Panigirtzoglou, Nikolaos (bound): Overcoming the zero bound on nominal interest rates with negative interest on currency: Gesell's solution, Economic Journal 2003, 723–746.

Burkert, Michael/Fischer, Franz Michael/Schäffer, Utz (controllability): Application of the controllability principle and managerial performance: The role of role perceptions, Management Accounting Research 2011, 143–159.

Busch, Ramona/Littke, Helge C. N./Memmel, Christoph et al. (behavior): German banks' behavior in the low interest rate environment, Financial Markets and Portfolio Management 2021, Online First Article, https://doi.org/10.1007/s11408-021-00402-7 (abgerufen am 19.10.2025).

Busch, Ramona/Memmel, Christoph, margin, Deutsche Bundesbank Discussion Paper Nr. 16/2015 (2015), https://ssrn.com/abstract=2797040 (abgerufen am 19.10.2025).

Büschgen, Hans (Bank-Lexikon): Das kleine Bank-Lexikon, 3. Aufl., Stuttgart 2006.

Busse von Colbe, Walther/Witte, Frank (Investitionstheorie): Investitionstheorie und Investitionsrechnung, 5. Aufl., Berlin, Heidelberg 2018.

Butler, Jeffrey V./Guiso, Luigi/Jappelli, Tullo (aversion): The role of intuition and reasoning in driving aversion to risk and ambiguity, Theory and Decision Vol. 77 2014, 455–484.

Caballero, Ricardo J./Hoshi, Takeo/Kashyap, Anil K. (Zombie Lending): Zombie Lending and Depressed Restructuring in Japan, The American Economic Review 2008, 1943–1977.

Campbell, John Y./Shiller, Robert J. (Behavior): A Simple Account of the Behavior of Long-Term Interest Rates, American Economic Review 1984, 44–48.

Campbell, John Y./Shiller, Robert J. (Yield Spreads): Yield Spreads and Interest Rate Movements: A Bird's Eye View, Review of Economic Studies 1991, 495–514.

Campmas, Alexandra (effect): How do European banks portray the effect of policy interest rates and prudential behavior on profitability?, Research in International Business and Finance 2020, 100950.

Campos-Vazquez, Raymundo M./Cuilty, Emilio (emotions): The role of emotions on risk aversion: A Prospect Theory experiment, Journal of Behavioral and Experimental Economics Vol. 50 2014, 1–9.

Campos-Vazquez, Raymundo M./Medina-Cortina, Eduardo M./Velez-Grajales, Roberto (preferences): Cognitive ability and economic preferences: evidence from survey and experimental data in Mexico, Economics Bulletin 2018, 1406–1414.

Canaris, Claus-Wilhelm (Zinsbegriff): Der Zinsbegriff und seine rechtliche Bedeutung, NJW 1978, 1891–1898.

Carbo-Valverde, Santiago/Cuadros-Solas, Pedro J./Rodriguez-Fernandez, Francisco (effects): The effects of negative interest rates: a literature review and additional evidence on the performance of the European banking sector, European Journal of Finance 2021, 1908–1938.

Carpenter, Jeffrey P./Harrison, Glenn W./List, John A. [Hrsg.] (Experiments): Research in Experimental Economics Volume 10 – Field Experiments in Economics, Greenwich 2005.

Caruso, Eugene M./Gilbert, Daniel T./Wilson, Timothy D. (valuation): A wrinkle in time – Asymmetric valuation of past and future events, Psychological Science 2008, 796–801.

Carvalho, Carlos/Ferrero, Andrea/Nechio, Fernanda (Demographics): Demographics and real interest rates: Inspecting the mechanism, European Economic Review 2016, 208–226.

Casari, Marco/Dragone, Davide (reversal): Choice reversal without temptation: A dynamic experiment on time preferences, Journal of Risk and Uncertainty Vol. 50 2015, 119–140.

Castillo, Marco/Dickinson, David L./Petrie, Ragan (preferences): Sleepiness, choice consistency, and risk preferences, Theory and Decision Vol. 82 2017, 41–73.

Cavatorta, Elisa/Schröder, David (ambiguity): Measuring ambiguity preferences: A new ambiguity preference survey module, Journal of Risk and Uncertainty Vol. 58 2019, 71–100.

Cezanne, Wolfgang/Franke, Jürgen (Volkswirtschaftslehre): Volkswirtschaftslehre – Einführung, 7. Aufl., München, Wien 1997.

Chabris, Christopher F./Laibson, David I. /Schuldt, Jonathon P. (Choice): Intertemporal Choice, in: **Palgrave, Macmillan** [Hrsg.] (Dictionary): The New Palgrave Dictionary of Economics, Dynamic Online Version 2020, 1–8.

Chakraborty, Anujit/Halevy, Yoram/Saito, Kota (Relation): The Relation between Behavior under Risk and over Time, American Economic Review-Insights Vol 2 2020, 1–16.

Chao, Li-Wei/Szrek, Helena/Pereira, Nuno Sousa et al. (Time preference): Time preference and its relationship with age, health, and survival probability, Judgement and Decision Making 2009, 1–19.

Chapman, Gretchen B. (Discounting): Temporal Discounting and Utility for Health and Money, Journal of Experimental Psychology: Learning, Memory and Cognition 1996, 771–791.

Chapman, Gretchen B./Elstein, Arthur S. (Discounting): Valuing the Future: Temporal Discounting of Health and Money, Medical Decision Making 1995, 373–386.

Chapman, Gretchen B./Weber, Bethany J. (biases): Decision biases in intertemporal choice and choice under uncertainty: Testing a common account, Memory & Cognition 2006, 589–602.

Charfeddine, Lanouar/Ben Khediri, Karim/Aye, Goodness C. et al. (efficiency): Time-varying efficiency of developed and emerging bond markets: Evidence from long-spans of historical data, Physica A: Statistical Mechanics and its Applications 2018, 632–647.

Chark, Robin/Chew, Soo Hong/Zhong, Songfa (bias): Extended present bias: a direct experimental test, Theory and Decision 2015, 151–165.

Charness, Gary/Garcia, Thomas/Offerman, Theo et al. (measures): Do measures of risk attitude in the laboratory predict behavior under risk in and outside of the laboratory?, Journal of Risk and Uncertainty Vol. 60 2020, 99–123.

Charupat, Narat/Deaves, Richard/Derouin, Travis et al. (Balance): Emotional Balance and Probability Weighting, Theory and Decision Vol. 75 2013, 17–41.

Chen, Jing/Ma, Diandian/Song, Xiaojong et al. (interest rates): Negative real interest rates, European Journal of Finance 2017, 1447–1467.

Chervyakov, Dmitry/König, Philipp (DIW Roundup 109): The Natural Rate of Interest II: Empirical Overview, Berlin 2017.

Cheung, Stephen L. (Comment): Comment on “Risk Preferences Are Not Time Preferences”: On the Elicitation of Time Preference under Conditions of Risk, American Economic Review 2015, 2242–2260.

Chordia, Tarun/Goyal, Amit/Nozawa, Yoshio et al. (Anomalies): Are Capital Market Anomalies Common to Equity and Corporate Bond Markets? An Empirical Investigation, Journal of Financial and Quantitative Analysis 2017, 1301–1342.

Chowdhry, Bhagwan (Explanation): Possibility of Dying as a Unified Explanation of Why We Discount the Future, Get Weaker with Age, and Display Risk-Aversion, Economic Inquiry 2011, 1098–1103.

Christoffel, Hans Günter (Kapitalisierungsfaktor): Betriebsvermögensprivilegien: Der Kapitalisierungsfaktor im vereinfachten Ertragswertverfahren: Ein Danaer-Geschenk, ErbBstg 2017, 41–45.

Chu, Quentin C./Pittman, Deborah N./Yu, Linda Q. (TIPS): When Do TIPS Prices Adjust to Inflation Information?, Financial Analysts Journal 2011, 59–73.

Claessens, Stijn/Coleman, Nicholas/Donnelly, Michael (Profitability): ‘Low-For-Long’ Interest Rates and Banks’ Interest Margins and Profitability: Cross-Country Evidence, Journal of Financial Intermediation Heft 35A 2018, 1–16.

Claussen, Carsten Peter/Scherrer, Gerhard [Hrsg.] (Rechnungslegungsrecht): Kölner Kommentar zum Rechnungslegungsrecht (§§ 238–342e HGB), Kommentar, Köln 2011.

Clemm, Hermann (Verzinslichkeit): Der Einfluß der Verzinslichkeit auf die Bewertung der Aktiva und Passiva, in: **Raupach, Arndt** [Hrsg.] (DStJG Bd. 7): Werte und Wertermittlung im Steuerrecht, Köln 1984, 219–243.

Coble, Keith H./Lusk, Jayson L. (nexus): At the nexus of risk and time preferences: An experimental investigation, Journal of Risk and Uncertainty Vol. 41 2010, 67–79.

Cochrane, John H./Piazzesi, Monika (Risk Premia): Bond Risk Premia, American Economic Review 2005, 138–160.

Coen, Christoph (Basiszinssatz): Der negative Basiszinssatz nach § 247 BGB, NJW 2012, 3329–3334.

Coenen, Günter/Montes-Galdón, Carlos/Schmidt, Sebastian (effectiveness): Macroeconomic stabilisation and monetary policy effectiveness in a low-interest-rate environment, Journal of Economic Dynamics & Control 2021, 104205.

Cœuré, Benoît (Communication): Central Bank Communication in a Low Interest Rate Environment, Open Economies Review 2017, 813–822.

Cohen, Jonathan/Ericson, Keith Marzilli/Laibson, David et al. (Time Preferences): Measuring Time Preferences, Journal of Economic Literature 2020, 299–347.

Cohen, Michèle/Tallon, Jean-Marc/Vergnaud, Jean-Christophe (attitude): An experimental investigation of imprecision attitude and its relation with risk attitude and impatience, Theory and Decision Vol. 71 2011, 81–109.

Conte, Anna/Levati, M. Vittoria/Nardi, Chiara (Emotions): Risk Preferences and the Role of Emotions, Economica 2018, 305–328.

Cornell, Bradford/Green, Kevin (Performance): The Investment Performance of Low-Grade Bond Funds, The Journal of Finance 1991, 29–48.

Correia, Isabel/Farhi, Emmanuel/Nicolini, Juan Pablo et al. (Fiscal Policy): Unconventional Fiscal Policy at the Zero Bound, The American Economic Review 2013, 1172–1211.

Cox, John C./Ingersoll, Jonathan E. (Jr.)/Ross, Stephen A. (Term Structure): A Theory of the Term Structure of Interest Rates, Econometrica 1985, 385–407.

Crawford, Steven S./Perotti, Pietro/Price, Richard A. et al. (Anomalies): Financial Statement Anomalies in the Bond Market, Financial Analysts Journal 2019, 105–124.

Cruz-Garcia, Paula/de Guevara, Juan Fernández/Maudos, Joaquín (margin): Determinants of bank's interest margin in the aftermath of the crisis: the effect of interest rates and the yield curve slope, Empirical Economics 2019, 341–365.

Culbertson, J. M. (Term Structure): The Term Structure of Interest Rates, The Quarterly Journal of Economics 1957, 485–517.

Czudaj, Robert L. (policy): Is the negative interest rate policy effective?, Journal of Economic Behavior & Organization 2020, 75–86.

Dahl, Johann (Aktivierung): Die Aktivierung der Sachanlagegüter in Handels- und Steuerbilanz, Diss., Köln 1959.

Dai, Junyi/Pachur, Thorsten/Pleskac, Timothy J. et al. (Gap): What the Future Holds and When: A Description-Experience Gap in Intertemporal Choice, Psychological Science 2019, 1218–1233.

Dalton, Gene W. (Control): Motivation and Control in Organizations, in: **Dalton, Gene W./Lawrence, Paul R.** [Hrsg.] (Control): Motivation and Control in Organizations, Homewood, Illinois, Georgetown, Ontario 1971, 1–35.

Dalton, Gene W./Lawrence, Paul R. [Hrsg.] (Control): Motivation and Control in Organizations, Homewood, Illinois, Georgetown, Ontario 1971.

Dalton, George (Barter): Barter, Journal of Economic Issues 1982, 181–190.

Danmarks Nationalbank [Hrsg.] (Review): Monetary Review 2nd Quarter 2015, Copenhagen 2015.

Dantzig, George B. (Programming): Linear Programming and Extensions, Princeton 1963.

Dasgupta, Utteeyo/Mani, Subha/Sharma, Smriti et al. (validity): Internal and external validity: Comparing two simple risk elicitation tasks, Journal of Behavioral and Experimental Economics 2019, 39–46.

Davies, Glyn/Davies, Roy (money 1): A comparative chronology of money – Part 1: From the origins of agriculture to the industrial revolution, Journal of Management History 1998, 160–185.

Davies, Glyn/Davies, Roy (money 2): A comparative chronology of money – Part 2: From the Industrial Revolution to the present day, Journal of Management History 1998, 186–232.

Dean, Mark/Ortoleva, Pietro (relationship): The empirical relationship between nonstandard economic behaviors, PNAS 2019, 16262–16267.

Deck, Cary/Jahedi, Salar/Sheremeta, Roman (load): On the consistency of cognitive load, European Economic Review 2021, 103695.

DeJarnette, Patrick/Dillenberger, David/Gottlieb, Daniel et al. (Impatience): Time Lotteries and Stochastic Impatience, Econometrica 2020, 619–656.

Della Corte, Pasquale/Sarno, Lucio/Thornton, Daniel L. (expectation): The expectation of the term structure of very short-term rates: Statistical tests and economic value, Journal of Financial Economics 2008, 158–174.

Demiralp, Selva/Eisenschmidt, Jens/Vlassopoulos, Thomas (policy): Negative interest rates, excess liquidity and retail deposits: Banks' reaction to unconventional monetary policy in the euro area, European Economic Review 2021.

Deubert, Michael/Lewe, Stefan (Beteiligungsbewertung): Einzelfragen der Beteiligungsbewertung nach HGB, BB 2019, 2155–2159.

Deutsche Bundesbank (Monatsbericht Oktober): Monatsbericht Oktober 2017, Frankfurt am Main 2017.

Deutsche Bundesbank (Kapitalmarktkennzahlen Mai 2021): Kapitalmarktkennzahlen Mai 2021, 2021, https://www.bundesbank.de/de/publikationen/statistische-fachreihen, abgerufen am 19.10.2025.

Deutscher Steuerberaterverband e. V. (Erbschaftsteuer): Erbschaftsteuer „3.0" – DStV im Gespräch mitder finanzpolitischenSprecherin der CDU/CSU, Stbg 2015, 337–338.

Di Bucchianico, Stefano (Negative Interest Rates): Negative Interest Rate Policy to Fight Secular Stagnation: Unfeasible, Ineffective, Irrelevant, or Inadequate?, Review of Political Economy 2021, 687–710.

Diederich, Adele/Wyszynski, Marc/Traub, Stefan (decision-making): Need, frames, and time constraints in risky decision-making, Theory and Decision Vol. 89 2020, 1–37.

Dietrich, Andreas (loan rate): Explaining loan rate differentials between small and large companies: evidence from Switzerland, Small Business Economics 2012, 481–494.

Dimmock, Stephen G./Kouwenberg, Roy/Mitchell, Olivia S. et al. (ambiguity): Estimating ambiguity preferences and perceptions in multiple prior models: Evidence from the field, Journal of Risk and Uncertainty Vol. 51 2015, 219–244.

Dimmock, Stephen G./Kouwenberg, Roy/Mitchell, Olivia S. et al. (Ambiguity): Ambiguity aversion and household portfolio choice puzzles: Empirical evidence, Journal of Financial Economics 2016, 559–577.

Dimmock, Stephen G./Kouwenberg, Roy/Wakker, Peter P. (Ambiguity): Ambiguity Attitudes in a Large Representative Sample, Management Science 2016, 1363–1380.

Dodds., J. Collin (Survey): The Term Structure of Interest Rates: a Survey of the Theories and Empirical Evidence, Managerial Finance 1982, 22–30.

Dohmen, Thomas/Falk, Armin/Huffman, David et al. (Ability): Are Risk Aversion and Impatience Related to Cognitive Ability?, American Economic Review 2010, 1238–1260.

Döllerer, Georg (Disagio): Disagio als Kapitalertrag des Gläubigers bei Schuldverschreibungen – Bemerkungen zu dem Urteil des Bundesfinanzhofs vom 13. 10. 1987 – VIII R 156/84, BB 1988, 883–886.

Dommermuth, Thomas (Altersversorgung): Kritische Analyse der Reform der betrieblichen Altersversorgung durch das Betriebsrentenstärkungsgesetz, FR 2017, 745–757.

Doralt, Werner (Rückstellungen): Rückstellungen steuerpolitisch gerechtfertigt? – Mit einer Anmerkung zur geforderten Anpassung der Abzinsung von Pensionsrückstellungen an den Marktzinsfuß, FR 2017, 377–383.

Doralt, Werner (Pensionsrückstellungen): Pensionsrückstellungen und andere Rückstellungen: 6 % und 5,5 % Abzinsung verfassungswidrig?, FR 2018, 347–349.

Downing, Chris/Underwood, Shane/Xing, Yuhang (Informational Efficiency): The Relative Informational Efficiency of Stocks and Bonds: An Intraday Analysis, Journal of Financial and Quantitative Analysis 2009, 1081–1102.

Drescher, Ingo/Ebke, Werner/Fleischer, Holger et al. [Hrsg.] (MüKoHGB): Münchener Kommentar zum Handelsgesetzbuch – Band 4: Drittes Buch. Handelsbücher §§ 238–342e HGB, Kommentar, 5. Aufl., München 2024.

Drescher, Ingo/Fleischer, Holger/Schmidt, Karsten [Hrsg.] (MüKoHGB): Münchener Kommentar zum Handelsgesetzbuch – Band 6: Bankvertragsrecht, Kommentar, 4. Aufl., München 2019.

Drichoutis, Andreas C./Nayga, Rodolfo M. (preferences): Eliciting risk and time preferences under induced mood states, Journal of Socio-Economics 2013, 18–27.

Drichoutis, Andreas C./Vassilopoulos, Achilleas (stability): Intertemporal stability of survey-based measures of risk and time preferences, Journal of Economics & Management Strategy 2021, 655–683.

Driver, Goodfrey Rolles/Miles, John C. (Laws): The Babylonian Laws, Oxford 1952.

Drüen, Klaus-Dieter (Vollverzinsung): Plädoyer für eine Reform der Vollverzinsung im Steuerrecht, FR 2014, 218–227.

Drüen, Klaus-Dieter/Hey, Johanna/Mellinghoff, Rudolf [Hrsg.] (FS für den BFH): 100 Jahre Steuerrechtsprechung in Deutschland – Festschrift für den Bundesfinanzhof, Köln 2018.

Dudenredaktion (Herkunftswörterbuch): Duden Band 7 – Das Herkunfstwörterbuch, 6. Aufl., Berlin 2020.

Dust, Michael (Zinssatz): Der Zinssatz im Steuerschuldverhältnis – Eine Analyse des aktuellen Zinssatzes in § 238 AO unter ausführlicher Berücksichtigung der Historie der Verzinsung im Steuerschuldrecht, Diss., Berlin 2019.

Dybvig, Philip H./Ross, Stephen A. (Arbitrage): Arbitrage, in: **Palgrave, Macmillan** [Hrsg.] (Palgrave): The New Palgrave Dictionary of Economics, 3. Aufl., London 2018, 377–388.

Dziadkowski, Dieter (Vollverzinsung): Zur Fortgeltung der totalen Vollverzinsung – Anmerkungen zu einem erfolgreichen Geschäftsmodell, FR 2015, 922–927.

Dziadkowski, Dieter (Vollverzinsung): Vollverzinsung im Steuerrecht bei Dauerniedrigzins – Ergänzende Anmerkung zum Beitrag von Anzinger DStR 2016, 1766 und DStR 2016, 1829, DStR 2016, 2303–2304.

Ebert, Sebastian (Discounting): Prudent Discounting: Experimental Evidence on Higher Order Time Risk Preferences, International Economic Review 2021, 1489–1511.

Ebling, Iris [Hrsg.] (DStJG 24): Maßgeblichkeitsprinzip oder eigenständige Prinzipien für die Steuerbilanz?, Köln 2001.

Ebner, Markus/Malzahn, Bettina/Martini, Ruben et al. (Verzinsung): Verzinsung von Ansprüchen aus dem Steuerschuldverhältnis sowie methodischer und verfassungsrechtlicher Rahmen richterlicher Gesetzeskorrektur – Tagungsbericht zum 6. Steuerwissenschaftlichen Symposium beim BFH, DStR-Beih. 23 aus 2017, 77–88.

Eckel, Catherine/Johnson, Cathleen/Montmarquette, Claude (decisions): Saving decisions of the working poor: Short- and long-term horizons, in: **Carpenter, Jeffrey P./ Harrison, Glenn W./List, John A.** [Hrsg.] (Experiments): Research in Experimental Economics Volume 10 – Field Experiments in Economics, Greenwich 2005, 219–260.

Edelmann, Hervé (Negativzinsen): Einführung von Negativzinsen im Aktiv- und Passivgeschäft, BB 2018, 394–398.

Eggertsson, Gauti B./Juelsrud, Ragnar E./Summers, Lawrence H. et al., Lending, NBER Working Paper Nr. 25416 (September 2020), http://www.nber.org/papers/w25416 (abgerufen am 19.10.2025).

Eggertsson, Gauti B./Juelsrud, Ragnar E./Wold, Ella Getz, interest rates, NBER Working Paper Series Nr. 24039 (November 2017), http://www.nber.org/papers/w24039 (abgerufen am 19.10.2025).

Egner, Henning (Bilanzen): Bilanzen – Ein Lehrbuch zur Bilanztheorie, München 1974.

Eich, Hans Dieter (Verfassungskonformität): Zweifel an der Verfassungskonformität der Zinshöhe gem. § 238 Abs. 1 S. 1 AO – BFH leitet überfällige Rechtsprechungs- und Gesetzesänderung ein, AO-StB 2018, 320–324.

Eichenfeld, Barry (Stagnation): Secular Stagnation: The Long View, The American Economic Review 2015, 66–70.

Eilers, Stephan/Bleifeld, Magnus (Abzinsungssatz): Der steuerbilanzielle Abzinsungssatz für Pensionsrückstellungen ist verfassungswidrig – zugleich Anmerkungen zu FG Köln, Beschl. v. 12.10.2017 – 10 K 977/17, FR 2018, 24, Ubg 2018, 65–70.

Einhorn, Hillel J./Hogarth, Robin M. (Ambiguity): Decision Making Under Ambiguity, The Journal of Business 1986, 225–250.

Eisenführ, Franz/Weber, Martin (Entscheiden): Rationales Entscheiden, 4. Aufl., Berlin, Heidelberg 2003.

Eisenschmidt, Jens/Smets, Frank (Interest Rates): Negative Interest Rates: Lessons from the Euro Area, in: **Aguirre, Álvaro/Brunnermeier, Markus K./Saravia, Diego** [Hrsg.] (Monetary Policy): Monetary Policy and Financial Stability: Transmission Mechanisms and Policy Implications – Vol. 26, Santiago 2019, 13–42.

Eisler, Robert (Money): Stable Money, the Remedy for the Economic World Crisis: A Programme of Financial Reconstruction for the International Conference, London 1933.

Ellsberg, Daniel (Risk): Risk, Ambiguity and the Savage Axioms, The Quarterly Journal of Economics 1961, 643–669.

Elschen, Rainer (Entscheidungsneutralität): Entscheidungsneutralität, Allokationseffizienz und Besteuerung nach der Leistungsfähigkeit, StuW 1991, 99–115.

Elschen, Rainer/Hüchtebrock, Michael (Steuerneutralität): Steuerneutralität in Finanzwissenschaft und Betriebswirtschaftslehre – Diskrepanzen und Konsequenzen, Finanzarchiv 1983, 253–280.

Emmerich, Volker (Schuldrecht): BGB – Schuldrecht Besonderer Teil, 16. Aufl., Heidelberg 2022.

Endert, Volker (Bilanzierung): Bilanzierung negativer Zinsen, BBK 2017, 699–701.

Englisch, Joachim in: **Tipke, Klaus/Lang, Joachim** [Hrsg.] (Steuerrecht): Steuerrecht, 23. Aufl., Köln 2018, 205–248.

Epper, Thomas/Fehr-Duda, Helga (Comment): Comment on "Risk Preferences Are Not Time Preferences": Balancing on a Budget Line, American Economic Review 2015, 2261–2271.

Epper, Thomas/Fehr-Duda, Helga/Bruhin, Adrian (discounting): Viewing the future through a warped lens: Why uncertainty generates hyperbolic discounting, Journal of Risk and Uncertainty Vol. 43 2011, 169–203.

Eppinger, Ben/Heekeren, Hauke R./Li, Shu-Chen (Choice): Age Differences in the Neural Mechanisms of Intertemporal Choice Under Subjective Decision Conflict, Cerebral Cortex 2018, 3764–3774.

Eppinger, Ben/Nystrom, Leigh E./Cohen, Jonathan D. (Decision-Making): Reduced Sensitivity to Immediate Reward during Decision-Making in Older than Younger Adults, Plos One 2012, e3695.

Ernst, Wolfgang (Negativzinsen): Negativzinsen aus zivilrechtlicher Sicht – ein Problemaufriss, ZfPW 2015, 250–256.

Europäische Zentralbank (Key ECB interest rates): Key ECB interest rates, https://www.ecb.europa.eu/stats/policy_and_exchange_rates/key_ecb_interest_rates/html/index.en.html, abgerufen am 19.10.2025.

Europäische Zentralbank (strategy): An overview of the ECB's monetary policy strategy, 2021, https://www.ecb.europa.eu/home/search/review/pdf/ecb.strategyreview_monpol_strategy_overview.de.pdf, abgerufen am 19.10.2025.

Evans, Martin D. D./Lewis, Karen K. (risk premia): Do stationary risk premia explain it all?, Journal of Monetary Economics 1994, 285–318.

Fakhry, Bachar/Richter, Christian (sovereign debt): Is the sovereign debt market efficient? Evidence from the US and German sovereign debt markets, International Economics and Economic Policy 2015, 339–357.

Falk, Armin/Becker, Anke/Dohmen, Thomas et al. (Preferences): Global Evidence on Economic Preferences, Quarterly Journal of Economics 2018, 1645–1692.

Fama, Eugene F. (Random Walks): Random Walks in Stock Market Prices, Financial Analysts Journal Heft 5 aus 1965, 55–59.

Fama, Eugene F. (Capital Markets): Efficient Capital Markets: A review of theory and empirical work, The Journal of Finance 1970, 383–417.

Fama, Eugene F. (Forward Rates): Forward Rates as Predictors of future Spot Rates, Journal of Financial Economics 1976, 361–377.

Fama, Eugene F. (term structure): The information in the term structure, Journal of Financial Economics 1984, 509–528.

Fama, Eugene F. (Capital Markets II): Efficient Capital Markets: II, The Journal of Finance 1991, 1575–1617.

Federal Reserve Bank of Kansas City [Hrsg.] (Stabilization Policy): Rethinking Stabilization Policy: A Symposium sponsored by the Federal Reserve Bank of Kansas City, Jackson Hole, Wyoming, August 29–31, 2002, Kansas City 2002.

Federal Reserve Bank of Kansas City [Hrsg.] (Monetary Policy): Designing Resilient Monetary Policy Frameworks for the Future: a Symposium sponsored by the Federal Reserve Bank of Kansas City, Jackson Hole, Wyoming, August 25–27, 2016, Kansas City 2016.

Feldstein, Martin (Commentary): Commentary: Is There a Role for Discretionary Fiscal Policy?, in: **Federal Reserve Bank of Kansas City** [Hrsg.] (Stabilization Policy): Rethinking Stabilization Policy: A Symposium sponsored by the Federal Reserve Bank of Kansas City, Jackson Hole, Wyoming, August 29–31, 2002, Kansas City 2002, 151–162.

Ferecatu, Alina/Öncüler, Ayse (preferences): Heterogeneous risk and time preferences, Journal of Risk and Uncertainty Vol. 53 2016, 1–28.

Fernald, John G./Jones, Charles I. (Growth): The Future of US Economic Growth, The American Economic Review 2014, 44–49.

Ferreira, Paulo (Efficiency): Efficiency or speculation? A time-varying analysis of European sovereign debt, Physica A: Statistical Mechanics and its Applications 2018, 1295–1308.

Festjens, Anouk/Bruyneel, Sabrina/Diecidue, Eenrico et al. (risk): Time-based versus money-based decision making under risk: An experimental investigation, Journal of Economic Psychology 2015, 52–72.

Fezzi, Carlo/Menapace, Luisa/Raffaelli, Roberta (beliefs): Estimating risk preferences integrating insurance choices with subjective beliefs, European Economic Review 2021, 103717.

Filc, Wolfgang (Kapitalmarktzins): Theorie und Empirie des Kapitalmarktzinses, 2. Aufl., Stuttgart 1998.

Fischer, Lutz (Bilanz): Bilanz, steuerrechtliche, in: **Grochla, Erwin/Wittmann, Waldemar** [Hrsg.] (Handwörterbuch): Handwörterbuch der Betriebswirtschaft, 4. Aufl., Stuttgart 1974, 887–899.

Fisher, Irving (Interest): The Rate of Interest – its nature, determination and relation to economic phenomena, New York 1907.

Fisher, Irving (interest): The theory of interest, New York 1930.

Fladung, Hans-Dieter (Obejktivierungsprinzip): Das Vorsichts- und Objektivierungsprinzip im deutschen Bilanzrecht, Diss., Wiesbaden 2000.

Fleischer, Holger/Hüttemann, Rainer [Hrsg.] (Unternehmensbewertung): Rechtshandbuch Unternehmensbewertung, 2. Aufl., Köln 2019.

Fong, Tom Pak Wing/Wu, Shui Tang (Predictability): Predictability in sovereign bond returns using technical trading rules: Do developed and emerging markets differ?, North American Journal of Economics and Finance 2020, 101105.

Fornasier, Matteo (5 U 29/21 (Anm.)): Kein Anspruch auf „negative Zinsen" aus Schuldscheindarlehen bei Absinken des Referenzzinssatzes, EWiR 2022, 197–198.

Forner, Andreas (Volkswirtschaftslehre): Volkswirtschaftslehre – Eine praxisorientierte Einführung, 2. Aufl., Wiesbaden 2022.

Förster, Guido (Jahresabschlusszwecke): Jahresabschlusszwecke, GoB-System und Erfolgsausweis, Habil., Köln 1999.

Förster, Guido (Rechtsformwahl): Rechtsformwahl und Rechtsformoptimierung nach der Unternehmensteuerreform, Ubg 2008, 185–196.

Förster, Guido (Steuerlehre): 100 Jahre deutschsprachige Betriebswirtschaftliche Steuerlehre, StuW 2019, 317–327.

Frank, Ingo (Jubiläumsrückstellungen): Jubiläumsrückstellungen in Handels- und Steuerbilanz, Stbg 2009, 210–212.

Franke, Günter/Laux, Helmut (Kalkulationszinsfüße): Die Ermittlung der Kalkulationszinsfüße für investitionstheoretische Partialmodelle, ZfbF 1968, 740–759.

Franke, Günther/Hax, Herbert (Finanzwirtschaft): Finanzwirtschaft des Unternehmens und Kapitalmarkt, 6. Aufl., Berlin Heidelberg 2009.

Frederick, Shane (Reflection): Cognitive Reflection and Decision Making, The Journal of Economic Perspectives 2005, 25–42.

Frederick, Shane/Loewenstein, George/O'Donoghue, Ted (Preference): Time Discounting and Time Preference, Journal of Economic Literature 2002, 351–401.

Freidank, Carl-Christian (Spielervermögen): Bilanzierung des Spielervermögens von Bundesligavereinen (Teil II) – Eine kritische Analyse nach Handels-, Steuerrecht und IFRS, DStR 2023, 1958–1966.

Freitag, Robert (Einlagegeschäft): Negativzinsen im Einlagegeschäft – Anmerkungen zu den Urteilen des LG Tübingen v. 26. 1. 2018 – 4 O 187/17, ZBB 2018, 334 und v. 25. 5. 2018 – 4 O 225/17, ZBB, 2018, 332 sowie v. 29. 6. 2018 – 4 O 220/17, ZBB 2018, 269–278.

Friedman, Benjamin M/Hahn, Frank H. [Hrsg.] (Handbook 1): Handbook of Monetary Economics – Volume 1, Amsterdam 1990.

Friedman, Milton (Policy): The Role of Monetary Policy, The American Economic Review 1968, 1–17.

Fries, Christian P./Nigbur, Tobias/Seeger, Norman (simulation): Displaced relative changes in historical simulation: Application to risk measures of interest rates with phases of negative rates, Journal of Empirical Finance 2017, 175–198.

Fritsche, Philipp/Steininger, Lea (DIW Roundup 134): Handlungsspielraum der EZB – von Zinspolitik bis Helikoptergeld, Berlin 2019.

Froot, Kenneth A. (expectations hypothesis): New hope for the expectations hypothesis of the term structure of interest rates, The Journal of Finance 1989, 283–305.

Früh, Andreas/Grüneberg, Christian/Langenbucher, Katja et al. [Hrsg.] (Bankrechtstag 2017): Bankrechtstag 2017, Berlin 2018.

Frydman, Cary/Jin, Lawrence J. (Coding): Efficient Coding and Risky Choice, Quarterly Journal of Economics 2022, 161–213.

Fuhrmann, Claas/Kraeusel, Jörg/Schiffers, Joachim (EStG): EStG eKommentar, Online-Kommentar abrufbar unter www.first.stollfuss.de/stotax, (Stand: Dezember 2021).

Fülbier, Rolf Uwe/Weller, Manuel (Rechnungslegungsforschung): Normative Rechnungslegungsforschung im Abseits? Einige wissenschaftstheoretische Anmerkungen, Journal for General Philosophy of Science 2008, 351–382.

Füssenich, Bert (Entwicklung): Die Entwicklung des Steuerrechts im ersten Halbjahr 2019, NJW 2019, 2509–2516.

Gaber, Christian (Bankbilanz): Bankbilanz nach HGB – Praxisorientierte Darstellung der Bilanzierung von Bankgeschäften, 2. Aufl., Stuttgart 2018.

Gagnon, Etienne/Johannsen, Benjamin K/López-Salido, David (Demographics): Understanding the New Normal: The Role of Demographics, Imf Economic Review 2021, 357–390.

Galentino, Andrea/Bonini, Nicolao/Savadori, Lucia (Arousal): Positive Arousal Increases Individuals' Preferences for Risk, Frontiers in Psychology 2017, 2142.

Gang, Huangfu (Framing): Individual Differences in Risk-Taking Tendency and Framing Effect, Social Behavior and Personality 2014, 279–284.

Ganzach, Yoav/Wohl, Avi (theory): A behavioral theory of the effect of the risk-free rate on the demand for risky assets, Journal of Behavioral and Experimental Economics 2018, 23–27.

Geberth, Georg (Reformbedarf): Eine Norm mit „Langlebigkeitsrisiko" – über den zunehmenden Reformbedarf des § 6a EStG, in: **Meister, Michael** [Hrsg.] (ifst-Schrift 507): Die Vorschläge zum steuerpolitischen Ideenwettbewerb, Berlin 2015, 9–28.

Geberth, Georg (Direktzusage): Aktuelle steuerliche Entwicklung mit Bedeutung/Auswirkung auf die Direktzusage, FR 2016, 507–510.

Geberth, Georg/Sedemund, Jan (Steuergerechtigkeit): Steuergerechtigkeit und Reformstau am Beispiel des § 6a EStG – Zugleich eine Anmerkung zum Vorlagebeschluss 10 K 977/17 des FG Köln v. 12.10.2017 an das BVerfG, DStR 2018, 217–222.

Gelhausen, Friedrich/Fey, Gerd/Kämpfer, Georg (BilMoG): Rechnungslegung und Prüfung nach dem Bilanzrechtsmodernisierungsgesetz, Düsseldorf 2009.

Genay, Hesna/Podjasek, Rich, profitability, Chicago Fed Letter Nr. 324 (Juli 2014), https://www.chicagofed.org/-/media/publications/chicago-fed-letter/2014/cfljuly2014-324-pdf.pdf (abgerufen am 19.10.2025).

Gerber, Anke/Rohde, Kirsten I. M. (Preference): Risk and Preference reversals in intertemporal choice, Journal of Economic Behavior & Organization Vol. 76 2010, 654–668.

Gerber, Anke/Rohde, Kirsten I. M. (consumption): Eliciting discount functions when baseline consumption changes over time, Journal of Economic Behavior & Organization 2015, 56–64.

Gesell, Silvio (Wirtschaftsordnung): Die natürliche Wirtschaftsordnung durch Freiland und Freigeld, 3. Aufl., Arnstadt in Thüringen 1919.

Geyer-Schulz, Andreas/Taudes, Alfred [Hrsg.] (Informationswirtschaft): Informationswirtschaft: Ein Sektor mit Zukunft, Bonn 2003.

Gipper, Thomas (Zinsen): „Negative Zinsen" im Jahresabschluss (nicht nur) von Kreditinstituten – Warum denn einfach, wenn es auch kompliziert geht?, WPg 2015, 1011–1016.

Giribone, Pier Giuseppe/Ligato, Simone/Mulas, Martina (effects): The effects of negative interest rates on the estimation of option sensitivities: The impact of switching from a log-normal to a normal model, International Journal of Financial Engineering 2017, 1750015.

Glätzle-Rützler, Daniela/Lergetporer, Philipp/Sutter, Matthias (groups): Collective intertemporal decisions and heterogeneity in groups, Games and Economic Behavior 2021, 131–147.

Gneezy, Ayelet/Imas, Alex/Jaroszewicz, Anja (agency): The impact of agency on time and risk preferences, Nature Communications 2020, 2665.

Goldman, Alvin I. (Action): A Theory of Human Action, Princeton 1970.

Goodfriend, Marvin (zero bound): Overcoming the zero bound on interest rate policy, Journal of Money Credit and Banking 2000, 1007–1035.

Goodfriend, Marvin (Lower Bound): The Case for Unencumbering Interest Rate Policy at the Zero Lower Bound, in: **Federal Reserve Bank of Kansas City** [Hrsg.] (Monetary Policy): Designing Resilient Monetary Policy Frameworks for the Future: a Symposium sponsored by the Federal Reserve Bank of Kansas City, Jackson Hole, Wyoming, August 25–27, 2016, Kansas City 2016, 127–160.

Gordon, M. J. (Responsibility): Toward a Theory of Responsibility Accounting Systems, NAA Bulletin Heft 12 aus 1963, 3–9.

Gordon, Robert J., growth, NBER Working Paper Series Nr. 18315 (August 2012), http://www.nber.org/papers/w18315 (abgerufen am 19.10.2025).

Gordon, Robert J. (Stagnation): Secular Stagnation: A Supply-Side View, The American Economic Review 2015, 54–59.

Gorovoi, Viatcheslav/Linetsky, Vadim (interest rates): Black's model of interest rates as options, eigenfunction expansions and Japanese interest rates, Mathematical Finance 2004, 49–78.

Götz, Philipp/Henkel, Johannes/Lenck, Thorsten et al. (Strompreise): Negative Strompreise: Ursachen und Wirkungen – Eine Analyse der aktuellen Entwicklungen – und ein Vorschlag für ein Flexibilitätsgesetz, 2014, https://agora-energiewende.de/fileadmin/Projekte/2013/Agora_NegativeStrompreise_Web.pdf, abgerufen am 19.10.2025.

Green, Leonard/Fry, Astrid F./Myerson, Joel (Discounting): Discounting of Delayed Rewards: A Life-Span Comparison, Psychological Science 1994, 33–37.

Green, Leonard/Myerson, Joel/Lichtman, David et al. (discounting): Temporal discounting in choice between delayed rewards: The role of age and income, Psychology and Aging 1996, 79–84.

Green, Leonard/Myerson, Joel/Ostaszewski, Pawel (Discounting): Discounting of delayed rewards across the life span: age differences in individual discounting functions, Behavioural Processes 1999, 89–96.

Grimm, Jacob/Grimm, Wilhelm (Wörterbuch 31 (Band 15)): Deutsches Wörterbuch 31 (Band 15) – Z-Zmasche, München 1956.

Grisse, Christian (Uncertainty): Lower Bound Uncertainty and Long-Term Interest Rates, Journal of Money Credit and Banking 2021.

Grisse, Christian/Krogstrup, Signe/Schumacher, Silvio (Lower-Bound): Lower-Bound Beliefs and Long-Term Interest Rates, International Journal of Central Banking 2017, 165–202.

Grob, Heinz Lothar (Kalkulationszinsfüße): Periodenspezifische Mischzinsfüße als theoretisch richtige Kalkulationszinsfüße, ZfB 1982, 381–395.

Grob, Heinz Lothar (Investitionsrechnung): Investitionsrechnung mit vollständigen Finanzplänen, Habil., München 1989.

Grochla, Erwin/Wittmann, Waldemar (Handwörterbuch): Handwörterbuch der Betriebswirtschaft, 4. Aufl., Stuttgart 1974.

Groh, Manfred (Abzinsungsgebot): Fragen zum Abzinsungsgebot, DB 2007, 2275–2280.

Grottel, Bernd/Justenhoven, Petra/Kliem, Bernd et al. [Hrsg.] (BeBiKo): Beck'scher Bilanz-Kommentar, Kommentar, 14. Aufl., München 2024.

Grottel, Bernd/Justenhoven, Petra/Schubert, Wolfgang et al. [Hrsg.] (BeBiKo): Beck'scher Bilanz-Kommentar, Kommentar, 13. Aufl., München 2022.

Grottel, Bernd/Schmidt, Stefan/Schubert, Wolfgang et al. (BeBiKo): Beck'scher Bilanz-Kommentar, Kommentar, 12. Aufl., München 2020.

Grunwald, Ekkehard/Walter, Andreas/Zipse, Enno (Zinsen): Negative Zinsen und kommunale Kredite – Unsichere Rechtslage für Kämmerer, BKR 2016, 450–457.

Gsell, Beate/Krüger, Wolfgang/Lorenz, Stephan et al. [Hrsg.] (BeckOGK): beck-online.GROSSKOMMENTAR, Online-Kommentar, München (Stand: Juli 2022).

Günther, Katarina (Nachzahlungszinsen): Verfassungswidrigkeit der Nachzahlungszinsen: Kehrtwende des BFH?, WPg 2018, 1053–1056.

Guven, Cahit/Hoxha, Indrit (risk-taking): Rain or shine: Happiness and risk-taking, The Quarterly Review of Economics and Finance Heft 3 2015, 1–10.

Guyse, Jeffrey L./Simon, Jay (Anomalies): Consistency Among Elicitation Techniques for Intertemporal Choice: A Within-Subjects Investigation of the Anomalies, Decision Analysis 2011, 233–246.

Haaker, Andreas (Zombifizierungsanalyse): Zombifizierungsanalyse, IRZ 2018, 471–474.

Hachmeister, Dirk/Kahle, Holger/Mock, Sebastian et al. [Hrsg.] (Bilanzrecht): Bilanzrecht, Kommentar, 4. Aufl., Köln 2024.

Haegert, Lutz (Kalkulationszinsfüße): Eine Analyse der Kuhn-Tucker-Bedingungen stochastischer Programme unter dem Gesichtspunkt der Schätzung von Kalkulationszinsfüßen und Risikoabschlägen, in: **Ulrich, Hans** [Hrsg.] (Unternehmensplanung): Unternehmensplanung – Bericht von der wissenschaftlichen Tagung der Hochschullehrer für Betriebswirtschaft in Augsburg vom 12.6. bis 16.6.1973, Wiesbaden 1975, 241–258.

Hagedorn, Hendrik, Theory, MisesJournal 2021 Special Issue (20.12.2021), https://doi.org/10.30800/mises.2021.v9.1431 (abgerufen am 19.10.2025).

Hahne, Klaus D. (Schuldverschreibungen): Ausgabe von Schuldverschreibungen: Steuerbilanzielle Behandlung von Emissionsagien und -disagien beim Emittenten – Zugleich Anmerkungen zum Urteil des FG Köln vom 17. 3. 2005, DStR 2005, 2000–2004.

Halevy, Yoram (impaitence): Strotz meets Allais: Diminishing impatience and the certainty effect, American Economic Review 2008, 1145–1162.

Halevy, Yoram (Consistency): Time Consistency: Stationarity and Time Invariance, Econometrica 2015, 335–352.

Halfmann, Kameko/Hedgcock, William/Denburg, Natalie L. (Discounting): Age-Related Differences in Discounting Future Gains and Losses, Journal of Neuroscience, Psychology, and Economics 2013, 42–54.

Hall, Steven G./Miles, David K. (Efficiency): Measuring Efficiency and Risk in the Major Bond Markets, Oxford Economic Papers-New Series 1992, 599–625.

Hamburger, Michael J./Platt, Elliot N. (Efficiency): The Expectations Hypothesis and the Efficiency of the Treasury Bill Market, The Review of Economics and Statistics 1975, 190–199.

Hansen, David E./Helgeson, James G. (uncertainty): Choice under strict uncertainty: Processes and preferences, Organizational Behavior and Human Decision Processes 1996, 153–164.

Hardisty, David J./Pfeffer, Jeffrey (Uncertainty): Intertemporal Uncertainty Avoidance: When the Future Is Uncertain, People Prefer the Present, and When the Present Is Uncertain, People Prefer the Future, Management Science 2017, 519–527.

Hardisty, David J./Weber, Elke U. (Discounting): Discounting Future Green: Money Versus the Environment, Journal of Experimental Psychology-General 2009, 329–340.

Hardouvelis, Fikas A. (term structure): The term structure spread and future changes in long and short rates in the G7 Countries – Is there a puzzle?, Journal of Monetary Economics 1994, 255–283.

Harrison, Glenn W./Lau, Morten I./Williams, Melonie B. (Discount Rates): Estimating Individual Discount Rates in Denmark: A Field Experiment, The American Economic Review 2002, 1606–1617.

Häuser, Karl (Bedürfnis): Bedürfnis, Bedarf, Gut, Nutzen, in: **Grochla, Erwin/Wittmann, Waldemar** [Hrsg.] (Handwörterbuch): Handwörterbuch der Betriebswirtschaft, 4. Aufl., Stuttgart 1974, 449–463.

Hax, Herbert (Programmierung): Investitions- und Finanzplanung mit Hilfe der linearen Programmierung, ZfbF 1964, 430–446.

Hayes, William M./Wedell, Douglas H. (Regret): Regret in Experience-Based Decisions: The Effects of Expected Value Differences and Mixed Gains and Losses, Decision-Washington 2021, 277–294.

He, Tai-Sen/Hong, Fuhai (Risk): Risk breeds risk aversion, Experimental Economics 2018, 815–835.

Heath, David/Jarrow, Robert/Morton, Andrew (Methodology): Bond Pricing and the Term Structure of Interest Rates: A New Methodology for Contingent Claims Valuation, Econometrica 1992, 77–105.

Heidbrink, Ludger/Lorch, Alexander/Rauen, Verena [Hrsg.] (Wirtschaftsphilosophie): Handbuch Wirtschaftsphilosophie III – Praktische Wirtschaftsphilosophie, Wiesbaden 2021.

Heidel, Thomas/Schall, Alexander [Hrsg.] (Bilanzierungsvorschriften): Bilanzierungsvorschriften – Spezialkommentar zu den §§ 238 – 342e HGB, Kommentar, Düsseldorf 2019.

Heider, Florian/Saidi, Farzad/Schepens, Glenn (Lending): Life below Zero: Bank Lending under Negative Policy Rates, Review of Financial Studies 2019, 3728–3761.

Heinsohn, Gunnar/Steiger, Otto (Eigentum): Eigentum, Zins und Geld – Ungelöste Rätsel der Wirtschaftswissenschaft, Reinbeck bei Hamburg 1996.

Henckel, Niels (Bankeinlagen): Ausweis negativer Zinsen für Guthaben auf Bankeinlagen in GuV von Nicht-Kreditinstituten nach HGB, StuB 2020, 520–521.

Hendricks, Michael/Wedel, Dominik (Verfassungsmäßigkeit): Praxisforum Steuerrechtsschutz: Zweifel an der Verfassungsmäßigkeit der gesetzlichen Zinshöhe bei der Verzinsung von Realsteuern, Ubg 2019, 661–664.

Hennrichs, Joachim (Maßgeblichkeitsprinzip): Maßgeblichkeitsprinzip oder eigenständige Prinzipien für die Steuerbilanz?, in: **Ebling, Iris** [Hrsg.] (DStJG 24): Besteuerung vom Einkommen, Köln 2001, 301–328.

Henssler, Martin [Hrsg.] (BeckOGK): beck-online.GROSSKOMMENTAR zum Handels- und Gesellschaftsrecht, Online-Kommentar, München (Stand: September 2022).

Hering, Thomas (Investitionstheorie): Investitionstheorie aus der Sicht des Zinses, Diss., Wiesbaden 1995.

Hering, Thomas (Unternehmensbewertung): Finanzwirtschaftliche Unternehmensbewertung, Habil., Wiesbaden 1999.

Hermann, Daniel/Mußhoff, Oliver (information): Displaying expected values in risk elicitation tasks: the effect of information in experimental risk research, Journal of Risk Research 2019, 232–242.

Hermann, Daniel/Musshoff, Oliver (Anchoring): Anchoring effects in experimental discount rate elicitation, Applied Economics Letters 2016, 1022–1025.

Herrmann, Carl/Heuer, Gerhard/Raupach, Arndt (EStG/KStG): Einkommensteuer- und Körperschaftsteuergesetz, Kommentar, Loseblatt, Köln 2019 (Stand: 312. Erg.-Lfg., Juli 2022).

Herrnstein, Richard J. (function): Relative and absolute strength of response as a function of frequency of reinforcement, Journal of the Experimental Analysis of Behavior 1961, 267–272.

Herzig, Norbert (Realisationsprinzip): Die rückstellungsbegrenzende Wirkung des Realisationsprnzips, in: **Raupach, Arndt/Uelner, Adalbert** [Hrsg.] (FS Schmidt): Ertragsbesteuerung – Zurechnung – Ermittlung – Gestaltung – Festschrift für Ludwig Schmidt, München 1993, 208–226.

Herzig, Norbert/Briesemeister, Simone (Konsequenzen): Steuerliche Konsequenzen der Bilanzrechtsmodernisierung für Ansatz und Bewertung, DB 2009, 976–982.

Herzig, Norbert/Briesemeister, Simone (BilMoG-RegE): Steuerliche Problembereiche des BilMoG-RegE, Ubg 2009, 157–168.

Herzig, Norbert/Joisten, Christian (Darlehensverträge): Bilanzierung von Abschlussgebühren für Darlehensverträge als Rechnungsabgrenzungsposten, DB 2011, 1014–1019.

Heurung, Rainer/Schmidt, Sebastian/Roth, Tim Niklas (Niedrigzinsniveau): Ist die Verzinsung nach § 238 AO vor dem Hintergrund des anhaltenden Niedrigzinsniveaus angemessen?, StuB 2019, 238–242.

Hey, Johanna (Niedrigzinsphase): Realitätsgerechtigkeit von Typisierung als verfassungsrechtliches Problem der Niedrigzinsphase – Zur Verfassungswidrigkeit von § 238 AO und „ 6a Abs. 3 Satz 3 EStG, FR 2016, 485–496.

Hey, Johanna (Pensionsrückstellungen): Pensionsrückstellungen und Niedrigzinsphase – Zur Frage des richtigen Referenzzinses, BetrAV 2017, 396–400.

Hey, Johanna (§ 3 Steuersystem und Verfassungsrecht): § 3 Steuersystem und Verfassungsrecht, in: **Tipke, Klaus/Lang, Joachim** [Hrsg.] (Steuerrecht): Steuerrecht, 23. Aufl., Köln 2018, 65–148.

Hey, Johanna (Kapitel 3): Kapitel 3 Steuersystem und Steuerverfassungsrecht, in: **Tipke, Klaus/Lang, Joachim** [Hrsg.] (Steuerrecht): Steuerrecht, 24. Aufl., Köln 2021, 71–156.

Hey, Johanna/Steffen, Sascha (ifst-Schrift 511): Steuergesetzliche Zinstypisierung im Niedrigzinsumfeld, Berlin 2016.

Hicks, John Richard (Value): Value and Capital – an inquiry into some fundamental principles of economic theory, Oxford 1939.

Hilbert, Stefan/Metzner, Thomas (Behavioral Finance): Behavioral Finance, Stuttgart 2021.

Hillebrandt, Marc-André/Schulenburg, Simon (Pensionsrückstellungen): Bewertung von Pensionsrückstellungen im Niedrigzinsumfeld – Eine Untersuchung des Zinseffekts im DAX 30, WPg 2019, 502–508.

Hiller, Matthias (Teilwert): Teilwert, gemeiner Wert, beizulegender Zeitwert und Fremdvergleichswert – Eine vergleichende Gegenüberstellung der Bewertungsmaßstäbe in der Steuerbilanz, Ubg 2016, 341–350.

Hingst, Kai-Michael/Neumann, Karl-Alexander (Zinsen): Negative Zinsen – Die Zivilrechtliche Einordnung eines nur scheinbar neuen geldpolitischen Phänomens, BKR 2016, 95–101.

Hirshleifer, Jack (Decision): On the Theory of Optimal Investment Decision, Journal of Political Economy 1958, 329–352.

Ho, Thomas/Lee, Sang-Bin (Term Structure): Term Structure Movements and Pricing Interest Rate Contingent Claims, The Journal of Finance 1986, 1011–1029.

Hofer, Florian (Kaufpreis): Negativer Kaufpreis beim Unternehmenskauf – Gestaltungsmöglichkeiten zur Absicherung der Verkäuferinteressen, BB 2013, 972–976.

Höfer, Reinhold (Verfassungsmäßigkeit): Zweifel an der Verfassungsmäßigkeit des 6 %-igen Rechnungszinses für Pensionsrückstellungen, DB 2018, 1698–1699.

Höfer, Reinhold/Hagemann, Thomas/Neumeier, Günther (Versorgungsverpflichtungen): Versorgungsverpflichtungen in den Konzern und Jahresabschlüssen 2016, handels- und steuerbilanzieller Rechnungszins, DB 2016, 2613–2616.

Holston, Kathryn/Laubach, Thomas/Williams, John C. (natural rate): Measuring the natural rate of interest: International trends and determinants, Journal of International Economics 2017, 559–575.

Homburg, Stefan/Houben, Henriette/Maiterth, Ralf (Finanzierung): Rechtsform und Finanzierung nach der Unternehmensteuerreform 2008, WPg 2007, 376–381.

Hong, Chew Soo/Ratchford, Mark/Sagi, Jacob S. (Ambiguity): You Need to Recognise Ambiguity to Avoid It, Economic Journal 2018, 2480–2506.

Hong, Gee Hee/Kandrac, John (Negative Rates): Pushed Past the Limit? How Japanese Banks Reacted to Negative Rates, Journal of Money Credit and Banking 2021, 1–37.

Hong, Yongmiao/Lin, Hai/Wu, Chunchi (corporate bond): Are corporate bond market returns predictable?, Journal of Banking & Finance 2012, 2216–2232.

Hopt, Klaus (HGB): Handelsgesetzbuch – mit GmbH & Co., Handelsklauseln, Bank- und Kapitalmarktrecht, Transportrecht (ohne Seerecht), Kommentar, 43. Aufl., München 2024.

Horvath, Roman/Kotlebova, Jana/Siranova, Maria (pass-through): Interest rate pass-through in the euro area: Financial fragmentation, balance sheet policies and negative rates, Journal of Financial Stability 2018, 12–21.

Hotchkiss, Edith S./Ronen, Tavy (efficiency): The informational efficiency of the corporate bond market: An intraday analysis, Review of Financial Studies 2002, 1325–1354.

Houweling, Patrick/van Zundert, Jeroen (Corporate Bond Market): Factor Investing in the Corporate Bond Market, Financial Analysts Journal 2017, 100–115.

Howard, Gregory (preferences): On linking risk preferences and time preferences when estimating incentive effects, Economics Letters 2016, 87–89.

Hsee, Christopher K./Zhang, Jiao/Wang, Liangyan et al. (Evaluations): Magnitude, Time, and Risk Differ Similarly between Joint and Single Evaluations, Journal of Consumer Research 2013, 172–184.

Hull, John (Derivate): Optionen, Futures und andere Derivate, 10. Aufl., Hallbergmoos 2019.

Hülsmann, Jörg Guido (Interest): A Theory of Interest, The Quarterly Journal of Austrian Economics 2002, 77–110.

Hundsdoerfer, Jochen/Kiesewetter, Dirk/Sureth, Caren (Forschungsergebnisse): Forschungsergebnisse in der Betriebswirtschaftlichen Steuerlehre – eine Bestandsaufnahme, ZfB 2008, 61–139.

IDW (HFA 1/1986): Stellungnahme des HFA 1/1986: Zur Bilanzierung von Zero-Bonds, WPg 1986, 248–249.

IDW (S 1): IDW Standard: Grundsätze zur Durchführung von Unternehmensbewertungen (IDW S 1 i.d.F. 2008), IDW-FN 2008, 271–292.

IDW (RS HFA 31): IDW Stellungnahme zur Rechnungslegung: Aktivierung von Herstellungskosten (IDW RS HFA 31 n.F.), IDW-FN 2010, 310-.

IDW (S 10): IDW Standard: Grundsätze zur Bewertung von Immobilien (IDW S 10), IDW-FN 2013, 503-.

IDW (RS HFA 10): IDW Stellungnahme zur Rechnungslegung: Anwendung der Grundsätze des IDW S 1 bei der Bewertung von Beteiligungen und sonstigen Unternehmensanteilen für die Zwecke eines handelsrechtlichen Jahresabschlusses (IDW RS HFA 10), IDW-FN 2013, 62-.

IDW (Zinsen): BFA: Negative Zinsen und EU-Bankenabgabe nach HGB und IFRS, IDW-FN 2015, 448–452.

IDW (S 5): IDW Standard: Grundsätze zur Bewertung immaterieller Vermögenswerte (IDW S 5), IDW-FN 2015, 447-.

IDW (RS IFA 2): IDW Stellungnahme zur Rechnungslegung: Bewertung von Immobilien des Anlagevermögens in der Handelsbilanz (IDW RS IFA 2), IDW-FN 2015, 381-.

IDW (RS HFA 34): IDW Stellungnahme zur Rechnungslegung: Einzelfragen zur handelsrechtlichen Bilanzierung von Verbindlichkeitsrückstellungen (IDW RS HFA 34), IDW-FN 2015, 380.

IDW (Zinsen): IDW Positionspapier zu Auswirkungen von anhaltend niedrigen Zinsen, negativen Zinsen und Zinswende auf Unternehmen, Individuen und Gesellschaft (Stand: 24.06.2016), 2016, https://www.idw.de/blob/95668/f503f437fc7edab97b59c82dcb83faac/down-positionspapier-niedrigzinsphase-data.pdf, abgerufen am 19.10.2025.

IDW (RS HFA 30): IDW Stellungnahme zur Rechnungslegung: Handelsrechtliche Bilanzierung von Altersversorgungsverpflichtungen (IDW RS HFA 30 n. F.), IDW Life 2017, 102–116.

IDW (FAB: 259. Sitzung): FAB: 259. Sitzung, IDW Life 2020, 591–595.

IDW (WP Handbuch): WP Handbuch – Wirtschaftsprüfung und Rechnungslegung, 18. Aufl., Düsseldorf 2023.

Ifcher, John/Zarghamee, Homa (Happiness): Happiness and Time Preference: The Effect of Positive Affect in a Random-Assignment Experiment, American Economic Review 2011, 3109–3129.

Ioannou, Christos A./Sadeh, Jana (differences): Time preferences and risk aversion: Tests on domain differences, Journal of Risk and Uncertainty Vol. 53 2016, 29–54.

Israel, Avi/Rosenboim, Mosi/Shavit, Tal (priming): Using priming manipulations to affect time preferences and risk aversion: An experimental study, Journal of Behavioral and Experimental Economics Vol. 53 2014, 36–43.

Israel, Avi/Rosenboim, Mosi/Shavit, Tal (load): Time preference under cognitive load – An experimental study, Journal of Behavioral and Experimental Economics 2021, 101633.

Israel, Avi/Rosenboim, Mosi/Shavit, Tal (notifications): The effect of SMS notifications on time preferences, Journal of Behavioral and Experimental Economics 2022, 101818.

Issing, Ottmar (Geldtheorie): Einführung in die Geldtheorie, 15. Aufl., München 2011.

Jachmann-Michel, Monika (Abgeltungssteuer): Zur Abgeltungssteuer: Erste Rechtsprechungslinien und offene Fragen, StuW 2018, 9–27.

Jamshidian, Farshid (market models): LIBOR and swap market models and measures, Finance and Stochastics 1997, 293–330.

Jarrow, Robert A. (zero-lower bound): The zero-lower bound on interest rates: Myth or reality?, Finance Research Letters 2013, 151–156.

Jensen, Carina M./Spange, Morten (Pass-through): Interest Rate Pass-through and the Demand for Cash at Negative Interest Rates, in: **Danmarks Nationalbank** [Hrsg.] (Review): Monetary Review 2nd Quarter 2015, Copenhagen 2015, 55–66.

Jensen, Michael C./Meckling, William H. (agency): Theory of the firm: Managerial behavior, agency costs and ownership structure, Journal of Financial Economics 1976, 305–360.

Jermann, Urban J. (Spreads): Negative Swap Spreads and Limited Arbitrage, The Review of Financial Studies 2020, 212–238.

Jetter, Michael/Magnusson, L.eandro M./Roth, Sebastian (crisis): Becoming sensitive: Males' risk and time preferences after the 2008 financial crisis, European Economic Review 2020, 103512.

Jevons, William Stanley (Money): Money and the mechanism of exchange, 3. Aufl., London 1876.

Jia, Ruonan/Furlong, Ellen/Gao, Sean et al. (ambiguity): Learning about the Ellsberg Paradox reduces, but does not abolish, ambiguity aversion, Plos One 2020, e0228782.

Jimura, Koji/Myerson, Joel/Hilgard, Joseph et al. (discounting): Domain independence and stability in young and older adults' discounting of delayed rewards, Behavioural Processes 2011, 253–259.

Jobst, Andreas/Lin, Huidan Huidan/Pradhan, Mohmood, NIRP, IMF Working Papers Nr. 172 (August 2016), https://doi.org/10.5089/9781475524475.001 (abgerufen am 19.10.2025).

Johnson, Cathleen/Baillon, Aurélien/Bleichrodt, Han et al. (preferences): Prince: An improved method for measuring incentivized preferences, Journal of Risk and Uncertainty Vol. 62 2021, 1–28.

Jonas, Bernd (Typisierungen): Gerichtliche Überprüfungen von gesetzlichen Typisierungen in der Niedrigzinsphase, DB 2016, 3000–3006.

Jonas, Bernd (Zinsen): Die Zinsen sind zu hoch! – Beschreibung einer ungebührlichen Bereicherung – Replik auf Melan DStR 2017, 2088, DStR 2018, 545–551.

Jonas, Bernd (III R 10/16 (Anm.)): Verfassungsmäßigkeit von Nachforderungszinsen für Verzinsungszeiträume im Jahr 2013, FR 2018, 488–492.

Jonas, Bernd (AO-Zinsen): Können hohe Kapitalrenditen bei der verfassungsrechtlichen Überprüfung von AO-Zinsen eine Rolle spielen? – Eine Ergänzung zum Beitrag von Hendricks/Wedel, Ubg 2019, 661 ff., Ubg 2020, 370–373.

Jonas, Martin/Wieland-Blöse, Heike (§ 10): § 10 Besonderheiten des DCF-Verfahrens in: **Fleischer, Holger/Hüttemann, Rainer** [Hrsg.] (Unternehmensbewertung): Rechtshandbuch Unternehmensbewertung, 2. Aufl., Köln 2019, 276–290.

Jordanova, Pavlina/Kiseľák, Jozef/Stehlík, Milan (model): Log-gamma motion as flexible model for generalized interest rates, Stochastic Analysis and Applications 2018, 373–392.

Jostova, Gergana/Nikolova, Stanislava/Philipov, Alexander et al. (Momentum): Momentum in Corporate Bond Returns, The Review of Financial Studies 2013, 1649–1693.

Jun, Jae-Yun/Lebreton, Victor/Rakotondratsimba, Yves (yield-curve distributions): Forecasting negative yield-curve distributions, Journal of Forecasting 2020, 367–386.

Jung, Kuk Mo (Uncertainty): Optimal Negative Interest Rate under Uncertainty, International Journal of Central Banking 2019, 1–25.

Jung, Seeun/Treibich, Carole (Risk): Is Self-Reported Risk Aversion Time Variant?, Revue d'économie politique 2015, 547–570.

Junttila, Juha/Perttunen, Jukka/Raatikainen, Juhani (effects): Keep the faith in banking: New evidence for the effects of negative interest rates based on the case of Finnish cooperative banks, International Review of Financial Analysis 2021, 101724.

Kahle, Holger (Unternehmensbesteuerung): Brennpunkte der Unternehmensbesteuerung – Zum Gedenken an Prof. Dr. Peter Bareis, FR 2019, 337–346.

Kahle, Holger/Braun, Julia (Rückstellungen): Bilanzierung angeschaffter Rückstellungen in der Steuerbilanz – Zugleich Besprechung des BMF-Schreibens v. 30.11.2017, FR 2018, 100, FR 2018, 197–211.

Kahle, Holger/Kopp, Nicolas (Bilanzsteuerrecht): Europarechtliche Einflüsse im Bilanzsteuerrecht, DStR 2021, 1569–1578.

Kahle, Holger/Kopp, Nicolas (Wesentlichkeitsgrundsatz): Der Wesentlichkeitsgrundsatz in der Handels- und Steuerbilanz, DStR 2022, 2627–2637.

Kahlenberg, Jens (Lebensversicherungsmathematik): Lebensversicherungsmathematik – Basiswissen zur Technik der deutschen Lebensversicherung, Wiesbaden 2018.

Kahneman, Daniel/Tversky, Amos (Prospect Theory): Prospect Theory: An Analysis of Decision under Risk, Econometrica 1979, 263–291.

Kaminski, Bert (Betriebsvermögen): Neuregelungen für Betriebsvermögen bei der Erbschaft- und Schenkungsteuer – Umsetzung des BVerfG-Urteils vom 17.12.2014, Stbg 2016, 441–460.

Kaminski, Bert (XI R 30/16 (Anm.)): Neue Steuerrechtsprechung, Stbg Heft 5 aus 2019, M8.

Kanzler, Hans-Joachim (XI R 30/16 (Anm.)): Zur Abzinsung nach § 6 Abs. 1 Nr. 3 EStG bei Änderung der Verzinsungsabrede – Ein Wahlrecht?, FR 2019, 190–191.

Kanzler, Hans-Joachim (X R 19/17): Abzinsung von unverzinslichen Langfristdarlehen, FR 2019, 1138–1139.

Katz, Steven (Bond Market Efficiency): Price Adjustment Process of Bonds to Rating Reclassifications – Test of Bond Market Efficiency, Journal of Finance 1974, 551–559.

Katzmann, Jürgen (Pensionsrückstellung): DIe Pensionsrückstellung in arbeitsrechtlicher und steuerrechtlicher Sicht, Diss., Köln 1969.

Keifer, Rüdiger (Kalkulationszinsfuß): Der Kalkulationszinsfuß und investitionstheoretische Entscheidungsmodelle, Diss., Mannheim 1970.

Kellen, David/Pachur, Thorsten/Hertwig, Ralph (representations): How (in)variant are subjective representations of described and experienced risk and rewards?, Cognition 2016, 126–138.

Kemel, Emmanuel/Travers, Muriel (decisions): Comparing attitudes toward time and toward money in experience-based decisions, Theory and Decision 2016, 71–100.

Keren, Gideon/Roelofsma, Peter (Choice): Immediacy and Certainty in Intertemporal Choice, Organizational Behavior and Human Decision Processes 1995, 287–297.

Kessler, Wolfgang/Feurer, Julien/Schneider, Hauke et al. (Streitfragen): Perspektiven verfassungsrechtlicher Streitfragen im deutschen Steuerrecht, DStR 2021, 2929–2938.

Kettlewell, Nathan (Risk): Risk preference dynamics around life events, Journal of Economic Behavior & Organization 2019, 66–84.

Keynes, John Maynard (General Theory): THE GENERAL THEORY OF EMPLOYMENT, INTEREST AND MONEY, in: **Robinson, Austin/Moggridge, Donald** [Hrsg.]

(Collected Writings VII): THE COLLECTED WRITINGS OF JOHN MAYNARD KEYNES – VOLUME VII, 4. Aufl., New York 2013, 1–428.

Kirby, Kris N. (Discounting): Bidding on the Future: Evidence Against Normative Discounting of Delayed Rewards, Journal of Experimental Psychology: General 1997, 54–70.

Kirby, Kris N./Maraković, Nino N. (Discounting): Modeling Myopic Decisions: Evidence for Hyperbolic Delay-Discounting within Subjects and Amounts, Organizational Behavior and Human Decision Processes 1995, 22–30.

Kirchhof, Paul (Negativzinsen): Geld im Sog der Negativzinsen, München 2021.

Kirchhof, Paul (Negativzins): Negativzins – Diskussionsbemerkungen zum Symposion der Steuerrechtswissenschaftlichen Vereinigung Heidelberg e. V. vom 12. Mai 2021, in: **Kube, Hanno/Reimer, Ekkehart** [Hrsg.] (HFSt 17): Das negative Vorzeichen im Steuerrecht – HFSt 17, Berlin 2021, 53–58.

Kirchhof, Paul/Seer, Roman [Hrsg.] (EStG): Einkommensteuergesetz, Kommentar, 21. Aufl., Köln 2022.

Kirchhof, Paul/Seer, Roman [Hrsg.] (EStG): Einkommensteuergesetz, Kommentar, 24. Aufl., Köln 2025.

Kirchhof, Paul/Söhn, Hartmut/Mellinghoff, Rudolf (EStG): Einkommensteuergesetz, Kommentar, Loseblatt, Heidelberg (Stand: 327. Erg.-Lfg., August 2022).

Kirchler, Michael/Andersson, David/Bonn, Caroline et al. (decisions): The effect of fast and slow decisions on risk taking, Journal of Risk and Uncertainty 2017, 37–59.

Kirsch, Hanno [Hrsg.] (Rechnungslegung): Rechnungslegung – Textsammlung – Einführung – Kommentierung, Kommentar, Loseblatt, Bonn 1994 (Stand: 123. Erg.-Lfg., August 2023).

Kirsch, Hanno (GoB): Neuinterpretation der Grundsätze ordnungsmäßiger Buchführung durch das Bilanzrechtsmodernisierungsgesetz, StuB 2008, 453–459.

Kleinmanns, Florian (10 K 1707/20 E, G (Anm.)): Fiskus provoziert Ausweichgestaltungen, BB 2021, 2674.

Knight, Frank H. (Risk): Risk, Uncertainty and Profit, Boston, New York 1921.

Koch, Helmut [Hrsg.] (Theorie): Entwicklung und Bedeutung der betriebswirtschaftlichen Theorie – Zum 100. Geburtstag von Erich Gutenberg, Wiesbaden 1997.

Kocher, Martin G./Schindler, David/Trautmann, Stefan T. et al. (pressure): Risk, time pressure, and selection effects, Experimental Economics 2019, 216–246.

Kohl, Torsten/König, Jan (Ertragswertverfahren): Das vereinfachte Ertragswertverfahren im Lichte des aktuellen Kapitalmarktumfeldes, BB 2012, 607–611.

Köhler, Richard/Küpper, Hans-Ulrich/Pfingsten, Andreas (Handwörterbuch): Handwörterbuch der Betriebswirtschaft, 6. Aufl., Stuttgart 2007.

Kollmann, Hans-Peter (Zinsen): Negative Zinsen – Eine rechtsökonomische Analyse, Baden-Baden 2016.

Kolmar, Martin (Risiko): Risiko, Unsicherheit und Ungewissheit, in: **Heidbrink, Ludger/Lorch, Alexander/Rauen, Verena** [Hrsg.] (Wirtschaftsphilosophie): Handbuch Wirtschaftsphilosophie III – Praktische Wirtschaftsphilosophie, Wiesbaden 2021, 1–24.

Koopmanns, Tjalling C. (Concept): On the Concept of Optimal Economic Growth, in: **Pontificia Academia Scientiarum** [Hrsg.] (Planning): Study Week on The Econometric Approach to Development Planning – First Part, Amsterdam 1965, 225–287.

Korn, Klaus (EStG): Einkommensteuergesetz, Kommentar, Loseblatt, Bonn (Stand: 112. Erg.-Lfg.).

Korn, Klaus [Hrsg.] (EStG): Einkommensteuergesetz, Kommentar, Loseblatt, Bonn 2000 (Stand: 137. Erg.-Lfg., April 2022).

Kosiol, Erich (Bilanzreform): Bilanzreform und Einheitsbilanz, 2. Aufl., Berlin 1949.

Kosiol, Erich (Modellanalyse): Modellanalyse als Grundlage unternehmerischer Entscheidungen, ZfhF 1961, 318–334.

Kosiol, Erich (Pagatorische Bilanz): Pagatorische Bilanz, Berlin 1976.

Koss, Claus (Vorläufigkeit): Rechtsbehelf: Vorläufigkeit schützt vor Einspruch nicht, AStW 2019, 941–946.

Köster, Martina/Kettler, Klara-Sophia (Thesaurierungsbegünstigung): Nicht entnommene Gewinne von Mitunternehmern im Fokus der steuerlichen Praxis – Grundstrukturen und aktuelle Entwicklungen der Thesaurierungsbegünstigung gem. § 34a EStG, FR 2020, 19–30.

Kovářík, Jaromír/Levin, Dan/Wang, Tao (Ambiguity): Ellsberg paradox: Ambiguity and complexity aversions compared, Journal of Risk and Uncertainty 2016, 47–64.

Kowanda, Markus (Ertragswerverfahren): Problemfelder bei der Bewertung ausländischer Beteiligungen im vereinfachten Ertragswertverfahren, ErbStB 2019, 45–53.

Kraus, Stefan (Rückstellungen): Rückstellungen in der Handels- und Steuerbilanz – Bilanzierung von Rückstellungen dem Grunde nach, Diss., Köln 1987.

Krepold, Hans-Michael (§ 78): § 78. Vergütungen, in: **Schimansky, Herbert/Bunte, Hermann-Josef/Lwowski, Hans-Jürgen** [Hrsg.] (Bankrechts-Handbuch): Bankrechts-Handbuch, 5. Aufl., München 2017.

Krepold, Hans-Michael/Herrle, Constanze (Zinsen): Negative Zinsen – rechtliches Neuland, BKR 2018, 89–99.

Kriesten, Cathrin (DIBW Schriftenreihe Band 13 (a)): DIBW Schriftenreihe Band 13 (a) – Die Herausforderungen für Kreditinstitute und Kunden im Umgang mit negativen Zinsen – eine mittelbare Folge der Geldpolitik der Europäischen Zentralbank, 2016, https://deutsches-institut-bankwirtschaft.de/schriftenreihe/, abgerufen am 19.10.2025.

Kröger, Tobias/Reislhuber, Andre (Zinsen): Ertragsteuerliche Behandlung negativer Zinsen im Betriebsvermögen, RdF 2015, 311–318.

Kronner, Markus (Tauschweg): Entgeltlicher Erwerb und Erwerb im Tauschwege bei immateriellen Wirtschaftsgütern des Anlagevermögenes, DStR 1996, 1185–1191.

Kropf, Christian (Kapitalverwahrung): Sichteinlagen auf Girokonten: Vom (zinslosen) Darlehen zur entgeltpflichtigen Kapitalverwahrung, WM 2017, 1185–1189.

Kruschwitz, Lutz/Lorenz, Daniela (Investitionsrechnung): Investitionsrechnung, 15. Aufl., Berlin 2019.

Kube, Hanno/Reimer, Ekkehart [Hrsg.] (HFSt 17): Das negative Vorzeichen im Steuerrecht – HFSt 17, Berlin 2021.

Kumhof, Michael/Wang, Xuan (zero lower bound): Banks, money, and the zero lower bound on deposit rates, Journal of Economic Dynamics & Control 2021, 104208.

Küpper, Hans-Ulrich (Fundierung): Investitionstheoretische Fundierung der Kostenrechnung, ZfbF 1985, 26–46.

Küpper, Hans-Ulrich (Planungsrechnung): Investitionstheoretischer Ansatz einer integrierten betrieblichen Planungsrechnung, in: **Ballwieser, Wolfgang** [Hrsg.] (Information): Information und Wirtschaftlichkeit, Wiesbaden 1985, 405–432.

Kurowski, Łukasz Kamil/Rogowicz, Karol (interest rates): Negative interest rates as systemic risk event, Finance Research Letters 2017, 153–157.

Küting, Karlheinz (Wertminderungen): Die Abgrenzung von vorübergehenden und dauernden Wertminderungen im nicht-abnutzbaren Anlagevermögen (§ 253 Abs. 2 Satz 3 HGB) – Dargestellt anhand der Abschreibung auf Beteiligungen, DB 2005, 1121–1128.

Küting, Karlheinz/Pfitzer, Norbert/Weber, Claus-Peter [Hrsg.] (BilMoG): Das neue deutsche Bilanzrecht – Handbuch zur Anwendung des Bilanzrechtsmodernisierungsgesetzes (BilMoG), 2. Aufl., Stuttgart 2009.

Küting, Karlheinz/Pfitzer, Norbert/Weber, Claus-Peter (Systemvergleich): IFRS oder HGB? – Systemvergleich und Beurteilung, 2. Aufl., Stuttgart 2013.

Küting, Karlheinz/Weber, Claus-Peter [Hrsg.] (Rechnungslegung): Handbuch der Rechnungslegung – Kommentar zur Bilanzierung und Prüfung – Band Ia, 4. Aufl., Stuttgart 1995.

Kwan, Simon H. (bonds): Firm-specific information and the correlation between individual stocks and bonds, Journal of Financial Economics 1996, 63–80.

Laibson, David (Discounting): Golden Eggs and Hyperbolic Discounting, The Quarterly Journal of Economics 1997, 443–477.

Laibson, David (functions): Life-cycle consumption and hyperbolic discount functions, European Economic Review 1998, 861–871.

Laibson, David (Decision Making): Intertemporal Decision Making, in: **Nadel, Lynn** [Hrsg.] (Cognitive Science): Encyclopedia of Cognitive Science, London 2003.

Lane, Tom (happiness): How does happiness relate to economic behaviour? A review of the literature, Journal of Behavioral and Experimental Economics Vol. 68 2017, 62–78.

Langner, Olaf/Brocker, Till (Negativzinsen): Negativzinsen als kontrollfreie Preishauptabrede im Passivgeschäft, WM 2017, 1917–1923.

Langner, Olaf/Müller, Friedrich Andreas (Negativzinsen): Negativzinsen im Passivgeschäft auf dem Prüfstand, WM 2015, 1979–1985.

Latham, Mark (Informational Efficiency): Informational Efficiency and Information Subsets, The Journal of Finance 1986, 39–52.

Laubach, Thomas/Williams, John C. (Natural Rate): Measuring the Natural Rate of Interest, The Review of Economics and Statistics 2003, 1063–1070.

Laum, Bernhard (Geld): Heiliges Geld – Eine historische Untersuchung über den sakralen Ursprung des Geldes, Habil., Tübingen 1924.

Lauriola, Marco/Levin, Iirwin P./Hart, Stephanie S. (differences): Common and distinct factors in decision making under ambiguity and risk: A psychometric study of individual differences, Organizational Behavior and Human Decision Processes 2007, 130–149.

Laury, Susan K./McInnes, Melayne Morgan/Swarthout, J. Todd (preferences): Avoiding the curves: Direct elicitation of time preferences, Journal of Risk and Uncertainty Vol. 44 2012, 181–217.

Laux, Helmut (CAPM): Marktwertmaximierung und CAPM im Ein- und Mehrperioden-Fall, in: **Wagner, Gerd Rainer** [Hrsg.] (FS Kreienbaum): Unternehmensführung, Ethik und Umwelt, Wiesbaden 1999, 226–251.

Laux, Helmut/Franke, Günter (Kapitalwerte): Investitions- und Finanzplanung mit Hilfe von Kapitalwerten, ZfbF 1969, 43–56.

Laux, Helmut/Gillenkirch, Robert M./Schenk-Mathes, Heike Y. (Entscheidungstheorie): Entscheidungstheorie, 10. Aufl., Berlin, Heidelberg 2018.

Lee, Seungduck (Asset Prices): Money, Asset Prices, and the Liquidity Premium, Journal of Money Credit and Banking 2020, 1435–1466.

Leffson, Ulich (Jahresabschluss): Wesen und Aussagefähigkeit des Jahresabschlusses, ZfbF 1966, 375–390.

Leffson, Ulich (Grundsätze): Die Grundsätze ordnungsmäßiger Buchführung, 7. Aufl., Düsseldorf 1987.

Lerner, Jennifer S./Li, Ye/Weber, Elke U. (Costs): The Financial Costs of Sadness, Psychological Science 2013, 72–79.

Li, Yan/Ashkanasy, Neal M. (emotion): Risk adaptation and emotion differentiation: An experimental study of dynamic decision-making, Asia Pacific Journal of Management 2019, 219–243.

Li, Ye/Baldassi, Martine/Johnson, Eric J. et al. (Aging): Complementary Cognitive Capabilities, Economic Decision Making, and Aging, Psychology and Aging 2013, 595–613.

Li, Zhihua/Muller, Julia/Wakker, Peter P. et al. (Ambiguity): The Rich Domain of Ambiguity Explored, Management Science 2018, 3227–3240.

Lian, Chen/Ma, Yueran/Wang, Carmen (Risk-Taking): Low Interest Rates and Risk-Taking: Evidence from Individual Investment Decisions, The Review of Financial Studies 2019, 2107–2148.

Liesenhoff, Jana/Jungen, André/Pottebaum, Deike (Tax Controlling-System): Steuern steuern – ein literaturbasierter Vorschlag für Instrumente in einem ganzheitlichen Tax Controlling-System, StuW 2021, 46–60.

Liess, Jutta (Brennpunkte): Steuererklärungen: Abschlüsse und Steuererklärungen 2016 – Teil 1: Wichtige Brennpunkte im betrieblichen Bereich, GStB 2017, 92–103.

Lilleholt, Lau (ability): Cognitive ability and risk aversion: A systematic review and meta analysis, Judgement and Decision Making 2019, 234–279.

Lilley, Andrew/Rogoff, Kenneth (Chapter 2): Chapter Two: The Case for Implementing Effective Negative Interest Rate Policy, in: **Cochrane, John H./Taylor, John B.** [Hrsg.] (Monetary Policy): Strategies for Monetary Policy, Stanford 2020, 27–69.

Lim, Kenneth Teck Kiat/Yu, Rongjun (Aging): Aging and wisdom: age-related changes in economic and social decision making, Frontiers in Aging Neuroscience 2015, Art. 120.

Lin, H./Lo, I./Qiao, R. (Macroeconomic news announcements and market efficiency: Evidence from the US Treasury market): Macroeconomic news announcements and market efficiency: Evidence from the US Treasury market, Journal of Banking & Finance 2021, 106252.

Liñares-Zegarra, José M./Willesson, Magnus (cash): The effects of negative interest rates on cash usage: Evidence for EU countries, Economics Letters 2021, 109674.

Lintner, John (Valuation): The Valuation of Risk Assets and the Selection of Risky Investments in Stock Portfolios and Capital Budgets, The Review of Economics and Statistics 1965, 13–37.

Littmann, Eberhard/Bitz, Horst/Pust, Hartmut (EStG): Das Einkommensteuerrecht, Kommentar, Loseblatt, Stuttgart (Stand: 159. Erg.-Lfg., August 2022).

Liu, Yuanyuan/Heath, Timothy B./Öncüler, Ayse (Ambiguity): The Future Ambiguity Effect: How Narrow Payoff Ranges Increase Future Payoff Appeal, Management Science 2020, 3754–3770.

Lo, Andrew W. (Efficient Markets Hypothesis): Efficient Markets Hypothesis, in: **Palgrave, Macmillan** [Hrsg.] (Palgrave): The New Palgrave Dictionary of Economics, 3. Aufl., London 2018, 3543–3560.

Lo, Stephanie/Rogoff, Kenneth, stagnation, BIS Working Papers Nr. 482 (Januar 2015), https://ssrn.com/abstract=2552574 (abgerufen am 19.10.2025).

Löckenhoff, Corinna E./O'Donoghue, Ted/Dunning, David (discounting): Age differences in temporal discounting: The role of dispositional affect and anticipated emotions, Psychology and Aging 2011, 274–284.

Loewenstein, George/Prelec, Drazen (Anomalies): Anomalies in intertemporal choice: Evidence and an interpretation, Quarterly Journal of Economics 1992, 573–597.

Löhmann, Friedrich (Rechnungen): Handbuch für juridische und staatswirthschaftliche Rechnungen zum Gebrauche für alle Classen von Staats-Beamten, Juristen, Cameralisten, Theilnehmer an Assecuranz- und Bankgeschäften, so wie für jeden Liebhaber der Rechenkunst., Leipzig 1829.

Longstaff, Francis (term structure): The term structure of very short-term rates: New evidence for the expectations hypothesis, Journal of Financial Economics 2000, 397–415.

Longstaff, Francis/Schwartz, Eduardo (Term Structure): Interest Rate Volatility and the Term Structure: A Two-Factor General Equilibrium Model, The Journal of Finance 1992, 1259–1282.

Lopez-Guzman, Silvia/Konova, Anna B./Louie, Kenway et al. (distortion): Risk preferences impose a hidden distortion on measures of choice impulsivity, Plos One 2018, e0191357.

Lopez, Jose A./Rose, Andrew K./Spiegel, Mark M. (performance): Why have negative nominal interest rates had such a small effect on bank performance? Cross country evidence, European Economic Review 2020.

Lorson, Peter (Bilanzierungszwecke): Kapitel I: Bedeutungsverschiebung der Bilanzierungszwecke, in: **Küting, Karlheinz/Pfitzer, Norbert/Weber, Claus-Peter** [Hrsg.] (BilMoG): Das neue deutsche Bilanzrecht – Handbuch zur Anwendung des Bilanzrechtsmodernisierungsgesetzes (BilMoG), 2. Aufl., Stuttgart 2009, 3–37.

Löw, Edgar (Ausweis): Ausweis negativer Zinsen im Abschluss einer Bank, WPg 2015, 66–70.

Löw, Edgar/Hackmann, Friederike (Zinsen): Berichterstattung über die Auswirkungen negativer Zinsen in den Konzernabschlüssen europäischer Banken, IRZ 2021, 493–499.

Luckman, Ashley/Donkin, Chris/Newell, Ben R. (Relation): People Wait Longer when the Alternative is Risky: The Relation Between Preferences in Risky and Inter-temporal Choice, Journal of Behavioral Decision Making 2017, 1078–1092.

Luckman, Ashley/Donkin, Chris/Newell, Ben R. (choices): Can a single model account for both risky choices and inter-temporal choices? Testing the assumptions underlying models of risky inter-temporal choice, Psychonomic Bulletin & Review 2018, 785–792.

Lüdenbach, Norbert/Freiberg, Jens (Tausch): Bilanzierungsprobleme beim Tausch und Tausch mit Baraufgabe, DB 2012, 2701–2707.

Lüdicke, Jochen/Sistermann, Christian [Hrsg.] (Unternehmensteuerrecht): Unternehmensteuerrecht, 2. Aufl., München 2018.

Lutz, Friedrich (Structure): The Structure of Interest Rates, The Quarterly Journal of Economics 1940, 36–63.

Lutz, Friedrich (Zinstheorie): Zinstheorie, 2. Aufl., Zürich, Tübingen 1967.

Machina, Mark J./Rothschild, Michael (Risk): Risk, in: **Palgrave, Macmillan** [Hrsg.] (Dictionary): The New Palgrave Dictionary of Economics, Dynamic Online Version 2020, 1–11.

Machina, Mark J./Schmeidler, David (Probability): A More Robust Definition of Subjective Probability, Econometrica 1992, 745–780.

Mack, Alexandra/Gomes, Christian Esteves (Verzinsung): Die verfassungsrechtlichen Zweifel des BFH an der Verzinsung von Steueransprüchen und ihre Folgen, DB 2018, 2014–2018.

Maclachlan, Fiona (interest rates): Negative interest rates: a Keynesian perspective, Review of Keynesian Economics 2019, 171–184.

Mankiw, N. Gregory (Term Structure): The Term Structure of Interest Rates Revisited, Brookings Papers on Economic Activity 1986, 61–110.

Mankiw, N. Gregory/Summers, Lawrence (Interest Rates): Do Long-Term Interest Rates Overreact to Short-Term Interest Rates?, Brookings Papers on Economic Activity 1984, 223–242.

Mankiw, Nicholas Gregory/Taylor, Mark P. (Volkswirtschaftslehre): Grundzüge der Volkswirtschaftslehre, 8. Aufl., Stuttgart 2021.

Marettek, Alexander (Entscheidungsmodell): Entscheidungsmodell der betrieblichen Steuerbilanzpolitik – unter Berücksichtigung ihrer Stellung im System der Unternehmenspolitik, BFuP 1970, 7–31.

Marini, Marco/Paglieri, Fabio (Decoy): Decoy effects in intertemporal and probabilistic choices the role of time pressure, immediacy, and certainty, Behavioural Processes 2019, 130–141.

Markowitz, Harry (Portfolio Selection): Portfolio Selection, The Journal of Finance 1952, 77–91.

Martin, Sascha (Zinsen): Vorläufige Festsetzung von Zinsen nach § 233 i. V. mit § 238 Abs. 1 Satz 1 AO – Anmerkungen zum BMF-Schreiben v. 2.5.2019, NWB 2019, 2230–2237.

Marx, Franz Jürgen (Wesentlichkeitsgrundsatz): Der Wesentlichkeitsgrundsatz in der steuerrechtlichen Gewinnermittlung, FR 2011, 267–272.

Maslow, Abraham Harold (motivation): A theory of human motivation, Psychological review 1943, 370–396.

Matousek, Jindrich/Havranek, Tomas/Irsova, Zuzana (discount rates): Individual discount rates: a meta-analysis of experimental evidence, Experimental Economics 2022, 318–358.

Matschke, Manfred Jürgen/Brösel, Gerrit (Unternehmensbewertung): Unternehmensbewertung – Funktionen – Methoden – Grundsätze, 4. Aufl., Wiesbaden 2013.

Mattos, Olivia Bullio/Da Roz, Felipe/Ultremare, Fernanda Oliveira et al. (monetary policy): Unconventional monetary policy and negative interest rates: a Post-Keynesian perspective on the liquidity trap and euthanasia of the rentier, Review of Keynesian Economics 2019, 185–200.

Mayer, Barbara/Pfeiffer, Thomas/Schneider, Georg (Agency-Konflikte): Warum die Kapitalwertmethode versagt! Zur Kapitalbudgetierung bei Agency-Konflikten, WiSt 2005, 500–505.

McGowan, Müge Adalet/Andrews, Dan/Millot, Valentine (Zombie firms): The walking dead? Zombie firms and productivity performance in OECD countries, Economic Policy 2018, 688–736.

McLaughlin, Owen/Somerville, Jason (blindness): Choice blindness in financial decision making, Judgment and Decision Making 2013, 561–572.

McNally, Graeme M. (Responsibility): Responsibility Accounting and Organisational Control: Some Perspectives and Prospects, Journal of Business Finance & Accounting 1980, 165–181.

Meier, Stephan/Sprenger, Charles D. (Stability): Temporal Stability of Time Preferences, Review of Economics and Statistics 2015, 273–286.

Meister, Michael [Hrsg.] (ifst-Schrift 507): Die Vorschläge zum steuerpolitischen Ideenwettbewerb, Berlin 2015.

Melan, Nevada (Festsetzungszinsen): Sind die Festsetzungszinsen zu niedrig? – Ein frischer Blick auf eine alte Diskussion, DStR 2017, 2088–2092.

Melan, Nevada (Nachzahlungszinsen): Sind die Nachzahlungszinsen nun zu hoch oder zu niedrig? – Eine Duplik auf Jonas DStR 2018, 545, DStR 2018, 1151–1154.

Melan, Nevada (Aussetzungszins): Die Typisierung des Aussetzungszinses und die Grenzen der Marktzinsbetrachtung, FR 2018, 577–582.

Melan, Nevada (Bruttogesamtkapitalrendite): § 6a-Pensionsrückstellung: Die Bruttogesamtkapitalrendite als zutreffender Typisierungsmaßstab für die Abzinsung, DStR 2018, 1512–1517.

Melan, Nevada (Geldpolitik): Vom Teppichhandel zur europäischen Geldpolitik: Zweck, Rechtfertigung und Reichweite von § 6 Abs. 1 Nr. 3 S. 1 EStG, DStR 2019, 1319–1325.

Mellinghoff, Rudolf/Schön, Wolfgang/Viskorf, Hermann-Ulrich [Hrsg.] (FS Spindler): Steuerrecht im Rechtsstaat – Festschrift für Wolfgang Spindler zum 65. Geburtstag, Köln 2011.

Mentzakis, Emmanouil/Sadeh, Jana (domain): Experimental evidence on the effect of incentives and domain in risk aversion and discounting tasks, Journal of Risk and Uncertainty Vol. 62 2021, 203–224.

Merchant, Kenneth A./Van der Stede, Wim A. (Control): Management Control Systems – Performance Measurement, Evaluation, and Incentives, 4. Aufl., Harlow 2017.

Meucci, Attilio/Loregian, Angela (Interest Rates): Neither "Normal" nor "Lognormal": Modeling Interest Rates across All Regimes, Financial Analysts Journal 2016, 68–82.

Meyer, Andrew G. (elicitation): The impacts of elicitation mechanism and reward size on estimated rates of time preference, Journal of Behavioral and Experimental Economics Vol. 58 2015, 132–148.

Meyering, Stephan (Anschaffungskosten): Ermittlung der Anschaffungskosten im Rahmen der Bewertung gemäß § 6 Abs. 1 Nr. 7 EStG, DStR 2008, 1008–1016.

Miao, Bin/Zhong, Songfa (Comment): Comment on "Risk Preferences Are Not Time Preferences": Separating Risk and Time Preference, American Economic Review 2015, 2272–2286.

Michail, Neketarios A. (Assessment): What if they had not Gone Negative? A Counterfactual Assessment of the Impact from Negative Interest Rates, Oxford Bulletin of Economics and Statistics 2019, 1–19.

Mihm, Asmus (X R 19/17 (Anm.)): BFH: Abzinsung von unverzinslichen Langfristdarlehen, BB 2019, 2804.

Miltersen, Kristian/Sandmann, Klaus/Sondermann, Dieter (Term Structure): Closed Form Solutions for Term Structure Derivatives with Log-Normal Interest Rates, The Journal of Finance 1997, 409–430.

Mischel, Walter/Grusec, Joan (choice): Waiting for rewards and punishments: Effects of time and probability on choice, Journal of Personality and Social Psychology 1967, 24–31.

Mishkin, Frederic S. (Preferred Habitat): Is the Preferred-Habitat Model of the Term Structure Inconsistent with Financial Market Efficiency?, Journal of Political Economy 1980, 406–411.

Mishra, Sandeep/Lalumiere, Martin L. (Behaviors): Associations Between Delay Discounting and Risk-Related Behaviors, Traits, Attitudes, and Outcomes, Journal of Behavioral Decision Making 2017, 769–781.

Modigliani, Franco/Miller, Merton H. (Capital): The Cost of Capital, Corporation Finance and the Theory of Investment, The American Economic Review 1958, 261–297.

Mohr, Daniel (Zinssatz): Verfassungswidriger Zinssatz – Was tun? – Handlungs-optionen und -notwendigkeiten des Steuerpflichtigen, FR 2018, 669–673.

Möller, Hans W. (Versuch): Versuch und Irrtum – Wie Markt und Staat die Volkswirtschaft lenken, Wiesbaden 2017.

Möllers, Thomas (Methodenlehre): Juristische Methodenlehre, 2. Aufl., 2019 2019.

Molyneux, Phil/Reghezza, Alessio/Thornton, John et al. (Lending): Did Negative Interest Rates Improve Bank Lending?, Journal of Financial Services Research 2020, 51–68.

Molyneux, Philip/Reghezza, Alessio/Xie, Ru (margins): Bank margins and profits in a world of negative rates, Journal of Banking & Finance 2019, 105613.

Moritz, Felix/von Cölln, Tobias D. (Abzinsung): Aktuelle Fragestellungen im Zusammenhang mit der Abzinsung von Verbindlichkeiten in der Steuerbilanz, FR 2018, 684–692.

Mossin, Jan (Capital Asset): Equilibrium in a Capital Asset Market, Econometrica 1966, 768–783.

Moxter, Adolf (Investitionsentscheidungen): Die Bestimmung des Kalkulationszinsfußes bei Investitionsentscheidungen – Ein Versuch zur Koordination von Investitions- und Finanzierungslehre, ZfhF 1961, 186–200.

Moxter, Adolf (Präferenzstruktur): Präferenzstruktur und Aktivitätsfunktion des Unternehmers, ZfbF 1964, 6–35.

Moxter, Adolf (Rechnungslegung): Grundsätze ordnungsgemäßer Rechnungslegung, Düsseldorf 2003.

Muda, Rafał/Niszczota, Paweł/Augustynowicz, Paweł (memory): The effect of imperfect memory recall on risk preferences, Journal of Behavioral Decision Making 2020, 683–690.

Mudzingiri, Calvin/Mwamba, John W. Muteba/Keyser, Jacobus Nicolaas et al. (Indecisiveness): Indecisiveness on risk preference and time preference choices. Does financial literacy matter?, Cogent Psychology 2019, 1647817.

Mugdan, Benno (Materialien II. Band): Die gesammten Materialien zum Bürgerlichen Gesetzbuch für das Deutsche Reich, II. Band: Recht der Schuldvehrältnisse, Berlin 1899.

Mülbert, Peter O. (Inhaberschuldverschreibungen): Inhaberschuldverschreibungen im Negativzinsumfeld, ZHR 2015, 395–403.

Myerson, Joel/Green, Leonard (Discounting): Discounting of Delayed Rewards: Models of Individual Choice, Journal of the Experimental Analysis of Behavior 1995, 263–276.

Myßen, Michael/Fischer, Michaela/Gragert, Katja et al. (Renten): Renten, Raten, dauernde Lasten – Besteuerung wiederkehrender Bezüge bei der Einkommensteuer, 16. Aufl., Herne 2017.

Nadel, Lynn [Hrsg.] (Cognitive Science): Encyclopedia of Cognitive Science, London 2003.

Nantrop, Johannes (Mikroökonomie): Grundzüge der Angewandten Mikroökonomie, 2. Aufl., München 2012.

Nelson, Charles/Siegel, Andrew (Yield Curves): Parsimonious Modeling of Yield Curves, The Journal of Business 1987, 473–489.

Niermann, Marcus (Einlagezinsen): Ertragsteuerliche Behandlung negativer Einlagezinsen beim Privatanleger, jM 2016, 426–431.

Niermann, Marcus (Bankeinlagen): Die steuerliche Behandlung negativer Zinsen auf Bankeinlagen, Diss., Stuttgart 2018.

Niermann, Marcus (Einlagezinsen): Negative Einlagezinsen bei Privatanlegern – ein Anwendungsbeispiel negativer Einnahmen, in: **Kube, Hanno/Reimer, Ekkehart** [Hrsg.] (HFSt 17): Das negative Vorzeichen im Steuerrecht – HFSt 17, Berlin 2021, 23–52.

Norden, Lars/Weber, Martin (Co-movement): The Co-movement of Credit Default Swap, Bond and Stock Markets: an Empirical Analysis, European Financial Management 2009, 529–562.

Noussair, Charles/Wu, Ping (Risk): Risk tolerance in the present and the future: an experimental study, Managerial and Decision Economics 2006, 401–412.

Nucera, Federico/Lucas, Aandé/Schaumburg, Julia et al. (interest rates): Do negative interest rates make banks less safe?, Economics Letters 2017, 112–115.

o. A. (Berechnung): Über die Berechnung des Werths (Taxirung) der Gebäude, Journal für die Baukunst 1832, 9–35.

Oechssler, Jörg/Roider, Andreas/Schmitz, Patrick W. (biases): Cognitive abilities and behavioral biases, Journal of Economic Behavior & Organization Vol. 72 2009, 147–152.

Oestreicher, Andreas (Finanzierungsverträge): Die Berücksichtigung von Marktzinsänderungen bei Finanzierungsverträgen in Handels- und Steuerbilanz, BB-Beilage Nr. 12 zu Heft 18 1993, 1–15.

Olgemöller, Herbert (Zinsniveau): Zinsniveau Part II: Auslegung von Einspruchsschreiben, Stbg 2020, 120.

Omlor, Sebastian (Negativzinsen): Negativzinsen, in: **Früh, Andreas/Grüneberg, Christian/Langenbucher, Katja et al.** [Hrsg.] (Bankrechtstag 2017): Bankrechtstag 2017, Berlin 2018, 41–77.

Omlor, Sebastian (Zinsanpassungsklauseln): Lückenfüllung bei unwirksamen Zinsanpassungsklauseln, ZBB 2020, 355–372.

Onay, Selçuk/Öncüler, Ayse (choice): Intertemporal choice under timing risk: An experimental approach, Journal of Risk and Uncertainty Vol. 34 2007, 99–121.

Orlando, Giuseppe/Mininni, Rosa Maria/Bufalo, Michele (calibration): Interest rates calibration with a CIR model, Journal of Risk Finance 2019, 370–387.

Orlando, Giuseppe/Mininni, Rosa Maria/Bufalo, Michele (CIR model): A new approach to forecast market interest rates through the CIR model, Studies in Economics and Finance 2020, 267–292.

Ortmann, Karl Michael (Lebensversicherungsmathematik): Praktische Lebensversicherungsmathematik, 2. Aufl., Wiesbaden 2016.

Ostroy, Joseph M./Starr, Ross M. (Money): The Transactions Role of Money, in: **Friedman, Benjamin M/Hahn, Frank H.** [Hrsg.] (Handbook 1): Handbook of Monetary Economics – Volume 1, Amsterdam 1990, 3–62.

Ott, Alfred (Wirtschaftstheorie): Wirtschaftstheorie – Eine erste Einführung, Göttingen 1989.

Pachur, Thorsten/Mata, Rui/Hertwig, Ralph (Differences): Who Dares, Who Errs? Disentangling Cognitive and Motivational Roots of Age Differences in Decisions Under Risk, Psychological Science 2017, 504–518.

Pagels, Karsten (Pensionsrückstellungen): Die bilanzsteuerlichen Pensionsrückstellungen deutscher Unternehmen in Zeiten niedriger Zinsen und einer möglichen G(K)KB, FR 2018, 114–120.

Pahlke, Julius/Strasser, Sebastian/Vieider, Ferdinand M. (Risk-taking): Risk-taking for others under accountability, Economics Letters 2012, 102–105.

Palenik, Marcin (uncertainty): The effect of uncertainty on negative discounting, International Journal of Management and Economics 2021, 287–298.

Palgrave, Macmillan [Hrsg.] (Palgrave): The New Palgrave Dictionary of Economics, 3. Aufl., London 2018.

Palgrave, Macmillan [Hrsg.] (Palgrave): The New Palgrave Dictionary of Economics, Dynamic Online Version, https://doi.org/10.1057/978-1-349-95121-5, 2020.

Palley, Thomas I. (Fallacy): The Natural Interest Rate Fallacy: Why Negative Interest Rate Policy May Worsen Keynesian Unemployment?, Investigacion Economica 2018, 7–39.

Palley, Thomas I. (fallacy): The fallacy of the natural rate of interest and zero lower bound economics: why negative interest rates may not remedy Keynesian unemployment, Review of Keynesian Economics 2019, 151–170.

Palley, Thomas I. (fallacy Corrigendum): The fallacy of the natural rate of interest and zero lower bound economics: why negative interest rates may not remedy Keynesian unemployment (vol 7, pg 151, 2019), Review of Keynesian Economics 2020, 303.

Papadamou, Stephanos/Siriopoulos, Costas/Kyriazis, Nikolaos A. (survey): A survey of empirical findings on unconventional central bank policies, Journal of Economic Studies 2020, 1533–1577.

Park, Chul Woo (bond returns): Maturity structure of public debt and expected bond returns, Journal of Banking & Finance 1999, 1407–1435.

Parker, Jonathan A./Woodford, Michael [Hrsg.] (Macroeconomics): NBER Macroeconomics Annual 2014, Chicago, London 2015.

Patel, Jinal/Russo, Vincenzo/Fabozzi, Frank J. (interest rates): Using the right implied volatility quotes in times of low interest rates: An empirical analysis across different currencies, Finance Research Letters 2018, 196–201.

Patzner, Andreas/Joch, Oliver F. (Negativzinsen): Negativzinsen – neue Gestaltungsoption oder steuerliche Herausforderung, GmbHR 2015, 747–750.

Patzner, Andreas/Joch, Oliver F. (Zinsen): Die negativen Zinsen als neue Herausforderung bei der Ertragsbesteuerung, BB 2015, 221–225.

Paulsen, Andreas (Volkswirtschaftslehre): Allgemeine Volkswirtschaftslehre – Band 1 Grundlegung, Wirtschaftskreislauf, 7. Aufl., Berlin 1966.

Paus, Bernhard (Kaufpreis): Leibrente als Kaufpreis für die „wesentliche" Beteiligung – BFH bestätigt das Wahlrecht zugunsten der laufenden Besteuerung, EStB 2016, 190–193.

Peemöller, Volker (Wert): 1. Kapitel: Grundlagen der Unternehmensbewertung – Teil A: Wert und Werttheorien, in: **Peemöller, Volker** [Hrsg.] (Unternehmensbewertung): Praxishandbuch der Unternehmensbewertung, 7. Aufl., Herne 2019, 1–14.

Peemöller, Volker [Hrsg.] (Unternehmensbewertung): Praxishandbuch der Unternehmensbewertung, 7. Aufl., Herne 2019.

Perridon, Louis/Steiner, Manfred/Rathgeber, Andreas W. (Finanzwirtschaft): Finanzwirtschaft der Unternehmung, 17. Aufl., München 2017.

Pesando, James E. (Bond Market): On the Efficiency of the Bond Market: Some Canadian Evidence, Journal of Political Economy 1978, 1057–1076.

Phelps, Edmund S./Pollak, Robert A. (Growth): On Second-Best National Saving and Game-Equilibrium Growth, The Review of Economic Studies 1968, 185–199.

Phillips, Llad/Pippenger, John (Preferred Habitat): Preferred Habitat vs. Efficient Market: A Test of Alternative Hypotheses, Federal Reserve Bank of St. Louis Review 1976, 11–19.

Piekenbrock, Andreas/Rodi, Daniel (Privatautonomie): Privatautonomie im Bereich des Commercial Banking – Teil 2: Inhaltsfreiheit, ZBB 2019, 285–297.

Plewka, Harald (Entwicklung): Die Entwicklung des Steuerrechts im ersten Halbjahr 2018, NJW 2018, 2526–2531.

Plewka, Harald/Schimmele, Jürgen (Emissionsdisagio): Die Behandlung des Emissionsdisagios in der Bilanz des Emittenten – Zugleich eine Anmerkung zu dem BFH-Urteil vom 15.7.1998 II R 40/97, DB 1998, 2494–2498.

Pochmann, Günther (Altersversorgung): Betriebliche Altersversorgung im Jahresabschluss – Unterschiede, Gemeinsamkeiten und Analysemöglichkeiten in den verschiedenen Durchführungswegen, Stuttgart 2020.

Pontificia Academia Scientiarum [Hrsg.] (Planning): Study Week on The Econometric Approach to Development Planning – First Part, Amsterdam 1965.

Pradl, Jürgen (Pensionszusagen): Pensionszusagen an GmbH-Geschäftsführer: Reformbedarf bei § 6a EStG: Gesetzgeber gerät immer mehr unter Druck, GStB 2018, 293–300.

Prelec, Drazen/Loewenstein, George (Decision-Making): Decision-Making over Time and under Uncertainty – a Common Approach, Management Science 1991, 770–786.

Prinz, Ulrich (Rückstellungen): Rückstellungen in der Steuerbilanz: Ein Gebot sachgerechter Leistungsfähigkeitsbesteuerung, DB 2011, 492–497.

Prinz, Ulrich (Überentnahmen): Neue BFH-Rechtsprechung zu Überentnahmen gem. § 4 Abs. 4a EStG bei Mitunternehmerschaften, FR 2017, 632–635.

Prinz, Ulrich (Finanzierung): Steuerliche Grundlagen der Finanzierung von Personengesellschaften, FR 2019, 789–800.

Prinz, Ulrich/Keller, Bernd (Pensionsrückstellungen): Pensionsrückstellungen in der Niedrigzinsphase – Ein strukturierter Überblick, DB 2016, 1033–1041.

Prinz, Ulrich/Ludwig, Fabian (§ 6b EStG): Aktuelles Praxis-Knowhow zu § 6b EStG, FR 2019, 493–499.

Pyone, Jin Seok/Isen, Alice M. (Choice): Positive Affect, Intertemporal Choice, and Levels of Thinking: Increasing Consumers' Willingness to Wait, Journal of Marketing Research 2011, 532–543.

Qiao, Yankuo (Corporate Bond): The Association Between Corporate Governance and Corporate Bond Liquidity: An Intraday Analysis, Journal of Applied Economics and Business Research 2020, 59–75.

Quiggin, John (utility): A theory of anticipated utility, Journal of Economic Behavior & Organization 1982, 323–343.

Quiggin, John/Horowitz, John (Time): Time and Risk, Journal of Risk and Uncertainty Vol. 10 1995, 37–55.

Rachlin, Howard/Raineri, Andres/Cross, David (delay): Subjective probability and delay, Journal of the Experimental Analysis of Behavior 1991, 233–244.

Radke, Fabian (Nominalzinsen): Negative Nominalzinsen im Zins- und Bankvertragsrecht – Eine rechtsmethodische, kautelarpraktische und rechtsvergleichende Untersuchung, Diss., Berlin 2019.

Radke, Fabian (Nominalzinsen): Das Phänomen negativer Nominalzinsen in der Privatrechtsordnung, BKR 2019, 178–182.

Ramsey, Frank P. (Theory): A Mathematical Theory of Saving, The Economic Journal 1928, 543–559.

Ramsey, Frank Plumpton (Probability): Truth and Probability (1926), in: **Ramsey, Frank Plumpton/Mellor, David H.** [Hrsg.] (Foundations): Foundations – Essays in Philosophy, Logic, Mathematics and Economics, London 1978, 58–100.

Ramsey, Frank Plumpton/Mellor, David H. [Hrsg.] (Foundations): Foundations – Essays in Philosophy, Logic, Mathematics and Economics, London 1978.

Rau, Holger A. (preferences): Time preferences in decisions for others, Economics Letters 2021, 109766.

Raupach, Arndt [Hrsg.] (DStJG Bd. 7): Werte und Wertermittlung im Steuerrecht, Köln 1984.

Raupach, Arndt/Uelner, Adalbert [Hrsg.] (FS Schmidt): Ertragsbesteuerung – Zurechnung – Ermittlung – Gestaltung – Festschrift für Ludwig Schmidt, München 1993.

Read, Daniel/Read, N. L. (discounting): Time discounting over the lifespan, Organizational Behavior and Human Decision Processes 2004, 22–32.

Redding, Lee S. (liquidity premium): Negative nominal interest rates and the liquidity premium, Economics Letters 1999, 213–216.

Reim, Jürgen (Erfolgsrechnung): Erfolgsrechnung – Wertsteigerung durch Wertschöpfung – Grundlagen, Konzeption, Instrumente, 2. Aufl., Wiesbaden 2022.

Reimer, Franz (Methodenlehre): Juristische Methodenlehre, Baden-Baden 2016.

Repullo, Rafael, Reversal, CEPR Discussion Paper Nr. DP15367 (Oktober 2020), https://ssrn.com/abstract=3723556 (abgerufen am 19.10.2025).

Richter, David/Mata, Rui (Age Differences): Age Differences in Intertemporal Choice: U-Shaped Associations in a Probability Sample of German Households, Psychology and Aging 2018, 782–788.

Richter, Lutz/Meyering, Stephan/Sopp, Karina [Hrsg.] (FS Kußmaul): Anwendungsorientierte steuerliche Betriebswirtschaftslehre – Rechnungswesen – Steuerarten – Unternehmensstruktur – Festschrift zum 65. Geburtstag von Heinz Kußmaul, Berlin 2022.

Rickermann, Anja (Optionsmodell): Rein in die KSt, raus aus der KSt: Chancen und Risiken des Optionsmodells für die Praxis, DB 2021, 1561–1567.

Riebel, Paul (Kuppelproduktion): Die Kuppelproduktion – Betriebs- und Marktprobleme, Diss., Köln 1955.

Ritter, Lutz (Nachzahlungszinsen): Mögliche Verfassungswidrigkeit von Nachzahlungszinsen – Empfehlungen für die Praxis, BC 2018, 361–363.

Roalf, David R./Mitchell, Suzanne H./Harbaugh, William T. et al. (Aging): Risk, Reward, and Economic Decision Making in Aging, Journals of Gerontology Series B-Psychological Sciences and Social Sciences 2012, 289–298.

Robinson, Austin/Moggridge, Donald [Hrsg.] (Collected Writings VII): THE COLLECTED WRITINGS OF JOHN MAYNARD KEYNES – VOLUME VII, 4. Aufl., New York 2013.

Roelofsma, P. H. M. P. (choices): Modelling intertemporal choices: An anomaly approach, Acta Psychologica 1996, 5–22.

Rognlie, Matthew, Lower Bound, Working Paper (Juli 2016), http://mattrognlie.com/negative_rates.pdf (abgerufen am 19.10.2025).

Rogoff, Kenneth (Currency): Costs and Benefits to Phasing out Paper Currency, in: **Parker, Jonathan A./Woodford, Michael** [Hrsg.] (Macroeconomics): NBER Macroeconomics Annual 2014, Chicago, London 2015, 445–456.

Rogoff, Kenneth (Cash): The Curse of Cash – How Large-Denomination Bills Aid Crime and Tax Evasion and Constrain Monetary Policy, Princeton, Oxford 2017.

Rohde, Kirsten I. M. (Impatience): Measuring Decreasing and Increasing Impatience, Management Science 2019, 1700–1716.

Rolfes, Bernd (Investitionsrechnung): Moderne Investitionsrechnung – Einführung in die klassische Investitionstheorie und Grundlagen marktorientierter Investitionsentscheidungen, 3. Aufl., München 2003.

Ronen, Tavy/Zhou, Xing (information): Trade and information in the corporate bond market, Journal of Financial Markets 2013, 61–103.

Rose, Gerd (Steuerlehre): Steuerberatung und Wissenschaft – Gedanken anläßlich des 50jährigen Bestehens der Betriebswirtschaftlichen Steuerlehre, in: **Thoma, Gerhard/Zacharias, Otto Heinrich/Niemann, Ursula** [Hrsg.] (StbJb 1969/70): Steuerberater-Jahrbuch 1969/70 – zugleich Bericht über den XXI. Fachkongreß der Steuerberater der Bundesrepublik Deutschland, Köln, 10. bis 12. November 1969, Köln 1970, 31–70.

Rose, Gerd (Zinssatzfragen): Verachtet mir die Zinsfüß' nicht! – Zinssatzfragen in der Steuerpraxis, in: **Thoma, Gerhard/Zacharias, Otto Heinrich/Niemann, Ursula** [Hrsg.] (StbJb 1973/74): Steuerberater-Jahrbuch 1973/74 – zugleich Bericht über den XXV. Fachkongreß der Steuerberater der Bundesrepublik Deutschland, Köln, 22. bis 24. Oktober 1974, Köln 1974, 301–348.

Rose, Gerd (Zinsfüß): Verachtet mir die Zinsfüß' nicht!, FR 1974, 49–56.

Rose, Gerd/Glorius-Rose, Cornelia (Unternehmen): Unternehmen – Rechtsformen und Verbindungen – ein Überblick aus betriebswirtschaftlicher, rechtlicher und steuerlicher Sicht, 3. Aufl., Köln 2001.

Rose, Manfred (Körperschaftsteuer): Zinsbereinigte EU-Körperschaftsteuer – Kritische Würdigung eines innovativen Vorschlags der EU-Kommission zur Gemeinsamen Körperschaftsteuer-Bemessungsgrundlage, StuW 2017, 217–232.

Roser, Frank/Haupt, Heiko (Kaufpreise): Negative Kaufpreise – der BFH lässt viele Fragen offen, GmbHR 2007, 78–85.

Rossi, Sergio (ineffectiveness): The dangerous ineffectiveness of negative interest rates: the case of Switzerland, Review of Keynesian Economics 2019, 220–232.

Rubaltelli, Enrico/Rumiati, Rino/Slovic, Paul (ambiguity): Do ambiguity avoidance and the comparative ignorance hypothesis depend on people's affective reactions?, Journal of Risk and Uncertainty Vol. 40 2010, 243–254.

Rudolf, Markus (Kapitalmarkttheorie): Kapitalmarkttheorie, in: **Köhler, Richard/Küpper, Hans-Ulrich/Pfingsten, Andreas** [Hrsg.] (Handwörterbuch): Handwörterbuch der Betriebswirtschaft, 6. Aufl., Stuttgart 2007, 876–886.

Rudolph, Bernd (Separationstheoreme): Zur Bedeutung der kapitaltheoretischen Separationstheoreme für die Investitionsplanung, ZfB 1983, 261–287.

Rudolph, Bernd (Kapitalmarkttheorie): Kapitalmarkttheorie, in: **Wittmann, Waldemar** [Hrsg.] (Handwörterbuch): Handwörterbuch der Betriebswirtschaft, 5. Aufl., Stuttgart 1993, 2113–2125.

Ruppe, Hans Georg [Hrsg.] (DStJG Bd. 4): Gewinnrealisierung im Steuerrecht, Köln 1981.

Russo, Vincenzo/Fabozzi, Frank J. (Models): Calibrating Short Interest Rate Models in Negative Rate Environments, Journal of Derivatives 2017, 80–92.

Säcker, Franz Jürgen/Rixecker, Roland/Oetker, Hartmut et al. (MüKo BGB): Münchener Kommentar zum Bürgerlichen Gesetzbuch: BGB, Band 4: Schuldrecht, Besonderer Teil I §§ 433–534, Finanzierungsleasing, CISG Kommentar, 8. Aufl., München 2019.

Säcker, Franz Jürgen/Rixecker, Roland/Oetker, Hartmut et al. (MüKo BGB): Münchener Kommentar zum Bürgerlichen Gesetzbuch: BGB, Band 6: Schuldrecht Besonderer Teil III (§§ 631–704), Kommentar, 8. Aufl., München 2020.

Säcker, Franz Jürgen/Rixecker, Roland/Oetker, Hartmut et al. (MüKo BGB): Münchener Kommentar zum Bürgerlichen Gesetzbuch: BGB, Band 3: Schuldrecht – Allgemeiner Teil II, Kommentar, 9. Aufl., München 2022.

Säcker, Franz Jürgen/Rixecker, Roland/Oetker, Hartmut et al. (MüKo BGB): Münchener Kommentar zum Bürgerlichen Gesetzbuch: BGB, Band 2: Schuldrecht – Allgemeiner Teil I §§ 241–310, Kommentar, 9. Aufl., München 2022.

Säcker, Franz Jürgen/Rixecker, Roland/Oetker, Hartmut et al. (MüKo BGB): Münchener Kommentar zum Bürgerlichen Gesetzbuch: BGB, Band 4: Schuldrecht, Besonderer Teil I §§ 433–534, CISG Kommentar, 8. Aufl., München 2024.

Samanez-Larkin, Gregory R./Mata, Rui/Radu, Peter T. et al. (Age): Age differences in striatal delay sensitivity during intertemporal choice in healthy adults, Frontiers in Aging Neuroscience 2011, Art. 126.

Samuelson, Paul A. (Utility): A Note on Measurement of Utility, The Review of Economic Studies 1937, 155–161.

Samuelson, Paul A. (Prices): Proof That Properly Anticipated Prices Fluctuate Randomly, Industrial Management Review 1965, 41–49.

Saqib, Najam U./Chan, Eugene Y. (pressure): Time pressure reverses risk preferences, Organizational Behavior and Human Decision Processes 2015, 58–68.

Savage, Leonard J. (foundations): The foundations of statistics, New York 1954.

Savona, Roberto (negative policy rates): Bank business models, negative policy rates, and prudential regulation, Annals of Finance 2021, https://doi.org/10.1007/s10436-021-00397-1 (abgerufen am 19.10.2025).

Sayman, Serdar/Öncüler, Ayse (Inconsistency): An Investigation of Time Inconsistency, Management Science 2009, 470–482.

Schaber, Mathias/Amann, Dorothee (Erfüllungsbetrag): Der Erfüllungsbetrag und der Unterschiedsbetrag zwischen Ausgabebetrag und Erfüllungsbetrag bei Verbindlichkeiten im HGB, WPg 2014, 938–943.

Scharpf, Paul/Schaber, Mathias (Bankbilanz): Handbuch Bankbilanz – Bilanzierung, Bewertung und Prüfung, 8. Aufl., Düsseldorf 2020.

Schätzlein, Uwe (Rechnungszinsfuß): Der einkommensteuerrechtliche Rechnungszinsfuß für Pensionsrückstellungen ist nach derzeitiger Rechtsauffassung verfassungskonform, FR 2020, 947–949.

Schich, Sebastian, Zinsstrukturkurve, Discussion Paper Deutsche Bundesbank Nr. 4/1997 (Oktober 1997), (abgerufen am 19.10.2025).

Schiffers, Joachim (10 K 1707/20 E, G (Anm.)): Zur Verfassungsmäßigkeit des Abzinsungssatzes von 5,5 % für unverzinsliche Darlehensverbindlichkeiten, DStZ 2021, 878.

Schiffers, Joachim (Bestandsaufnahme): Bestandsaufnahme und Gestaltungshinweise zum Jahresende 2021: Aktuelle Entwicklungen im Bereich des Bilanzsteuerrechts und der steuerlichen Gewinnermittlung, DStZ 2021, 979–1000.

Schiffers, Joachim/Köster, Thomas (Gestaltungshinweise): Bestandsaufnahme und Gestaltungshinweise zum Jahresende 2016: Aktuelle Entwicklungen im Bereich der steuerlichen Gewinnermittlung – Bilanzsteuerrecht und Gewerbesteuer, DStZ 2016, 862–884.

Schimansky, Herbert/Bunte, Hermann-Josef/Lwowski, Hans-Jürgen [Hrsg.] (Bankrechts-Handbuch): Bankrechts-Handbuch, 5. Aufl., München 2017.

Schmalenbach, Eugen (Erfolgsbilanz): Theorie der Erfolgsbilanz, ZfhF 1915/1916, 379–384.

Schmalenbach, Eugen (Bilanzlehre): Grundlagen dynamischer Bilanzlehre, ZfhF 1919, 1–60.

Schmalenbach, Eugen (Selbstkostenrechnung): Selbstkostenrechnung, ZfhF 1919, 257–356.

Schmalenbach, Eugen (Wirtschaftslenkung): Pretiale Wirtschaftslenkung – Band 1 Die optimale Geltungszahl, Bremen-Horn 1947.

Schmalenbach, Eugen (Bilanz): Dynamische Bilanz, 13. Aufl., Köln 1962.

Schmeidler, David (Utility): Subjective probability and Expected Utility without additivity, Econometrica 1989, 571–587.

Schmidt, Ludwig (EStG): Einkommensteuergesetz, Kommentar, 38. Aufl., München 2019.

Schmidt, Ludwig (EStG): Einkommensteuergesetz, Kommentar, 39. Aufl., München 2020.

Schmidt, Ludwig (EStG): Einkommensteuergesetz, Kommentar, 41. Aufl., München 2022.

Schmidt, Matthias/Auer, Benjamin/Schmidt, Peer (Bilanzierung): Buchführung und Bilanzierung – Eine anwendungsorientierte Einführung, Wiesbaden 2012.

Schmitz, Stefanie (Bilanztheorie): Bilanztheorie in der US-amerikanischen und internationalen Standardsetzung – Eine historische und wissenschaftstheoretische Analyse, Diss., Wiesbaden 2012.

Schnabl, Gunther (overinvestment): Monetary policy and overinvestment in East Asia and Europe, Asia Europe Journal 2017, 445–462.

Schneeloch, Dieter/Frieling, Melanie (Unternehmensbesteuerung): Internationale Unternehmensbesteuerung: Parameter der Ertragsteuerbelastung, 2021, 631–640.

Schneeloch, Dieter/Meyering, Stephan/Patek, Guido (Steuerplanung): Betriebswirtschaftliche Steuerlehre – Band 4: Grundlagen der Steuerplanung und autonome Steuerplanung, 4. Aufl., München 2020.

Schneider, Dieter (Investition): Investition und Finanzierung – Lehrbuch der Investitions-, Finanzierungs- und Ungewißheitstheorie, 5. Aufl., Wiesbaden 1980.

Schneider, Dieter (Investition): Investition, Finanzierung und Besteuerung, 7. Aufl., Wiesbaden 1992.

Schneider, Dieter (Geschichte): Betriebswirtschaftslehre – Band 4: Geschichte und Methoden der Wirtschaftswissenschaft, München, Wien 2001.

Scholz, Stephan/Kottenstein, Marcel (Zinswende): Auswirkungen der Zinswende auf die Rechnungslegung nach HGB und IFRS, WPg 2023, 13–20.

Schulenburg, Simon/Hillebrandt, Marc-André (Pensionsrückstellungen): Aktuelle Entwicklungen zur Bewertung von Pensionsrückstellungen nach Handels- und Steuerrecht – Niedrigzinsumfeld, Reformbedarf, Heubeck-Richttafeln 2018 G, DB 2019, 617–620.

Schulze-Osterloh, Joachim (Abzinsung): Rückzahlungsbetrag und Abzinsung von Rückstellungen und Verbindlichkeiten – Überlegungen zur Reform des HGB-Bilanzrechts, BB 2003, 351–355.

Schulze, Reiner [Hrsg.] (BGB): Bürgerliches Gesetzbuch, Kommentar, 11. Aufl., Baden-Baden 2022.

Schulze, Wolfgang (Unternehmensbewertung): Methoden der Unternehmensbewertung – Gemeinsamkeiten, Unterschiede, Perspektiven, 2. Aufl., Düsseldorf 2003.

Schuster, Leo (Negativzinsen): Negativzinsen aus wirtschaftlicher und juristischer Sicht, ZfgK 2017, 620–624.

Schwarz, Horst (Investitionsentscheidungen): Optimale Investitionsentscheidungen, München 1967.

Seaman, Kendra L./Abiodun, Sade J./Fenn, Zöe et al. (Discounting): Temporal Discounting Across Adulthood: A Systematic Review and Meta-Analysis, Psychology and Aging 2022, 111–124.

Seer, Roman (Verfassungswidrigkeit): Verfassungswidrigkeit der kapitalmarktunabhängigen Verzinsung von Steueransprüchen und Reformbedarf, DB 2014, 1945–1953.

Seer, Roman (Kapitel 2): Kapitel 2 Finanzverfassungsrechtliche Grundlagen der Steuerrechtsordnung, in: **Tipke, Klaus/Lang, Joachim** [Hrsg.] (Steuerrecht): Steuerrecht, 23. Aufl., Köln 2018, 39–70.

Seer, Roman (Geldwert): Geldwert und Steuern, StuW 2019, 212–224.

Seer, Roman/Klemke, Sina (ifst-Schrift 490): Neuordnung der Verzinsung von Ansprüchen aus dem Steuerschuldverhältnis, Berlin 2013.

Seicht, Gerhard (Zins): Zins, in: **Grochla, Erwin/Wittmann, Waldemar** [Hrsg.] (Handwörterbuch): Handwörterbuch der Betriebswirtschaft, 4. Aufl., Stuttgart 1974, 4740–4752.

Seifert, Michael (Verzinsung): Verzinsung nach § 233a AO: Zinssatz verfassungsgemäß?, StuB 2018, 260.

Selchert, Friedrich Wilhelm (II. Kap., § 252 HGB): II. Kapitel: Rechnungslegungsvorschriften, § 252 Allgemeine Bewertungsvorschriften, in: **Küting, Karlheinz/Weber, Claus-Peter** [Hrsg.] (HdR Band Ia): Handbuch der Rechnungslegung – Kommentar zur Bilanzierung und Prüfung – Band Ia, 4. Aufl., Stuttgart 1995.

Selig-Kraft, Carolin (IX R 52/17, 42/18 (Anm.)): Zum Betriebsausgabenabzug bei der Auslagerung auf Pensionsfonds – Anmerkungen zu den BFH-Urteilen vom 20.11.2019 – XI R 52/17 und XI R 42/18, StuB 2020, 497–501.

Serrano, Franklin/Summa, Ricardo/Moreira, Vivian Garrido (critique): Stagnation and unnaturally low interest rates: a simple critique of the amended New Consensus and the Sraffian supermultiplier alternative, Review of Keynesian Economics 2020, 365–384.

Sharpe, William (Asset Prices): Capital Asset Prices: A Theory of Market Equilibriums under Conditions of Risk, The Journal of Finance 1964, 425–442.

Shavit, Tal/Benzion, Uri/Shapir, Offer Moshe et al. (preferences): Are time preferences for risky outcomes, riskless outcomes and commodities really different?, Economics Letters 2013, 512–514.

Shavit, Tal/Rosenboim, Mosi (Discounting): Is There Time Discounting for Risk Premium?, Journal of the Experimental Analysis of Behavior 2015, 393–404.

Shavit, Tal/Rosenboim, Mosi/Shani, Yaniv (preference): Time preference before and after a risky activity – A field experiment, Journal of Economic Psychology Vol. 43 2014, 30–36.

Shiller, Robert J. (Models): The Volatility of Long-Term Interest Rates and Expectations Models of the Term Structure, Journal of Political Economy 1979, 1190–1219.

Shiller, Robert J./Campbell, John Y./Schoenholtz, Kermit L. (Forward Rates): Forward Rates and Future Policy: Interpreting the Term Structure of Interest Rates, Brookings Papers on Economic Activity 1983, 173–223.

Siebenlist, Georg Philipp (Pensionsrückstellungen): Der Ansatz von Pensionsrückstellungen für mittelbare Pensionsverpflichtungen in Handels- und Steuerbilanz, FR 2019, 1123–1130.

Simon, Hermann Veit (Bilanzen): Die Bilanzen der Aktiengesellschaften und der Kommanditgesellschaften auf Aktien, Berlin 1886.

Sinn, Hans-Werner (policy): The ECB's fiscal policy, International Tax and Public Finance 2018, 1404–1433.

Siokis, Fotios M. (efficiency): Credit market Jitters in the course of the financial crisis: A permutation entropy approach in measuring informational efficiency in financial assets, Physica A: Statistical Mechanics and its Applications 2018, 266–275.

Skylark, William J./Chan, Kieran R. T. F./Farmer, George D. et al. (delay-reward heuristic): The delay-reward heuristic: What do people expect in intertemporal choice tasks?, Judgment and Decision Making 2020, 611–629.

Slovic, Paul (generality): Information processing, situation specificity, and the generality of risk-taking behavior, Journal of Personality and Social Psychology 1972, 128–134.

Söbbing, Thomas/von Bodungen, Benjamin (Zinsen): Negative Zinsen bei Darlehensverträgen?, ZBB 2016, 39–47.

Solomon, Ezra (Capital-Budgeting): The Arithmetic of Capital-Budgeting Decisions, The Journal of Business 1956, 124–129.

Sonnleitner, Wolfgang/Witfeld, Alexander (III R 10/16 (Anm.)): Verfassungsmäßigkeit von Nachforderungszinsen für Verzinsungszeiträume im Jahr 2013, FR 2018, 486–488.

Sonsino, Doron/Benzion, Uri/Mador, Galit (uncertainty): The complexity effects on choice with uncertainty – Experimental evidence, Economic Journal 2002, 936–965.

Spengel, Christoph/Meier, Ina (Niedrigverzinsung): Niedrigverzinsung und Unternehmensbesteuerung, FR 2016, 496–502.

Spranger, Hans Christoph (Bewertung): Die Bewertung von Patenten, Diss., Würzburg 2006.

Spremann, Klaus/Gantenbein, Pascal (Finanzmärkte): Finanzmärkte – Grundlagen, Instrumente, Zusammenhänge, 5. Aufl., München 2019.

Sprenger, Charles (Inconsistency): Judging Experimental Evidence on Dynamic Inconsistency, American Economic Review 2015, 280–285.

Staněk, Rostislav/Krčál, Ondřej (preferences): Time preferences, cognitive abilities and intrinsic motivation to exert effort, Applied Economics Letters 2019, 1033–1037.

Staudinger, Julius von (BGB): J. von Staudingers Kommentar zum Bürgerlichen Gesetzbuch: Staudinger BGB – Buch 2: Recht der Schuldverhältnisse: §§ 488–490; 607–610 (Darlehensrecht), Kommentar, 15. Aufl., Berlin 2015.

Staudinger, Julius von (BGB): J. von Staudingers Kommentar zum Bürgerlichen Gesetzbuch: Staudinger BGB – Buch 2: Recht der Schuldverhältnisse: §§ 677–704 (Geschäftsführung ohne Auftrag), Kommentar, 16. Aufl., Berlin 2020.

Staudinger, Julius von (BGB): J. von Staudingers Kommentar zum Bürgerlichen Gesetzbuch: Staudinger BGB – Buch 2: Recht der Schuldverhältnisse: §§ 611–613 (Dienstvertrag und Arbeitsvertrag) Kommentar, Berlin 2022.

Staudinger, Julius von (BGB): J. von Staudingers Kommentar zum Bürgerlichen Gesetzbuch: Staudinger BGB – Buch 2: Recht der Schuldverhältnisse: §§ 535–556g (Mietrecht 1 – Allgemeine Vorschriften; Wohnraummiete), Kommentar, Berlin 2024.

Stehlik, Milan/Kiseľák, Jozef/Potocký, Rastislav et al. (dynamics): Generalized interest rate dynamics and its impacts on finance and pensions, Stochastic Analysis and Applications 2017, 178–190.

Steinhauff, Dieter (Typisierung): Die Typisierung des Aussetzungszinses und die Grenzen der Marktzinsbetrachtung, AO-StB 2018, 261–263.

Stenert, Jens/Wulf, Martin (Selbstanzeige): Wirksame Selbstanzeige nach § 371 AO trotz Aussetzung der Vollziehung? – Überlegungen am Beispiel der verfassungsrechtlichen Zweifel an § 238 AO, Stbg 2019, 124–127.

Stevenson, Mary Kay (Discounting): A Discounting Model for Decisions with Delayed Positive or Negative Outcomes, Journal of Experimental Psychology: General 1986, 131–154.

Stevin, Simon (Tafelen): Tafelen van interest – Midtsgaders De Constructie der seluer, ghecalculeert, Antwerpen 1582.

Stoklossa, Harald (Zinsstrukturtheorie): Die Zinsstrukturtheorie – Eine Analyse der Faktoren, Arbitrage und Volatilität für das Euro-Währungsgebiet, Diss., Wiesbaden 2010.

Storck, Christian/Reul, Florian (Zinsen): Auswirkungen negativer Zinsen auf Finanzprodukte mit variablem Zinssatz, DB 2015, 115–116.

Störk, Ulrich (Kapitel F): Kapitel F Rechnungslegung im Jahresabschluss und Lagebericht nach Handels- und Publizitätsgesetz, in: **IDW** [Hrsg.] (WP Handbuch): WP Handbuch – Wirtschaftsprüfung und Rechnungslegung, 17. Aufl., Düsseldorf 2021, 721–1164.

Streit, Erich (Rückstellungen): Grundsätze ordnungsmäßiger Bilanzierung für Rückstellungen, 2. Aufl., Leipzig 1936.

Strobel, Benedikt (Negativzinsen): Die Rechtsnatur der sogenannten Negativzinsen, NJW 2021, 881–886.

Strobel, Benedikt (Negativzins): Girovertrag, unregelmäßige Verwahrung und Negativzins, BKR 2022, 96–101.

Strobl, Elisabeth (Verbindlichkeiten): Zur Abzinsung von Verbindlichkeiten und Rückstellungen für ungewisse Verbindlichkeiten, in: **Knobbe-Keuk/Klein/Moxter** [Hrsg.] (FS Döllerer): Handelsrecht und Steuerrecht – Festschrift für Dr. Dr. h. c. Georg Döllerer, Düsseldorf 1988, 615–634.

Strotkemper, Noemi (Handlungsbedarf): „Der Staat als Straßenräuber – Handlungsbedarf bei § 238 AO?“, BB 2016, 1767.

Stüdemann, Klaus (Betriebswirtschaftslehre): Allgemeine Betriebswirtschaftslehre, 3. Aufl., München, Wien 1993.

Stützel, Wolfgang (Bilanztheorie): Bemerkungen zur Bilanztheorie, Wiesbaden 1967.

Stützel, Wolfgang (Preis): Wert und Preis, in: **Grochla, Erwin/Wittmann, Waldemar** [Hrsg.] (Handwörterbuch): Handwörterbuch der Betriebswirtschaft, 4. Aufl., Stuttgart 1974, 4404–4425.

Suendorf-Bischof, Ulrike (Zinsen): Negative Zinsen bei Sicht-, Termin- und Spareinlagen im Geschäft der Kreditinstitute mit Verbrauchern, BKR 2019, 279–286.

Summers, Lawrence H. (Stagnation): Demand Side Secular Stagnation, The American Economic Review 2015, 60–65.

Sun, Yan/Li, Shu (effect): The effect of risk on intertemporal choice, Journal of Risk Research 2010, 805–820.

Svensson, Lars, Forward Interest Rates, IMF Working Paper Nr. WP/94/114 (September 1994), https://www.elibrary.imf.org/view/journals/001/1994/114/001.1994.issue-114-en.xml (abgerufen am 19.10.2025).

Takeuchi, Kan (bias): Non-parametric test of time consistency: Present bias and future bias, Games and Economic Behavior 2011, 456–478.

Tanski, Joachim (Bilanztheorie): Rechnungslegung und Bilanztheorie, München 2013.

Tasoff, Joshua/Zhang, Wenjie (Performance): The Performance of Time-Preference and Risk-Preference Measures in Surveys, Management Science 2022, 1149–1173.

Taylor, John B. (policy): Discretion versus policy rules in practice, Carnegie-Rochester Conference Series on Public Policy 1993, 195–214.

Taylor, John B./Wieland, Volker (Deviations): Finding the Equilibrium Real Interest Rate in a Fog of Policy Deviations, Business Economics 2016, 147–154.

Taylor, Matthew P. (ability): Bias and brains: Risk aversion and cognitive ability across real and hypothetical settings, Journal of Risk and Uncertainty Vol. 46 2013, 299–320.

Taylor, Matthew P. (Information): Information Acquisition under Risky Conditions across Real and Hypothetical Settings, Economic Inquiry 2017, 352–367.

Teulings, Coen/Baldwin, Richard [Hrsg.] (Stagnation): Secular Stagnation: Facts, Causes and Cures, https://voxeu.org/system/files/epublication/Vox_secular_stagnation.pdf (abgerufen am 09.03.2022) 2014.

Teulings, Coen/Baldwin, Richard (Introduction): Introduction, in: **Teulings, Coen/Baldwin, Richard** [Hrsg.] (Stagnation): Secular Stagnation: Facts, Causes and Cures, https://voxeu.org/system/files/epublication/Vox_secular_stagnation.pdf (abgerufen am 09.03.2022) 2014, 1–23.

Thaler, Richard (inconsistency): Some empirical evidence on dynamic inconsistency, Economics Letters 1981, 201–207.

Theisen, Manuel René (Konzern): Der Konzern – Betriebswirtschaftliche und rechtliche Grundlagen der Konzernunternehmung, Stuttgart 1991.

Thießen, Friedrich (Bewertungsprobleme): "Lost Paradise": Bewertungsprobleme langfristiger Projekte bei niedrigen Zinssätzen – Methodische Konsequenzen negativer Zinssätze am Beispiel von Cashflow-Bewertungen, CF 2020, 167–174.

Thoma, Gerhard/Zacharias, Otto Heinrich/Niemann, Ursula [Hrsg.] (StbJb 1969/70): Steuerberater-Jahrbuch 1969/70 – zugleich Bericht über den XXI. Fachkongreß der Steuerberater der Bundesrepublik Deutschland, Köln, 10. bis 12. November 1969, Köln 1970.

Thoma, Gerhard/Zacharias, Otto Heinrich/Niemann, Ursula [Hrsg.] (StbJb 1973/74): Steuerberater-Jahrbuch 1973/74 – zugleich Bericht über den XXV. Fachkongreß der Steuerberater der Bundesrepublik Deutschland, Köln, 22. bis 24. Oktober 1973, Köln 1974.

Tipke, Klaus (Steuerrechtsordnung III): Die Steuerrechtsordnung – Band III – Steuerrechtswissenschaft, Steuergesetzgebung, Steuervollzug, Steuerrechtsschutz, Steuerreformbestrebungen, 2. Aufl., Köln 2012.

Tipke, Klaus/Lang, Joachim [Hrsg.] (Steuerrecht): Steuerrecht, 23. Aufl., Köln 2018.

Tipke, Klaus/Lang, Joachim [Hrsg.] (Steuerrecht): Steuerrecht, 24. Aufl., Köln 2021.

Tobin, James (Risk): Liquidity Preference as Behavior Towards Risk, The Review of Economic Studies 1958, 65–86.

Tolikas, Konstantinos (bond markets): The lead-lag relation between the stock and the bond markets, European Journal of Finance 2018, 849–866.

Tonner, Martin/Krüger, Thomas (Bankrecht): Bankrecht, 3. Aufl., Baden-Baden 2019.

Tröger, Tobias (Einlagen): Vertragsrechtliche Fragen negativer Zinsen auf Einlagen, NJW 2015, 657–660.

Tropeano, Domenica (interest rates): Negative interest rates in the eurozone, Review of Keynesian Economics 2019, 233–246.

Tversky, Amos/Fox, Craig R. (Uncertainty): Weighing Risk and Uncertainty, Psychological review 1995, 269–283.

Tversky, Amos/Kahneman, Daniel (Availability): Availability: A heuristic for judging frequency and probability, Cognitive Psychology 1973, 207–232.

Tversky, Amos/Kahneman, Daniel (Uncertainty): Advances in Prospect Theory: Cumulative Representation of Uncertainty, Journal of Risk and Uncertainty Vol. 5 1992, 297–323.

Ulate, Mauricio (Negative): Going Negative at the Zero Lower Bound: The Effects of Negative Nominal Interest Rates, American Economic Review 2021, 1–40.

Ullmann, Robert (Dogmatik): Das negative Vorzeichen in der Dogmatik des Einkommensteuerrechts, in: **Kube, Hanno/Reimer, Ekkehart** [Hrsg.] (HFSt 17): Das negative Vorzeichen im Steuerrecht – HFSt 17, Berlin 2021, 5–22.

Ulmer, Peter/Ihrig, Christoph (Zero-Bonds): Ein neuer Anleihetyp: Zero-Bonds – Zivil- und bilanzrechtliche Probleme, ZIP 1985, 1169–1180.

Ulrich, Hans [Hrsg.] (Unternehmensplanung): Unternehmensplanung – Bericht von der wissenschaftlichen Tagung der Hochschullehrer für Betriebswirtschaft in Augsburg vom 12.6. bis 16.6.1973, Wiesbaden 1975.

Urbschat, Florian, Impact, CESifo Working Papers Nr. 7358 (November 2018), https://ssrn.com/abstract=3338686 (abgerufen am 19.10.2025).

van de Kuilen, Gijs (Preference): Subjective Probability Weighting and the Discovered Preference Hypothesis, Theory and Decision Vol. 67 2009, 1–22.

Vanderveldt, Arianna/Green, Leonard/Myerson, Joel (Discounting): Discounting of monetary rewards that are both delayed and probabilistic: Delay and probability combine multiplicatively, not additively., Journal of Experimental Psychology: Learning, Memory and Cognition 2015, 148–162.

Vasicek, Oldrich (term structure): An equilibrium characterization of the term structure, Journal of Financial Economics 1977, 177–188.

Velte, Patrick (Abnutzbarkeit): Zur Abnutzbarkeit des derivativen Geschäfts- oder Firmenwerts – „Renaissance" der steuerrechtlichen Einheitstheorie?, 2008, 280–287.

Velte, Patrick (Teilwertabschreibung): Perspektiven der Teilwertabschreibung bei voraussichtlich dauernder Wertminderung, StuW 2016, 33–49.

Velte, Patrick (Vorlagebeschluss): Vorlagebeschluss des FG Köln an das BVerfG: Verfassungswidrige Abzinsung von Pensionsrückstellungen gem. § 6a Abs. 3 S. 3 EStG?, BB Heft 6 2018, I.

Velte, Patrick (Rückstellungsbewertung): Fiskalpolitische Maßgeblichkeit bei der Rückstellungsbewertung – Kritische Anmerkungen zum BFH-Urt. v. 20.11.2019 – XI R 46/17, Ubg 2020, 360–363.

Vitale, Andrea/Loose, Thomas (Management): Tax Management – konzeptionelle Überlegungen, BB 2014, 2903–2910.

Vlaev, Ivo/Chater, Nick/Stewart, Neil (Change): Seeing Is Not Enough: Manipulating Choice Options Causes Focusing and Preference Change in Multiattribute Risky Decision-Making, Journal of Behavioral Decision Making 2008, 556–574.

Vodrazka, Karl (Bilanzpolitik): Bilanzpolitik, in: **Grochla, Erwin/Wittmann, Waldemar** [Hrsg.] (Handwörterbuch): Handwörterbuch der Betriebswirtschaft, 4. Aufl., Stuttgart 1974, 909–927.

Vogel, Hans-Gert (Negativzinsen): Negativzinsen im Einlagengeschäft der Kreditinstitute, BKR 2018, 45–55.

Vogel, Klaus (Rechtsfolgen): Die Abschichtung von Rechtsfolgen im Steuerrecht – Lastenausteilungs-, Lenkungs- und Vereinfachungsnormen und die ihnen zuzurechnenden Steuerfolgen: ein Beitrag zur Methodenlehre des Steuerrechts, StuW 1977, 97–121.

von Cölln, Tobias D. (Gesellschafterdarlehen): Die Gewährung von Gesellschafterdarlehen im gegenwärtigen Null- bzw. Negativzinsumfeld – Eine Analyse der Auswirkungen des ökonomischen Zinsumfeldes auf die Qualifikation der Einkünfteerzielungsabsicht sowie auf die potentielle Abzinsung von Verbindlichkeiten, FR 2020, 248–260.

von Gaudecker, Hans-Martin/van Soest, Arthur/Wengstrom, Erik (Heterogeneity): Heterogeneity in Risky Choice Behavior in a Broad Population, American Economic Review 2011, 664–694.

von Gaudecker, Hans-Martin/van Soest, Arthur/Wengstrom, Erik (selection): Experts in experiments – How selection matters for estimated distributions of risk preferences, Journal of Risk and Uncertainty Vol. 45 2012, 159–190.

von Neumann, John/Morgenstern, Oskar (behavior): Theory of games and economic behavior, 3. Aufl., Princeton 1953.

von Weizsacker, Carl Christian (Krise): Kapitalismus in der Krise? – Der negative natürliche Zins und seine Folgen für die Politik, Perspektiven der Wirtschaftspolitik 2015, 189–212.

von Weizsacker, Carl Christian/Krämer, Hagen (Sparen): Sparen und Investieren im 21. Jahrhundert, Wiesbaden 2019.

Wachter, Thomas (Erbschaftsteuerrecht): Erste Konturen des neuen Erbschaftsteuerrechts, FR 2016, 690–711.

Wagner, Franz (Steuerlehre): Zum gegenwärtigen Forschungsprogramm der betriebswirtschaftlichen Steuerlehre, DB 1974, 393–398.

Wagner, Franz (Steuerreformen): Steuerreformen: Warum der „Große Wurf" weder möglich noch nötig ist, FR 2012, 653–667.

Wagner, Franz/Weber, Stefan (Vorteilhaftigkeit): Steuerrechtliche Behandlung und wirtschaftliche Vorteilhaftigkeit von Maßnahmen im Rahmen der Corona-Pandemie, DStR 2020, 745–752.

Wagner, Gerd Rainer [Hrsg.] (FS Kreienbaum): Unternehmensführung, Ethik und Umwelt, Wiesbaden 1999.

Wakker, Peter P. (Uncertainty): Uncertainty, in: **Palgrave, Macmillan** [Hrsg.] (Dictionary): The New Palgrave Dictionary of Economics, Dynamic Online Version 2020, 1–16.

Walb, Ernst (Erfolgsrechnung): Zur Theorle der Erfolgsrechnung, ZfhF 1923, 416–428.

Walde, Alois (Wörterbuch Band 1): Lateinisches etymologisches Wörterbuch Band 1 A-L, Heidelberg 1965.

Walde, Alois (Wörterbuch Band 2): Lateinisches etymologisches Wörterbuch Band 2 M-Z, Heidelberg 1965.

Walras, Léon (Eléments): Eléments d'économie politique pure – ou, Théorie de la richesse sociale, 3. Aufl., Lausanne, Paris 1896.

Walras, Léon/Walker, Donald Anthony/van Daal, Jan (Elements): Elements of Theoretical Economics – or The Theory of Social Wealth, Camebridge 2014.

Wang, Mei/Rieger, Marc Oliver/Hens, Thorsten (preferences): How time preferences differ: Evidence from 53 countries, Journal of Economic Psychology Vol. 52 2016, 115–135.

Watanabe, Satoshi/Shibutani, Hirohide (framing): Aging and decision making: Differences in susceptibility to the risky-choice framing effect between older and younger adults in Japan, Japanese Psychological Research 2010, 163–174.

Watrin, Christoph/Thomsen, Martin (Empirie): Der Beitrag der Empirie zur Betriebswirtschaftlichen Steuerforschung – Gedanken zum 100-jährigen Bestehen des Fachs, StuW 2020, 276–285.

Weber-Grellet, Heinrich (Maßgeblichkeitsgrundsatz): Entwicklungstendenzen und Zukunftsperspektiven des Maßgeblichkeitsgrundsatzes, DB 2016, 1279–1284.

Weber-Grellet, Heinrich (Emanzipation): Die fortschreitende Emanzipation des Steuerrechts, StuW 2016, 226–239.

Weber, Axel A./Lemke, Wolfgang/Worms, Andreas (real rate): How useful is the concept of the natural real rate of interest for monetary policy?, Cambridge Journal of Economics 2008, 49–63.

Weber, Bethany J./Chapman, Gretchen B. (effects): The combined effects of risk and time on choice: Does uncertainty eliminate the immediacy effect? Does delay eliminate the certainty effect?, Organizational Behavior and Human Decision Processes Vol. 96 2005, 104–118.

Weber, Elke U./Blais, Ann-Renée/Betz, Nancy E. (Risk-attitude): A Domain-specific Risk-attitude Scale: Measuring Risk Perceptions and Risk Behaviors, Journal of Behavioral Decision Making 2002, 263–290.

Weber, Guido (Veranlassungsprinzip): Die Abgrenzung zwischen Erwerbs- und Privatsphäre nach dem Veranlassungsprinzip, StuW 2009, 184–196.

Weckerle, Thomas (Abzinsungszinssatz): Zum Abzinsungszinssatz des § 6a Abs. 3 Satz 3 EStG, DB 2017, 1284–1289.

Weckerle, Thomas (Verbindlichkeiten): Zur steuerlichen Behandlung zinsloser Verbindlichkeiten, FR 2020, 715–719.

Weigel, Wolfgang/Meyding-Metzger, Angelika (Ausweis): Der Ausweis eines „Phänomens“: Negative (Nominal-)Zinsen im Abschluss von Kreditinstituten, IRZ 2015, 185–192.

Weingartner, Hans Martin (Budgeting): Mathematical Programming and the Analysis of Capital Budgeting Problems, Diss., Englewood Cliffs 1963.

Weiss, Martin (X R 7/17 (Anm.)): Beginn der Herstellung nach § 6b Abs. 3 EStG ; Verfassungsmäßigkeit der Höhe des Gewinnzuschlags bis 2009, EStB 2019, 484–486.

Weiss, Martin/Holle, Florian (Abzinsung): Der Zinssatz bei Abzinsung von Verbindlichkeiten (§ 6 Abs. 1 Nr. 3 EStG) auf dem verfassungsrechtlichen Prüfstand, NWB 2019, 696–697.

Wenger, Ekkehard (Gleichmäßigkeit): Gleichmäßigkeit der Besteuerung von Arbeits- und Vermögenseinkünften, Finanzarchiv 1983, 207–252.

Wenger, Ekkehard (Einkommensbesteuerung): Einkommensteuerliche Periodisierungsregeln, Unternehmenserhaltung und optimale Einkommensbesteuerung Teil 1, ZfB 1985, 710–730.

Werthebach, Felix (Erwerb): Bilanzielle Abbildung des Erwerbs von Personenunternehmen, StuW 2024, 48–70.

Wessels, Peter (Zinsrecht): Zinsrecht in Deutschland und England – Eine rechtsvergleichende Untersuchung, Diss., Berlin 1992.

Whelan, Robert/McHugh, Louise A. (Discounting): Temporal Discounting of Hypothetical Monetary Rewards by Adolescents, Adults, and Older Adults, The Psychological Record 2009, 247–258.

Wicksell, Knut (Geldzins): Geldzins und Güterpreise. Eine Studie über die den Tauschwert des Geldes bestimmenden Ursachen, Jena 1898.

Winnefeld, Robert (Bilanz-Handbuch): Bilanz-Handbuch – Handels- und Steuerbilanz – Rechtsformspezifisches Bilanzrecht – Bilanzielle Sonderfragen – Sonderbilanzen – IAS/IFRS-Rechnungslegung, 5. Aufl., München 2015.

Wissenschaftliche Dienste Deutscher Bundestag (Negativzinsen): Zur Zulässigkeit von Negativzinsen – Zivilrechtliche Implikationen, 2019, https://www.bundestag.de/resource/blob/664584/15489e9bc30805160560885786 3b89e7/WD-7-137-19-pdf-data.pdf, abgerufen am 19.10.2025.

Wissenschaftlicher Beirat beim Bundesministerium der Finanzen (Herausforderungen): Herausforderungen der Niedrigzinsphase für die Finanzpolitik – Gutachten des Wissenschaftlichen Beiratsbeim Bundesministerium der Finanzen, 2017, https://www.bundesfinanzministerium.de/Content/DE/Standardartikel/Ministerium/Geschaeftsbereich/Wissenschaftlicher_Beirat/Gutachten_und_Stellungnahmen/Ausgewaehlte_Texte/2017-06-28-gutachten-niedrigzinsphase-anlage.pdf?__blob=publicationFile&v=4, abgerufen am 19.10.2025.

Wissenschaftlicher Beirat beim Bundesministerium der Finanzen (Corona-Krise): Steuerliche Maßnahmen für Unternehmen aus Anlass der Corona-Krise, 2020, https://www.bundesfinanzministerium.de/Content/DE/Standardartikel/Ministerium/Geschaeftsbereich/Wissenschaftlicher_Beirat/Gutachten_und_Stellungnahmen/Ausgewaehlte_Texte/2020-05-14-Gutachten-Corona-Hilfen-anl.pdf?__blob=publicationFile&v=5, abgerufen am 19.10.2025.

Wittmann, Waldemar (Handwörterbuch): Handwörterbuch der Betriebswirtschaft, 5. Aufl., Stuttgart 1993.

Wöhe, Günter/Döring, Ulrich/Brösel, Gerrit (Betriebswirtschaftslehre): Einführung in die allgemeine Betriebswirtschaftslehre, 27. Aufl., München 2020.

Wu, George/Gonzalez, Richard (Uncertainty): Nonlinear Decision Weights in Choice Under Uncertainty, Management Science 1999, 74–85.

Wu, Jing Cynthia/Xia, Fan Dora (yield curve): Negative interest rate policy and the yield curve, Journal of Applied Econometrics 2020, 653–672.

Xia, Bianjun (anomalies): A simple explanation of some key time preference anomalies, Canadian Journal of Economics 2011, 695–708.

Xu, Ping/Cheng, Jiuquing/Sang, Hui (preference): The effect of risk on intertemporal choice and preference reversal, Journal of the Experimental Analysis of Behavior 2022, 151–166.

Zabel, Michael/Ollinger, Carina/Müller, Florian (Zinsen): Negative Zinsen und deren Abbildung im handelsrechtlichen Jahresüberschuss, in: **Richter, Lutz/Meyering, Stephan/Sopp, Karina** [Hrsg.] (FS Kußmaul): Anwendungsorientierte steuerliche Betriebswirtschaftslehre – Rechnungswesen – Steuerarten – Unternehmensstruktur – Festschrift zum 65. Geburtstag von Heinz Kußmaul, Berlin 2022, 103–119.

Zahn, Carsten (Vollverzinsung): Realitätsgerechtigkeit des Zinssatzes der Vollverzinsung (§§ 233a, 238 AO), DStZ 2020, 573–581.

Zeisberger, Stefan/Vrecko, Dennis/Langer, Thomas (stability): Measuring the time stability of Prospect Theory preferences, Theory and Decision Vol. 72 2012, 359–386.

Zellweger-Gutknecht, Corinne (Negativzins): Negativzins: Vergütung für die Übernahme des Geldwertrisikos durch den Kapitalnehmer, ZfPW 2015, 350–375.

Zilker, Veronika/Hertwig, Ralph/Pachur, Thorsten (Complexity): Age Differences in Risk Attitude Are Shaped by Option Complexity, Journal of Experimental Psychology-General 2020, 1644–1683.

Zilker, Veronika/Pachur, Thorsten (complexity): Does option complexity contribute to the framing effect, loss aversion, and delay discounting in younger and older adults?, Journal of Behavioral Decision Making 2021, 488–503.

Zunino, Luciano/Bariviera, Aurelio F./Guercio, Maria B. et al. (efficiency): On the efficiency of sovereign bond markets, Physica A: Statistical Mechanics and its Applications 2012, 4342–4349.

Zunino, Luciano/Bariviera, Aurelio F./Guercio, Maria B. et al. (efficiency): Monitoring the informational efficiency of European corporate bond markets with dynamical permutation min-entropy, Physica A: Statistical Mechanics and its Applications 2016, 1–9.

Zwirner, Christian (Einlagezinsen): Negative Einlagezinsen für Unternehmen – Behandlung im Jahresabschluss und steuerliche Bedeutung, BC 2016, 521–523.

Rechtsprechungsverzeichnis

Europäisches Recht:

EuGH-Urteile:

EuGH v. 23.04.2020, Rs. C-640/18, „**Wagram**“, ECLI:EU:C:2020:293.

Nationales Recht:

BVerfG-Urteile:

BVerfG v. 27.09.1951, 1 BvR 70/51, BVerfGE 1, 14.
BVerfG v. 17.01.1957, 1 BvL 4/54, BVerfGE 6, 55.
BVerfG v. 16.06.1959, 2 BvL 10/59, BVerfGE 9, 334.
BVerfG v. 28.06.1960, 2 BvL 19/59, BVerfGE 11, 245.
BVerfG v. 23.11.1976, 1 BvR 150/75, BVerfGE 43, 108.
BVerfG v. 07.10.1980, 1 BvL 50/79 u. a., BVerfGE 55, 72.
BVerfG v. 03.11.1982, 1 BvR 620/78 u. a., BVerfGE 61, 319.
BVerfG v. 08.02.1983, 1 BvL 28/79, BVerfGE 63, 119.
BVerfG v. 22.02.1984, 1 BvL 10/80, BVerfGE 66, 214.
BVerfG v. 28.11.1984, 1 BvR 1157/82, BVerfGE 68, 287.
BVerfG v. 08.04.1987, 2 BvR 909/82 u. a., BVerfGE 75, 108.
BVerfG v. 30.09.1987, 2 BvR 933/82, BVerfGE 76, 256.
BVerfG v. 31.05.1988, 1 BvR 520/83, BVerfGE 78, 214.
BVerfG v. 29.05.1990, 1 BvL 20/84, BVerfGE 82, 60.
BVerfG v. 31.05.1990, 2 BvL 12/88, BVerfGE 82, 159.
BVerfG v. 27.06.1991, 2 BvR 1493/89, BVerfGE 84, 239.
BVerfG v. 08.10.1991, 1 BvL 50/86, BVerfGE 84, 348.
BVerfG v. 08.01.1992, 2 BvL 9/88, BVerfGE 85, 176.
BVerfG v. 26.01.1993, 1 BvL 38/92 u. a., BVerfGE 88, 87.
BVerfG v. 05.10.1933, 1 BvL 34/81, BVerfGE 89, 132.
BVerfG v. 26.01.1994, 1 BvL 12/86, BVerfGE 89, 346.
BVerfG v. 20.06.1995, 2 BvR 37/91, BVerfGE 93, 121.
BVerfG v. 30.09.1998, 2 BvR 1818/91, BVerfGE 99, 88.
BVerfG v. 11.11.1998, 2 BvL 10/95, BVerfGE 99, 280.
BVerfG v. 07.12.1999, 2 BvR 1533/94, BVerfGE 101, 275.
BVerfG v. 06.03.2002, 2 BvL 17/99, BVerfGE 105, 73.
BVerfG v. 12.02.2003, 2 BvL 3/00, BVerfGE 107, 218.
BVerfG v. 20.04.2004, 1 BvR 1748/99, 905/00, BVerfGE 110, 274.
BVerfG v. 08.06.2004, 2 BvL 5/00, BVerfGE 110, 412.
BVerfG v. 23.06.2004, 1 BvL 3/98 u. a., BVerfGE 111, 115.
BVerfG v. 11.01.2005, 2 BvR 167/02, BVerfGE 112, 164.
BVerfG v. 18.07.2005, 2 BvF 2/01, BVerfGE 113, 167.
BVerfG v. 15.08.2006, 2 BvR 822/06, juris.
BVerfG v. 07.11.2006, 1 BvL 10/02, BVerfGE 117, 1.
BVerfG v. 21.06.2006, 2 BvL 2/99, BVerfGE 116, 164.

BVerfG v. 23.05.2006, 1 BvR 1484/99, BVerfGE 115, 381.
BVerfG v. 15.01.2008, 1 BvL 2/04, BVerfGE 120, 1.
BVerfG v. 09.12.2008, 2 BvL 1/07 u. a., BVerfGE 122, 210.
BVerfG v. 04.02.2009, 1 BvL 8/05, BVerfGE 123, 1.
BVerfG v. 12.05.2009, 2 BvL 1/00, BVerfGE 123, 111.
BVerfG v. 06.06.2010, 2 BvL 13/09, BVerfGE 126, 268.
BVerfG v. 06.07.2010, 1 BvL 9/06, 2/08, BVerfGE 126, 233.
BVerfG v. 07.06.2010, 1 BvL 14/02 u. a., BVerfGE 127, 1.
BVerfG v. 12.10.2010, 1 BvL 12/07, BVerfGE 127, 224.
BVerfG v. 21.06.2011, 1 BvR 2035/07, BVerfGE 129, 49.
BVerfG v. 04.06.2012, 2 BvC 1/11, 2/11, BVerfGE 132, 39.
BVerfG v. 07.05.2013, 2 BvR 909/06 u. a., BVerfGE 133, 377.
BVerfG v. 05.11.2014, 1 BvF 3/11, BVerfGE 137, 350.
BVerfG v. 17.12.2014, 1 BvL 21/12, BVerfGE 138, 136.
BVerfG v. 23.06.2015, 1 BvL 13/11, 14/11, BVerfGE 139, 285.
BVerfG v. 15.12.2015, 2 BvL 1/12, BVerfGE 141, 1.
BVerfG v. 29.03.2017, 2 BvL 6/11, BVerfGE 145, 106.
BVerfG v. 10.04.2018, 1 BvL 11/14, BVerfGE 148, 147.
BVerfG v. 19.11.2019, 2 BvL 22/14 u. a., BVerfGE 152, 274.
BVerfG v. 08.07.2021, 1 BvR 2237/14, 1 BvR 2422/17, DStR 2021, 1934.
BVerfG v. 08.12.2021, 2 BvL 1/13, BVerfGE 160, 41.
BVerfG v. 28.06.2022, 2 BvL 9/14 u. a., BVerfGE 162, 277.
BVerfG v. 28.03.2023, 2 BvL 8/13, juris.
BVerfG v. 28.07.2023, 2 BvL 22/17, juris.

BGH-Urteile:

BGH v. 27.02.1961, II ZR 292/59, BGHZ 34, 324.
BGH v. 09.11.1978, III ZR 21/77, NJW 1979, 805.
BGH v. 16.11.1978, III ZR 47/77, NJW 1979, 540.
BGH v. 14.05.1990, II ZR 125/89, BGHZ 111, 224.
BGH v. 29.05.1990, XI ZR 231/89, BGHZ 111, 287.
BGH v. 12.10.1993, XI ZR 11/93, ZIP 1993, 1700.
BGH v. 08.10.1996, XI ZR 283/95, BGHZ 133, 355.
BGH v. 27.01.1998, XI ZR 158/97, ZIP 1998, 418.
BGH v. 13.04.2010, XI ZR 197/09, ZIP 2010, 1023.
BGH v. 21.12.2010, XI ZR 52/08, ZIP 2011, 317.
BGH v. 15.07.2014, XI ZR 100/13, ZIP 2014, 1778.
BGH v. 16.02.2016, XI ZR 454/14, BGHZ 209, 71.
BGH v. 15.03.2016, XI ZR 336/15, ZIP 2016, 1017.
BGH v. 31.05.2016, XI ZR 370/15, ZIP 2016, 1279.
BGH v. 09.05.2017, XI ZR 308/15, BGHZ 215, 23.
BGH v. 14.05.2019, XI ZR 345/18, NJW 2019, 2920.
BGH v. 06.10.2021, XI ZR 234/20, ZIP 2021, 2427.
BGH v. 09.05.2023, XI ZR 544/21, BGHZ 237, 71.

BFH-Urteile:

BFH v. 10.02.1952, I 113/52 U, BStBl. III 1953, 102.
BFH v. 17.05.1952, I 4/52 U, BStBl. III 1952, 208.
BFH v. 13.09.1955, I 246/54 U, BStBl. III 1955, 320.
BFH v. 27.09.1955, I 174/55 S, BStBl. III 1955, 366.
BFH v. 18.12.1956, I 84/56 U, BStBl. III 1957, 27.
BFH v. 04.04.1957, IV 460/56 U, BStBl. III 1957, 195.
BFH v. 03.09.1957, I 315/56 U, BStBl. III 1957, 386.
BFH v. 22.01.1958, I 14/57 S, BStBl. III 1958, 186.
BFH v. 16.12.1958, I D 1/57 S, BStBl. III 1959, 30.
BFH v. 17.03.1959, I 207/58 U, BStBl. III 1959, 320.
BFH v. 27.06.1960, I 113/59 S, BStBl. III 1960, 351.
BFH v. 11.10.1960, I 175/60 U, BStBl. III 1960, 492.
BFH v. 02.10.1962, I 256/61 U, BStBl. III 1962, 513.
BFH v. 21.11.1963, IV 345/61 S, BStBl. III 1964, 183.
BFH v. 12.03.1964, IV 456/61 U, BStBl. III 1964, 525.
BFH v. 27.05.1964, I 237/62 U, BStBl. III 1964, 489.
BFH v. 03.07.1964, VI 262/63 U, BStBl. III 1965, 83.
BFH v. 08.07.1964, I 119/63 U, BStBl. III 1964, 561.
BFH v. 10.07.1964, VI 352/62, HFR 1965, 203.
BFH v. 30.07.1965, VI 264/64 U, BStBl. III 1965, 663.
BFH v. 02.11.1965, I 169/63 U, BStBl. III 1966, 127.
BFH v. 06.12.1965, GrS 2/64 S, BStBl. III 1966, 144.
BFH v. 09.12.1965, IV 423/62, HFR 1966, 208.
BFH v. 02.02.1967, IV 246/64, BStBl. III, 366.
BFH v. 31.05.1967, I 208/63, BStBl III 1967, 607.
BFH v. 14.06.1967, VI 318/65, BStBl. III 1967, 574.
BFH v. 29.06.1967, IV 131/63, BStBl. III 1967, 670.
BFH v. 23.11.1967, IV 123/63, BStBl. II 1968, 176.
BFH v. 24.05.1968, VI R 6/67, BStBl. II 1968, 574.
BFH v. 29.06.1968, IV 131/63, BStBl. III 1967, 670.
BFH v. 04.07.1968, IV 13/65, BStBl. II 1968, 682.
BFH v. 16.07.1968, GrS 7/67, BStBl. II 1969, 108.
BFH v. 25.09.1968, I 52/64, BStBl. II 1969, 18.
BFH v. 16.10.1968, I 85/65, BStBl. II 1969, 147.
BFH v. 27.11.1968, I 162/64, BStBl. II 1969, 247.
BFH v. 17.01.1969, VI 367/65, BStBl. II 1969, 540.
BFH v. 05.02.1969, I R 21/66, BStBl. II 1969, 334.
BFH v. 12.03.1969, I 97/65, BStBl. II 1969, 381.
BFH v. 09.07.1969, I R 38/66, BStBl. II 1969, 744.
BFH v. 20.11.1969, IV R 22/68, BStBl. II 1970, 309.
BFH v. 27.05.1970, IV R 222/69, BStBl. II 1970, 743.
BFH v. 14.10.1970, I R 34/69, BStBl. II 1971, 90.
BFH v. 18.11.1970, I 133/64, BStBl. II 1971, 133.
BFH v. 20.01.1971, I R 147/69, BStBl. II 1971, 302.

BFH v. 10.02.1972, IV 317/65, BStBl. II 1972, 419.
BFH v. 18.07.1972, VIII R 16/68, BStBl. II 1972, 884.
BFH v. 29.11.1973, IV R 181/71, BStBl. II 1974, 202.
BFH v. 13.12.1973, I R 136/72, BStBl. II 1974, 210.
BFH v. 17.07.1974, I R 195/72, BStBl. II 1974, 684.
BFH v. 09.02.1975, I R 28/73, BStBl. II 1975, 480.
BFH v. 25.02.1975, VIII R 19/70, BStBl. II 1975, 647.
BFH v. 26.02.1975, I R 72/73, BStBl. II 1976, 13.
BFH v. 23.04.1975, I R 236/72, BStBl. II 1975, 875.
BFH v. 30.04.1975, I R 41/73, BStBl. II 1975, 706.
BFH v. 15.05.1975, IV R 138/70, BStBl. II 1975, 692.
BFH v. 27.02.1976, III R 64/74, BStBl. II 1976, 52.
BFH v. 04.03.1976, IV R 78/72, BStBl. II 1977, 380.
BFH v. 05.05.1976, I R 121/74, BStBl. II 1976, 541.
BFH v. 28.10.1976, IV R 76/72, BStBl. II 1977, 73.
BFH v. 08.12.1976, I R 215/73, BStBl. II 1977, 409.
BFH v. 17.03.1977, IV R 218/72, BStBl. II 1977, 595.
BFH v. 19.01.1978, IV R 153/72, BStBl. II 1978, 262.
BFH v. 26.01.1978, IV R 62/77, BStBl. II 1978, 301.
BFH v. 29.03.1979, IV R 1/75, BStBl. II 1979, 412.
BFH v. 03.05.1979, I R 49/78, BStBl. II 1979, 738.
BFH v. 20.11.1979, VI R 25/78, BStBl. II 1980, 75.
BFH v. 31.01.1980, IV R 126/76, BStBl. II 1980, 491.
BFH v. 24.04.1980, IV R 61/77, BStBl. II 1980, 690.
BFH v. 02.02.1990, III R 173/86, BStBl. II 1990, 497.
BFH v. 09.07.1981, IV R 35/78, BStBl. II 1981, 734.
BFH v. 19.01.1982, VIII R 21/77, BStBl. II 1982, 456.
BFH v. 29.07.1982, IV R 49/78, BStBl. II 1982, 650.
BFH v. 12.08.1982, IV R 184/79, BStBl. II 1982, 696.
BFH v. 14.12.1982, VIII R 53/81, BStBl. II 1983, 303.
BFH v. 13.04.1983, I R 63/79, BStBl. II 1983, 667.
BFH v. 07.07.1983, IV R 47/80, BStBl. II 1983, 753.
BFH v. 19.07.1983, VIII R 160/79, BStBl. II 1984, 56.
BFH v. 21.11.1983, GrS 2/82, BStBl. II 1984, 160.
BFH v. 09.12.1983, III R 40/79, BStBl. II 1984, 193.
BFH v. 23.02.1984, IV R 128/81, BStBl. II 1984, 516.
BFH v. 22.08.1984, I R 198/80, BStBl. II 1985, 126.
BFH v. 25.06.1985, VIII R 274/81, BFH/NV 1986, 22.
BFH v. 11.12.1985, I B 49/85, BFH/NV 1986, 595.
BFH v. 27.02.1986, IV R 52/83, BStBl. II 1986, 552.
BFH v. 13.03.1986, IV R 1/84, BStBl. II 1986, 711.
BFH v. 20.08.1986, I R 80/83, BStBl. II 1986, 904.
BFH v. 20.08.1986, I R 29/85, BStBl. II 1987, 108.
BFH v. 11.12.1986, IV R 222/84, BStBl. II 1987, 553.
BFH v. 05.02.1987, IV R 81/84, BStBl. II 1987, 845.
BFH v. 13.10.1987, VIII R 156/84, BStBl. II 1988, 252.

BFH v. 18.10.1988, VIII R 172/85, BStBl. II 1989, 549.
BFH v. 30.11.1988, I R 114/84, BStBl. II 1990, 117.
BFH v. 09.08.1989, X R 20/86, BStBl. II 1990, 128.
BFH v. 27.11.1989, GrS 1/88, BStBl. II 1990, 160.
BFH v. 24.01.1990, I B 112/88, BFH/NV 1991, 494.
BFH v. 02.03.1990, III R 70/87, BStBl. II 1990, 733.
BFH v. 04.07.1990, GrS 2–3/88, BStBl. II 1990, 817.
BFH v. 24.10.1990, X R 64/89, BStBl. II 1991, 358.
BFH v. 12.12.1990, I R 18/89, BStBl. II 1991, 485.
BFH v. 12.12.1990, I R 153/86, BStBl. II 1991, 479.
BFH v. 27.02.1991, I R 176/84, BStBl. II 1991, 456.
BFH v. 13.03.1991, I R 83/89, BStBl. II 1991, 595.
BFH v. 03.12.1991, VIII R 88/87, BStBl. II 1993, 89.
BFH v. 12.12.1991, IV R 28/91, BStBl. II 1992, 600.
BFH v. 20.05.1992, X R 49/89, BStBl. II 1992, 904.
BFH v. 01.12.1992, VIII R 57/90, BStBl. II 1994, 607.
BFH v. 10.12.1992, XI R 34/91, BStBl. II 1994, 158.
BFH v. 20.01.1993, I R 115/91, BStBl. II 1993, 373.
BFH v. 12.05.1993, XI R 1/93, BStBl. II 1993, 786.
BFH v. 26.05.1993, X R 72/90, BStBl. II 1993, 855.
BFH v. 08.09.1994, IV R 16/94, BStBl. II 1995, 309.
BFH v. 18.01.1995, I R 44/94, BStBl. II 1995, 742.
BFH v. 23.06.1997, GrS 2/93, BStBl. II 1997, 735.
BFH v. 07.10.1997, VIII R 84/94, BStBl. II 1998, 331.
BFH v. 19.12.1997, X B 235/96, juris.
BFH v. 24.01.1998, VIII R 64/94, BStBl. II 1998, 537.
BFH v. 27.01.1998, VIII R 64/96, BStBl. II 1998, 537.
BFH v. 11.02.1998, I R 23/96, BStBl. II 1998, 381.
BFH v. 28.05.1998, IV R 48/97, BStBl. II 1998, 775.
BFH v. 18.06.1998, IV R 61/97, BStBl II. 1998, 621.
BFH v. 15.07.1998, I R 24/96, BStBl. II 1998, 728.
BFH v. 10.09.1998, IV R 80/96, BStBl. II 1999, 21.
BFH v. 29.04.1999, IV R 63/97, BStBl. II 2004, 639.
BFH v. 24.02.2000, IV R 6/99, BStBl. II 2000, 297.
BFH v. 17.05.2000, I R 66/99, BFH/NV 2001, 155.
BFH v. 02.05.2001, VIII R 64/93, BFH/NV 2002, 10.
BFH v. 27.06.2001, I R 45/97, BStBl. II 2003, 121.
BFH v. 30.01.2002, I R 71/00, BStBl. II 2003, 279.
BFH v. 16.05.2002, III R 45/98, BStBl. II 2003, 10.
BFH v. 19.08.2002, VIII R 30/01, BStBl. II 2003, 131.
BFH v. 20.08.2003, I R 49/02, BStBl. II 2003, 941.
BFH v. 02.03.2004, III B 114/03, BFH/NV 2004, 1109.
BFH v. 30.11.2005, I R 1/05, BStBl. II 2006, 471.
BFH v. 30.11.2005, I R 110/04, BStBl. II 2007, 251.
BFH v. 24.10.2006, I R 2/06, BStBl. II 2007, 469.
BFH v. 20.11.2006, VIII R 47/05, BStBl. II 2008, 69.

BFH v. 29.11.2006, I R 46/05, BStBl. II 2009, 955.
BFH v. 29.11.2007, IV R 62/05, BStBl. II 2008, 557.
BFH v. 23.09.2009, IV R 70/06, BStBl. II 2010, 270.
BFH v. 06.10.2009, I R 4/08, BStBl. II 2010, 178.
BFH v. 27.01.2010, I R 35/09, BStBl. II 2010, 478.
BFH v. 01.07.2010, IV R 7/08, BFH/NV 2010, 2250.
BFH v. 20.04.2011, I R 2/10, BStBl. II 2011, 761.
BFH v. 05.05.2011, IV R 32/07, BStBl. II 2012, 98.
BFH v. 08.06.2011, I R 98/10, BStBl. II 2012, 716.
BFH v. 22.06.2011, I R 7/10, BStBl. II 2011, 870.
BFH v. 27.07.2011, I R 77/10, BStBl. II 2011, 284.
BFH v. 31.08.2011, X R 19/10, BStBl. II 2012, 190.
BFH v. 08.09.2011, IV R 5/09, BStBl. II 2012, 122.
BFH v. 21.09.2011, I R 50/10, BStBl. II 2012, 197.
BFH v. 11.07.2012, I R 50/11, BFH/NV 2013, 40.
BFH v. 24.10.2012, I R 43/11, BStBl. II 2013, 162.
BFH v. 14.11.2012, I R 19/12, BFH/NV 2013, 1389.
BFH v. 17.07.2013, X R 40/10, BStBl. II 2013, 883.
BFH v. 24.07.2013, IV R 30/10, BFH/NV 2014, 304.
BFH v. 26.02.2014, I R 59/12, BStBl. II 2014, 1016.
BFH v. 01.07.2014, IX R 31/13, BStBl. II 2014, 925.
BFH v. 02.07.2014, I R 46/12, BStBl. II 2014, 979.
BFH v. 16.12.2014, VIII R 45/12, BStBl. II 2015, 759.
BFH v. 14.04.2015, IX R 5/14, BStBl. II 2015, 985.
BFH v. 25.05.2016, I R 17/15, BStBl. II 2016, 930.
BFH v. 02.08.2016, VIII R 4/14, BStBl. II 2017, 287.
BFH v. 21.09.2016, X R 58/14, BFH/NV 2017, 275.
BFH v. 08.11.2016, I R 35/15, BStBl. II 2017, 768.
BFH v. 13.07.2017, VI R 62/15, BStBl. II 2018, 15.
BFH v. 27.09.2017, I R 65/15, BFH/NV 2018, 437.
BFH v. 10.10.2018, X R 33/16, BStBl. II 2018, 185.
BFH v. 09.11.2017, III R 10/16, BStBl. II 2018, 255.
BFH v. 06.12.2017 VI R 68/15, BStBl. II 2019, 128.
BFH v. 07.12.2017, IV R 23/14, BStBl. II 2018, 444.
BFH v. 17.01.2018, I R 27/16, BStBl. II 2018, 449.
BFH v. 18.04.2018, I R 37/16, BStBl. II 2019, 73.
BFH v. 25.04.2018, IX B 21/18, BStBl. II 2018, 415.
BFH v. 14.06.2018, III R 35/15, BStBl. II 2018, 662.
BFH v. 03.09.2018, VIII B 15/18, BFH/NV 2018, 1279.
BFH v. 18.09.2018, XI R 30/16, BStBl. II 2019, 67.
BFH v. 08.11.2018, IV R 38/16, BFH/NV 2019, 551.
BFH v. 28.11.2018, I R 56/16, BStBl. II 2020, 104.
BFH v. 22.05.2019, X R 19/17, BStBl. II 2019, 795.
BFH v. 04.07.2019, VIII B 128/18, BFH/NV 2019, 1060.
BFH v. 09.07.2019, X R 7/17, BFH/NV 2019, 1390.
BFH v. 23.10.2019, VI R 25/17, BStBl. II 2021, 425.

BFH v. 05.11.2019, X R 12/17, BStBl. II 2020, 262.
BFH v. 20.11.2019, XI R 46/17, BStBl. II 2020, 195.
BFH v. 28.11.2019, IV R 54/16, BStBl. II 2023, 447.
BFH v. 14.07.2021, VIII R 3/17, BStBl. II 2020, 813.

FG-Urteile:

FG Berlin-Brandenburg v. 15.01.2014, 3 K 3079/13, rkr. (BFH v. 14.04.2015, IX R 5/14), EFG 2014, 724.
FG Düsseldorf v. 31.05.2019, 15 K 1131/19 G, F, Rev. eingelegt (Az. des BFH: IV R 19/19), EFG 2019, 1752.
FG Düsseldorf v. 28.07.2021, 4 K 865/21 Erb, vorl., EFG 2021, 1735.
FG Hamburg v. 31.01.2019, 2 V 112/18, rkr., EFG 2019, 525.
FG Köln v. 12.10.2017, 10 K 977/17 (Az. des BVerfG: 2 BvL 22/17), EFG 2018, 287.
FG Köln v. 29.09.2020, 7 K 2593/19, rkr., juris.
FG Münster v. 17.08.2017, 10 K 2472/16, Rev. eingelegt (Az. des BFH: III R 25/17), EFG 2017, 1638.
FG Münster v. 31.08.2018, 9 V 2360/18 E, teilw. aufgehoben (BFH v. 04.07.2019, VIII B 128/18), EFG 2018, 1821.
FG Münster v. 29.05.2020, 12 V 901/20 AO, rkr., EFG 2020, 1053.
FG Münster v. 05.05.2021, 13 V 505/21, Rev. eingelegt (Az. des BFH: XI B 44/21), EFG 2021, 1205.
FG Münster v. 22.07.2021, 10 K 1707/20 E, G, vorl., EFG 2021, 1810.
FG Münster v. 16.12.2021, 12 V 2684/21 AO, Rev. eingelegt (Az. des BFH: II B 3/22), EFG 2022, 225.
FG Münster v. 11.01.2022, 12 V 1805/21 AO, Rev. eingelegt (Az. des BFH: IV B 4/22), EFG 2022, 279.
FG Münster v. 18.01.2022, 2 K 700/18 G, F, Rev. eingelegt (Az. des BFH: IV R 4/22), EFG 2022, 483.

LG-Urteile:

LG Berlin v. 28.10.2021, 16 O 43/21, ZIP 2021, 2527.
LG Hamburg v. 04.12.2020, 318 O 367/19, rkr., ZIP 2021, 456.
LG Leipzig v. 08.07.2021, 05 O 640/20, ZIP 2021, 1533.
LG Tübingen v. 26.01.2018, 4 O 187/17, rkr., ZBB 2018, 334.
LG Tübingen v. 25.05.2018, 4 O 225/17, rkr., ZBB 2018, 332.

OLG-Urteile:

OLG Dresden v. 18.01.2022, 8 U 1389/21, rkr., BKR 2022, 247.
OLG Düsseldorf v. 28.10.2021, 5 U 29/21, Rev. eingelegt (Az. des BGH: IX ZR 205/21), ZIP 2022, 211.
OLG Hamburg v. 11.05.2022, 13 U 1/21, Rev. eingelegt (Az. des BGH: XI ZR 117/22), ZIP 2022, 1200.
OLG Stuttgart v. 27.03.2019, 4 U 184/18, rkr. (BGH v. 10.03.2020, IV ZR 567/19), ZIP 2019, 910.

OVG-Urteile:

OVG NRW v. 10.07.2014, 14 A 1196/13, rkr., Versorgungswirtschaft 2015, 93.

VGH-Urteile:

VGH Bayern v. 10.08.2017, 4 ZB 17.279, rkr., KStZ 2018, 90.

Reichsgerichtsurteile:

RFH v. 13.02.1929, VI A 164/29, RStBl. 1929, 267.
RFH v. 17.12.1929, I Aa 643/29, RStBl. 1930, 95.
RFH v. 02.04.1930, VI A 1361/29, RStBl. 1930, 363.
RFH v. 26.09.1934, VI A 2020/32, StuW 1934, Nr. 729.
RFH v. 12.12.1935, VI A 852/35, StuW 1936, Nr. 78.
RFH v. 10.08.1938, VI 494/38, RStBl. 1938, 915.
RFH v. 03.05.1944, VI 11/44, RStBl. 1944, 619.

Verzeichnis der Verwaltungsanweisungen

Richtlinien:

Einkommensteuer-Richtlinien 2012 (EStR): Allgemeine Verwaltungsvorschrift zur Anwendung des Einkommensteuerrechts v. 16.12.2005, BStBl. I Sondernummer 1/2005, 3 in der Fassung der EStÄR 2012 v. 25.03.2013 (BStBl. I 2013, 276) mit den Einkommensteuer-Hinweisen 2018.

BMF-Schreiben:

BMF v. 05.03.1987, IV B 2 – S 2133–1/87, BStBl. I 1987, 394.
BMF v. 26.05.2005, IV B 2 – S 2175–7/05, BStBl. I 2005, 699.
BMF v. 27.05.2015, IV C 1 – S 2210/15/10001:002, BStBl. I 2015, 473.
BMF v. 18.01.2016, IV C 1 – S 2252/08/10004:017, BStBl. I 2016, 85.
BMF v. 02.09.2016, IV C 6 – S 2171-b/09/10002:002, BStBl. I 2016, 974.
BMF v. 19.02.2021, IV C 1 -S 2252/19/10003:007, BStBl. I 2021, 296.

Ländererlasse:

Oberste Finanzbehörden der Länder v. 17.11.2015, G 1422, BStBl. I 2015, 896.

Rechtsquellenverzeichnis

Europäisches Sekundärrecht:

Beschluss (EU) 2019/31 der Europäischen Zentralbank des Rates v. 15.10.2019 über die Verzinsung von Überschussreserven und bestimmten Einlagen (Neufassung), ABl. EU Nr. L 267, 12, zuletzt geändert durch Beschluss (EU) 2022/310 der Europäischen Zentralbank des Rates v. 17.02.2022 zur Änderung des Beschlusses (EU) 2019/1743 der Europäischen Zentralbank über die Verzinsung von Überschussreserven und bestimmten Einlagen (EZB/2022/5), ABl. EU Nr. L 46, 140.

Leitlinie (EU) 2015/510 der Europäischen Zentralbank des Rates v. 19.12.2014 über die Umsetzung des geldpolitischen Handlungsrahmens des Eurosystems (EZB/2014/60) (Neufassung) (EU-Eurosystem-Leitlinie), ABl. EU Nr. L 91, 3, zuletzt geändert durch Leitlinie (EU) 2022/987 der Europäischen Zentralbank des Rates v. 02.05.2022 zur Änderung der Leitlinie (EU) 2015/510 über die Umsetzung des geldpolitischen Handlungsrahmens des Eurosystems (EZB/2014/60) (EZB/2022/17), ABl. EU Nr. L 167, 115.

Richtlinie (EG) 2007/64 des Rates v. 13.11.2007 über Zahlungsdienste im Binnenmarkt, zur Änderung der Richtlinien 97/7/EG, 2002/65/EG, 2005/60/EG und 2006/48/EG sowie zur Aufhebung der Richtlinie 97/5/EG (Text von Bedeutung für den EWR) (Zahlungsdienste-RL), ABl. EU Nr. L 319, 9.

Richtlinie (EU) 2013/34 des Rates v. 26.06.2013 über den Jahresabschluss, den konsolidierten Abschluss und damit verbundene Berichte von Unternehmen bestimmter Rechtsformen und zur Änderung der Richtlinie 2006/43/EG des Europäischen Parlaments und des Rates und zur Aufhebung der Richtlinien 78/660/EWG und 83/349/EWG des Rates (Bilanz-RL), ABl. EU Nr. L 182, 26.

Richtlinie (EU) 2015/2366 des Rates v. 25.11.2015 über Zahlungsdienste im Binnenmarkt, zur Änderung der Richtlinien 2002/65/EG, 2009/110/EG und 2013/36/EU und der Verordnung (EU) Nr. 1093/2010 sowie zur Aufhebung der Richtlinie 2007/64/EG (Zweite Zahlungsdienste-RL), ABl. EU Nr. L 337, 53 (ber. ABl. EU 2016 Nr. L 169 S. 18, ABl. EU 2018 Nr. L 102, S. 97, ABl. EU 2018 Nr. L 126, S. 10).

International Financial Reporting Standards:

International Accounting Standard 19 (IAS 19) v. 05.06.2012, ABl. EU Nr. L 146, 1 und 8, zuletzt geändert durch Verordnung (EU) 2023/1803 v. 26.09.2023, ABl. EU Nr. L 237, 1.

Nationales Recht:

Abgabenordnung (AO) in der Fassung der Bekanntmachung v. 23.01.2025, BGBl. I 2025, Nr. 24.

Aktiengesetz (AktG) in der Fassung der Bekanntmachung v. 06.09.1965, BGBl. I 1965, 1089, zuletzt geändert durch Art. 18 des Vierten Gesetzes zur Entlastung der Bürgerinnen und Bürger, der Wirtschaft sowie der Verwaltung von Bürokratie (Viertes Bürokratieentlastungsgesetz) v. 23.10.2024, BGBl. I 2024, Nr. 323.

Allgemeines Deutsches Handelsgesetzbuch (ADHGB 1861) in der Fassung der Bekanntmachung v. 05.06.1869, BGBl. des Norddeutschen Bundes 1869, 379, 404.

Allgemeines Deutsches Handelsgesetzbuch (ADHGB 1884) in der Fassung der Bekanntmachung v. 05.06.1869, BGBl. des Norddeutschen Bundes 1869, 379, 404, zuletzt geändert durch das Gesetz betreffend die Kommanditgesellschaften auf Aktien und die Aktiengesellschaften v. 18.07.1884, RGBl. 1884, 123.

Altersteilzeitgesetz (AltTZG) in der Fassung der Bekanntmachung v. 23.07.1996, BGBl. I 1996, 1078, zuletzt geändert durch Zwölftes Gesetz zur Änderung des Zweiten Buches Sozialgesetzbuch und anderer Gesetze – Einführung eines Bürgergeldes (Bürgergeld-Gesetz) v. 16.12.2022, BGBl. I 2022, 2328.

Bürgerliches Gesetzbuch (BGB) in der Fassung der Bekanntmachung v. 02.01.2002, BGBl. I 2002, 42, zuletzt geändert durch das Gesetz zur Änderung der Regelungen über die zulässige Miethöhe bei Mietbeginn und zur Änderung anderer Gesetze v. 17.07.2025, BGBl. I 2025, Nr. 163.

Einkommensteuergesetz (EStG 1934) in der Fassung der Bekanntmachung v. 16.10.1934, RGBl. 1934, 1005.

Einkommensteuergesetz (EStG) in der Fassung der Bekanntmachung v. 08.10.2009, BGBl. I 2009, 3366, ber. BGBl. I 2009, 3862, zuletzt geändert durch Art. 1 des Gesetzes für ein steuerliches Investitionssofortprogramm zur Stärkung des Wirtschaftsstandorts Deutschland v. 14.07.2025, BGBl. I 2025, Nr. 161.

Gesetz, betreffend die Einführung der Allgemeinen Deutschen Wechsel-Ordnung, der Nürnberger Wechsel-Novellen und des Allgemeinen Deutschen Handelsgesetzbuches als Bundesgesetze, v. 05.06.1869, BGBl. des Norddeutschen Bundes 1869, 379.

Gesetz betreffend die Gesellschaften mit beschränkter Haftung (GmbHG) in der Fassung der Bekanntmachung v. 20.05.1898, RGBl. I 1898, Nr. 51, ber. BGBl. III, Gliederungsnummer 4123–1, zuletzt geändert durch Art. 21 des vierten Gesetzes zur Entlastung der Bürgerinnen und Bürger, der Wirtschaft sowie der Verwaltung von Bürokratie (Viertes Bürokratieentlastungsgesetz) v. 23.10.2024, BGBl. I 2024, Nr. 323.

Gesetz für den Ausbau erneuerbarer Energien (Erneuerbare-Energien-Gesetz – EEG 2023) (EEG 2023) in der Fassung der Bekanntmachung v. 21.07.2014, BGBl. I 2014, 1066, zuletzt geändert durch das Gesetz zur Änderung des Erneuerbare-Energien-Gesetzes zur Flexibilisierung von Biogasanlagen und Sicherung der Anschlussförderung v. 21.02.2025, BGBl. I 2025, Nr. 52.

Gesetz über das Kreditwesen (Kreditwesengesetz) (KWG) in der Fassung der Bekanntmachung v. 09.09.1998, BGBl. I 1998, 2776, zuletzt geändert durch Art. 7 des Gesetzes für dringliche Änderungen im Finanzmarkt- und Steuerbereich v. 28.02.2025, BGBl. I 20225, Nr. 69.

Gesetz über die Aktiengesellschaften und Kommanditgesellschaften auf Aktien (Aktiengesetz) (AktG 1937) in der Fassung der Bekanntmachung v. 30.01.1937, RGBl. I 1937, 107.

Gesetz über die Einspeisung von Strom aus erneuerbaren Energien in das öffentliche Netz (Stromeinspeisungsgesetz) (StromEinspG) v. 07.12.1990, BGBl. I 1990, 2633.

Gesetz über die Rechnungslegung von bestimmten Unternehmen und Konzernen (Publizitätsgesetz – PublG) (PublG) in der Fassung der Bekanntmachung v. 15.04.1969, BGBl. I 1969, 1189, zuletzt geändert durch Gesetz zur Modernisierung des Personengesellschaftsrechts (Personengesellschaftsmodernisierungsgesetz – MoPeG) v. 10.08.2021, BGBl. I 2021, 3436.

Gesetz über steuerliche und weitere Begleitregelungen zum Austritt des Vereinigten Königreichs Großbritannien und Nordirland aus der Europäischen Union (Brexit-Steuerbegleitgesetz – Brexit-StBG) (Brexit-StBG) v. 25.03.2019, BGBl. I 2019, 357.

Gesetz zur Änderung des Einkommensteuergesetzes, des Körperschaftsteuergesetzes, des Gewerbesteuergesetzes und des Wohnungsbau-Prämiengesetzes (Steueränderungsgesetz 1960), (Steueränderungsgesetz 1960) v. 30.07.1960, BGBl. I 1960, 616.

Gesetz zur Durchführung der Richtlinie des Rates der Europäischen Gemeinschaften über den Jahresabschluß und den konsolidierten Abschluß von Banken und anderen Finanzinstituten (Bankbilanzrichtlinie-Gesetz) (Bankbilanzrichtlinie-Gesetz) v. 30.11.1990, BGBl. I 1990, 2570.

Gesetz zur Durchführung der Richtlinie des Rates der Europäischen Gemeinschaften über den Jahresabschluß und den konsolidierten Abschluß von Versicherungsunternehmen (Versicherungsbilanzrichtlinie-Gesetz – VersRiLiG) (VersRiLiG) v. 24.06.1994, BGBl. I 1994, 1377.

Gesetz zur Durchführung der Richtlinie des Rates der Europäischen Union zur Änderung der Bilanz- und der Konzernbilanzrichtlinie hinsichtlich ihres Anwendungsbereichs (90/605/EWG), zur Verbesserung der Offenlegung von Jahresabschlüssen und zur Änderung anderer handelsrechtlicher Bestimmungen (Kapitalgesellschaften- und Co-Richtlinie-Gesetz – KapCoRiLiG), (KapCoRiLiG) v. 24.02.2000, BGBl. I 2000, 154.

Gesetz zur Durchführung der Vierten Siebenten und Achten Richtlinie des Rates der Europäischen Gemeinschaften zur Koordinierung des Gesellschaftsrechts (Bilanzrichtlinien-Gesetz – BiRiLiG) (BiRiLiG) v. 19.12.1985, BGBl. I 1985, 2355.

Gesetz zur Modernisierung des Bilanzrechts (Bilanzrechtsmodernisierungsgesetz – BilMoG) (BilMoG) v. 25.05.2009, BGBl. I 2009, 1102.

Gesetz zur Neuordnung von Steuern v. 16.12.1954, BGBl. I 1954, 373.

Gesetz zur Umsetzung der Amtshilferichtlinie sowie zur Änderung steuerlicher Vorschriften (Amtshilferichtlinie-Umsetzungsgesetz – AmtshilfeRLUmsG) (AmtshilfeRLUmsG) v. 26.06.2013, BGBl. I 2013, 1809.

Gesetz zur Umsetzung der Richtlinie 2013/34/EU des Europäischen Parlaments und des Rates vom 26. Juni 2013 über den Jahresabschluss, den konsolidierten Abschluss und damit verbundene Berichte von Unternehmen bestimmter Rechtsformen und zur Änderung der Richtlinie 2006/43/EG des Europäischen Parlaments und des Rates und zur Aufhebung der Richtlinien 78/660/EWG und 83/349/EWG des Rates (Bilanzrichtlinie-Umsetzungsgesetz – BilRUG), (BilRUG) v. 17.07.2015, BGBl. I 2015, 1245.

Gesetz zur Umsetzung der Verbraucherkreditrichtlinie, des zivilrechtlichen Teils der Zahlungsdiensterichtlinie sowie zur Neuordnung der Vorschriften über das Widerrufs- und Rückgaberecht (VbrKrZdiensteRLUmsG) v. 29.07.2009, BGBl. I 2009, 2355.

Gesetz zur Umsetzung der Wohnimmobilienkreditrichtlinie und zur Änderung handelsrechtlicher Vorschriften v. 11.03.2016, BGBl. I 2016, 396.

Gesetz zur Umsetzung der Zweiten Zahlungsdiensterichtlinie (Zahlungsdiensterichtlinie) v. 17.07.2017, BGBl. I 2017, 2446.

Gesetz zur Verbesserung der betrieblichen Altersversorung v. 22.12.1974, BGBl. I 1974, 3610.

Gesetz zur Vermeidung von Umsatzsteuerausfällen beim Handel mit Waren im Internet und zur Änderung weiterer steuerlicher Vorschriften (UStIntG) v. 11.12.2018, BGBl. I 2018, 2338.

Gewerbesteuergesetz (GewStG) in der Fassung der Bekanntmachung v. 15.10.2002, BGBl. I 2002, 4167, zuletzt geändert durch Art. 4 des Gesetzes für dringliche Änderungen im Finanzmarkt- und Steuerbereich v. 28.02.2025, BGBl. I 2025, Nr. 69.

Handelsgesetzbuch (HGB) in der Fassung der Bekanntmachung v. 10.05.1897, RGBl. 1897, Nr. 64, ber. BGBl. III, Gliederungsnummer 4100–1, zuletzt geändert durch Art. 1 des Gesetzes für dringliche Änderungen im Finanzmarkt- und Steuerbereich v. 28.02.2025, BGBl. I 2025, Nr. 69.

ImmoWertV), Verordnung über die Grundsätze für die Ermittlung der Verkehrswerte von Immobilien und der für die Wertermittlung erforderlichen Daten (Immobilienwertermittlungsverordnung – (ImmoWertV) in der Fassung der Bekanntmachung v. 14.07.2021, BGBl. I 2021, 2805.

Jahressteuergesetz 2022 (JStG 2022) (JStG 2022) v. 16.12.2022, BGBl. I 2022, 2294.

Körperschaftsteuergesetz (KStG) in der Fassung der Bekanntmachung v. 15.10.2002, BGBl. I 2002, 4144, zuletzt geändert durch Art. 2 des Gesetzes für ein steuerliches Investitionssofortprogramm zur Stärkung des Wirtschaftsstandorts Deutschland v. 14.07.2025, BGBl. I 2025, Nr. 161.

Steuerentlastungsgesetz 1999/2000/2002 v. 24.03.1999, BGBl. I 1999, 402.

Verordnung über die Ermittlung und Bekanntgabe der Sätze zur Abzinsung von Rückstellungen (Rückstellungsabzinsungsverordnung – RückAbzinsV) (RückAbzinsV) in der Fassung der Bekanntmachung v. 18.11.2009, BGBl. I 2009, 3790, zuletzt geändert durch Art. 9 des Gesetzes zur Umsetzung der Wohnimmobilienkreditrichtlinie und zur Änderung handelsrechtlicher Vorschriften v. 11.03.2016, BGBl. I 2016, 396.

Verordnung zur Anwendung des Fremdvergleichsgrundsatzes nach § 1 Abs. 1 des Außensteuergesetzes in Fällen grenzüberschreitender Funktionsverlagerungen (Funktionsverlagerungsverordnung – FVerlV) (FVerlV) in der Fassung der Bekanntmachung v. 18.10.2022, BGBl. I 2022, 1803.

Viertes Gesetz zur Umsetzung steuerlicher Hilfsmaßnahmen zur Bewältigung der Corona-Krise (Viertes Corona-Steuerhilfegesetz) (Viertes Corona-Steuerhilfegesetz) v. 19.06.2022, BGBl. I 2022, 911.

Zweites Gesetz zur Verbesserung der Haushaltsstruktur (2. Haushaltsstrukturgesetz – 2. HStruktG) (2. HStruktG) v. 22.12.1981, BGBl. I 1981, 1523.

Verzeichnis der sonstigen Quellen

BR-Drs. 163/85 v. 12.04.1985, Gesetzesentwurf der Bundesregierung – Entwurf eines Gesetzes zur Durchführung der Siebenten und Achten Richtlinie des Rates der Europäischen Gemeinschaften zur Koordinierung des Gesellschaftsrechts.

BT-Drs. 2/481 v. 29.04.1954, Entwurf eines Gesetzes zur Neuordnung von Steuern.

BT-Drs. 3/1811 v. 30.04.1960, Entwurf eines Gesetzes zur Änderung des Einkommensteuergesetzes, des Körperschaftsteuergesetzes, des Gewerbesteuergesetzes und des Wohnungsbau-Prämiengesetzes (Steueränderungsgesetz 1960).

BT-Drs. 4/171 v. 03.02.1962, Bundesrepublik Deutschland – Der Bundeskanzler – 3 – 41001 – 2356/61 – Entwürfe a) eines Aktiengesetzes, b) eines Einführungsgesetzes zum Aktiengesetz mit je einer Begründung

BT-Drs. 7/1281 v. 26.11.1973, Gesetzesentwurf der Bundesregierung – Entwurf eines Gesetzes zur Verbesserung der betrieblichen Altersversorgung.

BT-Drs. 9/842 v. 28.09.1981, Gesetzentwurf der Bundesregierung – Entwurf eines Zweiten Gesetzes zur Verbesserung der Haushaltsstruktur (2. Haushaltsstrukturgesetz – 2. HStruktG).

BT-Drs. 10/317 v. 16.08.1983, Gesetzentwurf der Bundesregierung – Entwurf eines Gesetzes zur Durchführung der Vierten Richtlinie des Rates der Europäischen Gemeinschaften zur Koordinierung des Gesellschaftsrechts (Bilanzrichtlinie-Gesetz).

BT-Drs. 10/3440 v. 03.06.1985, Gesetzentwurf der Bundesregierung – Entwurf eines Gesetzes zur Durchführung der Siebenten und Achten Richtlinie des Rates der Europäischen Gemeinschaften zur Koordinierung des Gesellschaftsrechts.

BT-Drs. 10/4268 v. 18.11.1985, Beschlußempfehlung und Bericht des Rechtsausschusses (6. Ausschuß) zu dem von der Bundesregierung eingebrachten Entwurf eines Gesetzes zur Durchführung der Vierten Richtlinie des Rates der Europäischen Gemeinschaften zur Koordinierung des Gesellschaftsrechts (Bilanzrichtlinie-Gesetz) – Drucksache 10/317 – Entwurf eines Gesetzes zur Durchführung der Siebenten und Achten Richtlinie des Rates der Europäischen Gemeinschaften zur Koordinierung des Gesellschaftsrechts – Drucksache 10/3440 –.

BT-Drs. 12/7646 v. 20.05.1994, Bericht des Rechtsausschusses (6. Ausschuß) zu dem Gesetzentwurf der Bundesregierung – Drucksachen 12/5587, 12/7586 – Entwurf eines Gesetzes zur Durchführung der Richtlinie des Rates der Europäischen Gemeinschaften über den Jahresabschluß und den konsolidierten Abschluß von Versicherungsunternehmen (Versicherungsbilanzrichtlinie-Gesetz – VersRiLiG).

BT-Drs. 13/5359 v. 26.08.1996, Gesetzentwurf der Bundesregierung – Entwurf eines Jahressteuergesetzes (JStG) 1997.

BT-Drs. 14/158 v. 08, Zweite Beschlußempfehlung und zweiter Bericht des Finanzausschusses (7. Ausschuß) zu dem Gesetzentwurf der Fraktionen SPD und BÜNDNIS 90/DIE GRÜNEN – Drucksache 14/23 – Entwurf eines Steuerentlastungsgesetzes 1999/2000/2002.

BT-Drs. 14/265 v. 13.01.1999, Gesetzesentwurf der Bundesregierung – Entwurf eines Steuerentlastungsgesetzes 1999/2000/2002.

BT-Drs. 14/442 v. 02.03.1999, Dritte Beschlußempfehlung des Finanzausschusses (7. Ausschuß) zu dem Gesetzentwurf der Fraktionen SPD und BÜNDNIS 90/DIE GRÜNEN – Drucksache 14/23 – Entwurf eines Steuerentlastungsgesetzes 1999/2000/2002.

BT-Drs. 14/443 v. 03.03.1999, Dritter Bericht des Finanzausschusses (7. Ausschuß) zu dem Gesetzentwurf der Fraktionen SPD und BÜNDNIS 90/DIE GRÜNEN – Drucksache 14/ 23 – Entwurf eines Steuerentlastungsgesetzes 1999/2000/2002.

BT-Drs. 16/10067 v. 30.07.2008, Gesetzentwurf der Bundesregierung – Entwurf eines Gesetzes zur Modernisierung des Bilanzrechts (Bilanzrechtsmodernisierungsgesetz – BilMoG).

BT-Drs. 344/08 v. 23.05.2008, Gesetzentwurf der Bundesregierung – Entwurf eines Gesetzes zur Modernisierung des Bilanzrechts (Bilanzrechtsmodernisierungsgesetz – BilMoG).

BT-Drs. 18/5256 v. 17.06.2015, Beschlussempfehlung und Bericht des Ausschusses für Recht und Verbraucherschutz (6. Ausschuss) zu dem Gesetzentwurf der Bundesregierung – Drucksachen 18/4050, 18/4351 – Entwurf eines Gesetzes zur Umsetzung der Richtlinie 2013/34/EU des Europäischen Parlaments und des Rates vom 26. Juni 2013 über den Jahresabschluss, den konsolidierten Abschluss und damit verbundene Berichte von Unternehmen bestimmter Rechtsformen und zur Änderung der Richtlinie 2006/43/ EG des Europäischen Parlaments und des Rates und zur Aufhebung der Richtlinien 78/ 660/EWG und 83/349/EWG des Rates (Bilanzrichtlinie-Umsetzungsgesetz – BilRUG).

BT-Drs. 18/7584 v. 17.02.2016, Beschlussempfehlung und Bericht des Ausschusses für Recht und Verbraucherschutz (6. Ausschuss) a) zu dem Gesetzentwurf der Bundesregierung – Drucksachen 18/5922, 18/6286, 18/6410 Nr. 5 – Entwurf eines Gesetzes zur Umsetzung der Wohnimmobilienkreditrichtlinie – b) zu dem Antrag der Abgeordneten Caren Lay, Klaus Ernst, Dr. Dietmar Bartsch, weiterer Abgeordneter und der Fraktion DIE LINKE. – Drucksache 18/2741 – Gesetzliche Deckelung und Veröffentlichung der Zinssätze für Dispo- und Überziehungskredite.

BT-Drs. 19/18372 v. 01.04.2020, Antwort der Bundesregierung auf die Kleine Anfrage der Abgeordneten Markus Herbrand, Christian Dürr, Grigorios Aggelidis, weiterer Abgeordneter und der Fraktion der FDP – Drucksache 19/17998 – Umgang mit Nachzahlungszinsen des Finanzamts.

BT-Drs. 19/20234 v. 06.07.2020, Antwort der Bundesregierungauf die Kleine Anfrage der Abgeordneten Katja Hessel, Christian Dürr, Frank Schäffler, weiterer Abgeordneter und der Fraktion der FDP – Drucksache 19/20234 – Steuerzinsen fernab vom Markt- und Basiszinssatz.

BT-Drs. 20/1906 v. 18.05.2022, Beschlussempfehlung und Bericht des Finanzausschusses (7. Ausschuss) – a) zu dem Gesetzentwurf der Bundesregierung – Drucksachen 20/1111, 20/1646, 20/1828 Nr. 2 – Entwurf eines Vierten Gesetzes zur Umsetzung steuerlicher Hilfsmaßnahmen zur Bewältigung der Corona-Krise (Viertes Corona-Steuerhilfegesetz) – b) zu dem Antrag Fraktion der CDU/CSU – Drucksache 20/1339 – Mut zu wesentlichen steuerlichen Hilfsmaßnahmen.

Erwägungsgründe zur Richtlinie (EU) 2013/34 des Rates v. 26.06.2013 über den Jahresabschluss, den konsolidierten Abschluss und damit verbundene Berichte von Unternehmen bestimmter Rechtsformen und zur Änderung der Richtlinie 2006/43/EG des Europäischen Parlaments und des Rates und zur Aufhebung der Richtlinien 78/660/EWG und 83/349/EWG des Rates (Bilanz-RL), ABl. EU Nr. L 182, 19.

FSC
www.fsc.org
MIX
Papier | Fördert
gute Waldnutzung
FSC® C083411

Kolibri 360 GmbH
Ferdinand-Jühlke-Straße 7
99095 Erfurt, Deutschland
produktsicherheit@kolibri360.de